唐律研究新思考

国家出版
基金项目

钱大群 著

人民法院出版社

图书在版编目 (CIP) 数据

唐律研究新思考 / 钱大群著 . -- 北京 : 人民法院

出版社，2023.3

ISBN 978-7-5109-3408-7

I. ①唐… Ⅱ. ①钱… Ⅲ. ①唐律—文集 Ⅳ.

① D929.42-53

中国版本图书馆 CIP 数据核字 (2021) 第 272283 号

唐律研究新思考　　钱大群　著

策划编辑　韦钦平

责任编辑　周利航

装帧设计　天平文创视觉设计

出版发行　人民法院出版社

地　　址　北京市东城区东交民巷 27 号 (100745)

电　　话　(010)67550691(责任编辑)　67550558(发行部查询)　65223677(读者服务部)

网　　址　http://www.courtpress.com.cn

E-mail　courtpress@sohu.com

印　　刷　北京瑞和祥云印刷技术服务有限公司

经　　销　新华书店

开　　本　787 毫米 x1092 毫米 1/16

字　　数　880 千字

印　　张　39.25

版　　次　2023 年 3 月第 1 版　2023 年 3 月第 1 次印刷

书　　号　ISBN 978-7-5109-3408-7

定　　价　218.00 元

人民法院出版社　　懂法,更懂法律人　　中国审判杂志　　东方法律

ISBN 978-7-5109-3408-7

9 787510 934087 >

习近平关于唐律与中华优秀传统文化的重要论述

唐太宗以奉法为治国之重，一部《贞观律》成就了"贞观之治"；在《贞观律》基础上修订而成的《唐律疏议》，为大唐盛世奠定了法律基石。

——习近平 2018 年 8 月 24 日在中央全面依法治国委员会第一次会议上的讲话

只有把马克思主义基本原理同中国具体实际相结合、同中华优秀传统文化相结合，坚持运用辩证唯物主义和历史唯物主义，才能正确回答时代和实践提出的重大问题，才能始终保持马克思主义的蓬勃生机和旺盛活力。

——习近平 2022 年 10 月 16 日在中国共产党第二十次全国代表大会上的报告

《唐律研究新思考》内容提要

习近平总书记曾说:"一部《贞观律》成就了'贞观之治';在《贞观律》基础上修订而成的《唐律疏议》,为大唐盛世奠定了法律基石。"《旧唐书》关于律的立法记载,清楚地反映了这一点。虽然《贞观律》的原典未能传存于世,但是唐高宗李治于永徽初以《贞观律》为基础制定了《永徽律》,并且下令为《永徽律》逐条编写"义疏"进行法律解说,"义疏"与原来的律及其注文穿插在一起合典公布,并简称为《律疏》。所谓"疏"也者,永徽始有,今天我们手执的唐律,是《永徽律疏》的传本。

本书中作者在数个重点单元的努力中,把唐律研究推向了新的层面:重点论述了唐代由《式》典规范的唐代法律体系及其理论;对《律疏》的书名、版式及条标提出了新的观点与主张;对《律疏》中官吏权力管控的机制进行了系列的总结与评价,为防控官吏借助权力的经济犯罪提供历史借鉴;对于唐律立法上贯彻"刑罪相当"原则对犯罪后果运用的量化技术予以总结;对唐律中一些专为官吏设置的以行政处罚抵当刑罚的重要制度如"除免"等的性质,作了新的认定与评析;对唐律阅读中的难点服制中的疑难问题,与专家学者进行了欢畅的讨论;对贞观以来唐律中重要刑罚制度的变异,作了清晰的剖析与论述;对唐律原创内容中存在的一些问题作了校勘与质疑。在唐律阅读的道路上,此书为读者搬去了许多重大的拦路石,以达到更好地通读并读通的目的。

作者简介

钱大群，男，1935年10月生，江苏张家港人，1950年参加中国人民解放军，从事部队文教工作。1955年考入复旦大学法律系，1959年毕业于上海社会科学院法律系。毕业后先后在甘肃师范大学中文系等单位从事语文教学工作。1981年调南京大学法律系教授"中国法制史"。任南京大学法学院教授、苏州大学兼职教授、南京师范大学重点学科法理学"东方法律文化"方向研究教授。曾被选为中国法律史学会执行会长、江苏省法律史学研究会名誉会长，曾被聘为江苏省政府参事。终身领取国务院颁发之特殊津贴。著有唐代法律研究著作9部、中国法制史教材3部、刑法著作1部、语言文字著作3部。在《中国社会科学》《历史研究》《法学研究》《南京大学学报》等杂志发表论文多篇，汇有法律史论文集《法律史论考》1部。

作者主要著作：

《唐律研究新思考》
钱大群 著 人民法院出版社 2023 年

《唐律疏义文白读本》
钱大群 编著 人民法院出版社 2019 年

《唐律疏义新注》
钱大群 编著 南京师范大学出版社 2007 年

《唐律译注》
钱大群 译注 江苏古籍出版社 1988 年

《唐律研究》
钱大群 著 法律出版社 2000 年

《唐律论析》
钱大群 钱元凯 著 南京大学出版社 1989 年

《唐律与中国现行刑法比较论》
钱大群 夏锦文 著 江苏人民出版社 1991 年

《唐律与唐代吏治》
钱大群 郭成伟 著 中国政法大学出版社 1994 年

《唐代行政法律研究》
钱大群 艾永明 著 江苏人民出版社 1996 年

《中国法制史教程》
钱大群 主撰 主编 南京大学出版社 1987 年

《中国法制史通解》
钱大群 曹伊清 编著 南京大学出版社 1993 年

《中国法律史论考》（论文集）
钱大群 著 南京师范大学出版社 2001 年

《职务犯罪研究》
钱大群 主编 参撰 南京大学出版社 1996 年

《古汉语语法常识》
钱大群 刘瑞明 著 甘肃人民出版社 1977 年

《文言常用八百字通释》
钱大群 秦至沛 编著 南京大学出版社 1987 年

《忌读半边音字典》
吴旻 沛臻 编著 南京大学出版社 1994 年

逻辑似磐　律论如泉

——序《唐律研究新思考》

南京大学钱大群教授的新书《唐律研究新思考》，应是唐律研究领域中具有里程碑意义的一部著作。

这部著作研究的涉及面广，从点校、书名、条标、篇目、版式，到内容特点与律学原则无所不及。而对这些问题的研究绝非肤浅地停在泛泛的层面，而是大量呈现了作者求实直言的真知灼见。在中国法制史学科的核心典籍唐律的教学与研究上，钱先生的唐律研究"双书"[1]，在唐律研究与教学的领域，是名副其实的"传道授业解惑"之书。《新思考》的内容渊源，虽然是作者唐律研究历年来已发表及新创作的论文的集萃，但凝成为《新思考》一书后已绝非多个单篇的简单集结，而是经过整修加工，在数量及质量上已整编成为一部体系之作。完全可以预料，今后，在唐律教学与研究的领域内，要无视钱氏"唐律研究双书"的存在，或忽略其重要观点，那是不可能的。

进行学术研究，总追求有所发现，有所发明，有所创造。钱先生在此书中因严密地运用逻辑思维规律，在唐律的研究中在很多地方确实是"有所发现"的新见地。如他在对唐代法律体系研究的过程中就明确指出，唐代性质上起"轨物程事"的《式》典中，既有规范图书分类管理的《秘书式》，又有规范国家立法种类性质及篇目的"立法法"。这个"立法法"的内容就是记载在《唐六典·刑部·刑部郎中》下关于唐代法律制定的六条中。这六条的内容在《式》中应该属于《刑部式》。谓唐代有"立法法"，而且其法律上的名称应该为《刑部式》，此论的文献记载渊源就在《唐六典》的"刑部郎中"条下。这种清澄明确的观点，在钱先生之前，于唐律研究领域还未有所闻。钱先生对这一内容的发现，是在唐

---

1 指人民法院出版社于 2019 年、2023 年先后推出的《唐律疏义文白读本》《唐律研究新思考》二书。以下分别简称为《读本》《新思考》。

代法律体系观点的大前提下，经过严密的逻辑推理而得出的。此中，进行推论的大前提，一是涉及唐代法律体系的基础理论：《式》不是"正刑定罪"之刑法，而是"轨物程事"的正面规范性法律；二是典籍记载的渊源根据，即《唐六典》是由唐代的"令、式分入六司"而编成，这是唐学界的共识，也是推论的前提。《六典》的内容不是《令》就是《式》，现在列在"刑部郎中"条下的六条规范法律种类与性质的内容，不可能属于"国家之制度"及"尊卑贵贱等数"的《令》文，既然不是《令》文那就必定是《式》文；而且列在"刑部郎中"下，就必定是《刑部式》，因为《式》文有"以尚书省列曹""为其篇目"的注文规定，故判定其为"刑部式"不会有错。这里由前提到概念，再由概念到前提，在反复的推绎中逻辑上循环相连，就像钳子从不同方向紧紧钳住，得出正确的合理的结论，就是逻辑的力量。为扫除唐代法律体系研究中的障碍，把视野扩展到《刑部式》及《秘书式》的领域中去，这扇窗户正是钱先生为我们打开的。[1]

打开《新思考》的书稿，见钱先生的《跋》语中，竟然有专门围绕唐律及唐制研究中的一些重大问题，向读者与同仁作的"逻辑报告"。这不禁使我想起了三十几年前的一件往事。1990 年春末夏初，我与南京大学法律系的钱大群和王超二位教授，一同坐火车从上海出发去湖南长沙参加法律史学会的年会，当时我在复旦工作。在车上的闲谈中，我问钱先生：在校的几年中，印象最深刻的是哪几门课？不料他在点了二门专业课之后，竟又脱口而出地回答说：还有开设了一年的逻辑课。我当时虽略感惊异，但之后也就忘却了。几十年后的今天，钱先生的这部作品中会有"逻辑报告"的专节，的确绝非偶然。说明在其长期做学问的过程中，逻辑与其头脑中丰富的律学知识呈灵犀相通以致筋骨相连的关系。其实，法律与逻辑不正应该是这样的关系吗！

逻辑只是思维规律的形式，逻辑运用得好，依赖于被用来作为概念概括及进行演绎推理的丰富而又确切可靠的具体的思维内容。如缺乏这些内容，那逻辑推理根本运作不起来。所谓灵感与智慧的火花，也只能在有知识积累的条件下，才能有碰撞的条件。钱先生在唐律研究中，不但能严格地遵循逻辑规律，而且在唐律及唐制方面有丰富知识，故其在逻辑上得出的结论常常使人佩服岂非必然！

钱先生阐明的唐代法律体系的学说，为其后的唐律研究者指引了方向，提供了研究方法。这个学术方法，首先在他自己唐律研究的过程中，就成了端正方向及获取成果的锐利武器。如在《律疏》条标的修改，版式上的创新安排，原文校注和现代汉语译文的编写及关键词语推敲等多方面的成果，很多都是钱先生在紧抓法律体系这一根本前提下，由逻辑推理而取得。可以说，有了正确的法律体系的理论，各种问题皆可迎刃而解；没有正确的法律体系的理论，诸多重要的带根本性的问题都会寸步难行。譬如：律、令、格、式中只有律是"正刑定罪"的刑法，令、格、式不可能成为与律同时并行的刑法，都只是行政法律。以这种观点作为法律体系的硬核，这本身就是唐律性质及全面研究中，逻辑推理在最

1　详见本书第 8 篇《唐代〈式〉典对法律种类及法律图书分类管理的不同规范——〈新唐书〉"四刑书"说辨析续篇》。

大范畴内确立的一个正确前提。

法律体系的理论是钱先生研究唐律并贯穿《新思考》全书的经络。运用严密的逻辑的思维规律，使自己富于论辩力的立论得以牢固确立，同时澄清论辩对方的观点。在严密的推理过程中，在法史以及唐律的研究上不断涌出新的思维与观点，从而影响整个唐律研究。

在《新思考》一书中，钱先生把刑罪相当的制度，提升为唐律中的一项原则，这无疑让人对唐律在刑法科学发展中的特点具有了新的认识。作者在这方面的成功做法，是通过研究唐律在对犯罪客观方面量化技术的精细运用，具体地显现出罪行造成的不同的危害程度，同时，结合研究唐律刑法制度上的量化制度，在罪与刑两方面紧密配套地作清晰的解析，终于使唐律在"刑罪相当"的这一重大原则的研究上，有了突破与创新。把量化方法运用到"刑罪相当"的这项原则的研究中去，对现代刑法学上"刑罪相当"原则的继承与发扬，有直接的巨大意义，是显而易见的。

研究唐律中的吏治机制，肯定是唐律研究中的一个重要方面。可喜的是，除之前钱先生在与郭成伟教授合写《唐律与唐代吏治》的专书外，在《新思考》一书中又专门列出以"权力管控之笼"为名的一个单元，来组编吏治方面的专门论文。可以说，这一组论文无论在数量或是在质量上，在这个时期的同类研究中，都居于上乘。尤其是最后的《诤谏》[1]一文，把研究的锋芒尖锐地指向了初唐统治集团最上层的政治品质、思想修养，甚至细到生活作风的层面上，这不能不说确是唐代吏治研究深入发展的一个表现。"诤谏"问题虽不全在唐律研究的范畴，但对唐代的吏治的特色来说则不可或缺。读者在《新思考》一书中能"越界"地读到这样一篇，定会感到有一股新风送来的爽适与快意。

钱先生在"权力管控之笼"专论唐律中的廉政机制这一单元，以抓有职权官员借助权力实施经济犯罪为重点，以全面监督官员的经济腐败为主要内容，由于抓得准，抓得细，在唐律研究上，具有了极强的现实意义，尤其是对新时代关注唐律研读的群众，大大缩短了他们与这部光辉古律的感情距离。

在对唐律与吏治的关系上，《新思考》的成功之处还在于抓以"六赃"为纲的官吏经济犯罪治理的研究。钱先生在这一研究上的贡献，是在于除了围绕对以"六赃"为核心的经济犯罪立法上的严密性作分析外，同时还细化研究立法上还使用为"六赃"罪罚作"加等""减等"的办法，使计赃犯罪与不计赃犯罪的赃罪，监临官与非监临官的赃罪，都被罩在以"六赃"为纲的网罗下无可逃免。而这一点也正是今天法制现代化形势下，我们在立法和司法上面临的亟待解决的一个问题。探讨唐代在立法司法上绝不让经济犯罪的官吏侥幸地得到好处，是钱先生在《新思考》中为我们敲响的警钟。主抓监临官，也不放过非监临官；主抓立法上明确的"六赃"，同时也不放过"六赃"外非典型的赃罪，使官吏任何的经济犯罪都无可遁逃。《新思考》的研究为我们从唐律的反腐倡廉中提供了具有现代意义的借鉴。

---

1 见本书第18篇《唐代吏治推动的一项重要思想建设——贞观君臣诤谏事例述评》。

唐律中使用的一些词语，不怕其生僻、冷门，而独怕其与现代刑法学中提法相同而意义却有交叉甚至完全不同。在剖析这些特殊词语时，除了对唐律多读多想多比较外，没有任何捷径。如《名例律》（总第45条）中在举"贸易（价值十匹）的官马"为例的犯罪时说："须分官马十匹出两种罪名：五匹等者，准盗论，合徒一年；五匹利者，以盗论，亦合徒一年。"对今日的读律者来说，费解的是犯者的"贸易官马"这一种"罪名"，怎么还能分成两种"罪名"。对此，钱先生指出，此处的"罪名"在唐律中应训解为"刑罚处置"或"刑罚等级"之义，而不能是现在刑法学中的"罪名"概念。即是说，调换值价十匹的官马，分成为两种轻重不同的"处罚办法"：其中等价部分的五匹，只处五刑中准盗论的单纯刑罚，为轻；其中属交换得利的五匹，"以盗论"，要作为真正的盗窃罪依成套制度处罚，为重。虽然都是"一年徒刑"，但属于轻重不同的两种处罚。对唐律中"罪名"一词的概念作这样的概括，且用于全律而皆准，对唐律的现代阅读者有重要的指导意义，令人不禁拍案叫绝。再如，对唐律中极为重要的"除免"制度，可以说在读《新思考》的第20篇《"除免"与"官当"性质辨》一文后，觉得对"除免"的精髓，从来没有理解得这样精准而又简明。

正确地阐述唐代法律体系的学说，并同时以此为方法论去研究唐律，使唐律研究得以在新世纪得到深一步的发展与提高，是大群教授在《新思考》一书作出的贡献。

唐代的法律体系是一个客观的存在，这种客观存在不但反映在唐代史书及典籍的记载中，而且事实存在于唐代立法及司法的实践中。二十世纪八十年代开始，中国法制史界对唐代法律体系在认识上发生了较大的分歧，这种分歧由来于宋代学者写的《新唐书·刑法志》在概括唐代法律种类时所使用的关键词，与唐代学者自己撰写的《唐六典》与五代学者写的《旧唐书·刑法志》中对唐代法律种类作概括所使用的关键词抵牾而不一致。钱先生立足于后二部史典的观点，公然发文表示《新唐书·刑法志》关于唐代"四刑书说"的观点"应予推翻"。[1] 由于钱先生背靠唐代学者自己的史典，又出大力查检出历代史典中反《新唐书·刑法志》观点的大量学术例子，因而使自己关于唐代法律体系的学说，比论辩对方占据了更为有利的阵地，而成为主流观点的领军人物及代表。

《唐律研究新思考》一书内容的主要由来，是钱先生从二十世纪八十年代起到二十一世纪头二十年这时期中唐律研究论文的集萃。这中间经过了《唐律与唐代法制考辨》[2] 的草创阶段，之后随着论辩的深入而全力作增补修改，无论在数量上还是质量上与往昔已不可同日而语。科研成果与实际结合，为实际服务，形成理论后又在实践中经受检验，这在《新思考》中有充分的事例体现。

唐代法律体系上不同观点的争论，是高校法律史教学与科研实践中暴露出来的矛盾，是中国法制史教材编写及教师授课中涉及唐代内容回避不了的问题。是学习法制史唐代篇

---

1 见钱大群：《律、令、格、式与唐律的性质》，载《法学研究》1995年第5期。
2 见钱大群：《唐律与唐代法制考辨》，社会科学文献出版社2013年版。

章时无论是本科生还是研究生都急于等待说清楚的问题，也是中国立法史上对唐律承上启下地位必须讲清楚的关键问题。争论清楚这问题是整个唐律研究与唐律教学与科研的需要。

《新思考》中，被钱先生质疑商榷的中国法制史界的名流大师多达十几位，乍一看似乎作者有借此炒作抬高自己之嫌，但冷静阅读与思考后，就知道绝对不是这么回事。这些被质疑或商榷的学者的重要观点，都反映在这些名家重要的代表性著作中，这些著作过去三四十年甚至到目前为止，几乎都是法制史师生，尤其是研究生必须阅读而且是最容易找得到的基本参考书。诸如《新唐书·刑法志》《宋刑统》《寄簃文存》《中国法律发达史》《中国行政法史》及一些学者（包括外国学者）的唐律研究著作等等，都是中国法制史界广为传播的名著，对法制史的教学影响很大。他们著作中的一些片面性的甚至错误的观点，作为教师必须去质疑澄清，否则就是对学生的不负责任。我们可喜地看到，钱先生对这些学者的观点在辩驳的过程中表现得非常谦虚与冷静。如在对《新唐书·刑法志》"四刑书"说作批驳的过程中，却实事求是也是出人意料地肯定《新唐书》作者在概括"四法"犯错的同时，在对唐代"四法"性质时所作的分类界定，在表述上却比其他同类著作更清晰正确。又如在《读本》的导论部分，对沈家本在唐律研究上的贡献，钱先生从刑法史的角度作了充分而极有高度的肯定，而对沈大师讲解唐律中"误"的概念时，因为冲淡了"斗殴"的背景前提，从而可能对后代学者产生误导的不全面之论也予以明确揭示。这一点在刑法史研究上很有意义。

又如，王永兴先生写过《关于〈唐律疏议〉中三条律疏的修改》一文，发表在《文史知识》上，钱先生先在《南京大学学报》1989年第5期的文史版上发文，认为王先生三条意见都不能成立，而在时隔二十五年后，钱先生基于对王先生观点的深入研究，发文重新认为，王先生的三条意见其中两条是正确的，只有一条属有待商榷而仍持驳论。[1] 钱先生就错批王先生的两条意见，通过严肃的重新论述向王先生及读者致歉。这个事例表现了钱先生的磊落，也成就了学术研究史上的一段佳话。

钱先生确立唐律研究的宗旨是为教学服务，我认为这很正确，这实际上也是他在唐律研究上不断获取精神动力的原因。从二十世纪八十年代起钱先生到南大后，在唐律研究的同时，他在法制史教学与研究上作出的贡献，其实也是相当感人的。我们在肯定钱先生是一位唐律专家的同时，首先要肯定他是中国法制史专家。二十世纪八十年代初钱先生才转岗走上高校的法史教学岗位，所以他未来得及参加全国高校第一部《中国法制史》统编教材的编写工作。但是他针对当时很多教学法制史的青年教师缺乏对基础史料的掌握和教学经验的实际，竟然不声不响地为自己并未参加编写的这部统编教材，编写了名为《中国法制史学习辅导》[2] 的一本书，这本书第一次印刷时连正式的封面设计都没有。全书第一部分

---

1 见钱大群：《唐代典籍研究若干问题补论之五、之六》，载夏锦文、李玉生主编：《唐典研究》，北京大学出版社2015年版。

2 南京大学出版社1985年版。

是统编教材内容的层次提要，解决意义层次罗列与重点问题答案的明确表述问题；第二部分是教材全书史料引文的简注与语译。这本书当然不可能算作正式的科研成果，却是钱先生凭长期从事教学的经验，体谅青年教师的苦衷而写的一部"良心书"。一位与其并不熟识的边远地区新从事法史教学的青年教师曾对钱先生说："是你的这本书让我有勇气走上了讲台。"后来为了配合全国掀起的法律专业自学考试的热潮，钱先生又与其研究生，写出了《中国法制史通解 1000 题》一书，[1] 让广大自学考试学生及全日制本科生较容易地掌握法制史教材的基本意义层次及答案的明确表述。二十世纪八十年代中期，钱先生召集华东地区及河南大学等高校的法史骨干教师，亲自参加编写并担任主编，编写了《中国法制史教程》一书，[2] 因层次结构清晰，条理性强，便于学、便于教，1992 年获评高教部优秀教材二等奖。

全国高等学校的法律专业，按要求要逐步开设唐律与秦律的选修课，而钱大群先生为宣传和推动唐律的阅读和研究，早在上个世纪的 1985 年就在南京大学面向全校各专业学生，开设"唐律讲座"课。钱先生亲自为学生编写了《唐律讲座提纲》，每周两节课，第一期全校竟有包括法律系在内的 9 个专业的学生参加选修和期终考试。后来在《唐律讲座提纲》的基础上，又编成了《唐律论析》一书，[3] 作为正式教材。此后，"唐律讲座"作为一门正式的选修课，保留在该校法学院内部，供本科生及研究生选修。高校中面对各专业本科生开设"唐律讲座"选修课，是钱先生在南京大学开的先河。

钱先生在中国法制史及唐律的教学上，可以说很少有人像他那样，为了教学质量，会付出那样多的心血。为了对读者讲"信义"，让自己心安理得，居然把退休后名正言顺可以安享晚年康乐的 20 年，完全用在了唐律的研究与写作上。现在，200 多万字的"唐律研究双书"的修成出版，说明钱大群先生是很"有一点精神"且非常"认真"地生活的一个人，这也说明了他的性格和学风。他的人以及他的作品，在给我们"传道授业解惑"。

1959 年法律专业本科毕业之后，钱先生被分配至甘肃，服从工作需要先后在甘肃陇东地区的中学及兰州的甘肃师范大学中文系等校系，做了 22 年的语文教学工作。1981 年"归队"调南京大学法律系，从事中国法制史的教学工作。从甘肃师范大学中文系归队于南京大学法律系后，凭借原法律专业的基础及长期语文教学实践中积累的功底，真可谓如虎添翼，从此，在中国法制史的学术年会上，在法史名刊所发的篇篇论文及在各出版社出版的著作，不时地增强了来自南京大学的铿锵有力的声音，使其在中国法制史界卓然有名。

钱大群教授 1955 年至 1958 年在复旦大学法律系本科上学至三年级，本科四年级是在上海社会科学院法律系完成学业并毕业于彼。因为其有复旦大学法律系三年的学历，故与我有校友之谊，是我的学长。

---

1 南京大学出版社 1993 年版，钱大群、曹伊清编著。
2 南京大学出版社 1987 年版。
3 南京大学出版社 1989 年版。

作为法制史教学的同人，几十年学术上的神交，见与不见，我脑海里总是闪现钱先生那认真不苟、孜孜不倦的形象，真以有这样一位校友感到光荣。钱先生从事法制史及唐律的教学与研究，都是在南京大学工作阶段完成的，是南京大学滋养与哺育的结果，故这首先是南京大学的光荣。

最高人民法院所辖人民法院出版社，在党诞生百岁欢庆之际，编辑出版南京大学钱大群教授用二十几年精心写作并不断加工而成的唐律研究双书：《唐律疏义文白读本》《唐律研究新思考》，是唐律界、法史界、史学界、古籍界的一件幸事。我们向钱大群先生，向人民法院出版社，向南京大学致以衷心的祝贺！祝贺在我们民族复兴的新时代，向文化强国奋进的道路上，涌现出的新的文化建设上的优秀科研成果。

程天权[*]

2022 年 4 月

---

[*] 程天权，1946 年生，上海市人。教授，博士生导师。法史学家，社会活动家，全国政协委员。先后担任过复旦大学、同济大学和中国人民大学等著名高校的党委书记。

细细春雨润心田　滚滚春雷动地天

——《唐律疏义文白读本》《唐律研究新思考》双书自序

　　唐律，是我国现存的最古老而又最完整的一部刑律经典，它在我国法制史上所居的承前启后的地位与作用无可替代。《唐律疏义文白读本》《唐律研究新思考》双书，经过审慎讨论，聘请专家评审，人民法院出版社连续两年把唐律研究的选题列入申报项目，蝉联国家出版基金资助。这是作为国家法律书刊出版的专业机构，在习近平新时代中国特色社会主义思想的指导下，推动中华民族伟大复兴，把中国这个有悠久文化传统的文化大国建设成一个现代化文化强国的过程中，对中国古代珍贵的法律典籍组织研究出版，发掘其现代法文化价值，为社会主义法制建设服务这项巨大工程认识的高度与责任担当。同时，也是对习近平主席擘画的世界命运共同体蓝图中，中国文化包括反映在其古代法律典籍中的传统法文化精华，在世界文化宝库中地位的确认。

　　人民法院出版社领导运筹帷幄，胸襟高远，鸿纤兼顾，甚有格局；审读认真不苟，提高了书稿的质量。尤其是担任策划及责任编辑者，他们观念超前，处事果断，善于在字里行间孜孜以求精准；干劲满满，事业心强，想方设法把图书做精做美；勤于学习，虚心聆听专家意见，迅速地进入编修角色，加快了工作进程。正是该社紧跟国家立法司法任务，上下一心团结努力，保证了大量质纯版雅的图书典籍，从这个法律出版的重镇源源不断地涌向社会，在法制建设中起巨大作用。

　　"双书"得以顺利出版，是法院出版社明于职守，热爱事业，对相关研究成果与读者给予关爱的结果；特别是关键时刻，国家出版基金组织伸出温暖而有力的大手，偕同出版社一起鼓励帮扶，使我终于走到梦想的一个驿站。唐代杜甫有诗曰："好雨知时节，当春乃发生。"按中国人的传统思维，"滴水之恩当涌泉相报"，对我年老时得受甘霖，我总觉得要感谢一个春天，一个在我老残时赋予我第二度青春的春天。春天在哪里？春天就在中国特色社会主义的新时代！春天是怎样的：是熠熠春阳，暖照大地；是春风广被，绿遍天涯；

是温细雨丝，滋润华夏；是来自大地深处惊蛰整个世界的滚滚春雷，宣告人类命运共同体的成功擘画。

唐律是我国传统法律典籍群山中的最高一峰。研究唐律也是党中央号召学者"讲好中国故事"整体中的一件。2018 年 8 月，习近平总书记在中央全面依法治国委员会第一次会议上的讲话中，在总结中外依法治国历史经验时，唐律赫然被列为其评论的成功范例之一。历史上许多政治家、法学家及学术大师都评述过唐律，比较起来，习近平总书记的评论最有气度并富有法学特色。其以法与国家、法与社会关系的范畴为视角，概括得简要而又精深，像一面鲜亮的旗帜引路于前，使学者们得到强大鼓舞，奋力地向前攀登不止。在这新时代百花齐放的春光里，我国广大的传统文化研究者无比兴奋地发现，习近平总书记是与他们亲和相处而又令人高山仰止的一位伟大的知音。

习近平总书记对唐律的评论，是依其对整个中华民族传统文化正确评价的底蕴而发，是对中华民族伟大复兴过程中于对中华传统文化的历史作用作辩证评价的基础上提出。习近平总书记在论及新时代马克思主义理论发展中的根本理论问题之一即马克思主义基本原理在中国贯彻与实践时说，马克思主义基本原理"同中国具体实际相结合"，同时又明确地提出还要"同中华优秀传统文化相结合"的重大理论。这个创新性的观点，不但是马克思主义在中国革命中运用的路线与方法问题，而更重要的也是马克思主义理论自身在实践中得到充实与发展的重要方面。世界都为国家与民族所区分，处处有国家，处处有民族，各个国家与民族都有他们自己的传统文化，这些传统文化中既宝有积极的、科学的、进步的成分，也裹有消极的、不科学的、落后的成分，后者应该舍弃，前者应该保留发扬。马克思主义基本原理在各该国家和民族的运用中，对其优秀传统文化要体现出"结合"的特点与势态。这样，长期以来我们说的马克思主义是"放之四海而皆准"的理论，终于得到了一个有强大逻辑力量支持的答案。这个马克思主义基本原理运用中的"两个结合"的理论本身，与马克思主义基本原理一样，亦必将是"放之四海而皆准"的其基本原理的一个组成部分。

习近平总书记关于"两个结合"的指示，不但对马克思主义理论研究者，同时也是对涉于传统文化各研究领域学者的巨大鼓舞。这预示着在对传统文化作研究、扬弃、传承的过程中，学者们有更广阔的天地可以作为，有更多艰巨的事情可做。

唐律是中国传统法律文化典籍的重要代表，它也包括有优秀的和非优秀的甚至糟粕的内容，欲对其广博的内容作透彻的研究，不是件简单容易的事情。好在随着改革开放的进行，学术上民主、自由、平等讨论的局面形成，从二十世纪八十年代起，围绕着某些学术观点的讨论，我国唐律研究的事业有了新的发展，法律史的学者们努力发掘包括唐律在内的法学遗产中的现代法文化价值，已逐渐形成潮流。法制史及唐律研究的学者们，携起手来，去迎接习近平总书记关于马克思主义基本原理运用中"两个结合"的重要学说，赋予我们研究中华优秀传统文化的一份光荣的历史使命吧！

2023 年 2 月改定于南京大学河西公寓风飒斋

目　录

阅读与研究

书名版式与条标

唐代法律体系

《律疏》的使用与修改

权力管控之笼

《律疏》杂考

涉《律》史典数题

唐律研究新思考

阅读与研究

律疏

1. 读律：法律人历史使命之要求

从我教学中国法制史及接触唐律以来，就一直主张，法律工作者一定要读点唐律。尤其是法史研究者，无论是其中的主流研究者，交叉学科研究者或是边缘研究者，都不可不读。在这一方面，我三十年来做了三件事：一是二十世纪八十年代中期，为配合南京大学选修课"唐律讲座"的开设，我曾专对唐律的律文作了简明译注，由江苏古籍出版社以《唐律译注》之名于 1988 年出版。二是二十一世纪初，我开始对《律疏》的律文及注文，作全面的译注及研究，南京师范大学出版社以《唐律疏义新注》之名，于 2007 年底出版。三是为了更贴近与配合高等学校法律、历史及古文献专业师生作参考"教材"之特点，又对《唐律疏义新注》不断作修改，人民法院出版社也因此以《唐律疏义文白读本》之名，于 2019 年出版。就我个人的感受说，在漫长的三十年中，这三部书只是上一阶段研读的结束与新一阶段研读的开始。我的目的是力求让所有需要阅读而又愿意阅读唐律的人，不分深浅，有个堪作参考的"读本"，以便更容易地去阅读或更深入地切磋，正如我在《唐律疏义文白读本》的前言标题所言，"为推动对唐律之阅读与研究而不断努力"。在《唐律疏义文白读本》及《唐律研究新思考》先后出版之际，重温唐律本身及其对中国法制史的影响，谈谈我对研读《唐律疏义》这部典籍的看法，以此表达我对读者的至诚之意。

一、唐律：盛唐依法治国的法律丰碑

《唐律疏义》是中国传统法律文化的代表性法典，是中国古代社会上升时期统治者依法治国经验教训的体现，是中国古代社会一部最完整而又最丰富生动的法律典籍。《唐律疏义》价值的普遍意义，在于它深深地植根于中华民族传统法律文化的特殊土壤，有重要的世界意义，是世界法律文化史上光辉灿烂的一个篇章。唐律的现代研究，一方面要继续从典籍文化研究的视角，探求其文本产生、流传的历史，同时也要对它丰富的现代法文化价值作比较深透的发掘。这两个方面，对现代唐律研究的起飞来说是不可或缺的双翼。

对今天的人来说，唐律是历史法，但《唐律疏义》在初唐那个呈现相对稳定繁荣的社会，它是制衡与失衡、稳定与动荡、和谐与对立统一的一部呈动态发展的古代刑律。

1. 礼与刑交叉渗透共同协调地作为最重要统治工具

礼作为等级统治的思想与制度，是唐律制定遵循的原则与维护的对象之一。唐律中大量的关于对立阶级之间及统治阶级内部的压迫制度、特权制度，在血缘关系上的等级制度及由此决定的重要的诉讼制度，都是在礼的指导下逐步建立起来的刑事法律规范。礼中一些重要的被刑律条文化的规范是刑事规范（如丧制未满除去丧服受刑罚），同时又反映出礼的规范（如父母与丈夫的丧期三年）。礼中未被刑律化的规范（如官吏服色依等级分），其中一部分入于令或式，一部分则连令、式也不入。违犯入于《令》《式》的礼的规范，由刑律统一规定其处罚。既未入律，又未入令、式的礼的规范，主要由道德或行政教令约束。同时，为随时调整在行律、令、式及礼的内容，又使用"格"作为补充及预防性的法律规范，很多对礼的调整，往往先以格敕形式入手，令其他法典跟进。但《律》《令》《格》《式》与《礼》又并不合典，而是分典而立各司其事。这就是唐代礼与法关系的基本图景。

2. "刑罪相当"是唐律追求的一个重要目标

唐律最注重在刑罚与犯罪关系上体现"刑罪相当"的原则。对于种种不同的犯罪，它主要通过实行针对各种罪行的绝对确定的法定刑实现区别对待；对同类犯罪不同的罪状，它通过加减等来作细微的调整；对性质上相近的犯罪通过比附后给予刑罚。为了剖析显示量刑上的差别，唐律对犯罪行为的客观方面运用多种量化技术，尽可能精细地衡量犯罪后果的程度与档次。为了充分体现"刑罪相当"，唐律注重在重大犯罪上作立法与司法上的轻重区分，如重大的反逆罪就被分为实施行为且有影响，实施行为并未造成影响，以及仅是口说无行为也无影响的三种情况。这种区别对待，既是一种有威力的刑事政策，也是有感召力的"刑罪相当"原则的体现。

3. "罪刑法定"与有限制的"罪刑擅断"相结合

唐律中的判刑都要求以律、令、格、式为依据，"罪刑法定"是其贯彻的一项普遍原则。为了限制审判官吏的擅断行为，唐律特别对法无明文必须通过类举处置的行为，规定在作比较的对象之间，必须存在"轻重"差异的逻辑证实才合法的要求，即有罪判决必须在"举轻以明重"的前提下作出，无罪判决必须在"举重以明轻"的前提下作出，从而在立法上限制审断官员对法无明文行为的擅断。唐律在这方面的最大特点，是在把"罪刑法定"作为原则的同时，又在一定的范围内及一定的程度上实行"罪刑擅断"。一是法律认可皇帝一人对一些特殊的犯罪对象实行以制敕作"权断"的权力，而法律同时又规定这种"权断"绝无判例的效力。同时，审判官吏在一定范围又有事实上作擅断的权力，一些较轻的法无明文的行为，法律以"理不可为"的理由成立"不应得为而为之"的罪名，可在笞杖的范围内判处刑罚。但法律限制这种判罪只有轻者笞四十、重者杖八十两等，此外并不存在变通裁量的空间。而这些"不应得为"的犯罪，实际上法律常常予以明确规定，官吏并不能任意推绎。

4. 罪罚由服从家庭伦理原则开始向服从国家根本利益转变

唐律重视宗法制度，对违犯古代服制的行为基本都有一定的刑罚相随。在刑罚上维护伦理的原则普遍存在。以卑犯尊：服制愈近，刑罚愈重；愈远，则相对减轻。以尊犯卑：服制愈近，刑罚愈轻；愈远，则相对加重。在诉讼上实行"同居相隐"及免予为证的制度。但是在这一点上，唐代立法者根据汉以来开始变动的趋势，只是在一般犯罪上继续容忍这种制度，而于触犯国家根本利益的反、逆、叛等重大犯罪的领域，则坚决地排斥了"同居相隐"的原则。"复仇"原则历来是各个王朝统治者标榜礼教孝义伦理的一个重要方面，为了与时俱进，抑制复仇行为，唐律中除了父祖遭殴击子孙可当场致对方折伤以下的反击，以及被杀者有亲属在乡，杀人者遇赦得强制移乡以减少复仇概率外，至少法律上已不再认可"复仇"的合法性。在这一点上，唐与其之前的汉代，及与之后的元代比，都表现了出于对法制的自信而限制复仇的文明进步。

5. 法律给予官吏贵族特权的同时又适当限制其对法制的危害

唐律贯彻特权原则，给贵族与官吏以议、请、减、赎的特权，是着重免除或减轻实刑。但如只片面地这样去做，大部分的犯罪官吏通过减赎都可以在犯罪后照样做官。这种情况的发展会摧垮吏治的实施与加剧官民关系的紧张，从而威胁整个朝廷法制的稳定。所以，唐律首先规定官吏犯触犯皇权统治根本利益的反、逆、叛等"十恶"者，不适用特权制度。同时，又规定犯性质严重的"五流"等罪不得实行"减""赎"之权，以减少犯流、徒以上罪的官员于"减"后一"赎"了之的现象。同时，却又狡猾地把原也为防止罪官不撤官的"官当"与"除免"制度，变为只在一个特定的时间实行官职撤停，却为他们保留终身做官的资格，满了撤停期再继续做官。所以，唐律中的当、免制度既是一定程度上限制特权无限泛滥的附加刑制度，又是深化特权的制度。

6. 为使政权能平稳地得到百姓的托载而整饬吏治

唐太宗曾把他的政权与百姓的关系比作行船与水的关系。那么，不让掌舵的、撑篙的和张帆的官吏激起托船者的怒涛使船沉没，就是唐代皇帝安稳地"行船"的传世秘籍。从这个出发点上说，立法者利用唐律整饬吏治、反腐倡廉确实表现出了一定的信念，并有不少出色的表现。唐律把有实际职掌的"监临主司"作为监督重点，这些人不要说利用职权贪污、受贿，就是随便收受辖区吏民的财物，也是犯罪。对衙门的官长，法律要追究附和错误意见或否定正确意见所产生后果的责任。官吏由于不修堤防或修而失时所造成民众的财物损失，要按"坐赃"罪减五等论处刑罚；因此造成死伤的，要照打伤、打死人之罪减三等处罚。监临官的家属在辖区内有涉于经济的犯罪，监临官本人知情与否都要受罚，不知情的只是罚得轻一点而已。唐代贞观、永徽、开元治世时一度出现的相对的稳定与繁荣，都是以严肃、认真而有实效的吏治作为背景的。

7. 在维护专制统治的残酷中也不排除实施一些"仁政"措施以缓和矛盾

从现代文明的水准看，唐律是维护专制统治的残酷法律。它以最严厉的刑罚镇压人民群众的反抗甚至是对皇帝的过误犯罪，并以重刑维护纲常伦理。但是在具体法律制度的制定与执行中，也体现了一些儒家的"仁政"措施，以缓和矛盾与对抗。在各种徭役赋税的征收上唐律把监督"均平"作为重点，这种"均平"的标准就是先富后贫、先强后弱，先多丁后少丁。禁止国家的出纳机构违反权量制度，大进小出或重进轻出而损害百姓利益，甚至监督这些衙门的官吏及门卫，严格实行先来后到的制度。在刑罚上减免对老小病残的处罚，重视对女性特别是孕妇的照顾。在不影响刑罚目的的前提下，在加减等、数罪并罚、指标计算上都贯彻有利于刑罚承受者的原则。在监狱管理上，强调对病因的救疗，惩治对囚犯的虐待行为。程序上确立徒刑以上冤案当事人的"自理诉"制度，实际上虽不设明确的审级限制，而申诉可以从基层一直通到向皇帝告御状。在这方面不但规定了阻碍者的刑事责任，而且还考虑到了让就近的州县解决让他们通过关卡去进行申诉的方便。

8. 唐律在立法上有高度法典化的水准

唐律作为制定法在立法上的高度法典化的水准，是我国古代制定法发展成长的一个重大的里程碑。唐代的法律由律、令、格、式组成，形成分工而又合作的机制，正面的制度性规范主要由令、式担当；对犯罪的定罪判刑，统一由律来担当；同时，为了适时调整在行的律、令、式，又使用"格"作为补充及预防性的规范。律是国家法律体系中的一个有机部分，有作为刑律的重要的特殊功能，但它不取代其他法律的职能或与之混同。律的十二篇章，除了存在着《名例》与各篇的关系即现代刑法学上表述的总则与分则的关系外，还存在着由古代国家职能决定的篇目次序与古代司法体现的"总—分—补—合"的关系。其律条具有稳定性，但是又不排斥接受最高当局对它作适时的修改补充。其刑罚的种类与等级是既分为五种二十等，又是无阻碍地可以拉通加减的统一体系，同时也不排斥加役流、没官等刑种的插入，在刑罚执行上还存在变通、替代的灵活性。它通过"六赃"的确立，使所有涉于经济的犯罪，实现在处置上作比照与调整的一体化。唐律用比附与类举来保证全律对法无明文行为处置的集中控制，又以专门术语的规范化来事实上调整刑罚轻重、增加罪名与扩大犯罪主体。同时，又用法例创制的方式来规范律中某一方面的共同问题。这些做法不但使法典内在的结构严谨，而且大大地紧缩了文字篇幅。唐律把监督自身的被贯彻执行作为重要内容表述在自身的篇章之内，其十二篇中有二篇、三十卷中有三卷，完全是涉及司法官吏对犯罪者抓捕、禁押、审断及判决执行上的违法犯罪规定。

二、读律：法律人历史使命之要求

中国有一句总结为学经验、揭示学习规律的话，叫作"触类旁通"。就法学学科来说，触类旁通不存在部门法之间的壁垒，也无古今中外的鸿沟。唐代的刑事法律典籍《唐律疏义》，是能勾起丰富联想的律学天地，是在各门法学学科中都可引发触类旁通的能源宝库。承上启下的《唐律疏义》，是中国古代律学精髓的集中体现，是我们对传统法律文化作批判继承所面对的一部最重要文献，阅读它，研究它，是政治家、史学家特别是法律工作者历史责任的要求。

1. 唐律是古今众多政治家和学问家致力研读的律学大典

《唐律疏义》对今天的法学研究者及司法实务工作者来说仍具有极强的可读性，这与《唐律疏义》这一部法典自身具有的特色分不开。这种特色就是律条与国家对其所作的解释错综地形成一体而且都具有法律效力。

唐代的刑律直到《永徽律》为止，其内容只有律条与较少的注文而已。《永徽律》制成颁布后，唐高宗李治主要考虑审判官们对律文理解不一，同一案件判断结果却大相径庭；同时，国家科举考试"明法"专业的考生，对律义的解答也缺少权威的依据。于是皇帝命令组成包括担任宰执大臣的政治家、立法专家以及一批法律实务官员在内的专门班子，对《律》（包括注）作逐条的解释，称之为"义疏"。义疏与《律》缀连在一起，合称为《律疏》，都有法律效力，同样作为判案的根据。义疏中丰富的立法、司法及学理等法律解释的内容，让人们在律学之外，还可以反观唐代的司法制度、政治制度、经济制度、礼法制度、教育制度、徭役制度及军事警卫制度等重要内容。《唐律疏义》是人们读懂唐代甚至是整个古代社会的法律教科书，它之所以能引起历代政治家、律学家和学问家的研读兴趣，绝非偶然。

明朝建立之初，丞相李善长等就认为刑律"至唐代则集其大成"，在制定明朝法律时竟建议"今制宜遵唐旧"，结果"太祖从其言"。朱元璋本人对唐律读得很认真，《明史·刑法志》记载："洪武元年又命儒臣四人，同刑官讲《唐律》，日进二十条。"《唐律疏义》实有 502 条，每天读 20 条，要持续 25 天才能读完。朱元璋作为日理万机的皇帝，特别在立国之初，竟决心做这件事，这足以说明唐律在明朝立法者心目中的地位及其本身具有的可读性。

历史上认真研读唐律的政治家与律学家，他们并未如某些人臆想的那样，会陷入读死律，死读律，知识领域狭隘，无自己创见的境地。带头认真读唐律并准予立法"依唐旧"的朱元璋，在其制定明律时，根据国家当时的境况，在唐律的基础上，减轻了对属于礼制犯罪的刑罚，加重了对政治、经济犯罪的刑罚，果断地确立了立国之初治乱世用重典的刑事方针政策。担任过清朝刑部尚书的薛允升是著名的律学大师，徐世昌在为薛氏刊刻的《唐明律合编》所写的序言中赞曰：

> 先生一生服膺唐律，自言平日寻绎律义，有所未了，考之群书，稽之故牍，犹未洞彻，及就唐律求之，则事理炳然。[1]

清朝另一位研读唐律的大家是沈家本。沈家本先后校勘过不同版本的唐律并为之写序或跋。他曾任清末的刑部左侍郎，并在法制改革时被委以修订法律大臣的重任。这位在中国近代法制现代化过程中曾处于风口浪尖上的人物，在古与今、中与西法学关系的处置上，绝对不因其精研唐律及推崇唐律而使自己陷于偏执，而是对古今中外法律学识间的关系，在理论上处置得相当妥帖。其在《寄簃文存》卷六《裁判访问录序》一文中说："夫古法之不同于今，非必古之不若今，或且古胜于今。而今之人习于今之法，一言古而反以为泥古，并古胜于今者而亦议之。谓古法之皆可行于今，诚未必然；谓古法皆不可行于今，又岂其然？西之于中，亦犹是耳。"在同卷《薛大司寇遗稿序》中他说："当此法治时代，若但征之今而不考之古，但推崇西法而不探讨中法，则法学不全，又安能会而通之以推行于世？"

中国二十世纪中叶的著名国学大师陈寅恪先生，是唐律研究中一位给后代留下重要影响的人物。他在其名著《隋唐制度渊源略论稿》"刑律"章中所表述的重要观点，可称是不可撼动的宏论：

> 元魏之律遂汇集中原、河西、江左三大文化因子于一炉而冶之，取精用宏，宜其经由北齐，至于隋唐，成为二千年来东亚刑律之准则也。[2]

这是对唐律在律学继承关系及其在世界律法之林中所处地位的重要结论。又如："律令性质本极近似，不过一偏于积极方面而已。……夫汉代律令区别尚有问题，但本书所讨论之时代[3]，则无是纠纷之点。"这是关于唐律与唐令关系的精辟而深刻的论断。陈氏关于唐律的律学渊源及其在唐代法律体系中地位的论述，在广阔的视野中为后学者理清脉络，是这位大师在研究唐律上所作出的贡献。

2. 清末革除酷法时唐律曾作为正面史例被引证

在中国法制现代化的初期，清末酷法得以去除，并且制定出包括宪法大纲、刑律在内的一系列新的法律，在法制改革上迈出了一大步。但作为法制现代化的启动，向当时的酷法进行冲击时，唐律在当时改革派的手中，往往被作为正面的史例列举，以支撑他们的改革主张，这真所谓出人意料却又在情理之中。

唐律制定在古代社会的上升时期，主要代表中小地主阶级的利益，表现了当时统治集团的进取精神。后来唐律被作为清末法律改革家的理论支撑，还不只是一般地表现在法学学术讨论层面，而是在形式及内容上都被推到了政治层面上。作为修订法律大臣之一、主

1　徐世昌：《唐明律合编序》，载（清）薛允升：《唐明律合编》，法律出版社1999年版。
2　陈寅恪：《隋唐制度渊源略论稿·刑律》，上海古籍出版社1982年版，第107页。
3　此处之"时代"是指陈氏论述唐律渊源所涉及之魏、晋、南北朝及隋、唐的历史阶段。

持法制改革实务班子的沈家本，在其写给朝廷的奏折中，常以唐律作为提出建议的依据。《删除律例内重法折》是沈家本与伍廷芳共同奏请废除死刑凌迟、枭首、戮尸的残酷形式，废除缘坐以及废除刺字之刑的重要刑法改革方案。在论述凌迟等死刑残酷形式之源起及作比较的评论中，沈家本都以唐律中的制度作为正面典型举例。他说：

> "且刑律以唐为得中，而唐律并无凌迟、枭首、戮尸诸法。""顾有唐三百年不用此法，未闻当日之凶恶者独多。且贞观四年断死罪二十九，开元二十五年才五十八，其刑简如此。"[1]

沈家本在涉于奏请废止缘坐的部分说："唐律惟反叛、恶逆、不道，律有缘坐，他无有也。"他对清律中的缘坐与唐代的作比较说："今律则奸党、交结近侍诸项，俱缘坐矣；反狱、邪教诸项亦缘坐矣。一案株连，动辄数十人。"沈家本对清律中的凌迟、枭首、戮尸评论说："乃自用此法以来，凶恶者仍接踵于世，未见其少，则其效可睹矣！"对此奏折，最后上谕完全照准，并决定："现在改订法律，嗣后凡死罪至斩决而止。凌迟及枭首、戮尸三项，著即永远删除。"[2]在其建议减少监候死罪条文的《虚拟死罪改为流徒折》中，沈家本肯定唐律对戏杀、误杀罪区分及处置的得当说："考之唐律，戏杀、误杀各按其当场情形，分别徒、流，并无死罪。擅杀分勿论[3]及徒、流、绞四等，亦不概问死罪。"他同时抨击清朝的制度说："中国现行律例，不分戏、误、擅杀，皆照斗杀拟绞监候……现当综核名实，并省繁重之际，与其空拟以绞，徒事虚文，何如径改为流俾归简易。"[4]

沈家本常常从法律对比的角度阅读唐律并书写心得体会，而这又成为其修订法律的推动力之一。如在其为主张行贿人与受贿人双方在刑罚上不应相同而写的《与受同科议》，就是以同一犯罪，比较唐、明、清三朝律例，提出优劣的评论。沈家本先指出《唐律疏义·职制律》中监临受财而枉法、受财而不枉法及监临势要受财，三种罪名刑罚各有等差，其高限分别是绞刑与加役流。这三种共同犯罪的另一方"与财者"即行贿人，其处罚是"坐赃论，减三等"，在幅度上比受贿一方要轻许多。可明律首先使"受财不枉法刑罚之高限进入死刑"，同时，三种犯罪中的行贿方的处罚是"计所与财"坐赃论，而不再有唐律中"减三等"之规定。而清律在明律的基础上又加重，其办法如沈氏所言，"今《例》[5]，凡有以财行求及说事过钱者，皆计所与之赃，与受财人同科"，就是让行贿者与受贿者同样处罚。沈家本评论清朝的做法说："自定有此例，而死罪遂多，不独较唐律为重，较明律亦重"；"情罪轻重，自有等差，乃轻重等差一概不论，古人立法，恐不如是之武断也！"他最后的

1（清）沈家本：《寄簃文存》，商务印书馆 2015 年版，第 3 页。

2（清）沈家本：《寄簃文存》，商务印书馆 2015 年版，第 3 页、第 5 页。

3 当指《唐律疏义·斗讼律》卷第二十二（总第 329 条）"子孙违犯教令""过失杀者，各勿论"；同卷（总第 322 条、第 324 条）部曲、奴婢"其有愆犯，决罚致死及过失杀者，各勿论"等的规定。

4（清）沈家本：《寄簃文存》，商务印书馆 2015 年版，第 7 页。

5 参见《大清律例·刑律·受赃》"有事以财行求"条下之《条例》。

结论是："此条例文，亟应修改，庶昭平允。"[1] 沈家本在贿赂罪刑罚的处置上，肯定唐律刑罚上对受贿与行贿作区别的合理性，否定明、清律不加区分的乖谬，从今天刑法学的原则看也是正确的。

3. 忽视对唐律律学成果的汲取明清两代有其教训

自唐代之后，论者涉于律学，多称说唐律的"得其中"或"得折衷"。这种评价，不但是刑罚种类及幅度上的比较，而更多地是指诸多犯罪特别是重大犯罪由其具体制度体现出的犯罪构成理论提升上的得当。如唐律中隶属于《斗讼律》的"故杀""斗杀"，及隶属于《贼盗律》的"谋杀"等基本制度，就属于这种性质的制度与理论。

关于"故杀"与"斗杀"的关系与概念，尤其是工具使用对犯罪性质的影响，在唐律中一直是清楚地解决了的。《唐律疏义》卷第二十一《斗讼律》（总第306条）说，"诸斗殴杀人者，绞。以刃及故杀人者，斩。虽因斗，而用兵刃杀者，与故杀同。"疏文说："'以刃及故杀者'，谓斗而用刃，即有害心，及非因斗争，无事而杀，是名'故杀'：各合斩罪。"但是，就是这一个唐律中的"律学"问题，明、清两代刑律的制定者及一些律学家，由于并未潜心地领略到唐律这项制度的要领，硬抠自以为是的"无事而杀"的概念两朝的刑律在这一类案件上，几乎都形成偏差，放脱了大量的"故杀人"犯罪，造成了严重的法律后果。薛允升在其《读例存疑》中，对清律"斗殴及故杀人"条中关于"斗"及"故"存在的问题作揭示说："今律不问手足、他物、金刃，并为斗杀，而以临时有意欲杀，非人所知为故杀。"同时，在其《唐明律合编》中对此作分析指出，原来上述清律中有"问题"的前一句，出之于明律"斗殴及故杀人"之正条："凡斗殴杀人者，不问手足、他物、金刃，并绞。故杀者，斩。"而其后一句，是来之于清律本身"斗殴及故杀人"条目下之注文："此律目下有：独殴曰'殴'，有从为同谋共殴；临时有意欲杀，非人所知曰'故'。共殴者惟不及知，仍只为'同谋共殴'等语。"

薛允升推断，清律的"问题"注文，来之于明朝雷梦麟的《读律琐言》（简称《琐言》）及王肯堂的《律例笺释》（简称《笺释》）："愚按：原律并无此注，不知起于何时。《琐言》……云，'言故杀者，故意杀人，意动于心，非人之所能知，亦非人之所能从'云云。'临时有意欲杀，非人所知曰故'之注，似本于此。《笺释》亦同。"他指出明律这种做法所引起之严重后果说："自'不问金刃、他物、手足并绞'之律行，而故杀中十去其二三矣。自'临时有意欲杀，非人所知曰故'之律注行，而故杀中，又十去其二三矣。近百十年以来，斗殴案内情节稍有可原者，秋审俱入于缓决，是以前之应以故杀论者，今俱不实抵矣。每年此等案件，入'情实'者，不过十之一二，虽系慎重人命之意，然杀人不死，未免过于宽厚矣。"沈家本在其《寄簃文存》卷二《论故杀》中曾针对《明律》对清朝的影响说："自明律以金刃杀人者与他物、手足同科，势不能以有无害心为'斗'、'故'之界限。又删故

1（清）沈家本：《寄簃文存》，商务印书馆2015年版，第34～35页。

伤之律，即同谋共殴，亦与斗杀同论，而无'故杀伤'一层。其后，解者遂谓'故意杀人，意动于心，非人所知'。顺治年间，遂将此意纂入《律注》，并以共殴之案，必有在场动手之余人，又加'临时'二字，以区别之。于是'临时有意欲杀非人所知'十字，奉为'故杀'确不可易之注解，二百数十年来，法家治律，无敢为异议者，有司治律，亦准以科断，不能稍越范围。直至薛氏，始议其未允。"[1] 沈家本认为"故杀"概念，必须是在接受《唐律》成果的基础上吸收西方刑法理论彻底解决：

今若融会《唐律》及英、日刑法之意，明定界限，自可尽祛疑惑。[2]

4. 苏轼不是"读书不读律"的鼓吹者

"文化大革命"结束之后，特别是改革开放以来，法律教育事业和法学科研事业迎来了春天，忽视研读传统经典的倾向得以逐渐扭转，史学界与法史界读研古代经典的人日益增多，出现了研读包括唐律在内的古代经典的新气象。治法史不研读律典与法典，形同于无源之流，无本之术，必陷于无根本而衰竭。

但是，相当长的一个时期以来，史学界与法史界内一些人，有意无意间，以讹传讹，谓宋代的苏轼就是主张"读书不读律"的。清朝进士、经学大师孙星衍于嘉庆十三年（1808）所写《重刻唐律疏议序》中，认为"有司不通律学，则奸吏因缘为市"，致使国家"损伤元气"，紧接着居然感慨地说："始知苏轼'读书不读律'之言非通论也。"于是，出于学者之口，而且是写在刊刻唐律序文上的苏轼主张"读书不读律"的说法，随着孙氏这篇序文的流传而散布，对此，有必要加以澄清。所谓"读书不读律"，源出苏轼戏致其弟苏辙（子由）七言古风《戏子由》三十句中"读书万卷不读律，致君尧舜终无术"两句。[3] 理解这两句诗文的含义，当联系苏轼的生平历史及诗句的写作背景分析。苏轼本人是个"读律"者，而不可能是个"不读律"之人。苏轼曾任过专门断案的大理评事、大理丞和大理中丞等职务，任过与律法关系十分密切的礼部的侍郎与尚书。他还多次任过地方州府的判官、通判与知州，在当时政刑合一的体制下，读律审案是这些官员的重要职责之一。苏轼的这种经历，"不读律"绝对不可想象。《戏子由》诗于熙宁四年（1071）写于杭州，全是以戏谑嘲讽的风格抒发遭压抑外放后心中的怨愤之情。全诗所包含的内容有多层意思：一是从正面说，这二句语意很明确，是指"读书读得再多，如果不读律书，就无法致君尧舜，辅佐君主成为贤明君主"。苏轼此诗语意是赞同读律，欣赏读律，督促读书人和朝廷百官读律。二是用典故进行讽嘲历史上不学无术的无识者常得到重用，而饱学之士反而报国无其位。三是表示道不同不相与谋的意向，言对掌政的变法派重法轻儒的极端做法，不能苟同，

1（清）沈家本：《寄簃文存》，商务印书馆 2015 年版，第 47 页。

2（清）沈家本：《寄簃文存》，商务印书馆 2015 年版，第 49 页。

3 参见《苏轼诗集（第 2 册）》，中华书局 1982 年版，第 324 页。

认为只有实施儒家仁政，淳厚民风，才是根本的"致君尧舜"之"术"。上面几种表意，可能是其中之一，可能是兼而有之，但就不会是提倡即使"读书万卷"也"不读律"的主张。苏轼因政见不合而抒发"致君无术"的怨愤之诗，远不止这一首，就是因他多次在诗中讥刺政事，以致在元丰二年（1079）受到御史台的弹劾，酿成了所谓的"乌台诗案"，险些丢了性命。如果一定要把苏轼曲折地、艺术地以反讥之笔表达怨愤之情的诗句，认定其为提倡"不读律"，那么我们在这首诗中还可找到这位大文豪宣扬"读书作文无用论"的"罪状"。因为就在这首诗的最后，苏轼还对其弟苏子由说，读书作文，雕虫小技，实不足道："文章小技安足程，先生别驾旧齐名。如今衰老俱无用，付与时人分重轻！"事实是苏轼当时才 36 岁，作此诗后，仍继续读书作文三十年。对苏轼"不读律"之言，后代文人皆知其为讥刺而非劝阻读律，故多用其作为调侃之资。如清代学者钱泰吉于咸丰五年（1855）在海宁蒋寅昉兄弟家发现宋刻之《律附音义》"惊为目所未睹"，在其自言于"东坡生日"那天写的《跋》中说："余不读书亦不读律，少无杜陵、稷契（舜之贤臣——笔者按）之志，今既衰老，益不能用东坡之言。"但他同时又热心地"嘱寅昉多写数本，以广流传"。苏诗中所作"不读律"的讥刺与幽默，与是否读当时唐宋古律不是一回事。苏轼与其政敌的分歧，主要是在使用广义上的法律即"致君尧舜之术"方面的分歧，而不是在"读律"与"不读律"上的分歧。我们不应把苏轼作为"读书不读律"的旗帜，尤其不应在新时代对传统法律的批判继承中作为忽视研读古律的一个高雅借口。

（2021 年 11 月重新审定）

---

* 此文曾是南京师范大学出版社 2007 年版《唐律疏义新注》及人民法院出版社 2019 年版《唐律疏义文白读本》之《引论》，收入本书时作过修改。

2. 唐律现代研究的几个问题

今年（2003 年——笔者注），是世界法律文化史上居于经典地位的中国《唐律疏义》颁布 1350 周年。同时，也适逢纪念著名唐律专家戴炎辉先生而举行"法史学的传承、方法与趋向"的学术讨论会在台湾大学召开。本文是笔者在唐律研究过程中的一些心得体会。文题中所谓之"现代研究"，是想强调生活于现当代之人研究唐律，当以现代的法学理论为工具，以现代的法学知识为基础，以发掘唐律之现代法文化价值并有益于现代法制建设为目的。

一、把唐律置于唐代法律体系的观照中去研究

唐律研究中的首要问题是唐律性质的确认。《唐律疏义》（俗名《唐律疏议》）是唐代的刑律。对这个问题，法律史界相当长一个时间以来，见仁见智，看法不一。二十世纪八十年代以来，我国法律史及唐律的研究者中，部分人在其论著中认为，唐律是一部包括实体法与程序法的"综合法典"。其中有的学者认为唐代的所有法律形式全都是一法——刑法，或者认为唐律是"诸法合体"，等等。对唐律性质看法的游移，会对唐律研究的主攻方向摇摆不定，从而也影响了对唐代甚至中国古代法律发展水平的评价。唐律的现代研究中要解决的首要问题，就是必须把唐律置于唐代整个法律体系的背景中进行研究。

1."律"是唐代的刑法

认定唐代有"刑法"——律，与唐代法律体系中没有完备的部门法体系的实际并不矛盾。我们不能认为：在法律体系形成发展的过程中，要么有齐全的部门法，要么任何部门法也不存在。部门法的产生、形成与发展，有一个由少到多，由局部到全面，由不完备到

完备的过程。同时，人们的认识，也有一个受历史情况影响的曲折过程。

（1）《律疏》成为"刑法"乃法律形式发展进化的结果。

在法律形式上，先秦三代有刑，有礼；春秋战国有"法"，有"刑"；秦汉时律、法、令、科并存，甚至同义混用。《史记·杜周传》关于汉朝人在把"律""令"与"法"作同义相训时说的

> 前主所是著为律，后主所是疏为令。[1]

模糊了后代一部分人的视线。这种概念，用于汉魏则可，用于隋唐则谬。南北朝时期律、令、格、式相继出现，如东魏"以格代科"，把其国家的主要法典命名为《麟趾格》，西魏大统年间又名其国家的主要法典"中兴永式"为"大统式"，这些情况都使后代法制史研究者，对唐代法律形式律、令、格、式在概念的接受上形成障碍。其实，就作为中华法系的主体中国古代刑律来说，正刑定罪的"刑法"首先从整个法律体系中分离出来。据《晋书·刑法志》记载，汉朝已处于"率皆集类为篇，结事为章"，"上下相蒙"，"大体异篇"的初步分体阶段。经过魏朝"都总事类，多其篇条"的整理，刑律从整个法律体系中最后完全分立，最迟不会迟于晋代。晋代"违令有罪则入律"，当时注晋律的杜预的话最有代表性：

> 律以正罪名，令以存事制。[2]

当时的法律体系中律与令相辅相成，相得益彰。作为刑法的"律"更明确地行使自己的职能，同时，整体上作为非惩罚性的正面制度的"令"在职能上也不再规范定罪与判刑。《唐六典·刑部》下说："凡文法之名有四：一曰律，二曰令，三曰格，四曰式。""律以正刑定罪，令以设范立制，格以禁违正邪，式以轨物程事。"《新唐书·刑法志》说："令者，尊卑贵贱之等数，国家之制度也；格者，百官有司之所常行之事也；式者，其所常守之法也。"唐宋两代法学家所作的记述，是基本反映隋唐实际的科学结论。

但是，中国古代法律体系，到隋唐时其规范性的进步，与近现代法律体系比较，或者说在认定唐律的性质时要注意以下这些特点。

第一，在唐代整个的法律体系中，作为一个部门法与其他法分离开来的仅有刑法即"律"，唐朝"正刑定罪"之律，已作为一个独立的法而存在，而被引用。

第二，与"刑法"律相对应的，是绝大部分作为正面制度性法规的令、格、式。而从调整对象说，令、格、式既不是能各自单独地与"刑律"相对应，也不是彼此能对应的三个"部门法"。

第三，格、式中绝大部分是制度性法规，而同时其小部分又是刑事法规。这是清楚地

---

1 《史记·杜周传》卷一百二十二，中华书局 1975 年版，第 3153 页。
2 《太平御览》卷六百三十八引杜预《律序》。

辨析唐代法律体系时遇到的一个不能绕开的问题。格、式在编纂上基本以尚书省下六部之二十四曹司为篇目。所以要提"基本"，因为式除了有以二十四曹司为名的篇目外，还有以太常、司农、光禄、太仆、太府、少府等寺来分篇及以监门、宿卫、记账等行政事务领域为名称的篇目。在二十四篇格及三十三篇式之中，以刑部尚书隶下的"刑部"为篇名的《刑部格》是涉及"正刑定罪"的"刑法"内容，而《刑部式》是不涉及"正刑定罪"的一些立法、司法及程序上"轨物程事"的细则。如《唐律疏义》卷第二《名例律》（总第 17 条）"答"文中说：

> 先已去任，本罪不至解官，奉敕解者，依《刑部式》，叙限同考解例。

这里被引的《刑部式》内容是针对已去任之官，本罪不至解官，奉敕解官之后的"叙限"规定，不涉及定罪与刑罚，是规定关于某一类犯官，重叙官的年限比照问题。

以上所述唐代法律体系的特点，是对唐律作现代研究方法与概念的前提条件。如果在这些问题的认识上不能统一，我们就无法把唐律作为唐代刑法这一主攻目标去研究。确认唐律为唐代"刑法"，不但是对唐代法律体系文明进步的科学性的一个肯定，也是把唐律研究与现代法文化接轨的必由之路。

（2）《律疏》的"刑法"说乃律学研究继承发展的成果。

认为唐律是唐代刑法，从二十世纪三十年代起就有学者在其著作中发表了这个观点。1930 年，杨鸿烈著《中国法律发达史》，唐律之《名例》被列入"刑法总则"，其余十一篇之内容皆概略地列入"刑法分则"之下。1933 年，徐朝阳著《中国刑法溯源》一书，唐律的《名例律》及其余各篇的内容都作为其刑法"溯源"的材料被引用。1939 年丁元普著《中国法制史》，其九章中的第六章讲到了"唐之民、刑法及诉讼法"，其中之"刑法"几乎全部为《律疏》之内容。1945 年，徐道邻先生著《唐律通论》，其书十四题，也都把唐律作为刑事法律，去研究、讨论及比较于中外。

戴炎辉先生 1964 年撰成《唐律通论》一书，全书分总论、名例及唐律条文三篇，其"自序"的第一句就说：

> 本著以研讨唐律之刑法总则的规定为目的。

其"总论"的"序论"，开宗明义地说：

> 唐律继前开往，蔚然成为一部完整之刑法典。[1]

1965 年戴先生又出版《唐律各论》一书，此书的"自序"中更具体地概括说："唐律各篇之主要内容为罪名的规定，因而本著亦以此为论述之中心。"

---

[1] 戴炎辉：《唐律通论》，我国台湾地区正中书局 1964 年版，第 2 页。

自《卫禁律》至《杂律》系实体的犯罪，除《杂律》外，其余各篇有其体系，而《杂律》则集杂项犯罪。《捕亡律》系犯罪后捕系之法，其所规定者，一部分为程序罚的犯罪，他部分乃实体的犯罪。《断狱律》所规定者，乃关于收禁、裁判及执行之程序罚的犯罪。[1]

戴先生对唐律性质的论断及论述的本身，毋庸置疑地认定：唐律乃唐代关于罪罚的一部法典，它就是《唐六典》所说的唐代"文法"中"正刑定罪"之"律"。《唐律通论》及《唐律各论》是把唐律作为"正刑定罪"之"刑法"来研究的专书。其在有涉于唐律论述及研究的著作中，虽不是最早但却是最系统、最完备、传达的信息量最大的专著。戴炎辉先生的功绩，在于他首先把唐律完全以现代刑法学的体系详加剖析，旗帜鲜明地肯定唐律作为刑法的性质与价值，在一千三百多年前的唐律与现代刑法学之间，成功地架起了一座沟通的桥梁。

2. 唐律贯彻执行的程序法在《令》典之中

唐朝的律与令中《狱官令》的关系，是实体的刑法与诉讼审判程序法的关系。《狱官令》属于审判权限划分、刑罚执行、告诉及受理、囚禁制度、审判制度的令文。这些令文直接关系《律疏》的正确贯彻执行，可以说，律要贯彻执行必须先遵循《狱官令》。但是在规范性质上，其与律有严格的界线，即虽然其规范审判、囚禁与刑罚执行，但绝不是涉于犯某罪判某刑这些严格地属于《律》的规范性内容。如《狱官令》可以规定刑杖的制作规格与施击的办法，但绝不涉于犯什么罪，打多少，什么情况下加等或减等的律的规范。《狱官令》最能反映唐代在律令界线上严格区分法律概念的水平。唐代的诉讼法规《狱官令》，其所以仍包在《令》典中不分离出去成为一个专门法，其原因是直到唐代为止，地方的县及州府，在政府的管理职能上，行政与司法仍未清晰地分开。即使在中央，虽然有大理寺与刑部的分立，但是总管地方及监督京都审判事务的权力仍属于直辖于尚书都省的刑部。而刑部与大理寺相互分权制约，最后都归总于奏请御裁。宋人写的《新唐书·刑法志》上讲解唐代法律体系的一句话，一定不可忽视。他们认为"凡邦国之政必从事于此（令、格、式）三者。"只有在"其（令、格、式）有所违及人之为恶而入于罪戾者，一断以律。"在"邦国之政"上，令、格（《刑部格》除外）、式同处于"政事"之性质，只有律属于以刑罚处断犯罪的规范。

3. 刑罚对正面制度的维护是唐律法条的重要内容

从唐律法条的产生来说，《名例律》外的十一篇中，除《贼盗律》《斗讼律》《诈伪律》及《杂律》中的犯罪条文外，《卫禁律》《职制律》《户婚律》《厩库律》《擅兴律》《捕亡律》《断狱律》等篇中有相当多的条文都是针对违犯正面性制度所作的惩罚性措施。《卫禁律》

1　戴炎辉：《唐律各论》，我国台湾地区成文出版社 1965 年版，"自序"第 1 页。

之与《宫卫令》,《职制律》之与《公式令》《学令》《假宁令》《祠令》,《户婚律》之与《户令》《田令》,《厩库律》之与《厩牧令》《仓库令》,《擅兴律》之与《赋役令》《营缮令》《军防令》,《诈伪律》之与《考课令》《选举令》《职员令》《厩牧令》,《杂律》之与《仓库令》《医疾令》《杂令》《仪制令》《营缮令》《关市令》,《捕亡律》之与《捕亡令》,《断狱律》之与《狱官令》都存在着紧密的对应关系。《贼盗律》在立法上与《公式令》《户令》《杂令》也有一定的照应内容。即使是《名例律》的很多制度与原则,也是对应《官品令》《职员令》及有关的《礼》与《式》而制定。所以,对唐律的研究都离不开对正面制度《令》《格》《式》的研究。总之,对唐律的性质定位,一定要把它置于唐代整个法律体系中去研究,这是个带根本性的重要方法。各法典自身的性质特征,与其相互之间的联系,不是一回事。

　　把唐律置于唐代整个法律体系中去研究,也反过来促进了对唐代法律体系的研究。这里,有一个杰出的范例,那就是《唐令拾遗》。这一唐代法律种类研究中的巨大成果,对唐律性质之认定给予了重要的比较条件,这项研究成果与当时日本法律史界对唐律研究的热潮有关。《唐令拾遗》的问世,虽然只是复原了唐代《令》典的一个框架,但它对《律疏》的映衬与观照,已经足以显示二者在法律体系中不同的性质与作用。受此影响,我国学者霍存福教授,一直致力于唐《式》的研究。其研究必然使广大的唐律研究者从对《式》的性质与特征的进一步了解中,更加坚定关于唐律是刑律,而不是"诸法合体"的正确观点。

二、在比较中探求唐律的特色和扩展其研究领域

　　1991 年,我在与夏锦文合作的《唐律与中国现行刑法比较论》一书的"导言"中说:"比较,是很重要的研究方法,可以促使我们知己知彼,进行参考借鉴。"我认为,从刑法的概念和制度来说,唐律与现代刑法在比照上,存在三种情况:

　　一是有些概念与术语属现代刑法与唐律所共有,但其内涵存在着实际上的差异。二是唐律中虽没有那种名词,但事实确有那种制度。第三种情况是现代刑法中没有,唐律却有那一类制度。[1]

无论属何种情形,都可以通过比较探求唐律的特色,挖掘唐律潜在的现代法文化价值。

　　本文第一部分中提到的戴炎辉先生著《唐律通论》与《唐律各论》应该是两方面的意义:一是这些著作旗帜鲜明地认定唐律是唐代的"刑法",开辟了完全以刑法学的视角来研究唐律的新局面。二是这两部著作特别是《唐律通论》,是一部古今比较即把唐律与现代刑

1 钱大群、夏锦文:《唐律与中国现行刑法比较论》,江苏人民出版社 1991 年版,"导言"第 3~4 页。

法作系统而全面比较的一部开拓性著作。因为作者对唐律剖析的观照对象，是整个现代刑法理论、制度与原则。这两部著作虽未名为"比较"，但其思想内容是在比较的广阔天地里驰骋，给人以古今相通的启迪。

在戴炎辉先生把唐律与现代刑法体系作比较研究之后，从二十世纪六十年代起，唐律又被进一步推向了更广的横向与纵向的比较研究。1968 年，蔡墩铭先生出版《唐律与近世刑事立法之比较研究》一书，全书分绪论、本论、余论三篇。其在绪论中肯定了唐律与罗马法系、中古意大利刑法、日耳曼刑法存在可比性。在其"本论"中则分"法例""犯罪要素""未遂犯""共犯""罪数""刑罚"六章，以唐律之所有，与各国之有涉者比较异同，使唐律之律学精华尽现于字里行间。这种于世界范围扼要之比较研究，使读者信服蔡先生之结论：

> 我国古代刑法，应以唐律为代表，虽其所规定者不免有封建思想之色彩，与现代法律思想有所凿枘，但其中亦有甚多观点，足与近代刑法之规定相媲美。虽然唐律之公布距今已经过十数世纪，惟如此之与各国现行法加以比较，尤其专就其优美之法意与进步之规定以观，则中国古代不逊于欧美现代法律之处，事例甚多，有待关心旧律之人加以发掘而已。[1]

1. 通过比较更清楚地显现唐律制度原则的特色

唐律中有一部分重要的制度原则，是古今都存在的，这类内容，通过进行古今比较，可以使现代的研究者，得以更准确地把握其特色。如对"自首"制度的比较研究，可明确唐律中自首的特点是"原罪"，即完全免除刑罚，所以其必定以"未发"为成立的条件，其他有关制度都围绕着诸如已发后自首也可适当减刑的情况去展开；唐律的"累犯"概念仅限于盗罪，此外并无普遍适用的累犯概念；数罪并罚的内容，唐律析分为"更犯"与"二罪从重"两条立法，区别的关键是犯罪之未发、已发，判断之未决、已决，刑罚之未执行、已执行等的时间界限；共犯制度先区分为"同职公坐"与一般共犯，一般共犯中还有"本罪别"而仍"相应为首从"的处置；平赃理解上的难点是在于区分为计算赃物的一般商品价格及论定赃额的两个计算阶段；刑事责任能力的确定，既考虑幼小，同时也顾及老耄。唐律这些制度上的特点，都是通过比较认识的。

（1）在比较中发现"恤刑主义"。

通过古今比较，现代刑法与唐律中皆有其事有其条的制度原则，可得以使用现代名词作研究的概念。如戴炎辉先生在《唐律通论》第二章"唐律的性质"中，曾以"恤刑主义"作为唐律的特质之一。这一节从法定刑慎重对待入死之刑、特别身份之恤刑，从数罪之恤刑、刑之减免、因罪人而致罪者之宽刑等多方面，论证了唐律中事实存在的这一原则（主

1　蔡墩铭：《唐律与近世刑事立法之比较研究》，我国台湾地区五洲出版社 1968 年版，第 7 页。

义）。唐律这方面的丰富内容，过去未作过概括，理论上缺乏概括，影响了人们对其进一步的研究。唐代刑法这方面的丰富内容，刑法学者也有称之为"教育原则"的。如果"教育原则"的概括能成立，那唐律中的"教育原则"内容可谓系统而又发达。

（2）在比较中判定"罪刑形式法定"的特质。

比较不是抹煞区别，而是为了探求唐律的真正特色。关于唐代是否存在"罪刑法定"原则的问题，笔者在《唐律研究》中，把唐律与现代刑法作比较之后为其总结了以下几点。

其一，唐代违法犯罪的处断，要求以法律的正式条文作依据。

《断狱律》卷第三十（总第 484 条）规定："诸断罪皆须具引律、令、格、式正文。"而且，其中定罪判刑者，一定唯刑律是从，即"（令、格、式）其有所违，及人之为恶而入于罪戾者，一断于律"。[1]

其二，承认皇帝"权断制敕"的权力。

这种以制敕对案件所作的处断，虽然往往与法律不符，但对特殊人事有效力。《断狱律》卷第三十（总第 486 条）："事有时宜，故人主权断制敕，量情处分。"但是，这种权力属皇帝专有，其他官员、机关不得仿效推广："制敕断罪，临时处分，不为永格者，不得引为后比。"

其三，以法律条文授权司法官员一定范围的擅断权力。

其诸要素是：第一，以正式法律条文授权，《杂律》卷第二十七（总第 450 条）规定成立"不应得为而为之"罪；第二，性质上为擅断，此罪的适用条件是"律令无条，理不可为"，而理与非理的标准，实际上由法官掌控；第三，有一定的限制，律之疏文说："情轻者，笞四十；事理重者，杖八十"，此外再别的幅度等级供选择。

其四，对"在律无条"及"犯无罪条"分别实行比附定罪及类举轻重作出入处置。

唐律施行这种制度时，最根本的要求是司法要有法律依据。前者当然是作有罪受罚之比附，但后者绝非现代刑法中的"类推"，因它不但要求法条上有性质相类之情状，而且可以是"入罪"，也可以是"出罪"。最关键之处是要求法官在相举的情状与在断的情状间存在一个"轻重"的反差："举轻以明重"与"举重以明轻"。

其五，唐代严格地控制比附的适用。

《旧唐书·刑法志》曾记载，南北朝的"旧律多比附断事，乃稍难解。科条极众，数至三千。隋日再定，惟留五百。以事类相似者，比附科断。"又说唐永徽时"今日所停，即是参取隋律修易。条章既少，极成省便。"但就这样，高宗李治还认为"律通比附，条例太多"。所以，总的来说，《律疏》上的比附与类举，与隋之前的旧律不一样，对官员的擅断是有一定的限制而不是放纵。

唐代《律疏》中罪与刑关系的原则，既有"法定"的一面，也有"擅断"的一面。而在其擅断的一面上不但有一定的限制，而且擅断在制度上竟然也呈"有法可依"的状态，

---

1 见《新唐书·刑法志》，中华书局 1975 年版，第 1407 页。

即擅断也有其法律为根据。《律疏》中罪与刑的关系制度，就处于这样一个矛盾统一体中。我把这种情况称之为"罪刑形式法定"[1]。这样既揭示了其擅断的本质，也表达了《律疏》中这一制度的特色。

2. 比较使唐律研究扩展了新的领域

在唐律与中国现代刑法与外国刑法的比较研究中，对唐律中某一方面呈现的比较系统的特色内容加以总结，并以现代立法思想来概括，往往能把对唐代刑律的研究，扩展到与其他法律规范相交叉的新的研究领域。

（1）通过比较建立"身份法"的研究。

中国古代本来无"身份法"的专门立法，但学者们在研究唐律中被有关的丰富内容所激发，再充实以其他朝代的同类内容加以综合概括，就令人信服地揭示了古代"身份法"的存在。戴炎辉先生于1959年出版《中国身份法史》一书，该书分绪论、宗族、亲属、家属、婚姻、亲子、监护、继承等八章，探究中国法律制度中身份法的内容演变。其研究及引用材料以唐为主，兼及元、明、清各朝，而唐代主要以《唐律疏义》为代表。这是中国法律制度研究中，以唐律为主要概括对象的中国身份法史专门研究的先行著作。这部著作，终于在二十世纪三十年代徐朝阳采先秦资料写成的《中国亲属法探源》的基础上，筑成了中国身份法研究的历史大厦。而戴先生对"身份法史"的提炼，与其唐律研究有密切的关系。从其1966年出版之《中国法制史》一书，可清晰地发现在这方面拓展研究的轨迹。该书第二篇为"刑事法史"，"刑事法史"的第三章是"身份与罪刑"，在第一节的"总说"中，作者总结包括唐律在内的旧律历史，据犯罪人的身份制度，"以行为人有一定身份为犯罪构成要件"者为"真正身份犯"，"以行为人因一定身份而加减其刑"者为"不真正身份犯"。同时，在"身份"的概念上又分为"广义"与"狭义"两种：前者包括人之刑法上的一切特殊地位，即如男女、老小、疾病、单丁、八议人、道冠僧尼、特殊职业等；后者是统体的身份而言，分为官人、亲属、夫妻妾、良贱及主奴等。接着以《律疏》主要内容分别论述了罪刑因身份加减的一般规律，以及官人与罪刑、亲属与罪刑、夫妻妾与罪刑、贱民与罪刑的方面，来论证"身份法"在旧律中的存在。

（2）通过比较促成了"吏治"法研究领域的形成。

今天，人类社会已进入了二十一世纪，距离《唐律疏义》制定的年代整整过去了十三个半世纪。如果说唐律对今天生活在各种社会制度下的人们仍还有使人在意念上去不掉、放不下的东西的话，那么，吏治与廉政应当是这样的内容之一。在唐律研究的过程中，相当长的一个时期以来，感触最深的，就是从唐律涉于官吏的罪罚条款中，反观到其吏治制度中反腐倡廉的精华。

---

1 钱大群：《唐律研究》，法律出版社2000年版，第76页。

1994 年，我在《唐律与唐代吏治》[1]一书中，探讨了作为刑法的唐律对吏治制度的维护作用。在书中，除了注重研究唐律惩治官吏职责履行各方面的犯罪外，还涉及了在官吏培养教育过程中法律的监督作用。之后，我陆续以论文的形式，进一步论述了唐律维护吏治的廉政机制。唐律建构了这个机制，而这个机制又强化了唐律作为刑法对此的功能。在《强化对有职权者的法律监督》[2]一文中，指出唐律把"监临主司"作为主要对象从严监督，并重点监督其利用职权进行的经济犯罪；在《建立官吏罪责追究的严密网络》一文中，以"同职犯公坐"及"课督性职务犯罪"等制度为重点，论证了唐律为惩治和预防官吏腐败，所建立的对官吏罪责追究网络的严密性；在《阻却冤假错案产生的纵深防御》一文中，针对惩治和预防司法腐败，肯定唐代从告诉到受理及从审判到执行的全过程，监督与确立司法官吏罪责追究原则的科学性；在《诤谏：贞观吏治的强大推动力》一文中，总结唐代吏治建设的主要经验之一，是中央政权中有一个敢于开展批评与自我批评，为国家与民众的利益愿意从自己做起去厉行廉政的核心集团，使之成为推动廉政机制不断运作的起搏器。唐律中的廉政机制，是客观存在于唐律中的一个重要制度系统，是由立法和执法双方相向合成的一个法制共同体。它不但在唐代政治法律生活中起实际作用，同时也是以唐律为代表的传统法文化留存给现代法文化的积极"基因"。在现代社会存在腐败及"吏治"发生问题的地方，唐律廉政机制仍将不时地闪烁它价值的光辉。吏治廉政问题是唐律现代研究中的一个重要领域，人们应不断地去作新的探索。

三、对唐律的实施应有的正确视角

唐律在贯彻实施中会遭遇来之于立法及司法两方面的制约与影响，这是影响唐律实际运作的两个重要因素。

1. 立法方面受格敕的修改与补充

当人们提"唐律"这一概念的时候，从法律规范来说，主要是指《律》及其"义疏"，二者合称之《律疏》（后称《唐律疏义》）。但从唐代刑法的实际施行来说，又不能仅限于《律疏》，而应包括伴随着它的其他立法形式对它进行的调整及修改补充，并由此产生的彼此的关系问题。

---

[1] 钱大群、郭成伟：《唐律与唐代吏治》，中国政法大学出版社 1994 年版。

[2] 此文与以下三篇论文，均曾收入南京师范大学出版社 2001 年版《中国法律史论考》一书。此四篇文章，经过斟酌修改充实后，为本书第 13 篇、第 14 篇、第 16 篇、第 18 篇。

（1）唐律在实施中由《格》作调整而予以修改补充。

在唐代社会的法律生活中，国家发现有必须及时加以禁止及纠正的不正当的行为，就通过格的公布来预防和制止。其中属于二十四曹司自己执行掌握的，称为"留司格"，如关乎全国所有官民知晓一体遵行的称为"散颁格"。"散颁格"也由二十四曹司根据性质分工执掌推行，故"散颁格"的中间也插以"×部"的名称。因为"格"在性质及目的上是对可能发生或正在发生的某些违法行为起预防制止的作用，并由二十四曹司贯彻执行，所以《唐六典》谓其"禁违正邪"，《新唐书·刑法志》谓其是"百官有司之所常行之事"。因格渊源于制敕，在法律体系中对其他法的作用与影响很大，可以说不了解唐代的格与制敕，就不了解唐代实际的法律生活。

与今天的情形一样，作为相对稳定的刑法典——《律疏》不可能经常处于修改与公布的状态，但作为社会的法律生活来说，又不能不对在行法典某些条文甚至局部进行不断的修改补充。唐代对《律疏》的修改补充就由《刑部格》来完成。从敦煌出土的《神龙散颁刑部格》残卷来看，《刑部格》是并行于《律疏》并且效力大于《律疏》的"正刑定罪"之法。其他的《格》虽属"禁违正邪"之条款，而只申明对违法行为的禁制与预防，而并不作"正刑定罪"之处置。《刑部格》作为对《律疏》作调整的"正刑定罪"之刑法，表现为它可以在《律疏》之外增加新的罪名及实行新的罪罚办法。如《神龙散颁刑部格》中关于"宿霄（宵）行道男女交杂聚会""光火劫贼""私造违样绫锦"等都是《律疏》之外的罪名。同时，格在刑罚上可以在《律疏》之外大大加重刑罚。如原《杂律》卷第二十六（总第391条）"私铸钱"罪，其刑罚只是"流三千里"，而《刑部格》中是"先决杖一百，头首处尽，家资没官"等。此外还增加此罪的牵连犯，以追究邻保及基层吏员的失察之罪责，规定"其铸钱处邻保处徒一年，里正、坊正各决杖一百。"[1]《格》还可以对犯罪者增补属于附加的行政处罚的新的内容。如在任官吏"缘赃贿计罪成殿以上"，即使不以"赃贿"论，如果罪至除免，虽然会恩或敕免，也要"并即录奏，量所犯赃状，贬授岭南恶处及边远官。"[2]《刑部格》内容与《律疏》相比的一个最显著特点是，很多犯罪在刑罚的施加上，往往实行"先决杖六十"或"先决杖一百并配入军"等，然后再据《律疏》议本刑。《律疏》中一罪一刑的基本原则，在《刑部格》中已有了改变。

（2）一些重要的刑法制度往往通过格敕先行或者由格敕对律作修改。

格，从法源上说，来之于敕。敕经过一定时间的淘洗，经编敕公布成为有普遍法律效力的"永格"。在唐代的立法史上，一些重要的刑法制度往往是先通过格敕来实施，然后才在适当时机正式入律或改律的。如发生在《武德律》制定之后到贞观初，及不久后又被"加役流"所取代的"斩右趾"；兄弟反逆连坐由处死改为"祖孙与兄弟缘坐，俱配役"，[3]这

---

1 刘俊文：《敦煌吐鲁番唐代法制文书考释》，中华书局1989年版，第249页。
2 刘俊文：《敦煌吐鲁番唐代法制文书考释》，中华书局1989年版，第247页。
3 此二项重要内容详见本书第36篇、第37篇。

些制度的修改都发生在贞观十一年《贞观律》公布之前，这些制度的改行最初都由格敕来公布推行的，只不过今天未发现这些格敕而已。因为就从上述两件事情上看，《贞观律》颁布前，在续用《武德律》之时，不可能短期内去多次修改《武德律》，以格敕改行这些制度是唯一的办法。

2. 司法方面受法官律学修养及法律观点的影响

作为与其他法典比较而显现的特点说，唐律还具有保障自身尽可能被贯彻执行制度的一个特点。如在法条适用上，《名例律》卷第六（总第 49 条、第 50 条）就规定了"本条别有制"及"断罪无正条"的内容；对法条的严格执行上，《职制律》卷第十一（总第 149 条）成立了"称律令格式不便，辄奏改行"之罪名，《断狱律》卷第三十（总第 484 条）成立了"断罪不具引律令格式正文"罪；为了保证审断的依法，《断狱律》卷第二十九（总第 476 条）规定了违反"讯囚察辞理"制度的处罚；《断狱律》卷第三十（总第 485 条）为维护审判权限制度，还专门规定"辄自决断"罪；为维护审判公正，《断狱律》卷第三十（总第 487 条）还成立了"官司出入人罪"之罪等。这些措施不谓不重要，不谓无作用。但是，如果古人所说的"徒法不足以自行"有一定的效验的话，那么，唐律在这一点上从根本上说，仍处于"以法护法"的境地，那些对法典贯彻执行的干扰因素并不能因此完全排除。这里，所谓来自司法方面的干扰，主要是司法官吏由于不用心学律而不明律义，造成对律义理解上的歧见，及以个人对犯罪行为的评价，取代对犯罪构成的判断。

按理，唐律基本是一事一条，一罪一刑，而且是使用绝对的法定刑制度，司法官吏在律条的适用上无多大的选择余地，不应发生很大差错。可在唐代的司法实践中情形却往往并非如此。有时一些并不复杂的案件，专职司法官吏竟也往往用法不当，草率判断。而有些案件，法条不但有选择余地，而且取舍之空间大得惊人，甚至是同一事，在法律适用上竟有完全不同的理解以至对立。正如《名例律》之序文在谈到"造《律疏》"的必要性时，曾对一些司法官的判案情况所说的那样："大理当其死坐，刑部处以流刑；一州断以徒年，一县将为杖罚"。从唐代张鷟编修的御史台案判集《龙筋凤髓判》一书中，亦能看到，一些行政机关、审判机关甚至大理寺的法官及御史台的御史，因在律学修养上存在问题，致使很多案件的处置不符律义。[1]

总之，唐律与其他法典一样，也同样存在着"行法"中所能发生的一系列问题。法典与行法，不等于是一回事。其中，司法审判官员积极或消极的能动作用，不可忽视。

* 本文是作者参加 2003 年 11 月于台湾大学召开的"法史学的传承、方法与趋向——纪念著名唐律专家戴炎辉先生学术研讨会"之论文。正式发表在我国台湾地区中国法制史学会与我国台湾地区研究院历史语言研究所主编的《法制史研究》2004 年 6 月第 5 期。此次发表作了调整删修。

---

1 参见本书第 11 篇《〈龙筋凤髓判〉性质及"引疏分析"考辨》一文，第二节第（二）项。

唐律研究新思考

书名版式与条标

3.《唐律疏义》结构及书名辨析

　　唐代的刑律在永徽四年（653）之前，都没有疏文，但一直有《注》文，《武德律》《贞观律》及《永徽律》都是这样。永徽四年开始为律编写"义疏"才有了疏文。唐律的律文（含注文）同疏文一起，在当时被简称为《律疏》。《律疏》在宋代被称为《唐律疏义》，在清乾隆朝的国家版本"四库全书"中还名为《唐律疏义》。而到了清代后期及近代则发生了趋向于称之为《唐律疏议》的现象。对这种情况，有必要进行一些辨析及作适当的评论。

一、法律解释带来了《唐律疏义》的产生

　　我国关于刑法的解释历史悠久，源远流长。史书记载战国时期当时的"法官"就有解答法律询问的职责："郡县诸侯一受赍来之法令，学问其所谓。吏民欲知法令者，皆问法官。"[1] 出土的秦墓竹简中的《法律答问》，学界主流观点认为是当时官府上级对下级解释法律的法定形式。西汉董仲舒提倡以《春秋》决狱，开启用儒家经义解释法律与审断案件的先河，直接推动了东汉"经义解律"之盛行。当时被皇帝认可的"郑氏章句"实际就是汉律的官方解释本。到了晋朝，西晋的张斐、杜预"兼采汉世律家诸说之长"，对法律作专门的解释，被皇帝认可，史称"张杜解律"或"张杜律注"。唐代对律文的疏解是古代社会解律经验的集中体现。唐律的解释主要是继承晋朝"张杜律"重视定罪判刑的解释传统，而不是主要继承汉代"郑氏章句"经义解律的传统。

1《商君书·定分》，见高亨：《商君书注译》，中华书局 1974 年版，第 536 页。

同唐律相比，现代刑法法律解释上的最大特点是，除法律本身的解释外，大部分的解释都在刑法典之外另外公布使用，而不作为刑法典的一部分。但是唐律的有权解释，基本上都包括在《唐律疏义》这一部刑律之内，即律条和解释统一于一典之内，合为一体。另外再有修改补充，就要通过格敕进行。

1．最初解释刑律是为满足法律科举考试之需要

作为古代刑律中旷古奇迹的《唐律疏义》之所以制定，从性质及目的来说，本不是一次"立法"活动，而是一次法律解释活动，而且这次法律解释的直接目的，主要是为了对当时科举考试法律专业考生的答卷进行评判时有个标准。史书上说：

> 三年，诏曰："律学未有定疏，每年所举明法，遂无凭准。宜广召解律人，条义疏奏闻，仍使中书门下监定。"于是……参撰《律疏》。[1]

2．解释中又改以满足司法实践之需要为主旨

在刑律解释也即是在《律疏》进入实际制定之时，又自然地把司法实践之需要提到了主要地位。具体地说，就是要克服司法实践中中央刑部与大理寺之间，及地方州、县之间因认识分歧而执法不一的弊病，从而确定一个对律文内容统一解释的基本标准。这一点，《名例律》开头的疏文中表达得最清楚：

> "今之典宪，前圣规模，章程靡失，鸿纤备举，而刑宪之司执行殊异：大理当其死坐，刑部处以流刑；一州断以徒年，一县将为杖罚。不有解释，触涂晓误"；"是以降纶言于台铉，择折简于髦彦，爰造《律疏》，大明典式"；"譬权衡之知轻重，若规矩之得方圆，迈彼三章，同符画一者矣。"

由此看来，《律疏》之产生源于学理解释与司法解释需要之统一。疏文插写在律文与注文文句之后或之间，"律疏"与律合为一体并同样地被司法引用，事实上也成了法律本身。

---

1 （宋）王钦若等编纂、当代学者周勋初等校订：《册府元龟》（校订本）卷六百一十二，凤凰出版社 2006 年版，第 7067~7068 页。

二、注文的作用

1．注文解释律文

唐代的刑律实际上包括了律文、注文及疏文三部分。"注"夹嵌在律条文句中间或紧接于律文之后，用比律条相对小的字体书写。从关系上说，"注"是对律文含义的补充及适用的简要说明。

（1）注文有对律文中罪名的罪状作说明（为区别清楚，本节律文后之注文用楷体字）。如《名例律》（总第 6 条）"十恶"："二曰谋大逆。谓谋毁宗庙、山陵及宫阙。"经注文解释，可明确"大逆"罪名是专指毁坏皇家宗庙、陵墓及宫殿等的一类犯罪。

（2）注文对律文的适用作解释。如《名例律》（总第 30 条）："九十以上，七岁以下，虽有死罪，不加刑。缘坐应配没者不用此律。"其义谓，即使属九十以上，七岁以下，本人有死罪也不加刑罚，但是，如其亲属中有人犯了要对这些人实行缘坐、流放、没为奴婢的那些罪，就不实行这条"不加刑"的法律而照样要因缘坐而受刑。

（3）注文对律文作其他具体解释。如《名例律》（总第 32 条）："诸彼此俱罪之赃 谓计赃为罪者。及犯禁之物，则没官。若盗人所盗之物，倍赃亦没官。"文内注文都是对前律正文的具体解释，如"计赃为罪者"是对上文的限制性解释；"若盗人所盗之物"及"倍赃"是对"没官"的解释。又如《职制律》（总第 135 条）："诸有所请求者，笞五十；谓从主司求曲法之事。即为人请者，与自请同。主司许者，与同罪。主司不许及请求者，皆不坐。已施行，各杖一百。"文中前一注文是"请求"罪的概念及对犯罪主体范围的说明，后一注文是对犯罪构成与否的必须说明。

2．注文在《律疏》制订前之《律》中已存在

《贞观律》《永徽律》已有注文。敦煌发现的贞观年间的《捕亡律》片断上，各律条之中就已有注文。如其中相当于今《唐律疏义》中总第 466 条"主守不觉失囚"条下，在"未断决间，能自捕得及他人捕得，若囚已死及自首，各减一等"的律文下，就已有注文：谓此篇内，监临主司应坐，当条不立捕访限及不觉故纵者，并准此法。总第 467 条"部内容止他界逃亡浮浪者，一人里正笞四十"下有注文：谓经十五日以上者。坊正、村正同里正之罪。总第 468 条"知情藏匿罪人，若过致资给"之律文下有注文：谓事发被追及亡叛之类。

敦煌文书残片《永徽律·名例律》"十恶"的律文下已有注文，如"四曰恶逆"下，就有注文：谓殴及谋杀祖父母、父母，杀伯叔父母、姑、兄姊、外祖父母、夫、夫之祖父母、父母。《擅兴律》律文"若放人多者，一人准一日；多者，一日准一人"下也有注文：谓放三人各五日，放五人各三日，累成十五日之类，并经宿乃坐。《贼盗律》片断"诸知略、和诱、和同相卖"下有注文：展转知情而买，各与初买者同。虽买时不知，买后知而不言者，

亦以知情论。[1]

3. 注文是唐代法条行文可以使用的共同形式

法条使用注文对主文进行解释说明，不但唐律中使用，唐令中也用注文。

（1）与《律疏》同时代的《永徽令》中有注文。

敦煌文书残片《永徽职员令》的片断中，关于"亲王府"编制的《令》文中就有注文：

师一人，掌以师范辅导，参议可不。咨议参军事一人，掌匡正幕府，咨谋庶事。友一人，掌陪随左右，拾遗补阙。文学二人，掌修撰文章，雠校经史。东阁祭酒一人，掌接引宾客。西阁祭酒一人，掌同东阁。长史一人，掌通判府事。司马一人，掌同长史。掾一人，掌通判功曹、仓曹、户曹，若属无，兼判右曹事。属一人，掌通判兵曹、骑曹、法曹。若掾无，兼判左曹事。主簿一人，掌覆审教命。史二人，掌钞写教命。……[2]

（2）永徽《律疏》制定前之令文中就有注文。

唐代第一朝武德年间的《祀令》中已使用注文：

大唐武德初定令，每岁冬至，祀昊天上帝于圆丘 坛于京城明德门外道东二里。四城，城各高八尺一寸，下城广二十丈，再城广十五丈，三城广十丈，四城广五丈，以景帝配，五方上帝天文皆从祀 日月内官中官外官，及众星皆从祀……上帝及配帝，用苍犊各一；五方帝及日月，用方色犊各一；内官以下，加羊豕各九。[3]

三、疏文的作用

所谓"疏"，是在《永徽律》制定之后，组织包括参与过制定《永徽律》的部分人物在内的一批人，专门对律文及注文进行逐条逐句的解释，解释的文字就插写在律文（包括注文）各条各句的中间或后面，同原律文注文一起抄写公布。《律疏》这部书，实际上有三部分内容：一是律文，二是注文，三是对律与注作解释的疏文。律与注可以离开疏文而作为

---

1 刘俊文：《敦煌吐鲁番唐代法制文书考释》，中华书局1989年版，第99页、第100页、第23页、第89页、第94页。

2 刘俊文：《敦煌吐鲁番唐代法制文书考释》，中华书局1989年版，第187~188页。

3 《通典》卷四十三《礼三·吉二·郊天下》记"武德令"，中华书局1984年版，第247页。有学者认为此令之注文是《通典》编撰者杜佑所加。其实，杜佑能"加"这样有特殊内容之注文，其必为有所依，而绝不会是凭空妄添，故用杜佑之所依者为论，可以成立。

典册存在。即使在有疏文之后，宋代还从《律疏》中抽出疏文后把律（及注）校勘单独刊刻名为《律》成典册而传世。但是就独立的典册来说，离开了律与注的疏文则不能单独存在，那样文义上也不能连贯成章。

1．"义疏"来之于当时经文阐述的文体习惯

唐代把对律文与注文同时作解释的书称为"义疏"，来之于汉魏以来对权威经典解释的文体习惯。汉魏以来为古圣人之"经"书写解释的著作有的称为"注"，有的称为"传"。如《周礼》，汉代郑元曾为其作"注"。孔子的《春秋》，左丘明的解释称《左传》，公羊高（或说子夏）的解释称为《公羊传》，谷梁赤的解释称为《谷梁传》。为唐律的律文及注文作解释，当时的立法者把这件事看得很严肃庄重，认为这就相当于后人为古圣人的经文及注文作解释。不过按当时的文体习惯，这种性质的著作已不再称为"传"，而是称为"义疏"。所以同时解释唐律律文与注文的部分，受经传解释的影响，也称为"义疏"：

> 昔者，圣人制作谓之为"经"，传师所说则谓之为"传"，此则丘明、子夏于《春秋》《礼经》作"传"是也。近代以来，兼经注而明之则谓之为"义疏"。[1]

2．"义疏"之"疏"是经义阐发之"记识"

《律疏》卷第一《名例律》开头的序文说：

> 疏之为字，本以疏阔、疏远立名。又，《广雅》云："疏者，识也。"案疏训识，则书疏记识之道存焉。《史记》云："前主所是著为律，后主所是疏为令。"《汉书》云："削牍为疏。"故云疏也。

按上文，"疏阔"与"疏远"此处应排除。《广雅》上讲"疏"为"识"，而"识"《增韵》解为"见识"；《扬子法言》解为"闻见"。《广韵》《集韵》又训"识"音"志"，为"记""写"之义。故《律疏》中"疏"兼有上述两种意义："书疏记识"，其作用是"记识"对律义的见解，即立法者的法律解释。

《律疏》卷第一《名例律》卷首序文中说"近代以来兼经注而明之"，即把对经文与注文同时作解释的文字称为"义疏"的情况确实存在。从《旧唐书·经籍志》的记载看，在唐代，对"经""注"等原著同时作解释的著作称为"义疏"的情况较普遍。如《易经》有《周易义疏》《周易文句义疏》，《书经》有《尚书义疏》，《诗经》有《毛诗义疏》，《礼经》有《周礼义疏》，《礼记》有《礼记义疏》，《孝经》有《孝经义疏》等。

1（唐）长孙无忌等：《唐律疏议》卷第一《〈名例律〉序》，刘俊文点校，中华书局 1983 年版，第 2 页。

3．律（含注）与"义疏"合而简称为《律疏》

《旧唐书·刑法志》记载："律学未有定疏"，"宜广召解律人条义疏奏闻"，"于是太尉赵国公无忌……等，参撰《律疏》，成三十卷。""解律人"的任务是逐条编写律之"义疏"，最后撰成《律疏》三十卷。《贞观律》与《永徽律》是十二卷，《永徽律疏》因增加了"义疏"故成为三十卷。把律之"义疏"及律一起简称为《律疏》的不只是写《旧唐书》《新唐书》的五代人及宋代人，唐代人自己也如此。《律疏》的作者在《名例律》卷首的序言中就说："是以降纶言于台铉，挥折简于髦彦，爰造《律疏》，大明典式。"唐代人撰写的《唐六典》也是这样的提法：

> 永徽中，复撰《律疏》三十卷，至今并行。[1]

唐代及唐以前，许多实际是"义疏"的书，为避免重名也称为"疏"。如沈重有《周礼义疏》，贾公彦则著《周礼疏》；皇侃、沈重、熊安生各著《礼记义疏》，贾公彦则有《礼记疏》；皇侃著《孝经义疏》，贾公彦、元行冲则称所著为《孝经疏》。

"义疏"简称为"疏"的情况，直到元代仍是这样。元代江西儒学提举柳贯在元泰定四年（1327年）所作《唐律疏义序》中说：

> 长孙无忌等承诏制疏，勒成一代之典。[2]

4．"义疏"的作用是对律与注全面作解释

"义疏"用到唐律上，就是对律与其注文作解释的文字，也就是"兼律注而明之"。这种法律解释，在律义内容上达到最大的深度与广度。《名例律》卷首的疏文说："远则皇王妙旨，近则萧、贾遗文，沿波讨源，自枝穷叶，甄表宽大，裁成简久。"长孙无忌的《进〈律疏〉表》中又说："撼金匮之故事，采石室之逸书，捐彼凝脂，敦兹简要，网罗训诰，研核丘坟。"

当然，总的目的是要解明律与注之义，满足司法之需要。清雍正朝刑部尚书励廷仪评论"义疏"说："其疏义则条分缕别，句推字解，阐发详明，能补律文之所未备。"[3]清末任刑部侍郎的沈家本亦说："盖自有《疏议》，而律文之简质古奥者，始可得而读焉。"[4]

1《唐六典·刑部》"刑部郎中"条《律》下注文，中华书局1992年版，第183页。

2《四库全书》总第672册，《唐律疏义》前附柳贯《唐律疏义序》，我国台湾地区商务印书馆影印文渊阁本。

3（清）励廷仪：《唐律疏义序》，载《唐律疏议》，刘俊文点校，中华书局1983年版，第665页。

4（清）沈家本：《重刻〈唐律疏议〉序》，载《寄簃文存》卷六，商务印书馆2015年版，第178页。

四、《律疏》从宋元起有《唐律疏义》与《唐律疏议》二称

1．宋代对"律"的称谓

从法源上说，宋代的《刑统》只是唐代的《律疏》加上了从唐开元到宋初与《律疏》相关的刑事法规的条款。从官方的法律语言上说，唐的《律疏》到宋代仍称为《律》（指律及注的正文）或《律疏》（指律、注及义疏三者的合体），连"唐"字都不加。其原因：一是宋代的刑法称为"刑统"，宋仁宗时，刑事立法总称为"敕"，与唐代的"律"及"律疏"在名称上并不冲突；二是唐代"律疏"的主要内容就包括在宋代的"刑统"之内，只要提"律"及《律疏》就一定是指唐律或《刑统》中的《律疏》内容。这一点在宋人刻写唐律律文的过程中得到充分说明。北宋天圣年间，判国子监孙奭奉皇命为校正宋代刑书而订正唐律的律文与注文，订正后刊刻为书时其名竟只一个《律》字，到南宋重刻此书时，仍只以"律"为名，而不冠"唐"字。结果清代人发现其传本时，很多人都误判为"宋律"。

2．宋代对《律疏》的称谓

据刘俊文在《点校本唐律疏议序》中说，《律疏》的版本，就目前所见，大致有三个系统：一是滂喜斋本系统，二是元代至正本系统，三是文化本系统。三个系统之中滂喜斋本时代最早，可能刻于南宋后期，而至正本系统和文化本系统共同的祖本，可能是元泰定本。滂喜斋藏的宋刻本，其名为《唐律疏义》。据"四部丛刊"本录《滂喜斋藏书记》说：

> 宋刻《唐律疏义》三十卷，题太尉、扬州都督、监修国史、上柱国、赵国公长孙无忌等撰。

"藏书记"据清孙氏影刻元泰定本附有《纂例》《释文》，而此本无附。同时，据该书《律疏》卷二（总第 18 条）关于"除名"处罚疏文中的"理务弘通"，因要避宋太祖父亲"弘殷"之讳，被改为"理务疏通"，以及孙所据底本又改回"理务宏通"的情况，判定滂喜斋所藏本遵守宋朝的避讳要求，所以认为：

> 以此证之，此本为宋椠无疑矣。[1]

海盐张元济在该书的《跋》中又补充说："卷一'四曰恶逆'条疏议'枭鸱其心，爱慕同尽'，元刊本上'枭鸱'作'枭镜'，'爱慕'作'爱敬'，是必因避宋讳改易。"[2]因为宋太祖祖父名"敬"。不是宋代人不会为宋代皇帝之父祖讳名，故判断滂喜斋的《唐律疏义》为宋本，亦

1（清）潘祖荫：《滂喜斋藏书记》，载《唐律疏议》，刘俊文点校，中华书局 1983 年版，第 673 页。

2 张元济：《跋》，载《唐律疏议》，刘俊文点校，中华书局 1983 年版，第 675 页。

是理由。同时由此判断宋人已称《律疏》为《唐律疏义》也是理由。

　　另外，元代江西儒学提举柳贯于泰定四年（1327），得《唐律疏义》，刊成书后并为其写《唐律疏义序》。柳贯所刊的那类抄本于清朝雍正年间曾传到刑部尚书励廷仪的手中，他说："今年春梢，有友人至京，出《唐律疏义》抄本示余"，"爰欣然握管而为之序"。他写的序也名为《唐律疏义序》。这个被称为泰定本的《唐律疏义》，也成了至正本系统及文化本系统的祖本。柳贯在刊《唐律疏义》的序言中说：

> 吾欲求《故唐律疏义》，稍为正讹缉漏，刊之于龙兴学官，……而行省检校官王长卿，复以家藏善本及《释文》《纂例》二书来相其役，……踰月绪成。[1]

这清楚说明，柳贯当时听说的是《故唐律疏义》，王长卿提供的被柳贯称为"善本"的底本，不言而喻也应是宋元时期的《唐律疏义》。

五、《律疏》在清朝的称谓统而不一

1. 清朝曾以国家权威版本的形式称《律疏》为《唐律疏义》

　　清朝称《律疏》为《唐律疏义》，主要表现在从清乾隆三十七年开始编纂《四库全书》时对《律疏》的收录过程中。首先，纪昀等经籍专家，在《律疏》版本上，是选取了柳贯于元泰定四年为作序的江西行省检校官王长卿提供的"家藏善本"。《四库全书》在收录此书时，全书统称之名、各卷卷首书名，都遵照原著概作《唐律疏义》。同时，纪昀等在写该书的内容"提要"时，也称其为《唐律疏义》。最后，在《四库全书》的整部《唐律疏义》中，所有的"疏"字下一律随"义曰"（而不是"议曰"）二字。[2]（参见此文后所附"四库全书"文渊阁与文津阁图片）《四库全书》所收的《唐律疏义》确是个好的版本。柳贯在序其缘由时说的"予间请于廉访使师公"，"而行省检校官王君长卿，复以家藏善本及《释文》《纂例》二书来相其役，公欣然命出公帑所储没入学租钱以供其费"[3]等的话，早在雍正年间就反映在当时刑部尚书励廷仪为其所见的《唐律疏义》所写的序言所证实。励廷仪在见此版为所写序中所说的"余因翻阅数次，知董其事者，元江西儒学提举柳君贯也；发帑金以佐其用者，廉访师公也；出善本以赞其成者，检校王君长卿也"，[4]这与泰定本柳贯所序完全

1　参见《四库全书》总第 672 册，我国台湾地区商务印书馆影印文渊阁本，1986 年版。

2《四库全书》总第 672 册，见我国台湾地区商务印书馆影印文渊阁本，1986 年版。

3（元）柳贯：《唐律疏义序》，载《唐律疏议》，刘俊文点校，中华书局 1983 年版，第 664 页。

4（清）励廷仪：《唐律疏义序》，载《唐律疏议》，刘俊文点校，中华书局 1983 年版，第 665 页。

符合。可见，《四库全书》收刻《唐律疏义》，绝非随意偶然。

2．清代学人在书名称谓上各以所得本子为准

按理说，《四库全书》所收的《唐律疏义》应该成为一个可以依从的权威本子，但朝廷所编的《四库全书》本，在当时的印制及发行条件下不可能普遍流传。所以，校刊及收藏的学者甚至司法官员，在研究、校刊、推荐时，并不能以难得一见的四库本为准。在书名称谓上，基本是见什么本子，就以该本子为准。如清末刑部左侍郎沈家本于"光绪十有六年十二月"，为重刻《唐律疏议》作序时，简称书名为"疏议"。有的学者还以自己所见所想去揣摩《四库全书》收录本子的名称，如山东督粮道孙星衍于嘉庆十三年元月，为重刻《故唐律疏议》作序时，不但自己称其书为"疏议"，而且竟说"四库全书"本也名为《唐律疏议》：

> 国家辑四库全书，《唐律疏议》入于史部法令，秘府所藏，世人罕见。[1]

沈家本在《重刻唐律疏议序》中也说：

> 《唐律疏议》三十卷，唐长孙无忌等奉敕撰。国朝四库全书所收录，并附见于名家书目中。[2]

其实，"四库"本中的《律疏》，正好不是如沈、孙二位说的是"疏议"，而是《疏义》。（参见本文附件之一："四库全书"文渊本及文律阁本图片）。二位大师的做法，客观上扩大了对书名的误解。这种情况使得有清一代，民间传抄或传刻的《唐律疏议》的影响，要大于官方四库全书的《唐律疏义》之名声。

3．同为"泰定本"却引出了"唐律疏议"之名

沈家本曾得到过清乾隆间进士卢文弨所校的《钞本唐律疏义》一书，并为其写《跋》。沈家本把卢文弨校本与孙星衍之岱南阁本比较后，认为"岱南阁覆元泰定本"与卢校本"似两本同出一源"。他指出："而此本题曰《唐律疏义》，孙本则题曰《故唐律疏议》。此本校语云：'宋本、元本，并作疏议'。'义''议'文殊，不独与孙本异，与诸本亦异矣。"[3]

从沈家本的介评中，可以作出以下几点结论：其一，卢氏认为宋、元本皆名《唐律疏议》；其二，元泰定本当名为《唐律疏义》无疑；其三，孙星衍的岱南阁本虽"覆元泰定本"，但其书名已变为《唐律疏议》。原因何在，值得研究。

1（清）孙星衍：《重刻故唐律疏议序》，载《唐律疏议》，刘俊文点校，中华书局 1983 年版，第 667 页。
2（清）沈家本：《重刻唐律疏议序》，载《唐律疏议》，刘俊文点校，中华书局 1983 年版，第 669 页。
3（清）沈家本：《钞本唐律疏义跋》，载《寄簃文存》卷七，商务印书馆 2015 年版，第 215 页。

六、《律疏》的"疏"文包括"议"及"问答"两种内容

评论《唐律疏义》与《唐律疏议》的书名，首要的是弄清楚唐代《律疏》的内容结构。我以为，对律与注来说，"疏"是对它们进行解释的一个整体，而疏文又有其自身的内容结构。疏是由"议"和必要（而不是每条必备）的"问答"两部分组成。其对律与注的解释任务是通过"议"及"问答"来实现的。

1."议"的作用

《律疏》的"疏"之下，首先列"议"。"议"是言论、意见，就表达方式说是议论。所以，唐代的"议"也指一种议事说理的文体。如驳议、奏议等。《旧唐书·经籍志》记载的书目中就有许多以"……议"为名的。如：《丧服要集议》《礼议》《何氏春秋汉议》《晋明帝谥议》《晋明堂郊社议》《杂议》《晋七庙议》等。唐律疏文中对律及注的意义，用议论的方式作分析阐发的部分称为"议"，是名副其实。

2."问答"的作用

疏文在"议"之后，常常还有"问答"的部分。正如本文开头已述，"问答"是中国古代法律解释的传统形式，法律问答最早在战国时期的法律生活中已经出现。秦朝的"法律答问"已经成为正式的法律表述形式之一。湖北云梦秦墓出土之竹简中有当时的"法律答问"计183条之多。其内容上最大的一个特点，是都以具体的事例、案情相"问"，而上级则以处置办法相"答"。这是典型的有权解释，其效力与秦律其他律文同等。唐代《律疏》中的"问答"正是沿用古代法律解释的传统方式的表现。其相较于"议"的一个最大特点，是列举编设的实例以作解释。

3."议"和"问答"在对律的解释上是平行并立的关系

（1）内容性质上的平行关系。问答是单独提出的对律文的例解，它是"议"的附属内容，是整个【疏】的一个组成部分。如《户婚律》（总第189条）是关于"妻无七出及义绝之状而出之"之犯罪及处罚。其"疏"文的"议"先是讲此律在伦理纲常上的根据；接着依令及律的内容先后介绍"七出""义绝""三不去"的内容。最后，以"问答"提出与律文密切相关的一个实例的处置：问以"七出"中"无子出"的年龄，"答"以无正条比附之文，故依"妻年五十以上无子，听立庶以长"来推断妻应出之年龄。

从内容看，"议"与"问答"在同等地位上解释律文，前者以议论阐发之形式重于解释律的本义，而后者则重于以实例来解释法律运用中的问题。"问答"不是"议"可取代的。虽然大部分律条之疏文并无"问答"，但不能因此否认在兼有的律条中"问答"与"议"的同等地位。

（2）表达与书写形式上的平行关系。"议"与"问答"的同等地位，在《律疏》疏文的

表述及书写形式上也有表现。我的办法是律文用黑体，注文用楷体，疏文用宋体。如《唐律疏义》卷第二十《贼盗律》（总第 294 条）其表述及书写的形式是：

诸略卖期亲以下卑幼为奴婢者，并同斗殴杀法；*无服之卑幼亦同*。**即和卖者，各减一等。其卖余亲者，各从凡人和略法。**

　　【疏】议曰：期亲以下卑幼者，谓弟、妹、子、孙及兄弟之子孙、外孙、子孙之妇及从父弟、妹，并谓本条杀不至死者。……

　　　　问曰：卖妻为婢，得同期亲卑幼以否?

　　　　答曰：妻服虽是期亲，不可同之卑幼，故诸条之内，每别称夫。……

　　　　又问：《名例律》云："家人共犯，止坐尊长。"未知此文"和同相卖"，亦同家人共犯以否?

　　　　答曰：依《例》："本条别制，与例不同，依本条。"此文卖期亲卑幼及兄弟孙、子孙、外孙之妇，卖子孙……

　　在用词上，《疏》的"议"下都用"曰"，构成"议曰"；"问答"之下也各随"曰"，构成"问曰"与"答曰"。"议曰"与"问曰""答曰"都是"疏"的内容，位置平列。

　　在版式上，原竖写的"诸"字下之律文，包括注文，都顶格依次序写。【疏】的部分，比律文一律低一格；"议"在"疏"之下；而"问答"在排行上也比"疏"低一格，而与"议"的地位持平。所以，从内容的结构关系以及用字与书写的形式上说，"议"与"问答"都是"疏"的组成部分，地位并列一样。

七、从《律疏》的结构评议今传《律疏》的名称

1. "疏义"是《律疏》性质最好的揭示

　　唐代的《律疏》到宋元时被称为"疏义"，是《唐律疏义》一书在宋元时代人们的一种新认识，也是词语发展变化的一种自然要求。

　　宋代的民间藏书家，把作为前朝遗产的法典冠以"唐"，以区别于当时的现行法典，是藏书研究的需要。同时，"疏"字虽然据"义疏"作者自己的解释，并不是"疏解、疏通"的意义，可是它作为前代遗留之典籍，到了词义发展的后代，不可能不对"疏"赋予"疏解、疏通"的意义。既然最初可以是"律之义疏"，现在也可以是律的"疏解义"。因为当时唐高宗命令为《律》写"义疏"是它最早的"基因"。所以，唐代之《律疏》宋时被称为

《唐律疏义》，是社会语言与法律自然发展中一种符合内在逻辑，反映事物本质变化的结果。《唐律疏义》是从最早解经书的"义疏"演变而来。"疏解律的含义"，与立法之本义最接近，最能反映其任务与性质特征。

2. "疏议"不是《律疏》内容本质特点的最好概括

后代所以有《唐律疏议》之名，原因只是一个：在基本不使用标点的时代，把【疏】与其下的"议曰"简单地连成为"疏议曰"，又从而把"疏议"理解为书名，于是就把整部书名之为"疏议"。首先，这种在书名上作"又疏又议"的理解，与唐代的"义疏"及"律疏"本身的严谨意义毫无共同之处。近代学者王重民认为，"疏"与"议"虽然不得不写在一起，但应当用阴阳文分开：

> 长孙无忌与李勣等十九人所议，皆解释条文者，皆"疏"也。宋本阴文【疏】字下紧接"议曰"，正是其事。盖长孙氏等因古者律有驳议，故于所讨论之文，统冠"议曰"二字；"议曰"以下既是疏语，故又置于阴文"疏"字之下，其事甚明，其分别至易。

他最反对把本不连读的【疏】与"议"因连写而连读，形成又疏又议的做法：

> 元本将"疏议"并为阴文，则失原来本义矣。
>
> 元人扬宋人之波，将卷内一切"疏议"字连读，遂成大误。但数百年来，竟无人觉其误也。[1]

"【疏】议"连读为书名，在逻辑上舍去了"问答"也是【疏】的组成部分的表意，割裂了"疏"的内容，在理解上也不周全。

3. 略去"疏"字的做法颇不可取

有清一代一些治律的学者，在对《律疏》内容中"疏"与"议"的解释上，或多或少地暴露出对疏文的结构在理解上有顾此失彼的缺陷。其中最突出的问题是把"疏"和"议"的地位等同起来，在结构上陷入概念混淆模糊：

> 不知"疏""议"同物，均为申明《律》及《注》。[2]
>
> 此书名"疏"者，申明《律》及《注》意；云《议》者申《律》之深义，及《律》所不周不达。[3]
>
> 名"疏"者，发明《律》及《注》意。云"议"者，申《律》之深义及律所不周不达，

---

1 王重民：《敦煌古籍叙录》，商务印书馆 1958 年版，第 145 页。

2 王重民：《敦煌古籍叙录》，商务印书馆 1958 年版，第 145 页。

3（清）俞正燮：《癸巳类稿·〈唐律疏议〉跋》，辽宁教育出版社 2001 年版，第 393 页。

若董仲舒《春秋决狱》、应劭《决事比》及《集驳议》之类。[1]

这些学者虽都讲清了"疏"与"议"的作用，但在内容结构上都把"疏"与"议"等同，于是又都忽略了"问答"的存在。其实，律的"深义"及"不周不达"之处的申明，"问答"的作用也不容忽视。当然，注意到"问答"的学者也有，如前文引励廷仪所写《唐律疏义序》，他在说疏义作用的同时也说："其设为问答，互相辨难，精思妙意，层出不穷，剖析疑义，毫无遗剩。"

唐代的《律疏》在宋元时期曾有一个好的书名——《唐律疏义》，而到后来，在"义"与"议"并不通用的情况下，却形而上学地又把它称为《唐律疏议》，这是一种误会。

另外，有的学者如王重民又因视"疏、议同物"，所以认为既然"疏"与"议"相随又作用相同，所以，《律疏》中有"疏"省略"议曰"，或有"议曰"省略"疏"都可以：

敦煌本无"疏"字仅作"议曰"，因将"议曰"所论置于"疏"之地位，可望而知为"疏"也。宋本之有阴文"疏"字，敦煌本之无阴文"疏"字，其义相同，均无差误。[2]

王重民认为"疏"与"议"在行文时省略其中之一亦无碍的主张，以法律法典化的要求来说，很不可取，虽然是有这样的版本残卷出现过。

总之，"四库全书"把《律疏》书名全称为《唐律疏义》，从"义疏"制定的初衷来说，实是返璞归真；从词义的发展来说，也体现与时俱进，后来《辞源》解"疏"的第十七项就是"疏通其义"。何时《唐律疏议》能正其名为《唐律疏义》，这就要看人们是否最终能冲出那种"既然《律疏》中'疏议曰'连写连称，又疏又议，那么其书名也当然是《疏议》"的思维藩篱了。

* 此文原发表在《历史研究》2000 年第 4 期。此次刊发时，增加了内容，并对一些词句，也作了必要的校勘与修饰。

---

1 （清）沈家本：《重刻唐律疏议序》，载《唐律疏议》，刘俊文点校，中华书局 1983 年版，第 670 页。
2 王重民：《敦煌古籍叙录》，商务印书馆 1958 年版，第 145 页。

附件："四库全书"收录《律疏》之书名及版式

文渊阁本《唐律疏义》

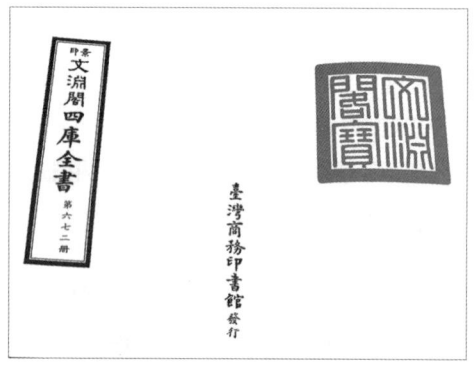

此版扉页注明文渊阁影印本

文津阁本《唐律疏义》

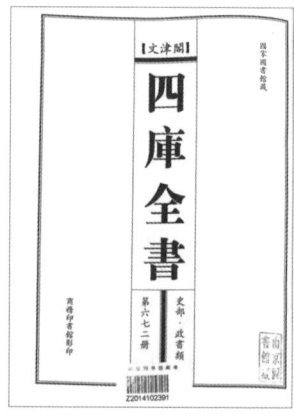

扉页注明文津阁本

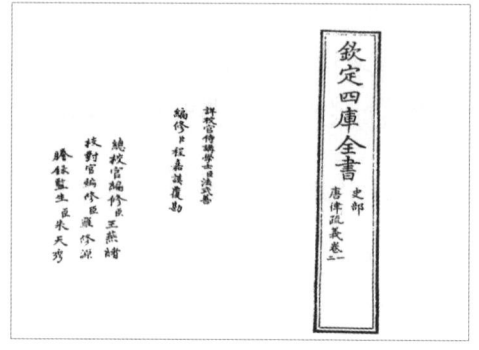

开卷页书名称《唐律疏义》

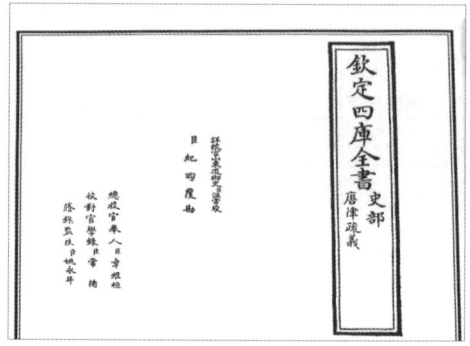

开卷页书名称《唐律疏义》

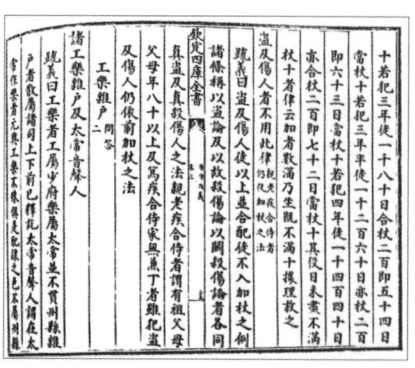

版式：【疏】下皆连"义"

版式：【疏】下皆连"义"

4. 唐律书名及版式进行整合的理念与实践

　　关于对唐代《律疏》在流传中出现的两种书名的评述，笔者在《历史研究》2000 年第 4 期上已发表过看法。现在再写这篇文章，是对《律疏》书名的分异产生了进行整合的主张，而且此主张已在本人所撰《唐律疏义新注》[1] 的编著过程中付诸实施。其实，今传《律疏》分异为"唐律疏议"与"唐律疏义"两种名称，这两种书名及与之相关的版式各有其长短与利弊，整合的办法是，扬二者之所长，避二者之所短，以求返璞归真。此文反映解决此问题由理论到实践，经过实践检验再到理论总结的过程。

一、《律疏》以"唐律疏义"与"唐律疏议"两种书名流传

　　《律疏》以两种书名流传的原因，刘俊文先生曾有提及。其谓："《唐律疏议》三十卷，唐长孙无忌等奉敕撰，原名《律疏》"，"后人以其所疏为唐律，文中又冠以'议曰'二字，故名之曰《唐律疏议》或《唐律疏义》"。[2] 刘先生认为流传之书名与版式有关系，我很赞同。

　　这里所介绍的流传概况，仅对两种不同的书名及与之相关的不同版式表述作比较评述，并提出对书名进行整合的意见。

1.《律疏》以"唐律疏义"书名的流传
从现存的版本及可靠史料记载看，下列数种本子都使用"唐律疏义"为书名：元泰定

---

1 钱大群：《唐律疏义新注》，南京师范大学出版社 2007 年版。
2 见中华书局 1983 年版刘俊文点校《唐律疏议》之"点校说明"。

四年，柳贯[1]刊刻并作序的《律疏》善本；清雍正十三年，励廷仪为作序的其从友人处所见的抄本；乾隆四十六年，"四库全书"收编的附有柳序的本子；乾隆五十四年，经学家卢文弨作校的抄本。现分别简述如下：

其一，柳贯于元泰定四年（1327）刊刻当时王长卿为其提供的善本，并作《唐律疏义序》。他谨依《旧唐书·刑法志》之记载，在序文中提"长孙制义疏"，"义疏出永徽初"；说在这之前"吾欲求《故唐律疏义》"。[2]

其二，清雍正十三年（1735）刑部尚书励廷仪发现抄本《唐律疏义》并为之写序。他在序文中说："今年春梢，有友人至京，出《唐律疏义》抄本示余，……欲属余为序。"其序文题目称《唐律疏义序》。[3]

其三，清乾隆四十六年（1781）编纂之"四库全书"，其所收《律疏》名之为《唐律疏义》。其书之《提要》称其为《唐律疏义》，所附之柳序以《唐律疏义序》为题。[4]（参见本书第3篇后附件：人民法院出版社2019年版钱大群编著之《唐律疏义文白读本》）

其四，在"四库全书"编纂《唐律疏义》八年之后，清乾隆五十四年（1789年）翰林院侍读学士、湖南学正卢文弨又发现《钞本唐律疏义》，并对其作校及写校语。这个本子沈家本于宣统元年（1909）见后，专门写《跋》。《跋》中说："此本题曰《唐律疏义》，孙本则题曰《故唐律疏议》"；"'义''议'文殊，不独与孙本异，与诸本亦异矣。"[5]

其五，《律疏》的宋刻本也以"唐律疏义"为名称，清朝潘祖荫在《滂喜斋藏书记》中关于《律疏》一则的开头就说："宋刻《唐律疏义》三十卷，题太尉、扬州都督、监修国史、上柱国、赵国公长孙无忌等撰。"[6]潘氏谓其所藏为"宋刻"。

2.《律疏》以"唐律疏议"书名的流传

清代在乾隆朝国家纂修"四库全书"版的《唐律疏义》之后，曾有两个刊刻书名为《唐律疏议》的本子。

其一，清代进士、经学家孙星衍于嘉庆十三年（1808年）根据元刊本校勘重刻并为作序，书名称"唐律疏议"。他在《重刻故唐律疏议序》中说："偶得元刻本，字画精致，镌梓传之。"[7]嘉庆生员顾广圻（千里）也同时为此《唐律疏议》作校并写《跋》。

其二，清光绪间刑部侍郎沈家本于光绪十六年（1890）重刻《唐律疏议》，并为写序

---

1 柳贯之"贯"，原写为"贇"，《康熙字典·贝部》解引《玉篇》：同"贯"。薛允升在其《唐明律合编》所附柳序后特对"贇"字注曰："他本有作'赟'作'赟'者，皆以意改。"
2 参见我国台湾地区商务印书馆影印四库全书文渊阁本《唐律疏义》所附柳贯的《唐律疏义序》。
3 参见中华书局1983年版刘俊文点校本《唐律疏议》附录自"日本文化二年官版本"之励廷仪序。
4 参见我国台湾地区商务印书馆影印四库全书文渊阁本《唐律疏义》。
5 （清）沈家本：《钞本唐律疏义跋》，载《寄簃文存》卷七，商务印书馆2015年版，第215页。
6 参见商务印书馆1935年版"四部丛刊"本《唐律疏议》后附《滂喜斋藏书记》。
7 参见中华书局1983年版刘俊文点校本《唐律疏议》附录之孙星衍序。

言《重刻唐律疏议序》。[1]

其三，中华书局 1983 年出版刘俊文先生主要依元代至正本所作《唐律疏议》点校本，书名为《唐律疏议》与孙本、沈本相合。且其目录与各条之上皆注数字序码。后来刘先生在其 1996 年中华书局版之《唐律疏议笺解》中，又于各条前加注条标名。刘校本是《唐律疏议》中有代表性的优良本子。

[参见本文后附件一：中华书局 1983 年版刘俊文先生点校之《唐律疏议》与顾广圻（千里）亲手临摹的泰定本校勘人柳贯的《唐律疏义序》文]

3.【疏】下接"议"被连读并依此潜规则造成了"唐律疏议"之书名

两种书名的流传中，校刻者在处理异名的过程中，各律条【疏】下紧接"议曰"的情况，往往成为左右书名取舍的重要因素，这就是有些校勘者即使以"唐律疏义"作为底本，最后还是以"唐律疏议"为书名的原因。沈家本在为卢文弨校勘的《钞本唐律疏义》写《跋》时，认为孙星衍的岱南阁本"覆元泰定本"，[2] 而泰定本就是柳贯从王长卿处所得的善本"唐律疏义"，柳的序文亦称其书为《唐律疏义》，可沈家本自己的重刻本则名为《唐律疏议》。岱南阁本的另一重要校勘人顾广圻（千里）在其所写《跋》文的开头也曾提到："右至正辛卯崇化余志安刻本"[3] 的话。这说明孙、顾二人参照的元泰定本及至正本，都称为"唐律疏义"，而其所刻的岱南阁本则仍异名为"唐律疏议"。这些做法，其原因不外乎是见书中各条【疏】下接"议"，就作连读并以此为书名。

这里须特别提出的是，沈家本为卢文弨所校的《钞本唐律疏义》写《跋》时，介绍卢文弨在校语中曾说"宋本、元本，并作《疏议》"。其实，卢氏之说，并不能成立。沈《跋》介绍卢文弨所校的《钞本唐律疏义》，其中"附《图》十二卷"，"《释文》附每卷后"，《纂例》与《释文》皆元人所撰，[4] 宋本不可能收元人之著撰。这种《律疏》《图》(《纂例》)、《释文》三书合一的版本，应是元朝泰定本的特征，卢所得校之书应是元本之流。同时，卢氏所言，说明他未见过类似滂喜斋所藏所记的宋刻本《唐律疏义》之书，才出此言。

孙星衍的刻本，收入"岱南阁丛书"以传播，沈家本的刻本以"叙雪堂同人"的名义实施。在"四库全书"不易借阅的情况下，他们不以国家刻本的面目出现，实际更易传播。尤其是进入现代，公认的宋刻本《律疏》也被称为"唐律疏议"之后，这直接地影响了民国时期刊刻的《律疏》版本。如商务印书馆 1935 年版"四部丛刊"第三编所收二卷本，虽后附《滂喜斋藏书记》及张元济的《跋》，但书名却为《唐律疏议》；王云五主编"万有文库"所收元版四册本，名为《唐律疏议》；日本京都中文出版社所出之一册本，也名为《唐律疏议》。书名称《唐律疏议》之《律疏》本，在刊印及流传上，远远胜过于依宋本为

1（清）沈家本：《重刻唐律疏议序》，载《寄簃文存》卷六，商务印书馆 2015 年版，第 177 页。

2（清）沈家本：《钞本唐律疏义跋》，载《寄簃文存》卷七，商务印书馆 2015 年版，第 215 页。

3 见中华书局 1983 年版刘俊文点校本《唐律疏议》所附序、跋。

4 见本书第 45 页引中华书局 1983 年版《唐律疏议》所附《滂喜斋藏书记》中言王元亮为元代人。

准的"四库全书"本为代表的《唐律疏义》的版本。"唐律疏议"的名称俨然已成约定俗成之势。

二、《律疏》书名的分异也反映在版式用语的分歧上

称《律疏》为"唐律疏议"者，认为"疏"等同于"议"并作连读，同时不由自主地悬空了或说无视与"议"同列的"问答"的存在。可是，以"四库本"为代表的称"唐律疏义"者，却在各律条下一律以"义"取代"议"，这都在不同的角度上影响了《律疏》的版式布局及用语。当然也有不因书名分异而造成的版式分歧。

1. 因对结构理解的不同带来的版式不一

《律疏》的版式，总体上是要正确地反映内部各组成部分的关系。【疏】是解律和注的部分；【疏】又包括了"议"和"问答"两种形式的内容。因而，在版式上，律（包括注文）顶格写；【疏】的整个部分都比律低一格，【疏】中的"议"及"问答"平列，又都比【疏】低一格。但是，这是随着历代校刊者认识逐渐深化的结果，早先的情况并不规范。如王云五1939年主编的"丛书集成初编"收岱南阁本《唐律疏议》时，把【疏议曰】【注】【问曰】【答曰】都同样不加区别地使用黑方括号围住，令四者都处于并列地位。其中的【疏议曰】成为最典型的连读固定的形式。又如商务印书馆1935年版的"四部丛刊"所收的《律疏》，除"议曰"使用普通字外，【诸】【疏】【问曰】【答曰】也都一律并列地使用黑底镂白的阴字处理。这些把《律疏》内部的结构关系都搞乱的做法，不纯是形式问题，而是未能用正确的形式来反映《律疏》内容的结构规律。好在后来的《律疏》校注人或刻印者，在版式用语的安排上已不再使用"丛书集成初编"及"四部丛刊"的做法，而开始考虑反映结构规律的问题。

2. 因插入别的唐律的注释书而带来版式不一

元代柳贯在刊刻泰定本时，就在《律疏》中插入了其他两本解释唐律的书。他在《唐律疏义序》中曾说，"行省检校官王君长卿复以家藏善本及《释文》《纂例》二书来相其役"，"逾月绪成"。当时，王长卿提供给柳贯的是三本书，一本是《故唐律疏义》的善本，另一本是《唐律释文》，第三本是《唐律纂例》。其中《释文》基本是关于唐律中部分词语的注释书，《纂例》是对唐律法例学习心得的图表解。结果是，柳贯把《释文》《纂例》依其与《律疏》篇卷的关系，分插到《律疏》各篇卷的前后，三本书被合成了一本书刊刻，这是之后"泰定本"系统版本在版式上的最大的一个特点。与此相对照，滂喜斋藏宋刻本

《唐律疏义》中，既没有元代人编写的《释文》与《纂例》，当然也不会有元代人柳贯所写的序文。所以《滂喜斋藏书记》中说：

孙刻此书，据影元泰定本，每卷所附《纂例》《释文》，王元亮所编也，此本无之。[1]

元泰定本与宋刻本在版式上的这点不同，不是基于对《律疏》书名及各结构部分理解的不同，而是泰定本把其他书与《律疏》合编而形成的区别。

三、"唐律疏义"与"唐律疏议"的版式各有其长短利弊

今天，唐代之《律疏》以"唐律疏义"与"唐律疏议"两种书名存在。大凡其【疏】下的疏解内容紧接用"议"字表述者，则书名基本都称为"唐律疏议"，这种情形清朝从孙星衍起，经沈家本到民国时期的刻本，都是如此。而称"唐律疏义"者，则其各条【疏】下也紧接随着改用"义"字表疏解内容。此种情况的典型代表是"四库全书"本《唐律疏义》。励廷仪序友人所出示之《唐律疏义》手抄本，从其序文中所提"其疏义则条分缕别"来看，该书各条之【疏】文下亦用"义"表述，情形与四库本似相同。问题在于：律条之【疏】下用"义"表解释内容，书名就称为"唐律疏义"，而【疏】下用"议"表解释内容，书名就称为"唐律疏议"，如果这成为唐律书名命名的潜规则，那是不是科学？可惜现在无论是称为"唐律疏义"还是"唐律疏议"者，都在有合理性的同时，存在着不科学之处。

1. 称"唐律疏义"者版本之得失

称"唐律疏义"者以之作为书名是其得，而由此于各条【疏】下一律以"义"取代"议"是其失。

唐代之《律疏》使用"唐律疏义"为书的整体名称，合乎《律疏》制定之初衷。唐高宗于《永徽律》制定后命令再组织人为《律》条写"义疏"，写"义疏"的目的是疏解律义。"义疏"是当时疏解经典的正统用词，《名例律》序言中就说，"近代以来，兼经注而明之则谓之为义疏"。可见，皇帝下诏为《律疏》逐条写"义疏"，其书名称"唐律疏义"，合乎唐代为经典写疏的传统习惯。但是，如果由于书的整体名称为"唐律疏义"，就由此一定也要把原来在【疏】下的"议"改为"义"字，这就既不必要，也否定了长孙无忌等采用"议"体作为疏解律文的主要文体的客观存在。

唐代《律疏》中，疏文总的任务是对律文与注文作解释，其中"议"是对律文与注文

---

1 见中华书局 1983 年版刘俊文点校本《唐律疏议》后附《滂喜斋藏书记》。

作深一步的阐释及作必要补充，"问答"是用举例的方式针对疑难再作解释。沈家本在《重刻唐律疏议序》中对"议"的作用解释说："名'疏'者，发现'律'及'注'意；云'议'者，申律之深义及律所不周不达，若董仲舒《春秋决狱》、应劭《决事比》。"其实，"议"作为疏文主要表述文体之不可改易，已为敦煌文书中《律疏》的残卷所证实。中华书局1989年出版之《敦煌吐鲁番唐代法制文书考释》中，刘俊文据北京大学图书馆馆藏缩微胶片誊录之内容清楚表明，《律疏》中永徽《职制律》、开元《名例律》、开元《贼盗律》、开元《杂律》残卷中，其疏文部分，都无例外地标明"议"字。如果当时"议"字可用"义"字替代的话，其抄写人决不会弃易写的"义"而偏拣多一"言"旁的"议"。后来使用唐代《律疏》内容的《宋刑统》，其疏下，与"问答"并列的解释内容也仍使用"议"。

2. 称"唐律疏议"者版本之得失

称"唐律疏议"者于【疏】下用"议"是其得，而由此把"议【疏】"连读并作整个书名是其失。

从根本上说，唐代的刑律，永徽间奉皇命为其编撰"义疏"后，《律》与"疏"合体简称为《律疏》。这不但《旧唐书·刑法志》记载明确，就是《律疏》本身《名例律》的"序疏"部分也明确说"爰造《律疏》，大明典式"。虽然《律疏》一开始【疏】文下就标有"议"，但唐人从不以"疏议"来简称并取代《律疏》之名。但从宋代起，先从口头上开始把本不相连读的【疏】和"议"连读为"疏议"来简称《律疏》，到元代发展到正式把"疏议"作为整部《律疏》的书名。关于连读问题，著名学者王重民早就诟病于此。[1]

四、在实践中开创"扬长避短，整合归真"的学术主张

今传之"唐律疏义"与"唐律疏议"两种版本，除了律文"疏"下有的是"议"及"问答"，有的则是"义"及"问答"外，还有完全为了省事而出现的情况：一种做法是认为既然【疏】下必然地包括了"议"及"问答"，所以把"疏"省去，留"议"及"问答"，读者也自然会知道是相对于《律》的"疏"。另一种做法是认为既然"疏"下必然地有"议"，那么就只写"疏"而省去"议"，敦煌文书中《律疏》的残卷中就有这种现象。这些情况的存在，对唐律的现代研究没有好处，而且带来莫衷一是的令人生厌的繁乱。

1　见钱大群：《〈唐律疏议〉结构及书名辨析》，载《历史研究》2000年第4期；亦可见本书第3篇第38至39页引文。

（一）对《律疏》书名与版式进行统一整合势在必行

值得引起注意的是，有的刊印者，为使别的校刊者或作序者与自己所刊刻的版本一致，竟擅自篡改别的校刊者序文中的词语。比较典型的如日本京都株式会社中文出版社的《唐律疏议》一书，就有削足适履随意改换别版所附《序》文内容中之措辞者：其一，柳贯及励廷仪二人分别所写的原《唐律疏义序》分别都改成了《唐律疏议序》及《新刊故唐律疏议序》；其二，柳序中柳自言之"吾欲求故《唐律疏义》"，改成了"吾欲求故唐律疏议"；其三，柳序中严格根据唐史记载所说的"长孙制义疏"及"义疏出永徽初"，竟也分别被改为"长孙制议疏"及"议疏出永徽初"。即唐高宗命令为律条写"义疏"的诏令措词，被篡改为"议疏"了。

以上所列日本京都版的改动，其中"其二"与"其三"项，在王云五主编的"万有文库"版四册本的《唐律疏议》中同样出现。按照改动者的逻辑去推，《旧唐书·刑法志》中记载的唐高宗命令为律"条义疏"，长孙等奉命制"义疏"，甚至《律疏·名例律》序疏中的"兼经注而明之则谓之为义疏"中的"义疏"，都必须全改为"议疏"。以上的改动情况表明，《律疏》不同的书名及与之有关的版式词语表述，相互间已在发生摩擦与冲突，刊印者与读者也自然地产生了进行整合与统一的想法与要求。其实对柳序作这种篡改是可笑的，也是不能被承认的。这里，协助孙星衍刻岱南阁本的重要校勘人顾广圻曾做了一件好事。他在校勘中虽然不采用泰定本的书名"唐律疏义"，但对柳贯的序文十分敬重。今天仍得藏存的嘉庆十二年及十三年版的《唐律疏议》中，都收有顾广圻（千里）模仿泰定本中保留下的柳贯手书序言的仿写件，[1]其注明的文字说："嘉庆丁卯顾千里手摹上板"。顾广圻亲手摹写的柳贯序言，不但使我们看到那些篡改柳序文字行径的拙劣可笑，也使我们愉快地欣赏到了被顾氏再现的柳贯美雅大方的行楷书法艺术。（参见本文后所附顾氏手摹版柳序的影印件）

1. 对《律疏》书名及版式进行整合的可能性

无论是称为"唐律疏议"还是"唐律疏义"者，书名及版本虽不同，但其传流的渊源相同，即都是唐代的《律疏》。因而彼此的内容从刑律律义的角度看，只是存在因抄刻而出现的一些词语及某些语句上的差异，基本不存在律条特别是定罪量刑与制度原则内容上的根本差异。现在除专家学者一致认定的宋刻本外，所有《律疏》的版本，无论是名《唐律疏义》者，或名《唐律疏议》者，几乎都附柳贯于元泰定四年刊刻王长卿善本时所写的《序》。诸本各附柳序实际上是对名《唐律疏义》之元泰定本作为重要渊源之一的认可。而对《唐律疏义》书名的认可，说到底是对唐高宗命令为《律》"条义疏"这个决定《律疏》

---

1 顾氏的手摹件，见嘉庆十二年刻兰陵孙星衍依元版重刻的《故唐律疏议》三十卷本，第 1~9 页；亦可见于嘉庆十三年版原藏上海东亚同文书院图书馆《故唐律疏议》三十卷本。此两种本子，南京图书馆均有藏。

性质与形式的最重要基因的认同。这种认同是得到《律疏》自序（《名例律·序疏》）、众多传统古经书的《疏义》及《旧唐书·刑法志》这些不能撼动的文献与信史的强大支撑的。

历代唐律的校刊者，无论是"疏议"论者还是"疏义"论者，都有一个好的传统，那就是参照多种版本进行校勘，其中既有"唐律疏义"者，也有"唐律疏议"者，而且尊重前人校勘者的研究成果，书后所附之序，既收入序"疏议"者，也收入序"疏义"者。在律与疏内容的校勘上，不拘泥于何种版本，坚持唯正确是依的原则。所以，《律疏》虽有两种书名的版本在流传，但《律疏》内容越来越趋同而走向统一。倒是书名上的差异与矛盾越来越显得突出了。

2. 在实践的检验中开创"扬长避短，整合归真"的学术主张

在这些年对唐律的接触中，《律疏》的名称不一，引起我的兴趣，也给予了必要的关注。如上文所述，《律疏》的名称关乎对"疏"文组成、作用等诸多重要方面的认识与判断，也是目前读者在对唐律的阅读中感到困惑的问题之一。二十世纪末，我写了一篇文章，专门对《律疏》的结构及书名作辨析，[1]主要是分析情况，提出问题，表明看法，但并未提出解决的办法，因为当时无进行科研实践的机会，把对书名作改正的事寄希望于将来。2002 年，南京师范大学出版社接受了我重新注释《唐律疏义》项目的申请后，我便得到了整合《律疏》之书名为"唐律疏义"的机会。从 2002 年到 2006 年这五年中，我全面地展开对唐律的律学研究。解决书名及版式问题，是我所撰《唐律疏义新注》其所以"新"的一个重要方面。我以我在《历史研究》发表的《〈唐律疏义〉结构及书名辨析》一文的观点为基础，在"新注"的实践中，为《律疏》书名版式上找到的解决办法就是"扬长避短，整合归真"。这是实事求是，尊重古籍原著而不盲从，又富于自我创新的一种办法。

（二）书名依"四库本"但纠正其【疏】下用"义"的矫枉过正之失

既然《律疏》现在的两个书名各有其长短与利弊，那么，扬二者之所长，弃二者之所短可以实行。具体的做法是：对书名现称为"唐律疏义"者，应坚持原创时其【疏】下用"议"的正确做法，但是不要把不能连读的【疏】"议"作书名，书名应确定为"唐律疏义"，以使其符合《律疏》是为律"条义疏"的初衷及其性质。而对书名现称为"唐律疏义"者，其行文中如【疏】下用"义"的，应把"义"恢复为《律疏》原创时使用的反映文体特征的"议"，而保留合乎《律疏》制定初衷及其性质特点的"唐律疏义"的书名。这样做的结果，二者的长处都保留了，弊端都去除了。这个书名，既严格地合乎"义疏"

是"兼经注而明之"的唐代古制，又符合其词义随时代发展的现代理解："疏"解律之含"义"，根本上消除了由"疏议"引起的"又疏又议"的困惑。

《律疏》的【疏】下用"议"，而书名不取把"疏""议"连读而称为"唐律疏义"，这种做法既不是随意拼凑，也不是凭空想象、毫无根据。从一定角度说，《律疏》的这种命名，从现在学者们共同认定的宋刻本《律疏》中，就可以看到其本来的身影。

其一，《滂喜斋藏书记》开头就说"宋刻《唐律疏义》三十卷"，如果写《记》人不认为其所见宋刻本之书名为《唐律疏义》，决不会驴头不对马嘴地如此说。同时，现存宋刻本书名为《唐律疏义》，但各条之【疏】下都用"议"。张元济在其书后所附之《跋》中所言之"卷一'四曰恶逆'条【疏】议"及"卷二十四'告缌麻卑幼'条【疏】议"之提法，都实证宋刻本各律条【疏】下正确地使用"议"字，而不是"义"。而现收于"四部丛刊"的宋刻本中，其"疏"用阴字，"议"用普通字与【疏】隔开，从这一点说，正是唐式的体现。

其二，我国古代经典称"疏义"者不乏其例，可以说是经典讲解传承的一种公认的文体，很多的图书档案中还有这种记录。《滂喜斋丛书》记载的"元版书目"中，就列有"《诗经疏义》二十卷"。同时也在"元版法令类"下列有"《唐律疏义》三十卷"。[1]

其三，国内就有律条【疏】下用"议"，而书名称作"唐律疏义"的清朝版本。厦门大学图书馆藏有"清光绪十七年"(1891)《律疏》的一个刻本，该书各律条【疏】下虽都用"议"，而书名则称为《唐律疏义》。其书扉页之正面书曰："《唐律疏义》三十卷《律音义》一卷《洗冤录》五卷"。扉页背面注曰："钱塘诸可宝书。"[2]无独有偶，江苏南京图书馆也藏有这种光绪十七年的版本。这个版本扉页上之书名为《唐律疏义》，其八个分册的书下口，皆注书名曰《唐律疏义》。但此书十二篇各篇的题目却仍是以"唐律疏议"为名。可见，见【疏】下连接"议"，就要以连读的"疏议"为书名的"潜规则"，处处呈现，查即可见。

（三）版式处置上汲取前人成果同时充分体现"新"的特色

在《律疏》版式的处置上，中华书局 1983 年出版的刘俊文的注本，其书名虽仍称"唐律疏议"，但其版式基本符合"注"说明"律"，【疏】说明律及注，【疏】包括同等地位的"议"及"问答"两种文体及其内在联系的特点。同时刘校本也把《释文》《纂例》，从《律疏》中剔出，其中《释文》以后附的形式收入。而我所撰《唐律疏义新注》的版式，为了适应新时期最广泛读者面的需要，在版式上有如下的特色：（参见本文附件二：人民法院

---

1 古代经籍的传释本称"疏义"者，在我《〈唐律疏议〉结构及书名辨析》一文中已列有数种。此《滂喜斋丛书》，系指光绪三年潘祖荫八喜斋刊本《滂喜斋丛书》第十四册，艺芸书舍《宋元本书目》之下所列。

2 在我对《律疏》版本查考的过程中，曾请教厦门大学教授、唐律专家周东平博士。周教授亲自为我入馆查找，得此版本后，以其主要信息电传与我，如引用有失，责任在我。

出版社 2019 年版钱大群编著之《唐律疏义文白读本》)

其一,《律疏》十二篇篇题下的【疏】"议"文段,都名副其实地为其题名曰《×× 律序》,以揭示其性质,让读者对其有明确的归属感。各篇篇首"×× 律序"之称谓,亦显示其与各律条下"条疏"之区别。

其二,《律疏》条标从前主要起作为目录提示的作用,现在我把部分条标进行改造,《名例律》的条标一律反映其制度与原则的性质,而其他十一篇的条标,则尽量完整地反映其罪名或罪状,以便在阅读条标时就看到包含的主要罪名,方便于醒目地对"古与今"或"中与外"的比较联想。[1]

其三,在保证《律疏》原文独立完整的前提下,从方便不同层次读者的需要出发,在《律疏》的右边,与原文并行撰写了《律疏》的现代汉语译文;《律疏》原文采用繁体字,而译文则采用简体字,以便于对照地阅读。这里,译文是《律疏》实体的影子,与柳贯在泰定本中穿插进整本的《释文》及《纂例》的情况完全不同。

我根据"扬长避短,整合归真"的学术主张撰写的《唐律疏义新注》,在写作过程中得到同行专家、出版社及有关主管当局的采纳和认可。该书 2002 年在南京师范大学出版社立项后,2003 年被"全国古籍整理与出版小组"批准列为资助项目;2006 年,又被国家新闻出版总署列入"十一五"重点图书规划项目。[2] 2007 年出版发行后,同行专家在书面或口头都作出了热烈的反映。[3] 而我个人感受深刻的一点是:姑且不谈《唐律疏义新注》的其他方面,仅就书名及版式方面所作的努力,其方向、方法是正确的,在理论上及实践上都是站得住的。

唐律是古代中国留下的文化瑰宝,但是过去读律人手中所执之《律疏》,从版本学上说都是有瑕疵的。现在这段历史将结束,长期以来由于书名不一笼罩在《律疏》面庞上的阴影将被扫除,这对新时代的唐律研究将带来积极影响。

* 此文原题为《扬长避短,整合归真——谈唐代〈律疏〉书名的整合问题》,发表在《北方法学》2008 年第 2 期,2013 年获教育部第六届全国高校人文社科奖。此次收入本书从题目到内容都作了增修。

---

1 条标之修改及理由陈述见本书第 5 篇。

2《唐律疏义新注》出版后,我根据高校法律专业教学与广大司法工作者阅读的需要,又做了全面的修改加工,书稿由人民法院出版社成功地申报国家出版基金 2018 年资助项目,并以《唐律疏义文白读本》之名予以出版。

3 参见夏锦文、李玉生主编:《唐典研究——钱大群教授唐律与〈唐六典〉研究观点与评论》,北京大学出版社2015 年版。

附件一：中华书局 1983 年版刘俊文先生点校之《唐律疏议》与顾广圻（千里）亲手临摹的泰定本校勘人柳贯的《唐律疏义序》文

　　中华书局 1983 年版刘俊文先生点校之《唐律疏议》，主要参考元代勤友堂至正本，其书名及版式亦同于孙星衍之岱南阁本及沈家本重刻之《唐律疏议》本，书名为《唐律疏议》，版式中【疏】下皆连"议"字，不同于"四库全书"本。

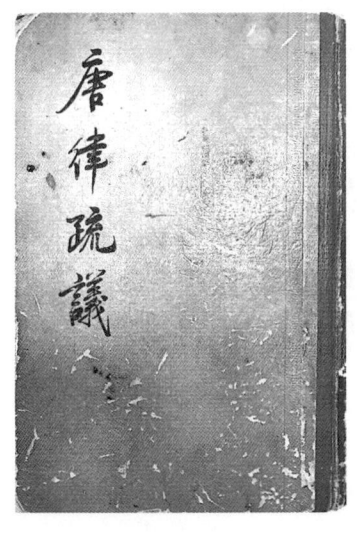

封面

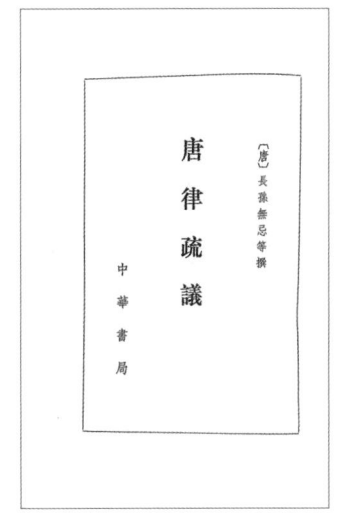

扉页

目录后开卷第 1 页　　　　　　　　　　　　　总第 28 条版式行文

　　"岱南阁本"《唐律疏议》主要校勘者之一并为写《跋》者顾广圻（千里），亲手临摹的元泰定间岱南阁本校勘人柳贯的《唐律疏义序》文。其序题及文中皆以《唐律疏义》为名。

變無今於而必擇乎唐者以唐之
揆道得其中乘之則逆除之己不及
過與不及至失均矣嗚呼法家之
律猶儒者之經五經載道以行萬
世十二律乘法以正人心道不可廢
法當能以獨廢我彼謂除參夷連
坐之酷作見知部堂之條為蕭張

控制天下之一術乎論抑淺末矣乎
何是以必乎之目其理之在人心者而審
窺之下江西在群教漸濡之內諸
學經史板本略具兩律文獨闕子
間請於廉訪使師公曰禮為至初
一物出禮入刑之論固將以制民為
義而非以同民為廣也吾欲永故

唐律疏義稍為正訛緝漏刊之
龍興學官以庶幾追還時會讀
法之遠公儔有意乎公丞謀諸寮
寀咸應曰諾乃行者檢校官王君
長卿復以家藏善本及釋文蔡
例二書來相其後公欲於是公
帑而儲沒入學賴錢以供其費

欲以法禁勝德化之意皦然與衰矜
恫憫者同符史言為司定律五百
條分十二卷即篇為卷是已令定
次三十卷者長條製義疏時固已
增多義疏出永徽初去貞觀應
未遠至沒定令刪格孤式客隨世
損益科條無藝大抵皆原於律

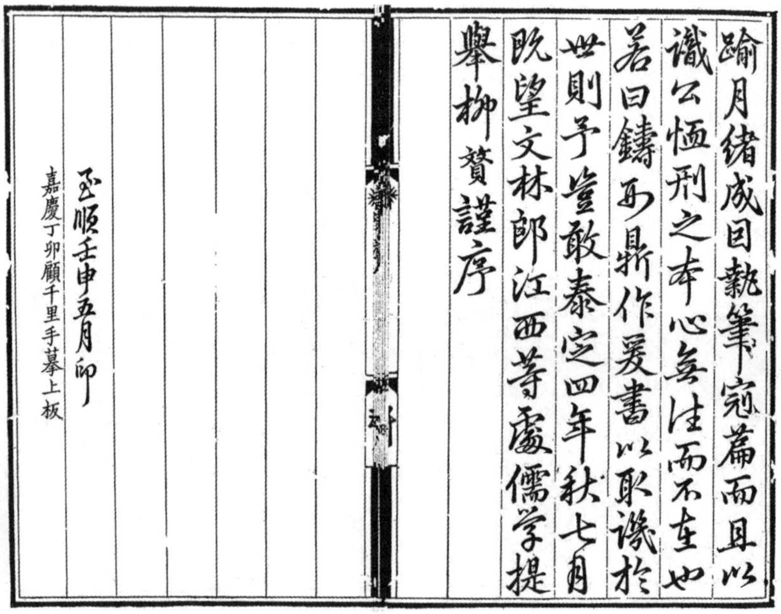
踰月緒成因執筆冠篇而且以
識公恤刑之本心無往而不在也
若曰鑄刑鼎作爰書以取譏於
世則予豈敢泰定四年秋七月
既望文林郎江西等處儒学提
舉柳贇謹序

至順壬申五月印
嘉慶丁卯顧千里手摹上板

附件二：人民法院出版社 2019 年版钱大群编著之《唐律疏义文白读本》的书名与版式

人民法院出版社 2019 年出版社之《唐律疏义文白读本》，其原文部分书名承照清朝国家版"四库全书"本称"唐律疏义"，而版式不依"四库全书"本，而依中华书局本、岱南阁本及沈家本重刻本，【疏】下皆连"议"，而不用"义"。

封面书名

扉页书名

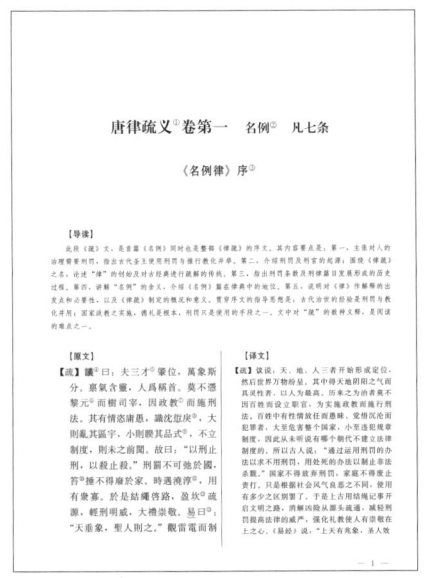

目录后开卷第 1 页，【疏】下连"议"字

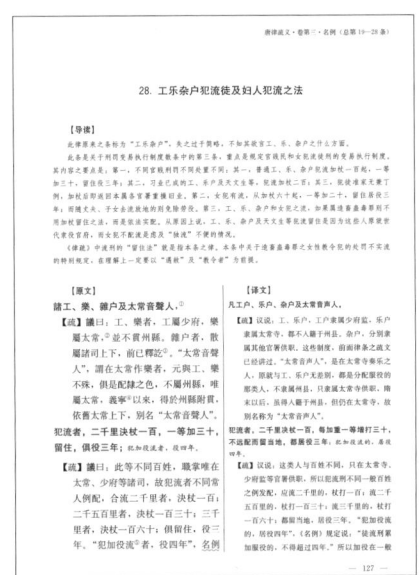

总第 28 条版式行文，【疏】下连"议"字

5.《律疏》条标修改原因及修改实践述论

　　唐律的条标是《律疏》阅读与研究中重要的工具之篇，尽管其可能非为《律疏》制定时原有，但长期以来，它事实上作为《律疏》的目录被阅读者与研究者使用，对后代的阅读与研究有很大影响。但是唐律的阅读者，在按条标检读律条时往往会发现，除好多重要罪名得不到显示外，不少条标之所言却并非律义之所在。其中之甚者，不但不能对律义作正确的指示或提示，反而被引入谬误。探求其原因，盖编写者虽欲编为工具有利于读者，而却因为套用古经书之标题之法于律典，而必然产生之结果。条标之修改已是点校者与研究者不得不为之事。本文就条标修改之原因，以及既往与目前修改之情状，提出粗浅的看法与分析。

一、《律疏》条标必须修改的原因

（一）《律疏》条标经历了从无到有的过程

　　从敦煌法制文献的残卷看，《律疏》制作当时似无条标，各律条之前也不标条名。最明显的是今残存的《永徽职制律疏断片》中，相当于今传《唐律疏义》卷第九《职制律》（总第 103 条、第 104 条、第 105 条）顺连的"诸造御膳误犯食禁""诸御幸舟船误不牢固"及"诸乘舆服御物持护修整不如法"等条，前边都没有前置之条标。[1] 当时的《律疏》也无

1　参见刘俊文：《敦煌吐鲁番法制文书考释》，中华书局 1989 年版，第 161~162 页，据北京大学藏缩微胶卷移录之《律疏》部分。

全书之目录，只在三十卷各卷之后，标有书名、卷数及十二律篇的篇名。如上书所收《开元律疏名例残卷》之后，只写有"《律疏》卷第二名例"之文字。[1]《律疏》未有条标的情况持续到宋代。据宋代《玉海》记载，天圣七年国子监孙奭准诏为校定《宋刑统》之律文及疏，而把唐律的律文及注文校为定本，其书名之为《律》，并附上了自己与同僚们合写的"音义"一卷于其后。此书以唐《律疏》为样本，各卷只写十二卷之卷名即今传《律疏》中十二律篇之篇名于各卷之首末。这也表明孙奭所依之《律疏》版本很有可能并无条标或目录，否则一定会抄入。[2]（参见本文后附件：宋代孙奭校撰《律附音义》书图片）

（二）目录中条标总数由原 500 条演变为今见之 502 条

《旧唐书·刑法志》及《唐六典》均记载《律》为 500 条。条数不同之记载，由分十二篇记载各篇总数的《故唐律疏议总目》与今传本中实际条数的不同反映出来。"总目"中记"《职制律》凡五十八条"，"《斗讼律》凡五十九条"。而今传本中《职制律》实是59 条，《斗讼律》实是 60 条，计 502 条。寻找多出 2 条之具体原因时，杨廷福先生在其《〈唐律疏议〉制作年代考》的论文中提出的分析意见，[3]认为问题出在《职制律》第九卷与《斗讼律》卷第二十二中。

1.《职制律》原第九卷中有一条被分抄为二条

杨廷福在论文中认为，今传本中的"大祀不预申期"（今总第 98 条），与"大祀散斋吊丧"（今总第 99 条），原本是一条，而在传用刊刻中被错抄成了二条，"大祀散斋吊丧"原是被包在"大祀不预申期"中的，因而使原《职制》"凡五十八条"变成了 59 条。从今天的角度看，这二条的犯罪主体、罪状、罪名都不相同，很难让人相信当初立法时，那一大批法官和法学家会把此二条合写成一条。而且从后代版本的目录中都清晰地分为二条，而并没有反映此二条曾为一条的迹象存在。

2.《斗讼律》第二十二卷其中原有的一条被分抄为二条

杨廷福认为《斗讼律》卷第二十二中，今见的"殴兄姊弟妹"（总第 328 条）本来是与其前条"殴缌麻兄姊"（总第 327 条）合为一条的。分为二条后就使《斗讼律》"凡五十九条"之总数，变成今传本中的 60 条。在这一点上，不能说杨氏之说无道理。因为其一，这二条，相同之处都是"殴兄姊"，只不过在刑罚上因情节（服制亲疏）不同而刑罚分轻重而

1 参见刘俊文：《敦煌吐鲁番法制文书考释》，中华书局 1989 年版，第 132 页。

2 参见（宋）孙奭撰：《律附音义》，上海古籍出版社 1984 年版，据北京图书馆藏宋刻本原书影印版。

3 参见杨廷福：《唐律初探》，天津人民出版社 1982 年版，第 30 页。

已，在律义上可以合为一条写。其二，这种曾经的"二合一"，有前代旧的条标的合一可以为证。如我国台湾地区商务印书馆版及上海古籍版岳纯之点校之《唐律疏议》所附的《故唐律目录》中，其有关篇卷的目录中都只列有"殴缌麻兄姊"条而没有列"殴兄姊弟妹"之条。这证明，杨氏之说，是有所依据的。当然，最后还是分条的主张在刊刻实践中占了上风，如清朝的"四库"本中，[1]《斗讼律》卷第二十二中已纠正了上述版本中的问题，在"殴缌麻兄姊"后增加了"殴兄姊弟妹"之条标。所以，《律疏》条标由 500 条演变为 502条，其原因是唐以后参用者、研究者、刊刻者各方面合力而约定俗成的修改结果。

（三）老条标加注的根本问题是概括的方法不当

从最初加注之条标，与后来作修改者之比较来看，早期加注之条标因其采用的方法是撮取各律条最前的词语作为条标，这样其所组编的条标，不但概括律条内容极不完全，而且最根本的缺陷是违背了《律疏》本身已经形成的《名例律》篇反映全律的制度及原则，其他十一篇之律条为各种罪名、罪状及惩罚的规律。因为撮取律文前的词语为篇条名，这个古拙的习惯对《论语》《孟子》等古籍来说是可以的，但对法律的条文来说，尤其对《律疏》这种法律典籍来说，不依据律文之义概括条标，则是不可以的。因为其原文基本不存在把开头的词语，作为律条律义之概括置之于文前的规律，而且条中之主旨根本不全是句首词语所能表述完备的，以致这种方法往往不啻是削足适履，有时则更是违背唐律内容组编布局的基本规律。

（四）条标随不断的校注与刊刻而修改是必然的现象

条标以撮取条前词语之法而编写，知律者一读就知其问题之所在，所以凡有校勘的机会，点校者很自然地见仁见智，吸取前人成果，对条标作可能的修改。其修改之目标是使条标能正确反映前后分工谋篇布局之规律及对律条核心内容之显示。

条标在不同的刊版中不断地有所修改是正常现象。唐律条文的内容及整体布局有其客观的规律，内容既不能随意加减更改，布局规律又明显地不能抹煞。后人只能是修改前人的不足，所以这个过程也不是没完没了。修改者追求的目标应是遵循《名例》与各篇性质的布局规律，用精练的文字显示律条制度原则或是罪名罪状。如条标基本达到这个标准后，修改事实上也就结束了。

就近年不完全之所见，条标之修改至少已反映在三个版本之中。其一，我国台湾地区商务印书馆 1965 年出版之《唐律疏议》书前所附之分十二篇共三十卷罗列之目录条标。

1　见清嘉庆十三年印《故唐律疏议》（十册装），为《律疏》《纂例》《释文》三书合一版，现南京图书馆有藏。

此种条标可作为早期所加条标之代表。[1] 为引举方便下文中称其为"台湾商务版条标"。其二，中华书局 1983 年出版的刘俊文点校本《唐律疏议》，此版条标之特点是对"台湾商务版条标"作了较多修改，并吸取 502 条的统一编号之法；之后刘俊文于 1996 年在中华书局出版的《唐律疏议笺解》一书，把目录之条同时分列于各条之前，成为提示性更强的"小条标"。下文中称刘书之条标为"中华版条标"。其三，人民法院出版社 2019 年又出版了笔者对南京师范大学出版社 2007 年版之《唐律疏义新注》作修改的《唐律疏义文白读本》，对条标又作了较大的修改。以下简称此条标为"法院社版新条标"。

二、《律疏》条标修改例述

（一）《名例》部分条标之修改

1. 修改以罪名作《名例》条标而与各本罪条罪名重复者

《律疏》中客观上存在体现其立法高超水准的内容布局的重要规律，即《名例》部分规范刑律全律通用的原则及制度，其他十一篇的罪条，是分类规范犯罪的罪名、罪状及刑罚。条标的首句词语撮取法，其最大的问题，是违背《名例》条标应反映制度原则的规律，其中部分条标简直是反其道而行，不能不予修改。现先以"老条标"《名例律》（总第 18 ~ 21 条）之四条为例，介绍此种修改的情况。

"台湾商务版条标"第 18 条其条标曰："十恶反逆缘坐"；第 19 条曰"奸盗略人受财"；第 20 条曰"府号官称"；第 21 条曰"除名者"。这种做法，首先是使专讲制度与原则的《名例律》条标自相重复，如"十恶"已先现于《名例律》（总第 6 条），不当再次出现。同时，又形成《名例律》条标取代其他十一篇本罪条中的罪名，如"反逆缘坐"之处置是由《贼盗律》（总第 248 条）"谋反大逆"条予以规范；"奸盗略人受财"：其中"奸"是由《杂律》（总第 410 条），"盗"是由《贼盗律》（总第 281 条、第 282 条），"略人"是由《贼盗律》（总第 292 条），"受财"是由《职制律》（总第 138 条）专门加以规范的。其

1　上海古籍出版社 2013 年版岳纯之点校的《唐律疏议》中，除该版的条标外，其第 5~28 页所附之《故唐律目录》，基本与我国台湾地区商务印书馆版之目录相符，可供对照阅读。以下文中所言之"老条标"皆兼指我国台湾地区商务印书馆版及上海古籍社《唐律疏议》所附之《故唐律目录》，不再细分。

中第 20 条中涉于"府号官称"之犯罪，专门由《职制律》（总第 121 条）加以规范的。其中"奸"与"略人"，原来就是上述各本罪条之条标。第 21 条之"除名者"，实际是讲除免与官当者具体之处罚内容，现其条标称为"除名者"，在律义的内容及语法表述上与《名例律》（总第 18 条）之内容根本不符。

针对这种情况，"中华版条标"首先对其作出修改如下：

第 18 条，改为"除名"；第 19 条，改为"免官"；第 20 条，改为"免所居官"；第 21 条，改为"除免官当叙法"。"中华版条标"之修改，使这四条凸显了《名例律》条作为规范制度及原则的性质。而就制度的完整性来说，除名、免官、免所居官甚至包括官当条在内，都必须包括第 21 条"除免当"官职撤降阶品的多少，及待叙期长短在内的内容才算完整，以上四条各有其分工的特定内容。所以，"法院社版新条标"对这四条又进一步具体修改为：

总第 18 条，改为"除名之犯罪"；

总第 19 条，改为"免官之犯罪"；

总第 20 条，改为"免所居官之犯罪"；

总第 21 条，改为"除免官当之处罚及复叙"。

上述第 18 条、第 19 条、第 20 条三条，只解决各自纳入的罪名，第 21 条才是包括待叙期之长短及所撤降阶品多少等实质性内容。这样就进一步清楚地表明，前三条只是所属罪名之规定，最后第四条才是除免而且是包括官当在内根据罪之轻重规定的处罚，即撤降之阶品数及待叙年数长短等最重要之制度性内容。

此外，《名例律》（总第 35 条）其律义是关于略人等罪在赦令下达百日的限期内，蔽匿与否仍可赦，而超过百日，蔽匿就不得用赦免之法。可"台湾商务版条标"竟标为："略、和诱人"。"略、和诱人"是罪名，其本罪条在《贼盗律》（总第 292 条），《名例律》老条标中这样表述，与罪条中之罪名重复，造成混淆，且与制度原则之表示毫无关系。故"中华版"修改其为："略和诱人等赦后故蔽匿"；"法院社版新条标"又修改为："略人等遇赦限内外故蔽匿"，赦后之蔽匿分两种情况，强调只有至限外还故蔽匿不首才为有罪之特定制度。

另如"台湾商务版条标"中《名例律》（总第 41 条）之"公事失错"，《名例律》（总第 44 条）中之"共犯罪有逃亡"，《名例律》（总第 45 条）之"二罪从重"，都有对制度述介不明的缺陷。故"公事失错"，"中华版条标"对其修改为"公事失错自觉举"，使其性质明确。"法院社版新条标"又分别把这三条修改为：

公事失错自觉举与勾官举（总第 41 条）；

共犯逃亡先获及枉役徒年之例（总第 44 条）；

二罪俱发及频犯赃及一事二罪之并罚（总第 45 条）。

2. 恢复或重建《名例律》条标反映制度及原则的性质特点

撮取句首词语为条标之法，使每条律文只能有一项制度或罪名被显示（往往还不准确），其他的制度或罪名即使重要也无法显示。这对于当时的职业法官及科举"明法"专业的考生来说，未言明的罪名自可知晓，但这些内容应在条标中有反映。而就《律疏》来说，绝大多数并非一条律文只含一项制度或罪名，所以各条标在修改时应当尽可能地补上漏列的重要制度或罪名。

如《名例律》（总第 22 条），条中包括了：官当不尽可用赎；除名人所犯之处罚轻于其官当之标准，亦当除名；重于其官当所能当者，可配合用当赎之法；除爵者，有余罪也不必赎的三项内容。对此，"台湾商务版"及"中华版"的条标皆谓"以官当徒不尽"。"法院社版新条标"先修改为"当赎除免之合用"，仍感不恰当；最后则修改为"当赎除免罪有轻重者兼用赎当"。

又如《名例律》（总第 31 条）"台湾商务版条标"之题为"老小废疾"，其指意含糊不明，似乎可以认为是"老小废疾"者情状认定的《户令》内容，其实根本不是。所以"中华版条标"修改为"老小及疾有犯"，基本指明是老小废疾者犯罪后的对待问题。"法院社版新条标"又进一步修改为"老小病疾残有犯分别赎请及勿论"。这就明确了其为老小病残刑罚给予优恤照顾从轻的重要制度。

再如《名例律》（总第 47 条）"台湾商务版条标"所标之"官户部曲"，其律义当然不是官户部曲的概念或身份定义。故"中华版条标"先改其为"官户部曲奴婢有犯"。"法院社版新条标"又改为"官户部曲奴婢犯无正文及犯徒流之例"，明其律义是这些人犯罪如无明确或特别规定者，依凡人之法；如犯有徒流之罪的，不实配而改用加杖之法。本文 附表中有很多这样的例子可查看。

3. 修改《名例律》中对律义作错误概括引起混乱的条标

"老条标"中存在的错误，不仅是由摄取句首词语的方法造成，也有是因对制度了解不透，以致概念上交叉混乱的结果。这一点《名例律》中关于"八议"的两个重要条标表现尤甚。

正如律条疏文所言，唐律中的"八议"，源出于《周礼》中的"八辟"，即使用于"官刑"中的"八法"。就唐律中"八议"制度的内容说，整个的"八议"制度，是分别由卷一、卷二中的第 7 条、第 8 条两条共同完成规范任务。其中的总第 7 条，内容单纯明显，只是规定有"议"权的八种人，此外并无别的内容。其中的总第 8 条，是专门规定八议者有死罪奏请都堂集议之程序，以及流以下减一等的实体上的特权内容。而"老条标"把前一条规定对象之条扩大地总称为"八议"，而对后一条的程序及特权条，则名之为"八议者"。其这样做的错误有三点。

一是在逻辑上把总名称"八议"，偏用在"八议"的对象上。

二是把规范操作程序及特权内容的专条（总第 8 条），重复前条已使用的"八议"对象而称为"八议者"。

三是在古汉语的表述上违反语法规律。"八议者"，此处之"者"指人，如"有好事者"或"捕蛇者"都指人，是指有"八议"资格而适用"八议"的人，此条标本应该用于前条（总第 7 条）才合适，而"老条标"的编制者，却照摄取律文的前二字为条标之法，而不顾及读者的理解及概念上的混乱。故"法院社版新条标"则改为：

（总第 7 条）**"八议人"**；[本书作者按：未使用"八议者"之措辞，是顾及不与原条标（总第 8 条）之用语完全雷同而缓冲一下。]

（总第 8 条）**"八议者死罪请议流罪减等"**。

其实，八议对象前条（总第 7 条）已专讲，《名例律》（总第 8 条）则是关于"八议者"有死罪，集议奏裁；有流刑，例减一等之内容。两条任务不同，内容不同，条标必须正确反映。

（二）罪条十一篇中条标之修改

1. 修改罪条篇中表述为无犯罪或缺少犯罪要素之条标

这是"老条标"混淆《名例律》与罪条性质错误之另一面之表现。《名例律》外的十一章中基本都是罪条，可"老条标"中有多处混淆了二者性质上的区别，把好多罪条表述为无犯罪或性质不明之条款。

如《卫禁律》卷第八（总第 83 条），"台湾商务版条标"是"不应度关"，其犯罪主体看起来似乎是不应度关而度的人，律义正好不是如此，而是指有关官吏给"不应度关"的人非法给发过所（凭证）。故"中华版"把此条改为"不应度关而给过所"，明确了律文中之犯罪主体是非法发放过所的有关"官员"。同时，因为此条中还规范有领到过所的人非法使用及非法领牲畜随度关的犯罪，所以"法院社版新条标"最后所定之条标为："过所非法给发使用及非法带牲畜度"。

如《户婚律》卷第十五（总第 210 条）"台湾商务版条标"为"库藏主司搜检"，而律条之主旨正是要惩治人进库藏后出来时主司"不搜检"之犯罪，故"中华版条标"改为："库藏主司不搜检"，加一个字，便使其正名为罪条。"法院社版新条标"又继续改为："从库藏出不搜检及不觉盗与纵盗"，明确了犯罪的时空条件及补上了漏失的重要罪名。

又如《贼盗律》卷第十七（总第 260 条）之"台湾商务版条标"为"祖父母夫为人杀"，根本未反映罪在何处。中华版条标改为"亲属为人杀私和"，明确罪在"私和"。"法院社版新条标"又改为"父祖若夫及主为人杀私和"，不但反映罪名，而且补足了主人被人杀家中奴贱私和之犯罪。

再如《斗讼律》卷第二十一（总第 315 条）之"台湾商务版条标"为"皇家袒免以上亲"。皇家袒免以上亲，也是《名例律》（总第 7 条）中"议亲"中皇帝可庇荫的对象。此处老条标所言，根本不明涉于何事。故中华版条标改其为"殴皇家袒免以上亲"，使其成为罪条。《斗讼律》卷第二十二（总第 330 条），"台湾商务版条标"及中华版条标皆为"妻妾殴詈夫父母"，"法院社版新条标"则改为"妻妾殴詈夫之父祖及殴子孙之妇妾至废疾"，因为"祖"也是所犯对象；顺便也补充交代，父祖殴子孙之妇妾也是犯罪，但必殴至"废疾"才构成犯罪，否则不处罚。

2. 尽可能使罪条条标显示罪条内的重要罪名

条标之加注采撮取开头词语之法，只限于提供开头的内容，于是某些重要罪名与制度列举不全，成了"老条标"的一个通病。要克服这一点，就是除了纠正表述的错误外，还要补进必要的罪名。

罪条不应漏失之罪名而漏失者，典型的如下列二条：

其一，漏失入于"十恶"之罪名。《斗讼律》卷第二十四（总第 348 条），"老条标"在谓"子孙违反教令"之后，不应该弃"供养有阙"之罪名于不顾。子孙对父祖"供养有阙"，"十恶·不孝"的注文中予以正式列举，故"法院社版新条标"把此条标修改为"子孙违犯教令及供养有阙"，以免去"十恶"之罪在条标中寻访不见的缺陷。

其二，漏失违反《式》之重要罪名。唐律对最重要之令、式，都用编写为正式律条的办法加以维护，而对于未编入正式律条之外的大量的令、式，有违者也要处罚，办法是统一以专条规定较轻的罪罚加以处置。其中《式》是"轨物程事"的普适性很大的法律种类之一，《杂律》卷第二十七（总第 449 条）"台湾商务版"及"中华版"皆谓之："违令"，"法院社版新条标"则补充为："违令与别式"。

3. 修改罪条表述的严重失范

"台湾商务版条标"中少数条标在表述上有失落主体丢失律条的主要部分，以及罪名有张冠李戴者，也应该得到纠正。如《斗讼律》卷第二十二（总第 326 条），上海古籍出版社《唐律疏议》所附《故唐律目录》中有表述为"媵妾殴詈夫"者，这样表述，把律条前一段中最重要的"妻殴夫"的部分遗漏了。同时，"台湾商务版条标"表述为"妻殴詈夫"，这又把"詈夫"之罪名错加到了"妻"的身上，因为"詈夫"对于媵妾是犯罪，而对"妻"来说并不构成犯罪，律文在"妻"之下也无列"詈"之犯罪。对此，"中华版条标"认同"台湾商务版条标"的"妻殴詈夫"，而"法院社版新条标"则总体修正为"妻媵妾殴夫及媵妾殴妻詈夫与互殴"，理顺了犯罪主体与客体的关系并补齐了罪名。

今天，继续像宋元明清参考唐律办案的情形不存在了，科举考试中法律专业"明法科"的太学生们为考状元，把唐律像对"十三经"那样读熟的情形更不存在了。但读唐律的人会永远存在，他们就是当今及未来年轻人中唐律的阅读者与研究者。他们需要新的条标作提示启发，去找得所需阅读的内容。很多老条标之不能满足新读者（包括新的研究者）的要求那也是必然的，所以为唐律修改出尽可能准确显示其核心制度或主要罪名的条标，是为新时代新人研究国学服务所必须。

其实为唐律修改出科学合理适合于使用的条标，有时是饶有兴趣的事。

如《卫禁律》卷第七（总第 69 条）"台湾商务版条标"及"中华版条标"上有"阑

入非御在所"一条，新版将其补为"阑入非御在所及私共宫人言语若传书信"；同卷（总第73条）老条标有条曰："向宫殿射"，现新版将其补为："向宫殿内射及于御在所误拔刀子"，从而让读者知道应该知道的后面那项罪名。《卫禁律》卷第八（总第88条）老条标是："越度缘边关塞"，而新版将其补为"越度缘边关塞及共化外人私相交易若共为婚姻"，这样较完整地显示罪名，看一眼就增加了古律知识。

又如《斗讼律》卷第二十二（总第326条、第328条、第332条），对老条标与新版条标修改的内容作比较后，仅凭其可列入的罪名，就有助于显示古代礼法在亲属关系上锱铢必争，在法律维护上细密周到至无以复加的程度。唐律宗法原则表现之淋漓尽致，可叹而又可笑。

以上关于《律疏》条标之修改，《名例律》应遵循规范制度与原则，罪条应遵循规范罪名与刑罚的规律，从而精要地概括与显示律条之义，给检索者以正确的引导，对显示唐律法典化之程度，有重要意义。

现把《律疏》新、老条标修改的情况对照列表如下（表5.1）。

表5.1《律疏》部分条标修改对照表

说明

①表中只选老条标中有明显失误及不当者作比较，《唐律疏义文白读本》则对《律疏》所有条标应修改者皆作增修。
②表中"说明号"栏中，注"※"者，为性质内容有所修改者；注"＋"者，为加标制度或罪名者；同时注"※"与"＋"者，谓上注两项内容兼而有之。

篇名总条序	台湾商务版条标	中华版条标	法院社版新条标	说明号
《名例》第总7条	八议	（同左）	八议人	※
《名例》第总8条	八议者（名为议章）	（同左）（《议章》）	八议者死罪请议流罪减等（《议章》）	※ ＋
《名例》总第9条	皇太子妃（名为请章）	（同左）（《请章》）	上请者死罪上请流罪减等（《请章》）	※ ＋
《名例》总第10条	七品以上之官（名为减章）	（同左）（《减章》）	减者流以下减等（《减章》）	※ ＋
《名例》总第11条	应议请减（名为赎章）	（同左）（《赎章》）	赎者流以下赎及用赎之限（《赎章》）	※ ＋
《名例》总第12条	妇人官品邑号	（同左）	妇人有官依品议请减赎	※
《名例》总第13条	五品以上妾有犯	（同左）	五品以上官之妾流以下听赎	※
《名例》总第14条	一人有议请减	应议请减	兼有议请减权者之累减	※
《名例》总第15条	以理去官	（同左）	以理去官赠官视品同正官与用荫之例	※ ＋

续表

篇名总条序	台湾商务版条标	中华版条标	法院社版新条标	说明号
《名例》总第 16 条	无官犯罪	（同左）	事发前后有官无官及有荫无荫之例	※ ＋
《名例》总第 18 条	十恶反逆缘坐	除名	除名之犯罪	※
《名例》总第 19 条	奸盗略人受财	免官	免官之犯罪	※
《名例》总第 20 条	府号官称	免所居官	免所居官之犯罪	※
《名例》总第 21 条	除名者	除免官当叙法	除免及官当之处罚及复叙	※ ＋
《名例》总第 22 条	以官当徒不尽	以官当徒不尽	当与除免罪有轻重者兼用赎当	※ ＋
《名例》总第 24 条	犯流应配	（同左）	流配及随从与移乡者之户口法	※ ＋
《名例》总第 28 条	工乐杂户	工乐杂户及妇人犯流决杖	工乐杂户犯流徒及妇人犯流之法	※ ＋
《名例》总第 30 条	老小废疾	老小及疾有犯	老小病残有犯分别赎请及勿论	※ ＋
《名例》总第 31 条	犯时未老疾	（同左）	老小病残犯罪前后身份之适用	※ ＋
《名例》总第 32 条	彼此俱罪之赃	（同左）	彼此俱罪之赃及盗人所盗之赃	※ ＋
《名例》总第 35 条	略和诱人	略和诱人赦后故蔽匿	略人等会赦限内外蔽匿不首	※
《名例》总第 38 条	犯罪共亡	犯罪共亡捕首	犯罪共同逃亡后互捕自首	※ ＋
《名例》总第 41 条	公事失错	公事失错自觉举	公事失错自觉举与勾官举	※ ＋
《名例》总第 43 条	其犯罪本罪别	（同左）	共犯罪本罪有别依本律	※ ＋
《名例》总第 44 条	共犯罪有逃亡	（同左）	共犯逃亡先获及枉徒折役之例	※ ＋
《名例》总第 45 条	二罪从重	（同左）	二罪俱发及频犯赃与一事二罪之累并	※ ＋
《名例》总第 47 条	官户部曲	官户部曲官私奴婢有犯	官户部曲奴婢犯无正文及犯流罪之例	※ ＋
《名例》总第 48 条	化外人相犯	（同左）	化外人相犯用法之例	※
《名例》总第 49 条	本罪别有制	（同左）	本条别有制与《例》不同依本条	※ ＋
《名例》总第 53 条	称反坐罪之	（同左）	称反坐罪之同罪及"准论""以论"之例	＋
《名例》总第 56 条	称加者就重	称加减	刑罚加减等之法	※
《名例》总第 57 条	称道士女冠	称道士女官	道士女官僧尼身份之例	※ ＋
《卫禁》总第 60 条	阑入逾阈为限	（同左）	阑入以逾阈为限及越宫殿城垣	※ ＋

续表

篇名总条序	台湾商务版条标	中华版条标	法院社版新条标	说明号
《卫禁》总第65条	宫殿作罢不出	（同左）	宫殿内作罢不出及于辟仗内遗兵仗	※ +
《卫禁》总第69条	阑入非御在所	（同左）	阑入非御在所及私共宫人言语若传书信	+
《卫禁》总第71条	奉敕夜开宫殿门	（同左）	奉敕夜开宫殿门不勘符及用键钥违制	※ +
《卫禁》总第72条	夜禁宫殿出入	（同左）	于宫殿门夜出入及超剩领人出入	※ +
《卫禁》总第73条	向宫殿射	（同左）	向宫殿内射及于御在所误拔刀子	+
《卫禁》总第79条	犯庙社禁苑罪名	（同左）	犯庙社本条无罪名及向庙社弹射杀伤人	※ +
《卫禁》总第80条	宫门等冒名守卫	冒名守卫	守卫冒名相代于宫城外	※
《卫禁》总第83条	不应度关	不应度关而给过所	过所非法给用及非法带牲畜度	※ +
《卫禁》总第86条	人兵度关妄度	人兵度关妄随度	领人兵度关有随度将领关司不觉	※ +
《卫禁》总第88条	越度缘边关塞	（同左）	越度缘边关塞及共化外人私相交易若共为婚姻	+
《卫禁》总第89条	缘边城戍	缘边城戍不觉奸出入	缘边城戍不觉奸人出入及力所不敌不传告	※
《卫禁》总第90条	烽候不警	（同左）	烽候不警及放烽违制	※ +
《职制》总第91条	官有员数	置官过限及不应置而置	署置过限及不应置而置	※ +
《职制》总第96条	之官限满	之官限满不赴	之官限满不赴及返命违期	※ +
《职制》总第100条	祭祀有事于园陵	祭祀朝会失错违仪	祭祀朝会失错违仪及应集而不告	※ +
《职制》总第102条	合和御药	合和御药有误	合和御药有误封题误及料理不精	※ +
《职制》总第104条	御幸舟船	御幸舟船有误	御幸舟船误不牢固	※
《职制》总第105条	乘舆服御物	乘舆服御物持护修整不如法	乘舆服御物持护修整不如法及车马不调习	※ +
《职制》总第108条	百官外膳	百官外膳犯食禁	外膳犯食禁与秽恶物在食饮中及简择不净	※ +
《职制》总第110条	玄象器物	私有玄象器物	私有玄象器物天文图书兵书及私习天文	※ +
《职制》总第125条	文书应遣驿	文书应遣驿不遣	文书应遣驿不遣及须遣使诣阙不遣	※ +

续表

篇名总条序	台湾商务版条标	中华版条标	法院社版新条标	说明号
《职制》总第 130 条	长官使人有犯	长官及使人有犯	长官及使人有犯属官即推	※ ＋
《职制》总第 131 条	用符节事讫	用文书事讫稽留不输	用符节事讫稽缓不输	※
《职制》总第 135 条	有所请求	（同左）	有所请求主司许与施行及监临势要嘱请	※ ＋
《职制》总第 139 条	有事先不许财	事后受财	（同左）	※
《职制》总第 146 条	监临家人乞借	监临之官家人乞借	监临家人乞借役使及卖买有剩利	＋
《职制》总第 147 条	去官受旧官属	去官受旧官属士庶馈与	去官后受旧官属馈与若乞取借贷	※ ＋
《职制》总第 149 条	称律令式	律令式不便辄奏改行	称律令式不便辄奏改行	※ ＋
《户婚》总第 155 条	子孙不得别籍	子孙别籍异财	子孙别籍异财及以子孙妄继人后	※ ＋
《户婚》总第 160 条	放部曲为良	放部曲奴婢还压	放部曲奴婢为良还压为贱	※
《户婚》总第 169 条	部内旱涝霜雹	不言及妄言部内旱涝霜虫	部内有灾不言妄言及覆检不以实	※ ＋
《户婚》总第 171 条	里正授田课农桑	里正授田课农桑违法	里正州县授田及课农桑违法	※
《户婚》总第 175 条	许嫁女报婚书	许嫁女辄悔	许嫁女已报婚书辄悔及更许他人	※ ＋
《户婚》总第 184 条	夫丧守制	夫丧守志而强嫁	夫丧服除非父祖而强嫁	※ ＋
《户婚》总第 188 条	尊长与卑幼定婚	卑幼自嫁娶	卑幼在外自娶妻违制	※
《户婚》总第 189 条	妻无七出	妻无七出而出之	妻无七出义绝及有三不去而出之	※ ＋
《户婚》总第 190 条	义绝离之	（同左）	犯义绝不离及妻妾擅去并改嫁	※ ＋
《户婚》总第 192 条	杂户不得娶良人	杂户官户与良人为婚	杂户官户与良人为婚及奴婢私嫁女与良人	※ ＋
《厩库》总第 198 条	受官羸病畜产	受官羸病畜产养疗不如法	受官羸病畜养疗不如法及致死	※ ＋
《厩库》总第 199 条	乘官畜私驮物	乘官畜车私驮载	乘官畜官车驮载私物过限	※
《厩库》总第 210 条	库藏主司搜检	库藏主司不搜检	从库藏出不搜检及不觉盗与纵盗	※ ＋
《厩库》总第 215 条	财产应入官私	（同左）	财物应入官私而不入及不应入而入	※ ＋
《厩库》总第 217 条	应输课税	应输课税廻避诈匿	应输课税不输若巧伪湿恶	※ ＋

续表

篇名总条序	台湾商务版条标	中华版条标	法院社版新条标	说明号
《厩库》总第 220 条	官物有印封	官物有封印擅开	官物有印封不请擅开	※ ＋
《厩库》总第 223 条	官物应入私	官物之例	（同左）	※
《擅兴》总第 225 条	调发供给军事	调发供给军事违法	供军物不言上待报及事有紧急不即调给	※ ＋
《擅兴》总第 226 条	不给发兵符	应给发兵符不给	发兵符应给下不给下及不以符合从事	※ ＋
《擅兴》总第 227 条	拣点卫士征人	拣点卫士征人不平	拣点卫士征人取舍差遣不平及有欠剩	※ ＋
《擅兴》总第 235 条	镇所放征人还	镇所私放征防人还	私放征防人还及辄离军镇	※ ＋
《擅兴》总第 237 条	镇戍有犯	（同左）	防人于镇戍有犯本条无罪名者减征人	※
《擅兴》总第 240 条	兴造言上	兴造不言上待报	有兴造不言上待报及料请违实	※ ＋
《贼盗》总第 249 条	缘坐非同居	（同左）	缘坐非同居若同居非缘坐资产之分留	※ ＋
《贼盗》总第 260 条	祖父母夫为人杀	亲属为人杀私和	父祖若夫及主为人杀私和	※ ＋
《贼盗》总第 265 条	杀人移乡	（同左）	杀人会赦移乡违制	※
《贼盗》总第 267 条	穿地得死人	（同左）	穿地得死人不更埋及熏狐狸烧及棺椁	※ ＋
《贼盗》总第 280 条	盗不计赃立罪名	（同左）	盗不计赃言减轻于凡盗及计赃重者	※ ＋
《贼盗》总第 284 条	故烧人屋舍	故烧人舍屋而盗	故烧人屋舍及积聚物而盗	※ ＋
《贼盗》总第 291 条	山野物已加功力	山野物已加功力辄取	山野之物已加功力而辄取	※
《贼盗》总第 292 条	略人略卖人	（同左）	略人略卖人与和诱若和同卖人	※ ＋
《贼盗》总第 296 条	知略和诱强窃盗	知略和诱强窃盗受分	知略诱盗而分买及藏赃	※ ＋
《贼盗》总第 297 条	共盗并赃论	（同左）	共盗者并赃论及首从之区分	＋
《贼盗》总第 298 条	共谋强盗不行	共谋强窃盗	共谋强盗而行窃盗及共谋窃盗而行强盗	※ ＋
《斗讼》总第 315 条	皇家袒免以上亲	殴皇家袒免以上亲	殴皇家袒免缌麻以上亲	※
《斗讼》总第 322 条	殴部曲死决罚	主殴部曲死	主及妾若所幸婢与子殴杀部曲奴婢	※ ＋

续表

篇名总条序	台湾商务版条标	中华版条标	法院社版新条标	说明号
《斗讼》总第 326 条	妻殴詈夫	（同左）	妻媵妾殴夫及媵妾殴妻詈夫与互殴	※ +
《斗讼》总第 328 条	殴缌麻兄姊	（同左）	殴兄姊与伯叔父母及殴杀弟妹或兄弟之子孙	+
《斗讼》总第 330 条	妻妾殴詈夫父母	（同左）	妻妾詈殴夫之父祖及殴子孙之妇妾至废疾	+
《斗讼》总第 332 条	殴兄妻夫弟妹	（同左）	殴兄妻夫弟妹及妾殴夫妻若另妾子与子殴父妾	+
《斗讼》总第 335 条	祖父母被人殴击	（同左）	父祖为人殴击子孙即殴至折伤以上	※ +
《斗讼》总第 340 条	密告谋反大逆	知谋反逆叛不告	知谋反逆叛等不告官及承告不即掩捕	+
《斗讼》总第 343 条	告小事虚	（同左）	告小事虚检得重事等事或离其事	+
《斗讼》总第 345 条	告祖父母父母绞	告祖父母父母	告祖父母父母及嫡继慈养母	+
《斗讼》总第 348 条	子孙违反教令	（同左）	子孙违犯教令及供养有阙	+
《斗讼》总第 352 条	囚不得告举他事	（同左）	受理被囚或老小疾不得告举之事	※ +
《斗讼》总第 353 条	犯罪经所在官司首	（同左）	军府之官辄受犯罪陈首及处置违制	※ +
《斗讼》总第 355 条	告人罪须明注年月	（同左）	告人罪称疑及官司受而为理	※ +
《斗讼》总第 358 条	邀车驾挝鼓诉事	邀车驾挝鼓诉事不实	邀车驾若上表自理诉不实及自毁伤	※ +
《斗讼》总第 384 条	诈病死伤不实	诈病死伤检验不实	有诈病及死伤受使检验不实	※ +
《杂律》总第 396 条	丁匠防人等疾病	丁防官奴婢病不救疗	丁防及官户奴婢有病不请给医药救疗	※
《杂律》总第 399 条	负债强牵掣畜产	负债强牵财物	负债不告官司强牵财物过本契	※
《杂律》总第 403 条	舍宅车服器物	舍宅车服器物违令	营造舍宅车服器物及坟茔石兽等违令	※
《杂律》总第 407 条	从征从行身死	从征从行身死不送还乡	从征行身死不送本乡及伤病衣食有缺若致死	※ +
《杂律》总第 410 条	奸徒一年半	奸	奸及强奸	+
《杂律》总第 411 条	奸缌麻亲及妻	奸缌麻以上亲及妻	奸缌麻以上亲若其妻妾	※

续表

篇名总条序	台湾商务版条标	中华版条标	法院社版新条标	说明号
《杂律》总第 415 条	和奸无妇女罪名	（同左）	和奸之妇女及谋合奸通	※ +
《杂律》总第 417 条	校斛斗秤度	校斛斗秤度不平	校斛斗秤度不平执用及校勘不经官印	※
《杂律》总第 419 条	市司评物价	市司评物价不平	评物价不平入己及评赃不实致罪有出入	+
《杂律》总第 422 条	买奴婢牛马立券	买奴婢牛马不立券	买奴婢马牛等过价不立市券及市司不时过券	※
《杂律》总第 426 条	乘官船载衣粮	乘官船违限私载	乘官船违限私载若受寄及寄之	+
《杂律》总第 429 条	库藏仓不得燃火	库藏燃火	于库藏及仓内燃火	※
《杂律》总第 444 条	停留请受军器	（同左）	请受军器停留不输及弃毁亡失	+
《杂律》总第 446 条	亡失符印求访	（同左）	亡失器物宝印制书等限内求访不得	※ +
《杂律》总第 447 条	得宿藏物	得宿藏物隐而不送	于他人地内得宿藏物若形异古器隐而不送	※
《杂律》总第 448 条	得阑遗物	得阑遗物不送官	得阑遗物满五日不送官	※
《杂律》总第 449 条	违令	（同左）	违令及别式	+
《杂律》总第 450 条	不应得为	（同左）	不应得为而为之	※
《捕亡》总第 451 条	将吏追捕罪人	将吏捕罪人逗留不行	受使追捕罪人不行及相遇不斗而退	※ +
《捕亡》总第 453 条	被殴击奸盗捕法	（同左）	辄捕非殴人折伤以上及非强奸若盗之罪犯	※
《捕亡》总第 454 条	道路行人捕罪人	道路行人不助捕罪人	受告助捕罪人能助而不助	※
《捕亡》总第 456 条	邻里被强盗	邻里被强盗不救助	邻里被强盗及杀人受告不救助	※
《捕亡》总第 457 条	从军征讨亡	（同左）	从军征讨临对寇贼而亡及军还先归若亡	+
《捕亡》总第 458 条	防人向防	防人向防及在防亡	防人镇人上路后亡及在防未满而亡	※ +
《捕亡》总第 462 条	浮浪他所	（同左）	浮浪他所及缺赋役	+
《断狱》总第 471 条	死罪囚辞穷竟	死罪囚辞穷竟雇倩人杀	亲故雇倩及被雇倩杀死罪囚	※
《断狱》总第 473 条	囚给衣食医药	囚应给衣食医药而不给	囚应请给衣食医药而不请给及减窃囚食	※ +

续表

篇名总条序	台湾商务版条标	中华版条标	法院社版新条标	说明号
《断狱》总第 474 条	八议请减老小	议请减老小疾不合拷讯	拷讯不合拷讯者及令不得为证者为证	※ ＋
《断狱》总第 475 条	囚引人为徒侣	（同左）	因在禁妄引人为徒侣	※
《断狱》总第 476 条	讯囚察辞理	（同左）	不审察辞理及反复参验而辄拷讯	※
《断狱》总第 477 条	拷囚不得过三度	（同左）	拷囚过度过数及有疮病而拷	※ ＋
《断狱》总第 478 条	拷囚限满不首	（同左）	反拷违制	※
《断狱》总第 479 条	鞫狱官停囚待对	停囚待对牒至不遣	停囚待对直牒追摄不即遣	※
《断狱》总第 480 条	依告状鞫狱	（同左）	鞫狱于本状之外别求他罪	※ ＋
《断狱》总第 481 条	囚徒伴移送并论	（同左）	违法移囚及已违法送达不受不申	※ ＋
《断狱》总第 483 条	监临以杖捶人	监临自以杖捶人	监临因公事自杖捶人及不合行罚而捶拷	※
《断狱》总第 484 条	断罪引律令格式	断罪不具引律令格式	断罪不具引律令格式正文	※
《断狱》总第 486 条	制敕断罪	辄引制敕断罪	辄引制敕断罪致罪有出入	※
《断狱》总第 488 条	赦前断罪不当	（同左）	改赦前不当之断罪违制	※ ＋
《断狱》总第 489 条	闻知恩赦故犯	（同左）	知有赦故犯与恶逆及会赦犹流者不得赦原	＋
《断狱》总第 490 条	狱结竟取服辨	狱结竟取服辩	狱结竟不取囚服辩及不服不听自理	※ ＋
《断狱》总第 493 条	输备赎没入物	输备赎没入物违限	应输备赎没入及欠负应征违限不送	※ ＋
《断狱》总第 494 条	妇人怀孕犯罪	妇人怀孕犯死罪	妇人犯死罪怀孕处决违制	※
《断狱》总第 496 条	立春后不决死刑	立春后秋分前不决死刑	于春夏若断屠月及禁杀日决死刑	※ ＋
《断狱》总第 497 条	死囚覆奏报决	（同左）	死罪囚不待覆奏报下若违时限而决	※ ＋
《断狱》总第 502 条	疑罪	（同左）	疑罪与疑狱	＋

（写于 2018 年大暑处暑间）

＊此文写于 2018 年 8 月。唐律现附之条标目录，研究者或认为非《律疏》之原有，故此文未收进本书《〈律疏〉原创内容质疑试举》一文中去。

附件：宋代孙奭校撰之《律附音义》

　　宋朝天圣七年（1029）国子监孙奭等奉诏为订正《刑统》而校勘唐代《律疏》原文，其中的律（及注）单独成册。此书只是于十二篇律文的前后，各注明律篇之名，律条前并无条标，甚至亦无全书之目录。书后附《音义》一卷，为孙奭等新撰。

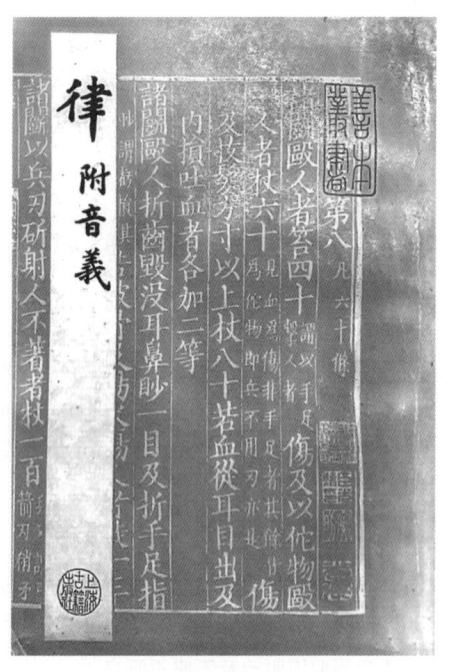

封面

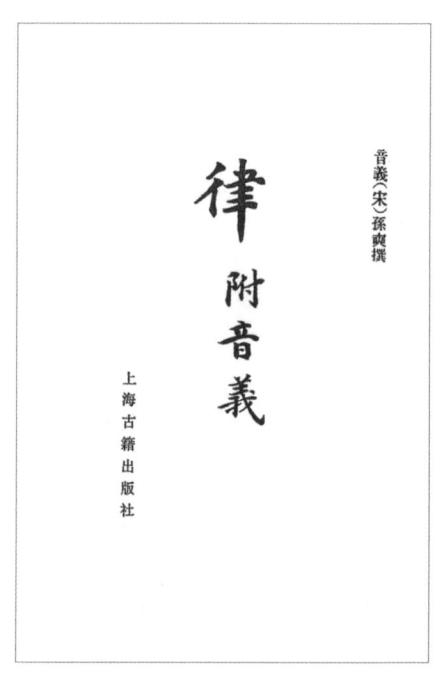

扉页

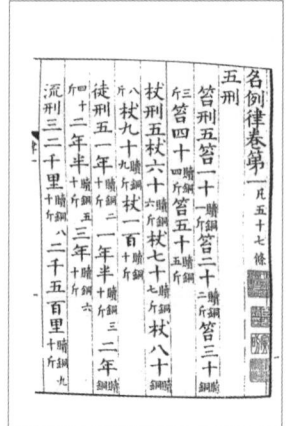

《律》正文第 1 页，亦为《名例律》卷第 1 页，
其他只有"五刑""十恶""八议"三条
有条标，其余皆无

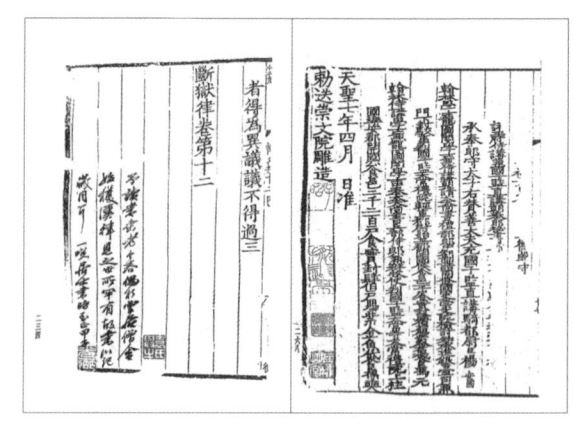

只在各律起始及末尾处注律名及卷次，如
《律》正文最后页，只注《断狱律》卷第十二，
其他正文书前及各律条前，均无条标或目录

唐律研究新思考

唐代法律体系

6. 律、令、格、式与唐代法律体系

律、令、格、式是唐代的法律形式，也是唐代法律体系的基本构件。正确认识律、令、格、式的性质和作用，不但是宏观上了解唐代整个法律体系，也是微观上辨明唐代各种法律及典章性质的关键。近十数年来，律、令、格、式的性质及与之有关的问题，已成了唐代法律乃至中国法制史研究中一个分歧最大、矛盾最尖锐的问题。本文拟在分析律、令、格、式性质的过程中，对争论中最具有代表性的观点提出看法，以使唐代法律制度的研究，通过这些不能回避的辩论得到更深入的发展。

一、律、令、格、式是不同性质与种类的法律

（一）在唐代法律体系中不同性质与种类的法律已形成了分工协作的关系

唐宋史籍及典章上所载关于唐代法律体系与法律种类划分的理论，应是探求唐代各种法律性质的基本根据。无论是新旧唐书中的《刑法志》或《唐六典》都一致地说，唐代的法律是律、令、格、式四种。这四种法律可以分成两类，一类是作为定罪判刑根据的刑法，一类是主要作为一般政务实施正面的法规。

唐代法律的分类同现代法律比较，有相通之处，但差别很大。

1. 作为定罪判刑的律与其他制度性法律的界线得到了划分

律在唐之前就已分离出去，在法律体系中作为刑法单独存在，令、格、式基本是行政法律规范，这是唐代法律体系最大的一个特点。同时唐代的诉讼（无论是民事或刑事）规范，还都作为一类包括在一般施政的行政法令之中，因为当时司法审判与行政并未完全分离，地方司法审判机构也未从行政系列中分离而独立。

2. 法律根据国家政务职能谋篇布局而不完全以调整对象划分

据《唐六典·刑部》记载，除律之外，令"二十有七"种，既有依政府机关进行的划分，如中央和地方的各种"职员令"。又有依国家不同管理领域而进行的划分，如"军防令""关市令""户令""田令"等十几种。据日本学者仁井田陞《唐令拾遗》的分类，唐代有名称的令已有三十三种之多。格"二十有四篇，皆以尚书省二十四司为篇名"。而式的"三十有三篇"，"亦以尚书省列曹及秘书、太常、司农、光禄、太仆、太府、少府及监门、宿卫、计帐为其篇目。"这里，后三篇是依管理领域作的划分，其他各篇都是依管理机关划分。

3. 令、格、式之间的区分依其位阶及作用效力的不同来划分

令与式都是各种正面的典章制度法规，其中令是"设范立制"，"尊卑贵贱之等数，国家之制度"，而式则是进行行政管理而制定的即所谓"轨物程事"的细则性法规，因此成了官司"所常守之法"。如《丧葬令》规定：

> 诸从征及使人所在身丧，皆给殡殓调度，递送至家。[1]

殡殓调度怎样给法？《兵部式》则规定：

> 从行身死，折冲赙物三十段，果毅二十段，别将十段，并造灵轝，递送还府。队副以上，各给绢二匹，卫士给绢一匹，充殓衣，仍并给棺，令递送还家。[2]

格的性质禁违正邪，它的法源是"盖编录当时制敕，永为法则，以为故事。"[3]格因来自制敕，其他法律都应与格符合，而不得与之矛盾。

4. 律作为刑法存在而令格式并不相当于现代意义的各部门法

律的性质是刑法，其他的法律并不是如近现代的其他部门法，近现代的部门法也绝不相当于令、格、式中的任何一种。现代的某一个部门法，如以唐代来对应往往是涉及令、

---

1 ［日］仁井田陞：《唐令拾遗·丧葬令》第十之乙条，长春出版社 1989 年版，第 751 页。
2 见《杂律》卷第二十六（总第 407 条）引《兵部式》。
3 见《唐六典·刑部郎中》条"格"下之注文，中华书局 1992 年版，第 185 页。

格、式中的几个篇目或几个种类，它们之间基本不存在整齐、划一、单纯的对应关系。如现代的民法，唐代与之有关系的内容，除了涉及令、格、式中的许多内容外，还涉及礼的内容。当然，现代意义上的一些专门法规，与唐代法律的对应关系有时比较单一，如令中的《田令》，就与现代的土地法相对应，《狱官令》与现代的诉讼法规相对应。但是如果要从唐代法律中去找与现代公务员法相对应的法律，那就不但涉及几种令文，而且还涉及格、式中的诸多内容。

（二）律、令、格、式"皆刑法"说，违背唐代已建立起来的法律区分的理论与实践

近二三十年来，在唐代法律制度的研究上值得注意的一种观点，是律、令、格、式"皆刑法"说。这种观点所以值得注意是因为其持论者认为唐代的律、令、格、式，实际上只是一法：刑法。这种说法的要害是否定律、令、格、式的差别，以律取代令、格、式。现针对其持论的方面条析如下。

1. 律是"刑法"

从篇目结构上说，律是刑律。唐律的十二篇，主要是各领域内违法犯罪条款的组编与概括。唐律十二篇中"卫禁""职制""户婚""厩库""捕亡""断狱"等篇，是指这些领域内的有关犯罪规定，而"擅兴""斗讼""诈伪""贼盗"这些篇名本身就是罪名。法律篇目的划分与犯罪处置适应，只有律具有此特点，而令、格、式都不具有此特点。令的二十七篇，绝不是二十七个方面的犯罪条款。如其中第二篇《田令》，完全是田制规定，而不是违反田制的犯罪，违反田制等的犯罪规定在唐律的《户婚律》中。又如格与式基本上共同地以尚书省二十四官署衙门为篇名，其条款既不是各该官署官吏的"犯罪"，更不是由这些官署来执掌的刑法条文。如果令、格、式都成了判罪的刑法，那国家法制的混乱将无法想象。

从法律条款制定的形式来说，律条是惩罚性的罪条，而令、格、式的条款情况各异。这是唐代各种法律内容性质上的重大差别之一。同现代刑法一样，唐代刑律的条文，其内容在表述上包括罪名、罪状与法定刑三个部分。在唐律现有的 502 条律文中，只有《厩库律》中一条（总第 223 条）及《断狱律》中一条（总第 502 条）是例外。即使这些例外，也因为是作为该篇其他条款的补充而存在的。这种特点是律作为"正刑定罪"的刑法存在所必须，而不作为刑法条款存在的令、格（补充修改律的格除外）、式，其内容则不具有包含罪名、罪状及法定刑的特点。

2. 令文全都不是"刑法"条款

无论是《唐六典》中列的二十七种令文，或是现代人在《唐令拾遗》中收录的三十三

种令文，其中没有一种有刑法条款的性质。我们把与律有照应关系的令文相互比较就非常清楚。

如关于"七出"，令规定：

> 诸弃妻须有七出之状，一无子，二淫佚，三不事舅姑，四口舌，五盗窃，六妒忌，七恶疾，皆夫手书弃之。男及父母伯姨舅，并女之父母伯姨舅，东邻西邻，及见人皆署。若不解书，画指为记。[1]

这是关于丈夫休弃妻子的条件及手续的规定。而违犯此令文的犯罪则由律条规定：

> 诸妻无七出及义绝之状，而出之者，徒一年半。[2]

这里，罪名是违律出妻，罪状是妻无七出及义绝之状而出之，刑罚是一年半徒刑，而上述令文则无此特征。

又如《户令》规定：

> 无子者，听养同宗于昭穆相当者。[3]

此处概无罪名、罪状与刑罚可言。但是《户婚律》卷第十二（总第 157 条）规定违犯此令的罪条说：

> 诸养子，所养父母无子而舍去者，徒二年。

此中罪名是辄舍养子，罪状是养父母无子而舍养子，刑罚是二年徒刑，令文则无此特征。总之，现见的三十三种令，都不是包含罪名、罪状及法定刑的刑法条文。

即使令中的《狱官令》也不是刑法。如：

> 诸有犯罪者，皆从所发州、县推而断之。在京诸司，则徒以上送大理，杖以下当司断之。若金吾纠获，皆送大理。

这是关于案件在地方及京都受理权限划分的程序规定。又如：

> 诸决大辟罪在京者，行决之司五复奏；在外者，刑部三复奏。若犯恶逆以上及部曲、奴婢杀主者，唯一复奏。

这是关于死刑执行时向皇帝覆奏的制度程序规定。又如：

> 诸决大辟罪，皆于市。五品已上，犯非恶逆已上，听自尽于家。七品已上及皇族若妇

---

1 ［日］仁井田陞：《唐令拾遗·户令》第三十五条。
2 《户婚律》卷第十四（总第 189 条）。
3 ［日］仁井田陞：《唐令拾遗·户令》第十四条。

人，犯非斩者，皆绞于隐处。

这是关于死刑执行形式等级差别的规定。又如：

> 诸鞫狱官与被鞫人有五服内亲，及大功以上婚姻之家，并受业师，经为本部都督、刺史、县令，及有仇嫌者，皆须听换推。经为府佐、国官于府主亦同。

这是关于审判官回避制度的规定。又如：

> 诸州府有疑狱不决者，谳大理寺；若大理仍疑，申尚书省。

这是关于疑案逐级上报制度的规定。又如：

> 诸赎死刑限八十日，流六十日，徒五十日，杖四十日，笞三十日。若无故过限不输者，会赦不免。

这是关于在准赎的条件下，赎铜征纳的期限规定。

> 诸狱皆厚铺席荐，夏月置浆水，其囚每月一沐。其纸笔及酒、金刃、钱物、杵棒之类，并不得入。[1]

这是关于监狱管理制度的规定。又如：

> "诸杖皆削去节目，长三尺五寸"，"其决笞者，腿、臀分受；决杖者，背、腿、臀分受，须数等；拷讯者亦同。"[2]

这是关于刑杖制作规格及杖打部位的规定。又如：

> 诸有赦之日，武库令设金鸡及鼓于宫城门外之右，勒集囚徒于阙前，挝鼓千声讫，宣诏而释之。其赦书颁诸州，用绢写行下。[3]

这是关于赦令执行程式的规定。

以上是《狱官令》各主要内容部分的代表性条文，这些条文都是司法审判事务的正面制度性规定，而不是规定某种罪名、罪状及定罪判刑的条文。以今天的角度衡量，《狱官令》是诉讼法及监狱管理法规的制度性法规，而不是实体刑法。对唐代《狱官令》，从程序法与实体法的比较上去考察，最能证明令不是刑法。

（参考本单元"唐代法律体系"后附件：唐律与唐令部分内容对应表）

---

1 此条及以上所引各条分别见［日］仁井田陞：《唐令拾遗·狱官令》第一、六、八、三十四、三十五、三十六、三十七条。
2 ［日］仁井田陞：《唐令拾遗·狱官令》第四十一条。
3 ［日］仁井田陞：《唐令拾遗·狱官令》第四十三条。

3. 格绝大部分不是刑法只有《刑部格》是对《律》作补充修改的刑法

格的出现，既保证律令式的相对稳定，又可保证法律随时事的变易而变易。格可以随时涉及任何法律（律、令、式、礼）的增修。格数量较多，为便于查阅贯彻，在编制上格被区分为涉及某一专门机关掌握执行的"留司格"和颁下全国州县通用的"散颁格"。此外，还有适用于某一特定领域的单行格，如《选格》《道僧格》。格都冠以二十四曹司的名称。"留司格"不用说，即使"散颁格"如与刑部有关的就命名为《散颁刑部格》，涉及武人考选的专门格条称《兵部选格》。又因为格事实上处于经常补充与调整的势态下，旧的格又一定要被新的敕令所调整，于是又出现了所谓"格后敕"。

因为格是以二十四曹司为目，这就决定了格的绝大部分内容不是刑法。如：敦煌文书《户部格》残卷：景龙三年九月二十日敕："敕：诸色应食实封家，封户一定已后，不得辄有移改。"又如圣历元年正月三日敕："敕：岭南及各僻远小州，官人既少，欲令参军、县官替充朝集者听。"总之，现见之敦煌《开元户部格》残卷，[1] 实录唐各朝格十七条，内中只有二条敕文涉及刑罚处置的内容。敦煌《垂拱后常行格》残卷，实录四格条的残片，都是关于口头奏请宫卫门禁及官吏叙补的有关规定。

格是整编公布的敕令，从部门法划分的角度说，格条的性质，以其所修改补充法律的性质为性质。涉及吏部的可以说是官吏管理法规，涉及户部的可说是户籍、身份、财税法规，涉及礼部的可说是礼制，涉及兵部的可以说是军事法规，涉及工部的可说是工程法规、水利法规等。唐人关于格是"禁违正邪"的解释，是就格的内容和行用的目的而言，是对可能出现的违法及邪行的一种预防和制止，而不是说都与律一样"正刑定罪"。

如果一定要与今之情况作比较，则唐代《户部格》中不带罚则的格条，可视作"治安条例"；把带罚则的格条，视作"治安处罚条例"，可有助于理解。而"治安条例"与"治安处罚条例"性质上都不是"刑法"。

格中只有《刑部格》属于"正刑定罪"的法律规范。如敦煌文书《神龙散颁刑部格》残卷中谓：

> 官人在任，缘赃贿计罪成殿已上；虽非赃贿，罪至除、免，会恩及别敕免：并即录奏，量所犯赃状，贬授岭南恶处及边远官。

此条格中规定的赃官处赎铜十斤以上记"殿"，以及官吏犯其他罪受除名、免官处罚后被赦免的，要"贬授岭南恶处及边远官"，这是刑律上所未有的新补充的处罚内容。又如：

> 宿宵（宵）行道，男女交杂，因此聚会，并宜禁断。其邻保徒一年；里正决杖一百。[2]

---

1 参见刘俊文：《敦煌吐鲁番唐代法制文书考释》，中华书局 1989 年版，第 276~281 页。

2 以上所引两条参见刘俊文：《敦煌吐鲁番唐代法制文书考释》一书所收《神龙散颁刑部格》残卷，中华书局 1989 年版，第 246~254 页。

民间举行宗教法事，所谓"宿霄（宵）行道"，男女一起通宵聚会被禁止，而且发生此事，邻保及地方基层官要受罚，这完全是新的刑事立法。

关于"烽候不警"及"前烽不举，不即往告"之罪，《卫禁律》卷第八（总第 90 条）规定刑罚是"徒三年"，而对此欲增加新的情节及处罚，这种性质的规范在成为"永格"前，可以"制敕"形式，或"格后敕"的形式进行，如敦煌文书中就有涉于此罪的制敕补充规定，对管烽火的"捉官"，另追决三十；对"知烽健儿"决六十棒。[1] 而唐代修改补充律的格条，基本在《刑部格》中，而《刑部格》只是二十四篇格中的一篇。非《刑部格》的少数格敕中，亦不排除有刑罚的内容，但绝大部分没有。因此，把所有的格都说成是刑法，是以偏概全的做法。

4. 式基本不是刑法

比起规定重大典章制度的令来，式的内容常表现为一些在时间、人数、物量及量衡要求等方面的实施细则内容。迄今为止，比起令的复原整理来，式的系统复原还差得很远。但是，即使在敦煌吐鲁番文书残卷及《唐律疏义》对式不多的引文中，仍可看出式是正面制度性规范，而不是定罪判刑的刑法条文。

吏部是官吏事务的管理机构，以其为名目的式文都是官吏管理法律中的细则内容。如残存的贞观《吏部式》规定说："隋勋官、散官及镇将、副五品以上，并五等爵，在武德九年二月二日以前身亡者，子孙并不得用荫当，虽身在，其年十二月卅日以前不经参集，并不送告身经省勘校奏定者，亦准此。"[2] 这是关于前朝隋代官员本人叙限及子孙用荫官当审核的时间规定。当时，唐代对隋朝官员也有品级待遇的优惠，因此发生了虚报隋代官员品级的情况，所以用式来在勘查审核上进行细则规定。

属于户部的"度支郎中"主管"支度国用，租赋少多之数"，以其为名目的《度支式》，是关于赋税物之征输、折抵及调配等的内容。如：

> 诸州庸调折纳米粟者，若当州应须官物给用，约准一年须数，先以庸物支留，然后折纳米粟。无米粟处，任取当州以堪久贮之物。[3]

这是关于庸调折合米粟或折合其他物品纳税之规定。

唐代工部有"水部郎中"，其职责是"掌天下川渎、陂池之政令，以导达沟洫，堰决河渠"。以其为名目的《水部式》都是关于水利工程管理法规的实施细则。在现存的唐代《水部式》残卷中，有式文三十条，就全是水利管理中的细则。如其中一条规定说：

1　参见刘俊文：《敦煌吐鲁番唐代法制文书考释》所收《开元职方格》断片，中华书局 1989 年版，第 295 页。

2　参见刘俊文：《敦煌吐鲁番唐代法制文书考释》所收《贞观礼部式》断片，中华书局 1989 年版，第 307~308 页。

3　参见刘俊文：《敦煌吐鲁番唐代法制文书考释》所收仪凤年间的《度支式》断片，中华书局 1989 年版，第 312~313 页。

若用水得所，田畴丰殖，及用水不平及虚弃水利者，年终录为功过附考。[1]

这是关于管理水利官员行政考核功过的制度规定。

从以上所举的《吏部式》《度支式》《水部式》的条文看，式是正面的制度性的规定，而不是定罪判刑的刑法。再从《唐律疏义》中所引用式文来看，情形也如此。

《太仆式》："在牧马，二岁即令调习。每一尉配调习马人十人，分为五番上下，每年三月一日上，四月三十日下。"[2]

这是关于公有马匹训练及训练人员配备轮班的规定。

《职方式》："放烽讫而前烽不举者，即差脚力往告之。"[3]

这是关于边境防卫放烽烟报警制度的规定。

《监门式》："皇城内诸街铺，各给木契。京城诸街铺，各给木鱼。"[4]

这是关于皇城、京城各警卫点街铺，有征调使用鱼符种类的规定。

《库部式》："其甲非皮、铁者，依《库部式》，亦有听畜之处，其限外剩畜及不应畜而有者，亦准禁兵器论。"[5]

这是关于非以皮、铁制作的甲的储存保有规定。

《户部式》："灵、胜等五十九州为边州。"[6]

这是关于边境州府确定的规定。

总之，唐律中所引的有名目的式文，都不是正刑定罪性质的条款。唐代的式，即使是《刑部式》也不是"定罪判刑"的刑法内容。如《名例律》卷第二（总第 17 条）之疏文说："先已去任，本罪不至解官，奉敕解者，依《刑部式》，叙限同考解例。"对于犯官之罪，够不上解职而特别奉皇命解职的官吏，其重新复职的年限，与因考核不及格而解职的官吏相同处置。此内容不涉及罪与非罪的问题，而只是某些犯官处罚后复职的年限比照问题。

1　参见刘俊文：《敦煌吐鲁番唐代法制文书考释》所收《开元水部式》断片，中华书局 1989 年版，第 327 页。
2　转引自《厩库律》（总第 202 条）。
3　转引自《卫禁律》（总第 90 条）。
4　转引自《擅兴律》（总第 226 条）。
5　转引自《擅兴律》（总第 243 条）。
6　转引自《捕亡律》（总第 464 条）。

（三）刑律中违反令、式要受处罚的条款不能证明令、式"皆刑法"

人们违反了非刑法的法律而受罚，那些法律并不因此就具有刑法性质，这应是常识。在唐律规定违反令、式受罚那一条中，疏文举了两个例子。一是《仪制令》规定："行路，贱避贵，去避来。"一是《礼部式》规定："五品以上服紫，六品以下服朱。"这两条令、式，其本身与许多令、式一样，从形式到内容，绝没有刑法的特征。它们遭到违反要受罚，不是因为它们自身有刑法性质，而是另有《杂律》卷第二十七（总第 449 条）的刑法条款在起作用：

> 诸违令者，答五十；别式，减一等。[1]

这条才是"刑法"。违反婚姻法到一定程度要受刑罚，并非婚姻法是刑法，而是有刑法在维护婚姻法。在这一点上，唐代同今天是相通的。同时，唐代并不是违反了所有的令、式都要处刑。违反后要处刑的只是"令有禁制"而"律无罪名"的令、式。

（四）宋代人关于"唐之刑书有四"的观点应予否定

认为唐代律、令、格、式"皆刑法"的史书根据是《新唐书·刑法志》上说："唐之刑书有四，曰：律、令、格、式。"其实，这句话，错误地概括了唐代令、格、式的性质。

《新唐书》的作者关于"唐之刑书有四"的结论，与此文句紧接的对律、令、格、式所作的解释是自相矛盾的。在对令、格、式作出具体解释之后，作者犹怕读者不清楚，接下去又对上述令、格、式的用法再总结说："凡邦国之政，必从事于此三者。"这其中的"政"，说明令、格、式是国家一般政务实施的根据，而作为刑法的律，则不作为一般"邦国之政"所"从事"的根据。只有专门适用于对令、格、式"有所违"或"人之为恶而入于罪戾"即行凶作恶构成犯罪的，才"一断以律"。面对《新唐书》作者的前后矛盾，如果正确地以唐代法律体系的学说去鉴别，我们唯一的出路是取其后部分具体的分析解释，而当弃其前部分"唐之刑书有四"的错误结论。同时，唐代人自己的结论证实了宋代人结论的错误。唐代集中解释各种法律制定及作用的《唐六典·刑部》卷中记载："凡文法之名有四：一曰律，二曰令，三曰格，四曰式。"这里"文法"二字是统指制定的成文法律而言。唐代人把律、令、格、式统称为"文法"，而不像宋代人在《新唐书》中称为"刑书"，显然是正确的。

---

1 转引自《杂律》卷第二十七（总第 449 条）。

二、唐律是刑律，不是"诸法合体"的法典

"律、令、格、式皆刑法"说，就是律、令、格、式无区别说，实质是令、格、式皆律的主张。同这种主张相近似，或者说用这种观点去观察唐律，有人又认为唐律是"诸法合体，民刑不分"的法典。这是关于唐代法律体系研究中产生的另一个不能忽视的代表性观点。同前一种观点一样，这种观点也以确认直至唐代我国立法技术还处于刑法与政制混同不分的状态为前提，这不符合唐宋信史上记载的特别是唐代人自己已阐明的关于法律种类区分的理论。二十世纪七八十年代，这种观点在法律史学界的部分学者中曾经流行，虽然随着唐律研究的深入，其影响逐渐缩小，但迄今为止，它仍是唐代法律体系特别是唐律研究中需要解决的一个问题。对于唐律"诸法合体"说，我们应通过分析唐律本身的结构体系来解决。

（一）唐律构成的十二篇并不是"十二种"法律制度的"合体"

所谓唐律是"诸法合体，民刑不分"，其中"诸法合体"是核心，"民刑不分"派生于"诸法合体"。只要辨清了"诸法合体"，则其他也就清楚了。

"诸法合体"说的首要原因是把《律疏》"名例篇"之后的十一篇，错误地理解为国家十一个方面的正面性制度。

首先，"诸法合体"说的形成，与对唐律各篇序文中某些措词的误解亦有关系，各律篇序文中关于解释篇目名称及次序安排的一些话容易使人误解，尤其是第三篇《职制律》"序"中的用词更可能让人误解。其序文说：

> 言职司法制，备在此篇。宫卫事了，设官为次，故在《卫禁》之下。

这里的"法制"不是指正面的法律制度，而是涉及职司的违法处刑；这里的"设官"，是指有关"设官"的违法犯罪（如超编）。第十篇的《杂律》是不能纳入其他各篇的违法犯罪，但绝不是综合性的法律制度。唐律中其他的篇目，名称本身就是违法犯罪的表述词，如"擅兴"是指违法或擅自进行军事赋役征调及施建工程，"斗讼"是指非法的打斗杀伤及违法的告发，"贼盗"及"诈伪"当然更没有被误解为正面性立法的可能性。

同时，在思考方法上，不能因为从惩罚性的刑律中可以反观到一些正面制度，从而认为唐律就有规定各种正面制度的任务。如《卫禁律》与《擅兴律》中违法犯罪的规定，可以折射出唐代军事法、赋税法及工程法等某些正面的制度内容。但绝不能由此说，这两篇律文就是军事法、赋税法及工程法的"合体"。因为唐代的军事法主要散布在属于令的《卫府职员令》《镇戍岳渎关津职员令》《宫卫令》《军防令》中；在属于格的《兵部格》《职方格》中；在属于式的《兵部式》《职方式》《监门式》《宿卫式》中；在属于礼的《军礼》中。我

们从《职制律》中可以反观到当时官吏编制、职守、考核及邮驿等的部分制度，但不能说《职制律》是官吏管理法及驿站管理法的"合体"内容。唐代的各种正面的管理性法规都在刑律之外，无须一一列举。问题十分明显，依"诸法合体"论者看来，唐律不但"民刑不分"，而且是"经（经济）刑不分"，"政（行政）刑不分"，"诉（诉讼）实（实体）不分"。当然这些都是不正确的。总之，唐律中各篇规定的违法犯罪律条，与其相对应的正面的制度性法规，各有其体系，各有其典册，根本不相互"合体"与取代。之前，一些高等学校的中国法制史教材，在概括唐律各篇的内容时，都说这是"关于……方面的法律制度"，其意为唐代关于某方面的制度法规即在于此篇中。这不仅是一个措词的问题，而是反映了很多学者对唐律各篇在法律分类性质认识上的不确定性。

（二）唐律不是律、令、格、式的"合体"

首先，唐代的律、令、格、式都是各自单独起作用的法律。如《唐律疏义》卷第八《卫禁律》（总第 90 条）规定了"应放多烽而放少烽"，处徒三年；"应放少烽而放多烽"，处徒一年。而放烽多少的具体要求，不在刑律中规定，而在《军防令》中规定："诸其放烽，有一炬二炬三炬四炬者，随贼多少而为差。"发现的贼数与烽炬数到底怎样相符，其详情细则有式来规定，此系军事秘密不能全部公开，故该律条的疏文说：

> 放烽多少，具在式文，其事隐秘，不可具引。

这情况使人清楚地看到，令、式在律之外单独存在，而不"合体"于律之中。又如《唐律疏义》卷第二《名例律》（总第 17 条）之疏文说：

> 若犯罪未至官当，不追告身，叙法依考解例，期年听叙，不降其品。从见任解者，叙法在《狱官令》。先已去任，本罪不至解官，奉敕解者，依《刑部式》，叙限同考解例。

这里刑律引用了《狱官令》及《刑部式》的名称及一些内容，说明官吏解现任后的"叙法"及"奉敕解"的具体规定，都应详查令、式，并依其规定内容执行。这又再一次表明，令、式内容根本不是全"合体"到律中，而是各自单独起作用的法律。其实，"诸法合体"那样的一部综合的、集大成的、取代所有不同形式法律的法典，唐代自始至终都不存在。唐代的整个法律体系就是律、令、格、式各自为典。把律、令、格、式拆散了，糅到其中的某一部中去，体例无法解决，目的性也不明，只会更不方便。所以律、令、格、式是有唐一代贯彻始终的立法体系。在某些时候也曾有过合修的事，但都保持了各自的独立性，没有把令、格、式并入于刑律的事。《旧唐书·刑法志》记载，开元初唐玄宗命黄门监卢怀慎等八人删改格、式、令，至三年三月奏上，名为《开元格》。开元六年，玄宗又命侍中宋璟等删定律、令、格、式，至七年三月奏上，结果是律、令、式仍旧名，格曰《开元后格》。

从这些记载中可看出，唐玄宗开元三年（715）的《开元格》，是"删改"的格、式、令的名称，律不在内。开元七年（719）"删定"时，除格叫《开元后格》外，律、令、式仍用旧名，各自独立。开元二十二年（734），李林甫等受命全面修改法律，结果是"总成《律》十二卷，《律疏》三十卷，《令》三十卷，《式》二十卷，《开元新格》十卷"。同时，为了各政务部门使用方便，"又撰《格式律令事类》四十卷，以类相从，便于省览"。开元二十五年（737）的《格式律令事类》未得传于今世，但是有两点可以确定，这部《事类》书撰写的目的是"以类相从，便于省览"，是依官署有关职掌的政务分类编排，并不是各法皆与刑律"合体"。

（三）部分律条的疏文中引用某些令、格、式文段作解释不构成"诸法合体"

某些阅读者（包括少数法史教学者、研究者），在看到《律疏》的部分律条中引用有一些令、格、式后，就认为律与令、格、式与《律疏》"合体"了。这些人不了解令、格、式条文中的一些句段被疏文引作解律的形式特点：并不是《律疏》502条中的疏都作引用，引用或令、或格、或式的律条仅有130条而已；且其作引用之律条，绝不是必引用齐"令、格、式"三种，往往只是或令、或格、或式的一条或是两条；"诸法合体"说忽视各典条数的数量比，有人偶见疏文中有或令或格或式中的一些句段在列，便误认为已经有"合体"之证据在握于掌中了。

其一，从立法的法条数目说，唐代承袭隋朝的做法，律的数量最少，只有500条，而当时的令、格、式的条数则是律的几倍乃至十几倍。《旧唐书·刑法志》记载，贞观年间房玄龄等奉命修订法律时，当时定令1590条，格是"定留七百条"。到开元二十二年（734），"旧格、式、律、令及敕，总七千二十六条"，删修时其中"三千五百九十四条仍旧不改"。这数字减去500条后，令、格、式的总数应是3094条。但是令、格、式被唐律引用的是多少呢？不过是涉及130条左右，这个数字只是开元令、格、式总数的4%左右。在唐代令、格、式巨大的数量与庞大的体系中，由于它的百分之几的条目内容被引用在刑律中作为解释性的文字，于是就下结论说唐律是"诸法合体"，在这情况下，绝大部分未被唐律引用的令、格、式岂不被抹煞！一些唐代制度的研究者，在唐律之外，用了很多的时间与精力去收集和复原被佚失的唐代的令、格、式法条，这个行动本身就是对"合体"论的一个否定。

这里最生动的莫过于"格"与《律疏》的"合体"说了。据《唐会要·定格令》及《旧唐书·刑法志》记载，唐太宗贞观时，就有《格》18卷700条。唐高宗永徽时有《留司格》18 卷，《散颁格》7 卷，共 25 卷，其条数肯定多于贞观时期。可是，唐律 502 条中只有 3 条律文，即《名例律》(总第 23 条) 引《道僧格》内容 2 处，《卫禁律》(总第 88 条) 引鸿胪寺的《主客格》内容 1 处，《诈伪律》(总第 375 条) 引《刑部格》内容 1 处。整部《律疏》引用的《格》典的内容，总共 4 处。在这种情况下，我们难道可以判定《格》已"合体"到《律疏》中，或者说《律疏》与格"合体"了吗？

其二，唐代的令、格、式即使被《唐律疏义》所引用，也不能使被引用的令、格、式改变性质与刑律"合体"成为刑律。令、格、式被引用入律是从"律疏"的制定才开始的。从唐初到唐高宗永徽四年（653）"律疏"制定公布前的三十多年间，唐代的令、格、式本来就是各自单独存在起作用的。《永徽律》制定之后，为律制定疏文时，部分的令、格、式句段才被引入"疏"中作解释之用的部分材料，尽管"疏"事实上也成了法律，但并不引起这些被引用的令、格、式在性质上的变化。被唐律引用的令、格、式，只是刑律解释的一部分材料而已，只有对刑律中的律文及注文规定的罪罚内容作增减、限制或扩大的那些内容才是刑律性质，而不是引用作为解释表述材料的少数令、格、式都成了刑律本身。被刑法援用的非刑法法律，不会因为被刑事法规引用而成为刑法，唐代和今天都这样。如我国将来的刑法中可能会出现"公务员"这个词，而那时的刑法或刑法的有权解释中，很可能会引用公务员法中关于公务员范围规定的文段。在那种情况下，我们也不能说公务员法中关于公务员范围规定的文段是"补充刑法"，并成了"刑法"。刑律解释的行文表述材料，与刑律本身的正刑定罪的结论不是一回事。如唐律中除引用令、格、式外，也引用礼，不但引用礼，而且还引用《尚书》《左传》《孝经》，甚至还引用《食经》，我们不能贸然说他们因对刑律的解释起"引征"作用而成为"刑法"。

其三，"诸法合体"说的产生也受唐代法律典籍存废情况的影响。因为"由于客观上不可改变的事实是，作为唐代主要的正面立法的《令》及《式》已经佚失，现在看到的只是近现代学者的考证式的拾遗汇集，甚至是一些残片，可律却独完整地传于世，这就诱使一些学者事出有因地认为唐刑律是'诸法合体'"。[1] 不久前，听说有人要研究中华法系的"诸法合体"的问题，有人不无关切地说，唐律作为中华法系的代表，势必要被盖在"诸法合体"的大锅盖下。当人们要论定"中华法系"普遍地具有"诸法合体"特征时，要弄清楚到底是说中华法系在历史上影响所及的国家与地区，因皆有"诸法"而必然要"合体"，还是说其影响下的所有"法典"皆"诸法合体"了。有"诸法"，很自然，不稀奇；"合体"，则大有讲究的必要。将来"中华法系诸法合体论"提出之时，首先就要弄清楚其"合体"到底是个什么概念？希望不要弄到最后，仅是说了那些国家和地区"都有诸法"存在的大白话。但是，就中国唐代的《唐律疏义》来说，应确认它的性质是刑律，不是什么"诸法合体"之法典。即使就其内容编订及解释的方法来说，都不是"诸法合体"。

---

1 参见钱大群、郭成伟：《唐律与唐代吏治》，中国政法大学出版社 1994 年版，第 16 页。

（四）唐代在立法上并不是"民刑不分"

在唐代，很多性质相当于后来"民法"的法规，并不合体于唐律之中，而是存在于唐律之外。

唐代以刑罚处置一些民事关系，并不证明唐律是"民刑不分"。诚然，在唐代相当于现代的一些民事规范常常有刑事处置的特点。如"负债违契不偿"，唐律中除判"各令备偿"之外，还要根据"违约乖期"的时间及债务数量处以刑罚："一匹以上，违二十日答二十，二十日加一等，罪止杖六十；三十匹，加二等；百匹，又加三等。"[1] 但是，唐律中这种民事关系用刑事处罚的做法，仅表现了以刑罚形式处理民事关系的一个处置上的特点，而并不说明整个法律呈"民刑不分"的状态。一项关系在法律处置上，兼有民刑事两种处置，并不证明整个法律"民刑不分"。如现代很多刑事判决中既有刑事判决，又有民事判决的内容，这种情况并不说明现代法律是"刑民不分"的。

从法律存在的独立性来说，最根本的是，大量的未被唐律引用的民事条款在唐律之外作为法律存在着。以"婚姻法"来说，结婚年龄肯定是其主要内容之一，但唐律《户婚律》中就偏偏无规定婚龄之内容，而唐代规定婚龄之法律在礼及令中：

> 诸男年十五，女年十三以上，并听婚嫁。"[2]

从时间上说，唐代很多民事法规之入典与起作用，并不受"律疏"制定的影响。如：

> 诸男女始生为黄，四岁为小，十六为中，二十一为丁，六十为老。

此为《户令》内容，《通典·食货七》及《旧唐书·食货志》在考引时，都说该令制定于唐高祖武德七年（624），《册府元龟·邦计部·户籍》说制定于武德六年（623）三月。后来《唐六典·户部》又引证，可见至《唐六典》成书的唐玄宗开元二十六年（738），这条令文仍单独存在于刑律之外。这条法律在《唐律疏义》（653）制定前已有，制定后仍有，怎么能判断唐代是"民刑不分"呢！

唐代有一条禁止官吏经商牟利的法律：

> 工商之家不得预于士，食禄之人不得夺下人之利。[3]

《旧唐书·食货志》记载它始定于武德七年（624），而唐律则照应地规定，官吏

> 若卖买有剩利者，计利，以乞取监临财物论。强市者，答五十；有剩利者，计利，准

---

[1] 《杂律》卷第二十六（总第 398 条）。
[2] 参见《司马氏书仪·婚仪》之《文公家礼·昏礼第三》注；日本学者仁井田陞据此收其于《唐令拾遗·户令》第二十八条。
[3] ［日］仁井田陞：《唐令拾遗·户令》第二十六条。

枉法论。[1]

后者作为刑律条文并未与前者"合体"。至于二者之间存在照应关系，正说明同一件事情在唐代的"民""刑"立法上是区分的，根本不能得出"民刑不分"的结论。

唐代的律、令、格、式中，只有律即《唐律疏义》是刑律，相当于现代的刑法。唐律只是刑法，它不包括与取代刑法之外的"诸法"，唐律十二篇不是唐代的"诸法"，唐代的"诸法"并未"合体"于唐律中。唐代当时的"诸法"，都独立地存在并发挥其作用，唐代的"民法"虽无专典，但它与"刑法"不是不分，而是分得清楚，互不兼并干扰。

从二十世纪八十年代起，法史界关于唐律性质的争论，其透视的焦点，实际是从对唐代法律体系的不甚了解（包括不了解）而起。之所以在唐律与《唐六典》的性质上产生争论，就是因为有人并未站在唐代法律体系的角度，不能较清晰地看到唐律（包括《唐六典》）的性质与特点。这篇文章其实是在新旧世纪交替前夕（本文写作于 1995 年），给唐律研究者的一句留言：正确分析与认识唐律的性质，必须从研究唐代法律体系入手。掌握唐代法律体系的基本知识，不能不是唐律研读之路的起跑线。

* 此文原发表于《法学研究》1995 年第 5 期，全文 13 000 字，收入本书时作了较大的调整与补充。

1《职制律》卷第十一（总第 142 条）。

7. "四刑书"说是唐代法律体系研究中反主流的异动
——《新唐书》"四刑书"说辨析及回复涉于此论之有关观点

引　言

　　对《新唐书》"四刑书"亦即"四刑法"说的臧否，是能否正确理解唐代法律体系的转捩点。如错误地把"四刑法"定为唐代法律体系的框架，则将强迫唐代全部法律倒退到在一口"刑法"的大锅里杂烩的境地。如把"文法有四"作为研究的出发点，则可正确地呈现法律体系中"正刑定罪"之《律》，与"邦国之政必从事"之《令》《格》《式》之间分工而又合作的机制。

　　其实，唐之律、令、格、式中只有律是"刑法"。另外，基本以二十四曹司为名目的《格》中之《刑部格》，对《律》起补充修改作用亦可谓"刑法"。判断"刑法"的根本标准是"正刑定罪"，令、格、式，均无此功能，故其非为"刑法"，也不可统称为"刑书"。唐代法律体系研究正确持论的试金石，是敢于分析唐四法的两种概括词"文法"与"刑书"，与对四法所作分类定义间的关系。

　　我于 1995 年第 5 期《法学研究》的《律、令、格、式与唐律的性质》一文中，就提出了对《新唐书》"唐之刑书有四"说应予推翻的主张。[1] 2009 年出版的《唐律与唐代法制考辨》一书中我又考说了"刑书"与"文法"的问题，继续驳斥"四刑书"说。此次本文再就影响人们正确了解唐律性质及唐代法律体系的一些新旧代表性观点，集中进行辨析，作为对我已发表此类书文的补充。

　　在正文开始之前，我把本文中所使用的几个名词概念稍作说明，以求彼此能正确地交

---

1 参见本书第 6 篇《律、令、格、式与唐代法律体系》第一节第（四）项内容。

流所使用的术语概念。

"四文法说"：指唐人《唐六典·刑部》及五代人《旧唐书·职官志》皆谓唐"凡文法之名有四：一曰律，二曰令，三曰格，四曰式"的观点。

"四刑书说"：指宋人《新唐书·刑法志》称"唐之刑书有四，曰：律、令、格、式"之观点。

"四刑法说"：指《新唐书·职官志》进一步称"凡刑法之书有四：一曰律，二曰令，三曰格，四曰式"之解释。

一、研究唐代法律体系的持论方法

从以往讨论中的情况看，影响双方不同观点形成与发展的重要原因，是彼此的持论方法不同。正确理解唐代法律体系的持论方法应该是：尊重常识，琢磨史据，不弃主流。

（一）尊重常识

常识是真理朴素存在的一种认知反映，是前人经验与知识经时间淘洗后有益的积累。常识是进行科研讨论必须遵循的规则。人们对它应有一定的尊重，尊重常识就是尊重简单而又朴实的真理。常识与一定的认知的科技手段与历史环境相关联，认知的手段与历史环境的变异，可推翻旧常识，产生新常识。常识肯定要有一定的公信度，别人都认为是常识，独你不认为是常识，那彼此就无交流的平台。譬如，唐代刑法或刑律条文应该有罪名、罪状及刑罚的规定，而非刑律的其他令、格、式，则没有这种表达形式。这不仅是现代法学的常识，而且在隋唐也早就是常识，那大家就必须认可。又如，作为刑法以外的法律制度，受到刑法的保护并不因此也成为"刑法"，这也应作为常识成为共同交流的平台。

这里说的常识，也包括形式逻辑中的矛盾律在内。不管古代人或现代人，都要遵守不自相矛盾的规律，如有人使用的上位概念与其下位概念实指的对象不相容，就不能以"古今概念不同"来为自己的观点辩护。

（二）琢磨史据

史据对研究历史的人来说，其重要性自不待言。有时史据就是一个论点、一篇文章、一本书甚至是一派学说的生命支撑。对史据也须怀有一定的敬畏，但对其顶礼膜拜，把其中任何的一言一词都视为金科玉律，那也就违反治学的常理了。在为学的过程中推敲史据，就包括了对"二十四史"中一些史据的可靠性提出质疑。如果你运用某个史据作为立论根据，可是被你所依赖的史据在论证中发生了前后矛盾或互相抵牾，那就要对其正确性进行推敲。这时，最不可取的办法是对史据本身或依靠其支撑起来的构架附件，去做穿凿附会，结果使史据本身及为其建造的体系，相互间的张力越来越大，最后就会有倾覆的危险。对史据的推敲要权衡比较，如对待相同的一件事，宋人写唐史的叙述，与唐人自叙其"当代"的观点相左；或是宋之后的人写宋史与宋人写唐史的观点又相左，就存在怎样取舍比较公正及接近实际的问题。

（三）不弃主流

各个历史时期法制发展的特点，决定于当时社会经济、政治、文化的发展情况。这里所说的"主流"，就是指作为研究对象的某历史阶段法制发展的基本趋势。对某个历史阶段法制基本特征了解的差异，常常表现在学者们对该时期法制研究观点的差异上。"不弃主流"，就是指自己的学术观点和主张，应与那个朝代的基本发展情况吻合或接近，既不要拔高超前也不要陷于倒退。在参与唐典研究的争论中，要始终以符合或比较接近于唐代的实际作为观点取舍的标准。如，历史文明既已进入鼎盛的唐代，唐代的法文化水平，是否还阻碍着刑律从法律体系中先分离出去独立成为"刑法"？唐代社会整个法制是否还混沌在"刑法"的一口大锅中杂烩？唐代法律体系特征的主流，就是唐宋二代法学家、政治家，分别而又共同地对律、令、格、式所作的分类界定内容（当然，《新唐书》反逻辑的"刑书（刑法）有四"的概念除外）。二者虽然表述的角度不一样，但其反映的本质特征都一致。这种分类表述的同一性，就是唐代法律体系理论的主流。既然两代法学家都认为"律"与"令格式"性质不一样，那么，面对"刑书（刑法）有四"及"文法有四"的不同逻辑概括，作比较思考，评议哪一种概括更能反映或更接近唐代的主流实情，是研究者的责任。我们主张以唐人自己的正确观点去纠正宋人说唐的错误主张，这是"以唐律唐"，而不是"以今律古"。

二、《新唐书》"唐之刑书有四"说是违反时代主流的标新立异

（一）唐代有成熟稳定的对法律作正确概括的概念

有足够的材料表明，《新唐书·刑法志》中宋人对唐代法律体系作概括时，有意无视唐人自己已有的正确概括法，也根本无视五代时《旧唐书》作者对唐代法律概括的肯定与沿袭。

1. 唐人对法律正确地以"文法"概括

唐玄宗开元二十六年（738）编成的官制典籍《唐六典·刑部郎中》中记载：

> 凡文法之名有四：一曰律，二曰令，三曰格，四曰式。

用"文法"作为对律、令、格、式四法的概括，其使用历史比《唐六典》早得多，只不过《唐六典》以典籍面目出现更具有严肃性。唐太宗贞观三年（629），魏徵、房玄龄、颜师古、孔颖达这些名流在编撰《隋书》时，对法律就用"文法"概括。其于《刑法志》中如此记载隋高祖杨坚：

> 高祖性猜忌，素不悦学，既任智而获大位，因以文法自矜，明察临下。[1]

其"文法"所指当然是隋朝的律、令、格、式等成文法律。中国政法大学古籍所的高潮、张大元二位先生在《中国历代刑法志注译》中，曾对此处"文法"的注释是"法令条文"，正是此义。

2. 五代人所著《旧唐书》认同唐人以"文法"概括之法

早于《新唐书》成书的五代后唐至后晋间编写的《旧唐书》，在概括唐代法律时非常珍视唐代人在律学研究上的这个重要成果。其《职官志·刑部》中载与《唐六典》的内容基本相同："凡文法之名有四：一曰律，二曰令，三曰格，四曰式。"而且其对律、令、格、式的分类解释，也遵唐旧："凡律，以正刑定罪；令，以设范立制；格，以禁违正邪；式，以轨物程事。"《旧唐书》的作者作为后代人去叙说唐史，取唐人之说，以符合唐制，这是自然而然又顺理成章的事。

1《隋书·刑法志》，中华书局 1973 年版，第 713 页。

（二）《新唐书》用"刑书"概括唐代法律是有意而为之

1.《新唐书》作者以古"刑书"的概念来概括唐代法律

宋人在《新唐书·刑法志》中作历史回顾时所使用的"刑书"概念，与春秋时的"刑"或"刑书"的概念别无二致。我们把《新唐书·刑法志》中开头追溯历史的第一段，与交代唐代法律种类的第二段作衔接对照就可看到这一点。其开头第一段是：

古之为国者，议事以制，不为刑辟，惧民之知争端也。后世作为刑书，唯恐不备，俾民之知所避也。其为法虽殊，而用心则一，盖皆欲民之无犯也。然未知夫导之以德、齐之以礼，而可使民迁善远罪而不自知也。

其下紧接的第二段的开头则是：

唐之刑书有四，曰：律、令、格、式。……[1]

第一段是说古代的"刑书"甚至是上古的"刑辟"，相关联的词语是"知所避""无犯""远罪"等。而第二段一下子跳回到唐代，此时，本应改变概念，而作者却接用上段中的"刑书"去概括唐代的法律种类，其错失的原因即在于此。因为时至唐代，"刑书"可以作为同位概念概括"律"，而不能概括"令、格、式"。

2.《新唐书》同时又以"刑法之书"概括唐代的四种法律

《新唐书》作者在其《百官志·刑部》中把其在《刑法志》中"刑书"的概念进一步具体解释为"刑法之书"：

凡刑法之书有四：一曰律，二曰令，三曰格，四曰式。[2]

本以为宋代的《新唐书》作者在《刑法志》中使用"刑书"概括，是变换文段时对概念使用的一时疏忽，因为其下文中对唐四法分类界定的概念又是正确的。但是当看到《新唐书》在其"百官志"中又把"刑书"解释为"凡刑法之书有四"时，就确认其性质不是疏忽之失。这种"刑书"概念的渊源，可直指《春秋经》鲁昭公六年（前536）所记"郑人（子产）铸刑书"之谓；还可以上推到夏、商、周三代之刑书概念。当时叔向说："夏有乱政而作《禹刑》，商有乱政而作《汤刑》，周有乱政而作《九刑》。"《周书·尝麦解》注"九刑"说：

1《新唐书·刑法志》，中华书局 1975 年版，第 1199 页。
2《新唐书·百官志》，中华书局 1975 年版，第 1407 页。

　　"太史笑刑书九篇以升，授大正。"(洪氏)　按："《九刑》之名本此。"[1]

这种"刑书"，到唐代能与其相应的法律，就只有《律》与后来的《律疏》。欲辩解此"刑书"有其他之性质是徒劳的，把唐代的令、格、式也说成"刑书"，其艰难尤甚。

3.《新唐书》中"刑书"之"刑"无作旁训的可能

　　"唐之刑书有四"中"刑书"的"刑"，除用作本义外很难再作旁训。《新唐书》的作者欧阳修、宋祁、范镇等人，毕竟是一朝大家，对待他们应怀有尊重甚至是敬畏之心。在我与艾永明先生合写《唐代行政法律研究》一书时，在肯定其"刑书"为错用的前提下，曾探索此处之"刑"是否有作别解的可能。结果，由《周礼·秋官》中"刑乱国用重典"的记载，我们试图提出此处之"刑"解为"治"是否可以。虽然这种解释可得到1988年7月版《辞源》"刑"字解释第六项"治理"的支持。但"刑"如单独作为一个词，有作"治"解的可能，如既已构词成为"刑书""刑法"，则此时已不可能再把已作为词素的"刑"训解为"治"了。《新唐书》作者的本意，也排除了"刑书"解为"治书"的可能。

(三)《新唐书》以"刑书"概括法律与史学界主流抵触

　　有学者说："古人'刑法'所指包括了律、令、格、式，隋唐已经如此。"故本文此处特以唐前唐后各代学者撰写史书的实例，看看他们如何对"所有法律"与"刑罚法律"作不同概括的。这种比照之法不是所谓"以今律古"而是"以古律古"。《新唐书》作者在讲述唐制的前提下，把唐朝全部法律概括为"刑书""刑法"，这种概念的使用，不但违反唐朝的做法，而且与汉、北齐、五代、宋、元各代史学家写正史时的概括法都格格不入。

1. 与班固写《汉书·刑法志》的概括趋势乖违

　　汉代"律"与"法"之使用义，尚未严格区分，可以各自都指"刑法""刑律"。如刘邦在关中与民所约，其内容为"杀人者死，伤人及盗抵罪"之刑法，其名称为《约法三章》；萧何参考秦《六律》制定刑法，被称为"作律九章"，其名也曰《九章律》。可就在这种情况下，如果是概称一般法律，《汉书》还是使用"法令"或"律令"较多见。如其记汉元帝曾下诏曰：

　　"夫法令者，所以抑暴扶弱，欲其难犯而易避也。今律令烦多而不约，……其议律令可蠲除轻减者，条奏，唯在便安万姓而已。"[2]

1 (清)洪亮吉：《春秋左传诂》，中华书局1987年版，第673页。
2《汉书·刑法志》，中华书局1962年版，第1103页。

而在记汉成帝河平年间下诏时又曾说：

> "故略举汉兴以来，法令稍定而合古便今者。……此皆法令稍定，近古而便民者也。"[1]

在上述《汉书》中，"刑法"的使用是与"礼教""教化""仁爱"对立而举。如：

> 原狱刑所以蕃若此者，礼教不立，刑法不明。[2]
>
> （法家者流）及刻者为之，则无教化，去仁爱，专任刑法而欲以致治，至于残害至亲，伤恩薄厚。[3]

用"刑法"概括或统指一般法律之例，似未之见。

2. 与北齐史学家写《魏书》的概括法抵触

北齐著名史学家魏收在其所著《魏书·刑罚志》中，对法律的一般概念用"法令""律令"表述，对刑律的表述是"刑法"或"律"。其记"穆帝时"说：

> 帝将平其乱，乃峻刑法，每以军令从事。[4]

其记"昭成建国二年"事时说：

> 法令明白，百姓晏然。

其记"高祖"年间事说：

> 太和元年，诏曰："刑法所以禁暴息奸，绝其命不在裸刑。"[5]
>
> 先是以律令不具，奸吏用法，致有轻重。[6]
>
> 律："枉法十匹，义赃二百匹大辟。"[7]

其记"世宗即位"事时说：

> 尚书门下可于中书外省论律令。[8]

其记"永平元年"时说：

1《汉书·刑法志》，中华书局 1962 年版，第 1103~1106 页。
2《汉书·刑法志》，中华书局 1962 年版，第 1109 页。
3《汉书·艺文志》，中华书局 1962 年版，第 1736 页。
4《魏书·刑罚志》，中华书局 1974 年版，第 2873 页。
5《魏书·刑罚志》，中华书局 1974 年版，第 2876 页。
6《魏书·刑罚志》，中华书局 1974 年版，第 2877 页。
7《魏书·刑罚志》，中华书局 1974 年版，第 2877 页。
8《魏书·刑罚志》，中华书局 1974 年版，第 2878 页。

> 为民父母，导之以德化，齐之以刑法，大小必以情。[1]

以上七例，没有一例是用"刑书"或"刑法"来概括所有法律的。而表述一般法律概念的"法令"，则与"律"和"刑法"对立而举。

3. 与唐代史学家写《晋书》《隋书》的概括法抵触

唐人写《晋书》《隋书》，都是如魏徵、房玄龄等一批顶尖的政治家、法学家奉皇命而为。此二书对法律的概括情况是：

其一，《晋书·刑法志》对汉代法律的概括词是"律令"，对刑律则用"刑法"概括。如其谓：

> 永元六年，（陈）宠又代郭躬为廷尉，复校律令，刑法溢于《甫刑》者，奏除之。

汉代行"律令科比"，其概括词就是律令，刑法则偏指刑律，《甫刑》就是《吕刑》，是周代刑罚的赎刑之法，在刑律范畴。又如其谓：

> 献帝建安元年，应劭又删定律令，以为《汉仪》，表奏之。[2]

律令中有《汉仪》的内容，证"律令"与"刑法"相对举。

其二，《隋书·刑法志》中对法律的概括用"律令""法令""法律"等多种词汇，而对刑律则以"律"字表述。如其记梁代时说：

> 天监元年八月，乃下诏曰："律令不一，实难去弊。[3]

其记《北齐律》制定后的情况：

> 是后法令明审，科条简要，又敕仕门之子弟，常讲习之。齐人多晓法律，盖由此也。[4]

其以"律"表刑律之概念如：

> 后平秦王高归彦谋反，须有约罪，律无正条，于是遂有别条权格，与律并行。[5]

"约罪"之"律"实指《北齐律》的律条，其中的"权格"其性质当是同于后来唐代《刑部格》之性质的格敕。

1《魏书·刑罚志》，中华书局 1974 年版，第 2878 页。
2 以上两条均见于《晋书·刑法志》，中华书局 1974 年版，第 920 页。
3《隋书·刑法志》，中华书局 1973 年版，第 697 页。
4《隋书·刑法志》，中华书局 1973 年版，第 706 页。
5《隋书·刑法志》，中华书局 1973 年版，第 706~707 页。

4. 与《旧五代史》中的概括法抵触

承唐最近的五代用"法书"概括唐之律、令、格、式及包括新的法律形式《刑统》（《统类》）、《编敕》在内的所有法律。如《旧五代史·刑法志》记载，后唐同光朝御史向皇帝报告朱温篡权法律遭全面篡改破坏后，朝廷采取紧急措施的情况时说：

> "兼伪廷先下诸道追取本朝法书焚毁，或经兵火所遗，皆无旧本节目。只定州敕库有本朝法书具在，请敕定州节度使速写副本进纳，庶刑法、令式，并合本朝旧制。"从之。未几，定州王进纳唐朝格式律令，凡二百八十六卷。[1]

书中说定州王奉命抄写的"法书"，就是唐朝的格式律令。在概括律、令、格、式等所有法律时，是使用"法书"总概念，徐世虹教授在其《旧五代史刑法志注译》中，把此处之"法书"译为"法典"正得其义。而要专指其中特定性质的类概念时，就点出其类概念的实际名称，如对属于"刑法"性质的"律"与"刑统"，就用"刑法"来特指，且"刑法"与"令式"对举。不但是后唐，后周在概念运用上也是如此。《旧五代史》记载说：

> 周太祖广顺元年六月，敕侍御史卢亿、刑部员外郎曹匦躬、太理正段涛同议定重写法书一百四十八卷。先是，汉隐帝末，因兵乱法书亡失，至是大理奏重写律令格式、《统类》《编敕》。凡改点画及义理之误字凡二百一十四，以晋、汉及国初事关刑法敕条，凡二十六件，分为二卷，附于《编敕》，目为《大周续编敕》，命省、寺行用焉。[2]

文中把律、令、格、式，以及与"律"性质相同的《统类》《编敕》，全部统称为"法书"。但如专指属"刑法"的某种特定法律时，则会专门使用如"刑法敕条"来指代，以显示其在"法书"总概念中的类概念属性。同书又记载后周显德四年（957）五月，中书门下奏说：

> 准宣，法书行用多时，文意古质，条目繁细，使人难会，兼前后《敕格》，互换重叠，亦难详定。宜令中书门下并重删定。……伏以刑法者御人之衔勒，救弊之斧斤，故鞭扑不可一日弛之于家，刑法不可一日废之于国，虽尧、舜淳古之代，亦不能舍此而致理也。[3]

文中"法书"与"刑法"对举，"法书"中也可涵盖《敕格》《刑书》在内，书中对"刑法"特定性质的讲解，清楚得毋庸置辩。同书又记后周显德五年（958）七月，中书门下奏：

> 侍御史知杂事张湜等九人，奉诏编集刑书，……其所编集者，用律为主；辞旨之有难

---

1 《旧五代史·刑法志》，中华书局 1976 年版，第 1962 页。
2 《旧五代史·刑法志》，中华书局 1976 年版，第 1962 页。
3 《旧五代史·刑法志》，中华书局 1976 年版，第 1963 页。

解者，释以疏意；义理之有易了者，略其疏文。[1]

文中所言之"刑书"，明言以"用律为主"，性质也非常清楚。总之，五代时并无用"刑书"或"刑法"去概括国家法律的措辞。

5. 与元代人所著《宋史》中的概括法也抵触

看一下《新唐书·刑法志》撰写者所生活的宋朝怎样概括法律的情况，对我们评价《新唐书》以"刑书"概括唐朝法律的做法，是有帮助的。从元代危素等大家编撰的《宋史·刑法志》的记载看，宋代人不以"刑书"去概括国家法律，而是根据需要具体指明"律令格式"或"敕令格式"。

其一，宋人曾以"法""法制""法令"来概称各种法律，与唐人《唐六典》用"文法"概括基本相同。如《宋史·刑法志》在概述中就说：

> 宋法制因唐律、令、格、式，而随时损益则有编敕。[2]

其记载北宋神宗曾说：

> 法出于道，人能体道，则立法足以尽事。[3]

其记南宋高宗建炎三年（1129）四月事说：

> 嘉祐法与见行不同者，自官制、役法外，赏格从重，条约从轻。绍兴元年，书成，号《绍兴敕令格式》，而吏胥省记者亦复引用。监察御史刘一止言："法令俱在，吏犹得以为奸，今一切用其所省记，欺蔽何所不至。"[4]

文中称"法制""法令""法"者，皆不指一法而是概指"敕令格式"等不同性质之多法。

其二，北宋神宗元丰年后以"刑书"指属"刑法""刑典"之"编敕"。如《宋史·刑法志一》说：

> 王道陵迟，礼制堕废，始专任法以罔其民。于是作为刑书，欲民无犯，而乱狱滋丰，由其本末无序，不足相成故也。……元丰以来，刑书益繁，己而憸邪并进，刑政紊矣。[5]

前一句中的"刑书"是自古以来传统的概念，后一句中的"刑书"指元丰年后刑法性质的《编敕》而言。"刑政紊矣"明显是说属于刑法的"律""敕"，与属于"政"的"令、格、

1《旧五代史·刑法志》，中华书局 1976 年版，第 1964 页。
2《宋史·刑法志一》，中华书局 1977 年版，第 4962 页。
3《宋史·刑法志一》，中华书局 1977 年版，第 4964 页。
4《宋史·刑法志一》，中华书局 1977 年版，第 4965 页。
5《宋史·刑法志一》，中华书局 1977 年版，第 4961~4962 页。

式"都紊乱了。宋代的"敕",元丰前用指修改法律的"制敕",元丰改法律之目为"敕令格式"起,"敕"统指原"律"外的所有刑法条款。

　　以上所举词语使用之例,是说明用"法""律令""文法""法书"等词语对"法律"作概括,及用"刑""刑书""刑法""敕"来指代使用刑罚之"刑法",这是历代相互对举使用的一种基本趋势,同时也显示《新唐书》在概念使用上的特异。在不存在使用"法律辞书"规范概念的情况下,某书中或某个人有逆主流而动的个例并不稀奇,如《晋书·刑法志》记东汉和帝永元六年(94)事时以"律令"作母概念,"刑法"作子概念的情况之后,又出现以"律令"指代"刑法"之一例;在《汉书》中"文法"多指"法律"的情况中,也曾有以"文法"指代"刑法"之一例。但这种情况并不反映当时"法律"概括的主流方面,倒反映了其个例的自相矛盾,实不足以推翻主流。南京大学张春海老师在《唐代法律体系研究的新视角——"刑书"与"文法"之分》一文[1]中说:"汉代较多地以'文法'总称包括刑事法律在内的王朝法律";"隋唐用'刑书'指包括死刑在内的惩罚之法,其例不胜枚举。"《新唐书》作者关于"唐之刑书有四"的说法,因其先天的自身矛盾,一开始就置自己于特异的不入主流的境地。作为宋人,罔顾在论唐制时违反唐制的主流,而为其辩护者欲用它去替代主流岂不徒劳。因为客观上"刑法"不可能成为概括"法律"的主流。唐代以前是这样,唐代也是这样,后代更是这样。

三、《新唐书》"四刑书"说给唐代法律体系的研究造成障碍

　　《新唐书·刑法志》对唐代四种法律概括的错误,在于他们在正确地给唐代四种法律作界定并正确地描述彼此之间关系之前,先给四种法律加了一个错误的概括词"刑书"("刑法"),其错误的概括词与正确的分述之间形成了不可克服的矛盾,使得某些读者先入为主地从错误的概括词出发,从而无可避免地去把后文中原本正确的分类界定也作错误的理解。

(一)《新唐书》对唐法种类及彼此关系上的正确观点应予肯定

　　《新唐书·刑法志》所以能对唐四法基本作出正确的界定,除错误地排斥"文法之名有四"外,事实上又接受了《唐六典》对唐四法的正确定义,这种情况表 7.1 可以显示。

1　夏锦文、李玉生主编:《唐典研究》,北京大学出版社 2015 年版,第 88~96 页。

表 7.1 《新唐书》对唐四法的概括与其分类界定之矛盾解析

法律种类	《唐六典》之解	《新唐书》之解	《新唐书》对令、格、式的归纳	《唐六典》的概括词	《新唐书》概括之误
令	设范立制	尊贵卑贱之等数，国家之制度	凡邦国之政，必从事于此三者	文法	"刑书" "刑法之书"
格	禁违正邪	百官有司之所常行之事也			
式	轨物程事	（百官有司）其所常守之法也			
律	正刑定罪	（令、格、式）其有所违及人之为恶而入于罪戾者，一断以律	—		

　　表格中的对比内容说明：其一，唐代四种法律的性质作用的界定，唐宋两代的法学家是一致的，唐说偏向于对作用作定义，宋人的《新唐书·刑法志》偏向于对内容作定义，无原则分歧；其二，根本的分歧是各自所用的概括词不同。《新唐书》中的"四刑书说"，把四种法律毫无例外地都定性为"刑书"完全是错误的。从解释的逻辑概念说，唐人以上位概念成文法律"文法"，来概括基本属行政法律的令、格、式以及属刑律（"刑书"）的下位概念是正确的，因为四者都有共同的"法"的属性。"刑书"与"律"作同位相解，是适合的，无论其为"正刑定罪"也好，或"断""为恶而入于罪戾者"也好，都是"刑法"。而如果以"刑书"去概括其他非"律"的令、格、式，这是违背逻辑常识的错乱。其实，对"唐之刑书有四"之谬说，有的学者为对学术及对读者负责，早就予以否定。中国政法大学古籍所 1994 年出版的《中国历代刑法志注译》中，马建石、杨育棠二位先生把《新唐书》中"唐之刑书有四"，义无反顾地译为"唐代的法典有四种形式"，显然表示了对"刑书"概括的不屑。

（二）必须用各自对四法的分类定义去检验"文法"说与"刑书"说的正误

　　"四刑书说"把令、格、式硬作"刑法"化，在理论上和实践上都行不通。既然"其（指对令、格、式）有所违及人之为恶而入于罪戾者，一断以律"的法律是"刑法"，那么为什么规定"尊卑贵贱之等数"（如《官品令》）与"国家之制度"（如《田令》）的法律也是"刑法"呢？有些学者在主张"隋唐刑书，包括律、令、格、式"的同时，又认可并引用其"令者尊卑贵贱之等数，国家之制度"，殊不知这已陷入矛盾的罗网而不自知。既然"格"是"百官有司之所常行之事"的"刑法"，那是不是说这些"百官有司"都"常行"执掌这部"格刑法"去审判犯罪呢？把"常行"理解为经常去"触犯"更无可能。"式"是百官有司的"常守之法"，宋神宗于元丰年间谓"式"是"使彼效之之谓式"，那么其意是"效法"这部名为"式"的"刑法"吗？

宋神宗在法律的分类界定上，与《唐六典》的表述其内在是一致的。宋代的刑事立法元丰后称"敕"。元丰中，宋神宗解释过宋代四法之作用与特征，现把神宗的解释与唐人在《唐六典》中用"文法"概括唐四法的解释比较如表 7.2 所示。

表 7.2　宋神宗对敕、令、格、式的分类界定

《唐六典》"文法"对"律、令、格、式"的解释	宋神宗对"敕、令、格、式"的解释
律以正刑定罪	禁于已然之谓敕
令以设范立制	禁于未然之谓令
格以禁违正邪	设于此以待彼之谓格
式以轨物程事[1]	使彼效之之谓式[2]

从宋神宗的解释看，宋朝的敕、令、格、式不能用"刑书"来概括。其中的"已然"，是指犯罪行为完成，要受刑罚，使用的法律形式是"敕"，性质当是"刑法"。而禁于"未然"之"令"，既是不属犯罪行为的正面制度，又与"刑书"何涉？"令"是让人去遵守及贯彻执行之正面制度，宋神宗把其纳入"禁于未然"，让人总觉得有美中不足的遗憾。"设此待彼"之"格"，明显地强调预防，亦不能属于"刑书"；而"使彼效之"之"式"，更不可能去理解为效法"刑书"。从宋神宗对宋四法的解释看，写《新唐书》的宋人以"刑书"概括法律在宋朝也是行不通的。元代人为宋代写《刑法志》时就未犯范镇们概括唐法为"刑书"的错误。宋神宗编敕所编之敕是"刑法"，其他令、格、式不是刑法，也不称敕。"神宗以律不足以周事情，凡律所不载者一断以敕，乃更其目曰敕、令、格、式。"[3] 这里的"其"也是宋代法律的概括代词，如《宋史》作者要犯范镇的错误，那代词"其"就会表述为"乃更刑书之目曰敕、令、格、式"，可《宋史》的作者就是不犯这样的错。作为宋代人的《新唐书》作者给法律都戴"刑书"帽子，而宋代自身南北两阶段的立法司法实践中，皆不存在这种现象。

《新唐书》用"刑书"概括法律造成的错误，绝不止于逻辑上的混乱，而是对后代的唐律研究造成了困惑。后来的历史证明，"刑书有四"之说果然成了正确理解唐代法律体系及其理论的最大障碍。

1 《唐六典·刑部郎中》，中华书局 1992 年版，第 185 页。
2 《宋史·刑法志一》，中华书局 1977 年版，第 4964 页。
3 《宋史·刑法志一》，中华书局 1977 年版，第 4963 页。

（三）"四刑法"说与《新唐书》对法律的分类界定自相矛盾

通过比较分析证实，《新唐书·刑法志》作者仅在于对唐四法的概括词使用错误，而其对四种唐法的分类界定及相互关系的理解又是正确的。

1. 新唐书作者对律、令、格、式的分类界定与唐宋法学家是一致的

对于唐代的四种法律虽然在总概括的措辞上有唐人用"文法"，《新唐书》用"刑书"之正误区别，但他们对唐法分类解释的性质特征是一致的，即四法中只有律是古称"刑书"之"刑法"，格、令、式都有其不是"刑法"分类界定的特定概念。而《新唐书》作者不但使用"刑书"概括"律"，而且要同时用其概括其他非"律"的令、格、式，这是违背逻辑常识的错乱。这就像律、令、格、式四兄弟可以坐到同一条"文法"的板凳上，但绝不能让四人共戴一顶只适合"律"才可以戴的"刑书"帽子。

2. "四刑法"说不能解决"四种刑法"之间的效力关系问题

《新唐书》中"其（令、格、式）有所违及人之为恶而入于罪戾者，一断以律"的定义中的"一"字表明，正刑定罪之事，"统一""一律"或谓"全部"依"律（刑法）"来断。这在认定只有一部"刑法"的条件下本无问题，但现在是四部法律"皆刑法"，这就必然形成这样的怪异局面：刑法就是要断罪，"一断以律"排除了令、格、式断罪的可能。可现在令、格、式三部也都变成为"刑法"，这样除了"一断以律"的刑法外，似乎还有"二断以令""三断于格""四断于式"的"刑法"。法学就要讲概念的使用正确，否则，到哪里去找正确概念。令、格、式既然也称为"刑法"，可被违犯了又不能像"一断以律"那样解决审断的问题，这就是"四刑法说"强加给我们的逻辑。

3. 《新唐书》作者的"四刑法"说自戕了对唐四法分类的正确界定

中山大学徐忠明教授曾指出，《新唐书》作者以"刑书"取代"文法"，并不说明他们不了解唐代四种法律的概念与相互关系。此说甚是。其实《新唐书·刑法志》的作者，何止是对唐代法律种类有了解，而是了解得非常透彻，还对各法概念有所发挥地作了深入浅出的解释，就在他们错误地以"刑书"概括法律的同时，宋祁、范镇他们作出的贡献是在分类正确地讲完令、格、式的概念后，还把其中"令、格、式"的运用特征归纳为：

> 邦国之政，必从事于此三者。

此归纳语中的"政"，是《新唐书》作者用来区分令、格、式与律的一个关键词，也是其自我曝露以"刑书"概括唐四法矛盾而荒诞的一个关键词。"政"是古代法律思想上与"刑""刑书"相对却又伴生而来。《左传》在记述春秋时期晋国叔向反对郑国子产铸刑书时就说：

　　昔先王议事以制，不为刑辟，惧民之有争心也。犹不可禁御，是故闲之以义，纠之以
政，行之以礼，守之以信，奉之以仁。制为禄位，以劝其从。严断刑罚，以威其淫。[1]

　　在治理手段上，一边是：刑、刑辟、刑罚；一边是：义、政、礼、信、仁。《律疏》之序言
中也说："因政教而施刑法"，也把"政教"与"刑法"相对而举。《新唐书·刑法志》在谓
令、格、式是"邦国之政"之"所从"后，再说"其（令、格、式）有所违及人之为恶而
入于罪戾者，一断以律"，律与令、格、式相对而立，其观点之鲜明无可复求。可惜其"四
刑法说"彻底违背了自己关于"令、格、式"是与"律"对应的"国家之政"的精彩归纳，
从而使自己关于"律、令、格、式"性质的正确定位，却被自己的"四刑书"及"四刑法"
说戕害得走向其反面。

（四）"四刑法说"抹杀唐代刑条与非刑条立法形式上的区别

　　在唐代只有刑律之条才有对罪名、罪状及施与刑罚的内容，其他令、格、式皆不具有
这些要件构成。因无论是"设范立制"的"令"，"禁违正邪"之"格"（二十四篇之一的
《刑部格》除外），"轨物程事"的"式"，都是正面的制度性、守则性规定，它们不可能与
"律"争抢定罪判刑的"刑法"任务。只要认真地比较过律、令、格、式条文的，都不会作
出这样违反常识的结论。

1. 律、令、格、式的通常表述形式

　　唐四法各有由其性质决定的文字表达形式，这是常识，但有人为硬撑"四刑书"说，
竟罔顾这些常识。

　　（1）律的常规表述是包括有犯罪主体、罪名或罪状、刑罚等组成内容。如《杂律》（总
第417条）：诸校斛斗秤度不平，杖七十。监校者不觉，减一等；知情，与同罪。

其中，犯罪主体，除"校不平"者外，还有"监校者""知情"者；罪名是"校斛斗秤度不
平"；刑罚是"杖七十""减一等""与同罪"。

　　（2）令的常规表述是重要正面制度的规定。如《关市令》：

　　每年八月，诣太府寺平校，不在京者，诣所在州县平校，并印署，然后听用。

其内容是平校量器、衡器贯彻执行之制度，是正面的守则，无负面的罚则。

　　（3）格通常绝大多数是预防违法犯罪的"禁违正邪"的法令，很多都有"严加禁断"

1（清）洪亮吉：《春秋左传诂》，中华书局1987年版，第672页。

之语。如《户部格》：

> 敕：诸州百姓，乃有将男女质卖，托称佣力，无钱可赎，遂入财主。宜严加禁断。[1]

格中还未成"永格"者可以"敕"的形式公布。宋神宗曾说格是起"设于此而待彼"的作用，就是预设应予禁断的条款，而预防被禁断行为的出现。其内容一般是止于宣告"禁断"，而其本身通常没有罚则，但格条中也可有附加罚则者。如：

> 孝义之家，事须旌表。……仍令所管长官以下及乡村等，每加访察。其孝义人如中间有声实乖违，不依格文者，随事举正。若容隐不言，或检覆失实，并妄有申请者，里正、村正、坊正及同检人等，各决杖六十，所由官与下考。[2]

《户部格》大多是涉于社会治安管理之规范，其中无罚则者，相当于"治安管理条例"之类；带罚则者，相当于"治安管理处罚条例"之类。此二者，都不在《刑法》之内。

（4）式通常是对具体事物制式的规定，比起"令"来是位阶层次相应低的规范。如应属《职方式》的"烽式"是关于来敌的人数与放烽数的对应办法规定：

> 凡寇贼入境，马步兵五十人以上，不满五百人，放烽一炬。得蕃家事宜，又有烟尘，欲知南入，放烽两炬；若余寇贼，则五百人以上，不满三千人，亦放两炬。蕃贼五百骑以上，不满千骑，审知南下，放烽三炬；若余寇贼，三千骑以上，亦放三炬。若蕃贼千人以上，不知头数，放烽四炬；若余寇贼，一万人以上，亦放四炬。[3]

比起"令"来，式的内容更细化，《唐六典》记载的定义是"轨物程事"。《宋史·刑法志》记宋神宗的界定是"使彼效之之谓式"，其义明确具体，即让人照着去操作。

2. 格敕的特殊表述形式与其整体的性质

其一，《刑部格》作为《律疏》的补充修改之法，其条文也规定涉及犯罪主体及刑罚处置的内容，在唐代法律体系中也属于"正刑定罪"之法。如《诈伪律》（总第 375 条）原是规定"妄认良人为奴婢"的犯罪，但其"问答"中所引用的《刑部格》则对犯罪对象作了新的补充规定：

> 随身与他人相犯，并同部曲法。

文中之"随身"，是由债务典身为僮仆之人，抵完债后可以复身，其地位介于奴婢与部曲之间。现在《刑部格》正式确认其身份地位以部曲对待，在犯罪主体确认上有实际意义。

1　参见《开元户部格残卷》，载刘俊文：《敦煌吐鲁番唐代法制文书考释》，中华书局 1989 年版，第 279 页。
2　参见《开元户部格残卷》，载刘俊文：《敦煌吐鲁番唐代法制文书考释》，中华书局 1989 年版，第 276~277 页。
3　参见郑显文：《出土文献与唐代法律史研究》，中国社会科学出版社 2012 年版，第 44 页。

其二，性质同于格的"制敕"，内中不排除少数条款也可以有罚则处置的内容，因为制敕得视需要对某一案事作完整之处置。同时，制敕作为《格》的过渡阶段，所以可以《刑部格》办法规定罪罚及处附加刑"决杖"或作"下考"的行政处罚。类似的情况，也出现在唐玄宗开元时涉于《兵部职方格》的法条（残片）中：

> 于今后，仰放火之处约束逗留，放火后续状递报，勿稽事意，致失权宜。辄违时刻，捉官别追决卅；所由知烽健儿，决六十棒。[1]

其三，补充律的《刑部格》，只是"格典"二十四篇中的一篇，整体来说，也是占少数。《刑部格》之外的篇目中，带有处罚内容的也只占少数。就刘俊文先生在其《敦煌吐鲁番唐代法制文书考释》一书中所收录的《刑部格》之外的制敕中，情况也是这样。如其收录并初判为《开元户部格》的十七条制敕中只有两条带有刑罚，其他基本是作"禁断""劝导"或上报听裁等的内容。[2]因此我们不能仅凭这些少数的例子，去整体判断唐代的《格》全是"刑法"。

总之，律、令、格、式不同的表述形式，是四种不同法律性质的反映。内容性质决定形式，这在唐代和今天都是常识，我们不应在这个常识问题上再迟疑了。本书言唐代法律体系之理论，主要着眼于对已基本形成规律的主流的研究与概括，不因发展阶段中出现的个别事例撼动对规律及主流的守持。重视它，但不被迷惑而毁弃全局。这在哲学方法上可以讨论。

（五）把受刑律维护的制度性法律定性为"刑法"是违反常识的

有人认为《新唐书》中既然规定违犯令、格、式以及为恶"入于罪戾"要断以律，那么令、格、式也应当是"刑法"。其理论基础是"没有不用刑罚的刑法，也没有刑法不用刑罚。"其实，这种说法对真正的"刑法"是适用的，如果对根本不是"刑法"的"法"来讲，毫无道理，是风马牛不相及的东西。令，不是"刑法"，它里边也无刑罚。现有人却说，虽然令里没有刑罚，但由于令之外的"律"规定了违犯令要受刑罚，因此令也成了"刑法"。对方认定令、式变成"刑法"的根据是《杂律》（总第499条）："诸违令者，笞五十；别式者，减一等。"其实，这一条不但不能论定令、式是"刑法"，反倒是令、式不是"刑法"的证明。

其一，违反正面制度受刑罚，被违反的正面制度性法律法规不会由此变成刑法。有的学者也认为：譬如，现代婚姻法规定了"一夫一妻"制度，因违反此一规范而构成重婚罪，

---

1 参见《开元之职方格》，载刘俊文：《敦煌吐鲁番唐代法制文书考释》，中华书局 1989 年版，第 295 页。
2 参见《开元之职方格》，载刘俊文：《敦煌吐鲁番唐代法制文书考释》，中华书局 1989 年版，第 276~281 页。

自然属于刑法调整的范围。可问题是，我们能否据此以证明婚姻法也因此成了刑法呢？在现代法律中，这种例子很多。

其二，违反令、式要受罚，条文赫然规定在《杂律》（总第 449 条）中，是维护了"（令、格、式）其有所违……而入于罪戾者，一断以律"的用律原则，正可证明令、式不是"刑法"。如令、式是"刑法"，那"违令，笞五十；别式，减一等"为什么不规定在遭违反的令、式这二部"刑法"中，而非要规定在"一断以律"的"刑法"《律疏》中？正面的制度性法律被刑法维护，就变成为"刑法"，这在唐代也是违反常识的。

四、对涉于"四刑书"说的几种观点的辨析

对认可《新唐书·刑法志》中"唐之刑书有四，曰律、令、格、式"之概括并加以发挥的学者，以前已有专文与之商榷过。但是和之前的情况相比，最近又有从目录学、训诂学甚至现代刑法理论等角度作探讨的特点，所以值得认真对待。这些看法的共同特点是侧重对《新唐书》"刑书""刑法"概念适用的列举，而较少联系被唐宋人自己概括的"律、令、格、式"的分类定义作研究。

有学者认为，以"刑法"或"刑书"指称律、令、格、式，是宋人的一种习惯，我们只要也这样地领会去适应它就行了。对此，我们必须说，即使适应地陪同他们这样地去使用，但心里必须明白，律与令格式性质混同的这团"火"，被"习惯"那张纸包在那里。无论是涉唐的史书或典籍，只要以"刑法"指称令、格、式，就都是违反唐代司法实际的。

现当代这些观点的产生，《新唐书·刑法志》的"刑书"说是其渊薮。

（一）谓律、令、格、式被列"刑部"条下并被引用于断罪，因此判定"令、格、式"是"刑法"

1. 律、令、格、式列于"刑部郎中"的职掌下并不使其中的"令、格、式"成为"刑法"

《唐六典》及《旧唐书》的《职官志》确曾规定刑部"掌天下刑法及徒隶、勾覆、关禁之政令"。刑部执掌刑法主要是其属下四部门之一的刑部郎中，其职责是"举其典宪而辨其轻重"，而刑部郎中与律、令、格、式四法的关系必须正确理解。

其一，唐代的法律制定权在皇帝，皇帝除出制敕外，国家的系统法律由其命令以某一大臣为主的特别班子进行。刑部特别是其下的刑部郎中一司，只是立法的事务部门，它依

照《刑部式》的要求，对法律的性质分类及表述形式，作业务性的管理操作。立法与行法不是一回事，立法凭授权，行法凭职掌。《旧唐书·刑法志》曾记载，唐玄宗开元二十二年（734）"户部尚书李林甫受诏改修格令"；唐代宗大历十四年（779）"格令委刑部删定"。

其二，刑部执掌刑律，配合以《狱官令》进行定罪判刑活动：刑部首长参加"三司使"行使对大案的审判权；刑部郎中"掌律法，按覆大理及天下奏谳"。刑部对刑律的执掌，《唐六典》在"刑部郎中"下详列了包括刑法原则、制度及重要的审判程序规范的十九大方面。这清楚地说明，律及《刑部格》《刑部式》《狱官令》等主要由刑部及其业务系统贯彻执行。

其三，一般的令、格、式等制度性法律主要由中央及地方各级各类行政官署贯彻执行，并不是主要由"刑部"执掌实施。如根据律、令、格、式之篇目挂列于刑部长官之下，由此就判定律、令、格、式都是"刑法"并由刑部及各级刑官贯彻执行，作此言者还真不知这样讲会引起什么样的后果。譬如令被定性为"刑法"，由刑部去执掌，必定导致刑部与吏部间职权行使的大混乱。因令中极为重要的《官品令》《职员令》《选举令》《考课令》等原为吏部的主要政务，如要全被刑部取代，那吏部势必因无所事事而被撤销，这简直不可想象。《田令》主要由户部、州、县及里正贯彻施行，如其变为"刑法"，由刑部和地方刑官执掌，那就不但在尚书省内，而且地方各级官吏的职能也势必要产生重新划分的危机。

2. 律、令、格、式在判书中被引用其中的"令、格、式"绝不变成"刑法"

《律疏》卷第三十《断狱律》（总第484条）是规定了"断罪皆须具引律、令、格、式正文"；《唐六典·刑部》卷也规定："凡断狱之官皆举律令格式正条以结之"，但这里的"皆须具引"及"皆举"应予正确理解。

其一，"皆须具引"与"皆举"之意，不是任何一案都必须引满四种法律，而是涉及几种引用几种。《律疏》的疏文说："若数事共条，止引所犯者，听。"即使是律，所犯属二罪俱发，又不因赃，只依其中一重者论时，其所犯之轻罪条可不引。如所犯只涉于刑律之条，不引"令、格、式"亦可。

其二，被引于对《律疏》作解释的令、格、式绝不因被引用而改变性质成刑法。如以《律疏》卷第二十七《杂律》（总第449条）为例，"违令，笞五十；别式，减一等"。这里所引的"令"例是"行路，贱避贵，去避来"的《仪制令》；或其所引的"式"是"五品以上服紫，六品以下服朱"的《礼部式》。但这被"具引"的《仪制令》或《礼部式》内容绝对不会因被引作例据而判笞五十（或笞四十）后，都蜕变成为律条刑法。这两条令、式，永远是非刑法的令、式。假如今天在判处某经济犯罪者的判决书中，引用了其违反的"公司法"的某条款，这被引用的"公司法"的某条款，难道会因此变成"刑法"吗？又如，《卫禁律》（总第71条）"议"文对律文解释时三次引用《监门式》的句段，这些被引文句都不是"刑法"，都是《式》典中的内容。

其三，地方刑官名下挂四法及引用四法的情况也是如此。《唐六典》卷三十《三府督护州县官吏》中说："法曹、司法参军掌律、令、格、式，鞫狱定刑，督捕盗贼，纠逖奸非之事，以究其情伪，而制其文法。"这段文字说明，他们引用法律与刑部一样，也包括了"令、格、式"，如有违于令、式而律无其条的，则也使用刑律中的"违令别式"条处置，其引用的令、式同样并不因为被引用而改变性质。同时，"究其情伪，而制其文法"之表述，说明其所用之法不肯定全属刑律，故措辞以一般的法律概念"文法"。

3.《疏》下"议"文引以提示作解之文书典籍当然都不可能为"刑法"

如唐代被引作判罪的令、格、式也属"刑法"，那不在律、令、格、式之内被引作判案的是否也都是"刑法"？刑官判罪依《律疏》把"理"及"礼"也作为断罪理由引用，如《律疏》卷第二十七《杂律》（总第 450 条）说："诸不应得为而为之者，笞四十；事理重者，杖八十。"其中"不应得为"的概念，注文说："谓律、令无条，理不可为者"。如《斗讼律》（总第 348 条）对于"子孙供养有阙"罪的成立，就引《礼记·内则》中"礼"的规范说："《礼》云'七十，二膳，八十，常珍'之类，家道堪供，而故有阙者：各徒二年。"这是举古"礼"中之例，以辅助讲"理"的含义，这不可能是"刑法"。否则，整部《礼记》几乎也都成"刑法"，那么只要在《礼记》的条文后加上：有违者，处什么刑，那《律》与《义疏》都不必制定了。但事实并非如此。再如，《卫禁律》（总第 58 条）引《三秦记》及《孝经》，其（总第 89 条）引《周礼》；《职制律》（总第 101 条）引《左传》《礼记》，其（总第 110 条）引《易经》《尚书》，如这些被引的内容硬去附会成"刑法"，这在方法论上可能就涉嫌"拣到篮里便是菜"了。

4. 认为令、格、式随所征引典籍改变性质是概念判断之错误

此说是失却律、令、格、式各自独立为典而行用的观念而产生的错觉，即令、格、式中的有些条文被征引在哪部典籍中，这些令、格、式条文的性质，就变成那部典籍的性质。他们提出的例子是：《户令》中关于子女依法分割家产这一正面规定，如被引用在名称为"刑法统类"或"刑律统类"中，其性质就与"子女私辄用财"罪的律文一样而变成了"刑法"或"刑律"。还有一层，彼等虽未明确表达，但其逻辑实已认定：令、格、式的某些条文内容一旦被《律疏》或《刑统》引进作解释材料，这些条文便从其母典《令》《格》《式》的典籍中被剥离出去成为"刑法"。"诸法合体"说正与此同病异症。

（二）由北朝之"格"及"式"曾涉于"刑法"而判定格式是"刑法"

格、式作为刑法的法律形式之历史，至迟于唐武德四年（621）及贞观十一年（637）先后彻底结束。随着北魏末年法制的衰败，东西魏时格、式曾作为过渡性刑事法律使用

过，如东魏兴和二年（540）制定《麟趾格》，西魏于大统十年（544）曾制定三十六条的《大统式》。这两部法律随东西魏祚促而息止，最后为《北齐律》所取代。格与式最后作为刑法使用是武德前期及贞观中期。《新唐书·刑法志》记载说，"武德二年（619），颁新格五十三条"；武德四年（621）"更撰律令，凡律五百条，丽以五十三条（格）"。而至贞观十一年（637）

> 又删武德以来敕三千余条为七百条，以为格；又取尚书省列曹及诸寺、监、十六卫、计帐，以为式。[1]

格于唐武德四年（621）以五十三条丽于刑法后，结束了其整体单独作为刑法规范的历史，至迟于唐贞观十一年，格除二十四篇之一的《刑部格》作为刑律的修正补充外，其整体已是"禁违正邪"及"百官有司之所常行之事"之法律。式在贞观之后期，则以三十三篇之篇目，正式成为"轨物程事"及百官有司"其所常守之法"之法律。所以，至唐开元二十六年（738）《唐六典》成书后，还把格与式仍看成其在东西魏时期曾短期作为刑法之性质看待，是根本抹煞了格、式从那以后近二百年间性质变化的历史。对此时之格、式，再用"刑法"去概括与刻舟求剑何异？

（三）套用现代"实质刑法"的概念去定性唐代的令、格、式

为了把令、格、式说成是与律一样的"刑法"，有的学者使用了属于现代刑法学中"形式刑法"与"实质刑法"的理论，认为唐代的"律"相当于现代刑法学中的"形式刑法"，而令、格、式则相当于"实质刑法"的概念。意思是令、格、式违犯了要追究刑事责任，在这一点上与刑法相通，因此就可以让令、格、式获得"实质刑法"之概念成为"刑法"，再加上律刑法，就是"四刑法"了。其实，他们尚未明白现代刑法中"实质刑法"的概念要件，就加以套用起来了。

其一，"实质刑法"指使用在非刑法典及非刑法单行条例中有规定追究刑责的条款内容，其概念要件是本身有规定追究刑责的条款内容，可整体又不是刑法或刑法单行法规。其实，这种概念要件，正好使其不能适用于唐代的《令》《格》《式》三典，因为唐代的《令》《格》《式》三典自身内，根本无规定遭违反要追究刑责的条款，把既非"形式刑法"又无追究刑责规定的法典，说成是属"实质刑法"的刑法典，是曲解了现代刑法理论中关于"实质刑法"的概念。

其二，"实质刑法"概念的运用，决定了它决不能用指除"形式刑法"外，还有整部甚至多部（"四部"）"实质刑法"的存在。《律疏》（总第 449 条）规定的"违令""别式"中属

---

[1]《新唐书·刑法志》，中华书局 1975 年版，第 1410 页。

"令有禁制，律无罪名"的内容，肯定只是《令》《格》《式》典中的部分条款，从而一定要把有这些部分条款所在的整部法典，都定性为"实质刑法"，实际上已经调换了概念。因为当他们在说《律》是"形式刑法"的同时，又说还有三部"实质刑法"，已是从根本上混乱了这两个概念了。

其三，把只有部分追究刑责条款的法律都整体地认为"实质刑法"的方法推演开去，会产生不良的学术后果。如我国在森林保护、医疗卫生、环境保护方面的法律中，都有部分追究刑责的条款，依照硬套唐代《令》《格》《式》的逻辑方法，也要把这些法律整体认定为"实质刑法"，其错误似乎是必然的。根本问题在于，"实质刑法"的概念，是排除在整部刑法典中使用的，令、格、式既然被定性为"刑法典"，又何来"实质刑法"的存在。

最后，现代刑法学中的"形式刑法""实质刑法"的理论，也根本"救"不了《新唐书》的"火"，关键是《新唐书·刑法志》的作者们，不需要有人对他们的"四刑书"说去作任何打圆场的解释。《新唐书》的"唐之刑书有四""凡刑法之书有四"的结论，表明其斩钉截铁地说的就是"四部"或"四本"刑法。因为他们采用这种修辞，就是为了增加其著作的古奥气氛，垫高其古拙的学术形象，为此连自己解释《律》与《令》《格》《式》关系时发生的矛盾都不愿正视。

（四）唐代法律体系理论"由出口转内销"的影响

从本书第 7 篇第 101 页上方所列的"表 7.1：《新唐书》对唐四法的概括与其分类界定之矛盾解析"中可以看到，因为《唐六典》定义"令"为"设范立制"，《新唐书·刑法志》进一步具体解释为："尊卑贵贱之等数，国家之制度"；根据《唐六典》对《格》"禁违正邪"之定义，而作解释为："百官有司之所常行之事也"；据《唐六典》对《式》之"轨物程事"的定义，而又进一步解释为"（百官有司）其所常守之法也"；据《唐六典》对《律》的"正刑定罪"的定义，而进一步具体解释为："（令、格、式）其有所违及人之为恶而入于罪戾者，一断以律。"但这些史籍与典章中的论说，到了日本学者浅井虎夫那里，却被表达为这样的观点：

> 律也者，规定犯罪者，科刑罚之法典也；令也者，关于各种政法之法典也；格也者，系集官司所执行之惯行法制法典也；式也者，规定官司所守式法之法典也。故唐之格、式，

亦可谓一种之刑法典，若行政法典。[1]

浅井先生的论说之要害，在于把《新唐书·刑法志》解释"禁违正邪"的《格》为百司"其所常行之事"，同时把解释"轨物程事"的《式》的有司"其所常守之法"，都包括了作为"科刑罚之法典"《律》及各种"行政法令之法典"的《令》在内。这对不识唐四法究为何物的初读者来说，浅井先生的这个说法，基本会毫不犹豫地被接受：因为谁敢说《律》与《令》不是百官有司"所守"和"常行"之法！其实，与浅井氏的看法正相反，《新唐书》这里所言"常行"和"所守"的法，仅是指以二十四曹司为名称的 24 篇格，和也基本以尚书省列曹为名称的 33 篇式。正因为浅井先生把《新唐书·刑法志》界定《格》《式》所言之"常行""所守"之法，看成是与《律》《令》一样，所以他必然会把《格》与《令》当成是"一种之刑法典，若行政法典"。在逻辑上，把《新唐书·刑法志》对《格》《式》的特征，暗中以《律》《令》代入，显然是调换概念。唐代不是中国法制发展长河中存在的所谓"四刑法"阶段。

自汉魏开始，刑律从其他法律中分离出来，"律以正罪名，令以存事制"的基本规律形成，"法律"与"刑法"等诸多部门法并立而又相区别的趋势，已是不可撼动的潮流。从历史的观点看，《新唐书》作者独把"刑书"去概括有唐一代之法律，也完全是法律文化史上的倒退。试问：在中国整个古代法律文化史上，以"刑书"与"刑法"概括法律，和以"法""律令""文法"等概括法律，到底谁是主流？在中国整个法律文化史上，"刑书"与"法律"的界线，到底是愈来愈分清，还是愈来愈分不清？大家都有思考的义务。

结　语

既然论辩由共说唐制（法律的分类与概括）产生，最后也应回到论说唐制而结束。附和《新唐书》观点的法史界与古籍界之某些学者，在方法上一是规避"刑书"与"令、格、

---

1 中国政法大学法律古籍研究所的赵晶教授，于交流中为我抄传了日本学者浅井虎夫于一百多年前对《格》与《式》性质曾有的表述；原南大学友李玉生教授为我送来了中国政法大学出版社 2007 年版浅井虎夫所著的中译本《中国法典编纂沿革史》。我对他们表示深切的谢意。浅井先生观点的要害，是为"格、式"的概念营造了三个"窟"。其一是，"可谓一种之刑法典"；第二，如欲问其什么刑法典？其则曰是与律一样的"科刑罚之法典也"；第三，又谓格、式也"若（或者是，就是）行政法典"。浅井先生百多年前的这种观点，从渊源上说，当然是"进口"了《新唐书·刑法志》的观点，从浅井氏的阐述看，他对《新唐书》的"四刑书"说，又作了他特有的加工并写成了文章，后又再以书的形式返销回中国，成了中国"四刑法说"的一个支撑，这样，似乎是本由中国"出口"而又转"内销"的观点了。从逻辑概念上说，浅井氏的格、式，占尽了唐四法的所有概念，欲与之理论，不可能进行。考虑到我在本书中所有关于唐代法律体系的论述，对浅井氏的观点客观上都有针对性，故不再详细展开。可是为对青年读者负责，还是写了这段话。另外我在本书的《跋》中第三节第（四）项中还有相关文句涉及。

式"内涵与外延上的逻辑概念分析，二是他们似乎忘了彼此都在争议唐制的这一前提。他们把分析揭示《新唐书》中"令、格、式"的定义与"刑书"（"刑法"）间自我之逻辑矛盾，皆谓之"以今律古"。有鉴于此，本文重点就以唐代及五代史学家们对唐法正确概括之实例，以及唐代前、唐代后及宋当代其他史学家、法学家对法律作概括的语词使用实例，从法律实义及语言逻辑两方面之比较，暴露《新唐书·刑法志》作者违反常理之特异。本文与涉于《新唐书》"四刑书说"有关观点之商榷，把唐代法律体系的论辩推向了更广的空间与更高的层次。由此，应感谢法史界与古文献界有关专家参与对这一涉于唐代法律体系根本问题的学术讨论所作出的贡献。

* 此文 2015 年发表于《北方法学》3 月号（总第 51 期）。此次收入本书从题目到内容都有重大增修。

8. 唐代《式》典对法律种类及法律图书分类管理的不同规范

——《新唐书》"四刑书"说辨析续篇

　　唐代法律体系研究中遇到的障碍，主要是《新唐书》中的《刑法志》及《职官志》把律、令、格、式概括为"四刑书"及"四刑法"，误导了后代特别是现当代一些学者。我的上一篇文章主要是纵观历史揭示"四刑书"说反主流的异动。但是正确研究唐代法律体系的问题，至此并未完全彻底解决，因为与《新唐书》"四刑书"说紧密相连的，还有从隋代起各朝正史中的《经籍志》或《艺文志》，把从汉代到当时朝代的所有法律书典或制度性质的图书都称为"刑法"的现象存在。由此，一些支持《新唐书》"四刑书"观点的学者，又把这种对所有法律图书都称为"刑法"的现象，作为判断律、令、格、式"都是刑法"的又一有力"史证"。其实，古代目录学上把所有法律图书在贮藏分类上称为"刑法"的做法，并不能为《新唐书》"四刑书""四刑法"说的错误翻盘，因为用图书目录学上对法律图书管理的栏目名称，去取代法学范畴从性质上对法律分类的概括，是混淆了隋唐《式》典对两种调整对象不同的规范。

　　人常说，解铃还须系铃人。由于《唐六典》先在《刑部式》中说"凡文法之名有四：一曰律，二曰令，三曰格，四曰式"作立法规范上的分类概括，后又在《秘书省·秘书郎》下的《秘书式》中说"九曰刑法，以纪律令格式"，以规定法律图书分类管理的栏目名称，这给有些人造成了似乎律、令、格、式用"文法"概括与用"刑书"概括无差别的印象。本文就是通过对《唐六典》中律、令、格、式先被归置于"文法"，后又被归置于"刑法"的这一焦点进行透析，以揭示《新唐书》不但无视立法分类概括的存在，而且进一步把作为图书管理栏目下包括的非刑法的令、格、式，在性质上都篡改为无差别的"刑书——刑法之书"的过程，让人们明确：唐代律、令、格、式法律性质的概括，与其作为图书栏目的概括名称完全是两回事，《新唐书》的要害，就是用法律图书以栏目分类管理意义上的概念，去取代立法种类及法律性质意义上的概念。

一、刑部职掌的《刑部式》在立法上概括四种法律为"文法"

　　唐代虽然没有"立法法"这样的名词，但却能判断其实际存在于《唐六典》"刑部郎中"条下对法律制定作"轨物程事"的《刑部式》中。其主要内容有以下三个方面，这些强制的立法上的专业技术规范，给"四刑书"及"四刑法"说，根本未留下任何空间。

（一）《刑部式》规范四种法律的种类

　　《唐六典》"刑部郎中"下列出四种法律，其概括之名是"文法"：

　　凡文法之名有四：一曰律，二曰令，三曰格，四曰式。

其实远在汉代，虽然"文法"之使用，有时其偏指"刑法"，但明确而又不容怀疑其指代所有法律的例子，已昭然载诸史籍。如《史记·汲黯传》中就谓汲黯

　　治务在无为而已，弘大体，不拘文法。[1]

《史记》又记公孙弘

　　习文法吏事，而又缘饰以儒术，上大说之。[2]

此两处之"文法"，就是对包括属于刑法《律》在内的所有法律的概括，也就是汉代通常所谓之"律令"。《唐六典》在行文上也把"文法"用指成文的法律、法令。其在"尚书省"条下说：

　　左、右丞掌管辖省事，纠举宪章，以辨六官之仪制，而正百僚之文法，分而视焉。

　　尚书省左、右丞所掌关于正百僚之"文法"，不会是专指刑法。

（二）《刑部式》规范四种法律的篇目名称

　　凡《律》一十有二章：一曰《名例》，二曰《卫禁》，三曰……，十二曰《断狱》，而大

1 《史记·汲郑列传》第十册卷一百二十，中华书局 2013 年版。
2 见《史记·主父偃列传·公孙弘》（中华书局 2013 年版）第九册卷一百一十二引司马贞《索隐》之解释说："谓以儒术饰文法，如衣服之有领缘以为饰也。"可见"文法"于此，单独为词。另，《汉书·薛宣传》记薛宣"以明习文法诏补御史中丞。"同书又记薛宣经过其儿子薛惠所治之彭城，见到"桥梁邮亭不修"，"宣心知惠不能"，"终不问惠以吏事"，"惠自知治县不称宣意"。详见《汉书》卷八十三，第 3385 页、第 3397 页。

凡五百条焉。

　　凡"令"二十有七：一曰《官品》，二曰《三师三公台省职员》，……二十七曰《杂令》，而大凡一千五百四十有六条焉。

　　凡《格》二十有四篇（注文曰："皆以尚书省二十四司为篇名"）。

　　凡《式》三十有三篇（注文概列了以二十四曹司为主的三十三篇之名）。

（三）《刑部式》规范四种法律的性质和作用

《刑部式》中对"四法"性质的分类界定是：

　　凡律以正刑定罪，令以设范立制，格以禁违正邪，式以轨物程事。

唐代规范立法的"立法法"内容，列于"刑部郎中"条下，应属《刑部式》的这些条文内容。对于这些唐律以至法制史研究领域尽人皆知的属普识性的六条内容，至今未有人对其性质作过"立法法"性质的认定。其实，《唐六典》客观上存在着对这六条内容作分析认识的逻辑前提：其一，《唐六典》本就是一部以众多的《职员令》为纲目，并摘编与之有关的"令""式"联缀起来的典籍；[1] 其二，上述规范唐法篇目、种类、性质、作用的六条，不可能是唐代二十七篇《令》文中的任何内容；其三，这六条虽列在"尚书刑部"的"刑部郎中"条下，但其性质明显不是补充"正刑定罪"的《刑部格》，所以只能是《刑部式》的条文；其四，其在此处的作用，就是"轨物程事"之《式》对立法（包括统称为"文法"的四法在内）所作的"程事"规范，对立法具有法律的约束力。此六条规范列于"刑部郎中"条下，是谓在国家的立法活动中，法律种类、性质、篇目的具体制度由刑部的刑部郎中据《刑部式》作法律形式上的管控与掌握。如属于正刑定罪之法只能入律而不能入令、格、式；属于令、格、式的规范，也要依内容性质分类分篇入典，而不能错乱混杂。

二、《律疏》在司法实践中对律、令、格、式的概括词是"法律"

　　《唐律疏义》的性质是刑律，在唐代被简称为《律疏》，其性质就是"律、令、格、式"

1　参见（唐）刘肃：《大唐新语》卷九"著述"，中华书局 1984 年版，第 136 页；陈寅恪：《隋唐制度渊源略论稿·职官》中的论述及其引用的唐宋史料，上海古籍出版社 1982 年版，第 97~98 页。

中的"律"。其在司法实践上对"四法"的概括是"法律"。

其一,《律疏》从司法上,对"律、令、格、式"作统指概括的概念是"法律"。《名例律》(总第 48 条)在规定对外国人在大唐境内犯法后其法律的适用时说:

> 诸化外人,同类自相犯者,各依本俗法;异类相犯者,以法律论。

疏文对此解释说,对同一国的外国人相犯,依照他们本国的习惯与法律处置。对于不属同一国的外国人(理应包括外国人与唐人)在唐境内相犯,根据大唐的法律判断处罚。这里的"法律",就是对"律、令、格、式"的总概括。

其二,审判要求对罪犯犯罪所涉及的刑律及令、格、式内容,都要引用记录在案,不但对所违之惩罚性的"律",同时对其所违涉及之令、格、式,也必须作引用记录。为此,《断狱律》(总第 484 条)规定:

> 诸断罪皆须具引律、令、格、式正文,违者,笞三十。

并不是每项罪案都必须引全律、令、格、式四种之整条,但凡犯罪涉及的,必须全引,不涉及的当然不引用。但作为制度来说,"皆须具引律、令、格、式正文"。此《断狱律》中要求具引的律、令、格、式,就是上述《名例律》中对不属于同一国的外国人相犯时使用的"法律"。

应该说,唐代对律、令、格、式的概括,在"立法"及"司法"上是个解决了的问题。《律疏》中的"法律"所指,与《唐六典》中的"文法"所指,其逻辑概念与事物实体具有同一性,都是确定地概括律、令、格、式四法。

三、唐之图书分类管理归《式》典中由秘书省执掌的《秘书式》规范

整部唐《式》原就不是刑法,其中规范图书分类的《式》当然也不是"刑法"。现见于《唐六典》秘书省秘书郎下所概括的四部分类法,正是唐代《式》典三十三篇之一的《秘书式》部分的具体内容。图书分四部四十类的库藏上架之法,正是它"轨物程事"的重要内容之一。把图书分类之"式"典的法律性质认定为"刑书""刑法"也是不正确的。

(一)图书"分库以藏"的法律规范为《秘书式》

唐执掌国家图书分类管理的机关是秘书省,其下的秘书郎依式典中的《秘书式》管理

国家图书。

（1）总体上依"四部"为部目。《唐六典》于"秘书省"之"秘书郎"条下说：

秘书郎掌四部之图籍，分库以藏之，以甲、乙、景[1]、丁为之部目。

（2）"四部"下又分"四十类"具体分类管理。

甲部为经，其类有十：一曰《易》，以纪阴阳变化；（下略）乙部为史，其类一十有三：一曰正史，以纪纪传表志；（下略）景（丙）部为子，其类一十有四：一曰儒家，以纪仁义教化；（下略）丁部为集，其类有三：一曰《楚词》，以纪骚人怨刺。（下略）

（二）所有的法律图书都列在"史"部的"刑法"一栏管理

以规范国家图书分类库藏管理办法为其内容之一的唐代《式》典中的《秘书式》，直接追随《隋书·经籍志》，把汉以来至当时所有的法律图书，统一以"刑法"为管理栏目的名称，这种办法，也成了"两唐书"及《宋史》的《经籍志》《艺文志》中法律图书分类栏目的习惯名称。

依《秘书式》，四部下划分四十类管理的同一个关键词都是"纪"："×为××，以纪××××（图书）。""纪"在此处用作为"治理""综理"，而不是记录、记载。纪，《康熙字典》引《谷梁传·庄公二十二年》"注"解为"治理"；《辞源》引《国语·周语上》解为"综理"。此处正是其义。"以纪××××"是说"以归置管理××××类之图籍"。其中"九曰刑法，以纪律令格式"，是言（子部中）分第九类为"刑法"，以归置管理律、令、格、式等图籍。在图书不能很细分类的古代，把汉至唐代已行用过及当时正行用的所有法律图籍，归置入"刑法类"去管理，和以"刑法"来统一认定律、令、格、式之性质，根本不是一回事。如被称为"纯儒"及"汉世之儒"的大经学家董仲舒，史书记载他年老致仕后，朝廷遇有律无明文的疑难常向其咨询，他则"动以经对"，即时常引用《春秋》经义作为决事之比。《春秋》经之书，以及董仲舒治《春秋》"其论深极《春秋》之旨"，[2] 及"视诸儒尤博极闳深"[3] 的《春秋繁露》一书，唐代分别列"两唐书"的"春秋"专类（《经籍志》见第 1979 页，《艺文志》见第 1437 页）。而其引用《春秋》经决疑案的《春秋决狱》十卷，却被"两唐书"（见《经籍志》第 2031 页，《艺文志》第 1531 页），一致地归入了与商鞅、韩非等文集并列的"法家类"。在《隋书·经籍志》中，《春秋》经传及董仲舒的《春秋决事》《春秋繁露》，却又是全入于"春秋类"。同样是《春秋决狱》，《隋书》入"春秋类"，"两唐书"

---

1 此处之"丙"改用"景"，疑谓避唐高祖李渊父李昞之名讳有关。参见陈寅恪：《唐代政治史述论稿》一书，上海古籍出版社 1982 年版，第 7 页；抄引《册府元龟·帝王部·帝系门》略文 。

2 参见《春秋繁露》附《六一先生欧阳永叔书后》，上海古籍出版社 1989 年版。

3 参见《春秋繁露》附《郁子文旧序》，上海古籍出版社 1989 年版。

却入"法家类"，其性质概念上的差异竟如此之大。可见，此中书典与其分类名目，只是图书的划分管理，并不完全能作为图书性质认定的科学规范。

（三）法律图书管理栏目"刑法"下囊括了非"刑法"的令、格、式

法律图书分类概念的实质是以此栏目作管理，并不是对此栏目下的法律图书性质上定性。在隋、唐、宋代史书的《经籍志》《艺文志》中，法律图书栏目有的称"刑法部"，有的称"刑法类"，有的称"刑法篇"。其实，"刑法"栏目（类）下的法律图书（如令、格、式）并不都如《律》一样是"刑法"，只因为那时在分类方法上以"刑法"《律》为主，附带了对非"刑法"的令、格、式，置于同一栏目"刑法"下一起管理而已。

把所有法律图书，以"刑法"之栏目进行管理，起始于隋代。在《隋书·经籍志》中，与《开皇律》《大业律》归在一起管理的《开皇令》《大业令》绝不是"刑法"；其他如与《北齐律》并列的《北齐令》，以及与《晋律》《梁律》《陈律》并列的《晋令》《梁令》《陈令》也都非"刑法"。在当时的情况下，在图书归类管理上把与"律"关系相近的"令、格、式"甚至某些非法律性质之书共用"刑法"作栏目放在一类管理，虽不尽科学，但这是历史的局限，可以理解，因这只是分栏管理的名目而已，不必要多加指责。规范法律制定法式的《刑部式》中的六条，与《秘书式》中以"刑法"来作为法律图书管理（"纪"）的栏目名称，完全是适用不同对象的不同性质的法式：前者是规范法律制定的"立法法"，后者是整个图书管理"轨物程事"中专对法律图书分类管理的栏目名称。

有些学者把隋以来对法律图书用"刑法"栏目概括之法，推行至整个古代的法学领域，这种"泛刑法"的做法，隋代也并未有过。《隋书》中包括《刑法志》《经籍志》等在内的诸多"志"的部分，是从唐太宗贞观十五年（641）开始补写，至唐高宗显庆元年（656）完成，先后由令狐德芬与长孙无忌监修，并由长孙氏领衔奏上。"隋志"编写比于唐高宗永徽四年（653）刑律《律疏》之编成迟 3 年。"隋志"撰写的主要"监修"之一长孙无忌，原就是唐代《律疏》编撰的主要领衔人。其在"隋志"中继续体现了在《律疏》制作中精微的法律思维，在对隋唐二朝律、令、格、式的概括分类与语言表述上，既坚持了法学分类的严密概念，又兼顾到了目录学上法律图书管理分类的习惯法式。在他（们）监修的《隋书》之《刑法志》与《经籍志》中，作为目录学上的习惯，法律图书分类使用"刑法"作栏目名，但在《刑法志》里概括律、令、格、式四法的概念则是"法令"或"法律"，而绝不使用"刑法"[1]。两种不同性质的概括，在各自的领域各行其道，但决不能混淆取代。

---

1 参见本书第 7 篇《"四刑书"说是唐代法律体系研究中反主流的异动——《新唐书》"四刑书"说辨析及回复涉于此论之有关观点》一文第二节第（三）项内容，及本文后所附表 8.1"隋唐律、令、格、式分类概括比较表"。

（四）法律书文的"刑法"概括分类在古代就受到"法书""法制""政书""法令"等概念的挑战

从《隋书·经籍志》起，各朝史书的《经籍志》《艺文志》，把历代所有法律图书之栏目名之为"刑法"，在目录学的发展上，也只是其中的一个阶段或者说是一种选择而已。

西汉刘向、刘歆父子编《七略》，《汉书·艺文志》把图书依《七略》分类，均未出现把所有法律书文设栏目名之为"刑法"的做法。即使在《汉书·刑法志》中，也是用"律令"或"法令"概括法律。南朝梁代的阮孝绪编撰收集古人文章之书《七录》，其书对所收的法律文章作罗列概括时，就以"法制部"为名：

法制部四十七种九十五帙八百八十六卷。[1]

这说明至少有"四十七"种法律制度的书文，其栏目的概括词是"法制"，而不是"刑法"，更不是"刑书"。这种分类概括，在逻辑上适用于法律制度之文，当然也适用于法律制度之书。无独有偶，后来的《宋史·刑法志》开头的第三段，也清楚地把律（敕）、令、格、式概括为"法制"："宋法制因唐律、令、格、式，而随时损益"。[2]清朝四库全书在"政书类"下专设"法令之属"以收列《唐律疏义》及《大清律例》等法律书。清光绪九年（1883）印的潘祖荫之《滂喜斋丛书》，第十四册所收"元版书目"中，也设"法令类"一栏，列有"《唐律疏义》三十卷"等书。可以说，隋以来把法律书典概括为"刑法"的图书分类管理法，至此为止，事实上退出了历史舞台。

从隋代起，历代正史中的《经籍志》或《艺文志》，把所有法律书典概括为"刑法"（部、类、篇），其最大的问题是与同一部书中的《刑法志》对法律概括的方法乖违不一。历代《刑法志》概括法律的基本特征是：其一，对所有各类法律作统一概括时，大多使用"法""法令""律令""法律""法制""文法"等词语；其二，在对所有法律书典作概括时，《旧五代史·刑法志》把律、令、格、式之书曾概称为"法书"："因兵乱法书亡失，至是大理奏重写律令格式。"[3]其三，《刑法志》无论是对各类法律或法律图书作概括时，都不使用"刑法"，更不使用"刑书"。《新唐书·刑法志》的作者，把唐代的法律概括为"刑书"，这在历代《刑法志》中是绝无仅有的特异。

1　（梁）阮孝绪所著之类书《七录》，其书之内容已佚失，（唐）释道宣所著之《广弘明集》收录的《七录序目》中有此言可查。《广弘明集》此书有明万历十四年（1586）吴刻三十卷本传世。
2　见《宋史·刑法志》，中华书局2000年版，第3315页。
3　见《旧五代史·刑法志》，中华书局2000年版，第1358页。

四、《新唐书》的要害是用目录学意义上的"刑法"栏目名去混淆取代法律意义上的概括

　　唐代法律体系争论的要害，在于其中一方混淆了《刑部式》与《秘书式》的分类概括，错误地用法律图书分类栏目的概念，去取代法律性质分类的概括，其中最突出的就是《新唐书》的"四刑书"说。

　　《新唐书》作者调换概念总的特点，是把四种法律在性质上变成同一种法律，而且复古地称为"刑书"。其概念调换的大致思路如下。

（一）把管理栏目"刑法"下的古今所有法律图书一概命之为"刑书"

　　《唐六典》《旧唐书》都成书在先，《新唐书》一方面对《唐六典》中《刑部式》把律、令、格、式概括为"文法"的正确做法置之不理，另一方面进一步又对图书管理法《秘书式》中"刑法"类下事实上包括非"刑法"的令、格、式这一事实完全抹杀，把律、令、格、式四法都定性为像春秋时的"刑书"：

　　　唐之刑书有四，曰：律、令、格、式。

这样，《秘书式》中"九曰刑法，以纪（管理）律令格式"，转眼之间这"律令格式"已经从"刑法"栏目管理的性质，全部变成了性质上的"刑书"。其实，用目录学的规范，把各朝史书中法律图书的栏目名"刑法"，改成为在法律性质上作认定的"四刑书""四刑法"并代进"刑法"栏目中去，也并不合乎目录学的理念。至于所有法律图书为什么以"刑法"为名概括，那是要择其中之重要者《律》为代表的原因而已。"九曰刑法，以纪律令格式"之下的注文清楚地表明了这一方法特点：

　　　"律"本等三十五部，七百一十二卷。

因为栏目名以"律"本为代表，故称"刑法"。以"刑法"《律》作代表为栏目名，全属分类的需要，而不是定性的需要。这与"刑书有四"或"刑法有四"，是两回事。

（二）进一步把"刑书"的概念坐实为"刑法之书"

　　《新唐书》在其《百官志·刑部》下又再进一步具体地说：

　　　凡刑法之书有四：一曰律，二曰令，三曰格，四曰式。

经过这二次倒手，《秘书式》中关键词"纪"（管理、综理）的意义，已完全被篡改为逻辑学上的全称肯定判断语"是"了。这种手法完全可以通过比较看清。总之，在对待唐代法律的性质概括上，《新唐书》作者处心积虑的倾向是非常明显的。在他们眼中，四种法律性质的区别是不存在的，因为它们都只是"刑书"而已。而这一点正与"立法法"中的"文法"与《律疏》中"法律"的概括背道而驰。《新唐书》为标新立异，不惜逆反地复古，把唐代的律、令、格、式判定为如春秋时的"刑书"，从而彻底把自己从史学中边缘化。

五、几点结论

第一，隋唐都有对其当代法律作概括的概念词语。《唐律疏义》（简称《律疏》）在司法语境中，对当时律、令、格、式概括的概念是"法律"；《唐六典·刑部郎中》中的《刑部式》在立法角度，对四法概括的概念是"文法"；《隋书·刑法志》中也把法律概括为"法令""法律"。[1]

第二，《唐六典》中包含唐代"立法法"与图书分类两种法式内容。《唐六典·刑部郎中》中规范立法的六条内容是《刑部式》内容，而《唐六典·秘书省》中规范图书分四部四十类管理的是《秘书式》内容。这样判定的理论背景及史料根据，就是《唐六典》编撰是"以《令》《式》分入六司"的根本特点。[2]

第三，两种分类法使用上不能相互取代。作为对律、令、格、式四法共性的概括，是《刑部式》的立法概括，而把作为图书的律、令、格、式置于"刑法"（部、篇）类栏目进行管理，这是由《秘书式》确定下的制度，是文化史上目录学的范畴。我们可以认可当时历史条件下，法律图书分类管理栏目名称"刑法"在目录学上的使用习惯，但绝不能同意以图书管理的栏目概念去取代"立法法"的概括，把律、令、格、式四法的性质认定为"四刑书"或"四刑法"。

第四，《新唐书》的"四刑书"说并非目录学的概念。《新唐书·刑法志》把律、令、格、式概括为"刑书"，不但混淆取代法学意义上对法律种类作概括的"文法"与"法律"，而且与目录学上法律图书的栏目名以《律》这一"刑法"作代表的意图、方法都不符。

隋唐律、令、格、式之分类概括比较见表8.1。

---

1 其实例见本文表 8.1 中录《隋书·刑法志》对法律的概括语句。
2《大唐新语》卷九《著述》，中华书局 1984 年版，第 136 页。

表 8.1 隋唐律、令、格、式分类概括比较表

性质类别	书 典	概括词语	例 句	关键词语解析提示
司法立法与法学之分类概括	《唐律疏义·名例》（总第 48 条）	法律	（化外人）异类相犯者，以法律论	此处之"法律"即《断狱律》（总第 484 条）规定："须具引"之"律、令、格、式"的概括
	《唐六典·刑部郎中》	文法	凡文法之名有四：一曰律，二曰令，三曰格，四曰式	律、令、格、式的共性是法律，作为不同的法典，用"文法"（成文法律）概括，合乎逻辑
	《旧唐书·职官志》	文法	凡文法之名有四：一曰律，二曰令，三曰格，四曰式	
	《隋书·刑法志》	法令法律	（其记北齐曰：）是后法令明审，科条简要，又敕仕门之子弟，常讲习之。齐人多晓法律，盖由此也	《隋书·刑法志》此例中的"法令""法律"也皆为对所有法律之概括
法律图书管理栏目之概括	《隋书·经籍志》	刑法	隋则律、令、格、式并行：今录其现存可观者，编为"刑法篇"	隋《经籍志》是图书分类上把律、令、格、式之图书，统用"刑法"（《律》）代表为栏目之名
	《唐六典·秘书省》	刑法	（史部）九曰刑法，以纪律令格式	"纪"是治理、综理之义，设"刑法"栏目管理法律图书，并不是把律、令、格、式四法都定性为"刑法"
	《旧唐书·经籍志》	刑法	右刑法五十一部，凡八百一十四卷	旧志中称"部"；新志中称"类"；隋志中既称"部"又称"篇"
	《新唐书·艺文志》	刑法	右刑法类二十八家，六十一部，一千四卷	
新唐书以"刑书"概括四法	《新唐书·刑法志》	刑书	唐之刑书有四，曰：律、令、格、式	把法律图书列在"刑法"栏目下以"纪"作"管理"之义，被篡改为"就是"的全称判断
	《新唐书·百官志》	刑法之书	凡刑法之书有四：一曰律，二曰令，三曰格，四曰式	

（写于 2015 年 10 月）

* 此文最初发表于沈阳师范大学法学院霍存福教授主编的《法律文化论丛》2016 年 1 月第 6 辑，原题为《律令格式不能以其图书管理栏目名称取代其法学概念》。承蒙陕西师范大学历史系杜文玉教授关注，此文在其主编的《唐史论丛》2017 年第 24 期上又予刊载，特此铭谢。此文收入本书时文题及文章内容均有修改补充。

附录：唐律与唐令部分内容对应表
——专为惑于《律》与《令》皆为"刑法"者编抄

说　明

本表为唐代法律体系论述之重要辅佐资料。

中国有民谚曰：不怕不识货，就怕货比货。此处引此言，非欲辨别《律》《令》的高低优劣，而是选取《律疏》中罪条篇的部分律文与其相关令文作对比，以帮助唐代法律体系的关注者，清楚了解正刑定罪之律与制度性令文，在法律体系中明显不同的性质与作用。本表仅以对比说明律令的性质与关系，绝不以内容之齐全为目标。

唐律条文均注明篇名及条数序号。唐令内容基本录自日本东京大学出版会 1997 年版仁井田陞、池田温等编著之《唐令拾遗补》（简称《令补》）以及这之前仁井田陞的《唐令拾遗》（简称《拾遗》），并都注明令名、年代及该书之页码。律令中的注文以括号表示。

《名例》本身是刑律中的原则制度性条文，与其对应之令文也基本是制度性规范，故《名例》与其对应之令文，本表未专列。

律	令
《卫禁律》（总第 58 条）诸阑入太庙门及山陵兆域门者，徒二年；（阑，谓不应入而入者。）越垣者，徒三年。太社各减一等。守卫不觉，减二等；（守卫，谓持时专当者。）主帅又减一等。（主帅，谓亲监当者。）故纵者，各与同罪。（余条守卫及监门各准此。）	《丧葬令》〔开元七年〕凡诸陵，皆置留守。领甲士，与陵令，相知巡警。左右兆域内，禁人无得葬埋。古坟则不毁。（《令补》，第 1464 页）

续表

律	令
《卫禁律》（总第60条）诸阑入者，以逾阈为限。至阈未逾者，宫门杖八十，殿门以内递加一等。其越殿垣者，绞；宫垣，流三千里；皇城，减宫垣一等；京城，又减一等。	《宫卫令》（唐）唐令云，顺天门为宫城门。（《令补》，第1128页） 《宫卫令》〔开元七年〕诸明德等门为京城门，朱雀等门为皇城门，承天等门为宫城门，嘉德等门为宫门，太极等门为殿门，通内等门，并同上阁门。东都诸门准此。（同上）
《卫禁律》（总第63条）即将领人入宫殿内，有所迎输、造作，门司未受文牒而听入及人数有剩者：各以阑入论；至死者加役流。将领主司知者，各减阑入罪一等。入者知，又减五等；不知者，不坐。	《宫卫令》〔开元七年〕凡财物器用，应入宫者，所由以籍傍取左监门将军判，门司检以入之。应出宫者，所由以籍傍取右监门将军判，门司检以出之。其籍月一换。（《令补》，第1139页） 《宫卫令》（唐）兵器入者，皆籍其名数。（《令补》，第1136页）
《卫禁律》（总第64条）诸应入宫殿，未著门籍而入，虽有长籍，但当下直而辄入者：各减阑入五等。即宿次未到而辄宿，及籍在东门而从西门入者，又减二等。	《宫卫令》〔开元七年〕诸京司，应以籍入宫殿门者，皆本司具其官爵、姓名，以移牒其门。若流外官，承脚色，并具其年纪、颜状。以门司送于监门勘同，然后听入。○〔开元二十五年〕依令，非应从正门入者，各从便门著籍。○应出宫殿，谓改任、行使、假患、番下、事故等，依令，门籍当日即除。（《令补》，第1129页） 《宫卫令》（唐）凡著籍，月一易之。（同上）
《卫禁律》（总第71条）诸奉敕以合符夜开宫殿门，符虽合，不勘而开者，徒三年；若勘符不合而为开者，流二千里；其不承敕而擅开闭者，绞。若错符、错下键及不由钥而开者，杖一百；即应闭忘误不下键，应开毁管键而开者，徒一年。其皇城门，减宫门一等。京城门，又减一等。即宫殿门闭讫，而进钥违迟者，殿门杖一百；经宿加一等；每经一宿，又加一等；宫门以外，递减一等。其开门出钥迟，又各递减进钥一等。	《宫卫令》（唐）宫殿门夜漏尽，击漏鼓讫开。夜漏上水一刻，击漏鼓讫闭。五更三筹，顺天门击鼓，诸卫即递击小鼓，使声彻皇城、京城诸门。○城门皆击鼓七百槌讫，诸城门开。开后一刻，顺天门开。昼漏尽顺天门击鼓，诸卫依前击，诸城门皆击鼓至四百槌讫闭。○锁匙皆连铁，兼刻其门名，藏之于匮。其出纳时节，开门之法，从别式。（《令补》，第1131页） 《宫卫令》〔开元七年〕诸承天门击晓鼓，听击钟后一刻鼓声绝，皇城门开。第一咚咚声绝，宫城门，及左右延明、乾化门开。第二咚咚声绝，宫殿门开。夜第一咚咚声绝，宫殿门闭。第二咚咚声绝，宫城门闭，及左右延明门、皇城门闭。其京城门开闭，与皇城门同刻。承天门击鼓，皆听漏刻契至乃击，待漏刻所牌到，鼓声乃绝。○凡皇城、宫城阁门之钥，先酉而出，后戌而入。开门之钥，后丑而出，夜尽而入。京城阁门之钥，后申而出，先子而入。开门之钥，后子而出，先卯而入。（《令补》，第1131页） 《宫卫令》（唐）本云，每门有合符。（《令补》，第1134页）
《卫禁律》（总第82条）诸私度关者，徒一年。越度者，加一等；（不由门为越。）已至越所而未度者，减五等。（谓已到官司应禁约之处。余条未度准此。）	《关市令》〔开元三年〕诸度关津，及乘船筏，上下经津者，皆当有过所。（《令补》，第1393页）

续表

律	令
《卫禁律》(总第 83 条) 诸不应度关而给过所，取而度者，亦同。若冒名请过所而度者，各徒一年。即以过所与人及受而度者，亦准此。若家人相冒，杖八十。主司及关司知情，各与同罪；不知情者，不坐。即将马越度、冒度及私度者，各减人二等；余畜，又减二等。家畜相冒者，不坐。	《关市令》〔开元七年〕诸度关者，先经本部、本司请过所。在京则省给之。在外州给之。虽非所部，有来文者，所在给之。(《令补》，第 1393 页)
《卫禁律》(总第 84 条) 诸关、津度人无故留难者，一日主司笞四十，一日加一等，罪止杖一百。	《关市令》〔开元二十五年〕依令，各依先后而度。(《令补》，第 1393 页)
《卫禁律》(总第 86 条) 诸领人兵度关，而别人妄随度者，将领主司以关司论，关司不觉减将领者罪一等；知情者，各依故纵法。有过所者，关司自依常律；将领主司知情减关司故纵罪一等，不知情者不坐。	《关市令》〔开元二十五年〕诸兵马出关者，依本司连写敕符勘度。入关者，据部领兵将文帐检入。(《令补》，第 1393 页)
《卫禁律》(总第 87 条) 诸赍禁物私度关者，坐赃论；赃轻者，从私造、私有法。若私家之物，禁约不合度关而私度者，减三等。	《关市令》〔开元二十五年〕诸锦、绫、罗、縠、绸、绵、绢、丝、布、牦牛尾、真珠、金、银、铁，并不得度西边北边诸关，及至缘边诸州兴易。(《令补》，第 1395 页)
《卫禁律》(总第 88 条) 诸越度缘边关塞者，徒二年。共化外人私相交易，若取与者，一尺徒二年半，三匹加一等，十五匹加役流；私与禁兵器者，绞；共为婚姻者，流二千里。未入、未成者，各减三等。即因使私有交易者，准盗论。	《关市令》〔开元二十五年〕诸外蕃与缘边互市，皆令互市官司检校。其市四面穿堑，及立篱院，遣人守门。市易之日卯后，各将货物、畜产，俱赴市所。官司先与蕃人对定物价，然后交易。(《令补》，第 1395 页) 《关市令》〔开元二十五年〕诸蕃客往来，阅其装重，入一关者，余关不讥。(同上) 《户令》〔开元二十五年〕中国人不合私与外国人婚娶。(《令补》，第 1032 页) 《杂令》(唐) 诸蕃使往来道路，公私不得养雇本蕃人，及畜同色奴婢。亦不得充传马子及援夫等。(《令补》，第 1480 页)
《卫禁律》(总第 90 条) 诸烽候不警，令寇贼犯边；及应举烽燧而不举，应放多烽而放少烽者：各徒三年；若放烽已讫，而前烽不举，不即往告者，罪亦如之。以故陷败户口、军人、城戍者，绞。即不应举烽燧而举，若应放少烽而放多烽，及绕烽二里内辄放烟火者，各徒一年。	《军防令》〔开元七年〕诸其放烽，有一炬二炬三炬四炬者，随贼多少而为差。○烽数节级，并依别式。(《令补》，第 1176 页) 《军防令》(唐) 诸烽……取中男配烽子。(《令补》，第 1177 页)
《职制律》(总第 91 条) 诸官有员数而署置过限及不应置而置，(谓非奏授者。)一人杖一百，三人加一等，十人徒二年；后人知而听者，减前人署置一等；规求者为从坐，被征须者勿论。即军务要速，量事权置者，不用此律。	《唐六典·吏部》："凡天下官吏各有常员。……(其见在员数，已具此书，各冠列曹之首；或未该者，以其繁细，亦存乎《令》《式》。)凡诸司置直，皆有定制"。(中华书局 1992 年版，第 34~35 页)

律	令
《职制律》（总第92条）诸贡举非其人及应贡举而不贡举者，一人徒一年，二人加一等，罪止徒三年。（非其人，谓德行乖僻，不如举状者。若试不及第，减二等。率五分得三分及第者，不坐。）若考校、课试而不以实及选官乖于举状，以故不称职者，减一等。（负殿应附而不附，及不应附而附，致考有升降者，罪亦同。）失者，各减三等。（余条失者准此。）承言不觉，又减一等；知而听行，与同罪。	《选举令》〔开元七年、二十五年〕诸贡人，上州岁贡三人，中州二人，下州一人，必有才堪者，不限其人数。（《令补》，第1066页） 　　《选举令》〔永徽〕〔开元七年、二十五年〕铨拟之日，先乎德行。德行同，取才用高。才用同，取劳效多。（《令补》，第1057页） 　　《唐六典·吏部》凡选授之制……以四事择其良：一曰身，二曰言，三曰书，四曰判。以三类观其异：一曰德行，二曰才用，三曰劳效。德钧以才，才钧以劳。其优者擢而升之，否则量而退焉。所以正权衡，明与夺，抑贪冒，进贤能也。然后据其状而核之，量其资而拟之"。（中华书局1992年版，第27页） 　　《选举令》（唐）诸应选者，皆责状试练。曾有犯者，具注犯由。铨试讫，五品以上，及计阶至五品者，并引见。（《令补》，第1057页） 　　《考课令》〔开元二十五年〕诸官人录迹功过，应附考者，皆须实录。其前任有犯私罪，断在今任者，同见任法。即改任，应计前任日为考者，功过并附。其状不得过两纸。州、县长官，须言户口、田地者，不得过三纸，注考正之最。（《令补》，第1098页） 　　《考课令》〔开元七年、二十五年〕蒙别敕放免，或经恩降，公私负殿，并不在附限。若犯免官以上，及赃贿入己，恩前狱成，仍附景迹。（《令补》，第1104页） 　　《考课令》〔开元七年、二十五年〕诸官人，犯罪负殿者，私坐计赎铜一斤为一负。公罪二斤为一负。各十负为一殿。当上上考者，虽有殿不降。此谓非私罪。自上中已下，率一殿降一等。即公坐殿失应降。若当年劳剧，有异于常者，听减一殿。（《令补》，第1116页）
《职制律》（总第93条）诸刺史、县令、折冲、果毅，私自出界者，杖一百。（经宿乃坐。）	《假宁令》〔开元七年〕五品以上，请假出境，皆吏部奏闻。（《令补》，第1420页）
《职制律》（总第94条）诸在官应直不直，应宿不宿，各笞二十；通昼夜者，笞三十。若点不到者，一点笞十。（一日之点，限取二点为坐。）	《公式令》〔开元二十五年〕依令，内外官应分番宿直。（《令补》，第1300页） 　　《公式令》（唐）尚书省官，每一日一人宿直。都司执直簿，转以为次。诸长官应通判者，及上佐、县令不直。（同上） 　　《公式令》〔开元七年〕凡内外官，日出亲事，午而退。有事则直官省之。务繁，不在此例。（同上）

续表

律	令
《职制律》（总第95条）诸官人无故不上及当番不到，（虽无官品，但分番上下，亦同。下条准此。）若因暇而违者，一日笞二十，三日加一等；过杖一百，十日加一等，罪止徒一年半。边要之官加一等。	《唐六典·兵部郎中》："凡应宿卫官各从番第。""凡勋官十有二等，皆量其远迩以定其番第"。（中华书局1992年版，第153~154页） 《假宁令》（唐）诸元日、冬至，并休暇七日，前三日，后三日。玄元皇帝降诞二月十五日，今上降诞日，各休暇三日。寒食通清明，休暇七日。腊、夏至各休暇三日，前后各一日。正月七日、十五日、二月一日、春秋二社、二月八日、三月三日、四月八日、五月五日、六月三伏日、七月七日、十五日、九月九日、十月一日、立春、春分、立秋、秋分、立夏、立冬、每旬，并给休暇一日。内外官，五月给田假，九月给授衣假。分为两番，各十五日。其田假，若风土异宜，种收不得，随通便给之。（《令补》，第1416页） 《假宁令》〔开元七年、二十五年〕诸百官九品，私家祔庙，除程，给假五日。四时祭祀，各给假四日。并课主祭者。去任所三百里内，亦给程。若在京都除祭日，仍各依朝参。（《令补》，第1416页） 《假宁令》〔开元七年、二十五年〕诸文武官若流外已上者，父母在三千里外，三年一给定省假三十日。五百里五年一给拜墓假十五日。并除程。若已经还家者，计还后给。其五品已上，所司勘当，于事每阙者奏。不得辄自奏请。（《令补》，第1417页） 《假宁令》（唐）诸遭丧给假，以遭丧日为始。闻丧者，以闻丧日为始。（《令补》，第1420页）
《职制律》（总第96条）诸之官限满不赴者，一日笞十，十日加一等，罪止徒一年。即代到不还，减二等。	《假宁令》〔开元二十五年〕诸外官授讫，给装束假。其一千里内者四十日，二千里内者五十日，三千里内者六十日，四千里内者七十日，过四千里者八十日。并除程。其假内欲赴任者听之。若有事须早遣者，不用此令。若京官身先在外者，装束假减外官之半。其有田苗者，听待收田讫发遣。（《令补》，第1421页）
《职制律》（总第98条）诸大祀不预申期及不颁所司者，杖六十；以故废事者，徒二年。牲牢、玉帛之属不如法，杖七十；阙数者，杖一百；全阙者，徒一年。（全阙，谓一坐。即入散斋，不宿正寝者，一宿笞五十；致斋，不宿本司者，一宿杖九十；一宿各加一等。中、小祀递减二等。（凡言"祀"者，祭、享同。余条中、小祀准此。）	《祠令》〔开元二十五年〕诸祭祀，二十日以前，所司预申祠部。祠部颁告诸司。（《令补》，第989页） 《祠令》〔开元二十五年〕礼令，祠祭皆卜日。（《令补》，第972页） 《祠令》〔开元二十五年〕诸馔供备祭，祀前一日，诸司官典送斋所。行事之官，并监检对受，省其美恶之义。（《令补》，第989页） 《祠令》〔开元七年〕凡祀神之物，当时所无者，则以时物代之。（《令补》，第992页） 《祠令》〔开元二十五年〕依祠令，在天称祀，在地为祭，宗庙名享。〔永〕昊天上帝、五方上帝、皇地祇、神州、宗庙等，为大祀。散斋四日，致斋三日。日月星辰、岳镇海渎、先农等，为中祀。散斋，三日，致斋，二日。司中司命、风师雨师、诸星、山林川泽之属，为小祀。州县之社稷、释奠，及诸神司，亦准小祀例。散斋二日，致斋一日。（《令补》，第971页） 《祠令》〔开元七年、二十五年〕诸大祀，散斋四日，致斋三日。中祀，散斋三日，致斋二日。小祀，散斋二日，致斋一日。散斋之日，斋官昼理事如故，夜宿于家正寝。（《令补》，第989页）

续表

律	令
《职制律》（总第99条）诸大祀在散斋而吊丧、问疾、判署刑杀文书及决罚者，笞五十；奏闻者，杖六十。致斋者，各加一等。	《祠令》〔永徽〕诸散斋之内，昼理事如旧，夜宿于家正寝。不得吊丧问疾，不判署刑杀文书，不决罚罪人，不作乐，不预秽恶之事。致斋，唯为祀事得行，其余悉断非应散斋致斋者，唯清斋一宿于本司及祠所。（《令补》，第987页）
《职制律》（总第101条）诸庙享，知有缌麻以上丧，遣充执事者，笞五十；陪从者，笞三十。主司不知，勿论。有丧不自言者，罪亦如之。其祭天地社稷则不禁。	《祠令》〔开元七年、二十七年〕诸散斋有大功以上丧，致斋有周以上丧，并听赴。即居缌麻以上丧者，不得预宗庙之祭。其在斋坊病者听还。若死于斋所，同房不得行事。（《令补》，第988页） 《公式令》〔开元二十五年〕凡有惨服既葬公除，及闻哀假满者，许吉服赴宗庙之祭。其同宫未葬，虽公除者，禁之。（《令补》，第1234页））
《职制律》（总第102条）诸合和御药，误不如本方及封题误者，医绞。料理简择不精者，徒一年。未进御者，各减一等。监当官司，各减医一等。（余条未进御及监当官司，并准此。）	《医疾令》〔开元七年〕诸合药供御，在内诸省，省别长官一人，并当上大将军、将军，卫别一人，与殿中监、尚药奉御等监视。药成，医佐以上，先尝，然后封印。写本方，方后具注年月日、监药者，遍署名，俱奏。饵药之日，尚药奉御先尝，次殿中监尝，次皇太子尝，然后进御。太子准此。（《令补》，第1412页） 《医疾令》〔开元七年〕诸医针生、博士月一试。太医令、丞季一试。太常丞年终总试。其考试，如国子监之法。若业术过于见任官者，即听补替。其在学九年无成者，退从本色。（《令补》，第1408页）
《职制律》（总第111条）诸稽缓制书者，一日笞五十，（誊制、敕、符、移之类皆是。）一日加一等，十日徒一年。其官文书稽程者，一日笞十，三日加一等，罪止杖八十。	《公式令》〔开元七年、二十五年〕诸尚书省施行制敕，案成以后颁下。各给钞程。通计符、移、关、牒，满二百纸以下，限二日程。过之以外，每二百纸以上，加一日程。所加多者，总不得过五日。其赦书，计纸虽多，不得过三日。若军务急速，皆当日并了。（《令补》，第1291页） 《公式令》〔开元七年、二十五年〕小事五日程。谓不须检覆者。中事十日程。谓须检覆前案，及有所勘问者。大事二十日程。谓计算大簿帐，及须咨询者。狱案三十日程。谓徒已上辨定须断结者。其通判及勾经三人已下者，给一日程，经四人已上给二日程。中事每经一人给二日。大事各加一日程。内外诸司咸率此。若有事速，及限内可了者，不在此例。其文书受付日，及讯囚徒，并不在程限。（同上）
《职制律》（总第113条）诸受制忘误及写制书误者：事若未失，笞五十；已失，杖七十。转受者，减一等。	《公式令》〔开元七年〕凡制敕施行，京师诸司有符、移、关、牒下诸州者，必由于都省以遣之。若在京差使者，令使人于都省受道次符、牒，然后发遣。若诸方使人欲还，亦令所由司先报尚书省，所有符、牒，并令受送。（《令补》，第1296页） 《公式令》〔开元二十五年〕诸制书及重害文书，若祥瑞、解官、婚田、市估、狱案之类，长留。○非应长留者，留拾年，每叁年壹检简，申监司，差官覆讫除之。（《令补》，第1298页） 《公式令》〔开元七年、二十五年〕御画日者，留中书省为案。别写一通，印署，送门下省。覆奏画可讫，留门下省为案，更写一通，侍中注制可，印缝署，送尚书省施行。（《令补》，第1236页）

续表

律	令
《职制律》（总第 114 条）诸制书有误，不即奏闻，辄改定者，杖八十；官文书误，不请官司而改定者，答四十。知误，不奏请而行者，亦如之。辄饰文者，各加二等。	《公式令》〔开元二十五年〕诸制敕宣行，文字脱误，于事理无改动者，勘检本案，分明可知，即改从正。不须覆奏。其官文书脱误者，咨长官改正。（《令补》，第 1295 页） 《公式令》〔开元七年〕凡文案既成，勾司行朱讫，皆书其上端，记年月日，纳诸库。凡施行公文应印者，监印之官，考其事目，无或差谬，然后印之。必书于历，每月终纳诸库。（《令补》，第 1297 页）
《职制律》（总第 115 条）诸上书若奏事，误犯宗庙讳者，杖八十；口误及余文书误犯者，答五十。即为名字触犯者，徒三年。若嫌名及二名偏犯者，不坐。（嫌名，谓若禹与雨、丘与区。二名，谓言征不言在，言在不言征之类。）	《公式令》〔开元七年、二十五年〕诸写经、史群书，及撰录旧事，其文有犯国讳者，皆为字不成。（《令补》，第 1278 页）
《职制律》（总第 116 条）诸上书若奏事而误，杖六十；口误，减二等。（口误不失事者，勿论。）上尚书省而误，答四十。余文书误，答三十。（误，谓脱剩文字及错失者。）即误有害者，各加三等。（有害，谓当言勿原而言原之，当言千匹而言十匹之类。）若误可行，非上书、奏事者，勿论。（可行，谓案省可知，不容有异议，当言甲申而言甲由之类。）	《公式令》（唐）诸上书及官文书皆为真字。仍不得轻细书写。凡官文书有数者，借用大字。谓一作壹之类。（《令补》，第 1292 页）
《职制律》（总第 118 条）诸公文有本案，事直而代官司署者，杖八十；代判者，徒一年。亡失案而代者，各加一等。	《公式令》〔永徽〕奏抄式，部覆断讫送都省。都省令以下侍郎以上，及刑部尚书以下侍郎以上，俱署申奏。（《令补》，第 1242 页） 《公式令》〔开元七年〕移式……右尚书省，与诸台省相移式。内外诸司，非相管隶者，皆为移。其长官署位准尚书。长官无，则次官通判署。州别驾长史司马县丞署位，亦准尚书省，判官皆准郎中。（《令补》，第 1255 页） 《公式令》〔开元七年〕关式……右尚书省诸司，相关式。其内外诸司，同长官，而别职局者，皆准此，判官署位准郎中。（《令补》，第 1259 页） 《公式令》〔开元七年〕牒式……右尚书都省，牒省内诸司式。其应受判之司，于管内行牒，皆准此，判官署位，皆准左右司郎中。（《令补》，第 1259 页） 《公式令》〔开元七年〕符式……右尚书省下符式。凡应为解向上者，上官向下皆为符。首判之官署位，准郎中。其出符者，皆须案成，并案送都省检勾。若事当计会者，仍别录会目，与符俱送都省。其余公文，及内外诸司应出文书者，皆准此。（《令补》，第 1260 页）

续表

律	令
《职制律》（总第 120 条）诸闻父母若夫之丧，匿不举哀者，流二千里；丧制未终，释服从吉，若忘哀作乐，（自作、遣人等。）徒三年；杂戏，徒一年；即遇乐而听及参预吉席者，各杖一百。闻期亲尊长丧，匿不举哀者，徒一年；丧制未终，释服从吉，杖一百。大功以下尊长，各递减二等。卑幼，各减一等。	《仪制令》（唐）诸居五服之丧，受册及之职，仪卫依常式。唯鼓乐从而不作。若以戎事，不用此制。（《令补》，第 1229 页） 《仪制令》〔开元七年〕诸凶服不入公门。遭丧被起，在朝参处，各依品色，浅色而着本色之浅。周已下惨者，朝参起居，亦依品色，无金玉之饰。在家依其服制。（同上）
《职制律》（总第 121 条）诸府号、官称犯父祖名，而冒荣居之；祖父母、父母老疾无侍，委亲之官；即妄增年状，以求入侍及冒哀求仕者：徒一年。（谓父母丧，禫制未除及在心丧内者。）若祖父母、父母及夫犯死罪，被囚禁，而作乐者，徒一年半。	《疏》："选司唯责三代官名，若犯高祖名者，非。"（《律疏》疏文，余窃谓此当系《选举令》内容。） 《疏》："老"谓八十以上，"疾"谓笃疾，并依《令》合侍。（《律疏》自引） 《假宁令》〔开元七年〕诸丧，斩衰三年，齐衰三年，齐衰杖期，为人后者，为其父母并解官。勋官不解。申其心丧。诸军校尉以下，卫士防人以上，及亲、勋、翊卫备身，假给一百日。父卒母嫁，及出妻之子，为父后者，虽不服，亦申心丧。其继母改嫁，及父为长子，夫为妻，并不解官。假同齐衰。（《令补》，第 1418 页） 《假宁令》〔永徽〕令文，三年齐斩，亦人心丧之例。杖期解官，又有妻服之舛。○令云，母嫁，又云出妻之子。○据令，继母改嫁，及为长子，并不解官。（《令补》，第 1417 页）
《职制律》（总第 123 条）诸驿使稽程者，一日杖八十，二日加一等，罪止徒二年。若军务要速，加三等；有所废阙者，违一日，加役流；以故陷败户口、军人、城戍者，绞。	《公式令》〔开元七年、二十五年〕诸行程，马日七十里，步及驴五十里，车卅里。其水程重船溯流，河日卅里，江四十里，余水四十五里。空船河四十里，江五十里，余水六十里。重船空船顺流，河日一百五十里，江一百里，余水七十里。其三峡砥柱之类，不拘此限。若遇风水浅不得行者，即于随近官司申牒验记，听折半功。（《令补》，第 1303 页） 《公式令》〔开元二十五年〕诸州使人，送解至京，二十条已上，二日付了。四十条已上，三日了。一百条已上，四日最。二百条已上，五日了。（《令补》，第 1285 页） 《公式令》〔开元二十五年〕诸给驿马，给铜龙传符，无传符处，为纸券。量事缓急，注驿数于符契上。（《令补》，第 1280 页）
《职制律》（总第 125 条）诸文书应遣驿而不遣驿，及不应遣驿而遣驿者，杖一百。若依式应须遣使诣阙而不遣者，罪亦如之。	《仪制令》〔开元七年、二十五年〕皇帝践祚，及加元服，皇太后加号，皇后、皇太子立，及赦，元日，刺史若京官五品以上在外者，并奉表疏贺。州遣使，余附表。皆礼部整比，送中书总奏之。（《令补》，第 1217 页） 《公式令》〔开元二十五年〕诸州有急速大事，皆合遣驿。（《令补》，第 1285 页） 《公式令》〔开元二十五年〕诸在京诸司，有事须乘驿，皆合潼驿。（同上）

续表

律	令
《职制律》（总第 127 条）诸增乘驿马者，一匹徒一年，一匹加一等。（应乘驿驴而乘马者减一等。）主司知情与同罪，不知情者勿论。（余条驿司准此。）	《公式令》〔开元二十五年〕职事三品以上若王四匹，四品及国公以上三匹，五品及爵三品以上二匹，散官、前官，各递减职事官一匹。余官爵及无品人各一匹。皆数外别给驿子。此外须将典吏者，临时量给。其铜龙传符，使事未毕之间，便纳所在官司。（《令补》，第 1280 页） 《厩牧令》〔开元二十五年〕准令，驿马、驴一给以后死，即驿长陪填。（《令补》，第 1386 页）
《职制律》（总第 128 条）诸乘驿马辄枉道者，一里杖一百，五里加一等，罪止徒二年。越至他所者，各加一等。谓越过所诣之处。经驿不换马者，杖八十。（无马者，不坐。）	依《厩牧令》："乘官畜产，非理致死者，备偿"。（《律疏》自引）
《职制律》（总第 131 条）诸用符、节，事讫应输纳而稽留者，一日笞五十，二日加一等，十日徒一年。	《公式令》〔开元二十五年〕用符节，并由门下省。其符以铜为之，左符进内，右符在外。应执符人，有事行勘，皆奏出左符，以合右符。所在承用，事讫，使人将左符还。其使若向他处，五日内无使次者，所在差专使，送门下省输纳。其节大使出，即执之，使还亦即送纳。（《令补》，第 1283 页）
《职制律》（总第 132 条）诸公事应行而稽留，及事有期会而违者，一日笞三十，三日加一等，过杖一百，十日加一等，罪止徒一年半。即公事有限，主司符下乖期者，罪亦如之。若误不依题署及题署误，以致稽程者，各减二等。	《公式令》〔开元七年、二十五年〕诸内外百司，所受之事，皆印其发日，为之程限。一日受，二日报。其事速及送囚徒，随至即付。（《令补》，第 1291 页）
《职制律》（总第 134 条）诸在官长吏实无政绩，辄立碑者，徒一年。若遣人妄称己善，申请于上者，杖一百；有赃重者，坐赃论。受遣者，各减一等。（虽有政迹，而自遣者，亦同。）	《丧葬令》〔开元七年〕凡德政碑及生祠，皆取政绩可称。州为申省，省司勘覆定，奏闻乃立。（《令补》，第 1464 页） 《丧葬令》〔开元七年、二十五年〕诸碑碣，其文须实录，不得滥有褒饰。五品以上立碑，螭首龟跌，跌上高不得过九尺。七品以上立碣，圭首方跌，跌上高四尺。若隐沦道素，孝义著闻，虽不仕亦立碣，石人石兽之类，三品以上六，五品以上四。诸赠官，得同正官之制。（同上）
《职制律》（总第 142 条）诸贷所监临财物者，坐赃论；（授讫未上，亦同。余条取受及相犯，准此。）若百日不还，以受所监临财物论。强者，各加二等。（余条强者准此。）若卖买有剩利者，计利，以乞取监临财物论。	《杂令》〔开元二十五年〕诸诸王、公主及官人，不得遣亲事、帐内、邑司、奴客、部曲等，在市肆兴贩，及于邸店沽卖出举。其遣人于外处，卖买给家，非商利者，不在此例。（《令补》，第 1479 页）
《职制律》（总第 143 条）诸监临之官，私役使所监临，及借奴婢、牛马驼骡驴、车船、碾硙、邸店之类，各计庸、赁，以受所监临财物论。即役使非供己者，（非供己，谓流外官及杂任应供官事者。）计庸坐赃论，罪止杖一百。其应供己驱使而收庸值者，罪亦如之。（供己求输庸直者，不坐。）	《军防令》〔开元七年、二十五年〕诸州县官，及在外监，皆有执衣。随身驱使，典执笔砚。其监官，于随近州县取充。二品十八人，三品十五人，四品十二人，五品九人，六品七品各六人，八品九品各二人。关津狱渎官，并不给。分为三番，每周而代。不愿代者听之。执衣并以中男充。（《令补》，第 1170 页） 《军防令》（唐）周岁而代，皆取上等户内丁，并不合收庸。（同上）

续表

律	令
《职制律》（总第 149 条）诸称律、令、式不便于事者，皆须申尚书省议定奏闻。若不申议，辄奏改行者，徒二年。即诣阙上表者，不坐。	《公式令》〔贞观〕诸有令式不便者，奏闻。（《令补》，第 1304 页）
《户婚律》（总第 150 条）诸脱户者，家长徒三年；无课役者，减二等；女户，又减三等。（谓一户俱不附贯。若不由家长，罪其所由。即见在役任者，虽脱户及计口多者，各从漏口法。）脱口及增减年状，（谓疾、老、中、小之类。）以免课役者，一口徒一年，二口加一等，罪止徒三年。其增减非免课役及漏无课役口者，四口为一口，罪止徒一年半；即不满四口，杖六十。（部曲、奴婢亦同。）	《户令》〔开元二十五年〕诸户主，皆以家长为之。户内有课口者为课户，无课口者为不课户。（《令补》，第 1014 页） 《户令》〔开元二十五年〕诸视流内九品以上官，及男年二十以下，老男，废疾，笃疾，妻，妾，女，部曲，客女，奴婢，皆为不课。（同上） 《户令》〔武德〕〔开元七年〕诸男女始生为黄，四岁为小，十六为中，二十一为丁，六十为老。（《令补》，第 1015 页） 《户令》〔开元二十五年〕诸男女三岁以下为黄，十五以下为小，二十以下为中。其男年二十一为丁，六十为老。无夫者为寡妻妾。（同上）
《户婚律》（总第 151 条）诸里正不觉脱漏增减者，一口笞四十，三口加一等；过杖一百，十口加一等，罪止徒三年。（不觉脱户者，听从漏口法。州县脱户亦准此。）若知情者，各同家长法。	《户令》〔开元二十五年〕诸户以百户为里，五里为乡……每里置正一人。若山谷阻险地远人稀之处，听随便量置。掌按比户口，课植农桑，检察非违，催驱赋役。（《令补》，第 1010 页） 《户令》〔武德〕〔开元七年〕诸造计帐，每年三月三十日以前，里正责所部手实。具注家口年纪。若全户不在乡者，即依旧籍转写。并显不在所由。收讫，依式造帐，连署，五月三十日以前，申送尚书省。（《令补》，第 1023 页）
《户婚律》（总第 152 条）诸州县不觉脱漏增减者，县内十口笞三十，三十口加一等；过杖一百，五十口加一等。州随所管县多少，通计为罪。（通计，谓管二县者，二十口笞三十；管三县者，三十口笞三十之类。计加亦准此，若脱漏增减并在一县者，得以诸县通之。若止管一县者，减县罪一等。余条通计准此。）各罪止徒三年。知情者，各同里正法。（不觉脱漏增减，无文簿者，官长为首；有文簿者，主典为首。佐职以下，节级连坐。）	《户令》〔武德〕三年一造户籍。（《令补》，第 1024 页） 《户令》〔开元七年〕诸户籍三年一造。起正月上旬，县司责手实计帐，赴州依式勘造。乡别为卷。总写三通。其缝皆注某州某县某乡某年籍。州名用州印，县名用县印。三月三十日纳讫。并装潢一通，送尚书省，州县各留一通。所须纸笔装潢，并皆出当户内，口别一钱。（《令补》，第 1025 页） 《户令》（唐）诸浮逃绝贯，及部曲客女奴婢被放为良者，附宽乡。若诉良得免，于所在附贯。若欲还本属者听。（《令补》，第 1023 页） 《户令》〔开元七年、二十五年〕诸先有两贯者，从边州为定。次从关内为定。又复从军府州为定。即俱是边州关内，俱军府州，从先贯为定。其于法不合分析，而因失乡分贯，应合户者，亦如之。（《令补》，第 1021 页）
《户婚律》（总第 154 条）诸私入道及度之者，杖一百；（若由家长，家长当罪。）已除贯者，徒一年。本贯主司及观寺三纲知情者，与同罪。若犯法合出观寺，经判断不还俗者，从私度法。即监临之官，私辄度人者，一人杖一百，二人加一等。	《制》〔会昌六年〕："僧尼依前令，两街功德使收管，不要更隶主客。所度僧、尼，令祠部给牒。"（《唐会要·僧尼所隶》卷四十九，上海古籍出版社 1991 年版，第 1007 页） ○两京度僧、尼，御史一人莅之。每三岁，州县为籍，一以留州县，一以上祠部。"（《唐会要·僧籍》，卷四十九，第 1011 页） 《祠部格》私家部曲、奴婢等，不得入道。如别敕许出家后，犯还俗者，追归旧主。各依本色。（《令补》，第 1008 页）

续表

律	令
《户婚律》（总第 155 条）诸祖父母、父母在，而子孙别籍、异财者，徒三年。（别籍、异财不相须，下条准此。）若祖父母、父母令别籍及以子孙妄继人后者，徒二年；子孙不坐。	《户令》〔开元二十五年〕诸以子孙继绝应析户者，非年十八已上，不得析。其年十七已下，命继者，但于本生籍内，注云年十八然听。即所继处，有母在者，虽小亦听析出。（《令补》，第 1020 页）
《户婚律》（总第 157 条）诸养子，所养父母无子而舍去者，徒二年。若自生子及本生无子，欲还者，听之。即养异姓男者，徒一年；与者，笞五十。其遗弃小儿年三岁以下，虽异姓，听收养，即从其姓。	《户令》〔开元二十五年〕诸无子者，听养同宗于昭穆相当者。……申官附籍。（《令补》，第 1020 页） 《户令》〔开元二十五年〕诸鳏寡、孤独、贫穷、老疾，不能自存者，令近亲收养。若无近亲，付乡里安恤。如在路有疾患，不能自胜致者，当界官司，收付村坊安养。仍加医疗，并勘问所由。具注贯属。患损之日，移送前所。（《令补》，第 1034 页）
《户婚律》（总第 158 条）诸立嫡违法者，徒一年。即嫡妻年五十以上无子者，得立嫡以长，不以长者亦如之。	《封爵令》（唐）案封爵令，公、侯、伯、子、男，身存之日，不为立嫡，亡之后，嫡袭爵，庶子听任宿卫也。袭爵嫡子，无子孙，而身亡者除国，更不及兄弟。（《令补》，第 1081 页） 《封爵令》〔开元七年、二十五年〕诸王、公、侯、伯、男，皆子孙承嫡者传袭。若无嫡子及有罪疾，立嫡孙。无嫡孙以次立嫡子同母弟。无母弟立庶子。无庶子立嫡孙同母弟。无母弟立庶孙。曾、玄以下准此。无后者国除。（《令补》，第 1082 页） 《封爵令》〔开元二十五年〕诸王公以下，无子孙以兄弟为后。生经侍养者，听承袭。赠爵者亦准此。若死王事，虽不生经侍养者，亦听承袭。（《令补》，第 1084 页）
《户婚律》（总第 159 条）诸养杂户男为子孙者，徒一年半；养女，杖一百。官户，各加一等。与者，亦如之。若养部曲及奴为子孙者，杖一百。各还正之。（无主及主自养者，听从良。）	《户令》〔永徽〕诸部曲所生子孙，相承为部曲。（《令补》，第 1039 页） 《户令》〔开元二十五年〕诸奴婢，诈称良人，而与良人及部曲客女为夫妻者，所生男女不知情者，并从良及部曲客女。知情者从贱。即部曲客女，诈称良人，而与良人为夫妻者，所生男女，亦从良。知情者，从部曲客女，皆离之。其良人及部曲客女，被诈为夫妻，所生男女，经一载以上不理者，后虽称不知情，各同知情法。如奴婢等逃亡，在别部诈称良人者，从上法。（《令补》，第 1039 页）
《户婚律》（总第 160 条）诸放部曲为良，已给放书，而压为贱者，徒二年；若压为部曲，及放奴婢为良而压为贱者，各减一等；即压为部曲，及放为部曲而压为贱者，又各减一等。各还正之。	《户令》〔开元二十五年〕诸放奴婢，为良及部曲客女者，并听之。皆由家长给手书，长子以下连署，仍经本属申牒除附。（《令补》，第 1038 页） 据《户令》："自赎免贱，本主不留为部曲者，任其所乐"。（《律疏》自引） 《户令》〔开元二十五年〕诸化外奴婢归朝者，悉放为良。本主虽先归朝，亦不得理认。（《令补》，第 1040 页）

续表

律	令
《户婚律》（总第 161 条）诸相冒合户者，徒二年；无课役者，减二等。（谓以疏为亲及有所规避者。）主司知情，与同罪。即于法应别立户而不听别，应合户而不听合者，主司杖一百。	依《赋役令》"文武职事官三品以上若郡王期亲及同居大功亲，五品以上及国公同居期亲，并免课役"。（《律疏》自引） "应别"，谓父母终亡，服纪已阙，兄弟欲别者。"应合户"，谓流离失乡，父子异贯，依《令》合户。（《律疏》自引） 《户令》〔开元二十五年〕诸没落外蕃得还，及化外人归朝者，所在州镇，给衣食，具状送省奏闻。化外人，于宽乡附贯安置，落蕃人，依旧贯。无旧贯，任于近亲附贯。（《令补》，第 1022 页）
《户婚律》（总第 162 条）诸同居卑幼，私辄用财者，十匹笞十，十匹加一等，罪止杖一百。即同居应分，不均平者，计所侵，坐赃论减三等。	《户令》〔开元七年、二十五年〕诸应分田宅及财物者，兄弟均分。其父祖亡后，各自异居，又不同爨，经三载以上，逃亡，经六载以上，若无父祖旧田宅、邸店、碾硙、部曲、奴婢，见在可分者，不得辄更论分。妻家所得之财，不在分限。妻虽亡没，所有资财，及奴婢，妻家并不得追理。兄弟亡者，子承父分。继绝亦同。兄弟俱亡，则诸子均分。其父祖永业田及赐田亦均分。口分田即准丁中老小法。若田少者，亦依此法为分。其未娶妻者，别与娉财。姑姊妹在室者，减男娉财之半。寡妻无男者，承夫分。若夫兄弟皆亡，同一子之分。有男者，不别得分。谓在夫家守志者。若改适，其见在部曲、奴婢、田宅，不得费用，皆应分人均分。（《令补》，第 1028 页）
《户婚律》（总第 163 条）诸卖口分田者，一亩笞十，二十亩加一等，罪止杖一百；地还本主，财没不追。即应合卖者，不用此律。	《田令》〔开元二十五年〕诸庶人有身死家贫无以供葬者，听卖永业田。即流移者亦如之。乐迁就宽乡者，并听卖口分。卖充住宅、邸店、碾硙者，虽非乐迁，亦听私卖。（《令补》，第 1328 页） 《田令》〔开元二十五年〕诸买地者，不得过本制。虽居狭乡，亦听依宽制。其卖者不得更请。（《令补》，第 1329 页） 《田令》〔开元二十五年〕诸卖买田，皆须经所部官司申牒。年终彼此除附。若无文牒辄卖买，财没不追，地还本主。（《令补》，第 1329 页） 《田令》〔开元二十五年〕诸官人、百姓，不得将奴婢、田宅，舍施典卖与寺观。违者价钱没官，田宅、奴婢还主。（《令补》，第 1334 页）

续表

律	令
《户婚律》(总第164条) 诸占田过限者，一亩笞十，十亩加一等；过杖六十，二十亩加一等，罪止徒一年。若于宽闲之处者，不坐。	《田令》[武德] 诸丁男、中男给田一顷。笃疾、废疾给四十亩，寡妻、妾三十亩。若为户者加二十亩。所授之田，十分之二为世业，八为口分。世业之田，身死则承户者便授之。口分则收入官，更以给人。狭乡授田，减宽乡之半。其地有薄厚，岁一易者，倍授之。宽乡三易者，不倍授。(《令补》，第1306页) 《田令》[开元二十五年] 诸丁男给永业田二十亩，口分田八十亩。其中男年十八以上亦依丁男给。老男、笃疾、废疾，各给口分田四十亩，寡妻、妾各给口分田三十亩。先有永业者，通充口分之数。黄、小、中、丁男、女，及老男、笃疾、废疾、寡妻、妾，当户者，各给永业田二十亩，口分田三十亩。应给宽乡，并依所定数。若狭乡新受者，减宽乡口分之半。其给口分田者，易田则倍给。宽乡三易以上者，仍依乡法易给。(《令补》，第1306页) 《田令》[开元七年、二十五年] 诸永业田，亲王百顷，职事官正一品六十顷，郡王及职事官从一品各五十顷，国公若职事官正二品各四十顷，郡公若职事官从二品各三十五顷，县公若职事官正三品各二十五顷，职事官从三品二十顷，侯若职事官正四品各十四顷，伯若职事官从四品各十一顷，子若职事官正五品各八顷，男若职事官从五品各五顷，上柱国三十顷，柱国二十五顷，上护军二十顷，护军十五顷，上轻车都尉十顷，轻车都尉七顷，上骑都尉六顷，骑都尉四顷，骁骑尉、飞骑尉各八十亩，云骑尉、武骑尉各六十亩。其散官五品以上，同职事给。兼有官爵及勋俱应给者，唯从多不并给。若当家口分之外，先有地，非狭乡者，并即回受。有剩追收，不足者更给。(《令补》，第1308页) 《田令》[开元二十五年] 诸京官文武职事职分田，一品十二顷，二品十顷，三品九顷，四品七顷，五品六顷，六品四顷，七品三顷五十亩，八品二顷五十亩，九品二顷。并去京城百里内给。其京兆、河南府及京县官人职分田，亦准此。即百里内地少，欲于百里外给者，亦听之。(《令补》，第1323页) 《田令》[开元七年、二十五年] 诸应给园宅地者，良口三口以下给一亩，每三口加一亩。贱口五口给一亩，每五口加一亩。并不入永业、口分之限。其京城及州县郭下园宅，不在此例。(《令补》，第1322页) 《田令》[开元七年、二十五年] 诸永业田，皆传子孙，不在收授之限。即子孙犯除名者，所承之地亦不追。(《令补》，第1308页) 《田令》[开元七年、二十五年] 诸袭爵者，唯得承父祖永业，不合别请。若父祖未请及未足，而身亡者，减始受封者之半给。(《令补》，第1311页)

续表

律	令
《户婚律》(总第 165 条) 诸盗耕种公私田者, 一亩以下笞三十, 五亩加一等; 过杖一百, 十亩加一等, 罪止徒一年半。荒田, 减一等。强者, 各加一等。苗子归官、主。(下条苗子准此。)	《田令》〔开元二十五年〕诸竞田, 判得已耕种者, 后虽改判, 苗入种人。耕而未种者, 酬其功力。未经断决, 强耕种者, 苗从地判。(《令补》, 第 1341 页) 《田令》〔开元三年〕令其借而不耕, 经二年者, 任有力者借之。(《令补》, 第 1336 页)
《户婚律》(总第 167 条) 诸在官侵夺私田者, 一亩以下杖六十, 三亩加一等; 过杖一百, 五亩加一等, 罪止徒二年半。园圃, 加一等。	《杂令》〔开元七年〕诸官人, 不得于部内请射田地, 及造碾硙, 与人争利。(《令补》, 第 1482 页)
《户婚律》(总第 169 条) 诸部内有旱涝霜雹虫蝗为害之处, 主司应言而不言及妄言者, 杖七十。覆检不以实者, 以同罪。若致枉有所征免, 赃重者, 坐赃论。	《赋役令》〔武德〕〔开元七年、二十五年〕诸田, 有水旱虫霜为灾处, 据见营田州县检实, 具帐申省。十分损四分已上免租。损六已上免租、调。损七已上课、役俱免。若桑、麻损尽者各免调。若已役已输者, 听折来年。经二年后, 不在折限。其应免者, 通计麦田为分数。(《令补》, 第 1355 页)
《户婚律》(总第 170 条) 诸部内田畴荒芜者, 以十分论, 一分笞三十, 一分加一等, 罪止徒一年。(州县各以长官为首, 佐职为从。) 户主犯者, 亦计所荒芜五分论, 一分笞三十, 一分加一等。	《户令》(唐) 其县界内, 田畴辟, 生业修, 礼教设, 禁令行者, 为县令之能。人穷匮, 农事荒, 奸盗起, 刑狱烦, 下陵上替, 礼仪不兴, 为县令之不。(《令补》, 第 1035 页)
《户婚律》(总第 171 条) 诸里正, 依令:"授人田, 课农桑。"若应受而不授, 应还而不收, 应课而不课, 如此事类违法者, 失一事, 笞四十; (一事, 谓失一事于一人。若于一人失数事及一事失之于数人, 皆累为坐。) 三事, 加一等。县失十事, 笞三十; 二十事, 加一等。州随所管县多少, 通计为罪。(州、县各以长官为首, 佐职为从。)	《户令》〔开元七年〕百户为里, 五里为乡。……里……有正, 以司督察。里正兼课植农桑, 催驱赋役。(《令补》, 第 1010 页) 《田令》〔开元七年、二十五年〕诸授田, 先课役, 后不课役。先无后少。先贫后富。其退田户内, 有合进受者, 虽不课役, 先听自取, 有余收授。(《令补》, 第 1333 页) 《田令》〔开元七年、二十五年〕诸应收授之田, 每年起十月一日, 里正预校勘造簿。历十一月, 县令总集应退应受之人, 对共给授。十二月内毕。(《令补》, 第 1332 页) 《田令》〔开元二十五年〕诸户内永业田, 每亩课种桑五十根以上, 榆枣各十根以上, 三年种毕。乡土不宜者, 任以所宜树充。(《令补》, 第 1310 页) 《田令》〔开元二十五年〕诸以工商为业者, 永业、口分田, 各减半给之。在狭乡者并不给。(《令补》, 第 1330 页) 《田令》〔开元二十五年〕杂户者, 依令, 老免、进丁受田, 依百姓例。〔开元 7 年〕官户受田, 减百姓口分之半。(《令补》, 第 1335 页) 《田令》〔开元七年、二十五年〕诸道士受老子经以上, 道士给田三十亩, 女官二十亩。僧尼受具戒准此。(同上)

续表

律	令
《户婚律》(总第172条) 诸应受复除而不给，不应受而给者，徒二年。其小徭役者，笞五十。	《赋役令》〔开元二十五年〕诸人居狭乡，乐迁就宽乡者，去本居千里外，复三年；五百里外，复二年；三百里外，复一年。一迁之后，不复更移。(《令补》，第1356页) 《赋役令》〔开元二十五年〕诸没落外蕃得还者，一年以上复三年，二年以上复四年，三年以上复五年。外蕃人投化者复十年。(《令补》，第1385页) 《赋役令》〔开元三年〕夷狄新招慰，附户贯者，复三年。(同上) 《赋役令》〔开元二十五年〕诸部曲、奴，被放附户贯，复三年。(同上) 《赋役令》〔开元七年、二十五年〕诸皇宗，籍属宗正者，及文武职事官三品以上，若郡王周亲，及同居大功亲五品以上，及国公同居周亲，职事勋官三品以上有封者，若县男父子，并免课、役。(《令补》，第1360页) 《赋役令》〔开元七年、二十五年〕诸诸色杂有职掌人，及卫士并免课、役。其侍丁及残疾，并免役。(《令补》，第1360页) 《赋役令》〔开元七年〕诸岭南诸州，税米上户一石二斗，次户八斗，下户六斗。若夷獠之户，皆从半输。轻税诸州，高丽、百济应差征镇者，并令免课役。(《令补》，第1354页) 《赋役令》〔开元二十五年〕诸边远州，有夷獠杂类之所，应输课役者，随事斟量，不必同之华夏。(同上) 《赋役令》〔开元二十五年〕诸除名未叙人，免役输庸，并不在杂徭及点防之限。(《令补》，第1362页) 《赋役令》〔开元七年、二十五年〕诸孝子、顺孙、义夫、节妇，志行闻于乡闾者，州县申尚书省奏闻。表其门闾，同籍悉免课、役，有精诚致应者，别加优赏。(《令补》，第1385页) 《赋役令》(唐) 诸遭父母丧，并免期年徭役。(《令补》，第1362页) 《军防令》(唐) 准贡人得第未叙，而免徭役耳。(《令补》，第1178页)
《职制律》(总第173条) 诸差科赋役违法及不均平，杖六十。若非法而擅赋敛，及以法赋敛而擅加益，赃重入官者，计所擅坐赃论；入私者，以枉法论，至死者加役流。	《赋役令》〔开元二十五年〕诸差科，先富强，后贫弱。先多丁，后少丁。其分番上役者，家有兼丁，要月；家贫单身，闲月 (《令补》，第1363页) 《赋役令》(唐) 诸税敛之数，书于县门、村坊，与众知之。(《令补》，第1369页) 《赋役令》(唐) 本司量校，录送度支。○收手实之际，作九等定簿。○ (唐) 其非年常支料，别有营作，卒须丁多者，并申度支处分。(《令补》，第1363页) 《赋役令》〔开元二十五年〕诸课役，每年计帐至尚书省，度支配来年事，限十月三十日以前奏讫。若须折受馀物，亦先支料同时处分。若是军国所须，库藏见无者，录状奏闻，不得便即科下。(《令补》，第1351页) 《赋役令》〔武德〕〔开元七年、二十五年〕诸丁岁役二十日，有闰之年，加二日。若不役者，收庸。每日绢、绢各三尺，布三尺七寸五分。须留役者，满十五日免调。三十日租调俱免。役日少者，见役日折免。通正役并不得过五十日。(《令补》，第1348页)

续表

律	令
《户婚律》（总第 178 条）诸以妻为妾，以婢为妻者，徒二年。以妾及客女为妻，以婢为妾者，徒一年半。各还正之。若婢有子及经放为良者，听为妾。	《户令》〔开元二十五年〕以妾为媵，令既有制。（《令补》，第 1031 页）
《户婚律》（总第 179 条）诸居母及夫丧而嫁娶者，徒三年；妾减三等。各离之。知而共为婚姻者，各减五等；不知者，不坐。若居期丧而嫁娶者杖一百；卑幼减二等；妾不坐。	《仪制令》〔开元二十五年〕祖父母、父母有命令成礼，不得宴会。（《令补》，第 1226 页）
《户婚律》（总第 182 条）诸同姓为婚者，各徒二年。缌麻以上，以奸论。若外姻有服属而尊卑共为婚姻，及娶同母异父姊妹，若妻前夫之女者，（谓妻所生者。余条称前妻夫之女者，准此。）亦各以奸论。其父母之姑舅两姨姊妹及姨若堂姨，母之姑、堂姑，己之堂姨及再从姨，堂外甥女，女婿姊妹，并不得为婚姻，违者各杖一百并离之。	《户令》云："娶妾仍立婚契。"即验妻、妾，俱名"为婚"。（《律疏》自引）
《户婚律》（总第 186 条）诸监临之官，娶所监临女为妾者，杖一百；若为亲属娶者，亦如之。其在官非监临者，减一等。女家不坐。即枉法娶人妻妾及女者，以奸论加二等；（为亲属娶者，亦同。）行求者，各减二等。各离之。	《户令》〔开元二十五年〕诸州县官人，在任之日，不得共部下百姓交婚。违者虽会赦，仍离之。其州上佐以上，及县令于所统属官亦同。其定婚在前任官居后，及三辅内官门阀相当情愿者，并不在禁限。（《令补》，第 1031 页）
《户婚律》（总第 189 条）诸妻无七出及义绝之状，而出之者，徒一年半；虽犯七出，有三不去而出之者，杖一百。追还合。若犯恶疾及奸者，不用此律。	《户令》〔开元二十五年〕诸弃妻须有七出之状。一无子，二淫泆，三不事舅姑，四口舌，五盗窃，六妒忌，七恶疾。皆夫手书弃之。男及父母伯姨舅，并女父母及伯姨舅，东邻西邻，及见人皆署。若不解书，画指为记。虽有弃状，有三不去：一经持舅姑之丧，二娶时贱后贵，三有所受无所归。即犯义绝、淫泆、恶疾，不拘此令。（《令补》第 1032 页） 《户令》〔开元二十五年〕诸嫁女弃妻，皆由所由。若不由所由，皆不成婚，亦不成弃。若所由后知，满三月不理者，不在告论之限。（《令补》，第 1033 页）
《户婚律》（总第 190 条）诸犯义绝者离之，违者，徒一年。若夫妻不相安谐而和离者，不坐。即妻妾擅去者，徒二年；因而改嫁者，加二等。	《户令》〔开元二十五年〕诸殴妻之祖父母、父母，及杀妻外祖父母、伯叔父母、兄弟、姑、姊妹，若夫妻祖父母、父母、外祖父母、伯叔父母、兄弟、姑、姊妹自相杀，及妻殴詈夫之祖父母、父母，杀伤夫外祖父母、伯叔父母、兄弟、姑、姊妹，及与夫之缌麻以上亲，若妻母奸，及欲害夫者，虽会赦皆为义绝。妻虽未入门，亦从此令。（《令补》，第 1034 页）
《户婚律》（总第 191 条）诸与奴娶良人女为妻者，徒一年半；女家，减一等。离之。其奴自娶者，亦如之。主知情者，杖一百；因而上籍为婢者，流三千里。即妄以奴婢为良人，而与良人为夫妻者，徒二年。（奴婢自妄者，亦同。）各还正之。	《唐六典·刑部》："男、女既成，各从其类而配偶之。并不得养良人之子及以子继人。每岁孟春，本司以类相从而疏其籍以申。每岁仲冬之月，条其生息，阅其老幼而正簿焉"。（中华书局 1992 年版，第 194 页）

续表

律	令
《户婚律》(总第 192 条) 诸杂户不得与良人为婚，违者，杖一百。官户娶良人女者，亦如之。良人娶官户女者，加二等。即奴婢私嫁女与良人为妻妾者，准盗论；知情娶者，与同罪。各还正之。	《户令》〔开元二十五年〕诸工乐杂户官户，皆当色为婚。(《令补》，第 1037 页) 《户令》〔开元二十五年〕太常音声人，依令，婚同百姓。(同上)
《户婚律》(总第 194 条) 诸违律为婚，当条称"离之""正之"者，虽会赦，犹离之、正之。定而未成，亦是。娉财不追；女家妄冒者，追还。	《户令》〔开元二十五年〕诸先奸后娶为妻者，离之。(《令补》，第 1031 页)
《户婚律》(总第 195 条) 诸嫁娶违律，祖父母、父母主婚者，独坐主婚。(本条称以奸论者，各从本法，至死者减一等。) 若期亲尊长主婚者，主婚为首，男女为从。余亲主婚者，事由主婚，主婚为首，男女为从；事由男女，男女为首，主婚为从。其男女被逼，若男年十八以下及在室之女，亦主婚独坐。未成者，各减已成五等。媒人，各减首罪二等。	《户令》〔开元二十五年〕诸嫁女，皆由祖父母父母主婚。祖父母父母俱无者，从余亲主婚。若夫亡携女适人者，其女从母主婚。(《令补》，第 1030 页) 《户令》〔永徽〕依令，婚先由伯叔，伯叔若无，始及兄弟。(同上)
《厩库律》(总第 196 条) 诸牧畜产，准所除外，死、失及课不充者一，牧长及牧子笞三十，三加一等；过杖一百，十加一等，罪止徒三年。羊减三等。(余条羊准此。) 新任不满一年，而有死、失者，总计一年之内月别应除多少，准折为罪；若课不充，游牝之时当其检校者，准数为罪；不当者不坐。(游牝之后，而致损落者，坐后人。) 系饲死者，各加一等；失者，又加二等。牧尉及监各随所管牧多少，通计为罪，仍以长官为首，佐职为从。(余官有管牧者，亦准此。)	《厩牧令》〔开元三年、七年、二十五年〕诸牧杂畜死耗者，每年率一百头论。驼除七头，骡除六头，马、牛、驴、羚羊除十，白羊除十五。从外蕃新来者，马、牛、驴、羚羊，皆听除二十，第二年除十五。驼除十四，第二年除十。骡除十二，第二年除九。白羊除二十五，第二年除二十。第三年皆与旧同。若岁疫，以私畜准同者，以疫除。准牧侧近私畜疫死数，同则听以疫除。马不在疫除之例。即马、牛二十一岁以上，不入耗除限。若缘非时霜雪，死多者录奏。(《令补》，第 1382 页) 《厩牧令》〔开元三年、七年、二十五年〕诸牧马，每年三月游牝。牡马、牡牛，每三岁别群。准例置尉、长，给牧人。牝马一百匹，牝牛、驴各一百头，每年课驹、犊各六十。马二十岁以上不在课驹限。三岁游牝，而生驹者，仍别簿申。骡驹减半。马从外蕃新来者，课驹四十，第二年五十，第三年同旧课牝驼一百头，三年内课驹七十。白羊一百口，每年课羔七十口。羚羊一百口，课羔八十口。(《令补》，第 1381 页) 《厩牧令》〔开元七年〕诸官畜在牧而亡失者，给访限百日。不获，准失处当时估价征纳。牧子及长，各知其半。若户奴无财者，准铜依加杖例。如有阙及身死，唯征见在人分。其在厩失者，主帅准牧长，饲丁准牧子。其非理死损，准本畜征纳。(《令补》，第 1382 页) 依《令》："牧马、牛皆百二十为群，驼、骡、驴各以七十头为群；羊六百二十口为群。群别置牧长一人。率十五长，置尉一人。"(《律疏》自引)

律	令
《厩库律》（总第 197 条）诸验畜产不以实者，一笞四十，三加一等，罪止杖一百。若以故价有增减，赃重者，计所增减坐赃论；入己者，以盗论。	《厩牧令》〔开元二十五年〕诸府内官马，及传送马、驴，每年皆刺史、折冲、果毅等。检拣其有老病不堪乘用者。府内官马，更对州官拣定。京兆府管内，送尚书省拣。随便货卖。（《令补》，第 1388 页）
《厩库律》（总第 198 条）诸受官赢病畜产，养疗不如法，笞三十；以故致死者，一笞四十，三加一等，罪止杖一百。	《牧令》〔开元二十五年〕诸官畜在道有赢病，不堪前进者，付随近州县，养饲疗救。粟、草及药，官给。差日，遣专使，送还所司。其死者，充当处公用。（《令补》，第 1391 页）
《厩库律》（总第 200 条）诸供大祀牺牲，养饲不如法，致有瘦损者，一杖六十，一加一等，罪止杖一百；以故致死者，加一等。	《祠令》〔开元七年〕凡大祀养牲在涤九旬，中祀三旬，小祀一旬。其牲方色难备者，任以纯色代之。大小依礼。告祈之牲不养。（《令补》，第 993 页） 《祠令》〔开元七年、二十五年〕凡祭祀牺牲，不得捶扑损伤。死则埋之。有疮病者与替。（同上）
《厩库律》（总第 201 条）诸乘驾官畜产，而脊破领穿，疮三寸，笞二十；五寸以上，笞五十。（谓围绕为寸者。）若放饲瘦者，计十分为坐，一分笞二十，一分加一等；即不满十者，一笞三十，一加一等。各罪止杖一百。	《厩牧令》（唐）官马，因公事死失者，官为立替。在家死失，卅日内备替（《令补》，第 1387 页） 《厩牧令》〔开元二十五年〕依厩牧令，乘官畜产，非理致死者备偿。〇非理死者，准《厩牧令》，合偿减价。（《令补》，第 1390 页）
《厩库律》（总第 202 条）诸官马乘用不调习者，一匹笞二十，五匹加一等，罪止杖一百。	《厩牧令》〔开元二十五年〕诸殿中省尚乘，每配习驭调马，东宫配翼驭调马。其检行牧马之官，听乘官马，即令调习。（《令补》，第 1387 页）
《厩库律》（总第 207 条）诸畜产及噬犬有抵蹋啮人，而标帜羁绊不如法，若狂犬不杀者，笞四十；以故杀伤人者，以过失论。若故放令杀伤人者，减斗杀伤一等。即被雇疗畜产，被伤者，同过失法。及无故触之，而被杀伤者，畜主不坐。	《杂令》〔开元二十五年〕诸畜产抵人者，截两角。蹋人者绊足。啮人者，截两耳。（《令补》，第 1479 页）
《厩库律》（总第 214 条）诸仓库及积聚财物，安置不如法，若暴晾不以时，致有损败者，计所损败坐赃论。州、县以长官为首，监、署等亦准此。	《仓库令》〔开元七年〕诸粟支九年。米及杂种三年。贮经三年，斛听耗一升。五年已上二升。（《令补》，第 1375 页）
《厩库律》（总第 217 条）诸应输课税及入官之物，而回避诈匿不输，或巧伪湿恶者，计所阙，准盗论。主司知情，与同罪；不知情，减四等。	《赋役令》〔武德〕诸课户，每丁岁入租粟二石。调则随乡土所产。绫、绢、绝各二丈，布加五分之一。输绫、绢、绝者，兼调绵三两，输布者，麻三斤。（《令补》，第 1344 页） 《赋役令》〔开元七年、二十五年〕诸春季附者，课、役并征。夏季附者，免课从役。秋季附者，课、役俱免。其诈冒隐避以免课、役，不限附之早晚，皆征当发年课、役。逃亡者附，亦同之。（《令补》，第 1356 页）

续表

律	令
《厩库律》(总第 218 条) 诸监临主守之官，皆不得于所部僦运租税、课物，违者，计所利坐赃论。其在官非监临，减一等。主司知情，各减一等。	《赋役令》〔开元二十五年〕诸庸调物，每年八月上旬起输，三十日内毕。九月上旬各发本州。庸调车舟未发间，有身死者，其物却还。其运脚出庸调之家，任和顾送达。所须裹束调度，折庸调充随物输纳。皆州司领送，不得僦勾，随便余输。(《令补》，第1352 页) 《户令》(唐) 诸籍应送省者，附当州庸调车送。若庸调不入京，雇脚运送。(《令补》，第 1026 页)
《厩库律》(总第 219 条) 诸有所输及出给，而受给之官无故留难，不受不给者，一日笞五十，三日加一等，罪止徒一年。门司留难者，亦准此。若请、输后至，主司不依次第，先给先受者，笞四十。	《仓库令》(唐) 同时输者，先远民。(《令补》，第1373 页)
《厩库律》(总第 222 条) 诸出纳官物，给受有违者，计所欠剩，坐赃论。(违，谓重受轻出，及当出陈而出新，应受上物而受下物之类。)其物未应出给而出给者，罪亦如之。官物还充官用而违者，笞四十。其主司知有欠剩不言者，坐赃论减二等。	《仓库令》〔开元七年〕诸受租，皆于输场，对仓官租纲。吏人执筹，数函。(《令补》，第 1373 页)
《擅兴律》(总第 224 条) 诸擅发兵，十人以上徒一年，百人徒一年半，百人加一等，千人绞;(谓无警急，又不先言上而辄发兵者。虽即言上，而不待报，犹为擅发。文书施行即坐。)给予者，随所给人数，减擅发一等。(亦谓不先言上、不待报者。告令发遣，即坐。)其寇贼卒来，欲有攻袭，即城屯反叛，若贼有内应，急须兵者，得便调发。	《军防令》〔开元二十五年〕诸差兵十人以上，并须铜鱼敕书勘同，始合差发。若急须兵处，准程不得奏闻者，听便差发。即须言上。(《令补》，第 1150 页) 《公式令》〔开元七年、二十五年〕车驾巡幸，皇太子监国，有兵马，受处分者，为木契。畿内左右各三，畿外左右各五。若王公以下，在京留守，及诸州有兵马，受处分，并行军所，及领兵五百人以上，马五百匹以上征讨，亦各给木契。左右各□。其在内在外及行用诸式，并准鱼符。(《令补》，第 1284 页)
《擅兴律》(总第 226 条) 诸应给发兵符而不给，应下发兵符而不下，若下符违式，(谓违令、式，不得承用者。)及不以符合从事，或符不合不速以闻，各徒二年，其违限不即还符者，徒一年。余符，各减二等。凡言余符者，契亦同。即契应发兵者，同发兵符法。	《公式令》〔开元七年、二十五年〕诸下鱼符，畿内三左一右，畿外五左一右。左者在内，右者付外。行用之日，从第一为首，从事须用，以次发之。周而复始。○应有差科征发，皆并敕符与铜鱼同封而下，勘符合然后承用。○刺史停代，皆降鱼符，合之然后命。(《令补》，第 1281 页) 《公式令》〔开元二十五年〕诸应给鱼符及传符，皆长官执。长官无，次官执。(《令补》，第 1283 页) 《公式令》〔开元二十五年〕封符付使人。若使人更往别处，未即还者，附余使传送。若州内有使次，诸府总附。五日内无使次，差专使送之。(同上)
《擅兴律》(总第 227 条) 诸拣点卫士，征人亦同。取舍不平者，一人杖七十，三人加一等，罪止徒三年。(不平，谓舍富取贫，舍强取弱，舍多丁而取少丁之类。)若军名先定而差遣不平，减二等;即应差主帅而差卫士者，加一等。其有欠剩者，各加一等。	《军防令》〔开元七年〕诸三年一简点，成丁而入，六十而免(《令补》，第 1161 页) 《军防令》〔开元七年〕诸若父兄子弟，不并遣之。若祖父母、父母老疾，家无兼丁，免征行及番上。(《令补》，第 1150 页)

续表

律	令
《擅兴律》（总第 230 条）诸乏军兴者斩，故、失等。（谓临军征讨，有所调发，而稽废者。）不忧军事者，杖一百。谓临军征讨，阙乏细小之物。	《军防令》〔开元二十五年〕诸火，具乌布幕、铁马盂、布槽、锸、镰、凿、碓、筐、斧、钳、锯皆一。甲床二，镰二。队具火钻一，胸马绳一，首羁、足绊皆三。人具弓一、矢三十，胡禄、横刀、砺石、大觽、毡帽、毡装、行縢皆一。（《令补》，第 1146 页）
《擅兴律》（总第 233 条）诸主将守城，为贼所攻，不固守而弃去；及守备不设，为贼所掩覆者：斩。若连接寇贼，被遣斥候，不觉贼来者，徒三年；以故致有覆败者，亦斩。	《军防令》（唐）严兵守备，不出迎。发制书，勘合符，以法从事。（《令补》，第 1157 页）
《擅兴律》（总第 234 条）诸主将以下，临阵先退；若寇贼对阵，舍仗投军，及弃贼来降，而辄杀者：斩。即违犯军令，军还以后，在律有条者，依律断；无条者，勿论。	《军防令》〔开元七年〕诸大将出征，临军对寇，士卒不用命，并得专行其罚。（《令补》，第 1156 页） 《军防令》（唐）军不从令，大将专决还日，具上其罪。（同上）
《擅兴律》（总第 239 条）诸镇、戍应遣番代，而违限不遣者，一日杖一百，三日加一等，罪止徒二年；即代到而不放者，减一等。若镇、戍官司役使防人不以理，致令逃走者，一人杖六十，五人加一等，罪止徒一年半。	《军防令》〔开元二十五年〕防人番代，皆十月一日交代。（《令补》，第 1173 页） 《军防令》〔开元七年〕诸卫士，各立名簿，具三年已来征防，若差遣，仍定优劣为三等。每年正月十日，送本府印讫，仍录一通送本卫。若有差行上番，折冲府据簿而发之。○其戍边者，三年而代。（《令补》，第 1150 页） 《军防令》〔开元七年〕诸卫士，上番者，五百里内五番，五百里外七番，一千里外八番，各一月上。二千里外九番，倍其月上。若征行之镇守者，免番而遣之。（《令补》，第 1147 页） 《军防令》〔开元七年〕诸征行及使，经两番已上者，免两番。两番已上者，并二番。其不免番，还日即当番者，免上番。（《令补》，第 1150 页） 《军防令》〔开元二十五年〕诸防人在防，守固之外，维得修理军器、城隍、公廨、屋宇，各量防人多少，于当处侧近，给空闲地，逐水陆所宜，斟酌营种，并杂蔬菜，以充粮贮，及充防人等食。（《令补》，第 1174 页）
《擅兴律》（总第 240 条）诸有所兴造，应言上而不言上，应待报而不待报，各计庸，坐赃论减一等。即料请财物及人功多少违实者，笞五十；若事已损费，各并计所违赃庸重者，坐赃论减一等。本料不实，料者坐；请者不实，请者坐。	《营缮令》（唐）诸别敕有所营造，计人功多少，申尚书省。听报始合役功。（《令补》，第 1446 页） 《营缮令》〔开元七年〕凡营造修理土木、瓦石，不出于所司者，总料其数，上于尚书省。（《令补》，第 1448 页） 《营缮令》〔开元七年〕诸两京城内诸桥，及当城门街者，并将作修营。余州县料理。（《令补》，第 1450 页）
《擅兴律》（总第 241 条）诸非法兴造及杂徭役，十庸以上，坐赃论。（谓为公事役使而非法令所听者。）	《营缮令》〔开元七年〕诸修理宫庙，太常先择日以闻，然后兴作。（《令补》，第 1447 页） 《营缮令》（唐）凡津梁道路，治以九月。（《令补》，第 1450 页）

续表

律	令
《擅兴律》（总第 242 条）诸工作有不如法者，笞四十，不任用及应更作者，并计所不任赃、庸，坐赃论减一等。其供奉作者，加二等。工匠各以所由为罪。监当官司，各减三等。	《营缮令》〔开元七年〕诸营军器，皆镌题年月及工人姓名。辨其名物，而阅其虚实。（《令补》，第 1447 页）
《擅兴律》（总第 243 条）诸私有禁兵器者，徒一年半；（谓非弓、箭、刀、盾、短矛者。）弩一张，加二等；（甲一领及弩三张，流二千里；甲三领及弩五张，绞。私造者，各加一等；甲，谓皮、铁等。具装与甲同。即得阑遗，过三十日不送官者，同私有法。）造未成者，减二等。即私有甲、弩，非全成者，杖一百；余非全成者，勿论。	《军防令》〔开元二十五年〕诸私家，不合有甲、弩、矛、稍、具装、旌旗、幡帜。（《令补》，第 1165 页） 《营缮令》〔开元二十五年〕诸私家不得有战舰等舡。（《令补》，第 1454 页） 《营缮令》〔开元二十五年〕诸私家不得有蒙冲等舡。（同上）
《擅兴律》（总第 244 条）诸役功力，有所采取而不任用者，计所欠庸，坐赃论减一等。若有所造作及有所毁坏，备虑不谨，而误杀人者，徒一年半；工匠、主司各以所由为罪。	《杂令》（唐）凡采捕畋猎，必以其时。（《令补》，第 1484 页）
《贼盗律》（总第 274 条）诸盗宫殿门符、发兵符、传符者，流二千里；使节及皇城、京城门符，徒三年；余符，徒一年。门钥，各减三等。盗州、镇及仓厨、厩库、关门等钥，杖一百。县、戍等诸门钥，杖六十。	《公式令》〔开元二十五年〕下诸方传符，两京及北都留守为麟符，东方青龙，西方驺虞，南方朱雀，北方玄武，两京留守二十，左十九右一，余皆四，左三右一。左者进内，右者付外州府、监应执符人。其两京及北都留守符，并进内。须遣使向四方，皆给所诣处左符，书于骨帖上，内著符，里用泥封，以门下省印印之。所至之处，以右符勘合，然后承用。（《令补》，第 1283 页）
《贼盗律》（总第 293 条）诸略奴婢者，以强盗论；和诱者，以窃盗论。各罪止流三千里。虽监临主守，亦同。即奴婢别赍财物者，自从强、窃法，不得累而科之。若得逃亡奴婢，不送官而卖者，以和诱论；藏隐者，减一等坐之。即私从奴婢买子孙及乞取者，准盗论；乞卖者，与同罪。虽以为良，亦同。	（凡捉得逃亡奴婢，）依《令》"五日内合送官司。"（《律疏》自引）
《斗讼律》（总第 326 条）诸妻殴夫，徒一年；若殴伤重者，加凡斗伤三等；（须夫告，乃坐。）死者，斩。媵及妾犯者，各加一等。加者，加入于死。过失杀伤者，各减二等。即媵及妾詈夫者，杖八十。若妾犯妻者，与夫同。媵犯妻者，减妾一等。妾犯媵者，加凡人一等。杀者，各斩。余条媵无文者，与妾同。	依《令》："五品以上有媵，庶人以上有妾。"（《律疏》自引）

续表

律	令
《斗讼律》(总第 340 条) 诸知谋反及大逆者，密告随近官司，不告者，绞。知谋大逆、谋叛不告者，流二千里。知指斥乘舆及妖言不告者，各减本罪五等。官司承告，不即掩捕，经半日者，各与不告罪同；若事须经略，而违时限者，不坐。	《狱官令》〔开元七年〕诸告密人，皆经当处长官告。长官有事，经佐官告。长官佐官俱有密者，经比界论告。若须有掩捕，应与余州相知者，所在准状收捕。事当谋叛已上，驰驿奏闻。且称告谋叛已上，不肯言事意者，给驿部领送京。其犯死罪囚，及缘边诸州镇防人等，若犯流人告密，并不在送限。(《令补》，第 1434 页)
《斗讼律》(总第 342 条) 诸诬告人者，各反坐。即纠弹之官，挟私弹事不实者，亦如之。(反坐致罪，准前人入罪法。至死，而前人未决者，听减一等。其本应加杖及赎者，止依杖、赎法。即诬官人及有荫者，依常律。)	《公式令》〔开元七年〕奏弹。谓御史纠劾百司不法之事。(《令补》第 1246 页) 《公式令》(唐) 流内九品以上官，有犯应纠劾，而未知审实者，并据状勘问，不须推拷。○ (唐) 御注者，留台为案，更写一通，移送大理寺。(同上)
《斗讼律》(总第 352 条) 诸被囚禁，不得告举他事。其为狱官酷己者，听之。……官司受而为理者，各减所理罪三等。	准《狱官令》："囚告密者，禁身领送。"(《律疏》自引)
《斗讼律》(总第 359 条) 诸越诉及受者，各笞四十。若应合为受，推抑而不受者，笞五十；三条加一等，十条杖九十。即邀车驾及挝登闻鼓，若上表诉，而主司不即受者，加罪一等。其邀车驾诉，而入部伍内，杖六十。部伍，谓入导驾仪仗中者。	《狱官令》〔开元七年〕诸有犯罪者，皆从所发州县，推而断之。在京诸司，则徒以上，送大理。杖以下当司断之。若金吾纠获，亦送大理。(《令补》，第 1423 页) 《公式令》〔开元七年、二十五年〕诸诸辞诉，皆从下始。先由本司本贯，或路远而踬碍者，随近官司断决之。即不伏，当请给不理状，经三司陈诉，又不伏者上表。受表者又不达，听挝登闻鼓。若茕独老幼，不能自申者，乃立肺石之下。若身在禁系者，亲识代立焉。立于石者，左监门卫奏闻。挝于鼓者，右监门卫奏闻。(《令补》，第 1301 页) 《狱官令》〔开元七年、二十五年〕诸犯罪者，杖罪以下县决之。徒以上县断定送州。覆审讫，徒罪及流应决杖，若应赎者，即决配征赎。其大理寺及京兆、河南府，断徒及官人罪，并后有雪减，并申省。省司覆审无失，速即下知。如有不当者，亦随事驳正。若大理寺及诸州，断流以上，若除免官当者，皆连写案状，申省。大理寺及京兆、河南府，即封案送。若驾行幸，即准诸州例，案覆理尽申奏。若按覆事有不尽，在外者遣使就覆。在京者追就刑部，覆以定之。(《令补》，第 1424 页) 依《卤簿令》："驾行，导驾者，万年县令引，次京兆尹，总有六引。"注云："驾从余州、县出者，所在刺史、县令导驾，并准此。"(《律疏》自引) 依《令》："尚书省诉不得理者，听上表。"(《律疏》自引)

续表

律	令
《斗讼律》（总第361条）诸监临主司知所部有犯法，不举劾者，减罪人罪三等。纠弹之官，减二等。即同伍保内，在家有犯，知而不纠者，死罪，徒一年；流罪，杖一百；徒罪，杖七十。其家唯有妇女及男年十五以下者，皆勿论。	《户令》〔开元七年〕四家为邻，五家为保。保有长，以相禁约。（《令补》，第1018页） 《户令》〔开元二十五年〕诸户，皆五家相保，以相检察。勿造非违。如有远客，来过止宿，及保内之人，有所行诣，并语同保知。（同上） 《户令》（唐）诸户逃走者，令五保追访。三年不获除帐，其地还公。未还之间，邻保近亲或四邻五保及三等以上亲，均分佃食，租庸代输。户内口逃走者，同户代输。三年或六年不获，亦除帐，地准上法。（同上）
《诈伪律》（总第362条）诸伪造皇帝八宝者，斩。太皇太后、皇太后、皇后、皇太子宝者，绞。皇太子妃宝，流三千里。（伪造不录所用，但造即坐。）	《公式令》〔开元七年、二十五年〕神宝，宝而不用。受命宝，封禅则用之。皇帝行宝，报王公以下书则用之。皇帝之宝，慰劳王公以下书则用之。皇帝信宝，征召王公以下书则用之。天子行宝，报蕃国书则用之。天子之宝，慰劳蕃国书则用之。天子信宝，征召蕃国兵马则用之。皆以白玉为之。（《令补》，第1278页） 《公式令》〔开元二十五年〕太皇太后、皇太后、皇后、皇太子、皇太子妃宝，皆以金为之。并不行用。其封令书，太皇太后、皇太后各用宫官印。余条不言太皇太后者，与皇太后同。皇后用内侍省印，皇太子用左春坊印，太子妃用内坊印。（《令补》，第1279页）
《诈伪律》（总第363条）诸伪写官文书印者，流二千里。余印，徒一年。（写，谓仿效而作，亦不录所用。）即伪写前代官文书印，有所规求，封用者，徒二年。（因之得成官者，从诈假法。）	《公式令》〔开元七年〕凡内外百司，皆给铜印一钮。其吏部、司勋各置二印。兵部置一印。考功、驾部、金部、尚食、尚乘局，各别置一印。其文曰某司之印。东都即云东都某司之印。内外诸司有传符铜符之处，各给封符印一枚。发驿封符及封鱼函，则用之。诸司从行者，各给行从印。其文曰某司行从之印。驾还则封纳本司。（《令补》，第1279页） 《公式令》〔开元二十五年〕印，谓诸州等封函印。释曰，封函印，具在公式令。（同上）
《诈伪律》（总第370条）诸诈假官，假与人官及受假者，流二千里。（谓伪奏拟及诈为省司判补、或得他人告身施用之类。）其于法不应为官，（谓有罪谴，未合仕之类。）而诈求得官者，徒二年。若诈增减功过年限而预选举，因之以得官者，徒一年。流外官，各减一等；求而未得者，又各减二等。（下条准此。）	《唐六典·吏部》："凡叙阶之法，有以封爵，有以亲戚，有以勋庸，有以资荫，有以秀、孝，有以劳考，有除免而复叙者，皆循法以申之，或无枉冒。"（中华书局1992年版，第31~32页） 《选举令》〔开元七年〕诸应入三品五品者，皆待别制而进之。不然则否。谓应入三品者，皆须先在四品已上官，仍限三十考已上，本阶正四品上，无痕累者，奏听进止。应入五品者，皆须先在六品已上官，及左右补阙、殿中侍御史、太常博士、詹事司直、京兆、河南、太原府判司，皆限十六考已上，本阶正六品上，伎术官本司无六品官，频任三政七品者，仍限二十考已上，并所司勘责讫上，中书门下重勘讫，然后奏闻，别制以授。（《令补》，第1067页） 依《选举令》："官人身及同居大功以上亲，自执工商，家专其业者，不得仕。其旧经职任，因此解黜，后能修改，必有事业者，三年以后听仕。其三年外仍不修改者，追毁告身，即依庶人例"。（《律疏》自引）

续表

律	令
《诈伪律》(总第371条) 诸非正嫡，不应袭爵，而诈承袭者，徒二年；非子孙而诈承袭者，从诈假官法。若无官荫，诈承他荫而得官者，徒三年。非流内，及求赎杖罪以下，各杖一百；徒罪以上，各加一等。	依《令》："王、公、侯、伯、子、男，皆子孙承嫡者传袭。无嫡子立嫡孙；无嫡孙，以次立嫡子同母弟；无母弟，立庶子；无庶子，立嫡孙同母弟；无母弟，立庶孙。曾、玄以下准此"。(《律疏》自引)
《诈伪律》(总第377条) 诸诈为瑞应者，徒二年。若灾祥之类，而史官不以实对者，加二等。	《唐六典·礼部》："凡祥瑞应见，皆辨其物名。若大瑞、上瑞、中瑞、下瑞，皆有等差。若大瑞，随即表奏，文武百僚诣阙奉贺。其他并年终员外郎具表以闻，有司告庙，百僚诣阙奉贺。(中华书局1992年版，第114~115页) 《仪制令》〔开元七年、二十五年〕诸祥瑞应见，若麟、凤、龟、龙之类，依图书合大瑞者，随即表奏。其表惟言瑞物色目及出处，不得苟陈虚饰。告庙颁下后，百官表贺。其诸瑞并申所司，元日以闻。其鸟兽之类，有生获者，各随其性，放之山野。余送太常。若不可获，及木连理之类，不可送者，所在官司，案验非虚，具图画上。(《令补》，第1220页)
《杂律》(总第390条) 诸国忌废务日作乐者，杖一百；私忌，减二等。	《仪制令》〔开元二十五年〕国忌日，禁饮酒、举乐。(《令补》，第1219页)
《杂律》(总第394条) 诸施机枪、作坑阱者，杖一百，以故杀伤人者，减斗杀伤一等；若有标识者，又减一等。其深山、迥泽及有猛兽犯暴之处，而施作者，听。仍立标识，不立者，笞四十；以故杀伤人者，减斗杀伤罪三等。	《杂令》〔开元七年、二十五年〕诸有猛兽之处，听作槛阱、射窝等。得即送官。每一头赏绢四匹。捕杀豹及狼，每一头赏绢一匹。若在监牧内获者，各加一匹。其牧监内获豺，亦每一头，赏得绢一匹。子各半之。(《令补》，第1482页)
《杂律》(总第395条) 诸医为人合药及题疏、针刺，误不如本方，杀人者，徒二年半。其故不如本方，杀伤人者，以故杀伤论；虽不伤人，杖六十。即卖药不如本方，杀伤人者，亦如之。	《医疾令》〔开元七年〕诸医、针生，读本草者，即令识药形而知药性。读明堂者，即令验图识其孔穴。读脉诀者，即令递相诊候，使知四时浮沉涩滑之状。读素问、黄帝针经、甲乙、脉经，皆使精熟。(《令补》，第1408页) 《医疾令》〔开元七年、二十五年〕诸太医署，每岁，常合伤寒、时气、疟痢、伤中、金疮之药，以备人之疾病者。诸州准之。(《令补》，第1414页) 《医疾令》(唐) 诸行军及作役之处，五百人以上，太常给医师一人。(《令补》，第1412页)
《杂律》(总第399条) 诸负债不告官司，而强牵财物，过本契者，坐赃论。	《杂令》〔开元二十五年〕诸出举，两情和同，私契取利过正条者，任人纠告。本及利物，并入纠人。(《令补》，第1478页)
《杂律》(总第403条) 诸营造舍宅、车服、器物及坟茔、石兽之属，于令有违者，杖一百。虽会赦，皆令改去之；(坟则不改。)其物可卖者，听卖。若经赦后百日，不改去及不卖者，论如律。	依《营缮令》："王公已下，凡有室屋，不得施重拱、藻井。"车者，《仪制令》："一品青油纁，通幰，虚偃。" 《衣服令》：服着，一品衮冕，二品鷩冕。"器物者，"一品以下，食器不得用纯金、纯玉。"坟茔者，"一品方九十步，坟高一丈八尺。"石兽者，"三品以上，六；五品以上，四。"此等之类，俱在《令》文。(《律疏》自引)

续表

律	令
《杂律》（总第405条）诸占固山野陂湖之利者，杖六十。	《杂令》〔开元七年〕诸州界内，有出铜铁处，官未采者，听百姓私采。若铸得铜及白蜡，官为市取。如欲折充课役，亦听之。其四边无问公私，不得置铁冶及采铜。自余山川薮泽之利，公私共之。（《令补》，第1472页） 《杂令》〔开元七年〕诸知山泽有异宝、异木，及金玉、铜铁，彩色、杂物处，堪供国用者，奏闻。（同上） 《关市令》〔开元七年〕诸西边、北边诸州，禁人无置铁冶及采矿。（《令补》，第1395页）
《杂律》（总第406条）诸犯夜者，笞二十；有故者，不坐。（闭门鼓后、开门鼓前行者，皆为犯夜。故，谓公事急速及吉、凶、疾病之类。）其直宿坊街，若应听行而不听及不应听行而听者，笞三十；即所直时，有贼盗经过而不觉者，笞五十。	《户令》〔开元三年〕诸两京城及州县郭下，坊别置正一人。掌坊门管钥，督察奸非。（《令补》，第1013页） 《户令》〔开元二十五年〕在邑居者为坊，别置正一人。掌坊门管钥，督察奸非，并免其课役。在田野者为村，村别置村正一人。其村满百家，增置一人。掌同坊正。其村居如不满十家者，隶入大村，不得别置村正。（《令补》，第1138页） 《宫卫令》〔开元二十五年〕五更三筹，顺天门击鼓，听人行。昼漏尽，顺天门击鼓四百槌讫闭门。后更击六百槌，坊门皆闭，禁人行。（《令补》，第1138页）
《杂律》（总第407条）诸从征及从行、公使于所在身死，依令应送还本乡，违而不送者，杖一百。若伤病而医食有阙者，杖六十；因而致死者，徒一年。即卒官，家无手力不能胜致者，仰部送还乡，违而不送者，亦杖一百。	《军防令》："征行卫士以上，身死行军，具录随身资财及尸，付本府人将还。无本府人者，付随近州县递送"。（《律疏》自引） 《丧葬令》〔开元二十五年〕诸从征及从行、使人所在身丧，皆给殡殓调度，递送至家。（《令补》，第1459页）
《杂律》（总第408条）诸应给传送，而限外剩取者，笞四十；计庸重者，坐赃论，罪止徒二年。若不应给而取者，加罪二等强取者，各加一等。主司给与者，各与同罪。	《厩牧令》〔开元二十五年〕应给传送，依厩牧令，官爵一品给马八匹，嗣王、郡王及二品以上给马六匹，三品以下，各有等差。（《令补》，第1387页）
《杂律》（总第409条）诸不应入驿而入者，笞四十。辄受供给者，杖一百；计赃重者，准盗论。虽应入驿，不合受供给而受者，罪亦如之。	《杂令》〔开元二十五年〕诸私行人，职事五品以上，散官二品以上，爵国公以上，欲投驿止宿者听之。若边远及无村店之处，九品以上，勋官五品以上及爵，遇屯驿止宿亦听。并不得辄受供给。（《令补》，第1479页）
《杂律》（总第410条）诸奸者，徒一年半；有夫者，徒二年。部曲、杂户、官户奸良人者，各加一等。即奸官私婢者，杖九十，（奴奸婢，亦同。）奸他人部曲妻，杂户、官户妇女者，杖一百。强者，各加一等。折伤者，各加斗折伤罪一等。	《户令》〔开元二十五年〕诸良人相奸，所生男女随父。若奸杂户、官户、他人部曲妻、客女，及官私婢，并同类相奸，所生男女，并随母。即杂户官户部曲，奸良人者，所生男女，各听为良。其部曲及奴，奸主缌麻以上亲之妻者，若奴奸良人者，所生男女，各合没官。（《令补》，第1040页）

律	令
《杂律》（总第 417 条）诸校斛斗秤度不平，杖七十。监校者不觉，减一等；知情，与同罪。	《关市令》〔开元七年、二十五年〕诸官私斛斗、秤、度，每年八月，诣金部、太府寺平校。不在京者，诣所在州县平校。并印署，然后听用。（《令补》，第 1396 页） 《杂令》〔开元七年〕诸在京诸司及诸州，各给秤尺及五尺度，斗、升、合等样，皆以铜为之。（《令补》，第 1468 页） 《关市令》〔开元七年〕秤以格，斗以概。（《令补》，第 1397 页） 《杂令》〔开元七年、二十五年〕诸积秬黍为度量权衡者，调钟律，测晷景，合汤药，及冠冕服制则用之。此外官私悉用大者。（《令补》，第 1468 页） 《杂令》〔开元七年、二十五年〕诸度，以北方秬黍中者，一黍之广为分。十分为寸。十寸为尺。一尺二寸为大尺一尺。十尺为丈。（《令补》，第 1468 页） 《杂令》〔开元七年、二十五年〕诸量，以北方秬黍中者，容一千二百黍为龠。十龠为合。十合为升。十升为斗。三升为大升一升，三斗为大斗一斗。十斗为斛。（《令补》，第 1468 页） 《杂令》〔开元七年、二十五年〕诸权衡，以秬黍中者，百黍之重为铢。二十四铢为两。三两为大两一两。十六两为斤。（同上）
《杂律》（总第 418 条）诸造器用之物及绢布之属，有行滥、短狭而卖者，各杖六十；（不牢谓之行，不真谓之滥。即造横刀及箭镞用柔铁者，亦为滥。）得利赃重者，计利，准盗论。贩卖者，亦如之。市及州、县官司知情，各与同罪；不觉者，减二等。	《关市令》〔开元七年〕诸其造弓、矢、长刀，官为立样。仍题工人姓名，然后听鬻之。诸器物亦如之。（《令补》，第 1397 页） 《营缮令》〔开元三年、七年、二十五年〕诸罗、锦、绫、绢、纱、縠、绝、绸、绖之属，皆阔尺八寸、长四丈为匹。布五丈为端。绵六两为屯。丝五两为绚。麻三斤为綟。（《令补》，第 1447 页） 《关市令》〔开元七年〕诸以伪滥之物交易者没官。短狭不中量者还主。（《令补》，第 1398 页）
《杂律》（总第 419 条）诸市司评物价不平者，计所贵贱，坐赃论；入己者，以盗论。其为罪人评赃不实，致罪有出入者，以出入人罪论。	依《令》："每月，旬别三等估，其赃平所犯旬估，定罪取所犯旬上绢之价。"（《律疏》自引） 《关市令》〔开元三年、七年、二十五年〕诸市每肆，立标题行名。○依令，每月旬别，三等估。（同上） 《关市令》〔开元七年、二十五年〕诸官与私交关，以物为价者，准中估价。即悬平赃物者亦如之。（《令补》，第 1396 页）
《杂律》（总第 420 条）诸私作斛斗秤度不平，而在市执用者，笞五十；因有增减者，计所增减，准盗论。即用斛斗秤度出入官物而不平，令有增减者，坐赃论；入己者，以盗论。其在市用斛斗秤度虽平，而不经官司印者，笞四十。	依《令》："斛、斗、秤、度等，所司每年量校，所署充用"。（《律疏》自引） 《仓库令》〔开元七年〕诸量函，所在官造。大者五斛，中者三斛，小者一斛，以铁为缘，勘平印书，然后给用。（《令补》，第 1373 页）

续表

律	令
《杂律》（总第 422 条）诸买奴婢、马牛驼骡驴，已过价，不立市券，过三日笞三十；卖者，减一等。立券之后，有旧病者三日内听悔，无病欺者市如法，违者笞四十。即卖买已讫，而市司不时过券者，一日笞三十，一日加一等，罪止杖一百。	《关市令》〔开元七年、二十五年〕诸卖买奴婢、牛、马、驼、骡、驴等，用本司本部公验，以立券。（《令补》，第 1397 页） 《关市令》〔开元〕不得赊悬。（《令补》，第 1398 页） 《关市令》〔开元二十五年〕其商贾，准令，所在收税。（同上）
《杂律》（总第 424 条）诸不修堤防及修而失时者，主司杖七十；毁害人家、漂失财物者，坐赃论减五等；以故杀伤人者，减斗杀伤罪三等。（谓水流漂害于人。即人自涉而死者，非。）即水雨过常，非人力所防者，勿论。	《营缮令》〔开元二十五年〕诸近河及大水，有堤防之处，刺史、县令以时检校。若须修理，每秋收讫，量功多少，差人夫修理。若暴水泛溢，损坏堤防，交为人患者，先即修营，不拘时限。（《令补》，第 1452 页） 《营缮令》〔开元二十五年〕诸候水堤内，不得造小堤及人居。其堤内外各五步，并堤上，种榆、柳、杂树。若堤内窄狭地种，拟充堤堰之用。（《令补》，第 1454 页）
《杂律》（总第 429 条）诸库藏及仓内，皆不得燃火。违者，徒一年。	《宫卫令》〔开元七年〕诸藏院之内，禁人燃火，及无故而入者。（《令补》，第 1133 页）
《杂律》（总第 430 条）诸失火及非时烧田野者，笞五十；（非时，谓二月一日以后、十月三十日以前。若乡土异宜者，依乡法。）延烧人舍宅及财物者，杖八十；赃重者，坐赃论减三等；杀伤人者，减斗杀伤二等。其行道燃火不灭，而致延烧者，各减一等。	《田令》〔开元二十五年〕失火。谓失火有所烧，及不依令文节制，而非时烧田野者。……注云：非时。二月一日以后，十月三十日以前。若乡土异宜者，依乡法。谓北地霜早，南地晚寒，风土亦既异宜，各须收获总了，放火，时节不可一准令文。故云，各依乡法。（《令补》，第 1343 页）
《杂律》（总第 431 条）诸于官府廨院及仓库内失火者，徒二年；在宫内，加二等。庙、社内亦同。损害赃重者，坐赃论；杀伤人者，减斗杀伤一等。延烧庙及宫阙者，绞；社，减一等。	《宫卫令》〔开元七年〕诸院内，常四面持仗为之防守。夜则击柝，分更以巡警。（《令补》，第 1133 页）
《杂律》（总第 443 条）诸毁人碑碣及石兽者，徒一年；即毁人庙主者，加一等。其有用功修造之物，而故损毁者，计庸，坐赃论。各令修立。误损毁者，但令修立，不坐。	《丧葬令》："五品以上听立碑，七品以上立碣。茔域之内，亦有石兽。"（《律疏》自引）
《杂律》（总第 444 条）诸请受军器，事讫停留不输者，十日杖六十，十日加一等，百日徒一年；过百日不送者，减私有罪二等。其弃毁者，准盗论。若亡失及误毁伤者，以十分论：亡失一分，毁伤二分，杖六十；亡失二分，毁伤四分，杖八十；亡失三分，毁伤六分，杖一百；即不满十分者，一当一分论。其经战阵而损失者，不坐。仪仗，各减二等。	《军防令》〔开元二十五年〕诸从军甲仗、不经战阵损失者，三分理二分。经战阵而损失者不偿。损者官修。（《令补》，第 1164 页） 《军防令》〔开元二十五年〕诸军器在库，皆造棚阁安置。色别异所，以时曝凉。（《令补》，第 1165 页）

续表

律	令
《杂律》（总第445条）诸弃毁、亡失及误毁官私器物者，各备偿。（谓非在仓库而别持守者。）若被强盗者，各不坐、不偿。即虽在仓库，故弃毁者，征偿如法。其非可偿者，坐而不备。谓符、印、门钥、官文书之类。	《营缮令》（唐）诸经用瓦器破损者，除岁二分，以外征填。（《令补》，第1450页）
《杂律》（总第447条）诸于他人地内得宿藏物，隐而不送者，计合还主之分，坐赃论减三等。（若得古器形制异，而不送官者，罪亦如之。）	《杂令》〔开元二十五年〕诸官地内，得宿藏物者，听收。他人地内得者，与地主中分之。即古器形制异者，悉送官，酬其直。（《令补》，第1479页）
《杂律》（总第448条）诸得阑遗物，满五日不送官者，各以亡失罪论；赃重者，坐赃论。私物，坐赃论减二等。	《捕亡令》〔开元二十五年〕诸得阑遗物，皆送随近县。在市得者，送市司。其金吾各在两京巡察得者，送金吾卫。所得之物，皆悬于门外。有主识认者，检验记，责保还之。虽未有案记，但证据灼然可验者，亦准此。其经三十日，无主识认者，收掌。仍录物色目，榜村坊门，经一周年，无人认者没官。录帐申省听处分。没入之后，物犹见在，主来识认，证据分明者还之。（《令补》，第1403页） 《厩牧令》〔开元二十五年〕诸官私阑遗马、驼、骡、牛、驴、羊等，直有官印，更无私记者，送官牧。若无官印，及虽有官印，复有私记者，经一年无主识认，即印入官，勿破本印。 并送随近牧，别群牧放。若有失杂畜者，令赴牧识认，检实印作还字，付主。其诸州镇等，所得阑遗畜，亦仰当界内访主。若经二季，无主识认者，并当处出卖。先卖充传驿，得价入官。后有主识认，勘当知实，还其价。（《令补》，第1389页） 《军防令》〔开元二十五年〕诸得阑遗甲仗，皆即输官。（《令补》，第1166页） 《杂令》〔开元二十五年〕诸公私竹木，为暴水漂失，有能接得者，并积于岸上，明立标榜，于随近官司申牒。有主识认者，江河五分赏二，余水五分赏一。限三十日，无主认者，入所得人。（《令补》，第1472页） 《厩牧令》（唐）杂律义云，"五日内未送官者，科违令"者，即知唐令意。得即送所司，不得经日。（《令补》，第1390页）

续表

律	令
《杂律》（总第 449 条）诸违令者，笞五十；（谓令有禁制而律无罪名者。）别式，减一等。	《唐六典·刑部郎中》："令以设范立制"，"式以轨物程事"。（中华书局 1992 年版，第 185 页） 　　《仪制令》〔开元七年、二十五年〕诸官人，在路相遇者，四品已下遇正一品，东宫四品已下遇三师，诸司郎中遇丞相，皆下马。以外准拜礼。其不下者，皆敛马侧立待。（《令补》，第 1222 页） 　　《衣服令》〔永徽〕六品七品着绿，八品九品着青。○〔乾封〕九品以上朝参及视事，听服黄。（《令补》，第 1206 页） 　　《衣服令》〔贞观〕诸三品以上服紫，四品五品服绯，六品七品服绿，八品九品服青。（《令补》，第 1206 页） 　　谓《仪制令》"行路，贱避贵，去避来"之类。《礼部式》"五品以上服紫，六品以下服朱"之类。（《律疏》自引） 　　《衣服令》〔开元七年〕诸王公以下，及妇人服饰等级，上得兼下，下不得僭上。（《令补》，第 1211 页）
《捕亡律》（总第 451 条）诸罪人逃亡，将吏已受使追捕，而不行及逗留；（谓故方便之者。）虽行，与亡者相遇，人仗足敌，不斗而退者：各减罪人罪一等；斗而退者，减二等。即人仗不敌，不斗而退者，减三等；斗而退者，不坐。	《捕亡令》〔开元二十五年〕诸囚及征人、防人、流人、移乡人逃亡，及欲入寇贼者，经随近官司申牒，即移亡者之家居所属及亡处比州、比县追捕。承告之处，下其乡里、村保，令加访捉。若未即擒获者，仰本属录亡者年纪、形貌可验之状，更移比部切访捉。得之日，移送本司科断。其失处、得处，并申尚书省。若追捕经三年，不获者停。（《令补》，第 1399 页）
《捕亡律》（总第 456 条）诸邻里被强盗及杀人，告而不救助者，杖一百；闻而不救助者，减一等。力势不能赴救者，速告随近官司，若不告者，亦以不救助论。其官司不即救助者，徒一年。窃盗者，各减二等。	《捕亡令》〔开元二十五年〕诸有盗贼及被伤杀者，即告随近官司、村坊、屯驿。闻告之处，率随近军人及夫，从发处追捕。（《令补》，第 1399 页）
《捕亡律》（总第 463 条）诸官户、官奴婢亡者，一日杖六十，三日加一等。（部曲、私奴婢亦同。）主司不觉亡者，一口笞三十，五口加一等，罪止杖一百。故纵官户亡者，与同罪；奴婢，准盗论。即诱导官私奴婢亡者，准盗论，仍令备偿。	《捕亡令》〔开元二十五年〕诸捉得逃亡奴婢，五日内，合送官司。（《令补》，第 1402 页） 　　《捕亡令》（唐）诸捉逃亡奴婢，未及送官，限内致死失者，免罪不赏。其已入官司，未付本主，而更逃亡，重被执送者，从远处征赏。若后捉者远，三分以一分赏前捉人，二分赏后捉人。若前捉者远，中分。若走归主家，犹征半赏。（《令补》，第 1403 页）
《捕亡律》（总第 466 条）诸主守不觉失囚者，减囚罪二等；若囚拒捍而走者，又减二等。皆听一百日追捕。限内能自捕得及他人捕得，若囚已死及自首，除其罪；即限外捕得，及囚已死若自首者，各又追减一等。监当之官，各减主守三等。	《狱官令》〔开元二十五年〕监当之官，谓检校专知囚者。即当直官人在直时，其判官准令合还而失囚者，罪在当直之官。（《令补》，第 1443 页）

律	令
《断狱律》（总第 469 条）诸囚应禁而不禁，应枷、锁、杻而不枷、锁、杻及脱去者，杖罪笞三十，徒罪以上递加一等；回易所著者，各减一等。即囚自脱去及回易所著者，罪亦如之。若不应禁而禁及不应枷、锁、杻而枷、锁、杻者，杖六十。	《狱官令》〔开元七年、二十五年〕诸禁囚死罪枷杻。妇人及流罪以下去杻。其杖罪散禁。年八十及十岁，并废疾、怀孕、侏儒之类，虽犯死罪，亦散禁。（《令补》，第 1436 页） 《狱官令》〔开元七年、二十五年〕诸应议、请、减者，犯流以上，若除免官当者并锁禁。公坐流、私罪徒，并谓非官当者。责保参对。其九品以上，及无官应赎者，犯徒以上，若除免官当者枷禁。公罪徒并散禁，不脱巾带款定，皆听在外参对。（《令补》，第 1437 页） 《狱官令》〔开元二十五年〕诸妇人在禁，皆与男夫别所。（《令补》，第 1438 页） 《狱官令》〔开元二十五年〕诸犯死罪在禁，非恶逆以上，遭父母丧、夫丧、祖父母丧承重者，给暇七日发哀；流徒罪，三十日。责保乃出。（《令补》，第 1438 页）
《断狱律》（总第 470 条）诸以金刃及他物，可以自杀及解脱，而与囚者，杖一百；若囚以故逃亡及自伤、伤人者，徒一年；自杀、杀人者，徒二年……即子孙以可解脱之物与祖父母、父母……者，罪亦同。	《狱官令》〔开元二十五年〕诸狱皆厚铺席。夏月置浆水。其囚每月一沐。其纸笔及酒、金刃、钱物、杵棒之类，并不得入。（《令补》，第 1440 页）
《断狱律》（总第 473 条）诸囚应请给衣食医药而不请给，及应听家人入视而不听，应脱去枷、锁、杻而不脱去者，杖六十；以故致死者，徒一年。即减窃囚食，笞五十；以故致死者，绞。	《狱官令》〔开元二十五年〕诸狱囚有疾病，主司陈牒，长官亲验知实，给医药救疗。病重者，脱去枷、锁、杻。仍听家内一人，入禁看待。其有死者，若有他故，随状推断。（《令补》，第 1440 页） 《狱官令》〔开元二十五年〕囚去家悬远绝饷者，官给衣粮。家人至日，依数征纳。（《令补》，第 1440 页） 《狱官令》〔开元七年〕诸覆囚使人至日，先检行狱囚枷锁铺席，及疾病粮饷之事。有不如法者，皆以状申。若巡察使、按察使、廉察使、采访使，皆待制命而行。（《令补》，第 1425 页）
《断狱律》（总第 476 条）诸应讯囚者，必先以情，审察辞理，反复参验犹未能决，事须讯问者，立案同判，然后拷讯。违者，杖六十。若赃状露验，理不可疑，虽不承引，即据状断之。若事已经赦，虽须追究，并不合拷。谓会赦移乡及除、免之类。	《狱官令》〔开元七年、二十五年〕诸察狱之官，先备五听，又验诸证信，事状疑似，犹不首实，然后拷掠。（《令补》，第 1435 页） 《狱官令》〔开元七年、二十五年〕诸讯囚，非亲典主司，皆不得至囚所听闻消息。其拷囚及行决罚者，皆不得中易人。（《令补》，第 1436 页） 《狱官令》〔开元二十五年〕诸问囚，皆判官亲问。辞定令自书款。若不解书，主典依口写，讫对判官读示。（同上） 《狱官令》〔开元七年〕诸若禁囚有推决未尽，留系未结者，五日一虑。若淹延久系，不被推诘，或其状可知，而推证未尽，或讼一人数事，及被讼人有数事，重事实而轻事未决者，咸虑而决之。（《令补》，第 1438 页）

续表

律	令
《断狱律》(总第477条)诸拷囚不得过三度,数总不得过二百,杖罪以下不得过所犯之数。拷满不承,取保放之。若拷过三度及杖外以他法拷掠者,杖一百;杖数过者,反坐所剩;以故致死者,徒二年。	《狱官令》〔开元七年、二十五年〕每讯相去二十日。若讯未毕,更移他司,仍须拷鞠者,囚移他司者,连写本案俱移。则通计前讯,以充三度。即罪非重害,及疑似处少,不必皆须满三。若囚因讯致死者,皆俱申牒当处长官,与纠弹官对验。(《令补》,第1435页)
《断狱律》(总第482条)诸决罚不如法者,笞三十;以故致死者,徒一年。即杖粗细长短不依法者,罪亦如之。	《狱官令》〔贞观〕〔开元三年、七年〕诸杖皆削去节目,长三尺五寸。讯囚杖,大头径三分二厘,小头二分二厘。常行杖,大头二分七厘,小头一分七厘。笞杖,大头二分,小头一分半。其决笞者,腿、臀分受。决杖者,背、腿、臀分受。须数等。拷讯者亦同。笞以下,愿背、腿均受者听。即殿庭决者,皆背受。(《令补》,第1442页)
《断狱律》(总第484条)诸断罪皆须具引律、令、格、式正文,违者笞三十。若数事共条,止引所犯罪者,听。	《狱官令》〔开元七年〕凡断狱之官,皆举律令格式正条以结之。(《令补》,第1437页)
《断狱律》(总第485条)诸断罪应言上而不言上,应待报而不待报,辄自决断者,各减故失三等。	依《狱官令》:"杖罪以下,县决之。徒以上,县断定,送州覆审讫,徒罪及流应决杖、笞若应赎者,即决配征赎。其大理寺及京兆、河南府断徒及官人罪,并后有雪减,并申省,省司覆审无失,速即下知;如有不当者,随事驳正。若大理寺及诸州断流以上,若除、免、官当者,皆连写案状申省,大理寺及京兆、河南府即封案送。若驾行幸,即准诸州例,案覆理尽申奏"。(《律疏》自引) 《狱官令》〔开元二十五年〕诸职事官五品以上,散官二品以上,犯罪合禁,在京者皆先奏。若犯死罪,及在外者,先禁后奏。其职事官及散官三品以上有罪,敕令禁推者,所推之司,皆覆奏,然后禁推。(《令补》,第1437页) 《军防令》〔开元二十五年〕诸州府有疑狱不决者,谳大理寺。若大理仍疑,申尚书省。(《令补》,第1439页)
《断狱律》(总第487条)即别使推事,通状失情者,各又减二等;所司已承误断讫者,即从失入出法。虽有出入,于决罚不异者,勿论。	《狱官令》〔开元七年〕诸天下诸州断罪应申覆者,每年正月,与吏部择使。取历任清勤,明识法理者,仍过中书门下,定讫以闻。乃令分道巡覆。若应勾会官物者,加判官及典。刑部录囚徒所犯,以授使。岭南使,以九月上旬,先发遣。使牒与州案同,然后复送刑部。若州司枉断,使推无罪,州司款伏,灼然无罪,州司疑伏,灼然无罪者,任使判放。其降入流徒者,亦从流徒法。若使人与州执见有别者,各以状申。若理状已尽可断决,而使人妄生节目盘退者,州司录申辨。及赃状露验者即决,不得待使覆。其余罪皆待覆定。(《令补》,第1425页)
《断狱律》(总第491条)诸缘坐应没官而放之,及非应没官而没之者,各以流罪故、失论。	《户令》〔开元七年〕凡反逆相坐,没其家为官奴婢。反逆家男女及奴婢没官。皆谓之官奴婢。男年十四以下者,配司农。十五已上者,以其年长命远京邑,配岭南为城奴。(《令补》,第1038页)

续表

律	令
《断狱律》(总第492条) 诸徒、流应送配所,而稽留不送者,一日笞三十,三日加一等;过杖一百,十日加一等,罪止徒二年。(不得过罪人之罪。)	《狱官令》〔开元七年〕所领送人,皆有程限,不得稽留迟缓。(《令补》,第1430页) 《狱官令》〔开元七年、二十五年〕诸流人季别一遣。若符在季末三十日内至者,听与后季人同遣。(《令补》,第1429页)
《断狱律》(总第493条) 诸应输、备、赎、没、入之物,及欠负应征,违限不送者,一日笞十,五日加一等,罪止杖一百。若除、免、官当,应追告身,违限不送者,亦如之。	《狱官令》〔开元二十五年〕诸赎死刑限八十日,流六十日,徒五十日,杖四十日,笞三十日。若无故过限不输者,会赦不免。虽有被诉,据理不移前断者,若应征官物者,准直五十匹以上一百日,三十匹以上五十日,二十匹以上三十日。不满二十匹以下二十日。若负欠官物,应征正赃及赎物,无财以备,官役折庸,其物虽多,止限三年。一人一日,折绢四尺。(《令补》,第1439页) 《狱官令》〔永徽〕案本令……奏报之日,刑部径报吏部,令进位案,注毁字,并造簿。○依本《狱令》,刑部申都省日,位记俱副进耳。(《令补》,第1433页)
《断狱律》(总第494条) 诸妇人犯死罪,怀孕,当决者,听产后一百日乃行刑。若未产而决者,徒二年;产讫,限未满而决者,徒一年。失者,各减二等。其过限不决者,依奏报不决法。	《狱官令》〔开元二十五年〕诸妇人在禁,临产月者,责保听出。死罪产后满二十日,流罪以下满三十日。(《令补》,第1432页)
《断狱律》(总第496条) 诸立春以后、秋分以前决死刑者,徒一年。其所犯虽不待时,若于断屠月及禁杀日而决者,各杖六十。待时而违者,加二等。	《狱官令》〔贞观〕从立春至秋分,不得奏决死刑。其大祭祀及致斋,期望、上下弦、二十四气、雨未晴、夜未明、断屠月日及假日。并不得奏决死刑。(《令补》,第1427页) 《杂令》〔唐〕诸每年正月、五月、九月及每月十直日,并不得行刑。所在公私,宜断屠杀。(《令补》,第1468页) 《狱官令》〔开元七年、二十五年〕诸决大辟罪,官爵五品以上,在京者大理正监决,在外者上佐监决,余并判官监决。从立春至秋分,不得奏决死刑。若犯恶逆以上,及奴婢部曲杀主者,不拘此令。其大祭祀及致斋、朔望、上下弦、二十四气、雨未晴、夜未明、断屠月日及假日,并不得奏决死刑,在京决死囚皆令御史、金吾监决。若囚有冤枉灼然者,停决奏闻。(《令补》,第1427页)
《断狱律》(总第497条) 诸死罪囚,不待覆奏报下而决者,流二千里。即奏报应决者,听三日乃行刑,若限未满而行刑者,徒一年;即过限,违一日杖一百,二日加一等。	《狱官令》〔开元七年、二十五年〕诸决大辟罪,在京者,行决之司五覆奏。在外者,刑部三覆奏。在京者,决前一日二覆奏,决日三覆奏。在外者,初日一覆奏,后日再覆奏。纵临时有敕,不许覆奏,亦准此覆奏。若犯恶逆以上,及部曲奴婢杀主者,唯一覆奏。其京城及驾在所,决囚日,尚食进蔬食,内教坊及太常寺,并停音乐。(《令补》,第1426页) 《狱官令》〔开元七年、二十五年〕诸决大辟罪,皆防援至刑所。囚一人防援二十人,每一囚加五人。五品以上听乘车,并官给酒食,听亲故辞诀。宣告犯状,仍日未后乃行刑。犯恶逆以上,不在乘车之限。决之经宿,所司即为埋瘗。若有亲故,亦任收葬。即囚身在外者,奏报之日,不得驿驰行下。(《令补》,同上)

续表

律	令
《断狱律》（总第 499 条）诸断罪应绞而斩，应斩而绞（者），徒一年；自尽亦如之。失者，减二等。即绞讫，别加害者，杖一百。	《狱官令》〔开元七年、二十五年〕诸决大辟罪，皆于市。五品已上，犯非恶逆已上，听自尽于家。七品已上及皇族若妇人，犯非斩者，皆绞于隐处。（《令补》，第 1427 页）
《断狱律》（总第 500 条）诸领徒应役而不役，及徒囚病愈不计日令陪役者，过三日笞三十，三日加一等；过杖一百，十日加一等，罪止徒二年。（不得过罪人之罪。）	《狱官令》〔开元七年、二十五年〕诸犯徒应配居作者，在京送将作监，妇人送少府监缝作。在外州者，供当处官役。当处无官作者，听留当州，修理城隍、仓库，及公廨杂使。犯流应任居作者亦准此。妇人亦留当州，缝作及配舂。（《令补》，第 1430 页） 《狱官令》〔开元三年、七年、二十五年〕诸流徒罪居作者，皆著钳。若无钳者，著盘枷。病及有保者听脱。不得著巾带。每旬给假一日，腊、寒食各给二日，不得出所役之院。患假者陪日。役满递送本属。（《令补》，同上）

唐律研究新思考

《律疏》的使用与修改

9. 唐律在唐宋的使用及"法例"使用的特点

不时有学友问：看唐代史书中一些案例，并不全按《唐律疏义》的规定去处断，唐律在唐代到底用不用？这里，我想毫不含糊地回答说：《唐律疏义》在唐代是使用的。不但唐代，连宋代也是使用的。同时，本文还就与唐律"使用"有密切联系的法例与"判例"问题，也谈一点看法。因为以答友人之问为目的，所以整篇文章的章法也不得不服从以答问为目的的要求安置。

一、唐律使用的史证

（一）史书确切记载《律疏》被引用断案

《旧唐书·刑法志》上记载，唐穆宗长庆二年（822），即《律疏》制定公布后的第 169 年，在处理某人为防卫父亲受伤害而打死对方的案子时，所引用的法律内容是：

准律：父为人所殴，子往救，击其人折伤，减凡斗三等，至死者，依常律。

文中之"准律"就是依今传《唐律疏义》卷第二十三（总第 335 条）律的内容：

诸祖父母、父母为人所殴击，子孙即殴击之，非折伤者，勿论；折伤者，减凡斗折伤三等；至死者，依常律。

（二）《龙筋凤髓判》是御史大理都引用《律疏》处置罪案的刻石般的力证

唐律在唐朝的使用，在唐代最有名的一部案判书《龙筋凤髓判》中有众多案例可证实。《律疏》于唐高宗永徽四年（653）制定完成颁布全国，《旧唐书·刑法志》特别记载说，"自是断狱者皆引疏分析之"。这句话的意思是说，判决刑案的官吏，不但引用原来的律文及其注文，而且还引用永徽四年新制定的《义疏》部分去作判决的根据。张𬸚编纂之御史台的判书选集性质的《龙筋凤髓判》中，就不但有引律与注的案判，也有依"疏"文为据而作处断的案判。这里以拙著《〈龙筋凤髓判〉性质及"引疏分析"考辨》一文中所举的一例[1]以证明。据《龙筋凤髓判》卷二"少府监二条"之一的案由说，"（少府）监贺敬，盗御茵席三十事，大理断二千五百里，敬不伏。"[2]其"不服"的辩解是"云其物虽部分，未进不得为御物"，即谓其所盗之物，虽然已作过分配处置，但在送给皇帝使用之前，不可列入"御物"的概念之内。如果不进入"御物"的概念，作为普通盗罪，刑罚当然就轻多了。其实依疏文，贺敬所盗三十件茵席，正在"御物"的概念之内。疏文说，准备给皇上使用的东西："皆须监当之官，部分拟进者，乃为御物。"[3]疏文中的关键词语"部分拟进"就否定了贺敬"未进"不得为御物的辩词。御史认定大理寺所判成立的法律依据，就来自《律疏》中疏文的律义解释。

（三）部分史载案件之处断与《律疏》不符的原因

这里，问题是指唐代史书上的一些案例，用永徽《律疏》的罪罚去核查，对不上号。其实，唐代判案的结果，有时不能只凭《律疏》去检验，因为还存在立法体系及司法程序等的影响因素。

1.《刑部格》修正补充《律疏》或作为新律之内容就与《律疏》不符

唐代的《刑部格》是修正补充《律疏》的高位阶的刑事法规，如《格》对贪赃钱财等的犯罪普遍是一罪二刑制，徒流刑执行时加处杖刑，官吏还可能加"徙边"之刑罚。这是有些案例与《律疏》不一致的重要原因之一。

2. 由皇帝最后裁定的议请案件无一定免死或一定依法处断的规制

议请者能否免死，最后由皇帝根据集议情况决定。犯者合乎"议请"的资格，以及是否属"十恶"的性质，并非是决定其死活的铁定条件，实际常常是决定于犯者与皇帝及当

---

1 见本书第 11 篇《〈龙筋凤髓判〉性质及"引疏分析"考辨》第二节第（一）项第 3 点例三。
2 （唐）张𬸚：《龙筋凤髓判》，田涛、郭成伟校注，中国政法大学出版社 1995 年版，第 71 页。
3 《贼盗律》卷第十九（总第 271 条）疏文。

权势力集团的利害关系。

3. 制敕断罪的案件皇帝可以依法也可以合法地不依法处断

《断狱律》卷第三十（总第 486 条）疏文中有授权性的规定说：

> 事有时宜，故人主权断制敕，量情处分。

这是法律赋予皇帝可以以个人意志超越法律判案的权力。"两唐书"上记载的案例大多属高官显贵的案例，且系常由皇帝做主的制敕断罪及对议请的裁定，其中必然有与《律疏》不符的处置。

（四）史载之案例要依当时在行的法律法典验对

以刑律来说，在各朝律典颁布前，都承用前朝律典及编修之格敕，来解决法律的需要。各历史阶段的法律都有内容的变异，案例是否符合法典，用作检验的法律超前与滞后，都可能不相符合。如所见某史书上之案例，其所用之法与《律疏》相同，那正好可得证于《律疏》。但如所见之案例，其当时所用之法，原就与《律疏》不符的，则就无法见证于今传《律疏》。如贞观二年（628）唐太宗李世民下令废除当时出现的允许"奴告主谋逆"的案例，认为"此极弊法，特须禁断"，并决定"自今奴告主者，不须受，尽令斩决"[1]。《贞观政要》的记载没有交代太宗的这个决定，到底是直接修改了法律，还是形成了《格》条。但是从今传的永徽《律疏》看，李世民的此项命令，根本未对后来的《律疏》起作用。《斗讼律》卷第二十四（总第 349 条）特别针对奴告主有罪加上了"非谋反逆叛者"的修饰语，就是不理睬李世民的敕制，重新制定了奴贱可以告主人反、逆、叛罪的法例。贞观二年，不允许奴婢告主人反、逆、叛罪，贞观十一年（637）的《贞观律》中是否有此内容，有待考证。所以唐太宗要取消允许奴告主反、逆、叛案判的命令，就不能依唐高宗时才有的永徽《律疏》去检验。

又如唐太宗贞观元年（627），长孙无忌误带佩刀入上阁，而监门校尉未觉察。廷议时宰相封德彝主张长孙氏处"徒二年"，监门不觉"罪当死"。这也无法依唐高宗时才有的永徽《律疏》去寻找其所言据何条法律。从《贞观政要》[2]及《旧唐书》《新唐书》之《戴胄传》看，此案在宰相封德彝与中央审判衙门副长官大理少卿戴胄之间反复争论，而且分歧大，但是二人都举不出直接适用此案的法律条文依据，因为当时包括格敕及承用的《武德律》在内的法律中，都没有适用的条文。这项案件直到 26 年之后的永徽《律疏》中，才最终能

---

1 《贞观政要·刑法第三十一》卷八，上海古籍出版社 1978 年版，第 239 页。
2 《贞观政要·公平第十六》卷五，上海古籍出版社 1978 年版，第 164 页。

比较完善地解决问题：其一，依《卫禁律》(总第 59 条)，长孙氏虽是被召应入之人，即使在有警卫情况下带佩刀入上阁也要处斩。其二，如他有警卫引入则可带"刀子"，但亦不可带横刀，而他正是带横刀入上阁，也要处斩刑。其三，长孙氏以吏部尚书正三品资格可入"八议"依"八议"处置。其四，监门校尉其罪之性质属"守卫不觉"(不觉长孙氏带横刀而入)，应该比附《卫禁律》(总第 58 条)警卫人员"守卫不觉减二等"之法例，即比照长孙氏的死罪"减二等"，处"徒三年"。因《律疏》疏文说："余条守卫宫殿及防禁之处，皆有监门及守卫，故纵、不觉，得罪各准此"。其五，当年长孙氏带刀进入时，上阁外是否有"仗卫"，并未交代，即贞观初上阁外是否存在"仗卫"以及仗卫伴入制度，案未明言，但依其能带横刀而入的情节看，似乎并未有"仗卫"在上阁外，否则长孙氏带横刀进入，宫中的监门可能不觉，而上阁外的仗卫不会不觉。同时，延议中始终未提及追究"仗卫"罪责之事，说明当时"仗卫引入"制度可能未至完善，而永徽《律疏》中"仗卫引入"，已成为重要制度。这样，如果把贞观元年（627）封德彝关于长孙氏判徒二年、罚铜二十斤，以及对监门校尉判死的记载，到 26 年之后才制定出来的永徽《律疏》中去找根据求取同一性，结果必定是陷进去出不来的。长孙氏带刀入阁案，假设用永徽《律疏》去处断，其法例之运用情形可参见表 9.1。

表 9.1　长孙氏带刀入上阁案假设依《律疏》处置之法例运用表

犯罪者	适用法条	情节区分			罪名	刑罚	执行
		是否属应入上阁者	是否有仗卫（警卫）引入	是否能带刀			
长孙无忌	《卫禁律》(总第 59 条) 阑入上阁	被召而入	无仗卫引入	连"寸刀"都不得带入	(带佩刀)以持仗阑入上阁论	斩	以正三品职官入"八议"
			随仗（警卫）引入	得带"刀子"之属	—	无罪	—
				不应带"横刀"（即"佩刀"）	不应带"横刀"而带入	斩	以正三品职官入"八议"
监门校尉[1]	以《卫禁律》(总第 58 条) "守卫不觉" 比附	—	—	—	守卫不觉（以疏文"余条监门、守卫不觉各准此"之规定比附）	徒三年（照长孙氏持仗阑入上阁之"斩"罪减二等）	依阶品享有特权

[1]《唐六典·左右监门卫》："凡京司应以籍入宫殿门者，皆本司具其官爵、姓名，以移牒其门，以门司送于监门，勘同，然后听入"。监门卫大将军，正三品；将军，从三品；中郎将，正四品下。门司，当为守值之"监门主司"。

续表

犯罪者	适用法条	情节区分			罪名	刑罚	执行
		是否属应入上阁者	是否有仗（警卫）引入	是否能带刀			
监门主司（校尉的监当官）	以《卫禁律》（总第58条）比附	—	—	—	主帅不觉	徒二年半（在监门校尉"徒三年"上减一等）	可依阶品享有特权

二、唐代的《律疏》事实上行用于宋代

唐代《律疏》在宋代的实际使用，从法源、法律形式与敕的关系，到司法实践等各方面都有表现。

（一）《律疏》内容基本保留在《宋刑统》中

1.《宋刑统》的主要渊源是唐《大中刑统》与后周《显德刑统》

为了方便于依类查阅，唐宣宗大中初刑部侍郎刘瑑，在律条后缀附了与各律条使用有关的格敕等的内容，编成了《大中刑律统类》。《新唐书·刘瑑传》记载说："（刘瑑）迁刑部侍郎，乃裒汇敕令可用者，由武德讫大中，凡二千八百六十五事，类而析之，参订重轻，号《大中刑律统类》以闻，法家推其详。"[1] 这种《律疏》条文后附加以格敕的"刑法典"，就是简称为"刑统"的"刑法统类"或"刑律统类"。据《旧唐书·刑法志》记载：大中五年，刘瑑又奉敕修《大中刑法总要格后敕》；大中七年，张戣又呈进《大中刑法统类》。"律"与"法"这里是同事异名；"类"就是指与律条适用相关或相类属的格敕。"统类"就是指《律疏》与相关格敕编成的刑典。这种法典形式从《大中刑统》起，历经后唐《同光刑统》与后周《显德刑统》的传承，到宋代成为建隆四年（963）的《宋刑统》。《宋刑统》所缀附的类属，其选取的时空除唐代外，还延伸到了后周及宋初的格敕内容。

1《新唐书》卷一百八十二，中华书局 1975 年版，第 5372~5373 页。

2.《宋刑统》基本以唐律的《律疏》为内容而有所增加

在实际内容上，《宋刑统》把《律疏》的律文与注文，抽出后集中列在各条之首，作为自己的律与注，然后仍运用《律疏》的【疏】文部分，整条（对短的律文）或分段（对长的律文）进行疏解。天圣七年（1029），国子监孙奭等人校撰了一本订正唐律律文与注文而名之为《律（附音义)》的样板书，就是用于校正《刑统》中的律文与注文的。

3.《宋刑统》的分"门"并未对《律疏》内容有重大影响

《刑统》分"门"，只是《律疏》条文的单元划分，对唐律中涉及罪与罚的内容基本未有根本的增删。但是，刑统在分"门"时，不时在唐律的某罪条后，多加了"门"的内容。其中有些内容只是涉及上条中某种犯罪作处置的程序或有关的制度问题。如《户婚律》卷第十二（总第162条）"卑幼私用财"之后，依"统类"中敕令等的内容，加进了"户绝资产"及"死商钱物"二门。《律疏》内散见于各律篇的"一部律内余条准此"的法例共44条，《刑统》使其集中罗列在《名例律》之后。此外，《宋刑统》在搬用《律疏》时，对唐代的《律疏》内容，还在版式上对表示引述的方式与行文的字体和顺序作了调整。

《宋刑统》使用《律疏》后与原唐《律疏》的同异关系，《玉海》中记述国子监孙奭的一段话，可以说是经典之论：

> 《律疏》与《刑统》不同，本疏依律生文，《刑统》参用后敕，虽尽引疏义，颇有增损。今校为定本，须以元疏为正，其《刑统》衍文者省，阙文者益，以遵用旧书与《刑统》兼行。[1]

其中"参用后敕"与"颇有增损"，是言其不同方面；《刑统》言"尽引疏义"及"须以元疏为正"，皆言其相同之处；"与《刑统》兼行"，是言在使用《刑统》条件下，唐代《律疏》仍有作用。这里，孙奭把《律疏》中"疏"的部分称为"疏义"，可能是历史上第一个简称律之"义疏"为"疏义"之人。

（二）不能以"以敕代律"的套话去穿凿宋史中的重要记载

从宋代敕与律的关系上说，人们往往套用所谓"以敕代律"的说法。如果这种说法中，"代"是"取代"的意思，那么可以明确地说，宋史的记载及《宋刑统》都没有"用敕（或称'编敕'）来取代整个《律疏》"的情况。《宋史·刑法志》中说：

> 神宗以律不足以周事情，凡律所不载者一断以敕，乃更其目曰敕、令、格、式，而律

1《玉海》卷六十六，转引自（宋）孙奭：《律（附音义)》，上海古籍出版社1984年版，冀淑英之《序》文。

恒存乎敕之外。[1]

预防误解这段记载的焦点是：其一，"律"也指包含在刑统中的《律疏》。其二，"更其目"之"目"，是变更立法所确定的种类与名目，如新制定的定罪判刑的法律，称"敕"而不再称"律"；更改与更变也包括"敕、令、格、式"新的内容分工，如"格的内容中不再像唐代《刑部格》那样有定罪判刑的内容。"[2] 但是，不是把"律"都变更为"敕"，尤其不是用"敕"去取代"律"。其三，"恒"，是长久、永远；"存"是存在，相对于"废"与"弃置"不用。"恒存"，是说《律疏》在"敕"之外，长久地存在并行用着，而不是亡失与被弃置。其四，"凡律所不载者，一断以敕"，后面的潜台词应是：律所载可用者，仍断以律。所以，"以敕代律说"，念歪了宋神宗改革立法的指示精神。

（三）宋之"敕"始终作为"律"的辅助起作用

宋初的敕，在调整对象上并无专业门类的限制，对律、令、格、式都可补充修改，四者的性质基本类似于唐代的情况。当时的敕以事类或制定时间划分，性质上虽然也包含了属于修改补充刑律的内容，但此时的敕从整体上说其性质是混合敕。到了宋神宗元丰七年（1084），皇帝为敕给出的定义是"禁于已然之谓敕"，即犯罪行为"已然"后，就依敕来处置。敕的性质已从混合型成为单纯地补充修改刑律的规范即"以刑名为敕"。所以敕也依前《律疏》篇目分篇，从《名例》到《断狱》分十二门，仍是作为对《刑统》中《律疏》的补充修改起作用，而不是全面取代了《律疏》。在敕与《律疏》的关系上，法官正刑定罪时，仍必须参照刑统中的《律疏》。元丰后，敕与《宋刑统》中的律虽性质相同，但仍作为律的补充和修正。对律中有用的刑罚条款，敕文不作重复；对被敕修改过的律的内容，则要作说明。总之，宋朝前期的敕作为某件或某类事情的单一或混合法律时，不能取代律，宋后期的敕作为刑律规范的性质，也不取代律，律在整个宋代都以《刑统》的形式作为有效法律被使用。其实，在宋代的法学概念及司法实践中，《刑统》就称之为"律"；"律"就在《刑统》中，"律"也指《刑统》。《淳熙事类》中就说：

国初，但有《刑统》，谓之'律'。后有"敕令格式"，与律并行。若不同，则从"敕令格式"。

1《宋史·刑法志》，中华书局 1977 年版，第 4963 ～ 4964 页。
2《宋史·刑法志》：于是凡入笞、杖、徒、流、死，自名例以下至断狱，十有二门，丽刑名轻重者，皆为敕。自品官以下至断狱三十五门，约束禁止者，皆为令。命官之等十有七，吏、庶人之赏等七十有七，又有倍、全、分、厘之级凡五等，有等级高下者，皆为格。表奏、帐籍、关牒、符檄之类凡五卷，有体制模楷者，皆为式。详见《宋史·刑法志》，中华书局 1977 年版，第 4964 页。

朱熹对此中的情况曾说：

> 今世断狱，只是敕，敕中无，方用律。[1]

三、唐代"法例"在《律疏》体系内外的使用

唐代法制中的"法例"，其制度及理论生发的基础，是《名例律》序中对"名例"的解释：

> 名，训为命；例，训为比。命诸篇之刑名，比诸篇之法例。

在北齐的"名例律"篇形成之前，《晋律》《大律》及南朝诸律中，"刑名""法例"分列两篇，在这种情况下，"刑名"主要是刑罚的种类与等级规定，而"法例"则是涉于全律的刑事制度与原则。唐代"法例"的概念及运用，在以此为基本属性的前提下，又有所发展变化。唐代法例的基本特征是：

其一，虽偏指《名例律》中作用于全律的制度原则性的法律规范，但也可以是在较小范围内适用或可供援用的法律规范。像"五刑""十恶""八议"等通例性的制度原则，这是适用范围涉于全律的"大"的法例。适用范围较小的，是只涉及一种犯罪的"小"的法例，如《卫禁律》卷第七（总第58条）"阑入太庙室"的犯罪无其条，可依"阑入御在所"之罪"减一等"处罚。如此处置的根据是同卷（总第79条）律文有"庙减宫一等"（侵犯太庙的犯罪比侵犯宫殿的犯罪减轻一等）的规定在，"庙减宫一等"就是"阑入太庙室"（比阑入御在所减一等）处置的法例。《名例律》之外有"法例"在《律疏》中成了常见的情况，如"公职过失犯罪减三等"处罚的法例，就以注文形式列在《职制律》（总第92条）"贡举非其人"的律文中间。据《宋刑统》的收集，《律疏》在《名例律》外，属于以注文或疏文表达的"一部律内余条准此"的"法例"有44条之多。

其二，法例可以存在于《律疏》体系之外如《刑部格》及《法例》等专书，甚至可以是刑法体系之外的法律规范。[2]

其三，凡法例必须是具有成文形式而且是相对完整的法律、法规内容，否则就不能具有法例所要求的可以被规范地引用的根本特点。每个被运用的有相对完整性的法律规范都可以作为法例。了解"法例"及其引用的制度，对透彻地了解唐律法典化及唐代法律体系

1　分别转引自戴建国：《宋代法制初探》，黑龙江人民出版社2000年版，第41页、第45页注。
2　参见本书第29篇《"例"辨》一文第二节第（二）项第3点所举非刑法规范例子。

的运作极为重要。

(一)《律疏》自身体制内法例的运用

唐代的司法判决，在《律疏》体制内，可用自身之成法作另一类无明文规定事情处置之法例。

1. 用 "准此" 把依准之 "法例" 用于处置另类事情

《斗讼律》卷第二十二（总第 320 条）规定："部曲殴良人，加凡人一等；奴婢，又加一等"；"其良人殴伤杀他人部曲者，减凡人一等；奴婢又减一等"；"即部曲、奴婢相殴伤杀者，各依部曲与良人相殴伤杀法。"注文说："余条良人、部曲、奴婢私相犯，本条无正文者，并准此。"其被作依准的规范，就是法例。如斗殴处刑身份上的等差：凡人与部曲，正反差一等；凡人与奴婢，正反差二（等）。依此法例顺推：部曲与奴之间也正反差一个等级。此制度用在奸罪的处置上，《杂律》卷第二十六（总第 410 条）规定：奸罪（凡人间）徒一年半；部曲奸良人，各加一等（徒二年）。《杂律》同卷（总第 414 条）规定：奴奸良人，徒二年半（比凡奸重了二等）。又如，设定侵犯缌麻平辈年长的刑罚是 x，那么侵犯小功年长平辈的刑罚则是 x+1（等）；侵犯大功平辈年长的应是 x+2；侵犯大功尊长亲属的那就在上述 x、x+1、x+2 上再 "各递加一等"。[1] 刑罚依服制 "缌麻—小功—大功—大功尊属" 的加等而有序地对应加等，这是对众多案例作概括的法例化运作。

2. 用比附与类举运用法例处置无明文规定者 [2]

《律疏》中的比附与类举，是适用于 "法无明文" 条件下的制度，《贼盗律》卷第十七（总第 260 条）说，"岂为在律无条，遂使独为侥幸"？《名例律》卷第六（总第 50 条）下说，"断罪而无正条" 时，以类举轻重作处置。但这两种制度，都是依法例而不是依 "判例" 来处断法无明文的案事。

比附是《律疏》内指定某一成例，作为另一事或一类事处置的法例。如《捕亡律》卷第二十八（总第 456 条）规定百姓知邻里被强盗、被杀不告，就有 "不告官司" 的罪名；同时，知道邻里被窃盗不告，要按前罪减二等处罚。但是，如知邻里之奴贱被杀或被强盗不告，律无明文，于是疏文就在《斗讼律》卷第二十四（总第 360 条）规定，"比 '窃盗不告'，科之"。为什么知奴贱被杀、被强盗不告，能比同于知邻里财物被窃不告之罪？那就是因为《名例律》卷第六（总第 47 条）有 "奴婢贱人，律比畜产" 即视之为 "物" 的定

---

1 据《斗讼律》卷第二十二（总第 327 条）作演绎解释。
2 此议题可另参见本书第 26 篇《"类举" 与 "比附" 比较略论——兼解 "举轻以明重" 条何以不被删除》一文。

论。这清楚地表明，实施比附时，求比之事情，被比之事情，甚至可比之原因，都是《律疏》中现成之法例。

类举之关键是要求通过对有轻重差距之彼法例，来对照反衬出此案判断的正确。如《斗讼律》卷第二十四（总第347条）规定父祖"诬告"子孙无罪，但是如属"告实"子孙怎么办？法无明文。于是按类举法，以"诬告"子孙不处罚的情重法例，作为反证轻情"告实"理当也不处罚的正确。这里作为比较的"诬告"重于"告实"，是《斗讼律》卷第二十三（总第342条）的规定。法律要求类比的双方一定要有轻重的差距，是判断能公平合理运用的保证。

(二)《律疏》体制外"法例"的运用

唐代《律疏》体制外的法例，曾有两种：一是较长时期稳定地使用的《刑部格》，二是一度使用过的法官个人编写的《法例》书。《律疏》与其体制外的"法例"，是典与典之间的联系制约关系。

1.《刑部格》

制敕能长期有效行用者，被制定成《格》。《刑部格》是唐《格》二十四篇之一，其性质和作用是修改补充《律疏》，所以比起《律疏》来，在使用上它有优先地位。[1] 现传世较集中的资料是仅存于敦煌文书中《神龙散颁刑部格》的残卷。进入宋代以后，至迟到宋神宗元丰年间改革立法，敕成为纯刑法规范时，唐代《刑部格》的职能也完全被宋《格》所排除而入于敕。

2. 法官或法学家个人编撰《法例》并行用[2]

唐朝曾有二人编过《法例》，"两唐书"上均有记载。《新唐书·艺文志》卷五十八"刑法类"下列有：

> 赵仁本《法例》二卷；
> 崔知悌《法例》二卷。

《旧唐书·经籍志》卷四十六"刑法部"下列：

> 《法例》二卷，崔知悌撰。

---

1 《格》与《律疏》的关系参见本书第2篇《唐律现代研究的几个问题》一文的第三节第1点。
2 此议题另参见本书第10篇《唐代判例书赵仁本〈法例〉的行用与废止论考》一文。

崔知悌在高宗朝曾任过中书侍郎与户部尚书，其《法例》书的编写、使用及结局，在"两唐书"《刑法志》及《新唐书》其本传中都只字未提。

赵仁本的《法例》，《旧唐书·刑法志》与《新唐书·艺文志》所记皆谓"三卷"："先是，详刑少卿赵仁本撰《法例》三卷，引以断狱，时议亦为折衷。"[1]其书的系统，不在唐高宗所说的"律令格式，天下通规"的范畴之内。《新唐书》虽然未记载赵仁本所编《法例》的内容，但关于他收集诏敕的记载，是对其编《法例》一书知识渊源极好的印证："自义宁已来，诏敕皆手自纂录，临事皆暗记之，甚为当时所伏。"[2]赵仁本的《法例》，虽然"时议亦为折衷"，但属未经授权的个人积累的经验总结，最后高宗以"触绪多疑""何为更须作例"为由，《法例》被其废而不用。此书"引以断狱"，大概有十五年左右。为什么措词以"大概"及"左右"，那是因为赵仁本"详刑少卿"之官职，是龙朔二年（662）改官号时由"大理寺少卿"而来，可又不能由此断定其《法例》一定是龙朔二年编出并开始行用。唐高宗禁止赵仁本《法例》书使用事，《旧唐书·刑法志》列于仪凤二年二月记事项下："自是，《法例》遂废不用。"从龙朔二年（662）到仪凤二年（677），总共 15 年，故推估赵仁本之《法例》的使用，"大概有十五年左右"。

赵氏之《法例》书被唐高宗废止后，《法例》其书便不再能"引以断狱"。但《法例》书却被作为法律专业学生的教材使用过。《唐六典》卷二十一"国子监"下记载当时的律学博士在教习学生时，

> 以《律》《令》为专业，《格》《式》《法例》亦兼习之。

《唐六典》书成于开元二十六年（738），距赵氏《法例》的制定（662 年），大约有 76 年，距其书被废止（677）有 61 年左右。考虑到《唐六典》书成之后未作过修改，故而判断《法例》在行用时，甚至在被废止后，可能曾被作为国家的法学教材参考使用。

四、《律疏》抑制"判例"的产生与推行

唐代法官及监察官处断案件，当然会产生"案例"，但在《律疏》的法律环境下，案例很难形成"判例"。在唐代，比较有可能成为"判例"的制敕断罪与"复仇"案，都未能形成"判例"。

---

1 见《旧唐书·刑法志》，中华书局 1975 年版，第 2142 页。
2《旧唐书·赵仁本传》，中华书局 1975 年版，第 2759 页。

（一）皇帝的"制敕断罪"都不能当然地成为判例

1. 唐代"制敕断罪"在舆论上基本处于遭批评否定的状态

制敕断罪这种制度在执行中，常遭到朝堂上一些正直而又敢于进谏官员的批评。《资治通鉴》卷第一百九十二《唐纪·贞观元年》记载大理少卿戴胄评论说：

> 敕者出于一时之喜怒，法者，国家所以布大信于天下也。

《唐会要·君上慎恤》卷四十记载，开元时大理卿李朝隐对唐玄宗说：

> "生杀之柄，人主合专，轻重有条，臣下当守"；"所以为国惜法，期守律文，非敢以法随人。"

有些制令口敕，确实是皇帝一时兴到的随意行为，完全排除了有形成"判例"的可能。如唐高祖武德二年（619），李渊问一名被抓获的强盗为什么为盗，回答说，饥寒交迫活不下去。李渊说百姓因饥寒为盗责任在我皇帝，应予释放。唐太宗贞观二年（628），殿中监卢宽拿了自己服用的药物进入御厨房，依《职制律》卷第九（总第107条）规定要处绞刑，而唐太宗说"只是错误罢了"，竟赦免了刑罚。这些御判当然不可能成为"判例"。

2."制敕断罪"判决的推广依法被阻断

皇帝的"权断制敕"，禁止别的官员或机关引用，否则要对后果负法律责任。《断狱律》卷第三十（总第486条）规定：诸制敕断罪，临时处分，不为永格者，不得引为后比。若辄引，致罪有出入者，以故失论，即依故意或过失地"出入人罪"处罚。这样，这种案例成为"判例"的大门基本被关闭。

（二）"复仇"案始终未形成"判例"

相对而言"复仇"案产生"判例"的可能性应较大。首先，"复仇"的处置，有儒家的"复仇"理念作为前提。正如柳宗元在其《驳复仇议序》中引《春秋》经所说："父不受诛，子复仇可也；父受诛，子复仇，此推刃之道"。就是说，是否能纳入"复仇"的概念，决定于其父祖是否属于应被诛杀的对象。如是不应被诛杀而杀的，就可以"复仇"；如属于有罪被诛杀，子弟去反杀，那不属"复仇"，只能是非法的永无尽止的反复杀戮。以唐代的司法实践来说，"复仇"竟就包括了父祖被朝廷官员错判冤杀，子弟也可去反杀有罪责的官员。开元时，张琇兄弟就是父亲被御史杨汪错判受诛而实行反杀"复仇"。御史杨汪虽然改名换姓潜逃，还是未躲过反杀。虽然最后张氏兄弟被捕杀，但张氏兄弟的"义举"竟得到宰相张九龄等人的力挺及社会舆论的赞扬。《旧唐书》《新唐书》都把张琇兄弟收入其"孝友传"中加以褒奖。同时，对"复仇"案的处置，形成了基本的程序。唐宪宗元和六年（811），梁悦为复父仇，杀了仇人秦果。结果梁悦被决杖后流放。此案经朝廷集议后，采纳职方员外郎韩愈的建议：凡"复仇"案，都报中央，由朝廷集议，最后由皇帝裁处。尽管"复仇"案有基本统一的性质上的认同，及统一处置的程序，"复仇"案仍未有能形成"判例"者。对待"复仇"要完全统一思想很难，要产生"判例"更难。最典型的"复仇"案在法律思想上的矛盾，暴露在武则天时对徐元庆复仇的处置上。[1]徐案属典型的"复仇"，因为要顾全"礼""法"两端，左拾遗陈子昂竟提出，"臣谓宜正国之典，寘之以刑，然后旌闾墓可也"，即依法，处死徐元庆；同时，依礼在其家之里巷及坟墓上立旌表赞颂。这个著名的鼠首两端论，后来遭礼部员外郎柳宗元驳斥，以为陈子昂之议"其不可以为典明矣"。柳氏要求把他自己《驳复仇议序》中的主张附到法令上去，不可依陈子昂之议从事："请下臣议附于令，有断斯狱者，不宜以前议从事"。[2]

（三）有官方背景的案例书、甚至判例书都未得成为正式或长久行用的判例

武后当政时，御史张鷟所编纂的御史台的案判选集，虽然被捧为"龙筋凤髓判"，[3]但唐史中未有以其案判为"判例"运用的记载。

法官总结经验在同行中推行的判例书被皇帝废止。唐高宗朝的大理寺龙朔年间（661—662）担任过详刑少卿的赵仁本，曾编成《法例》即"判例"书三卷在司法界行用了十几年，并有一定的积极影响，但是最后于仪凤二年（677）被废止了。

* 此文原发表于 2013 年《北方法学》第 1 期（总第 37 期），收入本书时题目及内容都有修改。

1《新唐书·孝友传》，中华书局 1975 年版，第 5585~5586 页。
2《新唐书·孝友传》，中华书局 1975 年版，第 5587 页。
3 详见本书第 11 篇《〈龙筋凤髓判〉性质及"引疏分析"考辨》。

10. 唐代判例书赵仁本《法例》的行用与废止论考

——答复并就教于高明士先生和池田温先生

引　言

此文涉于"法例"的概念，可见于本书《唐律在唐宋的使用及"法例"使用的特点》一文的第三小节。写作当时的主要目的，是在回答唐代司法实践中如何运用法律的前提下，不能不涉及"法例"问题。

关于唐律中"法例"的性质及种类，拙文作出论断谓："法例"行用于《律疏》体制内外。在《律疏》体制内，其形式及种类有：其一，《律疏》中属于原则制度性的通则、通例；其二，可被引用断案的任何成文法条的罪罚内容；其三，可作为比附与类举之法条，包括明确指出被"准""以""如""依"等的法条内容；其四，可作为某类判决的精神或原则的内容。在《律疏》体制外的法例：其一，可随时对各种礼法制度作创制与修改的制敕；其二，作为对刑律内容作修改补充的《刑部格》；其三，法官及学者个人作为经验总结的《法例》书；其四，令、格、式等行政法规也有其"法例"。这些内容，都是那时我在不知道十多年前池田温先生《唐代〈法例〉小考》一文，已在我国台湾地区发表的情况下撰写的。[1]

应我之约请，高明士先生发来了他严肃认真地用较大篇幅对拙文中涉于"法例"的内

---

[1] 2013年，《唐律与唐代法制考辨》出第二版时，我把原第一版《"例"辨》一文中关于《法例》的两项内容（第86～88页），合并于第二版新加进的《唐律在唐宋的使用与"法例"在〈律疏〉体制内外的运用》一文的第三小节中，以对《法例》问题作集中表达。因高明士先生在文中提及此事，故作说明。

容予以中肯的评论。不但提出了自己的看法，还引荐池田温先生《唐代〈法例〉小考》[1]中的有关观点，及其所引日本《令集解》中有关于"法例"的实例，使我不意在原写的一小节的文段之外，取得了重要的新的收获。

从池田温先生《唐代〈法例〉小考》中得知，唐代赵仁本《法例》书中的一些内容，在日本及中国流传的大略过程是：日本平安时代著名法学家惟宗直本，参照集成日本几种先行法家对《养老令》之注释而撰写《令集解》，其中就存在一些专家引《法例》作注解的内容；后来日本法学家泷川政次郎于 1929 年撰写《〈令集解〉所见唐代法律书》一文，其中专论《法例》之部分抄录了《令集解》所引《法例》佚文两则，并对《法例》之书略加考察；二十世纪三十年代，仁井田陞先生在其《唐令拾遗》的考注中也引用了《令集解》中涉及唐《法例》的内容；[2]1987 年池田温先生在我国台湾地区"第三次中国唐代文化学术讨论会"上发表《唐代〈法例〉小考》一文，在泷川政次郎研究的基础上再作推进性的研究，其文之最后特别加注曰："本稿写完后，承台湾大学高明士教授校阅修订，特表谢意"；2014 年 5 月，高明士先生应邀为我的《唐律在唐宋的使用及"法例"在〈律疏〉体制内外的运作》一文所写的评论文《关于唐代〈法例〉书》中，又对池田温先生的论述作了具体的解释和发挥。

我对高先生涉于"法例"之评论，及他对池田先生研究成果的引荐及发挥，表示赞赏与感谢。对我得到的收获之处，向高先生及池田先生汇报；同时感到有商榷之处也不敢隐匿，提出来与高先生及广大同仁切磋。

一、池田先生认为《法例》是"判例"书的观点是正确的

池田先生及高先生对赵仁本《法例》为判例书性质的认定，为唐代"法例"的研究注入了新的因素，打开了新局面。

（一）唐之《法例》曾流传至日本

中国唐代高宗时期赵仁本之《法例》一书，《旧唐书·刑法志》有简单的关于其作者、

---

1 参见［日］池田温：《唐代〈法例〉小考》，载台湾政治大学中文系编：《第三届中国唐代文化学术研讨会论文集》1997 年版，第 75 ~ 89 页。高明士先生 2014 年 5 月赐稿后，我历经两个月，托方潇教授辗转从我国台湾地区扫描传来了池田先生的这篇文章。

2 见［日］仁井田陞：《唐令拾遗》《户令》第二十九条"引据"及"按"，长春出版社 1989 年版，第 159 页。

行用及被废止的记载。在《唐六典》中还有其作为国子监的法学教材使用的提及。而池田温先生在《令集解》中所见之日本古代学者在解《养老令》时对《法例》内容的引用，说明《法例》——至少是其中的部分内容，已被传至了东邻日本。日本在其《令集解》中得以留存的唐代《法例》内容，实在可谓是稀少珍贵。泷川政次郎（1879—1992）在其《〈令集解〉所见唐代法律史料》一文中录有《令集解》所引《法例》佚文二条。池田温先生在《唐代〈法例〉小考》一文中对留存的情况，其文第一节"《法例》之佚文"中说：

> 现在学界所知，《法例》佚文，基本上不出于泷川政次郎所录二条，但是《令集解》中言及《法例》一共有八个地方。

在另一段中介绍到"法例"名词在《令集解》中的标注使用情况说：

> 而《法例》前后五见，前三条在《令释》文中，后二条在《穴记》文中。其中引用《法例》原文者，只文头一条而已。其他四个，所言皆仅提及法例之名而不引其文。[1]

（二）唐曾有名之为《法例》的"判例"书

赵仁本《法例》书及其书中之"法例"的性质，从池田温先生列举的例子及说明看，与《律疏》中原"法例"之概念已不是一回事。之前，我提及法例正如我在此文开头所言，都限于比照《律疏·名例序》中训解《名例》时使用的概念："名，训为命；例，训为比；命诸篇之刑名，比诸篇之法例"中的"法例"。此概念原为《名例》篇中涉于该刑律中的原则与制度而言即所谓"通则"，还可以是指全律中表现为成文条文中的罪罚内容。最大限度地说，还可以是成文法律中可被引用的某些源于精神原则的内容。如《贼盗律》卷第二十（总第293条）对略及和诱奴婢罪不以一般略及和诱罪论处，因为《贼盗律》卷第十七（总第248条）疏文中规定有"奴婢同资产"，《名例律》卷第六（总第47条）疏文中有"奴婢贱人，律比畜产"的原则规定，所以略及和诱奴婢分别"以强盗"及"以窃盗论"相处之根据，就是《律疏》（总第47条、第248条）之精神。但据高先生介绍的池田先生所引《令集解》中的"法例"看，那些与具体案情中人与事不予剥离的法例，可直接作为判处另案的法比，池田先生明确地认定其为"判例"，这就与《律疏》原来之"法例"不再是同一概念了。对"法例"，以前只止于《律疏》内外可引用的成文法条之内容，现在池田温先生认为唐代曾有法例形式的"判例"存在过。

关于池田温先生对《法例》书性质的判断，尽管赵仁本《法例》书中得以传世的内容

1　此段引文中之最后一句，引用者擅揣池田先生之意，冒昧略作改动，特作说明并致歉矣。

少之又少，但池田温与高明士二位先生对《法例》书中的性质作出了明确的认定，他们认为赵书是"判例"——而且相当于现代之判例。池田先生对《法例》性质的认定，未在其文的第 3 小节"《法例》之性格"中表述，而是在全文的"结言"及其注释中作了表述。其文之最后一句话说：

> 唐代《法例》稍异，恐以适用法律之模范事例命名，搜集州司、刑部（司刑）等判例而成。

此段"注释"的最后部分说：

> 当代之"例"，大体可分为三种，其一即《律》之名例律，《律疏》中云例者多指名例律。其二为制之言，"永为常式"类。如景龙三年八月敕云："应酬功赏须依格式，格式无文然始比例。"其制敕不言自今以后永为常式者，不得举引为例（《通典》卷 165）即是。（其三）本稿之《法例》于此二种大异，相当于现代之判例。[1]

（三）池田先生所引二则《法例》之判例都有超越在行法律规范的特点

以下我对该二则"法例"特色的分析，完全是就"法例"本身作用而言的体会。

其一，把唐代对人年状的重新貌阅制度应用于刑案。池田温、高明士二位先生在《唐代〈法例〉小考》中认可及推荐的"判例"，涉及对犯罪人作貌阅的制度是其中一例。律令中关于对人丁年龄的貌阅，其常例是入籍时作貌阅登记，如发生疑问，可再作貌阅改正。这种遇有疑问重作貌阅的制度，在"法例"中居然用在了对某犯罪人的年龄有疑问后，进行重新貌阅认定年龄后竟决定实服徒刑的判决中。[2] 这是法律适用上的新情况，是超越《律疏·名例》（总第 55 条）极具特色的新的规范。此事在下文分析《法例》书被废止原因时还将提及，故此处不作展开。

其二，把"同居共财"作为主婚人资格确定的优选条件。关于主婚人的资格问题，《户

---

1 两段引文均见台湾政治大学中国文学系编：《第三届中国唐代文化学术研讨会论文集》，1997 年版，第 89 页。文中加括号的"其三"，是此文引者据文意所加，否则，注文中"大体可分为三种"中的"三种"，除"其一""其二"外无"其三"矣。

2 池田温先生论文《唐代〈法例〉小考》于所收书第 76 页录《令集解》中保留的此条法例原文为："法例云，陈孩儿籍年十五，貌案年十六。据籍便当赎条，从貌乃合徒役。州司有疑，令谳请报。司刑判，以籍为定，本为实年，年有欺隐，准令许貌案，[不]一定，刑役无依，未及改错之间，止得据案为定。"文中"陈孩儿"之姓原写作"イ"旁加"库"，高先生认为其姓名应是"陈诉"；[不]，是高先生与池田先生据文义判定为必须添加之字，意为（如果）"不作确定"则"刑役无依"。其实，句中"定"字前的"一"字，亦为可删去之衍增之字。其中决定此"法例"内容根本走向的关键词语是"年有欺隐，准令许貌案"，"未及改错之间，止得据案为定"。高先生在其文中认为此案最后的处置意义是："只有根据貌案为定（即定其为十六岁之中男），应服徒役。"见其文第四节第 1 项最后部分。

令》中原已有次序排列："凡嫁婆，皆由祖父母、父母主婚；祖父母、父母皆无者，从余亲主婚。"此是由明代《户令》推知唐代亦应有此《令》的基本制度。对于可以主婚的"余亲"，《唐令拾遗·户令》第二十九条记载说：

> 依令，婚先由伯叔，伯叔若无，始及兄弟。

但是，如果"伯叔"与"兄弟"之间发生了竟相主婚的冲突，在现所拾遗的唐令及《律疏·户婚律》中，都只能据尊卑次序为准，而赵仁本的《法例》内容则有处置此类争议案件的新的规范。据池田温先生其文所录《令集解》中的案例说，庞姓女子被属期亲的叔与弟同时主婚许嫁与人，引起诉讼纠纷。州府上报后，司刑之判断认为，"叔"虽辈高序位在前，但叔既与嫁女之家已分析异财，"弟"虽名分在后，却被支持弟之主婚有效。池田先生所录"法例"文段的关键语句说：

> 叔若与戚（被嫁女之弟）同居，资产无别，须秉叔命，戚不合主婚。如其分析异财，虽弟得为主婚也。[1]

在"法例"中，原法律中叔侄尊卑先后之主婚序位，让位于"同居共财"之优选条件，后者成为行使主婚权的法律依据。例文明言叔因"分析异财"其主婚被否决而支持"同财共居"弟之主婚权。

（四）池田先生及高先生判定"赵《法例》"中的法例是"判例"应予赞同

曾经有相当一段时间，很多人一看到史书上的司法事例甚至一个故事，就认为是古代的"判例"。一直以来我以为唐代很少有"判例"。理由是我认为在《疏律》行用的条件下，"判例"的产生及推行受到了抑制（详见本书第 29 篇第四小节）。而这次从池田先生引介的《法例》中这两个比较完整的案例看，其内容有了鲜明的新的特点：

一是法例在具体案件审判中被创制。

二是法例内容包含了实际的案由要素，即其例并未从具体的"人"和"事"中剥离开来而形成了一般性法律规范的抽象条文。

三是法例经州府上报后，经上级职能部门司刑（刑部）所认同与批准。

赵《法例》中的两个判例，对唐律中原有的"法例"概念有了突破之处，这正是我附议及认定"赵《法例》"有资格成为"判例"的理由所在。尽管"赵《法例》"留存于世的

---

1 见［日］池田温：《唐代〈法例〉小考》，载台湾政治大学中文系编：《第三届中国唐代文化学术研讨会论文集》1997 年版，第 77 页。所引文段最后一句，原文为"虽弟得为婚主也"。

内容凤毛麟角，但现已知其内容规范已不再是原成文律、令中的陈旧内容，而是在原法律规范上加进了新的因素。如果其规范内容仍是法条中从律到律、从令到令之原有内容，那就属于原来概念上的"法例"，而不是现在如池田先生及高先生共同认定的已成"判例"性的法例。

二、与池田及高明士二位先生进行商榷之数点

高先生的评论中有几处地方，我感到有向高先生以及池田生作进一步请教和进行商榷的必要。

（一）《法例》书行用上限定在"龙朔二年"是不能精确前提下相对的精确

1. 史籍本身的漏缺带来赵《法例》撰写行用年份的不确定性

对赵《法例》书的撰写与行用的上限，我与高先生看法上有分歧，原因是《旧唐书》的《刑法志》及本传，对赵氏任"详刑少卿"及另一些任职有漏记的现象。赵《法例》书的行用，与其任"详刑少卿"之职务有关，但赵的"详刑少卿"官职在《刑法志》中其任此职的年份却无记。而最重要的是其本传中，连任"详刑少卿"之事也都无记。同时，赵氏获得阶品的记载也有跳越。

我在拙文中对赵《法例》书的撰写与行用的上限，定在唐高宗龙朔二年（662）是唯一能作的尽可能精确的选择。既然赵写《法例》书（包括开始行用）都在其"详刑少卿"任内，所以，我们据其本传围绕其任"详刑少卿"前后的职务作一梳理，可列出如下要点，详见表 10.1：

贞观中，累转殿中侍御史。……会有敕差一御史远使，……仁本越次请行，……及回，事又称旨，擢吏部员外郎。乾封中，历迁东台侍郎、同东西台三品，寻转司列少常伯，知政事如故。……为敬宗所构，俄授尚书左丞，累知政事。咸亨初卒官。

表 10.1　《旧唐书》赵仁本任职经历简表

改称前后	任职顺序	职务	阶品	另外职权	记载出处	与撰《法例》关系
官制改称前至龙朔元年（661）为止	第一官职	（贞观中）殿中侍御史	从七品下	—	本传	积累材料
	第二官职	吏部员外郎	从六品上	—	本传	—
	第三官职	（缺少记载）	（五品）	—	本传、刑法志皆缺	—
官制改称于龙朔二年（662）起始	第一官职	详刑少卿	从四品上	—	刑法志	撰《法例》并行用
	第二官职	（乾封中）东台侍郎	正四品上	行宰相权："同东、西台三品"	本传	—
	第三官职	司列少常伯	正四品上	行宰相权："知政事如故"	本传	—
官制称号复原于咸亨元年（670）	第一官职	尚书左丞	正四品上	为许敬宗陷，"罢知政事"	本传	—
—	（咸亨初卒官）	—	—	—	本传	

对表 10.1 必须说明的是：

其一，因本传言赵在任殿中侍御史时："自义宁已来，诏敕皆手自纂录，临事皆暗记之，甚为当时所伏"。故在表中谓其是赵写《法例》书的一个"积累材料"的阶段。

其二，把"尚书左丞"列在咸亨官称复原后，因为按改称，"尚书左丞"应称"左肃机"，本传现称"尚书左丞"故应列其在官称复原后之官职。《唐六典·尚书左、右丞》条下注："龙朔二年改为左、右肃机，咸亨元年复为左、右丞。"

其三，判定赵仁本传上漏缺其"五品"官的记载，是按官职升迁制度推定。赵的"从六品上"的"吏部员外郎"与"从四品上"的"详刑少卿"之间必须要有一个"五品"职的填补才合于擢升之通例。这个五品官，譬如可以是"吏部郎中"（从五品上），也可以是"大理正"（从五品下），或是别的什么，总之是要"五品"。

2. 在行用上限不能精确判定的前提下应选择相对精确的一种

其一，把"龙朔、乾封年间"（662—666）作为《法例》书行用的上限，科研探索意义受限。高明士先生认为，赵《法例》书行用的上限，定在"龙朔、乾封年间"最保险，因为乾封中担任东台侍郎后绝不可能再称为"详刑少卿"。这种主张因谨慎而不会有错。乾封朝总共才三年（666、667、668），乾封中（667）距官制改称"详刑少卿"的龙朔二年（662），要相距 6 年，《法例》到仪凤二年被废止，即使满打满算才 16 年，要用其中的 6

年（662—667）作为底线期，这样行用上限连个可围绕的中心年份都不能表述，这不能满足行用年数探讨的科学要求。而且，真如依"乾封中之前"作为行用底线，那么在最紧的情况下，给赵仁本《法例》撰写与行用的时间只有乾封元年（666）的一年。这看起来无懈可击，但目的性不明了。

其二，把龙朔二年（662）作为《法例》行用的上限，就可产生以龙朔二年作为行用的一个基本的中心年份。因为最根本的是，赵仁本龙朔二年（662），就作为"详刑少卿"撰写并行用《法例》书的事不能被排除，因此这一年作为《法例》行用上限的判定，找不到反证去推翻。这个行用的基本年份，完全可以作为合理的选项，而且避免了言"乾封中之前"有 6 个年份而不能有一个可参照的中心年份的缺陷。

其三，拙文上限之判定已虑及历史记载中的或然因素。其实从高先生的要求说，以"龙朔二年（662）"作行用上限的参照年份，也在"乾封中之前"（662—667）的范围之内。当然，本传及刑法志，对赵仁本任"详刑少卿"并未有明确的年代记载，所以为保留行用期限计算的伸缩性，在行用的基本参照年份上加以"大概"与"左右"的修饰就是合理的。为了防止多算，在方法上我故意不计"年头"而以"年"计。唐于龙朔二年"二月甲子改百官名"，[1] 从龙朔二年（662）"二月甲子（初四）"，到唐高宗废止《法例》的仪凤二年（677）的"二月九日"，如掐指去数有 16 个"年头"，但实际行用的时间，如从公元662 年的"二月"到公元 677 年的"二月"，是 15 年加 1 个月，言"十五年左右"毫无虚夸。再次说明，我的逻辑判断的背景是：无法排除改官称的龙朔二年是《法例》书行用的上限。所以我在拙文中谓《法例》书行用"大概是十五年左右的时间"。

（二）赵仁本《法例》书行用的下限应是"仪凤二年"

关于赵氏《法例》行用的下限，高明士先生认为我细定在"仪凤二年""有危险性"，不如说"仪凤年间"好。我认为，据《旧唐书·刑法志》，把高宗下令废止赵氏《法例》之事挂在"仪凤二年（677）"的记事项下，理由还是比较充足的。一是，左仆射刘仁轨等删辑的格式于"仪凤二年二月九日，撰定奏上"，有一定的连贯性，可能是唐高宗废止赵氏《法例》的一个因素。二是，从史料上说，用"先是"倒叙前情，唐高宗下令废止后，其记载为："自是，《法例》遂废不用"，这"自是"的时间所指，是呼应上文"仪凤二年二月九日（刘仁轨删辑之格式撰定奏上）"的。如果失去了"仪凤二年"的依据，这"自是"之"是"就无着落。仅凭这两点，废《法例》事挂在"仪凤二年"之下不会有问题。

《旧唐书·刑法志》在记事时，先列年份记当前之事及其过程（包括起止日期），然后再以"自是"与前列之年份照应，已成了基本程式。如《永徽律》制定后又制定《永徽律

---

[1]《资治通鉴》卷二百"唐纪十六"，上海古籍出版社 1987 年版，第 1348 页。

疏》的大事就这样表述：

> （永徽）三年，……（诏宜广召解律人条义疏奏闻，于是太尉赵国公无忌等）参撰《律疏》，成三十卷，四年十月奏之，颁于天下。自是断狱者皆引疏分析之。[1]

文中"自是"盖呼应永徽"四年十月"。

　　注明年份记事，中间经插叙或倒叙后，最后再以"自是"（或"至是"）与前注年份呼应，也有其例，如《旧唐书·刑法志》记唐德宗建中二年（781）事中曾说：

> 建中二年，罢删定格令使并三司使。先是，以中书门下充删定格令使，又以给事中、中书舍人、御史中丞为三司使。至是中书门下奏请复旧，以刑部、御史台、大理寺为之，其格令委刑部删定。[2]

文中"先是"，是指唐肃宗至德元年（756）至唐德宗建中元年（780）之间的时段，唐删定律令格式与制敕，由"中书门下与删定官详决"；"三司使准式以御史中丞、中书舍人、给事中各一人为之"。建中二年，罢去"格令使"及"三使"后，中书门下奏请复旧，"三司""以刑部、御史台及大理寺为之"，"格令委刑部删定"。文中之"至是"是呼应"建中二年"的。其时序之表述结构，与记赵仁本《法例》废止中的"仪凤二年，……先是，……自是"之表述形式完全相同。赵仁本《法例》被废的"仪凤二年"，就是"赵法例"书行用的下限。

　　高明士先生把上限定在"乾封中之前"，下限又不同意定在唐高宗仪凤二年（677），因此他对《法例》行用的上下限，其计算表述模糊。

（三）谓赵之《法例》书原为二人合写，其中崔知悌以职高而署名在前的说法根据不足

　　"两唐书"对《法例》书的记载颇为不同。《旧唐书·经籍志》只列有一行文字：

> 《法例》二卷一部　（下为注文）　崔知悌等撰

而其《旧唐书·刑法志》，却又只记载了赵仁本的《法例》先行用而最终被废止的事。《新唐书·艺文志》则又以两条分前后地列了两部《法例》：

> 赵仁本《法例》二卷

1 《旧唐书·刑法志》，中华书局 1975 年版，第 2141 页。
2 《旧唐书·刑法志》，中华书局 1975 年版，第 2153 页。

崔知悌《法例》二卷

对此，高明士先生推介并赞同池田温先生的观点认为，《法例》实际只有一部，《旧唐书·经籍志》署"崔知悌等撰"，就是崔、赵二人合写，因崔比赵职位高就以其名署"等撰"，《新唐书·艺文志》就是根据这种情况而细分了二项记载。此说虽不无道理，但总觉理由不足。对《旧唐书·经籍志》中"崔知悌等撰"，高明士先生指出我漏抄"等"字，其实我为文之当时尚不知池田先生有"崔、赵合写"之议，更未预见将与之讨论该问题，故纯属疏忽漏抄。

1. 对书典之记载"两唐书"求详而不求简

从《旧唐书·经籍志》的署名看，很多合著书基本是约略地作"某某某等撰"之署法，但《新唐书·艺文志》的署名法则不同，如果是多人著，不要说是二人，就是多至十几个人（其中大有宰相，小有县令）的，也都一一明署，而且还加上各自的官衔。《新唐书·艺文志》对所列书典的署名非常重视，不能作确切署名的还作统一说明。如"刑法类"之后就说："右刑法类二十八家，六十一部，一千四卷。失姓名九家，自《开元新格》以下不著录十三家，三百二十三卷。"

而对于属一个人以上编著的就详列"某某某等"署名，且都署在书典之下，如：《元和删定制敕》三十卷，许梦容、韦贯之、蒋义、柳登等集；《元和格敕》三十卷，权德舆、刘伯刍等集；《大中刑法总要格后敕》六十卷，刑部侍郎刘瑑等纂。

如属一人编撰的，基本把姓名署记在书典之上方，如：张戣《大中刑律统类》十二卷；王先行《律令手鉴》二卷；元泳《式苑》四卷。《法例》书的情况也是以这种单独列行之形式署列：赵仁本《法例》二卷；崔知悌《法例》二卷。[1]

2. 假有以职高者代署或独署之成规应会有一以贯之的表现

如果要贯彻职高署名成规，编写在前的《旧唐书·经籍志》在《法例》二卷下注"崔知悌等撰"，是反映崔、赵（仁本）二人合撰《法例》，而赵因职级低被以"等"代表的话，那后编的《新唐书·艺文志》依其固有记载体例，只可能详署为"崔知悌、赵仁本撰"，不会明知是二人合撰，还要以二条并列的形式列为二部，而且还故意与署名成规反其道而行，把职级低的赵氏条放到职级高的崔氏条的前面。这种记载方式根本与崔、赵二人合撰一部书，且赵是实际撰写者，崔只是因职级高而优先署名的成规矛盾。而且，如果贯彻位高者首署，位卑者次署或不署之成例，那应该是《旧唐书·经籍志》与《新唐书·艺文志》都会体现，而不会只在《旧唐书·经籍志》中体现。同时，更不会出现《旧唐书·刑法志》对二人合著之书，只独提赵氏而无崔氏的情况。

---

1 以上均见《新唐书·艺文志》，中华书局 1975 年版，第 1495～1497 页。

3. 判定崔赵合写《法例》须得有可依的情节上的蛛丝马迹

其实，在唐代汇编性或研究性的法律书，个人撰写推出行用并署个人之名，这些情况并不少见。况且这种书籍一般都并无经过审查公布的程序，就如赵仁本的《法例》就没有上呈日期或经审查批准的记载。在这种情况下发生赵仁本与崔知悌在差不多的时间段内，分别撰写目的与作用一样，而内容不同或不全同的两部《法例》书，不能完全排斥这种可能。后来赵的《法例》，因写得好，推行开了，崔的《法例》书不如赵的好，自然地淘汰了，这也是自然的事。如一定要说《法例》是崔、赵二人合写了一部，而且崔是挂署了名字，这样就无形中偏倚地肯定了《旧唐书·经籍志》的记载，轻率地否定了《新唐书·艺文志》的记载。在法史老前辈仁井田陞先生所撰《唐令拾遗》"户令"第二十九条的《引据》中，亦曾引《令集解》中关于某女（阿庞）之叔与弟同时为其主婚而引起诉讼之"法例"。其条下之《按》语说："但这个《法例》，究竟是赵仁本所撰，还是崔知悌所撰则不清楚。"池田先生谓同一时段不可能有两部《法例》行用，的确是极为重要的逻辑推论，惜乎"两唐书"中崔、赵之本传及有关志书中，皆无关于二人曾合作写书的一言半语的情节交代，甚至是蛛丝马迹的表露。

（四）"三司"决大狱之错失必由给事中援引赵《法例》书纠正之说缺乏理由

《唐六典·门下省·给事中》条下记载曰：

> 凡国之大狱，三司详决，若刑名不当，轻重或失，则援法例退而裁之。

高明士先生认为："显然此处的'法例'可能就是赵仁本《法例》"。而我却认为此处之"法例"应是偏重地指《律疏》中一般意义上的法例，[1]而不可能专指赵仁本《法例》中的"判例"。

1. 不要把给事中所援之法例神秘化

首先，对于"三司"在"国之大狱"审判中发生"刑名不当，轻重或失"的现象，完全不用把它解读得那么神秘，那么高级。既然是"错失"，就可能包括在一般大小"法例"引用上的错失。一定要把三司审大狱中的错失从一般法例引用的错失中排除出去，那完全没有必要。错失就不排除有低级的甚至常识性的错失。

其二，"三司"所判"刑名不当，轻重或失"的案件，既然性质是"不当""或失"，绝

---

1 这种意义的"法例"，我对其所作的定义及使用的说明，见本书第9篇《唐律在唐宋的使用及"法例"使用的特点》一文的第三节。

不是属"律令无条""无文可以比附"的情况。后者绝不是前者的原因。这种情况下，既然"三司"亦无法比附其条，为何给事中却独能用《法例》书得其比附之条？

其三，更不能设想"三司"判事之错失产生于适用"不应得为"的情况。因为这样认定，无疑就把三司错失的案件，全限制于从轻情"笞四十"到重情"杖八十"的圈子中去了（见《律疏》总第 450 条），这几乎是不可能的事。

2．很难设想三司必须适用的法律一定要仰待给事中才能找到

要说三司审大狱有错失后，非要门下给事中替三司们到赵仁本的《法例》中找"判例"去纠正，几乎不可能出现这种局面。赵氏之书在其可行用时是公开行用的，从《唐六典》看甚至被废止后还仍被国子监内部用作法律教材。如连国家最高审判机关"三司"，都不知道篇幅只有二卷的赵《法例》中有所审国家大案的某一判例，这很难想象。既然赵氏书中有适用的判例，只有门下省的给事中能找到，这也是很难想象的。三司的错失通常是在运用一般法例上有错失，反而不会是因找不到赵仁本"判例集"中那个最适用的判例才发生错失的。总之，不能认为门下给事中是只"援（赵仁本）法例退而裁之"。把赵氏之《法例》的权威提到那样的高度，与唐高宗最后只口头一声令下即把它废止的结局，在事理上不顺。给事中审查及纠正三司大狱审断中错失制度的来源，也不一定要与赵《法例》的成书共存亡。如给事中纠"三司"之错失，必依"赵《法例》"，那么龙朔二年之前以及仪凤二年其书被唐高宗废止后，岂非给事中就无从再依法纠正"三司"判大狱的错失了？

3. 赵仁本《法例》之适用效力不能过于夸大

"判例"在法律效力上之地位，正如高明士先生在文中所引，除《律疏》外《唐会要·定格令》中记载唐中宗景龙三年（709）之敕规定：

> 其制敕不言自今以后永为常式者，不得攀引为例。

一定要说给事中最后必援引赵氏之"法例"作为让三司纠正错判之根据，这明显地是让从来未曾成为"常式"或"永式"的赵氏"法例"，其效力同于已成为"永式"的制敕，这怎么也说不过去。《唐会要·定格令》记载唐文宗大和四年（830），大理卿裴谊奏：

> 当寺《格后敕》六十卷，得（大理）丞谢登《状》，准御史台近奏：从今己后，刑部、大理寺详断刑狱，一切取最后敕为定。

纠正三司错失的最后法律依据，绝不会是唯"赵《法例》"是从。

4. 给事中所引之"法例"从史载看未必是赵《法例》之书名

三司决大狱有错，由门下省的给事中援引赵氏之《法例》去纠错，对此《唐六典》与《旧唐书·百官志》中记载此"法例"之词，都未使用书名号，这表明此处之"法例"是

《律疏》中一般法例之概念，而不是特指赵仁本专著之《法例》书。而且，《新唐书·百官志》门下省部分记载给事中纠三司审案之错失时，只说：

> 三司详决失中，则裁其轻重。

竟根本未提援《法例》书纠错之事。

三、赵仁本《法例》书被废止的主要原因试探

《旧唐书·刑法志》上记唐高宗废止《法例》时说的那些话，明文历历，自无问题。高先生认为，当时在行法律"条章备举"，另编《法例》"烦文不便"；同时还引用泷川政次郎关于仪凤二年（677）已完成《永徽留司格后敕》的理由，也认为无必要再用《法例》。这些我认为都是次要原因，我在拙文中认为其被废止的最主要原因是《法例》书"属未经授权的个人积累的经验总结"，故唐高宗以"何为更须作例"为由加以废止。高先生认为我说的理由"不够具体"，可谓一言中的。这里我再把我认为的主要原因，较具体地述说如下。

1.《法例》书事实上的超"制敕"效力于立法上有损于皇权独尊

"权"是唐高宗废止赵氏《法例》的关键所在，朝廷就是不允许在律令格式之外，有任何个人所编的"判例"的权威，去损害皇帝的立法权威。唐高宗所说律令格式作为"天下通规"，"非朕庸虚所能创制"，"并是武德之际贞观以来，或取定宸衷"，即由前面两代皇帝（实际也包括他自己在内）用心审查确定的，这是问题的关键所在。唐高宗就是不允许在律令格式包括制敕中成为永格的法例外，不"取定宸衷"，而由"庸虚创制"去编一部实际是一大批有"永格"效力，却又不经特定程序而产生的"判例"行用。在赵氏《法例》使用得"时议亦为折衷"的社会反响下，唐高宗竟下令废止其行用，没有再比考虑对皇权损害更大的原因了。

2.《法例》对律令"触绪多疑"可能是其被废止的明显表现之一

唐高宗指责赵氏《法例》"触绪多疑"，现见存的二例中，还正有"触绪多疑"的一个例子。就《令集解》中保留的那个判例说，犯罪人（陈诉儿）"籍年十五"，因疑其年有诈欺而被重新"貌案十六"。因按《律疏·名例律》（总第30条）十五岁可"收赎"，十六岁则要实服徒刑。但当时因不能肯定年龄，于是请示司刑，司刑就依照《令》文中原有"若疑有奸欺者，亦随事貌定"的规定，决定以重新貌定的"十六岁"为准，让（陈诉儿）实服徒刑，而不得用赎。这当然是反常法的判例。

其实，解决陈诉儿这一案，唐代的《户令》和《律疏》都有规定现放着。仁井田陞在《唐令拾遗》复原永徽至开元间行用的有关令文说：

> 诸户，计年将入丁老疾，应征免课役及给侍者，皆县令貌形状，以为定簿。一定以后，不须更貌。若疑有奸欺者，随事貌定，以附于实。[1]

对此，《律疏·名例律》（总第 55 条）疏文规定：

> 称人年处，即须依籍为定。假使貌高年小，或貌小年高，悉依籍书，不合准貌。
> 籍既三年一造，非造籍之岁，通旧籍计之。

从以上《户令》与《律疏》的规定，可以作出以下结论："疑有奸欺者，随事貌定"之制，只适用涉于"征免课役"等事务才可于重貌后"以附于实"。而涉于犯罪判刑之事情则不可，其原则是"悉依籍书，不合准貌。"从陈诉儿案判词中所言"陈诉儿籍年十五，案年十六。据籍便当赎条，从貌乃合徒役"之语可看出，法官们是明知而故意突破律令。《名例律》（总第 55 条）律文在关于"人年"的"问答"之解释与此相反：

> "令为课役生文"；"刑名事重，止可依据籍书"。

即陈诉儿犯罪后是实服徒刑还是用赎，不能临时重新貌阅，从而在认定属中丁的十六岁后，作实服徒刑处置。令文的貌阅制度管不到刑案：

> 课役稍轻，故得临时貌定；刑名事重，止可依据籍书。

因对刑犯嫌疑人重新貌定年龄，大多会产生欺诈，法律为防弊端，故作正式的法律解释说：

> 惟刑是恤，貌即奸生。

律文对涉于刑罪案事的貌定，案情条件及程序都限制得十分严格。其《答》文举例说：

> 或有状貌成人而作死罪，籍年七岁，不得即科；或籍年十六以上而犯死刑，验其形貌，不过七岁：如此事类，貌状共籍年悬隔者，犯流罪以上及除、免、官当者，申尚书省量定。须奏者，临时奏闻。

只有年龄差异太大，且"犯流罪以上"及官犯涉于"除、免、官当者"，要报尚书省刑部（司刑）甚至奏闻批准。律令中这些规定，与陈诉儿案例（"判例"）的内容都抵牾不容。赵《法例》中记载的"司刑"核准的这个判例，对当时现行的令文与《律疏》的冲击不言而喻。

　　"司刑"把只适用于"课役"的貌阅，任意扩大用于刑狱处置，就正属于唐高宗指责其

---

1 ［日］仁井田陞：《唐令拾遗·户令》第二十四条，长春出版社 1989 年版，第 151 页。

"触绪多疑"的事例。赵氏的《法例》书，既是无授权、批准、公布的制度，使用中"司刑"的批准就是唯一的审查程序，虽然"时议"认为赵书"折衷"，但要使这部"判例集"长期精当依法，事实上很难。上述所举这种与《律疏》法例相矛盾的判例，到底以谁为准？《律疏》说得很明白：

> 律、令义殊，不可破律从令。

《唐会要·定格令》中记载开元十四年（726）的敕令也说：

> 如闻用例破敕及令式，深非道理，自今以后不得更然。

上述观点，只限于对唐高宗废止赵《法例》原因的探讨。对陈诉儿因被重新貌定年龄实服徒刑，是否属《名例律》（总第 55 条）的禁止之例，请方家权衡评说。

此一问题，池田先生与高先生在各自的文中均未谈及，故不在这次相互探讨的范围内，纯属探讨中顺带之说。同时，我对陈诉儿案法例的分析，并不妨碍我们共同对此法例属"判例"的性质认定。也可以说，正是此法例有此特点，才成其为"判例"而不是通常之法例。

池田先生在其《唐代〈法例〉小考》中认为，初唐《法例》之编撰与应用，"可谓充分反映当代（时）法制之发展和刑政之进步"，"赵仁本等《法例》"，"撰成当时颇有用之书"，"可惜偶遭高宗之妨害，不能流通，仅留二项佚文于异邦《令集解》而已"。其惋惜遗憾之情，我亦深有同感。

赵仁本的《法例》书在唐代的命运，因为它是"判例"，初期完全可能盛行一时，但也正因为是"判例"，在皇权专制下红了之后必定要被废止。不太恰当地比喻说，如果不属曲解的话，根据民谚"成也萧何，败也萧何"之说，在《法例》书废止的原因上，可以套用地说："成也判例，败也判例"。唐代"判例"制度的命运，可想而知。像赵《法例》这样有影响的"判例"书，虽被废止而仍能入于正史典籍的记载，就很不错了。至于其他属于科举教学参考及研究性的"判例""案例"书，有些虽然一直至现在还名气很响，但在《旧唐书·经籍志》《新唐书·艺文志》中根本无其踪影，就更不必奇怪了。

后　记

相当长的一个时期以来，我用了较多精力，与国内同行，商讨唐律研究与教学中涉及的一些看似浅近实际是非常重要的根本性的、方向性的问题。这里我与台湾大学历史学系名誉教授高明士先生互为酬答的论文，也正是我这方面研究的一个行动。今后，我仍将继续朝着我自己的目标前进。为此，愿与同人共勉。

（2015 年 1 月）

*此文发表于 2015 年北京大学出版社出版夏锦文、李玉生主编之《唐典研究》一书中，此次收入本书只对题目及一些词语作了修饰。

11.《龙筋凤髓判》性质及"引疏分析"考辨

《律疏》于唐高宗永徽四年（653）制定完成，颁布全国，《旧唐书·刑法志》特别记载说：

> 自是断狱者皆引疏分析之。[1]

至此，从适应科举考试需要而启动制定，终于以落实到司法适用为结果的《律疏》，真正成为全国统一适用于定罪判刑的一部律典。关于《律疏》在唐代司法实践中的引用情况，在"两唐书"的"本纪""列传"及《唐会要》与其他有关唐代的史书中，不时有直接或间接反映的事例。然而《律疏》制定后能较集中地反映其引用情况的书证，最重要的、最早的就是《龙筋凤髓判》[2]（行文及注释中以下皆简称《龙判》）一书。

一、《龙筋凤髓判》是御史台的案判选集

《龙判》一书虽不是唐代大理、刑部断狱的判决书，但由于其所汇集之判词集中了一批御史台之案例，这就不但为我们对《律疏》的引用情况提供了考证条件，同时也给我们对唐代监察制度作进一步的探索提供了线索。

1《旧唐书·刑法志》，中华书局 1975 年版，第 2141 页。
2 本文所引（唐）张鷟的《龙筋凤髓判》，是田涛、郭成伟校注的中国政法大学出版社 1996 年版。

（一）从《龙筋凤髓判》看御史台之职权行使

《龙判》一书，从其案件的性质、渊源、内容及处置程序等各层面看，此判词文书必出之于御史台。

1．纠弹官吏的违法犯罪是御史台的主要职能

《龙判》共4卷，集案例78件，涉及的官府有：中书省、门下省及尚书都省等宰相衙门；尚书省中的吏部、户部、礼部、兵部、工部及其属下的考功、司勋、主爵、仓部、祠部、主客等曹司；属于各监、寺、馆的有国子监、少府监、将作监、水衡监、沙苑监、苑总监、修史馆及大理寺；涉皇家直属或隶属于各部、寺、监的具体执事单位有太庙、郊社、太乐、鼓吹、太卜、太医、太史、刻漏、良醖、太官、掌醢、珍羞、导官等；属于军警各卫府的有金吾卫、左右卫、左右羽林卫、左右千牛卫、左右监门卫、左右屯卫、左右武卫、左右军卫、左右骁卫及左右率府，此外还涉及御史台、州官和刺史。

案判主要的涉事方或被告方，均是官府的官员及有爵位者，上至身为宰相的左仆射及御史大夫，还有六部的主要官员，各部中层的郎中，及许多有具体职掌的官员，甚至涉及命妇、公主。总之，案中的被告待处置者基本上是官吏，最低的也是有一定"功名"的参加省试的考生。这种明显的案件特征，从管辖职责来说，只能是御史台。《唐六典》记载御史台的职掌说（括号中为注文）：

> 御史大夫之职，掌邦国刑宪、典章之政令，以肃正朝列；中丞为之贰。（其百僚有奸非隐伏，得专推劾。若中书门下五品己上、尚书省四品己上、诸司三品己上，则书而进之，并送中书门下。）[1]

所以，御史台性质是维护吏治，弹劾官吏不法犯罪的专职衙门。御史的判词，就是在"百僚之事应弹劾者，御史言于大夫"；"皇帝视事日，御史奏之"；"皆先进状，听进止"制度之下产生的法律文书。《龙判》中的刑案，有的出之于有关犯官主管当局的告发而御史台受理，有的案件是御史台主动弹劾立案推审。78件中大部分属于这种情况，而且有十几件的案由中，都写着"御史弹付法"或"御史弹付"。需要说明的是，涉及宰相、御史大夫等人的案判，说明御史台职权行使的特殊性，因为这些判词中的处置意见，都要呈送中书、门下，由皇帝作最后批准的。

唐朝的御史台除御史大夫及御史中丞为正副长官外，台内的御史分为侍御史、殿中侍御史及监察御史三类。这三类御史都可以对不法官吏进行纠举弹劾并奉命推审，但是在管辖权限上则有所不同。《唐六典》记三类御史之主要职掌说：

1《唐六典·御史台》，中华书局 1992 年版，第 378 页。

> 侍御史掌纠举百僚，推鞫狱讼……凡有制敕付台推者，则按其实状以奏；若寻常之狱，推讫，断于大理。凡事非大夫、中丞所劾而合弹奏者，则具其事为状，大夫、中丞押奏。
>
> 殿中侍御史掌殿廷供奉之仪式……若皇帝郊祀、巡省，则具服从，于旌门往来检察，视其文物之有亏阙则纠之。凡两京城内则分知左、右巡，各察其所巡之内有不法之事。
>
> 监察御史掌分察百僚。巡按郡县，纠视刑狱，肃整朝仪。凡将帅战伐，大克杀获，数其俘馘，审其功赏，辨其真伪。若诸道屯田及铸钱，其审功纠过亦如之。……若在京都，则分察尚书六司，纠其过失，及知太府、司农出纳。……凡尚书省有会议，亦监其过谬。[1]

从《龙判》案件的情节看，绝大部分是属于中央机关及京都百僚的罪案，地方官吏的案件则很少。

（1）官吏有罪御史弹劾交付大理寺审判。

如《龙判》卷二第 83 页"沙苑监二条"之一，其案由说，朝廷宴请默啜汗国使节，原属太仆寺下负责筵席用品供给之沙苑监，因"供羊瘦小"，造成"边使咸怨"；此事由负责外事接待的鸿胪寺提出举告："鸿胪寺状称"；受理鸿胪寺举告的是御史台："御史弹付法"；但是案中犯官最后的定罪判刑职责则属大理寺，御史台的判词说：

> 宪司弹劾，允合公条，大理纠绳，固难私纵。

御史弹劾后如大理判决违律，御史台可建议纠正。如《龙判》卷二"太庙一条"中，太庙令犯"大祀散斋吊丧"之罪，先由"御史弹付法"，后经"大理断"，但大理在判断中作"征铜五斤"同时又"官减一等"之错判后，案件又回到御史台由御史写判词纠正就是实例。

不服大理的判断由御史台受理。《龙判》4 卷 78 个案件的判词，其案由中记当事人"不伏"原判的多达 20 件，超过了四分之一。在许多不服原判的案件中，专门说"大理定罪不伏"的有 6 件。由此可见，官吏的刑案中，当事人不服大理处断而转由御史台覆核。

从审判制度说，京都地区及中央机关百官的案件，由大理寺通过审判定罪判刑，不上诉的，徒以上由刑部审核后定案，死刑还要由皇帝批准。《唐六典》在御史台的"侍御史"条下也说："若寻常之狱，推讫，断于大理。"但是，官吏之案如"不伏"大理之判而提出异议的，则有专门的审判组织进行处置，御史台的御史就是与中书省及门下省的官员一起成为联合处理此类案件的一方。《旧唐书·职官二》在门下省"给事中"条下说：

> 凡天下冤滞未申及官吏刻害者，必听其讼，与御史、中书舍人同计其事宜，而申理之。[2]

1 《唐六典·御史台》，中华书局 1992 年版，第 380 ~ 382 页。
2 《旧唐书·职官二》卷四十三，中华书局 1975 年版，第 1844 页。

官吏对御史台的处置不服，可仍向御史台申诉。如《龙判》卷一第 13 页中记载，御史严宣弹劾长史田顺受赃，田不服就仍向御史台申请，并由另一御史受理审核处置［详见本文第 201 页第二节第（一）项第 4 点］。

（2）官吏不称职或品行恶劣也由御史台弹劾。

御史台对官吏的弹劾，不限于触犯刑律要定罪判刑的案件，如果官吏虽未触犯刑律但表现不称职或有劣迹，御史台可直接弹劾。《龙判》卷二"内侍省二条"之二的案由中直接说："内侍元淹，心狠貌恭，善柔成性，两京来往，威福甚高，金帛祗承，则妄于延誉，迎候失行，辄加鞭挞。"结果，御史对其的判词是："直可投诸四荒，以御魑魅。驰驿速发，无俾少留，各下所司，即宜催遣。"内侍元淹受到了除官远放之处置。

由御史弹劾贬官，还可见于《龙判》卷三"修史馆二条"之二的例子。其案由说，"著作郎杨安期学艺浅钝，文词疏野，凡修书不堪行用，御史弹才不称职，官失其人。掌选侍郎崔彦，既亏清鉴，并请贬退"。其判词最后说："选曹简要，秘书清高，理须放还，以俟来哲。"两人都予以贬退。

官吏不称职也可由其所属主管部门呈告御史台请求处置意见。《龙判》卷三第 94 页"修史馆二条"之一的案由说，"监修国史刘济状称"："修史学士李吉甫多行虚饰，不据实状，有善不劝，有恶不惩，得财者入史，无财者删削，褒贬不实，非良史之体。"御史之判词是"有奸雄之性，无良史之才，徒紊国经，宜从屏退。"显然，修史学士李吉甫受到的是"摈退"撤职的处罚。

御史台对于主管部门对有关官吏的处置呈请可以驳回。如《龙判》卷三第 118 页"左右屯卫二条"之二的案由说，"左右屯卫"认为飞骑将军刘恭"膂力强群，弓马超众"，但因为"眇其一目，恐不堪侍奉"即不适合侍奉在皇帝左右，所以"欲放归乡里，又惜其身材"。"眇"在唐律中的意义，是指视力受损模糊，而不是失明致瞎。因一眼之模糊，就要被解职还乡，御史在判书中认为对人才应"用大掩小，弃短从长"，"大材可录，小疵何伤！"所以，主张"既要所须，宜从旧定"。

（3）爵位之予夺由御史台据主管当局之呈请作出处置建议。

《龙判》卷一第 33 页"主爵二条"之一的案由说，属吏部"掌邦之封爵"的主爵员外郎梁瓒奏说，左仆射魏宰"无汗马劳"，御史大夫李嘉"伪佐命功，并妄爵也"，请求追夺二人之爵位。御史受命查核，认为魏宰"智不动俗，曾无汗马之勋"；李嘉"谋不出凡，讵展饥鹰之效。无功而禄，不可励勋臣；无德而官，如何奖朝士？"认定二人之性质"并为爵人失叙，锡土无纲"，为不使滥封之弊端再现，依照法律，应撤去其官职："宜遵操斧之柯，岂踵覆车之辙。"

（4）官吏在政绩考核中未得到公允之对待可向御史台申诉。

《龙判》卷四第 165 页"掌醢一条"之案由说，"掌邦国酒醴膳羞之事"的光禄寺卿属下的"掌醢署"之长官吕建，在政绩考核中其等级应进未进，于是光禄卿杨裕写呈状报告，吕建"居官清整，不邀名誉，忠肃奉公"，但考核等级却"未蒙进考"。结果御史提出之处置建议是甄拔："理合甄拔，以勖朝班。"

2．各官司的建议是否正当由御史台审定

御史审查不恰当之建言与呈请，如不属于触犯刑律的，只指斥其错误不当，不推审付法但记录在案。如《龙判》卷三第 116 页"左右屯卫二条"之一的案由说，都留守屯卫将军王林上呈状认为皇帝驾幸西京，恐有警急，于是建议"请屯兵于宣仁门[1]外"，以防备非常情况之发生。御史认为王林身为警卫将军，"岂有置兵城内，列骑街中"之论，如果"百贼叩门，万夫何用？"这种建议"五尺童子，尚以为愚，三事大夫，若为通计！"其最后的处置意见是"所请非理，告记为宜。"

《龙判》卷二第 90 页"内侍省二条"之一的案由中说，属于内侍省的蒙天建，是"职参永巷，位典长门，出入后庭，驰驱卧内"的宦官，内侍省说此人"植性谨厚，荐达贤良，处事清勤"，因而竟推举此人担任监察官员，以能肃清吏治："惟知内外纠察，必望百司清肃。"内侍省的建议既非其职司所在，同时推举受阉的宦官任监察重任，又是违反举官制度的行为。因而御史的处置意见是"骨鲠之士，足以纠正朝仪，刑余之人岂可参谋国事。其言不次，无理告知。"

3．不同职能官司之间的争议由御史台裁定

《龙判》卷二第 85 页"沙苑监二条"之二的案由中可以看出，隶属太仆寺的沙苑副监因"方今尊崇释教"，请求祭祀减少羊只的使用，目的是"庶望国家有福，庆祚绵长"。而掌管祭祀的太常寺不同意这建议："太常执奏，祭天事大，不宜降礼。"结果这件事在不同衙门之间发生涉及礼制的争议，最后由御史台作裁处，支持太常寺的意见："并付所司各依前式。"类似例子《龙判》卷四第 146 页"鼓吹一条"中说，隶属于太常寺的鼓吹令王乾，认为鼓吹器物是国家仪仗，因"器具滥恶"，故请求改换修制。礼部员外郎崔嵩却以"府库尚虚，此非急务"为由而"判停"其请求。而御史认为鼓吹仪具"既为滥恶，宜即修改。岂以藏虚，遂云非急！"应令立即集中修理置换，切莫犹豫："速令鸠集，请勿狐疑。"

4．百姓与官府之间的诉讼纠纷由御史台受理

《龙判》卷一第 44 页"仓部二条"之二的案由说，沧州、瀛州等地方申称，神龙元年水灾，奉旨收半租，并允许以军役折租，第二年又遭涝，全免，因而"无租可折"。第三年，百姓诉请州府"以去年合折"，即补行去年未折之折，结果是州府"不许"，百姓"不伏事"。按《赋役令》，遇灾害，"十分损四分已上免租，损六已上免租、调，损七已上课役

---

[1] "宣仁门"，疑为"安仁门"，为大内太极宫南中门嘉德门西之门。此门属宫城门。宫城门外是皇城门，皇城门外是京城门。王林主张"屯兵于安仁门外"，故御史指斥其"置兵城内"易被围困。

俱免。若桑麻损尽者各免调。若已役已输者，听折来年。经二年后不在折限。"[1]御史认为，"当时奉旨，令贷半租"，"明年复涝，乃是折空，后岁总征，元无折处"，"元贷未折，许折还征"，"四方取则，百姓何凭"。结论是："政在养民，理从矜折。"这场官民之争，民愿以御史台的支持而得允。其实属自然灾害的折免期限依《令》是二年为限，但如系刑事上的"枉徒折役"之期限，要以实际得折的年份为限。[2]此案属御史借鉴刑律"枉徒折狱"制度姑息从宽而断。

《龙判》中有官员施政中侵害民众利益被"削黜"的例子。《龙判》卷一第 41 页"工部一条"之案由说，工部员外郎赵务，调配关中地区蒲州、陕州的布，去供渔阳地方的军需，而让北边近渔阳的幽州，把布换成绢输送到长安京城，百姓对此种调配诉呈"不便"。赵务说这样调配的理由是"布是粗物，将以供军，绢是细物，合贮官库"。御史在判词中认为，赵务令"蒲陕之布，却入渔阳，幽易之缣，反归关陇。同北辕之适越，类东走之望秦"，"细绢称以纳库，粗布贮以充军，非直运者苦劳，抑亦兵家贾怨"。结论是贬降赵务，清除固执愚蠢者："宜从削黜，以肃愚顽。"

还有御史台制止官吏施政中侵犯民众利益的案例。如《龙判》卷二第 25 页"将作监二条"之一的案由说，将作大匠吴淳，"掌造东都罗城"，"正属春时妨农作，百姓诉至秋收后"，而吴淳"自求功，抑而不许"，结果，御史依律弹劾吴淳"非时兴造"之罪。《擅兴律》（总第 241 条）规定，"非时兴造"与"非法兴造"同罚，损废十庸以上坐赃论。

5．适用典章制度之请示案也由御史台审处

《龙判》中有一部分的判书不涉及刑事犯罪，是属对制度请示作答的文书。正如前文已引，御史台除掌邦国刑宪外，还有掌"典章之政令"的一面。如《龙判》卷四第 170 页"藉田一条"，"禀牺令"王尧根据古代诸侯有藉田制度，认为当时的刺史也相当于古之"诸侯"，建议也应让刺史与皇帝一样举行藉田仪式。同时，卷四第 173 页"亲蚕一条"中，王尧根据古代称为"小君"的诸侯之妻有"亲蚕"仪式，故建议有相当于古诸侯之位的官爵之妻，也要如皇后一样举行"亲蚕"仪式。这两项建议，事关礼制等级，中书门下让掌典之御史提出拟议之见。御史在所拟之判词中，对以上两项建议都予以否决："更施别法，于是为烦"，"自我作古，何礼之拘"，"王尧所请，理未通方，如愚所裁，告记为允。"《龙判》中除这些属于礼制的案件外，还有很多涉于官司在行政制度执行中有意见分歧而请示处置的案件。

---

1 见［日］仁井田陞：《唐令拾遗·赋役令》第十一条，长春出版社 1989 年版，第 604 页。
2 参阅本书第 22 篇《"枉徒折役"之要害在"折"而不"赔"》一文第三节第（一）项第 2 点的有关论述。

（二）《龙筋凤髓判》是张鷟为案判考试编纂的御史台的案判选

张鷟的《龙判》与其职务有关，但不全是他个人的案判，而是属经他加工整理的整个御史台的案判选集。据《旧唐书·张荐传》所记看，张鷟中进士后，先后担任过"王府参军""长安尉""鸿胪丞"及"司门员外郎"等职。但是，张鷟在这些岗位上都不可能写性质如许的判词。

1. 张鷟的重要官职是御史

张鷟除担任过王府参军、长安尉、鸿胪丞及司门员外郎外，还担任过御史，而且就是这个官职，使其与《龙判》发生了关系。

（1）史书对张鷟任御史的记载。"两唐书"为张鷟所写之传文，附在其孙子张荐的传文之中。《新唐书》明书直说，张鷟担任过御史一职：

> 证圣中，天官侍郎刘奇以鷟及司马锽为御史。[1]

所谓"天官侍郎"就是武则天改制后对原"吏部尚书"的称谓。"证圣"（695）是武则天改"唐"为"周"的第六年，就是张氏开始任职御史之年。

（2）张鷟所任为监察御史。"两唐书"在记事时特别是对传记中主人公的重要任职，往往有遗漏或记而不清之处。张鷟的重要官职御史，《旧唐书》竟未提，《新唐书》虽有任"御史"之记，但御史有侍御史、殿中侍御史及监察御史三类，《新唐书》也未作明说，只有《唐会要》记其任命伊始即为"监察御史"：

> 证圣元年，刘奇为吏部侍郎，注张文成（鷟之字）、司马锽为监察御史。[2]

2. 张鷟从御史任上被贬的时间

张鷟从监御史任上被贬的时间，有三种说法，一是"两唐书"的"武后朝"说，二为《大唐新语》上的"久视中"说，三是"长安元年"说。"长安元年"说的根据，是张鷟自撰之笔记著作《朝野佥载》中的一段记载，其文曰：

> 周长安年初，前遂州长江县丞夏文荣，时人以为判冥事。张鷟时为御史，出为处州司仓，替归，往问焉。荣以杖画地，作"柳"字，曰："君当为此州。"至后半年，除柳州司

1《新唐书·张荐传》卷一百六十一，中华书局 1975 年版，第 4979 页。
2《唐会要·选部下》卷七十五，上海古籍出版社 1991 年版，第 1607 页。

户。后改德州平昌令。荣刻时日，晷漏无差。[1]

张鷟在记载夏文荣预测其前途与后事巧合之"神异"故事的同时，却也真实地反映了其自己经历的一件重要真事：即在长安元年（701）初的后半年，张自御史贬任柳州司户。"除柳州司户"中"除"的性质，唐颜师古在注《汉书》中说："凡言除者，除去故官就新官。"[2]张鷟在"出"京外任处州司仓时还有御史之衔，而返京后"除柳州司户"时，是被撤去了包括御史在内的所有官职后之重新任命，是正式的"自御史贬官"。[3]因此，张鷟证圣元年（695）任御史，至长安元年（701）除去御史任柳州司户，前后总计有六七载在御史任上。

3. 张鷟是《龙筋凤髓判》的整理编纂者

（1）张鷟是文才有盛名的监察御史。张鷟既有顶尖文才，影响所至，《龙判》作为御史台的案判选集，或是张氏自荐去编写，或是受命担纲，任务都可能落到他的身上。《旧唐书·张荐传》中记载张鷟不但是当时著名的"考霸"，同时也是撰写文章的圣手：

　　初登进士第，对策尤工，考功员外郎骞味道赏之曰："如此生，天下无双矣！"……又应下笔成章及才高位下、词标文苑等科。鷟凡应八举，皆登甲科。……

　　凡四参选，判策为铨府之最。……鷟下笔敏速，述著尤多，言颇诙谐。是时天下知名，无贤不肖，皆记诵其文。[4]

其才学不但在长安以至在中原皆有名，甚至名气远播异国海外：

　　新罗、日本东夷诸蕃，尤重其文，每遣使入朝，必重出金贝以购其文，其才名远播如此。[5]

当契丹首领默啜，听说张鷟被贬离开御史台后，竟感慨地说："国有此人而不用，汉无能为也。"此句中之"汉"，实指代唐朝，参见《旧唐书》卷一百四十九《张荐传》中言："国有此人不用，无能为也"可证。

（2）《龙判》是供案判考试作示范而编纂的案判选集。《龙判》的这种性质，其编写的任务与特点正如《四库提要》所言：

1（唐）张鷟：《朝野佥载》，中华书局 1979 年版，第 37 页。网查《太平广记》卷 329，其所引关键的一句是："至后果除柳州司户"，相较虽多一"果"字，却少了"半年"一词，致使此段最后的"荣刻时日，晷漏无差"，成了突兀出现失却照应的语句，故未取。

2《汉书·田蚡传》，中华书局 1975 年版，第 2380 ~ 2381 页。

3 有学者认为，张鷟外任处州司仓时，只是保留御史头衔，并没有御史权限，属于唐代地方使职差遣系统。因此，张鷟真正任御史的时间，似乎应截止到神功元年（697）外任处州司仓。此说值得研究参考。

4《旧唐书·张荐传》，中华书局 1975 年版，第 4023 页。

5《旧唐书·张荐传》，中华书局 1975 年版，第 4024 页。

然鸶作是编，取备程试之用，则本为隶事而作，不为定律而作，自以征引赅洽为主。[1]

"提要"的概括，对了解《龙判》的性质及张鸶所起的作用都有启示。

其一，张鸶的作用是"编"，这解释了张鸶仅为一名监察御史与《龙判》的案目那样广而全的矛盾问题。因为是编，张可以选收整个御史台包括侍御史、殿中侍御史在内的案判进行编纂，故案目超越其所任监察御史的案判职权范围，就是正常合理的事了。

其二，编写《龙判》的目的是"取备程试之用"。程试这里是指依一定标准作案判考试，即张所编之书为这种考试提供示范性的参考。

其三，《龙判》中的案判，是真实的案例，"提要"所言"本为隶事而作"也是各司其职的性质而言。它不像"拟判"那样虚拟某甲某乙某事，而是真实的人名、官职及案情实况，是御史台的职务文书。"提要"言"不为定律而作，自以征引赅洽为主"，是指不是为同类案事制定法律，即不作为法律上被效法搬用的所谓"判例"，可是在案判各方面的"征引"都要力争"赅洽"，即完备准确。

其四，在编纂中张鸶当然无权对其他御史的法律判处作修改，但在不变更人、事、律的情况下，对案判的行文表述、论证分析，作文字上的修饰增减，那应该是他起作用的地方。现《龙判》中大量运用成语典故，作华丽浮夸的骈俪排比，可能正是张鸶发挥文学才华的表现。

二、御史及大理办案都是本《律疏》"引疏分析"

(一)《龙筋凤髓判》以《律疏》为准绳定罪判刑

《律疏》制定前，法司引《律》分析，《律疏》制定后，定罪判刑可以运用《律疏》。《律疏》将国家刑律与其官方有权解释编于一典，且皆具法律效力。《龙判》是《律疏》被引用于司法实践的力证。虽然，从司法活动的性质来说，御史的判词属于对官吏案件的监察性文书，并不像对大理、刑部及地方各级审判机关的判决书的要求，"断罪皆须具引律、令、格、式正文"，即完整地抄录与案件有关的法律条文的文段句子。御史的判词中大都不明示所使用的《律疏》的篇条，有时甚至连罪名也不直言。但是，从案件的判词内容看，

1《四库全书总目〈龙筋凤髓判〉提要》卷一百三十五，子部四十五，类书类一。

御史对犯官进行弹劾或向有关当局提出处断之附议或异议看，根本的依据就是《律疏》，而且有些案件就是根据《疏》文中的"议"及"问答"之内容作判断依据。在对《律疏》的引用上，仅此列举的二十多例，已足以说明在司法实践中，法律适用上遇到的问题确实十分复杂。解决固定的刑律条文与具体案件的同一性，是司法官面临的艰巨任务，这一点在唐代也不例外。以下就《龙判》中御史的案判与引用《律疏》的情况略作考证，以证实《律疏》在唐代刑案判断中的权威性与复杂性，以及法律适用中司法官的主观能动作用对判决的影响。

1. 依据《律疏》的明确规定处置案件

这是指案件中的犯罪行为，《律疏》有处置的明确规定，应当照《律疏》的规定处置，即使当事人"不伏"，找借口推卸罪责，办案者也坚持依《律疏》为准。

《龙判》卷一第 26 页"考功二条"之二的案由说："诸州贡举悉有保明，及其简试，芜滥极多，若不量殿举主，或恐奸源渐盛，并仰折中处分。"案由中的"量殿举主"，意为计算等第末尾的多少，举告推荐之主司，付法处置。此案中涉及的一批官吏，其罪名应是"贡举试不及第"之罪。《职制律》卷第九（总第 92 条）规定："贡举非其人"，"一人徒一年，二人加一等，罪止徒三年。"注文说所谓"非其人"有两种情况：一是"德行乖僻，不如举状者"；二是"试不及第"，其刑罚比上述幅度"减二等"。对于后者疏文具体举例解释说：

若贡五得二，科三人之罪；贡十得三，科七人之罪。

御史指出举荐官吏"岂得举不求才，惟力是荐，贡不求器，惟赇是闻。徒招画饼之讥，终致举肥之诮"。这些内容主要也是抨击由贪赃造成"试不及第"的罪状。因此，御史最后的结论是：

贡人不充分数，举主自合征科。法有常刑，理难逃责。

御史欲追究举主之罪责，其根据就是"贡举非其人"中，注文及疏文都解释包括有"试不及第"对各州"举主"进行罪责追究之明确规定。

又如，《龙判》卷一第 7 页"门下省二条"之二的案由说："左补阙陈邃司制敕，知敕书有误，不奏辄改，所改之次[1]与元敕同，付法，不伏。"因为按唐制，制书经"御画"后，"留中书省为案，别写一通，印署，送门下省，覆奏画可讫，留门下省为案，更为一通，侍中注制可，印缝署，送尚书省施行。"[2]陈邃改制书上的字，就发生在制书流转于门下省的过程中。犯此罪适用《职制律》卷第十（总第 114 条）。律文说：

---

1 次，《辞源》谓："泛指所在之处。"可参考。
2 开元"公式令"，见［日］仁井田陞、池田温：《唐令拾遗补》，东京大学出版社 1997 年版，第 1236 页。

> 诸制书有误，不即奏问，辄改定者，杖八十；官文书误，不请官司而改定者，笞四十。知误，不奏请而行者，亦如之。辄饰文者，各加二等。

此条法意之精髓在于，承认制敕文书可能有误，同时，也可以改动，但关键在于一定要奏明皇帝，经同意之后才能改正。其覆奏的程序是决定性因素。疏文说：

> 制书有误，谓旨意参差，或脱剩文字，于理有失者，皆合覆奏，然后改正、施行。不即奏闻，辄自改定者，杖八十。

这里，《律疏》并没留下诸如"如果改得对就无罪"的灵活空间。左补阙陈邃在经手敕书时，擅自修改，自认为改得与原敕意思相同，所以对所犯之罪"不伏"。尽管如此陈邃终不能改变"不奏辄改"的犯罪行为。所以，御史对陈邃的"不服"案依《律疏》作判说：

> 岂容斟酌圣意，加减纶言，用寸管以窥天，持小瓠而测海。未经上白，辄敢雌黄。定字虽复无差，据罪终须结正，八十之杖，自作难逃，三千之条，理宜明罚。

《龙判》卷之一第 16 页"尚书都省二条"之一的案由摘录说："左司郎中许鉴饮酒停制，敕依问，款遇霍乱不得判署，遂失机。"按唐制，尚书省是宰相机构中专事贯彻执行制敕的中枢。其左司郎中"掌付十有二司之事，以举正稽违，省署符目，都事兼而受焉"。在专事贯彻执行制敕的尚书都省内，左司郎中处于进行监督及统一指挥协调的重要地位。许鉴的犯罪适用于《职制律》卷第九（总第 112 条）：

> 诸被制书，有所施行而违者，徒二年。失错者，杖一百。（失错，谓失其旨。）

疏文说："被制书，谓奉制。"左司郎中因酒"停制"，在性质上不属于对制书领会精神"失其旨"的性质，是属于"自纵荒淫"而废事失机的犯罪行为。许鉴关于因生霍乱病"不得判署"即不能签署执行命令，完全是编造的借口，绝不能因此不追究罪责。判词说：

> 给云霍乱，未可依凭，滞失机宜，理从明宪。

判词的可取之处在于能坚守律义，排除借口，依法治罪。

2. 既引用本罪条文又引用《名例律》中的某项原则

这是指对某种犯罪之处置，除了适用该罪名的本罪条外，还引用适用于全律的由《名例律》规定的某项刑法原则，如数罪并罚原则等。

《龙判》卷三第 110 页"左右千牛卫"条之案由说："杜俊对仗，遗箭于仗内，御史弹，付法。"关于"对仗"，原是唐代的一项制度，《律疏》本无此罪名。《辞源》上解释说："唐制，皇帝御正殿，设仪仗，中书、门下及三品官奏事，御史弹劾百官，都是隔着仪仗上奏，称对仗奏事。"这里的"对仗"，实际是指身为"左右千牛卫"的杜俊，在对仗中对皇帝的"不恭"行为。正如御史在《判书》中所指责，杜俊不但"不能翕肩敛气，对黼帐以兢魂，俯首曲躬，临玉阶而侧足"，而且有"钦承圣旨，曾无战灼之心，侍奉天威，敢纵卢胡之笑"的"不恭之罪"。同时，杜俊还被发现有"遗箭于仗内"的犯罪。按唐制，为了保证皇帝的安全，在皇帝所行在的一定的地区内出尽闲杂人员并清除一切遗落之兵器，称为"辟仗"。辟仗的地区称辟仗内或仗内。《卫禁律》卷第七（总第 65 条）关于"遗兵仗内"的律文说：

> 若于辟仗内误遗兵仗者，杖一百。（弓、箭相须，乃坐。）

疏文又说：

> 辟杖之内，人皆出尽，所有兵器，亦不合留。或有误遗兵仗者，合杖一百。兵仗之法，应须堪用。或遗弓无箭，或遗箭无弓，俱不得罪，故云"弓、箭相须，乃坐"。

所遗留在辟仗内的兵器，要能使用才具有危害性，不能使用，就不具有伤害的危险性，就不为犯罪。如弓箭类的武器必须是弓与箭同时遗落在仗内才处罪。御史在判词中对杜俊遗箭仗内，认为：

> 虽仗内落箭，未见遗弓，律有正条，相须乃坐。

这正是紧抠律条的注文作出之正确判断。同时，他认为，杜俊即使"对仗"不恭及"遗箭于仗内"，也应贯彻"二罪俱发"之原则：

> 二罪俱发，自合从重而论，一状既轻，不可累成其过。

《名例律》卷第六（总第 45 条）：

> 诸二罪以上俱发，以重者论；等者，从一。若一罪先发，已经论决，余罪后发，其轻若等，勿论；重者更论之，通计前罪，以充后数。

对本案来说，杜俊只罚"对仗（不恭）"，而不应再责"遗箭仗内"之罪。

3．紧抠疏文之精微作公允处置

有时律条的规定主线过粗，比较笼统，而注及疏文中"议"或"问答"部分具体详解之内容，正适合案件处断之需要。这是"引疏分析"中非常宝贵的例子。

《龙判》卷二第 75 页"将作监二条"之一的案由说："大匠吴淳掌造东都罗城，墙高九仞，隍深五丈，正属春时妨农作，百姓诉至秋收后，淳自求功，抑而不许。"御史弹其"非时兴造"，但"付法不伏"。"大匠"是将作监的长官"将作大匠"。《唐六典》称："将作大匠之职，掌供邦国修建土木工匠之政令，总四署、三监、百工之官属，以供其职事。"而关于"非法兴造"的法律概念，则全规定在《擅兴律》卷第十六（总第 241 条）的疏文之中：

> 【疏】议曰："非法兴造"，谓法令无文；虽则有文，非时兴造亦是。

所以，此案中御史弹劾吴淳"非时兴造"，完全是引疏文而定的罪名。"适时"或称"从时"，是实施兴造必须遵守之要求。御史在判词中作为下判的根据说，兴造之施工"理须候隙启闭，务在从时。下不夺于三农，上不亏于八部"，所以，最后御史之弹劾意见说：

> 宁有自求微效，广弃人功，既废春畴，宜从霜典。

所谓"宜从霜典"，就是依照御史所引用也即是《擅兴律》卷第十六（总第 241 条）疏文中所说的"非时兴造"罪处罚。那就是计所费人工的工值，照"坐赃"罪的办法论处。

《龙判》卷一第 35 页"主爵二条"之二摘案由说："羽林将军王畅薨，无嫡子，取侄男袭爵，庶子告不合承。"爵位的承袭是古代社会的重要制度之一，其承袭的次序《封爵令》说："诸王公侯伯子男，皆子孙承嫡者传袭，若无嫡子及有罪疾，立嫡孙；无嫡孙，以次立嫡子同母弟，无母弟，立庶子；无庶子，立嫡孙同母弟；无母弟，立庶孙。曾、玄以下准此。无后者国除。"[1] 王畅死后其爵位的承袭，令文中十分明确，理应由其庶子（亦称"侧男"）承袭。总之在任何情况下其侄子（亦称"犹子"）都无资格袭位。现弃庶子而取侄子就有"诈承袭"之罪。《诈伪律》卷第二十五（总第 371 条）说：

> 诸非正嫡，不应袭爵，而诈承袭者，徒二年；非子孙而诈承袭者，从诈假官法。

律文中的"诈承袭"罪有两种情节：一是非正嫡，不应袭而诈承袭；二是非子孙而诈承袭。前者之罪是子孙中非正嫡之人及不依次序的"不合袭爵"之人的"诈承袭"。后者是子孙之外的人去"诈承袭"。疏文对此解释说：

> "非子孙"，谓子孙之外，诈云是嫡而妄承袭者，从诈假官法，合流二千里。

从律疏的解释看，以侄男取代庶子袭位，属"非子孙"袭位，按律依"诈假官"即《诈伪律》卷第二十五（总第 370 条）之规定，应处"流二千里"之刑。但是，从案由中叙述的具体情况看，其侄男所为，与疏文所要求的"诈云是嫡而妄承袭"显然不是一回事。其庶子所告也只是"不合袭"而非"诈承袭"。所以，御史在最后的处断意见中并未依"诈假官法"处"流二千里"，而是参照"不应袭"之实情，建议处徒刑：

> 侧男自须绍允，犹子不合承宗。诈袭者处以徒刑，应续者宜从改正。

御史之处置，使我们看到，律疏的条文，与司法实践始终存在一定的距离。如本案中那非法袭爵之侄男，是否就犯了"诈承袭"之罪，判词中也并不认为如此。御史拟判取"徒刑"

---

1 ［日］仁井田陞：《唐令拾遗》，长春出版社 1989 年版，第 219 页。

而不拟流刑，与其紧抠疏文否认其是"诈云是嫡而妄承袭"的情节绝对有关。

《龙判》卷二第 71 页"少府监二条"之一的案由说："（少府）监贺敬盗御茵席三十事，大理断二千五百里，敬不伏，云其物虽部分，未进不得为御物。"少府监贺敬的辩词是说，那茵席虽然已经有司分配备作御用之需，但是在送给皇帝之前，不可称作御物，也即是说，既不能称作"御物"，故也不能以"盗御物"罪处流二千五百里。按《律疏》，贺敬所犯，确为"盗乘舆服御物"之罪。《贼盗律》卷第十九（总第 271 条）规定：

> 诸盗御宝者，绞；乘舆服御物者，流二千五百里。

首先，按律之注疏，贺敬所盗之"茵席"正在皇帝（乘舆）"服御物"的范围之内：

> 谓供奉乘舆之物。服，通衾、茵之属，真、副等。

衾、茵等皇帝服御物，既指现在正使用的，也包括备用的在内。疏文说：

> 称"之属"者，毡、褥之类。"真、副等"，真谓见供服用之衣，副谓副贰之服。

同时，贺敬所盗之物，在概念上完全符合"乘舆服御物"的要求。疏文说，所谓"乘舆服御物"：

> 皆须监当之官，部分拟进者，乃为御物。

这是说所谓"御物"，经过有管理权限的职司，作了准备供皇帝使用的分配后就成为"御物"。据案由，贺敬自己也承认已作"部分"，只是未给皇帝实际使用罢了。但是，从疏文规定的概念上说，只要进行了"部分"，实际就成了"拟进"之物，所以，贺敬的"未进不得为御物"之辩不能成立。判词针对贺敬此辩词说：

> 款称"物虽部分，未进御前"，执此曲途，深乖直道。……拟进便为御物，何必要须入内，方可为偷。法有正条，理须明典。

此案的关键在于什么是"御物"，御史以疏文中的"拟进"，完全否定了贺敬"未进"（不得为御物）的辩词。

4．以《律疏》为准绳严格划清罪与非罪的界线

有时，一件案子的双方，一些法律之外的问题给人以假象，真正有罪的人正希望以此来否定自己的罪错。而御史依据《律疏》，果断地排除理念上的干扰因素，清晰地明断。

《龙判》卷一第 13 页，"御史台二条"之二摘其案由说："御史严宣前任洪洞县尉日，被长史田顺鞭之。宣为御史，弹顺受赃二百贯，勘当是实。顺诉宣挟私弹事，勘问，宣挟私有实，顺受赃不虚。"这是一件被纠举者进行反告的案件。田顺被弹劾"受赃"罪，严宣被反告以"挟私弹事"之罪。按唐制，各府、州的长史"掌贰府、州之事"。州的长史是

"五品"，都督府的长史是"三品"，所以，田顺当年有可能鞭打属九品县尉的严宣。现在经查并据双方当事人招认，田顺所犯受赃二百贯确是事实，而严宣弹劾田顺受赃，推理可能有报复被田鞭打的心理，这就是案由中所介绍的"勘问，宣挟私有实，顺受赃不虚"的情况。也正是这种似乎双方"都有问题"的情况，造成了处断的"困难"局面。但是，由于御史明确地以法律为衡量一切的准绳果断判处，使所谓疑难之案迎刃而解。首先，依《杂律》卷第二十六（总第 389 条）规定："诸坐赃致罪者，一尺笞二十，一匹加一等；十匹徒一年，十匹加一等，罪止徒三年。"田顺既受赃是实，就一定依法处置。他的罪并不因为弹劾者的喜怒而受影响。对严宣来说，存在的一个核心问题是其"挟私弹事"罪是否成立。其实，只要田顺的"受赃"确凿，严宣的"挟私"根本就不再能成立。御史从道义上认定，严宣的行为正如古代祁奚的"荐举不避亲仇"及鲍永的"绳愆宁论贵贱"，故否决严宣"挟私弹事"，绝非只考虑道义的方面，而更重要的是依《律疏》对"挟私弹事"罪构成的要素要求。《斗讼律》卷第二十三（总第 342 条）对"诬告反坐"的有关规定说：

> 即纠弹之官，挟私弹事不实者，亦如之。

纠弹之官（如御史即是）依诬告反坐治罪，一是要"挟私"，一是要"弹事不实"。对此疏文具体解释说：

> 若有憎恶前人，或朋党亲戚，挟私饰诈，妄作纠弹者，并同"诬告"之律。

正因为从法律上说，所谓"不实""饰诈"及"妄作"的这些行为，严宣都不存在，田顺强加给他的"挟私弹事"理应推翻。所以，判词的最后结论是：

> （田顺）贪残有核，赃状非虚，（严宣）此乃为国除凶，岂是挟私弹事！（田顺）二百镪坐，法有常科，三千狱条，刑兹罔赦。

《龙判》卷三第 108 页"左右卫一条"之案由说："右卫状称：驾幸西京，诉事人梁璥冲三卫仗，遂被翊卫张忠以刀斫折右臂，断璥徒，不伏。"皇帝出行，仪仗队中有武装的"三卫仗"队护卫。告御状人梁璥拦道冲入卫仗队中。不但被卫士斫断右臂而且还要判处徒刑，因此"不伏"。梁璥所犯，其罪名为"冲车驾队仗"之罪。《卫禁律》卷第七（总第 74条）说：

> 诸车驾行，冲队者，徒一年，冲三卫仗者，徒二年。（谓入仗、队间者。）

疏文说：

> 车驾行幸，皆作队仗。若有人冲入队间者，徒一年；冲入仗间，徒二年。

按唐制，皇帝宫中及随驾卫士，基本上由高官贵族的子弟担任，在此案的判词中，御史用肯定张忠的行为是为国效力尽责，来间接肯定左右卫呈请梁璥虽被斫断右臂仍须服徒刑之正确。一方面是说，"张忠家承积阀，业盛良弓，非无大树之荣，实有小棠之荫"，可以以特权减免刑罚。同时赞扬他的行为是"申御侮之劳"及"展干城之寄"。一个普通百姓为告御状冲仗，即使被砍断一臂，还照样要被判徒刑。而卫士为保护皇帝不受侵犯，即可砍去冲队告状人手臂。因法律有惩罚梁璥之条，则并无处罚张忠用武之文。梁璥二年徒刑并不因臂断而免。梁璥之"不伏"，被依法否决。

（二）根据《律疏》纠正错案及误判

1．以《律疏》为准纠正把无罪判有罪

此类案件往往从表面看似乎已涉嫌于某项罪名，实际是主体的行为与犯罪之间，存在鸿沟，不应作有罪论处。

《龙判》卷一第 1 页"中书省二条"之一的案由说："中书舍人王秀漏泄机密断绞，秀不伏，款于掌事张会处传得语，秀合是从，会款所传是实，亦非大事，不伏科。"本案"漏泄机密"罪，当适用《律疏》中《职制律》卷第九（总第 109 条）：

> 诸漏泄大事应密者，绞。非大事应密者，徒一年半；漏泄于蕃国使者，加一等。仍以初传者为首，传至者为从。即转传大事者，杖八十；非大事，勿论。

此案在法律上的要点，一是所泄之密是"大事"还是"非大事"；二是泄密者是"主犯"还是"从犯"？关于什么是"大事应密"，疏文说：

> 其知谋反、大逆、谋叛，皆合密告，或掩袭寇贼，此等是"大事应密"，不合人知。辄漏泄者，绞。

关于"非大事应密"，疏文说：

> 谓依令"仰观见风云气色有异，密封奏闻"之类。有漏泄者，是非大事应密，合徒一年半。

关于泄密罪中主犯与从犯的区分，疏文说：

> 漏泄之事，"以初传者为首"，首为初漏泄者。"传至者为从"，谓传至罪人及蕃使者。其间展转相传大事者，杖八十。"非大事者，勿论"，非大事，虽应密，而转传之人并不坐。

此案中，中书舍人王秀被判绞罪不伏，有法律依据。其一，王秀所泄之密是从中书省的"掌事"张会那里听来而"转传"，王秀始终是"从犯"地位。其二，也是最重要的一点是，王秀从张会那里听来并转传的内容，依法衡量并非是"大事"。作为从犯，即使是传"大

事应密"，处绞，减一等是徒三年；漏泄"非大事"之主犯，徒一年半，从犯减一等，徒一年。同时，并未漏泄于外国使者，不在加刑之列。王秀所犯之性质只是"转传非大事应密"，理当勿论。所以，王秀在初审阶段被断绞，确实不当。御史的判词坚持以《律疏》行事，否定了初审意见，作结论说：

> 其密既非大事，法许准法勿论，待得指归，方可裁决。

首先依律疏明确重申，转传非大事应密者，勿论。然后要求进一步弄清意向的来龙去脉后，再作最后裁决。

《龙判》卷一第 3 页"中书省"条之二说："通事舍人崔暹奏事口误，御史弹付法，大理断笞三十，[1] 征铜四斤。暹款奏事虽误，不失事意，不伏征铜。"关于"奏事误"之罪，规定在《职制律》卷第十（总第 116 条），其与此案有关的内容规定说：

> 诸上书若奏事而误，杖六十；口误，减二等。（口误不失事者，勿论。）……若误可行，非上书、奏事者，勿论。

从案由看，崔暹被御史弹劾，"大理断笞四十，赎铜四斤"的情况看，所适用之罪名显然依"口误"定性。这一点被告崔暹自己也不否定。故案情的关键，集中在当事人奏事的口误是否"失事意"。关于这一层，注文说："口误不失事者，勿论。"疏文又进一步具体解释说：

> 若口误，减二等，合笞四十。若口奏虽误，事意无失者，不坐。

通事舍人崔暹其所以对断不服，理由就是"奏事虽误，不失事意"，依律应该不受处罚。最后，判词依据《律疏》支持崔暹之要求：

> 过误被弹，止当笞罪，不失事意，自合无辜。虽触凝霜，理宜清雪。

虽然触犯法律，但是依法律规定不予判刑。

《龙判》卷四第 139 页"郊社一条"之案由说："二月有事于大社，太常博士冯敬有大功丧，隐而不论（此"论"疑当为"言"），遂以行事付法科罪。"郊社署属太常寺，其"郊社令""掌五郊、社稷、明堂之位，祠祀、祈祷之礼。"[2] "大社"就是祭社稷（土神、谷神）的地方。按唐制，官吏在祭祀时除对个人生活及公务活动上有礼法限制外，对遭遇凶丧也有严格的限制规定。太常博士冯敬家有大功亲之丧，也在不得参加祭礼的限制之内。《职制律》卷第九（总第 101 条）说："诸庙享，知有缌麻以上丧，遣充执事者，笞五十；陪从者，笞三十。主司不知，勿论。有丧不自言者，罪亦如之。"这是说，如举行皇家祖庙的祭

---

1 原文"大理断笞三十"，疑为"笞四十"之误。因转传误的本罪，就是从奏事误"杖六十"上"减二等"为"杖四十"，而且也只有"笞四十"，才是"征铜四斤"。
2 《唐六典·太常寺》，中华书局 1992 年版，第 400 页。

祀，家有五服内亲的丧事，在祭祀中担任"执事"或作"陪从"都为犯罪要受罚。太常博士冯敬家遭大功以上丧，其在礼制级别上重于"缌麻"，并且他自己也不说。前一御史就是以此为罪名，呈请对他"付法科罪"的。但是，受理不服申诉的后一御史却认为冯敬无罪，被弹劾纯属冤枉。为什么？因为起初受理之御史并未依《律疏》行事，《律疏》说有缌麻以上丧不能参与祭祀，是仅指"庙享"即对皇家宗庙之祭礼而言。而对于在大社祭天地及社稷，则并不忌讳家遭丧事。《律疏》的最后一句说：

> 其祭天地社稷则不禁。

疏文说：

> 其祭天地社稷不禁者，《礼》云："唯祭天地社稷，为越绋而行事"，不避有惨，故云"则不禁"。

"越绋"之"绋"，是古代牵引柩车之绳索，也泛指丧凶之事。按古礼凡祭天地社稷，可不拘凶丧而参与，称"越绋"之制。唐《律疏》也依古礼，家有凶丧者参与大社祭天地社稷，不为犯罪。看起来太常寺主事者对冯敬"有大功丧隐而不论"，原断御史把"行事"之人"付法科罪"，是不熟悉礼法与律义所致。故后一御史在判词中说，依律条冯敬不能参与庙享，却可参与社祭，对此弹劾之误虽不以弹事不实反坐论，但行事者之冤，必须平反：

> 御史奏弹，虽言奉法，详刑结罪，须按科条，庙享诚则有违，社稷元来不禁。弹无反坐，律许执文，枉被凝霜，理须清雪。

2. 依《律疏》否决适用法律错误之判决

属于此类情况的案件，在推审时往往是在行为性质、犯罪主体方面对法律的挂靠原就十分勉强，必须通过重审进一步弄清事实及性质后再定罪处刑。

（1）纠正违反《名例律》制度造成之错判。

《龙判》卷一第 29 页"司勋二条"之一摘录的案由说：洛阳平民祁元泰贿赂吏部的司勋郎中徐整，徐整制作"伪勋"使祁元泰"入甲"。大理寺以共犯论处祁元泰为首犯，徐整为从犯，祁元泰不服，状呈御史台。按《律疏》，祁、徐二人所犯为"诈假官"之罪。《诈伪律》卷第二十五（总第 370 条）说："诸诈假官，假与人官及受假者，流二千里。"疏文说："诈假官，谓虚伪诈假以得官，若虚假授与人官及受诈假官者，并流二千里。"从律文看，此诈假官罪并不依共同犯罪处罚。而且，如果作为百姓的祁元泰，与作为监临主司的徐整属于"共犯"，按《名例律》卷第五（总第 42 条）之规定：

> 即共监临主守为犯，虽造意，仍以监主为首，凡人以常从论。

即始终要以司勋郎中徐整为首，而以祁元泰为从犯。祁元泰所以"不伏"，其"理"盖在于此。所以，御史对此案的分析与处断意见是：

> "（徐）整行诈业，（祁元）泰授伪勋，两并日拙为非，一种雷同犯罪。执行故造，造者自合流刑，嘱请货求，求者元无首从。"

即按律不作共犯处置，以"诈假官"同罪同罚。

（2）因情节认定有误而被退回重推。

《龙判》卷四第 151 页"太医一条"之案由说："太医令张仲善处方，进药加三味，与古方不同，断绞不服，云：病状合加此味，仰正处分。"从张仲善"进药加三味，与古方不同"，而被"断绞"的情形看，审断官员误认为应适用《职制律》卷第九（总第 102 条）"合和御药有误封题误及料理不精"之条。该条律文规定："诸合和御药，误不如本方及封题误者，医绞。"疏文说："合和御药，须先处方，依方合和，不得差误。若有错误，'不如本方'，谓分两多少不如本方法之类。合成仍题封其上，注药迟驶冷热之类，并写本方俱进。若有误不如本方及封题有误等，但一事有误，医即合绞。医，谓当合和药者。"其实，审判官断张仲善以"合和御药不如本方"罪处绞，完全是适用法律有错。"合和御药"有错及处方用药加减，根本不是一回事。"合和御药有错"是指配制御用药物的"合和药"者因误，在分两多少及书写煎法及用法上与处方不符的情况，在这些环节上只要一事有错，合和配制者就处绞。可是很明显，现此案从头到尾说的都是太医开处方时，依古方而加药三味的事，太医治疗疾病所开处方，对"古方"有所增减，那是决定于治病的需要而开的"正方"。御史认为，不照"古方"，如合乎医药上"君臣相使"要求的就是"情理或通"。相反，若违反医药之理，用药"畏恶相刑"，即使"处方即依，诚为苦屈"，"进劾断绞，亦合甘从"。此案件正确判断的关键，是要查明验正，依古方加药三味是"误不如本方"还是属对症施治。所以，御史最后的处置意见是发回依法重审：

> 刑狱之重，人命所悬，宜更裁决，毋失权衡。

御史的判词，实际上是否决了依"合和御药有误封题误及料理不精"之条而作处绞的错判。因针对具体病情对古方（本方）作味量调整，是医之职责。

（3）对行为性质定性不准而退回重推。

《龙判》卷一第 18 页"尚书都省二条"之二摘录案由说："令史王隆，每受路州文书，皆纳贿钱，被御史弹，付法，计赃十五匹，断绞，不伏。"正如案由中所说，王隆在接受各路州文书时皆收纳贿钱，已是事实，其具体情节判词中介绍是："每受一状，皆取百文。"王隆不服之处，集中在"计赃十五匹，断绞"这一点上。从"十五匹断绞"看，法官显然是使用《职制律》卷第十一（总第 138 条）中"受财而枉法"的罪名处置王隆。该律条规定："诸监临主司受财而枉法者，一尺杖一百，一匹加一等，十五匹绞。"疏文说，监临主司"受财而枉法"是"受有事人财而为曲法处断者"。现在案中那些出一百钱者，并非因自己有罪要行贿的"有事人"，而王隆纳赃钱之后也并没有任何"曲法处断"之行为。因此，

"计赃十五匹断绞"，在适用对象及罪名上都有错。正如御史在判词中指出的那样：

> 因事受财，实非理通，枉法科罪，颇涉深文。

全句的意思是认为把在这种公务中收受钱财，认作为在刑案中收受"有事人"钱财一样，于理不通，以"枉法"赃去科罪，实太苛重。同时，"令史"属流外官，对公事之处置不居"监临"地位。御史提出的处置意见是："宜据六赃，式明三典"，[1] 即根据刑律中官吏经济犯罪区分为"六赃"的条文，在性质上正确认定之后，处以合适的刑罚。唐律中区分"六赃"的条文是《杂律》卷第二十六（总第 389 条），那条律文的疏文概括了赃罪的六种性质："赃罪正名，其数有六，谓：受财枉法、不枉法、受所监临、强盗、窃盗并坐赃。"其注文解释"坐赃"说："谓非监临主司，而因事受财者"。王隆的犯罪只可能在"坐赃"罪上去衡量，此外再无他适。而且，依《名例律》（总第 45 条），王隆作为非监临主守，从多人处受财，其赃在计总后应折半论处才对。御史对这一案的批覆，颇有"定性不准，适用法律有错，退回重审"的意味。总之，驳回对王隆"受财枉法"罪之认定，表现了该御史对《律疏》引用的精细认真。

3．纠正不依《律疏》而法外加刑

官吏犯了某种罪，其刑罚应按《律疏》规定的刑种及幅度处罚，而不许法外加罚或一罪数罚等违法加刑。

《龙判》卷三第 137 页"太庙一条"之案由说："太庙令朱景方行大祀，乃于散斋而吊丧，御史弹付法，大理断官减一等，征铜五斤。"按唐制，官吏参与皇家举行之祭祀，按所祭对象及神主级别的不同，分为大祀、中祀、小祀三个等级。祭天地宗庙的大祀，一般情况下皇帝亲自参与祭祀。大祀的慎重还表现在其七日的祭期中，按礼制要求，分为前四天的"散斋期"和后三天的"致斋期"。依令[2]："散斋之日，斋官昼理事如故，夜宿于家正寝，惟不得吊丧问疾，不判署刑杀文书，不决罚罪人，不作乐，不预秽恶之事。致斋惟祀事得行，其余悉断非应。"朱景方所犯"大祀散斋吊丧"罪，规定在《职制律》卷第九（总第 99 条）：

> 诸大祀在散斋而吊丧、问疾、判署刑杀文书及决罚者，笞五十；奏闻者，杖六十。致斋者，各加一等。

疏文解释说：

> 大祀散斋四日，并不得吊丧，亦不得问疾。"刑"谓定罪，"杀"谓杀戮罪人，此等文书不得判署，及不得决罚杖、笞。

---

1 "三典"：盖为借用西周"重典、中典、轻典"之典故，此处统指法典。
2 参见［日］仁井田陞：《唐令拾遗·祀令》第三十八条，长春出版社 1989 年版，第 114 页。

依律，太庙令朱景方犯"大祀散斋吊丧"之罪，理当处笞五十。其官居七品，对流刑以下罪有"赎"之特权。笞五十，赎铜五斤，正当其罪。可是大理寺还同时断"官减一等"，实是法外加罪。按唐律官减一等相当于"免所居官"之罚。而《名例律》卷第三（总第 20 条）"免所居官"之下，只有"府号、官称犯父祖名而冒荣居之"；"祖父母、父母老疾无侍，委亲之官"；"在父母丧，生子及娶妾"；"兄弟别籍、异财，冒哀求仕"；"奸监临内杂户、官户、部曲妻及婢"之罪，并未有"大祀散斋吊丧"一条。同时，赎铜不是"官当"。用官当徒一年后才降先品一等再叙，赎铜则不用降职级。大理之断，是律外妄加。所以，御史在判词的最后说，大祀散斋吊丧，

> 不恭之罪，法有常科，失礼之愆，宜从明宪，官减一等，铜坐五斤，数外更求，未为通允。

既然通过"征铜五斤"已执行了法定的"笞五十"，那么"官减一等"显然属法外更求之罚，这样判断，当然欠失公允。这个事例说明，即使是在京都大理，有明文可鉴，仍有擅加刑罚之判断。

《龙判》卷三第 99 页"金吾卫二条"之一的案由说："左金吾卫将军赵宜检校街时，大理丞徐逖鼓绝后于街中行，宜决二十，奏付法，逖有故，不伏科罪。"按唐制，昼夜以漏刻划分，入夜后击鼓为号不得于坊外夜行。否则，即为"犯夜"之罪。《杂律》卷第二十六（总第 406 条）说：

> 诸犯夜者，笞二十；有故者，不坐。

疏文说：

> 故，谓公事急速。但公家之事须行，及私家吉、凶、疾病之类，皆须得本县或本坊文牒，然始合行，若不得公验，虽复无罪，街铺之人不合许过。

案件本来很简单，由于徐逖于鼓绝后夜行，"宜决二十"，不冤。但是，御史在判词中说，据查"被捉之时，曾鞭二十"，依此分析，徐逖虽"有故"，但当时并无文牒可出示，所以当场被鞭二十，而事情到此地步后，金吾卫还要"奏付法"，徐逖当然"不伏科罪"。御史对徐逖之诉求给予支持，认为不应再付法审判，应释放。其原因是：徐逖"有故"，只是当时无文牒，最关键的是，犯夜之罪，本罪原本就是笞二十，而金吾卫在捉徐逖当时现场已经鞭了二十，应该视为已经处罚完毕，如无特殊情况，不应再审判处罚：

> 付法将推，状称有故，且犯夜之罪，唯坐两条，[1] 被捉之时，曾鞭二十，元犯已从决讫，无故宜合停科，罪既总除，固宜从释。

---

1 "犯夜"罪中，一是处罚无故夜行；另一是处罚"应听行而不听及不应听行而听者"，故言"唯坐两条"。

《律疏》中对"犯夜"之罪，并无两罚之规定，既已鞭过二十，不须再付法审判，理应放人。反对一罪多罚，正是遵守《律疏》。

4. 对性质不明用法不准者建议重审

《龙判》卷一第 22 页"吏部二条"之二摘案由说："王岘山有策略，解行兵，选司补拟神武军。御史弹不应置而置，选部为首，岘山为从，并仰处分。"选部，实指吏部。《通典》谓汉朝"灵帝以梁鹄为选部尚书。魏改选部为吏部，主选事。"[1] 唐律中规定"不应置而置"罪的是《职制律》卷第九（总第 91 条）："诸官有员数，而署置过限及不应置而置，一人杖一百，三人加一等，十人徒二年。"疏文对"署置过限及不应置而置"的解释是："谓格、令无员，妄相署置。"当然，署置的一方是首犯，而

> 规求者为从坐，被征须者勿论。即军务要速，量事权置者，不用此律。

疏文对此解释说：

> "被征须者"，谓被征召而补者，勿论。"即军务要速，量事权置者"，谓行军之所，须置权官，不当署置之罪，故云"不用此律"。

御史在判词中认为，王岘山解旧职补拟新职，属于"征虽要籍"之情况"理当勿论"。同时，"量事应机，据条不坐"。所以，最后的处置意见是："更宜审鞫，方可裁科"，即应重行谨慎审问清楚后再定罪处刑。王岘山被选部"补拟"新职，绝非本人"规求"，不能定为"从犯"，解旧职到神武军任新职，在性质上是不是"不应置而置"之罪？这些紧要问题，皆须重新依法审理清楚。御史适用法律坚持弄清事实，是正确地引用法律所必须具备的条件。

三、御史"引疏分析"的异动

（一）在对法律的理解上偏离《律疏》别作解释

这里所谓之"异动"，是指出于种种原因，御史偏离《律疏》之本义，在法律适用上出

1　见《通典》卷二十三，中华书局 1984 年版，第 135 页。

现不正常的状态。有的案件本有现成的律条可以适用，但是在有所借口的情况下，御史对法律作特别的解释来对所判之案作特别的处置。这些处置的共同特点是围绕《律疏》兜圈子，就是不去靠拢。

1．出于特殊动机在事实认定或法律适用上别作处置

《龙判》卷一第 6 页"门下省二条"之一的案由说："给事中杨珍奏状错以'崔午'为'崔牛'，断答四十，征铜四斤，不伏。"此案适用《职制律》卷第十（总第 116 条）："诸上书若奏事而误，杖六十；口误，减二等。（口误不失事者，勿论）"的律条。"奏状错"显然是"上书"而非"口误"之属。从本案中任"给事中"的杨珍被判"答四十，征铜四斤"看，判官显然把奏状误以"口误"之性质，故在"杖六十"的基础上作"减二等"的误判。其实，对于奏状书写有误，此条之疏文解释说：

> "上书"，谓书奏特达。"奏事"，谓面陈。有误者，杖六十。

该律条还规定：

> "即误有害者，各加三等。""若误可行，非上书、奏事者，勿论。"

依律条论，杨珍"奏状错"虽然未发生"有害者""加三等"的情节，但"误可行"一定要属"非上书、奏事"的情况才能"勿论"。依律条，杨珍不是答四十，而是应受杖六十之刑。但是，最后御史不但不断其"杖六十"，而且也未维持原断"答四十"，而竟以情理可容免予处罚。原因是御史不但也附同原判认为杨珍是"口误"，而且还认为属"口误"中的"不失事"者。而律条关于"误可行"的注文说：

> "可行"，谓案省可知，不容有异议。当言"甲申"而言"甲由"之类。

其疏文也说：

> 可行者，谓案验其状，省察是非，不容更有别议。当言"甲申"之日，而言"甲由"之日，如此之类，是案省可知，虽误，皆不合罪。

其意是说，如所书写之误，以事理推断，可不容置疑地判断是指另一正确之事，就可以作"误可行"对待而不予处罚，就如天干地支的时辰中，只有"甲申"，即使错写成"甲由"，别人也肯定知道是笔误的这种情况。御史把杨珍以"崔午"为"崔牛"之特例，同将所举"甲申"写成"甲由"之法例一样对待。其实，这样做并非完全无问题。因为在言时辰时，"甲由"一定可认定为"甲申"之误，而在人名上，"崔牛"与"崔午"完全不能排除正好是不同的两个人。其实，从判文中可知，御史要判杨珍无罪的动机，原来是要贯彻古

经义中"宁失不经，宥过无大"[1]的主张。所以，既无视把"奏状"之误混同"口误"，又把"牛""午"之错，视同如天干地支之错。故其判书中强调说：

> 准犯既非切害，原情理或可容，何者？宁失不经，宥过无大。崔牛崔午，既欲论辜，甲申甲由，如何定罪？

2．对法律适用的主体作法外的解释

《龙判》卷四第 154 页"太史一条"之案由说："太史令杜淹教男私习天文，兼有元象器物，被刘建告，勘当并实。"依唐制，秘书省之太史令，"掌观察天文，稽定历数"。[2]按《令》，"诸玄象器物、天文图书，苟非其任不得与。"[3]《律疏》上有"私习天文"之罪名，《职制律》卷第九（总第 110 条）规定："诸玄象器物、天文图书、谶书、兵书、七曜历、《太一》、《雷公式》，私家不得有，违者徒二年。"注文说："私习天文者亦同。"疏文说：

> 玄象者，玄，天也，谓象天为器具，以经星之文及日月所行之道，转之以观时变。……天文者，《史记·天官书》云天文，日月、五星、二十八宿等，故《易》曰："仰则观于天文。"
> 私家皆不得有，违者，徒二年。

太史令杜淹身为职掌天文历数之官，不但家有玄象器物，而且教儿子私习天文，所以刘建告他犯有"私家有玄象器物"及"私习天文"之罪。但是御史认为《律疏》该条对身为太史令职官的杜淹不适用，其理由是："淹之少子，雅爱其书，习张衡之浑仪，讨陆绩之玄象。父为太史，子学天文，堂构无堕，家风不坠"，杜淹教儿子习天文正是家风传世之继承。至于其家有玄象器物，御史认为这些器物，虽"私家不容辄蓄"，但"史局何废流行"。对杜淹说来，其"私家"被等同于"史局"，成了一种职务需要。可是，疏文对"私习天文"之解释说：

> "私习天文者"，谓非自有书，转相习学者，亦得二年徒坐。

这里的"非自有书"，其意是"非私自应有之书"，也不容作别的任何解释。但是，既然认为太史令家有元象器物，教子习学天文，是职务需要，是优秀家风的传承，所以其最后对杜淹的处置结论是：

> 准法无辜，按宜从记。

---

1 办案御史所引"宁失不经"，出于《尚书·大禹谟》中"与其杀不辜，宁失不经，好生之德，洽于民心"句；所引"宥过无大"，亦出于此篇中"宥过无大，刑故无小；罪疑惟轻，功疑惟重"句。
2 《唐六典·秘书省》卷十，中华书局 1992 年版，第 303 页。
3 ［日］仁井田陞：《唐令拾遗》，长春出版社 1989 年版，第 783 页。

其意为依法条无罪，但可记入行政考核之内。天文事务在唐代由国家垄断，天文情报属不得漏泄的国家机密，太史局下的"灵台郎"专门"掌习知天文"的职司。关于刘建举告杜淹"教男私习天文"及"兼有元象器物"的犯罪，御史的解释及处置，一是无视杜淹之子违犯"苟非其任不得与"的法例；二是无视"玄象器物私家不得有"的法律，擅自把太史局的官员从"私家"范围中剔除出去，这与立法意图显然不符。这等于与认可执掌皇帝玺印的官员，可以把玉玺放到自己家中去一样谬误。

3．对认为罪情重者于法外另加处罚

《龙判》卷二第 88 页"苑总监二条"之二的案由说："上林监杨嗣，请增置宫馆于上林中，御幸游戏畋猎所诣即上下辇，咸宴暂劳永逸，永久安稳。"上林监杨嗣为了让皇帝去上林苑游戏畋猎时乘车来去之辛劳，得到一劳永逸的解决，而提出在上林苑建宫馆的奏请。对此御史之判词是：

> 不应言而上言，法有正条；不应为而有为，刑兹罔赦；宜从贬论，以肃朝章。

御史此判不依法，不公平，把自己的感情代替法律。

首先，兴建宫馆这类大事，理应由尚书省、中书省等宰相机构提出，作为上林署长官的上林令，只是"掌苑囿、园池之事"，"凡植果树蔬菜，以供朝会、祭祀"等事。杨嗣作为上林苑之长官，擅自呈请在上林苑中修宫馆，是有"不应言上而言上"之罪，疏文对其的解释是：

> 不应言上者，依律、令及式，不遣言上而辄言上。

可是，《职制律》卷第十（总第 117 条）规定："不应言上而言上及不由所管而越言上"，"各杖六十"。

同时，杨嗣的行为也被定为"不应得为而为之"之罪。而《杂律》卷第二十七（总第 450 条）规定说："诸不应得为而为之者，笞四十；事理重者，杖八十。"所以，杨嗣即使有"不应言上而言上"及"不应得为而为"两罪，也不能像御史所判那样，既要处罚"不应言上"，因为"法有正条"；又要处罚"不应得为"，因为"刑兹无赦"；最后还要贬官："宜从贬法"，这显然不是依法作判。因为：其一，《名例律》卷第六（总第 45 条）明确规定"二罪以上俱发，以重者论"，即杨嗣"不应言上"杖六十及"不应得为"重情杖八十之罪，只能处后者杖八十的重罪一项。其二，有九品阶的杨嗣，可以用铜八斤去赎杖八十之刑。其三，贬官是律外之加罚，其主要理由就是如判词所言：

> 杨嗣谄谀佞士，轻薄邪人。矜奔竞之偏怀，昧公方之大体。奉圣君于尧舜，善迹无闻，陷人主于桓灵，丑声先著。镇之以静，则俗阜财殷，挠之以烦，则政荒人散。

此言前段是对犯罪动机的分析，后段是假设犯罪既遂可能造成的严重后果。但这些与犯罪

行为本身并无必然联系。把自己的分析批判去取代依法惩处，正是此案判不当的要害所在。

（二）为偏向最高当局围绕《律疏》另作文章

身为御史必定熟谙律、令、格、式，并高明于一般法官。但是，从对一些案例所作之案判看，某些案件，在法律适用及处断上，明显地是为巴结上官，压制小民，曲法处断以逃避自我风险的表现。

1．讨好朝廷而违法枉断

《龙判》卷四第 176 页"导官一条"之案由说："导官署令姚泰盗用进米二十石。上米估四十五价，次绢估三十价，断绞不伏。"导官署隶属于司农寺，《唐六典》记"导官署令掌供御导择米麦之事"。[1] 所以，姚泰盗专供御用之"进米"，是典型的"监临主守自盗"之罪。《贼盗律》卷第十九（总第 283 条）说：

> 诸监临主守自盗及盗所监临财物者，加凡盗二等，三十匹绞。

按《贼盗律》卷第十九（总第 282 条），一般凡盗之刑罚是"一尺杖六十，一匹加一等；五匹徒一年，五匹加一等，五十匹加役流"。监临盗要比凡盗加重二等，就是如《贼盗律》卷第十九（总第 283 条）疏文所说：

> 一尺杖八十，一匹加一等，一匹一尺杖九十，五匹徒二年，五匹加一等，是名"加凡盗二等，三十匹绞"。

姚泰所犯自当适用此法。御史认为姚泰犯罪之性质极为严重："长安之米，窃留私室。刑名极峻，法焉可逃，情状难容，死有余谴。"其实，按唐制，赃物折价由市场官吏依法评定，赃值的评定与换算，法令规定，赃物分上、中、下三等，依所犯当地当月当旬（10 天）的平均价格计算所盗之物的商品价格，然后再折成当地上等绢的匹数，作为定罪的根据。《名例律》引《令》文说：

> 每月，旬别三等估。其赃平所犯旬估，定罪取所犯旬上绢之价。[2]

姚泰之"不伏"在于按法律算出米的总价后，应依"上等"绢的单价作除数而得出赃之匹数，可当局却以"次绢"作为单价去折，不合制度。在唐朝，以"上绢"折是法律规制，作为御史当然知道。但为了其可意会而颇难言明的原因，不但不纠正以"次绢"多折算匹

1《唐六典·司农寺》卷十九，中华书局 1992 年版，第 528 页。
2《名例律》卷第四（总第 34 条）。

数的错误做法，又把"进米"突破了"上、中、下"三等估的常制，标新立异地用"极价"计算，最终比原判当局更加激烈地作了枉断：

> 但平赃定律，必依高估，供进所须，宜从极价。论次缣，[1] 则状当绞，坐准。

依"极价"，非法地多计赃物之市价；又依"次绢"，多折赃之匹数。这就是阿谀皇家，于法外所做的手脚。

2．亏小民而求秩序之"安定"

《龙判》卷二第 69 页"国子监二条"之二对落第考生申请重试案之判，就显然属以势压人，不重视实情之例子。其案由说：太学生刘仁范等省试落第，挝登闻鼓申诉，理由是准《式》应卯时给试题付"问头"，酉时收策试。但是，考场上却是"日晚付头"，以致"不尽经业"，故请求经业一科重考。结果，这些考生却反遭御史弹劾交付审判定罪，考生们对此"不伏"。这里，案情非常清楚，既然《式》规定了发题及收卷的时间，考生们说考场上"日晚付头"，法官应首先查实是否发生了这种情况，一切都要由此而判。但是，御史在感情上就与考生对立，责怪考生随便击鼓鸣冤："岂得俯仰自强，肆情挝鼓。"还认为落第的人总是会找借口指责发题时间太迟："铨退者即恨独迟"，"伏称问头付晚，策目难周"。不但如此，还先入为主地判定，考官不会有偏向，而考生总是全凭个人的得失行事："诉人之口，皆有爱憎，试官之情，终无向背。"当然，太学生们未在"日晚付头，不尽经业"的当天申冤，而在"省试落第"后才"挝鼓申诉"，在舆论上处于不利地位，要求"重试"在那种社会根本不可能。"卯时付策，当日对了"，是《令》《式》之规定。但御史从头到尾对问题的核心即"付头"发放及收交时间是否违《式》，始终不置一词，偏袒当局之用心毕露无遗。所以，受理"不伏"之诉的御史，认为前御史的弹劾，应予支持，太学生们的申诉，只是无理取闹的"游辞"。其最后的处置结论是：

> 豸冠奏劾，自合依从……宜从明典，勿信游辞。

由此案判可见，御史作为知法通律的执法者，也并非必然地事事处处是一个护法者。

3. 无视事理情由用法明哲保身

一次，宫中发生了"逆贼"叛乱之事，有二位将军在事件中的表现截然不同，主管当局"左右羽林卫"提出了对二人不同的呈请处理的意见，结果，御史所作的处置，正好与主管当局申报的处理意见完全相反。《龙判》卷三第 103 页"左右羽林卫二条"之一的案由说：

---

1 缣，一种细绢。《康熙字典》引《汉书·外戚传》："媪为翁须作单缣衣。"注曰："缣，即今之绢也。"

　　本卫状：顷者内有警急，羽林将军敬伟不避危险，斫门斩关，诛除逆贼，肃清宫禁。元功盛勋，合加旌赏。

但是状进御史台之后，不但不同意加赏，而且认为敬伟罪大功小，要先办罪才对："劳不足弥，罪宜先结。"认为敬伟之罪是："不承制敕，辄入宫闱"；"以勤补拙，终过重而劳轻，以力酬愆，即罪大而功小"。御史定敬伟之罪当然会有其"理"，认为《卫禁律》卷第七（总第 71 条）规定说：

　　诸奉敕以合符夜开宫殿门，符虽合，不勘而开者，徒三年；若勘符不合而为开者，流二千里；其不承敕而擅开闭者，绞。

敬伟之"罪"，被认为是"不承敕而擅开宫殿门"之罪，从情节上说，而且认为是犯有"大不敬"之罪："侮弄兵器，震动乘舆，论功虽则可嘉，议罪便当不敬。"虽然事件的实际过程说明，敬伟带武器斫门而入，是"诛除逆贼，肃清宫禁"的需要，如果敬伟不这样做，肯定有严重后果，那紧闭的宫门对皇帝又有什么好处？这都是情理方面的考虑，而御史决不会因顾及情理，为开创无敕夜入的先例而负其责任：依律为平叛救急，警卫可在无符敕的情况下强入宫门。

　　在这次事件中另一位官员田达的表现正好与敬伟相反。主管当局"左右羽林卫"认为要对其处以"极法"。《判书》卷三第 104 页"左右羽林卫二条"之二的案由介绍说：

　　又：田达当讨救之际，索马不与，拒门不开，覆奏往来，宜失机速，合处极法，不伏。

田达的行为在唐律中是属于在紧急情况下拒绝立即给兵马的情节。从主管当局提议对田达"处极法"看，肯定是有叛乱而拒绝给发救兵，才有此重罪。按唐律，如果确实出现了有平叛的紧急之需，应该是先发给兵，同时向上报告，而不是先请示，等拿到了上级的符书才发兵给兵。所以，如果确有紧急情况，先发给兵马同时报告，还是先报告等见了符书再给发，是罪与非罪的分水岭。《擅兴律》卷第十六（总第 224 条）之疏文对紧急情况下请求发兵与给兵的双方应该遵循的制度说：

　　其有寇贼卒来入境，欲有攻击掩袭；及国内城镇及屯聚兵马之处，或反叛；或外贼自相翻动，内应国家：如此等事，急须兵者，"得便调发"，谓得随便，未言上待报即许调发。……掌兵军司亦得随便给与，各即言上。并谓急须兵处，不容先言上者。

而违犯此法的处罚是：

　　若不即调发及不即给与者，准所须人数，并与擅发罪同；其不即言上者，亦准所发人数，减罪一等。

田达接到"讨救"要求后不但不即给发，而且"拒门不开"，大搞"覆奏往来"，以致"宜失机速"，正是犯罪。其主管部门"左右羽林卫"认为田达"合处极法"，就是根据《律疏》的规定。但是，御史的判词离开了《律疏》中最重要的紧急情况下时间要求的关键因素，认为田达的所作所为，都是遵纪守法的表率行为："一兵一马，咸持竹符，门闭门开，皆凭木契。循环覆奏，务在从真，仓卒辄来，焉知非诈"；"苟不践于邪途，固无亏于正道"。最后的处置意见是："宜除旧过，不夺前班"，即免于处罚。因为处罚了田达，等于是创立了有紧急情况即使是皇城宫城之门，没有符契照样也可以开启，照样可以给发御林军兵马之先例。御史绝不会做这样的事，因为紧急情况只可能是一时偶发，而宫殿门卫之禁，乃恒常安全之保证。

宫中叛乱的平息，给御史拒绝左右羽林卫的处置意见提供了前提。但如果叛乱确实使皇帝受到了伤害，那么，御史一定转而去支持"左右羽林卫"的意见，奖励敬伟而处死田达。因为这时追查皇帝在叛乱中遭害的罪责，又成为首当其冲的矛盾了。

（三）醉心于文辞浮华却忘了驳回被告"不伏"的主要理由

《龙判》卷二第 72 页"少府监二条"之二的案由说："府史杜元掌造金玺，遂盗一枚，铸败为酒器。断绞不伏云：'东玉未进，合准常盗，不合死'。"

此案之法律适用及御史处置之问题，有如下几方面：

其一，《名例律》十恶"大不敬"下列有"盗及伪造御宝"罪。

其二，《贼盗律》卷第十九（总第 271 条）规定："诸盗御宝者，绞"。而在法律处置上，犯于"三后"之"金玺"，与犯玉制的御宝同样对待，疏文说："称'御'者，太皇太后、皇太后、皇后亦同"，即有盗也处绞刑。

其三，杜元在盗"金玺"后化铸为酒器，又属于《杂律》卷第二十七（总第 435 条），弃毁"御宝""各以盗论"，即"铸败"是"毁"，与真盗御宝罪（总第 271 条）一样"处绞刑"。

其四，杜元一犯两罪，"盗御宝"及"毁御宝"都是绞刑，以《名例律》卷第六（总第 45 条）"等者，从一"的规定，只依其中"盗御宝"一项处绞刑即可。

其五，杜元"不伏"判绞的理由是，认为"金玺"盗后即化铸为酒器，并未经主管官员"部分"，应属"未进"之物，因此所盗不是"御物"，应是盗普通金子，不应有死罪，这也是案子所以报送御史台的原因。但作为受理此案的御史，却一味用华丽的骈文典故，大赞金玺之贵美，大讲犯罪性质如何严重，情节如何恶劣，最后只是说：

"量其犯状，罪不容诛，论其刑名，死有余责，既投无赦之律，合处不敬之论"；"宜从绞坐，以肃朝章"。

御史定此罪属"大不敬"罪中之"盗御宝"罪是对的，但对"东玉（指金玺）未进，合准常盗，不合死"的理由，却未正面答复。

其实，杜元的辩词显然是把"未进"属非"御"的制度用错了地方。《贼盗律》（总第271 条）在"诸盗御宝者，绞"下说，只有属"乘舆服御物"及"食御"物，才有"部分拟进"制度。注文说：

> 谓供奉乘舆之物。服通衾、茵之属，真、副等。皆须监当之官，部分拟进，乃为御物。

法律上要求经监当官分配拟进才具有"御物"性质的东西，是指供皇帝生活上使用的东西如衾茵、毡褥、食物等，而不是指属于皇帝专用的御宝包括"三后"的金玺在内。但是，御史竟一味致力于追求判词章句的华丽优美，对被告"不伏"之主要理由却始终无正面答复。

判处犯罪，要的就是求实、精当、依法。《龙判》判词写作文风的基本趋向，与国家司法文化发展的要求基本背道而驰。张鷟们把写判词作为卖弄文才的机会，正是司法文化中的消极面，而不是精华。《龙判》中的文风问题对后世是个警示。

当然，对御史所判的案件，见仁见智，自是难免。但有一点可以肯定，那就是御史判案的思路，即使有时其所判违法逆理，也总是围绕《律疏》在"作文章"。从《龙筋凤髓判》整体上反映的情况来看，《律疏》始终是其判断案件的依据。

（2015 年 3 月修改）

---

* 此文据发表于社会科学文献出版社 2013 年版钱大群著《唐律与唐代法制考辨》一书中的原文作了重要补充与修改。

12. 对《关于〈唐律疏议〉三条律疏的修改》一文的附议与质疑

——与王永兴及杨鸿烈、吴翊如等先生探讨《律疏》"内乱"罪中舅对甥是否已"报小功"问题

　　1980 年《文史》第 8 期发表王永兴先生《关于〈唐律疏议〉中三条律疏的修改》一文，认为：其一，今传《律疏·贼盗律》（总第 263 条）"毒药药人"罪的"绞"刑，是在显庆中慕容宝节以毒酒毒死杨思训（本文以下简称"毒杨案"）后，由原"流"刑修改而来的；其二，《律疏》（总第 345 条）"问答"中对继母改嫁身亡不必解官服心丧的规定，是唐高宗龙朔二年（662）八月，朝廷对同文正卿萧嗣业在改嫁继母身亡后申请服心丧进行廷议后，对《律疏》作修改的结果；其三，《名例律》（总第 6 条）"十恶·内乱"中，对犯罪构成条件"奸小功以上亲"注文作解释的疏文："谓外孙女于外祖父及外甥于舅之类"，这是唐高宗显庆元年（656），根据长孙无忌廷议时对于舅甥之间要互报"小功"的建议而修改成这个样子的，即《律疏》中舅报甥已是"小功"了。

　　对于王永兴先生关于律疏三次修改的看法，我先在《南京大学学报》（文哲版）1989 年第 5 期上发表《谈〈唐律疏议〉三条律疏的修改问题》一文对其作全面质疑。而直到 2015 年，历经了 26 年后，我对王永兴先生三条律疏修改的观点，在北京大学出版社于 2015 年出版的《唐典研究》一书中，最终由之前全面质疑其三点，而改变为附和其中二点，继续质疑其中一点之看法。

一、唐高宗对"毒杨案"的处置是"正刑"与命令"改律"同步一体

"两唐书"中的《杨恭仁传》记右卫大将军慕容宝节邀右屯卫将军杨思训至家夜宴，以毒酒药死杨思训。慕容氏被依当时之律处流刑。之后杨妻诣阙告御状，于是皇帝"乃诏"并"仍改《贼盗律》，以毒药杀人之科"。对此，我经过重新分析"两唐书"的记载，及对《律疏》"毒药药人"条的对照研读，同意王永兴先生认为今见《律疏》中此律条业已经过"修改"的主张。因为皇帝对案件的处置，实际是正刑与改律同步一体的过程。

（一）"两唐书"对慕容氏"毒杨案"情节一致之记载

"毒杨案"中与修改毒药药人律条有关的主要情节有两点：

1. 杨思训被酒毒当场毙命
"两唐书"对这一点的记载先后一致：

"（慕容之妾）密以毒药置酒中，思训饮尽便死"；[1]
"（慕容宝节）毒酒以进，思训死"。[2]

犯罪的手段是药毒，其后果是被害人当场即死。

2. 药人致死的刑罚是流刑
"两唐书"对这一点的记载也是一致的。"两唐书"先后记载说：

"宝节坐是配流岭表"；[3]
"流宝节岭表"。[4]

1《旧唐书·杨恭仁传》，中华书局 1975 年版，第 2382 页。
2《新唐书·杨恭仁传》，中华书局 1975 年版，第 3927 页。
3《旧唐书·杨恭仁传》，中华书局 1975 年版，第 2382 页。
4《新唐书·杨恭仁传》，中华书局 1975 年版，第 3927 页。

（二）"毒药药人"条修改前后的比较

1. 修改前"毒药药人"条的要害是缺乏情节区分

所谓"修改"，是指错误的要纠正，缺少的要补进。如"两唐书"中的记载，成为修改《贼盗律》（总第 263 条）中"毒药药人"罪之根据，那么就势必要判定，在《律疏》于永徽四年（653）制定公布后的第五年，即显庆三年（658）慕容氏毒杀杨氏案发生时，"毒药药人"罪条，一定处于如下的状况中：

其一，《律疏》永徽四年制定公布伊始，毒药药人罪的刑罚只有处"流"的一个等级，《旧唐书》上明确记载，当时杨思训"饮尽便死"；《新唐书》也说，"毒酒以进，思训死"。当时的处罚都是："宝节坐是配流岭表"；"流宝节岭表"。这是说，杨被毒死后，慕容氏其"依法"判处的刑罚就只是"流"。因为律条中"毒药药人"除了"流"再未有更重的等级，否则已经毒死人的慕容氏一定会被判比"流"更重的刑罚。

其二，今传《律疏》中为区分药而不死及药而致死，而比附"谋杀"论处的内容，当时应该也都不存在。因现见经修改的律条中规定"以毒药药人者"处绞，仅指未产生后果的情况。对于"药而致伤"及"药而致死"的情节，今传《律疏》中解决此问题用比附的办法，律修改前都没有，否则慕容氏也不会只处流刑。

2. 修改后的今传《律疏》中"毒药药人"罪重点是解决情节区分问题

了解今传《律疏》中"毒药药人"罪的内容，有助于与当时"毒杨案"中的处置，进行比较，作出评论。今传《律疏》中《贼盗律》（总第 263 条）"毒药药人"条的内容要点是：

其一，根据皇帝改用"重法"的命令，即使仅止于有用毒药药人的行为，其刑罚明确规定就是"绞"。

其二，毒药药人，区分药而未死及药而死亡，其处理之根据规定在该条"问答"的比附中："其药而不死者，并同谋杀已伤之法"。此比附的"谋杀已伤"之法，在《律疏》（总第 256 条）中是：

> 诸谋杀人者，徒三年；已伤者，绞；已杀者，斩。

其三，《旧唐书》中所言"以毒药杀人之科"中之"杀"，是法律上的专有名词，其义是相对于"伤"的"致死"之义。"毒药药人"中说的药而未死，相当于"谋杀已伤"；"以毒杀人"，说的是"用毒药毒死人"。

3. 案件处置后皇帝命令修改律文

案件处置后，皇帝认为"毒药药人"的"现行法"内容有不合理之处，应予修改，"两唐书"先后一致地记载：

> "仍改《贼盗律》以毒药杀人之科，更从重法"；[1]
> "乃诏以真毒人者，重其法"。[2]

皇帝命令中的两个关键词，这里应稍加辨析。首先，"从重法"及"重其法"中的"重"，在中国法制史中，从秦汉代以来其习惯之意义就是"死罪"。同时，"仍改"与"乃诏"中的"仍"与"乃"是同义，都作"于是"讲[3]。"两唐书"的记载是言在处置"毒杨案"后，"于是"皇帝"下诏"改律，把"毒药药人"条的刑罚，改为包括"绞斩"二等在内的"死刑"。因此，对王永兴先生认为今传《律疏》"毒药药人"条中"绞"刑的起点，是改原来的"流"刑而来的正确观点，予以附议。

（三）"毒杨案"的关键是皇帝发现原律对"药人"罪不分轻重而"改律"

实际在"毒杨案"中，皇帝纠正当时在行法律之失衡，对用毒药药人的犯罪（指《贼盗律》总第 263 条原来的处罚），刑罚要加重至死刑，这是因纠原律中罪罚之不当而改律。

慕容氏在已毒杀杨氏的情况下，原律以"毒药药人"罪处其"流"刑，但是根据《名例律》（总第 50 条）"举轻以明重"的精神，如以毒药药人处流，那么杨氏已被毒死，慕容氏的刑罚一定要重于当时原律条上的流刑而处死刑才对。同时，虽当时原律中没有完全区分"药毒"与"毒杀"情节之律文，可毒药药人在主观形态上与"谋杀"相通，故后来修律以"谋杀已伤已杀"之罪比附是合理的。从"毒杨案"的记载看，皇帝当时应该就是这样想、这样做，并又这样指示去修改原律的。而且被修改后的律条即今见《律疏》中之律条内容，就是完全遵照这种思路去践行的。

历史上有由个案而触发对法律修改的先例。据《汉书·刑法志》记载，汉文帝前元十三年（前 167），齐太仓令淳于公有罪当处肉刑，他的女儿缇萦给汉文帝上书，痛呈肉刑之惨痛，请求以自身籍没为奴来赎父亲之罪。汉文帝因此受感动，决心除去肉刑，于是便有了汉文帝与汉景帝二代改除肉刑为笞刑的举措。唐高宗受理杨妻诉冤后，感到原律毒药药人罪不分轻重都只处流刑极不合理，由此决心修改毒药药人条的举措，应该肯定。

---

1 《旧唐书·杨恭仁传》，中华书局 1975 年版，第 2382 页。

2 《新唐书·杨恭仁传》，中华书局 1975 年版，第 3927 页。

3 南京大学文学院古文献研究所武秀臣教授，在写《唐律研究有关文献考辨平议》一文时附致钱大群之短信中言：此处"'仍'字作'于是''并且'讲也是常义。"此言用于此处甚当。参见夏锦文、李玉生主编：《唐典研究》，北京大学出版社 2015 年版，第 272 页。

（四）追斩慕容氏于流放路上是查清案情性质而正刑之举措

唐高宗听杨妻申冤后，派特使至龙门追斩慕容氏于流放路上，这是个不平常的特别措施。这里需要说明的是，皇帝追斩的这项举措与其发觉原律中药人条法律有问题，决定要修改法律之起点刑为死刑无直接关系，但与查清"毒杨案"犯罪的动机目的并为其定性，却有直接关系。

1."毒杨案"的性质是"十恶"的"谋乱"罪

关于"毒杨案"的性质，"两唐书"提供了两种截然不同之记载。《旧唐书·杨恭仁传》说：

> 慕容宝节有爱妾，置于别宅，尝邀思训就之宴乐。思训深责宝节与其妻隔绝，妾等怨，密以毒药置酒中，思训饮尽便死。

这里《旧唐书》所记毒杨之原因不可取。因为杨思训指责慕容氏"与其妻隔绝"，根本不足以使其要用毒杀的手段对付杨。即使加重到以"乱妻妾位"之罪处断，对慕容来说亦无大的威胁。据《户婚律》（总第178条）"乱妻妾位""徒二年"，凭慕容氏"正三品"的官位，可据"八议"之例，享受"流以下减一等"处"徒一年半"。再依"官当"之法，其官属"五品以上"，一官可当徒二年，其"一年半不够一当"，因而可改为用赎，并无实刑可坐，即此罪绝不可能使慕容氏要采取毒杀之举。而《新唐书》之记事，则使人相信慕容氏完全可能采取毒杀杨氏之举：

> 右卫大将军慕容宝节夜邀思训与谋乱，思训不敢对。宝节惧，毒酒以进，思训死。[1]

2.慕容氏的"谋乱"罪是"毒杨案"的正确定性

慕容氏的"谋乱"罪，应是在杨妻告御状申冤查案的过程中查清，在情理上完全可能，因慕容氏的作案根本不是其一人独自所为而且能绝对守密的事情。查清其"谋乱"的动机与目的，是正确为案件定性的前提。也只有这样定性，才可以使"两唐书"中共同的记载皇帝派使"追斩"慕容氏情节合理化。

其一，"谋乱"罪应是属于"十恶"中谋反、谋大逆、谋叛的所谓"谋叛以上"之罪，主犯"皆斩"。《名例律》（总第8条）《议章》规定："其犯十恶者，死罪不得上请，流罪不得减等。"故"斩"慕容氏不是皇帝一时兴起，而是据其所犯之性质定罪。

其二，查清"毒杨案"性质是属"谋乱"后，皇帝果断遣使斩慕容氏于流放途中，是果断的合理之举措。因不采取断然措施，如在流放途中罪犯在程限内遇赦，按《断狱律》

1《新唐书·杨恭仁传》，中华书局1975年版，第3927页。

（总第 488 条）之规定，对赦前之错判就会实行"重改轻不改"的原则，慕容氏就可能获得赦免。因而高宗果断遣使斩其于流放途中，就使对慕容氏"谋乱"个案之处置合理而不突兀。

3. 性质的查清是关键

《新唐书》对"谋乱"罪因的记载合乎"两唐书"记其后续事实的逻辑关系：

> 宝节坐是流配岭表。思训妻又诣阙称冤，制遣使就斩之。

律被修改之前，药人罪原本就是流刑，慕容氏被判"流"刑是"依法"。同时，在法律修改之前，既然药人罪原就是流刑，皇帝也不会遣使于流放道上追斩犯"药人"罪的慕容氏。只有经杨妻申冤查清了慕容氏属"谋乱"的性质，皇帝才有了"追斩"的决定与行动。追斩慕容氏是查清案情性质的结果。慕容氏既犯药死人罪，又犯"谋乱"罪，按《名例律》（总第 45 条），二罪同发当以重者——谋乱论处斩，同时不得用"议"权。

至于慕容氏毒杀杨氏，在未查清属"谋乱"而依改前之律判流放时，慕容氏最初又为什么不使用"八议"而要作实流？或者是已查明其属"谋乱"而判官故意放纵处其流放？史书未提供这方面的情节，只能有待将来发现新的史料再作进一步研究。

二、《律疏》确有必要明确对"继母改嫁身亡"之服制

《唐会要·服纪上》记载唐高宗龙朔二年（662）同文正卿萧嗣业因嫡继母改嫁身亡，而申请解官而服心丧。而按当时《令》及《礼》的规定，萧并不须解官服心丧。但《律疏》（总第 326、330 条）中虽有涉及子女对嫡继母、出母等杀父母应如何对待的规定，却未明确规定对改嫁继母身亡后是否要解官服心丧，故皇帝把萧氏的呈请交付廷议，以使《律疏》及礼制对此问题作出明确一致的规定。王永兴先生认为《律疏·斗讼律》（总第 345 条）"答"文中涉于对改嫁继母及出母的内容，就是依这次廷议而修改的主张是正确的。

（一）对改嫁继母身亡解官"服心丧"不是当时的礼法要求

其一，萧嗣业因改嫁继母身亡，请求解官服心丧，的确并非当时法令与礼制的要求。《唐会要》卷三十七"服纪上"记有司对此事称说："据令，继母改嫁，及为长子，并不解官。"一般说，法令上无规定，刑律也不会去作超前的规定。

其二，龙朔廷议否定了"请解嗣业官"的少数派意见，维持了"嗣业不合解官"的多数派的意见，这也证明当时的《礼》《令》，都不与廷议相左。

（二）服心丧制度只适用于亲子降服的场合

其一，当时廷议中暴露出来的争论焦点，是部分官吏对"服心丧"制度适用的前提条件未搞清楚。这中间的条件一是亲子，二是须降服者。一般原则下，子对父母，斩衰三年，不降服。但如属亲子对被父休弃的生母，或对于父死后作改嫁的亲母，在服制上都要"压降"服二十五个月的心丧并解官。《职制律》（总第 121 条）疏文又说："谓妾子及出妻之子，合降其服，皆二十五月内为心丧。"解官服心丧的前提必须是亲子压降之服。明确心丧只适用于降服之亲子者，就不会主张萧氏要申心丧（解官），不知心丧只适用于亲子降服（解官）者，就会主张萧氏要解官申心丧。萧氏与改嫁继母间不是"亲子"关系，"改嫁"的提法也明确地否定了该继母仍居"嫡"之位置。

其二，从礼制上说，改嫁的继母，原本连"期亲"资格都没有，但因她改嫁前照例已为夫服丧三年，这才照顾对待为"期亲"级。当然，如继母未改嫁，而且仍居于（父正妻）"嫡"位，那就要与亲母相同对待了。廷议中支持萧氏解官申心丧的少数派 26 人，就是他们把申心丧只适用于亲子的前提，在认识上丢失了。《唐会要》记载，这些人埋怨"礼无继母之文"，"其不解者，唯有继母之嫁"等，都是由丢失制度前提而出现的认识。这些人，他们通过比较，感情上也感到"不平衡"，如《职制律》（总第 120 条）规定，其父卒母嫁，若出妻之子，虽定为"期服"，而"俱当解任，并合心丧"，可对改嫁继母之服，还不如被出之妻。殊不知，出妻之"子"，"以明所生"，是亲子，适用心丧解任；改嫁继母，与身不是亲子，不适用心丧。

（三）廷议指示"其礼及《律疏》有相关涉者准此改正"不是具文

《唐会要》记载廷议决议指示："其礼及《律疏》有相关涉者，亦请准此改正"，这不是形式的具文，因为如前所言，《律疏》中对这一点尚没有明确规定，故皇帝指令要重新议定。今传《律疏·斗讼律》（总第 345 条）中所载：

> 嫡、继、慈、养，依《例》虽同亲母，被出、改嫁，礼制便与亲母不同。其改嫁者，唯止服期，依令不合解官，据礼又无心丧。

这内容是龙朔廷议后依指令加进去的，也就是王永兴先生所说的"修改"。我不言修改，而言"加进"，是欲强调龙朔廷议认为《律疏》要与《令》《礼》一致而加进。

这问题归纳起来应是:

其一, 绝不是《律疏》中原来就有对身亡之改嫁继母必须解官服心丧的法律规定。如果那样, 就不会发生廷议官员中 26 人主张遵守"现行法", 而有 736 人却主张去修改"现行法"的事。

其二, 也绝不是说,《律疏》在廷议前就已经有了如今传《律疏》中"(继母) 其改嫁者, 唯止服期, 依令不合解官, 据礼又无心丧"的内容。如果是那样, 萧嗣业百分之百地不会与《律疏》对着干去"请申心制"。也正因为如此, 皇帝才下令对继母的礼制律法进行廷议以求统一明确。如廷议前《律疏》中已明确了, 廷议也就无必要进行了。凭这一点就可以推断, 律中对改嫁继母身亡不解官服心丧的规定, 肯定是龙朔廷议后新加进的内容。

其三, 加进嫡、继、慈、养被出或改嫁后礼制不同的规定, 也是《律疏》本身的需要。因为《名例律》(总第 52 条) 原则上已规定:"其嫡、继、慈母若养者, 与亲同", 却并未对这些人被出、改嫁的特别情况作规定, 这就不可避免地会在出现对"与亲同"的继母改嫁身亡后, 到底怎么对待的疑问。萧嗣业申心丧, 不能说与此无关。

总之, 虽然在礼与令上早已明确, 但《律疏》中对改嫁继母身亡不必解官服心丧的内容, 是龙朔廷议后依决议"加进"(也是修改) 的。在这一点上, 应该肯定王永兴先生的观点, 而不是相反。

三、今传《律疏》"内乱"中未体现舅报甥被修改为"小功"之服

《唐会要》卷三十七"服纪上"记载, 唐高宗李治显庆元年 (656) 九月, 修礼官长孙无忌等奏请修改律中关于舅对甥的服制。长孙无忌等同时认为, 舅反报外甥的服制为缌麻也"于例不通, 理须改正", 建议"今请修改律疏, 舅报甥亦小功"。对于长孙无忌修改律疏的奏请, 该书记载说:"制从之。"[1] 于是一些学者就据此判定, 今见《永徽律疏》十恶中"内乱"罪的疏文, 已根据显庆元年廷议的决定进行了修改。[2]

认为今传《律疏》中十恶"内乱"罪疏文把舅对甥的服制已修改为反报小功的观点, 对唐宋律典的研究造成了很大的影响。有些学者从律文的"修改", 又扩展到对律文内容作不同的理解, 甚至对律的疏文重新断句, 并对律中的刑罚等级作新的认定。这是涉及"内乱"罪犯罪构成的原则问题, 必须辨清。

1《唐会要·服纪》卷三十七, 上海古籍出版社 1991 年版, 第 787 页。
2 参见王永兴:《关于〈唐律疏议〉中三条律疏的修改》, 载《文史》1980 年第 8 期。

（一）贞观、显庆两次廷议都只是欲修定舅甥互服缌麻的古代服制

1. 依古礼甥与舅相互都服"缌麻"

原来依古代丧服之礼，"甥为舅（服）缌麻，舅报甥亦同此制"，即舅与甥相互都是五服中的最低级——缌麻之服。《十三经注疏》卷三十三《仪礼·丧服·小功》说："外亲之服，皆缌也。"只有对外祖是例外，规定（单向地）服小功，理由是"以尊加也"。而外祖报外孙仍是缌麻。《仪礼·丧服》"缌麻"下列有"外孙"。《疏》文说："云外孙者，以女出外适而生故云外孙。"其"缌麻"下还列"甥"。《疏》说："云甥者，舅为姊妹之子。""缌麻"下又列有"舅"。《疏》说："母之昆弟。何以缌？从服也。"可见，依古礼舅甥间相互服缌麻。但是，外亲中母亲的姊妹（姨）与甥的服制却是"小功"，《仪礼》之传文释其理由是"以名加"，即姨母因有"母"之名义，所以要比"缌麻"加一等服。

2. 贞观廷议只把甥对舅的服制由"缌麻"改为"小功"

唐太宗贞观十四年（640），八座议奏原舅甥间之古礼应修改，主张"舅服同姨小功五月"，即甥对舅的服制应与对姨一样，都提到小功丧服五月的级别。唐太宗认为"舅之与姨，亲疏相似，而服纪有殊，理未为得"。[1] 秘书监颜师古也认为"外氏之亲俱缘于母，姨舅一例，等属齐尊，姨既小功，舅乃缌麻"，这是"曲生异义，兹亦未安"。[2] 当时，侍中魏徵、礼部侍郎令狐得棻等，也都主张甥之与舅"请与从母（即姨）同服小功"，即从以前的"缌麻"，提至"小功"。

3. 显庆廷议再一次欲把舅对甥反报的服制改为"小功"而未得实现

这里应该明确的是，贞观廷议要改变舅甥之间互服缌麻的古代制度，结果只改了甥对舅（应像对姨一样）服小功，而舅对甥反报缌麻之服，并未修改。当然，永徽定律（652）及编成《律疏》（653）时，都只是单方面把甥对舅改成服小功，而留下的问题是舅对甥仍维持反报缌麻。正因为如此，唐高宗显庆元年（656）才又发生要把舅对甥的反报提至小功的廷议。

1《旧唐书·礼仪志》，中华书局 1975 年版，第 1019 页。
2《唐会要·服纪》卷三十七，中华书局 1991 年版，第 785 页。

（二）唐律"内乱"不包括舅对甥的奸情

1. 入"内乱"的衡量标准一定是"奸小功以上亲"及"父祖妾"

唐律中"内乱"罪的处罚具体地规定在《杂律》卷第二十六（总第412条、第413条）。第412条的律文说："诸奸从祖祖母姑、从祖伯叔母姑、从父姊妹、从母及兄弟妻、兄弟子妻者，流二千里；强者，绞。"第413条规定："诸奸父祖妾、伯叔母、姑、姊妹、子孙之妇、兄弟之女者，绞。"这两条律文中除"父祖妾"外，其余男犯对被奸或和奸之女方都要求是"小功"或小功以上之服制。如果显庆元年已把舅报甥由缌麻改为小功的话，《律疏》第412条、第413条后来刊修时肯定会列入奸外甥女的内容。现在无列，证明律疏并未依显庆之议而修改过。

2. 舅奸甥在唐律中属非"内乱"的"奸缌麻以上亲"罪

《律疏》中奸外孙女及外甥女，是属《杂律》卷第二十六（总第411条）的"奸缌麻以上亲"之罪，该罪按律一般不是处流与绞，而是处"徒三年"。在论处奸罪时，使外公奸报服缌麻的外孙女，及舅奸报服缌麻的外甥女的情况，都被排斥于"内乱"罪之外，律条中有关的疏文正是要说明此情况，达到此目的。

（三）《律疏》之"内乱"未依显庆廷议改舅对甥报小功之服

1. 疏文中只体现依贞观廷议甥对舅服小功之内容

今见《律疏》里的服制显示，甥对舅要服小功，而舅对甥仍报以缌麻。这种制度既不是舅与甥相互服为缌麻的"古丧服"，也不是长孙无忌主张的"今甥为舅，使同从母（即姨）之丧，则舅宜进甥，以同从母之报"皆服小功之制，而是确认甥对舅服小功，而舅报甥仍服缌麻的特殊制度。虽然显庆廷议时决定要修改这种制度，但关键的问题是今传的《律疏》中这条法律注文的疏文，只反映了贞观廷议修改的内容，而并未有任何依显庆廷议修改的反映。贞观廷议把甥对舅的服制改为"小功"，现在疏文上说"妇人为男夫虽有小功之服，男子为报服缌麻者"时，举"外孙女于外祖父及外甥于舅"的例子，这证明在永徽四年（653）律疏之中，只落实了贞观十四年（640）关于甥对舅服小功之廷议。

2. 现见律义之法律逻辑排斥舅对甥报"小功"之制

从今见《律疏》"内乱"疏文本义的法律逻辑来看，疏文中舅对甥的反报服制，并未如显庆之议由"缌麻"改为"小功"。要弄清楚这问题，首先让我们分析唐律中有关注文及疏文的意思。

什么是"内乱"？《名例律》（总第6条）注文说："谓奸小功以上亲、父祖妾及与和者"。

什么是"奸小功"？疏文说：

> 谓据礼，男子为妇人著小功服而奸者。若妇人为男夫虽有小功之服，男子为报服缌麻者，非。谓外孙女于外祖父及外甥于舅之类。

有些学者认为，疏文中"男子为报服缌麻者，非"，是把这一"错误"（指舅对甥报缌麻）否定了。其实，律疏中的"非"，其意不是说舅对外甥报服缌麻"不对"，或是说舅对甥报缌麻的制度被"修改"了，而是判断虽然女对男方服小功而男反报女方服缌麻，即像外孙女对外祖父及外甥与舅的关系，都"非"属于"内乱"要求的"奸小功以上"的情况。"奸小功"，固定地指相奸之男方对被奸之女方有"小功"服，而不是指女方对男方报服"小功"。

3. 疏文把舅甥关系与外祖父和外孙关系兼举并立是舅报甥仍为"缌麻"的铁证

根据《唐会要》的记载，无论是贞观中之"八座议奏"还是显庆元年（656）的议奏，所涉及问题，都只是议改舅对甥反报的服制，而未提出要修改外祖父反报外孙的服制问题。从唐、明两代的服制图来看，外祖父反报外孙的服制从来都是缌麻。在唐代的《五服之制与年月表》上，"小功五月"下列有"为外祖父母服"，在"缌麻三月"下则列有"为外孙"。[1] 在《大明律·名例·服制》上，"小功五月"下列有"为外祖父母"，在"缌麻三月"下，则列有"为外孙（男女同）"。[2] 所以，外祖父反报外孙服缌麻是铁案。既如此，唐律的疏文把"外孙女于外祖父"及"外甥于舅"并立同举，就证明，在唐律中，外祖父与外孙及舅与外甥之间的服制相同，卑为尊服小功，而尊反报缌麻。可见律疏绝未按显庆之议而修改。如舅对甥已改为小功，疏文决不会把它与外祖对外孙服缌麻列于同类项，作为对"非"的例子列举。

（四）新版《宋刑统》中"内乱"疏文之句读乃附误致误

其实，问题十分清楚，"内乱"的构成要件之一"奸小功以上亲"，是指"男子为妇人著小功服而奸者"。对这一根本点，大家都无分歧。所以，如舅对甥之服依显庆之议改成"小功"了，那么舅奸甥就要入十恶之"内乱"。如其服制未改（仍是"缌麻"），那么舅奸甥就不入十恶之"内乱"。

1　见杨鸿烈：《中国法律发达史》，（上海）商务印书馆1930年版，第406~407页。

2　参见怀效锋点校《大明律》附录《服制》，辽沈书社1990年版，第453~456页。

1. 杨、吴二位先生依误解而篡改《律疏》句读

有人因主观地认为舅奸甥这种乱伦行为应入十恶"内乱"，又有人相信律疏已依显庆之议而修改的观点，于是他们削足适履，不惜把今传《唐律》疏文中原来正确的句读，改成为自以为表达"新观点"的点法：

> 十曰"内乱。"(谓奸小功以上亲，父祖妾，及与和者。"奸小功以上亲者"，谓据《礼》男子为妇人著小功服而奸者，若妇人为男夫，虽有小功之服，男子为报服缌麻者，非谓外孙女于外祖父及外甥于舅之类。)[1]

与《律疏》之原文比较，点校者把"奸者"后面的句号改为逗号，从而割断下文对此句的解释作用；又把"男子为报服缌麻者，非。"中之"非"，挪到下句"谓"之前连成一句。但这样断句，"若"字之后的文句在意思上已不形成对"男子为妇人著小功服而奸者"作假设性的解释，到底要说明什么意思，语意不明，令人费解。既然能用"非谓……"，为什么不直接地用"是谓……"呢！如果律疏真按显庆元年之议而改，那只须在"谓据礼，男子为妇人著小功服而奸者"之后加"如舅于甥报服小功"即可，何须用"非谓外孙女于外祖父及外甥于舅之类"既啰唆又含糊的表述。所以，《中国法律发达史》及《宋刑统》对"奸小功以上亲"疏文的句读，都应当恢复到《律疏》的原义上去才对。"若"(此处用作"如"义)字以下的文句是对其前一句的假设举例。前一句明确规定："谓据礼，男子为妇人著小功服而奸者。""若"下之后句特别指出"妇人为男夫虽有小功之服"而"男子为报服缌麻者，非"，即男子与报服缌麻的女方相奸，不属于"男子为妇人著小功服而奸"的情况，当然也就不属于"内乱"罪。这里的"非"是"非上述之情况"的意思。

2. 疏文中"……者，非。"是《律疏》中程式化的行文结构

《律疏》中"……者，非。"这种固定的行文方式，一般都不可能在文意的理解上产生歧见。现以《名例律·十恶》中的例句作解。

《名例》"十恶"中好几处有这种句式，它们结构自然，文意畅达，对我们正确理解"内乱"疏文的意义结构，是极为重要的佐证。与"十曰内乱"靠得最近的"九曰不义"中就有类似的例子。如："不义"的注文列妻犯夫的罪状之一说："闻夫丧匿不举哀，若作乐，释服从吉及改嫁。"疏文对此作解释说："夫者，妻之天也。移父之服而服，为夫斩衰，恩义既崇，闻丧即须号恸。而有匿哀不举，居丧作乐，释服从吉，改嫁忘忧，皆是背礼违义，故俱为十恶。其改嫁为妾者，非。"文中第一句是抬出理论前提；第二句是说在服制上，夫服取代父服，为最亲最高的级别；第三句是列举妻对夫"不义"的罪状；最后第四句是特别指出，妻如果改嫁作他人之妾，虽有此类行为也不属于十恶不义的情况。因为作为改嫁

1　见杨鸿烈：《中国法律发达史》，(上海)商务印书馆 1930 年版，第 409 页。又，吴翊如点校之《宋刑统》，中华书局 1984 年版，第 13 页，用〔议曰〕解释"奸小功以上亲者"之注文时，亦用"非谓"之句式解读。

之妻对前夫，比改嫁为妾对现夫，在服制及身份上都已下降，故不再以十恶论。此句中，"非"下再无他文，其对"……者，非。"的说明与判断关系毋庸置疑。

为了更实在地来探讨"……者，非。"的意义结构，现把"十恶"中"不孝""不睦""不义"及"内乱"本身中"……者，非。"结构的文句列表比较如下（见表12.1）。在这些例句中，无论是"非"后有下文或无下文，也无论是"……者"之后是否定的"非"或是补充肯定的"亦是"，对我们正确理解"内乱"疏文文句的意义，都有重要的帮助。因为举一反三及触类旁通的逻辑力量很难抗拒。

表 12.1　"十恶"中"……者，非。"句式文意比较表

律条名称	注文列举之罪状例	疏文对注文之直解	疏文列举之例外或补足之事例
七日不孝	诈称祖父母、父母死	其"诈称祖父母、父母死"，谓祖父母、父母见在而诈称死者	若先死而诈称始死者，非
八日不睦	卖缌麻以上亲	卖缌麻以上亲者，无问强和，俱入"不睦"	卖未售者，非
九日不义	闻夫丧匿不举哀，若作乐、释服从吉及改嫁	有匿哀不举，居丧作乐，释服从吉，改嫁忘忧，皆是违背礼义，故俱为十恶	其改嫁为妾者，非
十日内乱	奸小功以上亲	奸小功以上亲者，谓据礼，男子为妇人著小功服而奸者	若妇人为男夫虽有小功之服，男子为报服缌麻者，非。谓外孙女于外祖父及外甥于舅之类
十日内乱	（奸）父祖妾及与和者	父祖妾者，有子、无子并同，滕亦是；"及与和者"，谓妇人共男子和奸者：并入"内乱"	若被强奸，后遂和可者，亦是

3.《律疏》中罕有"非谓"的行文句式

《中国法律发达史》及《宋刑统》中，硬要拼凑"非谓"的句式，不但造成律义的混乱，同时也违反《律疏》行文的常例。为了说明这一点，我们稍微温习一下唐律中这两个字的使用情况是大有好处的。

（1）"非"。

"非"在唐律中作否定副词使用的情况很多，主要用在"者"之后，形成"……者，非。"除"十恶"条之外，这里再列举"十恶"之外的例子来进一步说明唐律中"……者，非。"结构程式的普遍性。如《名例律》卷第二（总第9条）之疏文在解释"期以上亲及孙"的范围概念时说，"孙"不但指"嫡孙众孙"而且包括曾孙玄孙，之后又进一步解释关于"孙媳"是否在"孙"的范围之内的问题时又说：

其子孙之妇，服虽轻而义重，亦同期亲之例。曾玄之妇者，非。

《贼盗律》卷第十七（总第 251 条）律文"诸谋叛者，绞。已上道者皆斩"下之注文说：

谓协同谋计乃坐，被驱率者，非。

《贼盗律》卷第十七（总第 259 条）疏文对"杀一家非死罪三人"之注文"奴婢、部曲非"再作解释时说：

杀一家三人内，兼杀部曲、奴婢者，非。

（2）"谓"。

"谓"是解释前句的连接词。《律疏》中用"谓"，一般都是解释上句的连接之词。疏文在讲"妇人为男夫虽有小功之服，男子为报缌麻者，非"时，唯恐用律人领会有错，特别紧接举例说："谓外孙女于外祖父及外甥于舅之类"。"谓"对前句中所引律文或注文进行解释时，相当于现代汉语中"这是说……""这是指……"的意思。从其在唐律中的实际使用，大概有下列几种情形。

其一，注文解释律文时使用。如本例律文"十曰内乱"后之注文说：……谓奸小功以上亲、父祖妾，及与和者。

其二，疏文解释注文时使用。如上条中《疏》文对《注》文中的"及与和者"作解释说："及与和者"，谓妇人共男子和奸者，并入"内乱"。若被强奸，后遂和可者，亦是。

其三，在疏文的上下文中使用。如《擅兴律》卷第十六（总第 234 条）中"主将以下，谓战士以上"；《擅兴律》卷第十六（总第 235 条）中"在军所者，谓在行军之所；在镇戍者，谓在镇戍之处"。

总之，即使从行文句式来看，《律疏》中似乎也未有像《中国法律发达史》及新版《宋刑统》点校中拼凑的"……者，非谓……"的句式。

（五）"内乱"如真按显庆之议而改则今传《律疏》绝非是被改的那种版本

显庆元年（656），《永徽律疏》颁布才三年，从史书上看，朝廷未有全面修改律疏之举。今传《唐律疏义》中，贞观廷议要把甥对舅从原来的"缌麻"改为"小功"已经实现了，疏文中"妇人为男夫虽有小功之服"就反映了这种情况。而显庆廷议要把舅对甥的反报也要提到"小功"，则未有反映，疏文中"男子为报服缌麻者"就指示了这种情况。《律疏》是否遵从显庆廷议而作了修改，现在我们所能看到的今传《律疏》，其内容绝无反映遵照显庆廷议而改的任何蛛丝马迹。针对显庆廷议曾欲对舅反报甥的服制由缌麻改为小功的记载，《新唐书·礼乐志》的作者唯恐引起读者对《律疏》的误解，特意清楚地指出：

> 然《律疏》舅报甥，服犹缌。[1]

如果一定要说《律疏》中的"内乱"条已照显庆廷议修改了，那我们只能回答说：今传《律疏》绝不是已作修改的那种版本——如果有那种版本存在的话。

（六）舅报甥"小功"直至唐《开元礼》及宋《天圣令》中才有记载，然都未能约束《律疏》及《刑统》

王先生据廷议推律文，总还属于事出有因，而杨、吴二位先生，据有廷议记载就判定舅报甥非是小功不可，《律疏》上不反映廷议落实的"成果"，那是《律疏》有问题。怎么办？改《律疏》！他们从舅对甥"确"已改报"小功"的设想出发，不但改句读，而且把史书记载上根本从未发生分歧的外祖父对外孙，也一样地理解为如舅报甥一样，反报为"小功"了。

廷议进行了，而且也作出决议，可是出于种种原因，并非都可到唐代的律、令中去找到与廷议完全对口的内容。这里，对某些学者的一种看法，有必要提出来一说。如舅报甥，他们也认为律疏中确实仍报缌麻，无可怀疑。但他们却认为既然有廷议，而且"制从之"，那其结果一定是皇帝通过"制敕"，对律疏作了实际的修改并下令执行了。这在理论上作推想可以，而且即使找不到有此内容的制敕，也可认为是佚失了。但是，《律疏》还有个贯彻执行的历史连续性问题。如果唐太宗于贞观十四年（640）廷议后下诏把舅对甥改定为互报小功，那么唐高宗永徽四年（653）所制《律疏》的内容，对太宗之制敕视若无睹而不执行，这怎么解释？这一类问题，制敕的临时解决，到《礼》与《令》典的修改，最后到《律疏》的修改，有一个时间过程。有时，《礼》书上已基本解决，《律疏》上却仍无反映。如《开元礼纂类》二十九"五服制度·小功成人正服"条下列有："为舅及从母。丈夫、妇人报。"注文解"丈夫、妇人"说是"母之兄弟、姊妹。"[2] 即舅及姨分别对外甥与姨侄要"报"服小功。《礼》书解决了，可是开元时经过刊修的今传《律疏》，其疏文对"十恶·内乱"中"谓奸小功以上亲"注文的解释，把舅奸甥与外祖奸外孙女一样，仍排斥于"奸小功以上亲"的例子之外。

如果说，舅对外甥女反报小功，《开元礼纂类》是《礼》书上的标志，那么宋代的《天圣令》就是此制度在《令》典上的一个标志。今见《天圣令》（残本）其《丧葬令》所附

1　见《新唐书·礼乐十》卷二十，中华书局 1975 年版，第 446 页。
2　见《通典》，中华书局 1984 年版，第 701 页。

"丧服年月"中"小功"项下列:"为舅"。其注文曰:"报服亦同"。[1] 我们从宋天圣七年 (1029)《令》典所附的"丧服年月"中看到这项制度,很是宝贵。其所以这样说,虽然我们还不能判定"舅反报外甥女小功"这项《令》文到底创始于何年,但可能不会早于北宋初的建隆四年 (963)。因为宋建隆四年窦仪修订的《宋建隆重详订刑统》(即今见之《宋刑统》) 中,其"十恶·内乱"中疏文对注文仍与唐代《律疏》一样无异。如果当时已有如《天圣令》所附的"丧服年月"中"小功"下有舅与甥"报服亦同",那么舅应该是不会再列入不对外甥女报小功的对象了。但《宋刑统》仍与《律疏》一样,其律义竟未受到《天圣令》中这项制度的约束。

关于三条《律疏》的修改争论,对王先生与我来说,在各自的学术研究中,都不占重要地位,但学术问题对学者来说毕竟都是严肃的问题,所以我仍以撰文的形式,再就王永兴先生写于 37 年前的文章,尽力所能及,表明有所附议及仍有所质疑的看法,以向读者负责,并诚挚地向王先生表示敬意与歉意。

(整理于 2017 年 6 月,改定于 2018 年 5 月)

*本文系据北京大学出版社 2015 年版夏锦文、李玉生主编《唐典研究》一书中《唐典研究若干问题补论》一文及社会科学文献出版社 2013 年版钱大群著《唐律与唐代法制考辨》一书中《舅奸甥不入十恶"内乱"考》等篇文章修改整理而成。

---

1 见《天一阁藏明钞本天圣令》(残卷影印本),中华书局 2006 年版,第 218 页。宋天圣令于其在行《丧葬令》后注"右并因旧文以新制参定",接着照例又排五条"右令不行"之废唐令,之后又跟进"丧服年月"附表。那就是说,此"丧服年月"附表是在"右令不行"说明的管辖范围之外,是附表形式的宋的在行之令,是宋《丧葬令》的附表。如果它是唐废令的附表,那"右令不行"一定会放在"丧服年月"附表之后 (右),指明它也是在"右令不行"的范围内。《天圣令》的编者,为了让读者不要把所附的"丧服年月"误解为是已废之《唐令》,特别把他置于"右令不行"的唐废令之外,可谓表意明确。

唐律研究新思考

权力管控之笼

13. 强化对有职权者的法律监督

　　唐朝处于我国古代社会的上升时期，初唐的统治阶级是古代地主阶级新兴力量的代表，当时地主阶级在上升时期所具有的自我约束的进取精神，也充分反映在他们所制定的最主要法典——唐律之中。表现在唐律中的初唐统治集团革新精神的最重要特征之一就是整饬吏治，厉行廉政。

　　唐律对吏治的整饬是通过系统而全面的职务犯罪立法来作为启动的主要杠杆。而在唐律的职务犯罪的内容中，监督官吏清廉谨慎，切实有效地惩治和预防官吏经济犯罪则是其核心。

　　古代历朝统治者，根据"明主治吏不治民"的传统，把惩治官吏的违法犯罪，视为预防和减少整个社会违法犯罪的最有力的措施。其实，他们不是"不治民"，而是通过"治吏"而更有效地"治民"。而在"治吏"——实行吏治上，唐律富于创造性的运作特色是：把官吏中握有实际权力的那一层次列为从严监督的对象，专门设置一系列以其身份为特殊主体的罪名，在经济犯罪上抓住利用职权犯罪的要害从严惩处，在较广泛的领域里监督其利用职权进行的经济犯罪，以严密的罪责追究制度监督其勤谨从政。这种机制，惩治犯罪有力，具有威慑力，富于预防性，会导致整个吏治改善，可以取得最大的法律效益。这种制度不是一种零星的局部的应急办法，而是在从严治吏整个思想指导下建立起来的一系列相互间存在有机联系的刑法原则和刑法制度。这些原则和制度，虽然同当时特定的政治经济情况不能剥离，但是其机制的整体精神对其他不同性质社会的法律制度，都有普遍的借鉴意义。因为在有官吏的地方，加强吏治，推行廉政，是国家——任何性质的国家，在相当长的历史阶段必须不断强化的一项管理职能。

一、有职权的官吏在法律上受从严监督

提到唐代的官吏，人们首先想到的是给予官吏的一系列特权。但是如果作全面考察，就可以发现，唐代的官吏，他们在享有特权的同时，也被法律从严监督。这种既享有特权又受从严监督的矛盾地位，正是唐代统治集团吏治思想在法律制度上的具体反映。

唐代统治者根据古代传统的宽严相济的法律思想，在对官吏的管理上，以利诱与严求相结合，一方面给予官吏特权，同时又对官吏特别是握有实权的监临官吏从严监督，以此求得其吏治秩序以至整个统治秩序的稳定。以往的研究，一般只注意了唐代官吏在法律上处于享有特权的地位，而较少地或者是忽略了官吏在法律上同时被置于从严监督的地位。

1. 把有管辖监督权力的官吏作为重点监督对象

在唐代，只要实际上握有对有关事务的管理职权，其在一定的法律关系上就具有"监临主守"的特殊身份。其中第一类是有职司的掌权者。《名例律》（总第54条）规定："统摄案验为监临"，疏文解释说，统摄是"内外诸司长官统摄所部者"，即有统辖监督下属职权之官员。所谓"案验"，是"诸司判官判断其事者"，即官署各部门有实际处断政事权力的官员。第二类是有官职或者无官职但是却握有具体管理权力的所谓"主守"。属于"主守"的有两种情况：律文说一是"躬亲保典为主守"，即亲自对事务、事物实行处置管理的官吏。疏文举例说："谓行案典吏，专主掌其事及守当仓库、狱囚、杂物之类"。二是"虽职非统典，临时监主亦是"，即有人虽然自己的本职不是对某项事务实行管辖与管理，但是临时被差遣进行管辖与管理的也是监临主守。第三类是在身份上与"监临"官同样对待的"势要"官吏，是指虽非监临官，其中某些官吏职位可能比主司官还低，但主司官员却一定听其指使的那种官吏。[1]这种人被以"监临"官追究法律责任，完全是根据这些官吏所处的特殊地位及能施加的特殊影响。

2. "监临"官的很多犯罪要加重处罚

从严惩处监临官的犯罪，在唐律中有很多方面的体现。所谓从严惩处，是指监临官的有些犯罪之处罚，重于非监临官的一般官吏，或是重于非官吏的一般百姓。

第一，以受贿罪来说，监临主守官受贿之赃计数处罚的幅度，在"六赃"中属于从严惩处之列。一般官吏之受贿称为"坐赃致罪"，《杂律》（总第389条）之疏文说："非监临主司，因事受财，而罪由此赃"，这种犯罪在计赃的幅度上轻于盗窃，而监临主司官员受贿，即使是"不枉法"之较轻情节，也比盗窃罪的处罚重二等，只比强盗罪稍轻一点。窃盗无死罪，而监主受财枉法有死罪。监临"枉法"十五匹处死之赃额，只比强盗十四匹死罪

---

1 参见本篇第242页引《职制律》（总第135条）对"势要"之解。

多了"五匹"。

第二，官吏犯赃罪作累并处罚。法律规定：

以赃致罪，频犯者并累科。[1]

所谓"累科"，即官吏犯赃，有频犯之情节者，要累加计赃额惩罚，这相当于现代刑法中的并合论罪之法。唐代实行并合论罪时，一般是并合后"以倍论"，即合后折半作为执行之幅度。但是，法律特别规定：如果监临主司"因事受财而同事共与"，或"一事频受"及"于监守频盗者"，"此等三事，各累而不倍"，即监临主守官有这三种犯罪，以累加之总数处罚，不予折半论。

第三，以"请求"罪说，一般官吏有"请求"或接受"请求"之犯罪，其基础刑是"笞五十"，但是，如"监临势要"官犯则加重处罚。《职制律》（总第 135 条）特别规定："即监临势要，为人嘱请者，杖一百。"其加重的幅度为基础刑的一倍。

第四，以盗罪说，《贼盗律》（总第 283 条）规定，监临主司犯窃盗罪，其刑罚比一般窃盗罪之处罚要加重二等。这中间监主盗窃由自己掌管的国家财物，或盗窃自己辖下民人吏员之私有财物，都在加重二等之范围。

第五，以性犯罪说，监临主守官吏在辖区犯此罪，其处罚重于民人及一般官吏。《杂律》（总第 416 条）规定："诸监临主守，于所监守内奸者，加奸罪一等。"即监临官要比一般人之奸罪加重一等。监临官在所监守内犯奸，其幅度实际上等于是以强奸罪受处罚。

第六，以共犯之处罚说，监临主守与一般民人吏员共同犯罪，即使后者是造意人，监临主守都以首犯论处，即共监临主守为犯，虽造意，仍以监主为首，凡人以常从论。[2]

总之，监临主守官的很多犯罪之处罚，或者是重于一般官吏，或者是重于一般百姓。其具体比较见表 13.1。

表 13.1　监临官、非监临官贪污受贿罪与盗罪刑罚幅度比较表

律　条	罪　名	刑　罚
《职制律》 （总第 138 条）	监临主司受财而枉法	一尺杖一百，一匹加一等，十五匹绞
	监临主司受财而不枉法	一尺杖九十，二匹加一等，三十匹加役流
《贼盗律》 （总第 283 条）	监临主守自盗及盗所监临财物	加凡盗二等，三十匹绞；一尺杖八十，一匹加一等，一匹一尺杖九十，五匹徒二年，五匹加一等

---

1 《名例律》卷第六（总第 45 条）。
2 《名例律》卷第五（总第 42 条）。

续表

律　条	罪　名	刑　罚
《职制律》（总第 140 条）	监临主司受所监临财物	一尺笞四十，一匹加一等；八匹徒一年，八匹加一等；五十匹流二千里
《杂律》（总第 389 条）	坐赃（非监临官因事受财）	一尺笞二十，一匹加一等；十匹徒一年。十匹加一等，罪止徒三年
《贼盗律》（总第 281 条）	强盗	不得财徒二年；一尺徒三年，二匹加一等；十匹及伤人者绞
《贼盗律》（总第 282 条）	窃盗	不得财笞五十；一尺杖六十，一匹加一等；五匹徒一年。五匹加一等；五十匹加役流

二、经济犯罪以官吏利用职权之犯作为打击重点

官吏之经济犯罪，形式隐蔽，得逞率高，后果严重，对国家机体之破坏性大。其所以如此，就是能利用职权而犯。这是官吏经济犯罪的特征，同样也是法律监督之重点。唐律中有关官吏经济犯罪的制度，自始至终把利用职权这一要害紧抓不放。

1. 在贪污罪上着重监督侵盗自己监临下的财物

官吏利用职权侵吞官有财物，古代一直称为"主守盗"。主守盗，一是指官吏偷盗自己主管的官有财物；二是指官吏利用职权用种种方法把官物转变为自己所有。唐代关于官吏贪污罪的概念基本沿汉代的路子，唐代的所谓"主守自盗"的"盗"，包括"窃盗"及其他的各种贪污手段。

首先，严厉监督官吏侵盗自己管理下的官有财物。官员利用职权侵吞自己执掌管理的官物，是为"监临主守自盗"。《贼盗律》（总第 283 条）规定，对监临主守自盗的处罚是"加凡盗二等，三十匹绞"。

同时，以同样的办法严惩监临官侵盗被管辖的部下及民人的财物。监临官侵盗辖下民人的财物，往往是利用当官的威势来进行。刑律规定官吏有此犯罪与"监守自盗"同样处罚。

第三，惩治利用职务条件之变相贪污。唐律对官吏利用职务之便，把个人之低劣私物调换上好之官物，以赚取所增价值之行为，定为"贸易官物"之罪。如以私有的老弱之马换官有的壮健之马，以私有的病奴换官有的健奴，以私有的旧车船换官有的新车船等。当然，最有条件进行这种犯罪的，无疑是监临主守官吏。刑律规定处罚贸易官物罪的办法是：

计其等，准盗论，计其利，以盗论。[1]

即是在计赃额多少处罚时，把赃额分为两种性质对待。相调换的官私物，其价额相等的部分"准盗论"，即这部分只依照"盗窃罪"的幅度处罚。对于差额得利的部分，要以实犯盗窃罪的办法论处。监临官"以盗论"的处罚，刑罚相当重，因为依《贼盗律》(总第283条) 监临官之盗罪比一般盗罪要加重二等处罚。同时，以《名例律》(总第19条) 监临有盗罪同时要受撤免官爵之刑。为了有力防范这方面的犯罪，法律还特别规定，如以私物调换官物，即使官物比私物价贱，其"等价"部分，仍以"准盗论"处罚犯罪者。

2. 在贿赂罪上着重严惩受贿后以权枉法处断的行为

唐律中的受贿称为"受财"，即"受有事人财"。贿赂概念的特点是行贿人通过"与财"的手段，利用受贿人的职权作枉法处断以有利于己。唐律在处置贿赂罪上有两个特点：

第一，在"受财"罪的基础上，严惩受财后以权作枉法处断。如果说行贿罪的主体包括非官吏与官吏两种人，则受贿罪的主体基本是官吏而且是监临主司官。《职制律》(总第138条) 对受贿罪的处置规定：

诸监临主司受财而枉法者，一尺杖一百，一匹加一等，十五匹绞；不枉法者，一尺杖九十，二匹加一等，三十匹加役流。

这条法律清楚地表明，其一，官吏只要接受有事人财，就是犯罪，就要受刑罚。这是对官吏受贿罪的普遍的一般的监督。其二，法律把受贿罪分解为"受财不枉法"与"受财而枉法"两个罪名，对收受贿赂后再进一步利用职权按行贿人的要求去作枉法处断者严惩。这种"受财而枉法"罪，赃满十五匹即处绞刑。这里的关键是既抓利用职权之受贿，同时特别狠抓受贿后利用职权之枉断。

第二，监督狡猾的事后受贿罪。唐律对于比较狡猾的贿赂罪也有防范。如有事人在官员作处置的当时，并不许诺财物，而官员事后才收受财物。对这种形式的贿赂罪，唐律的处罚特点是依受财之主司官是否以权枉法处断作为定罪量刑的主要依据。刑律规定：

诸有事先不许财，事过之后而受财者，事若枉，准枉法论；事不枉者，以受所监临财物论。[2]

官吏凡有这种行为，决定刑罚轻重的关键仍以官吏是否以权作枉法处断为标准。如属枉法处断的，照上条"受财而枉法"罪处罚，如处断并未枉法，则轻于"受财不枉法"之处罚，即以实犯非法接受部下财物——"受所监临"罪处罚：一尺笞四十，一匹加一等，五十匹流二千里。

1《贼盗律》卷第二十（总第290条）。
2《职制律》卷第十一（总第139条）。

3. 着重惩治官吏接受 "请求" 后枉断及利用职权实施请求

唐代法律把基于某种利害关系，请求监临主司曲法处断的行为称为 "请求" 罪。

第一， "请求" 罪的处置以被请求官吏是否答应请求及以权枉法处断为标准。请求的最终目的是被请求者依请求者的要求，实施枉法处断。《职制律》（总第 135 条）对请求罪的处断这样规定：

> 诸有所请求者，笞五十；主司许者，与同罪。已施行，各杖一百。所枉罪重者，主司以出入人罪论。

这里，处罚划了三个界线：官吏只要答应请求，双方的基础刑就是笞五十；监临主司只要 "施行" 曲法处断，最低刑就是双方各处杖一百；如果这种枉法处断其刑罚重于杖一百的，枉法处断的主司就以 "出入人罪" 处刑。

第二，严惩利用职位为人嘱请。为别人进行请求的人中，危害性最大的莫过于身居 "监临势要" 地位的人，《职制律》（总第 135 条）疏文解 "势要" 者为：

> 势要者，谓除监临以外，但是官人，不限阶品高下，唯据主司畏惧不敢乖违者，虽官卑亦同。

这两种人为人嘱请的，加重处罚：

> 即监临势要，为人嘱请者，杖一百；所枉重者，罪与主司同，至死者减一等。

这两种人只要有嘱请行为，不管主司是否答应，是否照所请求去做，就处杖一百，答应的主司反而只处笞五十。如果主司因此犯出入人罪，这些嘱请者与主司同样受处罚。如果监临势要官接受财物为人嘱请，则要照 "受财而枉法" 之罪的幅度论处。

4. 惩治官吏利用威势索取搜刮百姓财物

古代官吏利用职权侵吞财物，除贪污、受贿之外，就是索取及搜刮百姓财物。对此等犯罪，唐律有如下两方面的监督。

第一，惩治依仗官势乞索财物。官吏向百姓乞索财物，这本身就包含着 "因官人之威，挟恃形势" 的特点。《职制律》（总第 148 条）规定其处罚：

> 诸因官挟势及豪强之人乞索者，坐赃论减一等；将送者，为从坐。

官吏依所讨要财物之价值，折半照坐赃罪减一等处罚。因这种 "讨要" 属挟官势而为，故以近似于坐赃之法处罚，只是轻一点而已。但如果是强要的，要加重二等处罚。这种犯罪，对引领的人及收敛送交的人，都同时以从犯减一等论处。

第二，惩治搜刮辖区内民人之财物送人。官吏领人搜刮部内人财物送给别人，即使自己未得财，也是犯罪。《职制律》（总第 145 条）规定：

诸率敛所监临财物馈遗人者，虽不入己，以受所监临财物论。

假如所敛之财归官吏自己的，则要依"乞取监临财物"罪论处，即比"受所监临财物"罪加重一等处罚。

三、设置一系列以"监临"官身份为特殊主体的犯罪

唐代在惩治官吏经济犯罪上的最大创造，就是从监督以权谋私出发，设置了一些特殊法律条款，规定一些发生在普通人或一般官吏身上不为犯罪的行为而在监临官身上就是犯罪。这些特别的犯罪行为，既不符合贪污、受贿、乞索等犯罪的构成条件，同时，也不要求有明显的危害结果产生，往往是只要有那些行为就构成犯罪。唐律中专门为监临官设置这些条款，其用意是将官吏客观上可以凭借职权或官威而非法谋取财物的很多行为都列入受惩罚的范围。

1. 惩治监临官在辖区接收财物的行为

在唐代，监临官在辖区受收财物其罪名是"受所监临财物"。"受所监临财物"这种犯罪，从性质上说不属受贿，更不属贪污。唐代的受贿是"因事受财"，是利用职权非法接受当事人财物。贪污是利用职权，侵吞官有或由官家处分及掌管之财物。而监临之官"受所监临财物"罪，疏文说："不因公事受监临内财物"，即既不是利用处置公务中的职权，也不是侵吞官有财物，只是接受了辖区内民人吏员之财物。这种行为之所以"非法"是财产来自"所监临"，即"监临"官依法不得收受"所监临"之财物，否则就构成"受所监临财物"罪，《职制律》(总第 140 条) 规定其处罚为"一尺笞四十，一匹加一等；八匹徒一年，八匹加一等；五十匹流二千里"。这种幅度，只比盗窃罪轻二等，比一般非监临主司官员的受贿罪要重二等。这种非法收受财物，不但官员在职时不能这样做，《职制律》(总第 147 条) 规定，即使监临"去官"之后，在"家口未离本任所"之时，"受旧官属、士庶"之"馈与"也要以"受所监临财物"罪论处。

这种"受所监临财物"罪，也适用于受派使的官吏，在派驻地或派赴的路途上接收财物的犯罪。出使的官吏往往负有上级给予的特别的使命或职权，因而常成为行贿的对象，尤其是监察官吏更是这样。《职制律》(总第 141 条) 规定：

诸官人因使，于使所受送遗及乞取者，与监临同。

即此罪与监临官"受监临"一样论处，只是规定在路途上取财的，可"减一等"处罚。但

是，注文立即补充说，如果出使者原本是负有监察职责的官吏，则不减等。

唐律在官吏的贪污、受贿罪之外，另外规定"受所监临财物"罪，它与现代的官吏"巨额财产不能说明来源"的立法相比，更富有预防性。

2. 惩治监临官吏经商得利

唐代的法律禁止官员从事商业活动。为此，法律规定工商之家及官人不得兼业，法律不准官吏在辖区内从事商业活动，刑律惩治官吏经商得利及利用机会私自参与外贸活动。

第一，国家执行官人与工商业者不得两兼的政策。对此，武德七年（624）定令：

> 士农工商，四人各业。食禄之家不得与下人争利。工商杂类，不得预于士伍。[1]

唐代的统治者正视官商的弊端，政策上非常严格。官人自己经商的，必须去职，即使同居共财的"大功"以上亲属经商，也要求停去官职。官人去职经商后，有事需要重新任用的，要经三年之后方可。法令规定：

> 诸官人，身及同居大功已上亲，自执工商，家专其业，不得仕。其旧经职任，自解黜，必有事用者，三年之后听用。[2]

第二，惩治于辖区内买卖得利。唐代的官吏，只要在辖区内进行买卖得利，就被认为属非法得利而要加以处罚。《职制律》（总第 142 条）规定：

> 若卖买有剩利者，计利，以乞取监临财物论。

官吏在辖区买卖有赢利，要计额以索要部下财物罪论处。即比上述非法收受部下财物（受所监临）论再加重一等。如果以官势强制百姓买卖，要受笞打五十之刑。如因强制百姓买卖有赢利，要计数后照"受财而枉法"罪的幅度处刑，"十五匹绞"；"强市者，笞五十；有剩利者，计利，准枉法论"。如果官吏在市场上交易，欠人钱物，五十天以内，依《杂律》（总第 398 条）处罚：不满三十匹的最高可罚杖六十；三十匹以上，加二等；一百匹，又加三等。同时勒令偿还。这种拖欠，满五十一天的，要以非法收受部下财物罪加重论处，数满八匹者，一年徒刑，满五十匹流二千里。

第三，惩治通过代理人或家属经商。不但是一般官吏，即使是王侯、公主也不能委派代理人从事经商。被委派的人包括亲属、随从、家奴都不允许。官员如果委托负责市场管理的官吏，出卖自己的东西赚钱，官吏不知赚钱内情的，则处罚代为挣利的市场官吏。如果官吏事后知情的，则比自己亲自买卖得利之犯罪减二等处罚。同时，依唐代的制度，监临官的家属也不得在辖区内做买卖赚钱，如有这种情况，家人与官人本人都要受罚。法律规定：

1《旧唐书·食货志》，中华书局 1975 年版，第 2089 页。

2［日］仁井田陞：《唐令拾遗·选举令》第十七条，长春出版社 1985 年版，第 206 页。

诸监临之官家人，于所部有受乞、借贷、役使、卖买有剩利之属，各减官人罪二等；官人知情与同罪，不知情者各减家人罪五等。[1]

官吏的家人有这些行为，首先是处罚实施行为的家人，而他们的刑罚又是比照官吏自己犯的幅度（见前引《职制律》总第 142 条）减二等处罚。同时，处罚监临官本人：监临知情的，与家人同罪；不知情的，比家人罪减五等。

第四，严禁利用职务方便私自与外国人做买卖。唐朝时，中国与外国的商贸活动十分繁荣，但是官吏却不得擅自参与对外贸易活动，即使是出使外国，也不得利用职司方便，私下与外国人随意作交易。《卫禁律》（总第 88 条）规定："即因使私有交易者准盗论。"所谓"因使"是指国内官吏因派遣而出使外国，及外国人因受遣出使中国的情况。这两种使者私下非法与出使国人做买卖及以物换物都是犯罪。要计非法交易之赃值，参照盗窃罪的幅度处罚，最高处三千里流刑。

法律还规定，外国使节进入中国后，中国的州、县官吏无必要都不得与他们相见。唐《主客式》规定：

蕃客入朝，……州、县官人若无事，亦不得与客相见。[2]

可以推知，中国使节到外国去，也必须遵守类似的法律制度。

3. 禁止监临官在辖区进行以赢利为目的的经营活动

依唐制，监临官吏在辖区不但不能通过经商获利，而且以赢利为目的的其他经营活动也在禁止之列，只要那些经营活动客观上在能利用职权官威的范围之内。如唐代的法律禁止监临官在辖区内购地建造作坊求利。法律规定：

诸官人，不得于部内请射田地及造碾硙，与人争利。[3]

又如，为了防止官吏利用职权优势在输送赋税物资的过程中通过承包运输赚钱得利，法令规定，辖区内运送租调物虽然都由州县有关官员领送，但州县官不能承包委托其运输事务，《厩库律》（总第 218 条）规定：

诸监临主守之官，皆不得于所部僦运租税、课物。

监临主司官在辖区内租赁工具，包揽运输租税物资的处罚办法是"计所利坐赃论"，即要计其所招揽承运所得之利润，以坐赃罪论处。什么是所得之"利"？疏文解释说"除人畜粮外，并为利物"，即除了人和牲畜所吃的粮食饲料开支外，剩余的都是"利物"。其处罚依

---

1 《职制律》卷第十一（总第 146 条）。

2 引自《卫禁律》卷第八（总第 88 条）疏文。

3 开元《杂令》，见［日］仁井田陞：《唐令拾遗·杂令》第二十六条，长春出版社 1989 年版，第 795 页。

犯罪官吏身份职权的不同而不同：监临主守官，计剩值依坐赃论；非监临的一般官吏，依坐赃罪减一等处。上级主司知情的，依所知犯官不同的身份情况各减一等：知监临官租赁承运的，照坐赃减一等处罚；知非监临官租赁承运的，照坐赃罪减二等处罚。

4. 惩治监临官吏在辖区借贷举债

监临官吏在辖区举债借贷财物，其目的可能是进行营作，也可能是筹措资金进行商事活动。法律不考虑举债的原因和性质，总之，官吏在部内借债就是违法犯罪。官吏有此犯罪，计债务数额以"坐赃"罪论处是最低之罚。《职制律》（总第142条）规定：

> 诸贷所监临财物者，坐赃论。

同时，规定以百日为清偿的期限，官吏在百日之内不还清其债务，要以"受所监临财物"罪加重处罚：

> 若百日不还，以受所监临财物论。强者，各加二等。

唐律把监临官吏在部内借债定为犯罪，其根本的出发点是对这种借助官威与权势的借贷进行否定与谴责，确认官吏这种行为违背廉政制度。

5. 惩治监临官吏在辖区娶妾

按唐制，州县官在任时，不得与辖区内百姓联姻。法令对此规定：

> 诸州县官人在任之日，不得共部下百姓交婚，违者虽会赦，仍离之。其州上佐以上及县令于所统属官亦同。[1]

这实际上原是古代一种任官避亲的积极制度。但是刑律还规定，在任监临官也不得娶辖区民女为妾。这是因为古代实行多妾制，娶妾比娶妻更随便，可以买进，可以接受赠送。所以，在辖区纳妾很容易被人作为腐蚀拉拢监临官的一种手段。《户婚律》（总第186条）对其处罚作了规定：

> 诸监临之官，娶所监临女为妾者，杖一百；若为亲属娶者，亦如之。其在官非监临者，减一等。女家不坐。即枉法娶人妻妾及女者，以奸论加二等；行求者，各减二等。各离之。

在辖区内，监临官不但自己不能娶妾，而且也不得为亲属娶。非监临的一般官吏犯此罪，比监临官减一等处罚。如果官吏因娶辖区内人为妾而枉法处断的，则以实犯《杂律》（总第416条）监临官奸辖区女之罪再加重二等之办法处罚。谋求监临官娶人的一方，比监临官减二等处罚。而且凡此种种的非法娶亲，都要强制离异。

---

1 参见［日］仁井田陞：《唐令拾遗·户令》第三十四条，长春出版社1989年版，第162页。

在唐代的法律制度中，上述这些特殊的法律，从其立法目的及所起的作用来说，完全是为了整饬吏治。这些法律虽然数量不多，但对国家的吏治，有积极的作用和影响。这些立法说明，唐代的统治者决不让官吏利用职权和权势，扰乱经贸秩序，发家致富，以及败坏吏治，毒化社会。

四、在广泛的领域内监督官吏的经济犯罪

以利用职权为特征的官吏之经济犯罪，除了表现为具有隐蔽性之外，也表现为具有多样性、复杂性。唐代的立法者针对官吏经济犯罪的特点，注重了在较广泛的领域内，对官吏可能利用来实施经济犯罪的环境条件进行监督。当然，唐律作为"正刑定罪"的法律形式，不可能作正面的遵守性的立法，而是针对官吏可能利用进行经济犯罪的场合，进行先期性的惩罚性立法，以期监督和预防将要出现的更严重的经济犯罪。这些刑事立法，既是独立的、完整的刑法条文，同时对该场合下更严重的经济犯罪，又富有预防性。

(一) 在物资管理领域监督官吏可能有的经济犯罪

在物资管理的过程中进行贪污盗窃，是官吏进行经济犯罪的常见途径。唐律在这方面监督的特点，是在立法上把有可能造成贪污盗窃的制度上的违法行为，就作犯罪来处罚，而不是单纯被动地在犯罪者侵占财物后去惩罚犯罪者。

1. 惩处因出纳违制致使库存物资短缺或剩余

仓库出纳物资，唐代法律上的总要求是平衡，法律监督量器、衡器严格遵照制度使用。如由于重秤进、轻秤出，大斗进、小斗出的"给受有违"之行为，而造成库存物资"欠剩"即短缺或剩多，都是违法犯罪。这种犯罪并不要求以官吏自己侵占这些财物为构成条件，而是"计所欠剩坐赃论"，即有责任吏员依短缺或剩余的数额，以坐赃论处。即使这些短缺或剩余的财物仍求用于官家的，也要处罚："官物还充官用而违者，笞四十。"仓库物资只要有了欠剩情况，法律要求主管官吏要及时上报上级主管部门，如其主司"知有欠剩不言者"，照"坐赃论减二等"处罚。[1]

1《厩库律》卷第十五（总第 222 条）。

2. 追究仓库管理官吏对领交物资者无故留难

国家仓库的管理人员为了勒索财物，对来库交纳或领取者实行留难，也是常见手法。针对官吏这方面的犯罪，唐律专门规定，凡有所输进或出给，而"受给之官无故留难，不受不给者"，依留难时间的长短处罚："一日笞五十，三日加一等"，最高可处一年徒刑。即使是守门的"门司"留难的，也照此处罚。法律甚至要求，受给之官要依先来后到的次序收发，如主司"请输后至，官司不依次第先受给及请输前至，后给受者"，要"笞四十"。[1]这种制度，一是为了提高国家仓库收发的办事效率，同时，也是杜绝受给官吏通过留难或优惠以谋取财利。

3. 惩治浪费官物及在浪费中侵吞官物

从事公务之官吏，在经批准领取官物使用的过程中，因领取太多而剩余被浪费掉的行为，在唐律中称为"放散官物"。唐律的注文解释说，"放散官物"是指在领出使用"官物还充公用"过程中的浪费行为，如工程建造、祭祀及宴会等预算领料有多余的情况。多余的东西只要"物在未用"的，都"准所剩还官"。已被"散用"，如被吃喝掉的，则不再征还。但是，不论物在还官，还是已被散用的，"诸放散官物者，坐赃论。"[2]只要有浪费的行为，即使交还了剩余物资，也都免不了刑事处罚。历代的刑事犯罪的实况说明，在为国家办事的过程中，故意通过超额支领来贪污或多吃多占，是官吏贪污或变相贪污的惯用手法之一。唐律对浪费罪的惩治，在立法史上有先导意义。

4. 惩治通过长期借用而非法侵占官物

官吏通过无限期地借用官物来事实上侵占，这是官吏侵占官物常见的手法之一。唐律对此也以制度严密监督。依唐制，官吏家中"有吉凶，应给威仪卤簿，或借帐幕、毡褥之类"，可以向官家借用。但是刑律也严格监督事毕归还的制度。《厩库律》（总第 211 条）规定事毕不还以过期时间的长短处罚：

> 诸假请官物，事迄过十日不还者笞三十，十日加一等，罪止杖一百。

借用官物事毕过期限不还，如属私人使用的，比超期不还之罪还要加重一等处。官吏丢失了借用的仪仗类官物，应自己报告有关部门赔偿，如不自己报告，以"亡失官物罪"，照盗窃罪减三等处罚。

5. 严惩监临官私自贷借自己管辖的官物

为了预防监临官利用职权出借管辖下的官有物取利或最后侵占这些物资，唐代法律严

---

1 《厩库律》卷第十五（总第 219 条）。
2 《厩库律》卷第十五（总第 216 条）。

禁监临官利用职权，向自己或别人贷借所管辖的官有物资。凡是贷借自己管辖下的官物，不管什么原因，也不管是否经批准留下文字凭据，一律以犯罪论处严刑。根据出借物资种类的不同，这种犯罪又分两种情况：

一是监临主守官借贷自己管辖的消费性物资。这种消费性物资的借出不是以收回原物为特征，唐律中称为"贷"。如借粮食、布匹及金钱之类。监临官有此借贷行为，无论是自借还是借人，借贷者和受借贷者都有罪。在处罚上，

> 无文记，以盗论；有文记，准盗论。立判案，减二等。[1]

即借贷没有留有文字记录的，计数以实犯盗罪论处；留有文字记录的依盗罪之处罚幅度论处。这种借贷即使是经有关官吏批准并留有文案，也要以上述办法"减二等"论处。同时，如借贷者本人无偿还能力，就向批准借贷的官员征赔："所贷之人不能备偿者，征判署之官。"

另一种情况是监临官利用职权对自己监管的官物私自作使用性借出。此种借用以归还原物为特征，唐律中称为"借"，如借衣服、毡褥、帷帐、器玩一类物品。这类物品也同样禁止监临官自借或借人，《厩库律》（总第 213 条）规定，只要有此行为，出借及借用双方都处"笞五十"之刑，并且过十日不归还，"坐赃论减二等"。这种使用性的私自"借"，性质上没有"贷"严重，但比合法假请官物过期处罚要重。总之，在唐代的法律中，把监临官贷借自己监管之官有物资定为犯罪，是为了杜绝官吏利用职权通过贷借的方式侵吞官物的途径。

6. 惩治遗失账册而物资有差错

负责保管物资的官吏，借口遗失登记文簿、账册而贪污侵吞财物，也是犯罪的手法之一。为了防止这一点，堵塞其漏洞，唐律特规定，只要遗失物资登记簿书，而又出现物资数额差错的，即使官吏并无入私肥己，也要作为犯罪惩罚：

> 诸主守官物，而亡失簿书，致数有乖错者，计所错数，以主守不觉盗论。[2]

就是依有盗而主守不发觉造成财产损失之罪处罚：五匹笞二十，十匹加一等，最高处二年徒刑。为了严格监督这一点，法律要求物资主管官吏在替换交接时，文案账目材料要建档待查，否则，要受处罚：

> 其主典替代者，文案皆立正案，分付后人，违者，杖一百。

这种杖刑，即使被撤去官职，也不能免打。

1《厩库律》卷第十五（总第 212 条）。
2《杂律》卷第二十七（总第 440 条）。

（二）惩治监临官吏非法役使部下及辖区百姓

按唐代法令，一定职级的官员都有供自己役使的一定数额的随从仆役，这些人都由国家认可其编制。对官吏来说，非法役使供役使的人，及非法役使所辖的部下及民人，都是违法犯罪。因为这种非法役使行为，一是对国家正常的行政秩序造成损害，二是官吏个人从中非法获取被役使者的劳务工值。所以唐律对非法役使部下及民人的行为都以违法犯罪处罚。

1. 惩治非法私役使辖下民人

依唐制，监临官员家中有婚丧之事，可以借用辖区内之人丁，但法律有限制："所使总数不得过二十人，每人不得五日"。此外，辖区之民人，监临官不得非法为私役使，如有此犯罪，《职制律》（总第143条）规定，要计算人工之劳务价值（每人一天以三尺绢的价值计算），以非法收受部下财物罪论处：

> 诸监临之官，私役使所监临，……各计庸、赁，以受所监临财物论。[1]

2. 惩治私自役使公家吏员

公家的低级吏员，监临官也不得令其为私役使。因法律规定，这些吏员应该"在公家驱使"，而"非供己"驱使。监临官非法役使公家低级吏员，比私役使辖下民人罪处罚稍轻，以坐赃论。最高处杖一百之刑。

3. 惩治役使供己使用之人而又赚取其工值

供监临官员个人役使的人，法律规定："止合供身驱使，据法不合收庸"，即监临官自己本人役使可以，但不能向别人出卖他们的劳力工值去赚钱。已供监临官驱使的这些人，不能同时又收取其工值，否则也计值以坐赃论处，最高处杖一百之刑。

4. 惩治军官私役使征防人及丁夫

军防官员如果将吏卒为私役使，一方面影响其主要使命的完成，对部队巩固不利。同时，利用职权侵占公有劳力也是犯罪。所以，军官在防城内，为私而役使兵防人员，其性质重于监临官私役使民人之罪。《擅兴律》（总第247条）规定有此罪要计算人工价值以盗窃罪严处：

> 诸丁夫、杂匠在役而监当官司私使，及主司于职掌之所私使兵防者，各计庸准盗论。

---

1 《职制律》卷第十一（总第143条）。

(三) 监督官吏依法占有田地

田地, 是古代社会最重要的财产。监督官吏对田地的合法占有, 是监督官吏清廉的一个重要方面。

唐代前期实行均田制, 官吏的永业田及职分田, 都是依品级高低而分配数量多寡。唐代刑律对官吏依法占田的监督有如下三方面内容。

1. 惩治官吏占田过限

唐代官吏的永业田以品级高下分等级占有, 占田过限是为犯法。法律说:"其官人永业准品","非宽闲之乡不得限外更占"。如限外占田,《户婚律》(总第 164 条) 规定依所占田多少决定刑罚轻重, 过限一亩起算, 最高处一年徒刑。

2. 惩治官吏侵夺私田

官人依仗权势侵夺百姓的私田, 要依所侵私田的数量与质量情况分轻重处罚,《户婚律》(总第 167 条) 规定:

> 诸在官侵夺私田者, 一亩以下杖六十, 三亩加一等; 过杖一百, 五亩加一等, 罪止徒二年半。园圃加一等。

法律特别规定, 官吏担任官职时犯这种罪, 到案发时即使已不担任官职, 也仍照在官侵夺私田之办法处罚。

3. 惩治官吏以职分田调换私田

唐代法令规定, 官吏的永业田及赐田可以卖出或贴赁, 可以由子孙继承。但是职分田随官职而给, 一般不得卖出, 在这种情况下, 官员就有可能把自己的职分田去调换百姓的私田得利。如果官吏将职分田"贸易私家之地", 要依《贼盗律》(总第 290 条) 中关于以私物贸易官物罪的办法处置。即等价部分"准盗论", 得利部分"以盗论"。

(四) 监督官吏及公务人等利用国家交通工具营私得利

唐代的官吏受遣出使或外出公干, 要使用驿站的或其他官有的马、车、船等交通工具。公务人等在使用这些交通工具时, 所使用的马匹的数量, 以及所携带的物品的重量, 法律都予具体规定。这样做, 一是为了保证公务传送的迅速准确, 同时也是不使公务人等有利用官方交通工具营私得利的可能。

1. 惩治超额使用驿站马匹

公干的官吏及由驿站传送的官员，用马的多少，根据官职爵位的高低来供应。官员使用马匹超过法定数量，都要受罚。《职制律》（总第 127 条）规定驿使多乘驿马的处罚：

> 诸增乘驿马者，一匹徒一年，一匹加一等。主司知情与同罪。

由驿站传送的官吏，如超标准使用马匹的，有此行为也要"笞四十"。同时，《杂律》（总第 408 条）规定超额使用的马匹，一天一匹，以三尺绢的工价坐赃论，最高处二年徒刑，"主司给与者，各与同罪"。

2. 惩治官吏使用国家交通工具携带私物过限

依唐制，官吏乘用官有交通工具时，所携带的私物，法律也予以统一规定，超过规定的都以律受罚。公务人等即使在充任驿使的情况下，乘官畜所带私物不得过十斤，乘官车带私物不得过三十斤，乘官船带行李、粮食不得过二百斤。如超载私物，要以超重的多少来处罚。如乘官有的马、牛、驼、骡、驴，驮私物有超载的，《厩库律》（总第 199 条）规定，"一斤笞十，十斤加一等，罪止杖八十"；其乘官车超载的，"五斤笞十，二十斤加一等，罪止徒一年。"如在"从军征讨"情况下有犯，要加重二等处罚。监临官员知情而放任的，累计其知情超载的数额，也依带私物超载的办法处罚。乘官船的公务人带私物过限及随便带人，《杂律》（总第 426 条）规定依违法所载之物及人的多少论处："五十斤及一人，各笞五十，一百斤及二人，各杖一百；每一百斤及二人，各加一等，罪止徒二年"。监当官司知情放任的，与超载者同罪。

（五）惩治非法食用官费置办之酒食

官吏凭官位随便吃拿官有或私有田园的瓜果，以及不应食用官费置办之酒食而食用的行为，往往是官场贪污财物的萌始情节。唐代对此罪在立法上也不予放过。《杂律》（总第 441 条）规定：

> 诸于官私田园，辄食瓜果之类，坐赃论；……即持去者，准盗论。……非应食官酒食而食者，亦准此。

能在官私田园擅自吃拿瓜果的人，大多是官吏、豪强之流。有此罪分别以"坐赃论""准盗论"来处罚。不应吃官费之酒食而随便吃的犯罪，更非一般百姓所可为，主要也是针对官吏而设。由此可见，随便用官费吃喝，是官场的坏作风，即使在唐代也注意整治这种风气。

五、认真查处官吏的经济犯罪及犯罪的经济后果

唐律对有经济犯罪的官吏认真查处，其主要措施是对有严重经济犯罪的官吏一定撤销其官职。同时认真追究所贪受之"赃"，决不令犯罪者在经济上得到好处。

1. 刑律直接监督对赃官的行政处罚

官吏在触犯刑律被判刑罚的同时，常常要导致撤免官爵的结果。在近现代犯官官爵的撤免，基本划归行政范畴另作处置。而隋唐犯官官爵的处置，是由刑律直接以专门的条款规定。《名例律》(总第 18 条、第 19 条、第 20 条) 规定，监临主守在辖区犯"盗"(贪污与盗窃) 及"受财而枉法"，要处"除名"之罚；一般官吏犯"盗"及"受财而不枉法"，要处"免官"之罚；监临主守在辖区犯"盗"及"受财而枉法"，如经审判罪名成立，即使遇"恩赦"，也要处"免所居官"之罚。总之，有贪污、受贿枉法罪的官吏，一定要撤销官职。同时，官吏受刑罚撤销官职阶等之办法也由刑律具体规定。犯官依罪名性质及刑罚轻重分别受"除名""免官"及"免所居官"的处罚。最重的"除名"，是所有官职和爵位全部撤销；次重的"免官"，是撤去从现级下数二等之内所有的官职；最轻的"免所居官"，即撤去现任官的职级。所任只有职事官及勋官两类官职的，撤去职事官之职，只有勋官的撤去勋官。

2. 对官吏犯罪的经济后果认真追究

这里说的"官吏犯罪的经济后果"，既包括以非法获取经济利益为目的的经济犯罪的经济后果，也包括非经济犯罪中的经济后果在内。

唐律对官吏犯罪的经济后果进行认真追究，是个始终坚持的原则，这个原则在唐律中的贯彻表现在以下方面：

第一，对官吏经济犯罪中的"赃"认真追查，决不使犯经济罪的官吏在经济上占到便宜。官吏的经济犯罪，在唐代被总括地称为"以赃入罪"。至于赃罪的种类，法律上作出规定的是强盗、窃盗、(受财) 枉法、(受财) 不枉法、受所监临财物及 (非监临官有事受财的) 坐赃六种。其他的非法的财物收受、侵占都参照这六种赃罪处理："自外诸条，皆约此六赃为罪"。官吏有这些经济犯罪，其赃物的追查，法律规定说：

> "诸以赃入罪，正赃见在者，还官、主"；"会赦及降者，盗、诈、枉法犹征正赃"。[1]

官吏贪污、受贿、盗及其他经济犯罪之赃，赃物还在的，原属官家的，还给官家；原属私人的，还给私人。如果已被耗费的，只有被判死刑及实处流刑的才不征还，其他一律要征还。注文说：所谓"见 (现) 在之赃"，包括指由赃而"转易得他物及生产蓄息"，都属现存之赃而应征回的范围之内。疏文解释说："转易得他物者，谓本赃是驴，回易得马之

1《名例律》卷第四 (总第 33 条)。

类。及生产蕃息者，谓婢产子，马生驹之类"。即使是遇大赦及被降罪的，盗罪、诈骗罪及受财枉法罪仍要征还正赃。

第二，官吏犯赃情节严重者，在处罚时法律往往用"以盗论"来定性为与实犯盗罪同样处罚。如前所述，"以盗论"的定性处理在经济上的后果就是"盗者，倍备"。即犯罪虽非盗，也要按其犯盗罪一样，加倍征还其赃。立法者解释说："谓盗者以其贪财既重，故令倍备，谓盗一尺，征二尺之类"。唐律中官吏的经济犯罪"以盗论"的处罚情形不在少数，如《贼盗律》中，官吏以私物贸易（调换）官物得利（总第 290 条），和诱奴婢（总第 293条）；《厩库律》中监临主守以官物私贷而无文记（总第 212 条）；《杂律》中市场官吏评价不平得利入己（总第 419 条），于官私田园强持去瓜果（总第 441 条）等。这些经济犯罪，都是计赃额"以盗论"，或"准盗论"，并且征还其赃。

第三，对官吏非经济犯罪的经济后果认真处置，是唐律对官吏职务犯罪处置的重大特色之一。官吏的职务犯罪，有时要引起经济损害后果，有时则不引起经济后果。对于官吏的这类性质的职务犯罪，唐律的制定者在处置时，一是先规定这种犯罪未引起经济损害后果的基本刑罚，二是有经济后果的则按所谓"赃值"来追究超过基本刑的罪责。这种重视对非经济犯罪的经济损害后果的处置，也成为贯彻全律的一项原则。这种对非经济犯罪引起之经济后果认真处置，可以分为两种情况：

一是所犯之罪原非经济犯罪，但官员追求其预见的经济后果并私得其利，由此案件也转变为经济犯罪之性质。如：官吏检验官有牲畜老弱病残"不以实"，其基础刑是"一笞四十，三加一等，罪止杖一百"，但如果差价为官吏自己侵占的，以实犯盗罪论："入己者，以盗论"。[1] 官吏征收赋税徭役"违法及不均平"，其基础刑是"杖六十"，但如所赋财物归自己的，以实犯"受财枉法"论。[2]

二是非经济犯罪而引起的经济后果，虽然有罪官吏并未在发生的后果中获取经济利益，但法律也依其经济后果大小量刑。如《户婚律》（总第 169 条）规定，主管官吏对辖区内的自然灾害"应言而不言及妄言"，或者对灾情查验"不以实"，若因此种犯罪引起赋税征收错乱的经济后果，则计算枉错的经济价值，刑罚重于基础刑的，就照坐赃论处："若致枉有所征免，赃重者，坐赃论"。又如巡夜的"主守"对有盗而未发现，以及故纵盗的，《厩库律》（总第 210 条）规定，都要依被盗的经济后果论处："主守不觉盗者，五匹笞二十，十匹加一等；过杖一百，二十匹加一等，罪止徒二年"，"即故纵赃满五十匹加役流，一百匹绞"。在工程兴建上，有关官吏"应言上而不言上，应待报而不待报"，《擅兴律》（总第 240 条）规定依人工的经济损失后果处罚："各计庸，坐赃论减一等"。官吏不修堤防及修而不及时，其基础刑是"杖七十"。但因此发生洪水"毁害人家，漂失财物"的后果的，《杂律》（总第 424 条）则规定要计算所毁失财产的价值"坐赃论减五等"，"谓失十匹杖六十，罪止杖一百"。

1《厩库律》卷第十五（总第 197 条）。
2《户婚律》卷第十三（总第 173 条）。

唐律对官吏非经济犯罪中经济后果处置的办法，其用意一是警诫官吏企图在犯罪引发的经济后果中谋取私利，一是监督官吏尽量避免及减少职务犯罪经济后果的发生。

廉政在古代社会是政权更替、改朝换代的晴雨表。而在现代国家，也是深刻影响社会，激化或是缓解信任危机的一个重要因素。在中国漫长的历史中，廉政既是统治者企求的目标，也是人民大众一个久远的理想。可以说，不管什么社会，什么国家，什么政权，都毫不例外地存在一个廉政问题。

廉政建设应包括思想建设和制度建设两个方面。当一个国家在廉政上出现问题时，其主要矛盾到底是思想问题、制度问题，还是思想及制度都有问题，其情况也不尽相同。应该通过科学的分析得出正确的结论。法律制度要以认真的贯彻执行来维持其生命力，否则制度再好也不起作用。而能否认真地贯彻执行一项好的制度，往往是个政治思想问题。富于进取性的初唐统治集团，不仅在制度上，而且首先在思想上重视廉政，敢于整饬吏治，结果不止一次地出现了大治的局面。但后来统治者革新进取的意志消沉，不再能认真地去贯彻执行那些制度，因而吏治日渐腐败，整个政权随之削弱，并在危机不断加深的过程中衰亡。这是唐代在吏治与廉政建设上的主要教训。这是个法律之外的教训，但是在考虑法律教训时，必须优先考虑这个非法律的教训。

* 此文原发表于国家古籍整理出版规划小组主办的杂志《传统文化与现代化》1996 年第 2 期，收入本书时有修改。

14. 建立对官吏罪责追究的严密机制

　　古代统治者施行政务及镇压反抗最主要的工具是国家机器。而国家机器中最主要的部分就是由官吏及其组织活动所体现的国家机关。古代刑律是统治者维护统治的暴力工具之一。但就古代刑律内容中一个很重要的侧重面说，唐律也可以说是以暴力监督吏治的有力工具。

　　唐律中关于官吏罪责追究的严密而有鲜明特点的制度，是唐代吏治制度中最重要的制度之一。可以说，不了解唐律中关于吏治的内容，便不了解整个唐代吏治，从而也便不可能了解整个古代法制。

　　诚然，唐朝的官吏在法律上确实处于享有特权的地位。以"八议"为主要内容的特权制度，不但保证官吏本人，而且也使他们的家眷亲属据宗法原则分配到一定的特殊权益。在官吏同百姓相互侵犯的犯罪中，法律把百姓置于加重受罚的地位，而保证官吏的优惠特权。然而在刑事处罚上给官吏以优惠特权，只是在一定范围内均衡权益、缓和内部矛盾冲突的一种策略和手段。而用刑律的威慑力督促官吏奉公守法以身作则，有效地进行国家的政教管理才是根本目的。特别是随着古代社会内部矛盾加剧，"八议""官当"等制度事实上弃而不用，对官吏勤政守法的监督制度却越来越严。唐律追究官吏罪责的制度是这种规律的一个重要内容，其追究官吏罪责制度的内容与特点，值得认真研究。

一、追究监临官失却统摄监督的罪责

（一）以共犯制度追究放任下级犯罪的罪责

1．以"片面共犯"制度追究放纵听行者的罪责

有制止及纠举职责的官吏，对下级或百姓的犯罪不制止，而听其实施犯罪，也是故意犯罪。这在现代刑法理论上称"片面共犯"。如《职制律》（总第 92 条）规定"考校、课试而不以实及选官乖于举状，以故不称职"的犯罪，有关官吏"知而听行，与同罪"。这里，"考校、课试"官吏有罪在前，上级官吏知而听行，也是片面共犯，要与始犯者处同样的刑罚。

2．以"事后共犯"制度追究后任官吏承接前任犯罪之罪责

前任官员或同职官员的职务犯罪，后任官员或同职官员承接不加纠正也为犯罪。如《职制律》（总第 91 条）在规定"署置过限及不应置而置"的具体处罚办法时，特别规定，前任监临官员超编而后任监临官员知情承接不改的，比前任减一等处罚。后任官员，并不因为超编是前任官员始犯就没有责任。唐代把后任官吏的"知而听"实际上作为共犯论处，后任对前任来说是"事后共犯"的关系。唐律把"片面共犯""事后共犯"运用到官吏的职务犯罪之中，是古代重视吏治的传统在法律制度中的反映。这一点似乎正是我们今天在有关立法及司法中予以忽略的地方。

（二）惩治失职犯罪必定追究有监督责任官吏的罪责

在唐代，基层的军政官吏，对具体履行公务的吏员所负有的统辖监督责任，由刑事立法加以监督。只要与吏员履行公务有失，有直接指挥监督职责的官吏都同时受罚。

1．警卫兵士失职犯罪同时追究有监督统领职责的将帅主司的罪责

关于"阑入太庙门及山陵兆域门"之罪，法律规定值勤的"守卫"其处罚是比"阑入者"减二等。同时，领兵宿卫太庙、山陵、太社三所的"主帅"，"谓亲监当者"，有人阑入，把守的卫兵自然负主要责任，而对有监督责任的将领"主帅"也比卫兵减一等受罚。[1]

1《卫禁律》卷第八（总第 78 条）。

这种对有监管责任的官员的处罚，不是特殊的个别的措施，而是一种在同类情况下普遍适用的制度。《卫禁律》（总第58条）之注文说，"余条守卫及监门各准此"。即使不属于宫殿内的守卫，也是这样。如《卫禁律》（总第78条）规定：

> 诸宫内外行夜，若有犯法，行夜主司不觉，减守卫者罪二等。

《卫禁律》（总第89条）规定，如"缘边城戍，有外奸内入，内奸外出"，值班守卫的兵士（候望者）未发觉的，处"一年半"徒刑。法律同时规定，虽非候望者，只要是"城戍主司"而"不觉"的减一等"徒一年"。有时，某些机关的失职犯罪唯主司是问，竟不问兵士。如《卫禁律》（总第84条）规定："诸关、津度人，无故留难者"，每留难一日，"主司笞四十"，最高杖打一百。法律说主司是"关津之司"，而兵士之处罚只字未提。

2. 走失囚犯既处罚主守者也处罚"监当"者

《捕亡律》（总第466条）规定，"专当守囚之人，典狱之类"的官吏，不觉走失囚犯，照囚犯之罪罚"减二等"处罚。法律同时规定，"监当之官"及主司吏员"减三等"处罚，即比具体看管的人减轻一等而已。

3. 侍奉皇帝的医工有失职犯罪同时追究"监当主司"的罪责

给皇帝配制药物有失，首要的责任当然是当值开方及炮制的御医，法律规定："诸合和御药，误不如本方及封题误者"，"当合和药"的御医处"绞"刑，但法律立即又补充规定，对该事负有监督责任的"监当官司"，比犯罪的御医"减一等"（流三千里）。[1] 类似的情况《职制律》（总第104条）也规定，如果制造御用的舟船，因过误而不牢固的，首先是有责任的"工匠"处"绞"刑，同时，"监当官司"也"减一等"（流三千里）。

4. 工商管理的失职罪既处罚直接执行公务者也处罚有监督职责者

唐朝所使用的"斛斗秤度"等衡量器具，依《关市令》规定每年八月都要校正一次。京中由太府寺平校。《杂律》（总第417条）规定，校勘者"校斛斗秤度不平"的刑罚是"杖七十"。同时，"监校官司不觉"校勘不平的，"减一等"处罚。

5. 追究官吏对部内或下属有违法犯罪而失察的罪责

这种制度在警卫事务及工商管理上都有实行。如宿卫人员"以非应宿卫人冒名自代及代之者"，冒名相代的双方，都以阑入罪论处。同时也规定"主司"——"谓折冲府及诸卫判兵之官"，未发觉此类冒名相代者，比冒名相代人"减二等"处罚。[2]《卫禁律》（总第65

1《职制律》卷第九（总第102条）。
2《卫禁律》卷第七（总第62条）。

条）规定了到宫内劳作完毕不出宫之犯罪及处罚，法律同时规定"将领主守"即使未发觉（不知）的，也要比犯罪者"减一等"处罚。《杂律》（总第 418 条）规定，凡是"造器用之物及绢布有行滥（不牢，不真）短狭而卖者"，处"杖六十"之刑。法律规定，市及州县官司"不觉"有此等情形的，"减二等"处罚。

二、官署之公务错失追究各级有罪官吏的罪责

唐代法律对公务活动中公罪罪责的追究，其基本原则由刑律规定，既处罚所有负有罪责的人，又分清责任，区别对待。官僚机构中奸滑地躲避罪责追究的流弊，唐代的立法者早就洞悉，并以相应的刑法条文对付。

（一）对同一公案中都有罪责者使用"同职犯公坐"制度追究

众所周知，唐代官吏的犯罪，法律上分为故意的"私自犯"即"私罪"，及缘公事过失犯的公坐（或称"公罪"）两种。政务上的失职犯罪一般情况下是属于"公坐"（"公罪"）。"公坐"可以是"同职犯"，也可以是"单独犯"。如《杂律》（总第 424 条）规定："诸不修堤防及修而失时者，主司杖七十。"按唐代《营缮令》规定，"近河及大水有堤防之处，刺史、县令以时检校"。该条疏文说："若有损坏，当时不即修补，或修而失时者，主司杖七十。"这里，犯事之主司，虽是"公罪"，但只是个人犯，而不是"同职犯"。所以，法律除规定处罚主司之外，再未规定连坐其他之人。而"同职犯公坐"的制度适用于同一官署在同一公案中各级官吏共同地负有罪责的情况，而不止适用于某个官员单独地犯公罪之处置。

专门规定"同职犯公坐"制度的法律《名例律》（总第 40 条）说，所谓"同职"，是指"连署之官及典"，即对同一公案，同署各级官员都经手处理而又都是过失地作错误处置的一种责任状态。在这种状态下各级有错失之官吏要同时受追究。

1．各级官吏统一地分四等追究公务罪责

法律把各级各类官署中千差万别的官吏的责任，统一地分为四等来分别追究罪责。《名例律》（总第 40 条）规定：

长官为一等，通判官为一等，判官为一等，主典为一等。[1]

所谓"长官"，是指官署中掌领全局对各部门各类公案作最后处断的最高行政首长；"通判官"是指副长官，他协助长官对各部门各类公案作最后处断；"判官"是官署中某一职能部门的负责官员，他只对自己部门处断的公案负责；"主典"是指负责公案流程中的行政事务，协助判官的官员。另外还有"主簿""录事"，是属于核查、文秘等性质的官吏。该条疏文以大理寺衙门举例说："大（理）卿是长官，少卿及（大理）正是通判官，丞是判官，府史是主典，是为四等。"以县来说，县令是"长官"，县丞是"通判官"，县尉是"判官"，县典（司户、司法）是"主典"。

这种官署官吏地位和责任的四等划分，适用于一切行使权力的官署。疏文在规定大理寺之外的"余官及上官案省"时解释：

余官者，谓比州、比县及省内比司，并诸府、寺、监不相管隶者。上官者，在京诸司向省台及诸州向尚书省、诸县向州之类……同职递为四等法首从减之。

可见，除大理寺等司法机关之外的其他官署也是划分为"长官""通判官""判官"及"主典"四等。就以"判官"来说，尚书省这类官署的"判官"，并不只是审判刑案的官员，而是长官之下负责处理某项事务的主办属员。同时，即使是不足分四等的官署，在区分地位和职责上，也可参照此法执行，如其中有"一等"空缺，也无妨："其阙无所承之官，亦以此四等为法"。

2. 根据"各以所由"原则分首从处罚有罪责者

"各依所由"之追究又分几种不同的情况：

其一，在共同一致地作错断的情况下，以对该项公事负主要责任的官员为首罪，其他各级为从罪，并依次递减一等处罚。因为要追究的是过失犯罪的刑事责任，所以，就必须依公案同署官吏职权的关系，及官吏个人在其中的具体作用来承担罪责。法律说的"各以所由为首"，就是说对犯罪负主要责任的那一等的官员以首罪论处，其他三等官员为第二从罪、第三从罪及第四从罪，依次递减一等处罚。疏文仍以大理寺举例说，例如公案是由于"主典检请有失"而造成错失的，"即主典为首，丞为第二从，少卿、二正为第三从，大卿为第四从，即主簿、录事亦为第四从"。假如公案是由大理丞"判断有失"而造成错失的，那就"以丞为首，少卿、二位大理正为第二从，大卿为第三从，典为第四从，主簿、录事当同第四从"。

其二，但是如果同职官员中有人故意犯私罪，其他官员不知情作连判致使公案有失，私犯者以故意出入人罪论，其他人以过失出入人罪论处。

1《名例律》卷第五（总第40条）。

其三，在处置意见不一的情况下，假如"判官"之原判正确，那就只追究错改者的罪责，而原作正确判处及附同正确判处者无罪。疏文举例说，假如大理丞处断正确，可是两个大理正，一人改判成错，另一个附和错改，则两个大理正都同以首罪追究。假如一大理正维持正确原判，另一大理正又作错改，则以错改者为首罪，维持原判者无罪。这就是所谓："若通判官以上异判有失者，止坐异判以上之官"。

其四，假如正副长官审批公案处置意见分歧，也只以首罪追究错改者及错附同者，而附同正确及未作错改者无罪。通判官以上意见分歧形成错失，应是长官及检勾（稽查监督）官连坐得罪，其他人无罪："其通判官以上，异同失理，应连坐者唯长官及检勾官得罪，以下并不坐"。

其五，在处理意见不一的情况下，假如原判有错，中间各层或是或否，但只要最后长官判断正确，其他人也都不再有罪责。疏文说："通判官以下有失，或中间一是一非，但长官判从正法，余者悉皆免罪"。在"同职犯公坐"都有罪责的官员中，同署中只要其中有一人在"事未发露"的情况下起来自首认罪，则大家所错之罪都免罚："应连坐者，一人自觉举，余人亦原之"。[1] 但是，如果所断之错案已经执行的，就不再能适用自觉举原罪的制度。

唐律对"同职犯公坐"实行"各以所由为首"同时"节级连坐"，既重视长官的责任，但又不无条件地以署内长官负主要责任的制度，有利于发挥署内各级官吏的主动性。因为对基层官吏而言，自己职司岗位的错失，一定推卸不了自己的主要罪责，并不因为已送上级批准，就可不负责任或减少责任。对中层官吏而言，附和了下级的错判，要以从罪被追究。错改了下级的正确判断，要以首罪被追究。只有附同了下级的正确判断，自己才得以免予追究。对官署长官而言，法律严格监督其行使决定权。附同下级的错判，以从罪追究，自己改正了，则全署上下都免罪。而如果把下级呈上的正确判断改错了，那就只有其自己一人承担全部罪责。

（二）"同职犯公坐"的制度也适用于都作错误处置的上下级官署之间

这又有如下两种情况：

第一种情况，某一机关把错作处置的公案上报或下达，上级官员未发觉纠正的，所有上级的首罪人，均比错判机关的首罪者向上逐级递减一等；下级不发觉错失而执行的，则比上级机关的首罪，向下逐级递减二等处罚：

即余官及上官案省不觉者，各递减一等；下官不觉者，又递减一等。亦各以所由为首。[2]

1《名例律》卷第五（总第 41 条）。
2《名例律》卷第五（总第 40 条）。

第二种情况，如上奏皇帝的事有错失，门下省有校正职责的官员在"勘""读""省""审"的过程中不予纠正的，都依下级原断机关最后一级的从罪减一等处罚：

> 应奏之事有失，勘读及省审之官不驳正者，减下从一等。[1]

只有"词状隐伏，无以验知"的情况，才不处罚。唐律中的这项规定，明确地宣告，公事失错之公罪，不但同官署的关系人要节级连坐，而且有上批下行关系的官署之间都要实行"节级连坐"。如州行文至尚书省，州行文给县及尚书省行文给门下省，在州与省，州与县以及省与省之间形成一个大的节级连坐网，各级的首罪之间，形成一定的幅度等差关系，而在各署内部又各形成小的节级连坐网。唐代官吏因公事失错的罪责追究，就笼罩在这面由刑律编织的法网之中。

三、课督性政务上的失职犯罪追究州、县、乡官的罪责

所谓课督性政务，是地方上以刺史、县令为首的州县官署及乡的里正共同的经常性的民政管理事务。在唐代，属于地方乡、县、州各级课督性的政务在贯彻执行中，州对县，县对乡，都存在着经常的逐级监督管辖的职责。反映在法律制度上，刑律确认上级对下级的失职行为同时负有责任。

（一）各级都按失职犯罪后果的指数追究罪责

课督性政务的失职犯罪，同某一特定公事上失职的犯罪比较，在后果上表现为有长期性、持续性的特点。根据这种特点，唐律依反映后果的一定的计量指数，来作为犯罪受罚的界限。这种指数可以表现为一定的人（口）、事，或者一定的比例数，各级官吏都各自对自己管辖区因失职而造成后果的指数负责，详见表 14.1。

1《名例律》卷第五（总第 40 条）。

表 14.1 唐代各级地方官课督性政务失职犯罪之处罚

律 条	罪 名	里正之罚	县之罚	州之罚	州县官吏责任追究办法
《户婚律》（总第151条、第152条）	脱漏户口，增减年事	（以人口计数）一口笞四十，三口加一等；过杖一百，十口加一等，罪止徒三年	十口笞三十,三十口加一等；过杖一百,五十口加一等，罪止徒三年	随所管县多少，通计为罪，罪止徒三年	无文簿者，长官为首；有文簿者，主典为首。佐职以下，节级连坐
《户婚律》（总第170条）	部内田畴荒芜	（以十分论）一分笞三十，一分加一等，罪止徒一年	指数同里正之罚	指数同里正之罚	长官为首，佐职为从
《户婚律》（总第171条）	授田、课农桑违法	（以一"人次"为一"事"）失一事，笞四十；二十事加一等。罪止徒一年	失十事，笞三十；三事加一等。罪止徒一年	随所管县多少，通计为罪	长官为首，佐职为从
《户婚律》（总第174条）	部内及产生课税物违期不充	（以十分论）一分笞四十，一分加一等	指数同里正之罚	指数同里正之罚	长官为首，佐职以下，节级连坐
《擅兴律》（总第228条）	部内有征人冒名相代	里正笞五十，十人加一等，罪止徒二年	一人笞三十，二人加一等	随所管县多少，通计为罪	长官为首，佐职以下，节级连坐
《贼盗律》（总第301条）	部内有人为盗及容止盗	里正笞五十，三人加一等，罪止徒二年	一人笞三十，四人加一等，罪止徒二年	随所管县多少，通计为罪	长官为首，佐职为从
《杂律》（总第424条）	不修堤防及修而失时	—	—	—	主司杖七十
《捕亡律》（总第467条）	部内容止他界逃亡、浮浪者	一人笞四十，四人加一等	五人笞四十，十人加一等	随所管县多少，通计为罪	长官为首，佐职为从

如登记户籍，要求不要脱漏户口，不要增减年事以逃避赋役。这种经常性政务上的失职犯罪，计算后果指数处罚，《户婚律》（总第151条、第152条）规定里正是"一口笞四十，三口加一等；过杖一百，十口加一等，罪止徒三年"；县内的处罚指数是"十口笞三十，三十口加一等；过杖一百，五十口加一等，罪止徒三年"；州内的指数是"随所管县多少，通计为罪"，"罪止徒三年"。

这里里正、县、州的处罚指数基本上由地域大小的比例来确定。如一个县以约有十个"里"作为概数。在经常性政务的执行上，最基层的里正，其责任首当其冲，所以其处罚比县、州二级加重一等，县是"十口笞三十"，里正是"一口笞四十"，除了地域大小的因素外，"笞四十"比"笞三十"，加重了一等。州则完全同县的指数比例一样，以所管县多少通计为罪。注文举例解释说：

> 管二县者，二十口笞三十；管三县者，三十口笞三十之类。

即州的罪责，在一般原则上并未比县减轻一等，只是在"若止管一县"的情况下，才"减县罪一等"处罚。从处罚的指数来说，州县二级与基层有脱漏户口所负的罪责是相等的。有时法律对里正与州县竟规定他们三级以相同比例同样受罚。如《户婚律》（总第170条、第174条）"部内户内田畴荒芜"罪及"部内及户主课税物违期不充"罪，三级都把辖区的总数"以十分论"，都按一样的比例不分轻重处罚。

这种地方三级同时追究罪责的制度，除户籍管理外，举凡均田、农桑、征役、赋税及社会治安等经常性的政务，都贯彻州县二级无条件地与最基层的里正一样，按后果指数追究罪责。

里正、县、州的这种三级责任追究制也适用于军事系统内。《捕亡律》（总第467条）关于"部内容止他界逃亡浮浪"罪的律文说："若在军役有犯者，队正以上、折冲以下，各准部内有盗贼之法"。疏文说：

> 队正、队副同里正，校尉、旅帅减队正一等，折冲、果毅随所管校尉多少为罪。

实际上，校尉、旅帅相当于县；折冲、果毅相当于州府之责。

（二）课督性政务的公罪要处罚正副长官及所有有关的专职属吏

唐代乡里地方的里胥，基本是"里正"，有些地方基层设"村正"，城市设"坊正"。里正的基本职责就是催交赋税，课督农桑，维持治安。所以户籍、田亩、治安等政务管理活动上的失职，乡一级唯里正是问。但在州县两级，经常性政务上的公罪处罚就绝不只是处罚长官一人，而是长官、副长官及有关专职属吏都要处罚。而在正副长官及有关属吏都受处罚的前提下，又有以下几种不同的情况。

其一，以长官为首罪处全刑，副长官以下为从罪，一律都比长官减一等处罚。如《户婚律》中"部内户内田畴荒芜"罪及"里正州县授田及课农桑违法"罪，《贼盗律》中"部内有人为盗及容止"罪，《捕亡律》中"部内若军役之所容止逃亡浮浪"罪，各条律文在规定县、州两级的处罚幅度后，注文都说："州县各以长官为首，佐职为从"。所谓"佐职为从"，是指从副长官到专职的属吏，都等同地以从罪处罚。疏文具体解释：

> 县以令为首，丞、尉为从；州即刺史为首，长史、司马、司户为从；里正一身得罪。[1]

律文清楚地说明，经常性的政务中，这几项失职犯罪由正长官（州刺史及县令）负主要责

1《户婚律》卷第十三（总第170条）。

任，作首罪以全罪论。副长官及有关的专职属吏负次要责任，作从罪都（比首罪）减一等论处。在这种情况下属于佐职的吏员之间不再进一步区别轻重。

其二，以"长官为首"，但"佐职以下，节级为坐"。这是说，对公务失职罪责之分摊，除长官负主要责任外，其他官吏并不是都一样减一等处从罪，而是按四等责任制区分轻重处罚。如《户婚律》（总第 174 条）"部内及户主课税物违期不充"之罪，在规定"长官为首"之同时，还规定"佐职以下，节级连坐"。即从副长官起，都以从罪论，但是，他们中间又按从高职到低职的次序，逐级递减一等；即通判官比长官减一等，判官又比通判官减一等，主典又比判官减一等，而不是所有的"佐职"都在一个幅度上受罚。疏文说"通判官为第二从，判官为第三从，主典及检勾之官为第四从"。"节级"就是依次递减一等。

其三，突破"长官为首，佐职为从"的原则，完全根据"各以所由为首"的制度来处置。根据公务错失的实际责任，让负主要责任者为首罪，其他人为从罪。在这种情况下，非长官的官吏也可以为首罪，其他人（包括长官在内），从下向上（从低到高）节级依从罪递减一等处罚。如《擅兴律》（总第 228 条）部内有"征人冒名相代"之罪，县上主要应由执掌勘验的主典负主要罪责，其他官吏（包括长官在内）从下到上，节级递减一等："尉为第二从，丞为第三从，令及主簿、录事为第四从"。

这种情况实际上是在"各以所由为首"的前提下，同时结合"节级为坐"的办法处理。如《户婚律》（总第 152 条）关于"不觉脱漏增减"之罪，并非一律以长官为首。法律规定：脱漏如是因"无文簿"引起的，就以"长官为首"。如是在"有文簿"的情况下脱漏的，要以"主典为首"。因为依文簿检勘是主典的职责，连文簿都没有，责任就在长官。如果以长官为首，则佐职以下，从上到下地节级为坐；如以主典为首，则佐职以上，从下至上地节级减等为坐。

地方课督性政务的失错对乡、县、州三级同时追究罪责，是"同职犯公坐"制度在特定范围的一种变通的运用。"同职犯公坐"适用于除地方经常性政务以外的一切政务，适用于包括州县在内的一切官署。"同职犯公坐"除也适用于日常政务中的失错外，主要是适用于非宣教课督性而是由官署自己发起，并经由署内各级机构办理的特定政务上的失错罪。地方经常性政务失错的追究主要（大部分）贯彻"长官为首"的原则，而"同职公罪"主要贯彻"各以所由为首"的原则。这种差别主要是由政务是否属宣教课督性来决定。唐律在失职犯罪上，承认地方各级宣教课督政务责任的普适性，基本贯彻"长官为首"的原则，这是立法精确的表现。

唐律中关于官吏罪责追究的制度，虽然是属于犯罪制度，但这种严密的制度，不能不影响国家整个的行政管理活动。这种影响既有作为刑律的一般预防的作用，也有由刑律折射出来的作为行为规范的影响。这种影响有积极的方面也有消极的方面。如"同职犯公坐""各以所由为首"，分四等节级连坐的制度中，就会产生官署中的中上层官吏为了不致以首罪论处，在处理公案时，尽量附同下级或前人已作出的判断，而不敢坚持合理主见的危险。同时，对各级有关官吏连坐追究罪责的制度，在一定条件下，完全有可能产生因为都求无罪，从而心照不宣地相互隐匿，一致欺上瞒下的弊端。但是，这些弊病，在整个古代法制尚能基本维系的条件下，都会被限制在一定的程度和范围内，而不会从根本上否定其监临从严，有罪必罚，层层负责，区分轻重的主流方面。再以"同职犯公坐"制度中的连坐来说，它确有古代刑律的野蛮专横的因素，但这种连坐同传统的实施于百姓中的什伍连坐，在性质上并不相同。这是在官府内部实行的，以客观上都具有罪责为前提的连坐。这种做法也可以说是在共同有罪责情况下的一种分清责任轻重的制度。

* 本文发表于《江苏社会科学》1992 年第 3 期，收入本书时作了修改。

15. 唐律中的赃罪及"六赃"对经济犯罪的统一规范

　　唐律中的赃罪，牵涉所有财产侵犯及非法经济往来的一类犯罪，是《律疏》中内容最系统的刑事制度之一。但其在刑律中的分布，却又很分散，所以对赃罪制度作较为集中的辨析，以求在重点与体系兼顾的情况下，去理解和把握这项制度内容。

一、计赃为罪与不计赃为罪

　　研究唐律中的赃罪，在范畴上首先要区分"计赃为罪"与"不计赃为罪"两个大的概念种类。在唐律中"计赃为罪"（语出《名例律》总第32条）与"不计赃科"（语出《贼盗律》总第280条）即不计赃为罪相互对应而存在，要清楚地了解其中的一个方面，还须以同时清楚地了解另一方面为条件。

（一）计赃为罪

1. "计赃为罪"的根本特征

　　赃罪必有其赃，赃可以是犯罪行为的标的物，或非法地由罪犯作往来或转移的财物。"计赃为罪"的根本特征就是犯罪者刑罚的轻重以其赃额的多少为准，即赃额的多少与刑罚的轻重成正比。如果其刑罚的轻重，不是计赃额的多少而确定的，则就不是"计赃为罪"。

2. 赃额的评定

唐律中赃罪行为的标的物或者更清楚地说"赃物"，并不等于赃额，赃额是赃物依核定为赃额的法式计算的结果。计赃为罪中赃的计量单位，是绢的匹、尺。但是实际的涉赃犯罪包括作为主干的"六赃"在内，可能是绢以外的各种各样的财物而不可能都是绢，即使都是绢，还存在绢的质量上的差异问题。因此对赃罪作处罚时就存在一个如何统一折算额值的制度问题。这里只辨清其最主要的过程，即计赃为罪中赃物由一般商品价格到折成赃额的制度问题。

第一，赃物首先应在犯罪当地评定其市场价格。"赃"作为财物，一般都有其市场价格。评赃的第一步是评估其市场价格，即原赃可按当地该物品实际质量等级论定市场价格。唐代商品的质量档次分为三等，《唐六典》卷二十《太府寺·两京诸市署》中说："以三贾均市。"注文曰："精为上贾，次为中贾，粗为下贾。"赃物依其实际质量确定上、中、下三等级。市场商品价格据市场情况每月十天评定一次，《名例律》卷第六（总第34条）："依《令》，每月旬别三等估。"赃物就以其所犯当地该月那一旬的实际等级的平均价格为其市场价格。

第二，赃物确定市场价格后，再依犯罪当地上等绢的单价折算成赃额：

> 诸平赃者，皆据犯处当时物价及上绢估。

第三，原赃不能按犯罪当地实际等级评估时，则以处断地的中等价格认定。评赃由市场官员市令根据原赃评估，如当地无条件评定，或者赃已耗费，或者犯罪者已经流窜至异地被捕，原赃不可能送到被捕地去评估，则由罪犯被捕地在脱离原赃的情况下进行"悬平"。悬平固定地依赃在作案地的中等质量档次为依据，评定其商品价，而不再以其实际档次评定。此条法律之疏文说：

> 假有人蒲州盗盐，莒州事发，盐已费用，依令"悬平"，即取蒲州中估之盐，准蒲州上绢之价，于莒州断决之类。纵有卖买贵贱，与估不同，亦依估价为定。[1]

第四，赃为工价或租金者，依统一的折算法折为赃额。非法占用劳力、畜力，统一以一人（或一头畜）每天折绢三尺为赃额。此律条规定：

> 平功、庸者，计一人一日为绢三尺，牛马驼骡驴车亦同。

其疏文说："计功作庸，应得罪者，计一人一日为绢三尺。牛马驼骡驴车计庸，皆准此三尺，故云'亦同'。"

第五，对船、碾坊、货场、店铺的非法占用，依犯罪时的租金计赃。此律条规定：

1《名例律》卷第四（总第34条）。

其船及碾硙、邸店之类，亦依犯时赁直。[1]

其疏文说："自船以下，或大小不同，或闲要有异，故依当时赁直，不可准常赁为估。"如果非法占用奴婢、牲畜、船、碾等时日很长，最后所计之赃额不得超过非法占用对象本身的整体价额。

（二）不计赃为罪的基本特征

唐律中与 "六赃" 为主干的 "计赃为罪" 而对应存在的是 "不计赃为罪" 的犯罪，不计赃为罪的基本特征如下：

其一，刑罚轻重的确定，是以对所侵犯对象或标的物的社会政治意义为评估的依据，基本不存在由评估一般商品价格而再折成上等绢匹尺为赃额的过程。《贼盗律》卷第十九（总第 280 条）疏文概括这种罪条说：

从 "盗大祀神御之物" 以下，不计赃科，唯立罪名。

反映这种制度的律条是《贼盗律》卷第十九（总第 270 ~ 279 条），依次规定其主要内容为：

诸盗大祀神御之物者，流二千五百里。

诸盗御宝者，绞；乘舆服御物者，流二千五百里；其拟供服御及供而废阙，若食将御者，徒二年；拟供食御及非服而御者，徒一年半。

诸盗官文书印者，徒二年。余印，杖一百。

诸盗制书者，徒二年。官文书，杖一百；重害文书，加一等；纸券，又加一等。

诸盗宫殿门符、发兵符、传符者，流二千里；使节及皇城、京城门符，徒三年；余符，徒一年。门钥，各减三等。

诸盗禁兵器者，徒二年；甲、弩者，流二千里。

诸盗毁天尊像、佛像者，徒三年。

诸发冢者，加役流；已开棺椁者，绞；发而未彻者，徒三年。

诸盗园陵内草木者，徒二年半。若盗他人墓茔内树者，杖一百。

诸盗官私马牛而杀者，徒二年半。

其二，"不计赃为罪"，刑罚十分苛重。我们从《律疏》的 "盗不计赃而立罪名" 的提法上，可以判断立法者对这些 "不计赃为罪" 的犯罪，也承认其中作为罪证的 "赃" 有一

定的物值，只是"不计"其价额"科"罪而已。[1]《断狱律》（总第 476 条）中所谓"赃状露验""据状断之"中的"赃"不能排斥这些犯罪中的被盗之物。但是，唐代的立法者在行文上一般不把被盗的符印等物称为"赃"，而是称为"犯禁之物"。上述这些"不计赃科"的犯罪，并不在"计赃为罪"的"六赃"的范畴之内。

（三）"计赃为罪"与"不计赃为罪"立法上的运用

1."计赃为罪"与"不计赃为罪"并存于同一律条

立法必须服从社会法律生活的需要，由于犯罪性质与情节的多样性，同一条律文中也会存在既有"不计赃为罪"，也有"计赃为罪"的内容。如《贼盗律》卷第十九（总第 270 条）规定：

> 诸盗大祀神御之物者，流二千五百里。其拟供神御，及供而废阙，若缯荐之具已馔呈者，徒二年；未馔呈者，徒一年半。已阙者，杖一百。若盗釜、甑、刀、匕之属，并从常盗之法。

条中盗大祀神御之物及拟供神御之物是"不计赃而科"，但"从常盗法"的盗其中釜、甑等的犯罪则属于"计赃为科"的部分。又如《贼盗律》卷第十九（总第 273 条）：

> 诸盗制书者，徒二年。官文书，杖一百；重害文书，加一等；纸券，又加一等，即盗应除文案者，依凡盗法。

条中盗制书、官文书等是不计赃而科，但"依凡盗论"的盗应剔除的文案，是属"计赃而科"。再如《贼盗律》卷第十九（总第 277 条）：

> 其冢先穿及未殡，而盗尸柩者，徒二年半；盗衣服者，减一等；器物、砖、版者，以凡盗论。

条中盗器物、砖、版等，即依窃盗赃计赃而科，而盗尸柩衣服属不计赃而立罪名，以特殊规定之幅度处罚。上述三条中的"从常盗之法""依凡盗法"，其幅度就是依窃盗赃之幅度"一尺杖六十，一匹加一等，五匹徒一年，五匹加一等"的罪法处置。

2.称"以盗""准盗"之条并不总是"计赃为罪"

已知盗罪在"六赃"中是计赃为罪者，但如不在"六赃"中即不以其所盗物计赃立罪

---

[1] "不计赃为罪"的标的物如本身也必须"计赃为罪"的，其处置办法见下文第（三）项第 1 点、第 2 点。

名者，则就不属盗计赃为罪。如《诈伪律》卷第二十五（总第 382 条）：

> 诸医违方诈疗病，而取财物者，以盗论。

此条中的"以盗论"是指以实犯盗取财物论，即以窃盗罪的本条《贼盗律》（总第 282 条）规定的幅度论处，是计赃为罪。但如：

> 诸弃毁符、节、印及门钥者，各准盗论。[1]

此条中的"准盗论"是指"准"盗符、节、印等本罪条《贼盗律》（总第 274 条）"盗宫殿门符、发兵符、传符者，流二千里；使节及皇城、京城门符，徒三年；余符，徒一年。门钥，各减三等"属"盗不计赃立罪名"者，故其"准盗论"也不属"计赃为罪"之盗，因这里根本不存在把赃物计物价折赃额的问题。

3. 依犯罪行为标的物之多少计罪并不就等于比附"六赃"

既然计赃为罪是计犯罪行为标的物的赃额多少确定刑罚的轻重，所以不把标的物之市场价格折算成为赃额并以赃额多少确定刑罚轻重的，则不属计赃为罪。如《擅兴律》卷第十六（总第 243 条）规定：

> 诸私有禁兵器者，徒一年半；弩一张，加二等；甲一领及弩三张，流二千里；甲三领及弩五张，绞。

条中虽然是依私有的标的物的加多而增加刑罚，但其并未依这些东西之商品价折算成赃额（并计其匹尺多少）论罪，故不属计赃为罪。又如《户婚律》卷第十三（总第 164 条、第 167 条）分别规定：

> 诸占田过限者，一亩笞十，十亩加一等；过杖六十，二十亩加一等，罪止徒一年。
> 诸在官侵夺私田者，一亩以下杖六十，三亩加一等；过杖一百，五亩加一等，罪止徒二年半。

这两条虽然是犯罪行为涉及的标的物的多少，决定了刑罚的轻重，但这些标的物根本不计价，故亦非计赃为罪。有时犯罪行为虽然不以涉及之对象为侵占目的，但却以侵占这些对象的劳动工值及使用价值为目的，而工值或使用价值正是有价可折赃的，就属于"计赃为罪"。如《职制律》卷第十一（总第 143 条）规定："诸监临之官，私役使所监临，及借奴婢、牛马驼骡驴、车船、碾硙、邸店之类，各计庸、赁，以受所监临财物论。"

1《杂律》卷第二十七（总第 437 条）。

4. "计赃" 与 "不计赃" 交叉时刑罚依法选择其中之重刑论处

无论是 "计赃为罪" 或 "不计赃为罪"，如依罪情作调整时，就会产生刑罚轻重变异的情况，也就会发生立法或司法上作轻重选择的问题。如 "不计赃为罪" 因其性质严重其处罚原就重于 "计赃为罪"，依罪情作调整时，重于 "计赃为罪" 的原则怎样维护，"不计赃" 的基础刑与赃本身物值的 "计赃为罪" 有矛盾，怎样解决其刑罪相当的原则，对此，《律疏》都已确立了相应的制度与原则。

（1）不计赃为罪之刑立法上就重于依标的本身商品价计赃之凡盗。如前所述，不计赃为罪的犯罪，其犯罪行为指向的对象及标的物是无法计其价额的，如宝印、符、官文书等禁物，但如其标的物含有一般商品属性，又是有价可估、有赃可计的，在这种情况下，如计赃重于凡盗以及依规定减等后刑罚轻于凡盗的，都一律执行比凡盗加重一等处罚。律条规定：

> 诸盗不计赃而立罪名，及言减罪而轻于凡盗者，计赃重，以凡盗论加一等。[1]

关于 "言减罪而轻于凡盗者"，"以凡盗论加一等"，疏文举例说，《贼盗律》卷第十九（总第 277 条）规定："盗尸枢者，徒二年半，盗衣服者，减一等。" 而同卷（总第 280 条）之疏文说："假有盗尸枢上衣服，直绢二十匹，依凡盗徒二年半，文称'减一等'，只徒二年，轻于一般盗罪之罪，故依凡盗加一等，亦徒三年。" 关于 "计赃重"（包括计赃罪相同但情节重在内）"以凡盗论加一等" 的例子，疏文举例说："假有盗他人马牛而杀，评马牛赃直绢二十匹，若计凡盗，合徒二年半；以盗杀马牛，故加凡盗一等，处徒三年。"

即使不属 "言减罪" 的不计赃为罪，也坚持贯彻这种制度。如《贼盗律》卷第十九（总第 271 条）中的 "盗乘舆服御物"，一般情况下属不计赃为罪者，其刑罚是 "流二千五百里"。但是，如所盗之物多，计盗赃刑罚重于 "二千五百里"，即如其赃是 "四十匹流三千里的"，那就执行 "计赃重者，即准赃同常盗之法加一等" 之处置，也就是在凡盗 "四十匹流三千里" 上加一等，处加役流。其目的是决不让不计赃为罪之罚，反而轻于计赃为罪之法。

（2）一事之犯竟合二罪，如属计赃重者依计赃为罪法。如携带禁物私度关，此既是赍禁物私度关罪，同时也有私有禁物罪。这两种罪名各有其处罚，如其中计赃论罪处罚重，即择计赃为罪而舍其轻罚之法。如《擅兴律》卷第十六（总第 243 条）规定："诸私有禁兵器者，徒一年半。" 疏文说："若有矛、矟者，各徒一年半。"《卫禁律》卷第八（总第 87 条）规定："诸赍禁物私度关者，坐赃论；赃轻者，从私造、私有法。" 其疏文说：

> 假令私将矟度关，平赃直绢三十匹，即从坐赃，科徒二年，不计矟为罪。

带矟一张私度关，依私有罪其刑罚是徒一年半。假如私将此矟度关，矟本身就值三十匹，那就依私将度关物之赃罪论处，而不依 "私有" 法论处。如此矟评赃不值三十匹，那就以

1《贼盗律》卷第十九（总第 280 条）。

私有法处"徒一年半"。总之,属计赃罪重者择其重罚之法。

(3)计赃为罪重于有犯即罪的基础刑者,依计赃为罪论处重罪。在这种情况下,某种涉赃之罪条,前一部分属于有犯即罪或行为标的物达到一定限额的基础刑,后一部分属重于基础刑之犯作"计赃为罪"的办法。其立法时就已确定重于基础刑的涉赃之犯,一定比附"六赃"计赃为罪予以重罚。如:

> 诸博戏赌财物者,各杖一百;赃重者,各依己分,准盗论。[1]

条中"博戏"有犯即罪"杖一百"为基础刑,但如赌资计盗赃刑罚超过"杖一百"的,则一定比附盗赃计赃为罪,目的是体现刑罪轻重相当的原则。

二、赃的征还与没收

这里谈的赃的处置,是指计赃为罪与非计赃为罪的两种情况下对赃(包括犯罪行为的标的物)的归属处置。法律在对赃罪作处置时,一定同时作出对赃包括犯罪行为标的物的归属处置。但是,赃的刑罚处置往往在各自的本条中都会有明确规定,而赃的归属处置是集中地规定在相当于"总则"的《名例律》中,造成适用时查阅上的困难,因而更需要加以辨析。

在唐律中征赃的前提是与处刑同时进行,"六赃"之赃除法律规定可排除征偿的情况之外,一般都应征还,但亦有不须征还者。

(一)应作征偿之赃

1."六赃"中"见在"之"正赃"应征还

所谓"正赃",也就是"六赃"的原赃或本赃。律文说:

> 诸以赃入罪,正赃见在者,还官、主。[2]

其疏文说:"在律,'正赃'唯有六色:强盗、窃盗、枉法、不枉法、受所监临及坐赃";"但以此赃而入罪者,正赃见在未费用者,官物还官,私物还主"。所谓"见在"之"正赃",

---

1《杂律》卷第二十六(总第 402 条)。
2《名例律》卷第四(总第 33 条)。

有时不一定仅止于原物其赃，本赃价值增值或形式转换之赃，及赃本身的孳生物都在正赃返退之列，注文说：

> 转易得他物，及生产蕃息，皆为见在。

疏文说："转易得他物者，谓本赃是驴，回易得马之类。及生产蕃息者，谓婢产子，马生驹之类。"

2. 取人非自愿给出或讨要之赃都还主

这种性质的赃包括了一系列的通过强制或变相强制手段非法所得的赃，这些赃在"六赃"之外各有其本条之罪名，在处罚上参照"六赃"比附调整处置，其赃都必须向犯罪者征收返还给合法主人。当然这些犯罪都排斥了"彼此俱罪之赃"。律条规定说：

> 取与不和，若乞索之赃，并还主。[1]

其疏文说："'取与不和'，谓恐喝、诈欺、强市有剩利、强率敛之类"；"强乞索、和乞索，得罪虽殊，赃合还主。"这些犯罪的共同特点，都是在"六赃"之外，非法地从不自愿的对象手中所取得的钱财，所以都在征收还主之列。

3. 征赃区别于赔偿

这里应特别指出的是，唐律中除了"征赃"之外，还有赔偿问题。征赃由受赃而起，赔偿并非由受赃而起，而是由对他方财物损害之犯罪而起。虽然赔偿的同时也要受因损毁行为带来的刑罚，但其性质终究不是"征赃"。如：

> 诸放官私畜产，损食官私物者，笞三十；赃重者，坐赃论。失者，减二等。各偿所损。若官畜损食官物者，坐而不偿。[2]

句中"赃重"，是依"坐赃"衡量，其额值重于基础刑"笞三十"之情况。

（二）不作征偿之赃

1. 赃已耗费或被判流死刑罚者不再征赃

犯罪者因赃判流、死刑罚，或者因别项犯罪判流以上刑罚，同时赃已被耗费尽的，其

1《名例律》卷第四（总第 32 条）。
2《厩库律》卷第十五（总第 209 条）。

赃不再追征返还。《名例律》卷第四（总第 33 条）说：

> 已费用者，死及配流勿征。

其注文说："别犯流及身死者，亦同。"疏文说："因赃断死及以赃配流，得罪既重，多破家业，赃已费用，矜其流、死，其赃不征"；"注云'别犯流及身死者'，谓虽不因赃配流，别为他罪流配及虽非身被刑戮，而别有死亡者，本犯之赃费用已尽，亦从免例"。所处流以上刑罚，可以不是该赃罪之处罚，而"已费用"是必须的条件。

2. 属计人工、租金构成之赃不征收返还

不在标准的"六赃"之内，而是属于非法借用别人牲畜、奴婢、车船、货场、店铺等犯罪并且以庸工及租金计所构成之赃的，不作征还。如《职制律》卷第十一（总第 143 条）"诸监临之官，私役使所监临，及借奴婢、牛马驼骡驴、车船、碾硙、邸店之类，各计庸、赁，以受所监临财物论。"这就是计人工、租金为罪之赃，这种赃虽"以受所监临财物论"属"六赃"，但与直接收受被监临者财物之性质情节毕竟不同。《名例律》卷第四（总第 33 条）说：

> 计庸、赁为赃者，亦勿征。

从立法者的解释看，这种"计庸、赁为赃"性质的赃，原就不在"六赃"的"正赃"范围的，所以不征。疏文说："庸，谓私役使所监临及借车马之属，计庸一日为绢三尺，以受所监临财物论。赁，谓碾硙、邸店、舟船之类，须计赁价为坐。既计庸、赁为赃，其赃元非正物，故虽非会赦，其赃并亦不征。余条庸、赁皆准此。"

3. 非计赃为罪中的违禁之物也不作赔偿

如前已述，禁兵器、印符等禁物的盗罪，由专条规定其专门的严惩办法，因此并不属"计赃为罪"，即并不衡量被盗物本身的一般物价的贵贱确定刑罚幅度。有时，涉及此类物品的犯罪不实行计赃为罪，除可追还原物外，也不实行赔偿。如《杂律》卷第二十七（总第 437 条）规定"诸弃毁符、节、印及门钥者，各准盗论；亡失及误毁者，各减二等。"这里是"准盗""减二等"，都是"准""不计赃为罪"的本条（总第 274 条），而不属"计赃为罪"。故在官私器物弃毁亡失的律条中说：

> 其非可偿者，坐而不备。[1]

其疏文说："其非可偿者，止坐其罪，不合征偿。"注云："谓符、印、门钥、官文书之类。"疏文说："称'之类'者，宝、节、木契、制敕并是。"法律对这些不计赃为罪的非可偿之物

---

1 《杂律》卷第二十七（总第 445 条）。

不令赔偿，不是让犯罪者占了便宜，而是这种不计赃为罪的专门条文的刑罚，在立法上原就作了从严处置，早已考虑进了因为具有特别的危害并无法赔偿而加重的因素。

（三）盗罪之赃加倍征偿

以现代刑法的理念，"计赃为罪"中"赃"只能是征偿其正赃的额值。但唐律中为了惩治这种常犯之重罪，法律特别规定对强盗与窃盗的赃，实行加倍征偿的制度：

> 盗者，倍备。[1]

其疏文对此解释说："'盗者，倍备'，谓盗者以其贪财既重，故令倍备，谓盗一尺，征二尺之类。"倍备，其义是加倍地征偿。关于"倍赃"的归属，是征偿给财物合法所有的主人："还官、主"。唐睿宗文明年间，在主人用药盗旅客十匹之赃案中，就判令"正赃与倍赃并合征还财主"。[2]

（四）犯赃遇赦遇降之征法

依赦罪制度，所犯罪如在赦免的范围内，则其罪罚被原免而不再追究，但其赃属仍应征收或改正的，必须依限期征还。

1.盗、诈骗、受财枉法遇赦后正赃征还而盗之倍赃不征

强盗、窃盗、诈骗及受财枉法之犯罪遇赦后刑罚免除，但这些犯罪之正赃必须征还。《名例律》卷第四（总第 33 条）规定：

> 会赦及降者，盗、诈、枉法犹征正赃。

疏文说："若赦后事发，捉获见赃，准《斗讼律》征之。"即依《斗讼律》卷第二十四（总第 354 条）关于"虽赦前未发，赦后获捉正赃"的规定征还，只是其中受财而枉法之赃征收没官，盗罪不再实行征倍赃的制度。

· · ·

---

1 《名例律》卷第四（总第 33 条）注文。

2　见刘俊文：《敦煌吐鲁番唐代法制文书考释》誊录北京大学图书馆馆藏缩微胶卷《文明判集残卷》影印资料，中华书局 1989 年版，第 442 页。

2. 诈减免赋役及监临非法借贷之赃征偿

这种犯罪如会赦刑罚照例原免，但其赃亦属须"征收"之列。如经有关官吏核对查问仍不偿并改正的，要据原法论罪。《名例律》卷第四（总第 36 条）规定："诸会赦，应改正、征收，经责簿帐而不改正、征收者，各论如本犯律。"其注文对律中的"征收"解释说：

> 监临主守之官，私自借贷及借贷人财物、畜产之类，须征收。

其中"诈复除"列在"须改正"的注文之内。疏文说："此据赦后经责簿帐，即须改正、征收，仍有隐欺，不改从正者，皆如本犯得罪。"

3. 其他非"见在"之赃及赎罪之铜遇赦则不再征收

除上述已说的盗、诈、枉法之正赃，诈复除及监临非法借贷之赃外，其他犯罪之赃，都可因赦而免征。但必须符合的条件是非"见在"之赃，并是在期限内未送交的。如是"见在"之赃，或者遇赦时已过期限未送交的，则不适用此条。《名例律》卷第四（总第 33 条）规定：

> 余赃非见在及收赎之物，限内未送者，并从赦降原。

其疏文说："'余赃非见在'，赦前已费用尽，若非转易得他物及生产蕃息者，皆非见在之赃。及收赎之物者，谓犯罪征铜，依令节级各依期限。限内未送，并从赦、降原；过限不送不在免限。称限内不送，唯据赎铜，余赃旧无限约，逢赦并皆放免。"犯罪以铜收赎，都有依数量多少规定的长短期限，遇赦时仍在期限内未缴者，可不再征收。

（五）赃及特殊犯罪标的物的没官

如前所说，计赃为罪的"六赃"之赃，应征收"见在"之正赃，偿还合法主人，在这中间，也有些依法律不再征还而由国家予以没收的情况。

1. "彼此俱罪"之赃没官

所谓"彼此俱罪"之赃，是得财者与给出财物者，双方都是依法为犯罪者的情况。以计赃为罪的"六赃"来说，受财而枉法、受财而不枉法的一方是犯罪，同时《职制律》卷第十一（总第 137 条）规定"有事以财行求，得枉法者，坐赃论；不枉法者，减二等"的一方，也同时是犯罪者。《职制律》卷第十一（总第 140 条）规定受所监临财物者是犯罪，而自己给财物的被监临者也是犯罪："与者，减五等"；《杂律》卷第二十六（总第 389 条）规定：非监临主司，因事受财是犯罪，而给财的人"与者，减五等"，也是犯罪。这些情况就属"彼此俱罪"之赃。这种赃财，已不存在合法的主人，所以《名例律》卷第四（总第 32 条）规定：

> 诸彼此俱罪之赃及犯禁之物，则没官。

其疏文说："受财枉法、不枉法及受所监临财物并坐赃，依法，与财者亦各得罪。此名'彼此俱罪之赃'，谓计赃为罪者。"

2. "盗人所盗"之物中的倍赃没官

一人为盗，其盗来之物又被另一人所盗，按"盗者，倍备"的制度，两个盗者，都要加倍征赃。在这过程中合法的主人只有一个，他依法可得初盗者赃的倍赃，而后一盗者被征的倍赃，既不能再偿给合法主人让其得双份，更不能偿给前一盗者，而是由国家没收。《名例律》卷第四（总第 32 条）规定：

> 若盗人所盗之物，倍赃亦没官。

其疏文举例解释说："假有乙盗甲物，丙转盗之，彼此各有倍赃，依法并应还主。甲既取乙倍备，不合更得丙赃；乙即元是盗人，不可以赃资盗，故倍赃亦没官。若有纠告之人应赏者，依令与赏。"

在连环盗的犯罪中，只有属于"盗人所盗"之物的倍赔之赃才没官。律条例中，乙盗甲物的环节中，不存在"彼此俱罪"，只有在丙盗乙所盗甲之物的环节中丙之所盗才是"彼此俱罪"之赃。按律盗罪之赃倍赔，乙之盗之原赃及倍赃都应归与甲，而丙之盗赃的倍赔部分，不再归甲，更不能归乙，而是没官。假如继续又发生了丁再去盗丙所盗之物，丁之赃亦属"彼此俱罪"，其倍赔不归丙，也是没官。其中乙盗甲之物不属于"彼此俱罪"，故甲才能不但受还原赃，还能得乙依原赃赔偿之倍赃。

3. 亲属被杀私和罪中给受之财物没官

依古代刑律与礼制，父祖被人杀而同意私和不告，即是重罪，要受重刑处罚。如在这过程中有受收财物行为的，要依盗赃论处。《贼盗律》卷第十七（总第 260 条）规定："诸祖父母、父母及夫为人所杀，私和者，流二千里；期亲，徒二年半；大功以下，递减一等。受财重者，各准盗论。"从规定看，首先有严厉的基础刑，如所受之财物，计盗赃刑罚重于基础刑的，"准盗论"。答应私和的一方不受财也是犯罪，受财就更是有罪。疏文解释这种"盗赃"的处置说：

> 虽则私和罪重，受财罪轻，其赃本合计限，为数少从重，终合没官。

法律虽然未明确规定这种财物之收受属"彼此俱罪之赃"，但却明确地说："如旁亲为出财私和者，自合'行求'之法，依《杂律》'坐赃论减五等'，其赃亦合没官"。此中之"坐赃论减五等"，实际应是"与者，减五等"。这里很明显就是"彼此俱罪"了。

4. 非计赃为罪中的"犯禁之物"没官

非计赃为罪中的犯禁之物，是指作为犯罪行为的标的物不是寻常财物，如私人不应保有的禁兵器虽然亦属有价之物，但在处置上不计赃为罪，其他禁书、宝印、符书等无可计价者都不计赃为罪，在其归属的处置上都是没收归官。前引律条《名例律》卷第四（总第32 条）已规定"犯禁之物""则没官"。其疏文说："谓甲、弩、矛、矟、旌旗、幡帜及禁书、宝印之类私家不应有者，是名犯禁之物。"

三、赃罪之并罚法

属计赃为罪的"六赃"，其条文都是据一事一条的办法制定。但司法实践中犯罪者所犯之赃，或所犯赃罪适用的处罚制度，并非都是一项犯罪只有一次犯罪行为，或所犯者一次犯罪只有一项罪名。如犯罪者有多次行为或多项罪名，就涉及赃罪并合处罚的特殊制度。其总的计算特点是并所犯之赃额，而不是并其刑罚。现代刑法中限制加重的原则，唐代早已确立。

（一）"频犯"赃者折半论处

这里的"频犯"是指计赃为罪的犯罪行为在短时间内或同一事（案）件上的多次重复，在处刑时，可依总赃之数额折半论处。这种"频犯"，一定要与"更犯"与"二罪从重"的制度彻底区分，才能找到正确的概念，否则便会相互混淆、抵触而不可理解。唐律中"以赃致罪"的"频犯"的计赃折半论处，区分为以下两种不同的情况。

1. 行为性质及处罚办法相同之赃罪"频犯"的折半论处

所谓"频犯"赃，是说在计赃为罪的犯罪中一日之间多次重复犯同样性质之赃，或者一件事情上受多人之赃。凡赃罪之频犯者，在处刑时，可计总赃之数额折半论处。性质相同是指同一罪名之罪频犯，因同罪名，其处罚办法（轻重）也一样，其并罚减轻之法，是计总赃额折半论处。法律规定：

频犯者并累科。[1]

其疏文解释"频犯累科"说："假有受所监临，一日之中，三处受绢一十八匹，或三人共出一十八匹，同时送者，各倍为九匹而断，此名'以赃致罪，频犯者并累科'。"从解释看，所谓频犯，是一日之中三处受绢一十八匹，或三人共出一十八匹同时送者之情况；所谓"累科"，包括了计总及折半两项内容。这种所谓"频犯"，属同样性质的多次重复，当然在刑罚处置上自然地是"罪法等同"者。如"一日之中，三处受绢一十八匹"，或"三人共出一十八匹"，处罚办法当然一样。如折半为九匹，则按《职制律》（总第 140 条）"八匹徒一年，八匹加一等"的要求，余下的一匹够不上加一等，都只能是"徒一年"。

2. 参照"频犯"之赃对来自众人财物之赃作折半论处

如前所述，"频犯"之赃并赃折半计罪，其考虑的原因之一，是赃来之于"众人"，即非出之于一人，如"一日之中，三处受绢一十八匹，或三人共出一十八匹"等情况。因此，有时即使非"频犯"之赃如果其赃来之于"众人"，也会参照"频犯"之精神而作折半计罪之处置。在计功庸为赃的公务犯罪中就是这样。如工程兴造违背请示批准制度的计庸坐赃论罪，律条规定："诸有所兴造，应言上而不言上，应待报而不待报，各计庸，坐赃论减一等。即料请财物及人功多少违实者，笞五十；若事已损费，各并计所违赃庸重者，坐赃论减一等。"其疏文解释此赃折半论罪的原因时说，一是计赃为罪；二是比附一日或一事频受众人赃，此功庸来之于众人；三是都属于官物并非由个人占有的：

> 依《名例律》，以赃致罪，频犯者，各倍论。此既因赃获罪，功、庸出众人之上，并通官物，即合累而倍论。[2]

非法兴建工程及临时征用民工计庸坐赃论罪，也因所征庸来自众人而折半计赃。《擅兴律》卷第十六（总第 241 条）规定："诸非法兴造及杂徭役，十庸以上，坐赃论。"疏文说：

> 既准众人为庸，亦须累而倍折。

又如《杂律》卷第二十七（总第 424 条）："诸不修堤防及修而失时者，主司杖七十；毁害人家、漂失财物者，坐赃论减五等。"疏文说：

> 若失众人之物，亦合倍论。

这里是指"坐赃论减五等"中的"赃"是由"失众人之物"而形成。

---

[1]《名例律》卷第六（总第 45 条）。
[2]《擅兴律》卷第十六（总第 240 条）。

3. 率人收敛财物给人而未入己计总折半论

这种性质犯罪之折半，论其理由主要是考虑"未入己"而减轻处罚。《职制律》卷第十一（总第 145 条）规定："诸率敛所监临财物馈遗人者，虽不入己，以受所监临财物论。"疏文说：

> 以身率人以取财物馈遗人者，虽不入己，并倍以受所监临财物论。

对其作"倍论"的理由，《擅兴律》卷第十六（总第 241 条）疏文在"准众人为庸，亦须累而倍折"之后，有更清楚的解释：

> 因而率敛财物者，亦并计坐赃论，仍亦倍折。以其非法赃敛，不自入己，得罪故轻。

虽然前条以"受所监临"论，后条以"坐赃"论，但折半及折半的理由相同："不自入己"。

（二）频犯轻重不同之赃罪以重并轻计总折半以轻罪论

上面之例是同性质（受所监临）之犯罪一日多犯或一事受多人。但总是处罚办法相同之一种犯罪，故计总后折半无选择地按受所监临财物罪论处。但是，如所犯之多罪属不同性质之赃罪，当然就发生频犯多个处罚轻重不同的赃罪，即"罪法不等"之赃作并合论处的情况。那么轻重不同的赃罪怎样计总，依哪种罪论处，成了问题的关键。唐律中的原则仍是体现并罚之总罪轻于各罪所犯总刑之相加。其处罚办法是，以重罪之赃并入轻罪之赃计总折半以轻罪论，《名例律》卷第六（总第 45 条）说："若罪法不等者，即以重赃并满轻赃，各倍论。"其注文说：

> 倍，谓二尺为一尺。不等，谓以强盗、枉法等赃，并从窃盗、受所监临之类。

疏文举例说：

> "罪法不等者"，为犯强盗、枉法、不枉法、窃盗、受所监临等，并是轻重不等。"即以重赃并满轻赃"，假令县令受财枉法六匹，合徒三年；不枉法十四匹，亦合徒三年；又监临外窃盗二十九匹，亦徒三年；强盗二匹，亦合徒三年；受所监临四十九匹，亦合徒三年。准此以上五处赃罪，各合徒三年，累于"受所监临"，总一百匹，仍倍为五十匹，合流二千里之类。

应予注意的是，条中累加和折半的都是赃的匹数，而不是各罪刑罚幅度的总加。另外，律条中注文对这种"倍论"的适用特别解释说，如属下列犯罪则不作折半的优待："监临主守因事受财而同事共与，若一事频受，及于监守内频盗，累而不倍。"即这种性质严之犯罪，计赃处罚不在累计后折半之列。

（三）属一事分为二罪的累加处罚

与上述"频犯者并累科，若罪法不等者，即以重赃并满轻赃，各倍论"之法不同，这里是指一项犯罪存在二种罪罚办法的并罚，而已不再是频犯一罪的范畴。犯一案有两种罪名，都累加不折半。但其"累加"之法又分为以下两种情况作不同处置。

1. 一事分为两种处罚其轻重等同者则累加以总数论处

这里说的犯一事有两种罪而罪法若等，包括"以盗论"与"准盗论"，"故"犯某罪与"失"犯某罪在内都是。《贼盗律》卷第二十（总第 290 条）规定的就属于这种情况："诸以私财物、奴婢、畜产之类，贸易官物者，计其等准盗论，计所利以盗论。"对这种情况的处置办法《名例律》卷第六（总第 45 条）规定说：

> 其一事分为二罪，罪法若等，则累论。

其疏文举实例解释说："一事分为二罪者，假将私马直绢五匹，博取官马直绢十匹，依律：'贸易官物，计其等准盗论，计所利以盗论。'须分官马十匹出两种罪名：五匹等者，准盗论，合徒一年；五匹利者，以盗论，亦合徒一年。累为十匹，处徒一年半是也。"此疏文中之"罪名"，实指"罪罚办法"之"罪法"，而非今法中"罪名"之概念。以值五匹的私马调换值十匹的官马，等值的五匹，以"准盗"法处罚；得利的五匹，"以盗"即以真犯窃盗罪处罚，这就是所谓"二罪"。虽然是"二罪"，但此处之二罪在刑罚处置的幅度轻重上是相同的：盗罪都是"五匹徒一年，五匹加一等"，故累计为十匹，依法是徒一年半。

2. 一事分为两种处罚其轻重不同者则并重入轻计总依轻罪论处

处置轻重不同，就是"罪法不等"。罪法不等其"限制加重"之处置办法，是轻重不同之赃合并计总以轻罪处置。《名例律》卷第六（总第 45 条）律文又说：

> 罪法不等者，则以重法并满轻法。

其疏文举例解释说："假有官司，非法擅赋敛于一家，得绢五十匹；四十五匹入官，坐赃论，合徒二年半；五匹入私，以枉法论，亦合徒二年半。即以入私五匹，累于入官者为五十匹，坐赃致罪，处徒三年。"这里"入官"与"入私"，是两种罪；"坐赃"与"枉法"，是"罪法不同"；计总以坐赃论，是并重入轻以轻法论。

3. 一事两罪相加后达不到加重程度的只以其中之重罪论

一事分为二罪，而且罪法相同，但累加后如达不到重于其中一项重处的情况的，就只以其中一项重罪处罚，不再作相加。该条法律规定：

> 累并不加重者，止从重。

疏文仍以"贸易官物"罪举例解释说："假有以私物五匹，贸易官物直九匹，五匹准盗，合徒一年；计所利四匹，合杖九十。'罪法等者则累论'，以四匹累于五匹上，总为九匹，不加一年徒坐，止从准盗，处徒一年。"这里，"以盗论"四匹，杖九十，"准盗论"五匹，徒一年。都是"盗"，罪法相同，作累加，但累加于五匹上的四匹只处杖九十，够不上在一年徒刑上加一等的程度，故只以其中的"准盗"论的五匹处徒一年，而舍弃杖九十的处罚。一事分为两罪，罪法不同，须"并合"论，如并合达不到加重程度的，也只处一项重罪。如此律引《杂律》卷第二十七（总第 444 条）为例说：亡失一分，毁伤二分，杖六十；亡失二分，毁伤四分，杖八十。假如亡失一分，并毁伤二分以上，止是三分，未满四分，不合加罪，止从亡失一分之类。这里"亡失"罪重，"毁伤"罪轻，并重入轻达不到加罪比例之限度者，只处一项"亡失"之重罪。

四、共同犯赃中罪责之分担

一般的共同犯罪唐律中处罚的原则是谋者为首，首犯处全罪，从犯减一等。"六赃"以外非计赃为罪的犯罪，基本上可执行这一制度。但涉计赃为罪的共犯，则情况就不如此单纯，而是依照不同的赃罪性质、预谋与实施的关系以及受赃与否的不同情况，而作不同的处置。

（一）以财行求罪共同犯罪涉赃罪责的追究

以财行求的犯罪，实际上可能存在三个方面，即为托人请求而给财的一方；受财为人请求的一方；接受财物作处断的一方。

1. 给财求人请求与受财为人请求各自比附的刑罚轻重不同

唐律中对于这种犯罪，不适用主犯、从犯的概念，当然也不适用随从减一等的办法，而是在立法上以比附调整的方法，固定受财者重和与财者轻的刑罚幅度。《职制律》卷第十一（总第 136 条）规定：

> 诸受人财而为请求者，坐赃论加二等；监临势要，准枉法论。与财者，坐赃论减三等。

这种犯罪，在赃额上各依给予与收受之数计罪，不存在赃额的分摊问题。

2. 给财方之首犯以总赃折半计而从犯依己出之数论处

这里的首从是指组织给与者为首犯，各自分交者为从犯。组织谋划者依总赃额折半计，分别出财者依己出之数论处，《职制律》卷第十一（总第 137 条）规定：

> 即同事共与者，首则并赃论，从者各依己分法。

疏曰："数人同犯一事，敛财共与，元谋敛者，并赃为首，仍倍论；其从而出财者，各依己分为从。"

3. 受财请求之元受者以总赃论而分受者以所受数计赃

这中间其中一人最初收受，收受后又分财给其他官员作请求。其中前者为首犯，后者为从犯。《职制律》卷第十一（总第 136 条）规定其计赃的分摊是：

> 若官人以所受之财，分求余官，元受者并赃论，余各依己分法。

最初接受财物的那个人以全数计赃论处，其他分受的官吏依自己实收的那一份额计赃。疏文解释说："谓有官之人，初受有事家财物，后减所受之物，转求余官，初受者并赃论，余官各以己分法。假有判官，受得枉法赃十匹，更有两官连判，各分二匹与之，判官得十匹之罪，余官各得二匹之坐，二人仍并为二匹之从。"但是，如发生了枉法处断的后果，那就只依在枉法处断中的主从作用，而不再考虑赃之元受与分受的主从关系了。

（二）赃在盗罪共犯处置中的作用

1. 盗罪共犯之处罚以"并赃论"为前提

盗罪包括强盗、窃盗，其共犯计赃为罪处罚的前提是"并赃论"，即共同犯罪的成员都以所盗的总赃额计赃为罪，《贼盗律》卷第二十（总第 297 条）说：

> 诸共盗者，并赃论。

其疏文说："共行盗者，并赃论，假有十人同盗得十匹，人别分得一匹，亦各得十匹之罪。"

2. 分赃在盗罪共犯首从区分中有重要作用

盗罪之共犯除了以并赃论为前提外，其首从的具体区分还受各自犯罪行为"谋""行""分"三个因素的制约，其中赃之受分与否在首从的区分中有重要作用。

第一，造意人可作从犯论。在有同谋的窃盗罪中，造意人在参与行窃或受分赃财上只要占其一项，就总是首犯。如同谋后既不参与行窃也不分赃，就作从犯论处。《贼盗律》卷第二十（总第 297 条）规定："造意及从，行而不受分，即受分而不行，各依本首从法。"其律文说：

> 若造意者不行，又不受分，即以行人专进止者为首，造意者为从，至死者减一等。

第二，从犯也可不以一般从犯减一等而别论轻刑。在有同谋的盗罪共犯中，从犯只有在参与盗及受分财物二者有其一的情况下才是从犯，如果既不参与行盗又不受分财物者，可依"不应得为"罪只受较轻的基础刑，而不作从犯论处。其疏文说：

> 从者亦有行而不受分，或受分而不行，虽行、受有殊，各依本首从为法……从者不行，又不受分，笞四十；若谋强盗，从者不行，又不受分杖八十。

（三）所行盗与预谋性质不符情况下赃罪之定性与罪责之分担

共犯强盗罪中首从犯之区分不但参照"谋""行""分"之情况，而且更重要的决定因素还由所"谋"之盗与所"行"之实罪性质是否一致的关系，这种关系在赃罪的分摊上，其作用最大。

1. 谋强盗而行窃盗整个罪责都以窃盗论

如原谋强盗，在实施行动时进行窃盗，整个案件变为在窃盗的前提下依首从分摊罪责。《贼盗律》卷第二十（总第 298 条）规定：

> 诸共谋强盗，临时不行，而行者窃盗，共谋者受分，造意者为窃盗首，余并为窃盗从；若不受分，造意者为窃盗从，余并笞五十。

其疏文说："假有甲乙丙丁同谋强盗，甲为首，临时不行，而行者窃盗；甲虽不行，共谋受分。甲既造意，为窃盗首；余行者，并为窃盗从。甲若不受分，复不行，为窃盗从；从者不行，又不受分，笞五十。"

2. 谋窃盗而行强盗则只有行者以强盗论

虽然预谋强盗，但只要实行时为窃盗，则只有行强盗者以强盗论处，其余未行强盗者包括原来的造意者在内，都以窃盗区分首从。该条法律说：

> 若共谋窃盗，临时不行，而行者强盗，其不行者造意受分，知情、不知情，并为窃盗

首；造意者不受分及从者受分，俱为窃盗从。

其疏文说："同谋行窃盗，临时有不行之人，而行人自为强盗。其不行者是元谋造意，受强盗赃分，不限知情、不知情，并为窃盗首；其造意者不受分及从者受分，俱为窃盗从。"从犯罪行为与犯罪主观心态一致的要求说，除行强盗者以强盗论外，其余都以窃盗论区分首从，是理所当然。

3. 临时共犯窃盗者以临时起带头作用者为首

这是指原来无预谋之窃盗罪，直到行窃当时才构成共犯的，就以临场届时起指挥作用者为首犯，其他人为从犯。律条规定说：

若本不同谋，相遇共盗，以临时专进止者为首，余为从坐。[1]

其疏文说："即以临盗之时，专进止者为首，余皆为从。"但这种制度不适用于强盗罪。注文说："共强盗者，罪无首从。"疏文说："谓强盗虽本不同谋，但是同行，并无首从。"

五、以"六赃"为纲使全律之经济犯罪得到统一规范

涉及财产之犯罪在整个社会法律生活中的重要性，决定于财产关系在社会生活中的客观地位与作用。唐律从涉及财产的犯罪中抽取"六赃"作为所有"计赃为罪"的主干，让所有涉赃之犯都比附"六赃"的基本制度和原则，作为处置所有计赃为罪的基准，使赃罪在整部律典中实现系统化与一体化，这是唐律立法者使赃罪处置法典化的一个贡献，也是唐律研究中的一个重要的领域。可以说，"六赃"提取的意义不在于"六赃"的本身，却在于"六赃"对全律计赃为罪处置规范化的巨大作用。唐律中各种涉及财物之犯罪，比附"六赃"计赃为罪，有如下一些主要的特点。了解这些特点可以加深了解整个古代刑律的特点。

(一)"六赃"是"计赃为罪"中的主干与范例

"六赃"中计有强盗、窃盗、受财而枉法、受财而不枉法、受所监临财物、坐赃六种不

同性质的赃罪。《杂律》卷第二十六（总第 389 条）疏文解释"赃罪"说：

赃罪正名，其数有六，谓：受财枉法、（受财）不枉法、受所监临、强盗、窃盗并坐赃。

1."六赃"的共同特点是"计赃为罪"

"六赃"在立法上的最大特点是因性质及危险性不同而划定各自不同赃额的档次，及由此而决定的刑罚种类或幅度的轻重即所谓"罪法"。如果根据刑罚轻重的顺序排，"六赃"中的罪名应是这样的次序：

诸强盗，不得财徒二年；一尺徒三年，二匹加一等；十匹及伤人者，绞；杀人者，斩。其持仗者，虽不得财，流三千里；五匹，绞；伤人者，斩。[1]

诸监临主司受财而枉法者，一尺杖一百，一匹加一等，十五匹绞；不枉法者，一尺杖九十，二匹加一等，三十匹加役流。[2]

诸窃盗，不得财笞五十；一尺杖六十，一匹加一等；五匹徒一年，五匹加一等，五十匹加役流。[3]

诸监临之官，受所监临财物者，一尺笞四十，一匹加一等；八匹徒一年，八匹加一等；五十匹流二千里。与者，减五等，罪止杖一百。[4]

诸坐赃致罪者，一尺笞二十，一匹加一等；十匹徒一年，十匹加一等，罪止徒三年。[5]

2."六赃"刑罚的轻重比较

从刑罚轻重的次序来看，"六赃"中最重的是强盗，第二是监主受财枉法，以上二罪皆可至死刑；第三是监主受财不枉法，第四是窃盗，以上二罪皆可至加役流，但已无死刑；第五是受被监临者财物，罪止流二千里；第六是坐赃，罪之高限为徒刑三年。

3."六赃"的犯罪主体

从犯罪主体上看，强盗、窃盗为不固定主体；受财枉法、受财不枉法及受所监临罪的犯罪主体是监临主司；坐赃罪的主体是非监临主司。《杂律》卷第二十六（总第 389 条）"坐赃"之疏文说："然坐赃者，谓非监临主司，因事受财，而罪由此赃，故名'坐赃致罪'。"

1《贼盗律》卷第十九（总第 281 条）。
2《职制律》卷第十一（总第 138 条）。
3《贼盗律》卷第十九（总第 282 条）。
4《职制律》卷第十一（总第 140 条）。
5《杂律》卷第二十六（总第 389 条）。

"六赃"作为"以赃致罪"的主干，在立法上的特点就是各律条都无例外地明确地依赃额匹尺的多少档次，来相应规定刑罚的档次，包括不同的刑种与幅度，《律疏》中的术语称作各有其不同的"罪法"。详见表 15.1。

表 15.1　"六赃"计赃为罪罪法明析表

罪　　名	犯罪主体	计赃为罪之法	最高刑	以……论	准……论
强盗 (总第 281 条)	(非特定)	不得财徒二年；一尺徒三年，二匹加一等；十匹及伤人者，绞	绞	悉依正犯；征倍赃；监主加重二等；官吏作除免	不同真犯，只处主刑；止于流三千里
窃盗 (总第 282 条)	(非特定)	不得财笞五十；一尺杖六十，一匹加一等；五匹徒一年，五匹加一等，五十匹加役流	加役流		
受财而枉法 (总第 138 条)	监临主司	一尺杖一百，一匹加一等，十五匹绞	绞		
受财而不枉法 (总第 138 条)	监临主司	一尺杖九十，二匹加一等，三十匹加役流	加役流		—
受所监临财物 (总第 140 条)	监临主司	一尺笞四十，一匹加一等；八匹徒一年，八匹加一等；五十匹流二千里	流二千里	"以……论"与"准……论"无差异，凡计庸、赁为赃者，不征。从众人处取者，折半论	
坐赃 (总第 389 条)	非监临主司	一尺笞二十，一匹加一等；十匹徒一年，十匹加一等，罪止徒三年	徒三年	皆为"坐赃论"	

说明：此表只显示计赃为罪罪法的内容，不包括各罪其他的加重情节及另有的罪名，如盗罪的杀伤人、持杖等罪罚皆不在内。强盗、窃盗的"不计赃为罪"之犯，不在内。

（二）比附"六赃"是"计赃为罪"的基本模式

如前所述，"六赃"的基本特征是"计赃为罪"，但计赃为罪的"六赃"之处罚法，因为性质及情节等存在差异，不能完全照搬于律中其他的多种计赃为罪的处置，因此在比附适用时，必须运用各种模式，以反映其刑罪相当的同一性。唐律中反映这种比附适用原则的律条疏文说：

在律，正赃唯有六色：强盗、窃盗、枉法、不枉法、受所监临及坐赃。自外诸条，皆约此六赃为罪。[1]

1《名例律》卷第四（总第 33 条）。

律中"计赃为罪"之犯通过"约此六赃为罪"的基本模式统率全律的经济犯罪，其方法有以下几种。

1. 以"以……论"确认与"六赃"中某罪之真犯相同

确认该罪与"六赃"中某罪之真犯同，使用"以……论"之术语，其意是不但处以"六赃"的主刑刑罚如笞、杖、徒、流、死五种二十等中某等之罚，而且还要适用在处以"六赃"罪主刑的同时，必须执行如盗罪加倍征赃，监临犯盗加重二等及作除名、免官等之刑罚制度。《名例律》卷第六（总第 53 条）疏文解释"以枉法论"及"以盗论"说：

> 所犯并与真枉法、真盗同，其除、免、倍赃悉依正犯。

以真犯强盗论者，如：

> 诸故烧人舍屋及积聚之物而盗者，计所烧减价，并赃以强盗论。[1]
>
> （诸于官私田园）若非主司，不因食次而持去者，以盗论。强者，依强盗法。[2]

在"以盗论"之后，特别进一步提出"强者"之处罚法，"依强盗法"就是依《贼盗律》中之"强盗"条处置，这也是比附真犯之一法。

以真犯窃盗论者，如：

> 诸山野之物，已加功力刈伐积聚，而辄取者，各以盗论。[3]

以真犯受财而枉法论者，如：

> 诸主守受囚财物，导令翻异；及与通传言语，有所增减者，以枉法论，十五匹加役流，三十匹绞。[4]
>
> 里正及官司妄脱漏增减以出入课役，赃重入己者，"以枉法论"。[5]

以真犯受被监临者财物（受所监临）论者，如：《职制律》卷第十一（总第 145 条）规定：

> 诸率敛所监临财物馈遗人者，虽不入己，以受所监临财物论。

唐律中在运用"以盗论"之方法时，把与监临主守以官物私自贷而无文记之犯罪性质相类似的"主守"把充公廨及用公廨物"私自贷"又"无文记"之犯罪作同样处置称为"依盗法"，而此"依盗法"的概念实际与处罚监临主守以官物私自贷而无文记之处罚"以盗论"

---

1 《贼盗律》卷第十九（总第 284 条）。
2 《杂律》卷第二十七（总第 441 条）疏文。
3 《贼盗律》卷第二十（总第 291 条）。
4 《断狱律》卷第二十九（总第 472 条）。
5 《名例律》卷第六（总第 53 条）引《户婚律》（总第 153 条）。

完全一样，却别称为"依盗法"。可是《名例律》（总第 53 条）又未列"依……法"概念的界定，使读律者徒生疑惑。[1]

2. 以"准……论"仅确认该罪与"六赃"中某罪主刑之幅度相同

在计赃为罪中很多涉赃之犯罪在性质及情节的严重性上不能比附"六赃"中的真犯，而只比附"六赃"中某罪主刑之刑罚，但是与真犯密不可分的一系列制度都不适用，而且主刑的幅度限制至流三千里为止。这种立法上的比附使用"准……论"之术语来表达。《名例律》卷第六（总第 53 条）规定：

> 称"准枉法论""准盗论"之类，罪止流三千里，但准其罪：并不在除、免、倍赃、监主加罪、加役流之例。

这种只依准"六赃"中某罪的主刑刑罚幅度处置的情况，如《厩库律》卷第十五（总第 212 条）规定：

> 诸监临主守，以官物私自贷，若贷人及贷之者，无文记，以盗论；有文记，准盗论；立判案，减二等。

条中"无文记"犯者属有贪污行盗之故意，"有文记"犯者不以真犯盗者论，只准盗罪之主刑幅度罚。《职制律》卷第十一（总第 139 条）又规定：

> 诸有事先不许财，事过之后而受财者，事若枉，准枉法论；事不枉者，以受所监临财物论。

条中"事过之后而受财"虽轻于事前或当时之犯，但主要的衡量标准在"枉法"与否，事后受财枉法者，虽不认同真犯，也依照其主刑论处；不枉法者，以犯受所监临财物罪论处。

在唐律中，"坐赃"罪一般皆以"坐赃论"表述，而不区分"以坐赃"与"准坐赃"，如《职制律》卷第十一（总第 142 条）规定：

> 诸贷所监临财物者，坐赃论。

《杂律》卷第二十七（总第 441 条）规定：

> 诸于官私田园，辄食瓜果之类，坐赃论。

《擅兴律》卷第十六（总第 241 条）规定。

> 诸非法兴造及杂徭役，十庸以上，坐赃论。

---

1 参见本书第 509 页第（三）项中专门对此问题提出之质疑。

"坐赃"之主体无论有官无官，在主刑之处罚上并无不同。当然有官者可行使减、赎、当的特权，那是另一回事。

3. 在比附"六赃"中某罪时在幅度上作上下调整

当某罪比附"六赃"中某罪计赃为罪时，在性质、情节、幅度、档次等方面并不完全切合时，立法者在比附的基础上对幅度作上下修正，以使该项犯罪更贴切地仍在"六赃"的范畴内作处置。

第一，比附"六赃"中某罪而作加等处置以求平允。如《贼盗律》卷第十九（总第286条）规定：

> 诸本以他故殴击人，因而夺其财物者，计赃以强盗论，至死者加役流；因而窃取者，以窃盗论加一等。

殴击人后又窃其财物，已超出窃盗之特征。故"加一等"以适应对其罪行的加重处罚。又，《职制律》卷第十一（总第142条）规定：

> 诸贷所监临财物者，坐赃论；若百日不还，以受所监临财物论。强者，各加二等。

如以强力进行前两项犯罪，应在比附前两罪的基础上各加重等次。又《贼盗律》卷第十九（总第285条）规定：

> 诸恐喝取人财物者，准盗论加一等。

强盗以暴力，窃盗公取或密取。"恐喝取"轻于强盗，重于窃盗，故准盗"加一等"。

第二，比附"六赃"中某罪而作减等处置以求平允。如《厩库律》卷第十五（总第222条）规定：

> 诸出纳官物，给受有违者，计所欠剩，坐赃论……其主司知有欠剩不言者，坐赃论减二等。

官物收发中发生短缺或剩余，具体出纳者负主要责任，主管者监督失职之罪稍轻，故在前者"坐赃论"的基础上"减二等"。又，《贼盗律》卷第二十（总第296条）规定：

> 诸知略、和诱及强盗、窃盗而受分者，各计所受赃，准窃盗论减一等。知盗赃而故买者，坐赃论减一等；知而为藏者，又减一等。

条中的"受分"者，并未参与前罪之犯，只是事后知而受分，故不以"略"与"强盗"论，而是准窃盗还要"减一等"；知而买者，坐赃论"减一等"；知而藏者比买者"又减一等"。

4. 对重于基础刑之赃比附"六赃"为罪

在《律疏》中，立法者对某些涉赃犯罪行为的惩处，往往先规定有犯即罪的基础刑罚，这种基础刑的幅度是固定的，并不考虑赃额的多少。但之后紧接着规定，如果该犯罪行为产生之赃额，计其数额，处罚应重于基础刑的，则一定计其赃额（包括作加减调整）论处。这种模式的使用，目的是不使重于基础刑的犯罪逃脱重罪之责。如《诈伪律》卷第二十五（总第 380 条）规定：

> 诸诈自复除，若诈死及诈去工、乐、杂户名者，徒二年。……计所诈庸重者，各坐赃论。

又如《杂律》卷第二十六（总第 409）条规定：

> 诸不应入驿而入者，笞四十。辄受供给者，杖一百；计赃重者，准盗论。

基础刑之后出现的"赃重"，是使用以后文说明与衬托前文的修辞方法。前例中"计所诈庸重者，各坐赃论"，其实际表述意是：

> 依坐赃计所诈庸重（于基础刑）者，各坐赃论。

后例中"计赃重者，准盗论"，其表述意是：

> 依盗计赃重（于基础刑）者，准盗论。

前一例句中的"坐赃论"就是句中前部分中未明言的"依坐赃计赃重"；后例中的"准盗论"，就是句中前部分中未明言的"依盗计赃重"的意思。两例子后面的"坐赃论"与"准盗论"，既是衡量其赃是否重于基础刑的标准，同样也是计算后各自比照"六赃"处罚的办法。前例中的"赃重"，即依《杂律》"坐赃"条中"一尺笞二十，一匹加一等；十匹徒一年，十匹加一等；罪止徒三年"处置。后面例子中的"赃重"，是依法律最后规定的"盗"（即窃盗）赃之法来衡量，即依《贼盗律》"窃盗"条中"一尺杖六十，一匹加一等；五匹徒一年，五匹加一等，五十匹加役流"的幅度计算以确定其是否重于基础刑。

5. 制定专门档次以适应少数特殊的涉财犯罪

在唐律中，有些犯罪总体上不能比附"六赃"去"计赃为罪"，而是制定特殊的刑罚幅度以适应。这种刑罚幅度与档次，总的还是体现了计算赃物数量的多少，确定刑罚的轻重。这种与"六赃"不符的幅度档次，如认为其是"广义"上的或扩大解释的"计赃为罪"也未尝不可。

如非法与外国人交易罪的特定档次，《卫禁律》卷第八（总第 88 条）规定：

> 共化外人私相交易，若取与者，一尺徒二年半，三匹加一等，十五匹加役流。

其幅度实际上轻于"强盗"及"受财而枉法",而大大地重于"窃盗"。

放火烧财物者的特定档次,《杂律》卷第二十七(总第 432 条)规定:

> 诸故烧官府廨舍及私家舍宅,若财物者,徒三年;赃满五匹,流二千里;十匹,绞。杀伤人者,以故杀伤论。

子弟"私辄用财"即以擅自使用家中财物罪的专门档次处罚,而子弟勾结外人盗家中财物又比附"私辄用财"罪作调整:

> 诸同居卑幼,私辄用财者,十匹笞十,十匹加一等,罪止杖一百。[1]
> 诸同居卑幼,将人盗己家财物者,以私辄用财物论加二等。[2]

六、"六赃"立法上规范全律涉财犯罪的主要方法

(一) 涉及财物的诈骗罪比附"六赃"处置

诈骗财物罪在唐律中各有其不同的罪名,但在处罚上基本比附赃罪处置:

> 诸诈欺官私以取财物者,准盗论。知情而取者,坐赃论;知而买者,减一等;知而为藏者,减二等。[3]
> 诸诈为官私文书及增减,欺妄以求财赏及避没入、备偿者,准盗论;赃轻者,从诈为官文书法。[4]
> 诸医违方诈疗病,而取财物者,以盗论。[5]

疏文曰:"医师违背本方,诈疗疾病,率情增损,以取财物者,计赃,以盗论。"

1《户婚律》卷第十二(总第 162 条)。
2《贼盗律》卷第二十(总第 288 条)。
3《诈伪律》卷第二十五(总第 373 条)。
4《诈伪律》卷第二十五(总第 374 条)。
5《诈伪律》卷第二十五(总第 382 条)。

（二）给受财物为实施犯罪之酬偿者以赃罪论处

有事以财行求，得逞与否，以坐赃论调整处置：

> 诸有事以财行求，得枉法者，坐赃论；不枉法者，减二等。[1]

又如：受雇行诬告之酬金，依坐赃计重于基础刑者，于坐赃论上加二等处罚：

> 受雇证告人罪者，与自证告同，赃重者坐赃论加二等，雇者从教令法。若告得实，坐赃论；雇者不坐。[2]

接受杀父祖者之财，与之私和不告发者，计盗赃重于基础刑者，准盗赃论处：

> 诸祖父母、父母及夫为人所杀，私和者，流二千里；期亲，徒二年半；大功以下，递减一等。受财重者，各准盗论。[3]

官员收买人称自己有政迹申请于上司，酬金以坐赃计重于基础刑者，坐赃论：

> 诸在官长吏，实无政迹，辄立碑者，徒一年。若遣人妄称己善，申请于上者，杖一百；有赃重者，坐赃论。受遣者，各减一等。[4]

（三）侵占或致人财物损失者比附"六赃"处罚

1. 于财产分割及所有权处置上有过错行为者计赃处置

如兄弟非法多分家中财物者，计多分之额比附赃罪处罚，《户婚律》卷第十二（总第162条）规定：

> 即同居应分，不均平者，计所侵，坐赃论减三等。

唐代基本实行兄弟均分制，故疏文曰："谓兄弟二人，均分百匹之绢，一取六十匹，计所侵十匹，合杖八十之类，是名'坐赃论减三等'。"

强牵债务人财物抵债是可以的，但必须告官并不得过本，否则计额比附赃罪论处，《杂律》卷第二十六（总第399条）规定：

---

1 《职制律》卷第十一（总第137条）。
2 《斗讼律》卷第二十四（总第356条）。
3 《贼盗律》卷第十七（总第260条）。
4 《职制律》卷第十一（总第134条）。

> 诸负债不告官司，而强牵财物，过本契者，坐赃论。

擅自耗用寄存者的财物，计额比附赃罪调整论处，《杂律》卷第二十六（总第 397 条）规定：

> 诸受寄财物，而辄费用者，坐赃论减一等。

依法令，于地内得宿藏物者，应与地主平分，超额占有作坐赃处置，《杂律》卷第二十七（总第 447 条）规定：

> 诸于他人地内得宿藏物，隐而不送者，计合还主之分，坐赃论减三等。

得无主之物或遗失物，要依法送官，超期不送或赃重者作坐赃处置，《杂律》卷第二十七（总第 448 条）规定：

> 诸得阑遗物，满五日不送官者，各以亡失罪论；赃重者，坐赃论。私物，坐赃论减二等。

属于在这方面的违法处置或执行违法者，不但于财产归属上作纠正，而且处刑：

> 诸财物应入官私而不入，不应入官私而入者，坐赃论。[1]

疏文曰："凡是公私论竞，割断财物，应入官乃入私，应入私乃入官，应入甲而入乙，应入私而入公廨，各计所不应入而入，坐赃论。"

2. 致人财产损失之犯罪比附赃罪之办法

此种引起财产损失的损害罪，一般是先规定有犯即罪的基础刑，然后计赃为罪或比附"六赃"作调整，重于基础刑的犯罪计赃为罪。如：

> 诸在市及人众中，故相惊动，令扰乱者，杖八十；以故杀伤人者，减故杀伤一等；因失财物者，坐赃论。[2]
> 诸放官私畜产，损食官私物者，笞三十；赃重者，坐赃论。[3]
> 诸船人行船、茹船、写漏、安标宿止不如法，若船筏应回避而不回避者，笞五十；以故损失官私财物者，坐赃论减五等；杀伤人者，减斗杀伤三等。[4]

在毁损罪的刑罚与赔偿上，犯罪者的主观状态成为起作用的重要因素。如建筑物的损毁，

---

[1]《厩库律》卷第十五（总第 215 条）。
[2]《杂律》卷第二十七（总第 423 条）。
[3]《厩库律》卷第十五（总第 209 条）。
[4]《杂律》卷第二十七（总第 427 条）。

故犯者既受刑罚又赔偿，过失误犯者，只赔偿，不处刑。《杂律》卷第二十七（总第443条）规定：

> 其有用功修造之物，而故损毁者，计庸，坐赃论。各令修立。误损毁者，但令修立，不坐。

失火致人财物损毁者，规定基础刑，损害赃重者，坐赃。《杂律》卷第二十七（总第431条）规定："诸于官府廨院及仓库内失火者，徒二年；在宫内，加二等。损害赃重者，坐赃论；杀伤人者，减斗杀伤一等。"但如属过失犯者，只处刑不赔偿，该律同卷（总第434条）规定：

> 诸水火有所损败，故犯者，征偿；误失者，不偿。

3. 为人提供劳务及制作物品不合格或不可用者计损失坐赃论

这种犯罪绝不只是以返工了事，而是要计赃庸处罚，《擅兴律》卷第十六（总第242条、第244条）规定：

> 诸工作有不如法者，笞四十；不任用及应更作者，并计所不任赃、庸，坐赃论减一等。
> 诸役功力，有所采取而不任用者，计所欠庸，坐赃论减一等。

（四）涉及赋税之犯比附"六赃"处罚

这种犯罪以犯罪之性质分轻重，官吏与百姓都比附"六赃"为罪。属官吏之犯的，如：

> 若非法而擅赋敛，及以法赋敛而擅加益，赃重入官者，计所擅坐赃论；入私者，以枉法论，至死者加役流。[1]
> 诸非法兴造及杂徭役，十庸以上，坐赃论。[2]
> 诸部内有旱涝霜雹虫蝗为害之处，主司应言而不言及妄言者，杖七十。覆检不以实者，与同罪。若致枉有所征免，赃重者，坐赃论。[3]
> 诸监临主守之官，皆不得于所部僦运租税、课物，违者，计所利，坐赃论。[4]
> （监临）若卖买有剩利者，计利，以乞取监临财物论。强市者，笞五十；有剩利者，计

---

1 《户婚律》卷第十三（总第173条）。
2 《擅兴律》卷第十六（总第241条）。
3 《户婚律》卷第十三（总第169条）。
4 《厩库律》卷第十五（总第218条）。

利，*准枉法论*。[1]

后条中"乞取监临财物论"，就是依《职制律》卷第十一（总第 140 条）在"所受监临财物"罪上"加一等"论处。

属百姓之犯的，如：

> 诸应输课税及入官之物，而回避诈匿不输，或巧伪湿恶者，计所阙，准盗论。[2]

（五）破坏市场及商品制作违规重于基础刑者计利准盗赃论罪

对破坏市场及商品制作违法的处罚，在处基础刑之外，计利赃重者依盗罪论刑：

> 诸卖买不和，而较固取者；及更出开闭，共限一价；若参市，而规自入者：杖八十。已得赃重者，计利，准盗论。[3]

> 诸造器用之物及绢布之属，有行滥、短狭而卖者，各杖六十；得利赃重者，计利，准盗论。[4]

（六）以官私奴婢为侵占对象的犯罪计赃为罪

官私奴婢在法律上处于非人的地位，与财物一样作为所有客体，侵占或拐骗别人奴婢之犯罪，按奴婢的身价，依不同的性质，比附"六赃"。《贼盗律》卷第十七（总第 248 条）"谋反大逆"罪中规定，犯罪者的"部曲、资产、田宅并没官"，疏文解释其中不列"奴婢"的原因时说："奴婢同资产，故不别言。"因此法律上还出现"婢赃"的用语。

1. 略取拐骗及私买或乞取奴婢的犯罪比附盗赃

对此类犯罪，《贼盗律》《捕亡律》分别规定：

> 诸略奴婢者，以强盗论；和诱者，以窃盗论。各罪止流三千里……即私从奴婢买子孙及乞取者，准盗论；乞卖者，与同罪。[5]

1《职制律》卷第十一（总第 142 条）。
2《厩库律》卷第十五（总第 217 条）。
3《杂律》卷第二十六（总第 421 条）。
4《杂律》卷第二十六（总第 418 条）。
5《贼盗律》卷第二十（总第 293 条）。

即诱导官私奴婢亡者，准盗论，仍令备偿。[1]

2. 妄认错认奴婢与妄错认财物计赃处罚

《诈伪律》《杂律》对此类犯罪分别规定：

妄认奴婢及财物者，准盗论减一等。[2]
错认奴婢及财物者，计赃一匹笞十，五匹加一等，罪止杖一百。[3]

3. 奴婢私嫁女与良人和盗取资财处置相同

奴婢私嫁女与良人，法律以盗人财物之法处置，《户婚律》卷第十四（总第 192 条）规定：

即奴婢私嫁女与良人为妻妾者，准盗论；知情娶者，与同罪。各还正之。

其疏文曰："奴婢既同资财，即合由主处分，辄将其女私嫁与人，须计婢赃，准盗论罪，五匹徒一年，五匹加一等。"

＊ 此文原发表于社会科学文献出版社 2013 年版钱大群著《唐律与唐代法制考辨》一书，收入本书时有充实与修改。

---

1 《捕亡律》卷第二十八（总第 463 条）。
2 《诈伪律》卷第二十五（总第 375 条）。
3 《杂律》卷第二十六（总第 401 条）。

16. 阻却冤假错案产生的纵深防御

　　准确地惩治犯罪与预防犯罪，是刑法的根本任务。从二者的关系来说，准确地打击犯罪，是减少和预防犯罪的必要前提。初唐统治集团一直把准确地打击犯罪及预防和减少犯罪作为一个重要的政治目标来追求。唐代统治者认为，对以与违法犯罪作斗争为职掌的司法官吏，必须进行法律监督，因为司法官吏有因其职司而造成的局限性，如他们可以因为追求考核评比的指标而不守法。为此，唐太宗于贞观元年（627）曾说："今法司覆理一狱，必求深刻，欲成其考课。今作何法，得使平允？"[1] 贞观十六年（642）又说："夫作甲者欲其坚，恐人之伤；作箭者欲其锐，恐人不伤。何则？各有司存，利在称职故也。"[2] 为了对司法官吏的司法审判活动进行法律监督，唐代统治者从两个方面进行努力：一是表现在认识态度上，君臣上下确立以身作则，一断于法的思想。二是表现在制度建设上，进行旨在监督准确定罪判刑的立法，来规范司法官吏本身依法审判的行为。后者在制度建设方面的努力，在立法上使惩治各个领域中具体犯罪的律条，与惩治司法官吏不依法办案的律条，并存于刑律之中。这是唐律的一个显著特点，可以说，没有哪一部古代刑律，能像唐律这样，把保证自身贯彻的问题，用法律手段尽可能地解决得这样细致和完备。

　　唐律中监督司法官吏依法办案的法律制度，贯穿在告诉、受理、审讯、判决与执行等司法的全过程。其中心是全面推行司法官吏的责任制，最终的目的是准确地定罪判刑，以防止和减少冤假错案的发生，以缓和社会矛盾。所以，唐律中监督司法官吏依法办案的法律制度，形成了司法审判机关准确地惩治犯罪的运作机制。它展示给后代的是一切司法机关共同适用的普遍规律——司法审判机关依法办案必须由法律监督来保证。

---

1 《贞观政要·刑法第三十一》，上海古籍出版社 1978 年版，第 238 ~ 239 页。
2 《贞观政要·刑法第三十一》，上海古籍出版社 1978 年版，第 250 页。

一、法律监督依法告诉与受理

　　唐律在告诉及受理阶段就注意用法律监督司法官吏依法受理诉讼。依法受理诉讼，一方面是惩治官吏受理违法的告诉，另一方面是惩治官吏拒绝合法之告诉。

　　唐代为了杜绝和减少虚妄之诉，法律对自诉案件，要求官府在受理时普遍推行一种特殊的慎告制度——三审。其内容是司法机关对一般案件在接受告发之初，都向告发者交代清楚诬告反坐的责任，令其回家考虑，如此经过三次，告发者仍坚持告发的，这才受理。法律对此规定说：

> 诸告言人罪，非谋叛以上者，皆令三审。应受辞牒官司，并具晓示虚得反坐之状，每审皆别受辞。官人于审后判记，审讫，然后付司。若事有切害者，不在此例。[1]

当然这种制度适用于一般的自诉案件，但对于告谋反以上案及已经造成"切害"的案件则不适用。

（一）法律惩治司法官吏受理违法之告诉

　　对违法之告诉，法律在规定对实施违法告诉之人给予处罚的同时，特别监督官吏不能受理这种告诉。法律对司法官吏依法受理告诉监督得非常严密，目的是杜绝非法的告诉。官员受理非法告诉，都要负刑事责任。

1．惩治以赦前事相告及受理以赦前事相告的词讼

　　唐代为了施行"仁政"，皇帝往往颁布赦令，指定赦免一定范围的犯罪。属于赦令指定在赦免范围的犯罪都可免罪，不再作为举告对象。这一方面是维护皇命的权威，同时也是从追诉时效上排除错案，《斗讼律》（总第354条）规定：

> 诸以赦前事相告言者，以其罪罪之。官司受而为理者，以故入人罪论。至死者，各加役流。

对告发赦前之事的人，要照所告之罪处罚。而对受理这种告发的司法官吏则要按照"故入人罪"的罪名论处。其中按规定赦后仍要作改正的案件，如违法婚姻，良贱身份错乱及赦后必须改正复原而仍在隐匿的，告发及受理者都无罪。

1　[日]仁井田陞：《唐令拾遗·狱官令》第二十三条，长春出版社1989年版，第710页。

2．惩治告人罪"称疑"及官吏受理"称疑"之案状

按法律规定，告人犯罪要指陈事实，即使是被杀、被盗、被水火损败的事也不得"称疑"。《斗讼律》（总第 355 条）规定：

> 诸告人罪，皆须明注年月，指陈实事，不得称疑。违者，笞五十。官司受而为理者，减所告罪一等。即被杀、被盗及水火损败者，亦不得称疑，虽虚，皆不反坐。

3．惩治匿名告诉及受理匿名告诉之词状

唐代反对匿名告发，匿名告发有罪，被告者则无罪。官吏受理或上转匿名告发的都为犯罪。其所以这样做，法律解释其目的是"用塞诬告之原，以杜奸欺之路"。《斗讼律》（总第 351 条）规定：

> 诸投匿名书告人罪者，流二千里。得书者，皆即焚之，若将送官司者，徒一年。官司受而为理者，加二等。被告者，不坐。辄上闻者，徒三年。

所谓"投匿名书"，注文解释是隐去自己姓名或假借别人姓名，逃避自己的责任。法律的要求是见了这种书状就烧掉，送官府要处一年徒刑。官吏接受审理的，比送官府人加重二等，处二年徒刑。如果擅自上转朝廷的，处三年徒刑。唐代的这种制度，对防止匿名的诬告有一定制止作用，但对于以匿名方式告发真正的犯罪这一面来说，无疑也放纵了犯罪。

（二）法律追究官吏拒绝受理合法诉讼之罪责

唐朝在禁止官吏接受非法词状的同时，也监督官吏受理依法提起之告诉及上诉。对于依法进行之诉讼，官府一定要接受而不能推却。

1．惩治应受理而推诿

为防止因不得受理而造成冤案，当事人依法进行的正常投诉，官吏推却是为犯罪。《斗讼律》（总第 359 条）规定：

> 若应合为受，推抑而不受者，笞五十；三条加一等，十条杖九十。

官员推诿合理的投诉，要依投诉事条的多少来处罚司法官吏。

2．防止及惩治阻碍合法之上诉

唐代已经建立起了自下而上逐级上诉的制度。在诉讼中，如对其中任何一级的决断"不伏"，提出申诉后，该级当局发给"不理状"，以让其可再向上一级申诉。这种申诉包括

用"邀车驾""挝登闻鼓"及"立肺石"等种种形式申告皇帝。不但当事人自己可以上诉，而且还可以由亲属代为上诉。这些依法进行之上诉，官吏不能阻拦和拒绝。《斗讼律》（总第 359 条）其疏文规定：

> 请状上诉，不给状，科"违令"，笞五十。

对于"请状上诉"者，官署发给"不理状"就可免除越诉之罪。如官员拒绝发给"不理状"而阻拦上诉的，照"违令"的罪名，笞打五十。压抑向皇帝提出的上诉案，处罚更重：

> 即邀车驾及挝登闻鼓，若上表诉，而主司不即受者，加罪一等。

为了使有徒罪以上的冤抑案，在派使覆核后仍得不到纠正的人能够顺利地上诉申冤，法律还特别规定，那些靠近关津、隘口的州县，要接受这种诉状，直接转达尚书省。《卫禁律》（总第 82 条）规定：

> 即被枉徒罪以上，抑屈不申及使人覆讫，不与理者，听于近关州、县具状申诉，所在官司即准状申尚书省，仍递送至京。若无徒以上罪而妄陈者，即以其罪罪之。官司抑而不送者，减所诉之罪二等。

这种人如属虚妄陈诉的，当然要依所诉之罪处罚。但是，如果官吏抑制不为转达的，照申诉人所申之罪罚，减二等处罚。要求就近关塞之州县接受这种申诉，是为了不使这些人因为无过关塞的凭证（"过所"）而得不到申诉。

（三）法律监督官府接报刑案后依法采取及时而有力的追捕措施

司法机关接报案件后，及时的捕捉对顺利审判会带来有利条件。所以，唐律把司法机关接报刑案后对罪犯采取及时而有力的措施也作为监督的内容。

1．惩治有关官吏接报刑案后不及时处置

按唐制，发案处的有关机关对于在逃的刑事罪犯，一定要及时派人捕捉。法律规定："诸有盗贼及被伤杀者，即告随近官司、村、坊、屯、驿。闻告之处，率随近军人及夫，从发处追捕。"[1] 唐朝规定，如发生了强盗及杀人案，遭害的人家、同伍及邻伍的人都应向基层官吏去报告，这些官吏接到报告要立即向官府报告，官府要立即采取勘验、追捕等措施。为此，《斗讼律》（总第 360 条）规定：

---

[1] 见［日］仁井田陞：《唐令拾遗·捕亡令》第二条，长春出版社 1989 年版，第 658 页。

诸强盗及杀人贼发，被害之家及同伍即告其主司。……主司不即言上，一日杖八十，三日杖一百。官司不即检校、捕逐及有所推避者，一日徒一年。窃盗，各减二等。

须报告的"主司"是"谓坊正、村正、里正以上"的人，"官司"是指随近受告之官府，"不即检校、捕逐及有所推避"，是指他们与邻近的州、县、镇、戌等相推诿，或借口有其他事作推托的种种行为。对这些不即言上及迟留推避的犯罪，以他们迟延的时间来确定刑罚幅度。从幅度看处罚相当重。

2．惩治将吏追捕逃犯不力

受命追捕的"将吏"，指"现任武官为将，文官为吏"。追捕的将吏如不及时地和奋勇地捕捉罪犯都要受罚。《捕亡律》（总第 451 条）规定：

诸罪人逃亡，将吏已受使追捕，而不行及逗留；虽行，与亡者相遇，人仗足敌，不斗而退者：各减罪人罪一等；斗而退者，减二等。即人仗不敌，不斗而退者，减三等；斗而退者，不坐。即非将吏，临时差遣者，各减将吏一等。

受命追捕之将吏必须迅速出发，所谓"不行及逗留"是指"故作回避逗留及诈为疾患不去"等的行为。出发之后，与逃犯相遇，依据双方力量对比及是否相斗的情况，分别作出处罚规定。受派追捕的人，即使不是在编将吏，只是临时被差遣的人有违，也要处罚，只是比将吏减轻一等而已。法律还补充规定，如将吏超过捕捉限期，被处徒、流，或处赎刑之后，还能自己捕得罪犯的，可追减三等所处之刑罚。

3．惩治任意格杀追捕对象

对在逃的罪犯要求追捕归案，目的是进行依法审理，所以，法律禁止追捕官吏任意格杀逃犯。在捕捉过程中，捕快人员随意格杀犯人，也要追究其刑事责任。对此，唐律在立法上区分各种具体情况来进行监督。《捕亡律》（总第 452 条）规定：

诸捕罪人而罪人持仗拒捍，其捕者格杀之及走逐而杀，若迫窘而自杀者，皆勿论；即空手拒捍而杀者，徒二年。已就拘执及不拒捍而杀，或折伤之，各以斗杀伤论；用刃者，从故杀伤法；罪人本犯应死而杀者，加役流。

被追捕的罪犯，只有在持仗拒捕的情况下被杀，追捕人可以无罪。对于徒手抵抗的逃犯也不能杀，否则处二年徒刑；如果逃犯已被拘执，或者没有进行抵抗而杀的，以斗杀伤罪论处绞刑；用武器杀死的，要依《斗讼律》（总第 306 条）故杀伤罪处斩刑。唐代惩治捕快人员随意格杀犯人，在立法上有很大意义。

二、法律监督司法官吏依法审理

审理是判决的前提，审理也是决定办案质量的根本环节。审理过程是不法司法官吏制造冤假错案最可能利用的环节。监督审理也是对司法官吏最重要的监督方面。在审理方面唐代也有一套完整的制度。如为防止司法官吏在断狱过程中，因亲属故旧或因仇嫌关系而影响公正审判，唐朝实行审判官吏的回避制度。法令规定说："诸鞫狱官与被鞫人有五服内亲，及大功以上婚姻之家，并受业师，经为本部都督、刺史、县令，及有仇嫌者，皆须听推换，经为府佐、国官于府主亦同。"[1]在审理的实施上，法律从审问、审议、刑讯、用证及重审上都进行具体的监督。

（一）监督依法审问被告

1. 惩治审判官于状告之外任意逼追他罪

法律要求法官的审问，要以所告状子提起的事件为范围，不能在所告之外，任意追问其他犯罪。为此，《断狱律》（总第 480 条）规定：

> 诸鞫狱者，皆须依所告状鞫之。若于本状之外，别求他罪者，以故入人罪论。

法官追问犯罪时"皆须以所告本状推之"，不得"于本状之外，傍更推问"，以求交代可判笞、杖、徒、流、死的犯罪。法官如有这些行为，要依故意入人罪的罪名论罚。当然，也不是明知人有犯罪而放脱。法律规定，如果是因一罪的告发，在搜捕检查过程中发现有其他犯罪的，"亦得推之"。另外，作为监临主司官，如果发现部下在已告之犯罪外，还有其他犯罪的可立即纠论，因监临主司依法对部下有主动纠举其犯罪的责任，否则自己有罪。但是法律规定，在这种情况下，应作另案纠举，仍"不得因前告状而辄推鞫"。不居于"监临主司"地位的官员，"亦不得状外别举推勘"。

2. 监督依法取得供词

为了保证囚犯供词内容的真实，唐代法律还规定，审判官必须亲自审问囚犯，供词确定之后由囚犯自己亲笔写供词，自己无书写能力的由主典依口供记录，并当犯人面对审判官宣读：

---

1 ［日］仁井田陞：《唐令拾遗·狱官令》，第三十四条，长春出版社 1989 年版，第 720 页。

诸问囚，皆判官亲问，辞定令自书款，若不解书，主典依口写讫，对判官读示。[1]

（二）保证司法官吏之间不同意见的争议

唐朝虽然是专制的国家，但在审判制度上，却在一定程度上保证司法官吏对判决提出不同意见，依法争议。

1. 法律保证官吏提出政见向上反映渠道的通畅

为此，皇帝指派相应的官员专门处置这类事务。法令规定：

诸有事陈意见，非为诉讼身事，欲封进者，并任封上。舍人受得即奏，不须开看。其上表诉者，每日令御史一人共给事中、中书舍人对受。若告言官人害政及有抑屈者，奏闻。[2]

从令文看，这种意见不是指自身的诉讼，而是对政事陈述意见，这种陈述可以"封进"保密上呈。

2. 法律规定了对"疑狱"的上谳制度及争议制度

所谓疑狱是"狱有所疑"，即案件性质不明，处断意见不一的刑事案件。法律规定对这类案件有正常向上请示呈报的制度：

诸州府有疑狱不决者，谳大理寺，若大理仍疑，申尚书省。[3]

为保证疑狱的慎重处理，法律专门规定了参与审判的法官们提出不同意见的争议制度。《断狱律》（总第 502 条）规定：

即疑狱，法官执见不同者，得为异议，议不得过三。

所谓"即疑狱"，是说"狱有所疑法官执见不同，议律论情，各申异见，得为异议，听作异同"。但是，这种不同意见，要求不超过三种，如五人同判"各为异议"，异议不能多至三种以上。

1 ［日］仁井田陞：《唐令拾遗·狱官令》第二十七条，长春出版社 1989 年版，第 715 页。
2 ［日］仁井田陞：《唐令拾遗·公式令》第四十一条，长春出版社 1989 年版，第 533 页。
3 ［日］仁井田陞：《唐令拾遗·狱官令》第三十五条，长春出版社 1989 年版，第 720 页。

3. 维护申覆官员与原审官员之间的依法争议

在唐朝，州断的死刑案，有些按规定要向上"申覆"，由中书门下派专使"分道巡覆"，把结果复送刑部。在这过程中，如使者持论正确，州官也赞同，就照正确的处断意见行事。但是如"使人"与州官执见不同，则实行各自向上申辩的制度。法律规定：

> "若州司枉断，使推无罪，州司款伏，灼然无罪者，任使判放"。"若使人与州执见有别者，各以状申。若理状已尽可断决，而使人妄生节目盘退者，州司录申辩；及赃状露验者即决，不得待使覆，其余罪皆待覆定。"[1]

尽管巡覆使与州官是上下级关系，但对案子覆定时，在法律上是可以争论及服从正确意见的关系。

（三）法律监督司法官吏依法刑讯

古代司法制度允许刑讯，刑讯是取得口供的重要途径，所以刑讯在古代审判制度中占有很重要的地位。法律在允许刑讯的同时，也制定了一系列的制度来监督刑讯的依法实施。

1. 惩治实施刑讯违律

为防止司法官吏随意刑讯，唐代法律规定进行刑讯的条件，判案官员要通过"五听"全面了解被告心理，进行充分审问，验诸证信，仍不实招，才能拷打：

> 诸察狱之官，先备五听，又验诸证信，事状疑似，犹不首实，然后拷掠。[2]

为此，《断狱律》（总第 476 条）规定："事须讯问者，立案同判，然后拷讯，违者，杖六十。"这里，前提是根据实情，分析供词内容，反复验证；同时确有必要，因事不明辨，不能断决，必须审问；最后，条件是记录立案，参加审判的长官同时出席，然后拷讯。只有在充当专使推勘，及在无官同判的情况下，才能独自拷问。

2. 惩治刑讯杖数、次数违律

为防止司法官吏刑讯无度，法律对刑讯的限度作了具体规定。如果因犯因刑讯死亡，要呈报当地长官，由监察部门验证。刑讯每次必须间隔二十天，一个犯人刑讯的总次数不得超过三次，即使转移审判机关，总计也不得超过三次，但可以不到三次。刑讯所打杖数，三次不得过二百杖，同时，本罪只该处笞杖刑的犯人，刑讯杖数不得过本刑之笞杖数。这

---

1 ［日］仁井田陞：《唐令拾遗·狱官令》第四条，长春出版社 1989 年版，第 691 页。
2 ［日］仁井田陞：《唐令拾遗·狱官令》第二十五条，长春出版社 1989 年版，第 712 页。

也是限度。若刑讯超过三次，或总计超过二百杖，都是违法。另外，囚犯有疮病，在疮病痊愈前不得拷讯，也不得在打杖之外以其他方式刑讯。《断狱律》（总第477条）规定：

> 诸拷囚不得过三度，数总不得过二百，杖罪以下不得过所犯之数。拷满不承，取保放之。若拷过三度及杖外以他法拷掠者，杖一百；杖数过者，反坐所剩；以故致死者，徒二年。即有疮病，不待差而拷者，亦杖一百；若决杖笞者，笞五十；以故致死者，徒一年半。

（四）监督司法官吏依法取证及准确取证

在唐代的证据制度中，犯罪事实、犯人招供是定罪判刑的主要证据。同时，证人证言也是重要的证据来源。唐律对法官依法取证的监督，表现在以下各方面的制度中。

1. 确立以事实为根据的原则

法律规定如有确凿的犯罪事实，即使犯人不招认，也可以定罪判刑。《断狱律》（总第476条）规定："若赃状露验，理不可疑，虽不承引，即据状断之。"疏文解释说：

> 谓计赃者见获真赃，杀人者检得实状，赃状明白，理不可疑，问虽不承，听据状科断。

在口供与事实的关系上，如事实确凿，以事实为根据，而不再受口供的拘束。

2. 在推行以拷讯获取口供作主要制度的同时辅以"众证定罪"制度

在唐代的审讯制度中，有几种人依法不能施加刑讯，如"诸应议、请、减，若年七十以上、十五以下及废疾者，并不合拷讯"，即有特权、老幼及残疾者都不能刑讯。对这些不能刑讯的人，主要实行"众证定罪"制度，依三个人以上的证人证言定罪。刑律规定：

> 称"众"者，三人以上，明证其事，始合定罪。[1]

达不到"三人"的要求，就以"疑罪"处理。《断狱律》（总第474条）规定"若全无证人，自须审察虚实，以状断之"。所以对不能刑讯人的定罪，除根据事实外，还配合以证人证言制度。如司法官吏对不合拷讯者不实行"据众证定罪"制度，要"以故失论"即区分故意或过失以"出入人罪"之罪处罚。

3. 对虚证者追究刑事责任同时排除依法不受刑罚者的证人资格

为了保证证人证言的可靠，《诈伪律》（总第387条）规定虚证者的罪责说："诸证不言

---

[1]《断狱律》卷第二十九（总第474条）。

情"，"致罪有出入者，证人减二等"，即证人提供假证其处罚的办法是参照犯罪当事人的刑罚幅度减二等处罚。如犯罪当事者该处三年徒刑，则伪证者要处二年徒刑。

但是，已知唐代老幼及残疾者，一般情况下有免除或减轻刑罚的优待（包括作伪证在内），即这些人即使作伪证也可能不受刑罚，于是法律对这些人的作证资格就进行限制。老幼残疾者不得为证人，这除有智力方面的原因外，就是因这些人作假证后无法处罚。另外，法律还规定对于犯罪者享有"容隐"权的亲属及"同居"人也不得为证。因为"同居，若大功以上亲及外祖父母、外孙，若孙之妇、夫之兄弟及兄弟妻及部曲、奴婢得为主隐"，在法律上有拒绝作证或检举而不受处罚的权利。司法官吏如果令以上两种人为证人，要被追究刑事责任。《断狱律》（总第 474 条）规定：

> 其于律得相容隐，即年八十以上，十岁以下及笃疾，皆不得令其为证，违者，减罪人罪三等。

即参照犯罪当事人的刑罚幅度减三等处罚。凡有拒绝作证权的人及作假证也不能处罚的人，都排除在证人之外，这是保证证言真实（"言情"）的法律制度。

4. 惩治狱吏受财破坏审理及保证证据的依法收集

法律从严监督狱吏受财枉法，破坏审讯的进行。《断狱律》（总第 472 条）规定：

> 诸主守受囚财物，导令翻异，及与通传言语，有所增减者，以枉法论，十五匹加役流，三十匹绞。

"主守"官的这种犯罪是指专当掌囚人及狱典之类，接受囚犯财物后，引导犯人翻供、别供，将得到的官方的及证人的证据，通知罪犯，使罪犯的刑罚有所增减的情况。有这种犯罪要以监临主守"受财枉法"罪论处。不属"主守"的犯此罪，比主守者减一等处罚。

（五）监督依法执行重审制度

重审制度是对依法审判的重要制约制度，犯人对判决不服，推行重审制度，有利于纠正错误的审判。按法律，法官对案件审判完毕，徒刑以上的判决，要招来囚犯及其家属，全面详细地告知所判之罪名，并令囚犯出具认罪服辩，这才可以结案呈报。如果囚犯不服，应听其申诉，依照不服的事实，重新审查核对。《断狱律》（总第 490 条）规定：

> 诸狱结竟，徒以上，各呼囚及其家属，具告罪名，仍取囚服辩。若不服者，听其自理，更为审详。违者，笞五十；死罪，杖一百。

"更为审详"，实际是程序自动进入重审，由原审官员重新审理。违反此规定不予重审的，属徒流罪案的，法官受笞五十之罚；属于死罪案的，处杖打一百。

（六）监督司法官吏审理案件遵守时限

司法审判久拖不决，是历史上司法腐败现象中常见的一种弊病。案件审理如无时限制度，这本身就是容忍司法官员因失职而产生冤假错案。唐律注意了这方面的监督。所谓时限，也就是审判工作进行的时限，即依案件大小及手续繁简而规定的审判时限。司法审判的淹滞与通畅是统治者十分注重的问题。唐代历朝统治者不断根据出现的情况，以制赦形式作出时限规定。唐元和四年（809）九月，唐宪宗认为"刑部大理决断系囚，过为淹迟，是长奸悖"，故特规定："自今已后，大理寺检断，不得过二十日，刑部覆下，不得过十日。如刑部覆有异同，寺司重加不得过十五日，省司量覆不得过七日。"[1] 唐长庆元年（821）五月，御史中丞牛僧孺又因"天下刑狱，苦于淹滞"而"请立程限"。他向皇帝唐穆宗建议，大理寺、刑部一定要依"大事""中事"及"小事"的程限办案，并建议根据案件的被告人数及罪状条数作为划分大、中、小事的标准，违反的要根据情节轻重给予处罚：

"大事，大理寺限三十五日详断毕，申刑部，限三十日闻奏；中事，大理寺三十日，刑部二十五日；小事，大理寺二十五日，刑部二十日。""违者，罪有差。"[2]

三、法律监督司法官吏依法判决

定罪判刑是对违法犯罪所作出的最后的法律上的结论，也是对犯罪者实行处罚的根据，是整个司法审判中最重要的一个环节。唐代法律在监督司法官吏依法定罪判刑上的显著特点是抓住要害，对适用法律及追究错判者罪责进行切实有效的监督。

（一）监督司法官吏正确适用法律

以法律为根据进行审判，是正确定罪判刑的基本保证之一。但是以法律为根据，还有

---

1 《旧唐书·刑法志》，中华书局 1975 年版，第 2153 页。
2 《旧唐书·刑法志》，中华书局 1975 年版，第 2155 页。

一个能否正确地适用法律的问题绝不能忽视。唐代法律在监督官吏依法审理的过程中，专门强调正确适用法律，并为此规定了各种具体要求，这是唐律监督依法审断中最可宝贵的经验之一。

1．惩治判罪不完整引用法律条文

法律严格要求法官把法律作为定罪判刑的依据。法官断罪以法律为准绳，在唐朝已有具体明确的要求。《断狱律》（总第 484 条）规定：

> 诸断罪皆须具引律、令、格、式正文，违者，笞三十。若数事共条，止引所犯罪者，听。

立法者认为，"犯罪之人，皆有条例。断狱之法，须凭正文"。定罪判刑，不但要求引用有关法律（律、令、格、式），而且要求完整地"具引"。因为"若不具引，或致乖谬"。"具引"的要求是完整地抄引有关的条文。如果一律条中包括几件事的规定，允许只引用其中与本犯有关的内容。

2．监督适用有效之法律进行审判

法官引用法律，要求引用有效法律。如果处断一事，律与新"格"有矛盾，以适用其中之轻法为原则。对此法令规定：

> 诸犯罪未发及已发未断决，逢格改者，若格重，听依犯时格，若格轻，听从轻法。[1]

有关法律内容逢格要改，这是旧法依新法的一般原则。但是在这种情况下，还必须同时服从"轻溯重不溯"的时效原则。如前法轻、后格重，则听依轻的前法断，若前法重，新格轻，则听依轻的新格断。

3．监督贯彻通例服从特别规定的原则

在《名例律》和各条的关系上，如《名例律》中有原则性规定，但所适用的本罪条中另有特别规定的，依特别规定办。唐代要求，法官用律时应当明确，《名例律》只管一般的原则规定，但是原则不可能管千变万化的特殊的具体情况，具体情况照各条有关的特殊规定办。对此《名例律》（总第 49 条）规定：

> 诸本条别有制，与《例》不同者，依本条。即当条虽有罪名，所为重者自从重。

疏文举例说，"共犯以造意为首，随从减一等"，这是对于共犯的原则规定。但是《斗讼律》（总第 308 条）又规定"同谋共殴伤人"的共犯，则"各以下手重者为重罪，元谋减一等，

1 ［日］仁井田陞：《唐令拾遗·狱官令》第二十二条，长春出版社 1989 年版，第 709 页。

从者又减一等"。属于这种特殊情况的，依此特殊规定办，其他的依原则性规定办。这样做，具体条文的处罚相比原则性规定可能轻，也可能重。同时，虽然某一个罪名已有原则性的刑罚规定，但如又有新的从重情况，那么就照新的从重情况重处。唐律之所以这样做，是为了保障立法的特别规定对常《例》的修正权。

4．监督遵守对法无明文案件的用例要求

唐代对无正式法律条文可依的案子，要求按规定比照已有的成例判断。无法律条文可依的案件，唐律中称为"断罪无正条"，是指"一部律内，犯无罪名"的情况。对这类犯罪的处断，必须以比照为前提，其办法是给处断规定一个比照的要求。《名例律》（总第 50 条）规定：

> 诸断罪而无正条，其应出罪者，则举重以明轻；其应入罪者，则举轻以明重。

法官处断"无正条"之犯是否正确，就看类比的事例是否合乎要求：作无罪处置的，要举比待处案件情节重的都无罪的法例，来表明自己作无罪处置的正确；作有罪处置的，要举比待处案件情节轻的都处罪的法例，来表明自己作有罪判决的正确。

5．监督涉外刑案法律的适用

外国人在唐朝辖内有相犯的案件，在适用法律时，贯彻既尊重各国习惯法，又维护唐朝主权的原则。《名例律》（总第 48 条）规定：

> 诸化外人，同类自相犯者，各依本俗法，异类相犯者，以法律论。

当时，唐朝称外国人为"化外人"，其中同国籍的人称为"同类"，不同国籍的称为"异类"。涉外案件法律适用的关键，是视相犯者属同类还是异类而有分别。本条疏文中所说的"蕃夷之国，别立君长者，各有风俗，制法不同"者，自然是外国人，其适用的"本俗法"是指相犯双方共属国家的法律与习惯法。如相犯之双方不属于同一国，则在唐朝领土，自依唐朝的"法律"论。此外，司法官吏审断案件，不得擅自引用属于皇帝专属的"量情处分""权断制敕"为法例审断，否则，因擅引而与律有违的后果要自负。[1]

---

1 详见本书第 17 篇《皇帝"权断制敕"的使用及限制》一文第三节第（一）项。

（二）追究司法官吏违法判决的罪责

1．惩治司法官吏"出入人罪"

唐代监督司法官吏依法定罪量刑，在制度上的特点是严密地追究司法官吏"出入人罪"的罪责。所谓"出入人罪"是指审断官吏对人犯定罪量刑不依法，幅度或刑种上有"出入"。这种"出入"，包括罪名和刑罚两个方面。罪名的出入必然引起刑罚的出入，但即使只是刑罚有出入而罪名无出入，也构成"出入人罪"之罪。唐律对司法官吏出入人罪的追究，在性质上区分故意和过失，重处故犯而轻处失误。同时，在后果上区分轻重，即根据所错判的刑罚在刑罚种类、等级上的偏差程度，追究相应的罪责。

2．追究刑罚种类适用错乱的罪责

司法官吏对有不同罪责的犯罪者刑罚适用上有错，依司法官吏不同的主观状态，分别轻重追究法律责任。

第一，追究死刑不同等级适用违法的罪责。唐代的死刑包括绞、斩两个轻重不同的等级。绞是用绳缢，斩是用刀断颈落头。前者尸体完整，为死之轻者，后者身首异处，为死之重者。《断狱律》（总第 499 条）规定，司法官吏断罪，"应绞而斩，应斩而绞"，要受"徒一年"之罚。因为这里涉及"刑名改易"即变易了刑罚不同的种类与等级，故要追究罪责。同时依《狱官令》："五品以上，犯非恶逆以上，听自尽于家。"[1] 如"自尽"与绞斩执行错乱，也处一年徒刑。

第二，惩治缘坐没官不依法。在唐朝，反逆罪家属之缘坐，按《贼盗律》其家属之处置有四种情况：一是（儿子年）"十五以下及母女、妻妾（子妻妾亦同）、祖孙、兄弟、姊妹"，"并没官"；二是"男人年八十及笃疾，妇人年六十及废疾，并免"；三是"出养、入道及娉妻未成者，并不追坐"；四是"伯叔父、兄弟之子皆流三千里"。其中第一种人是没为官奴；第二、三种人是免予缘坐者，应"放"。第四种人是"流"。在判处时，"没""流""放"的对象一定不能错乱。《断狱律》（总第 491 条）规定：

> 诸缘坐应没官而放之，及非应没官而没之者，各以流罪故、失论。

即依故意或过失地出入流罪的罪责追究。

第三，惩治收赎与官当不依法。在唐朝，如无官或无官荫庇护及非老、小、废疾，犯笞杖之罪应该决打，犯徒流之罪就应配服实刑。但是有官或有官荫及废疾，若年七十以上，十五以下，本罪可赎。同时流内官九品以上，犯徒以上罪，可适用"官当"，以官职抵当徒刑。适用赎铜与官当的对象不能错乱。《断狱律》（总第 498 条）规定：

---

1 ［日］仁井田陞：《唐令拾遗・狱官令》第八条，长春出版社 1989 年版，第 696 页。

> 诸断罪应决配之而听收赎，应收赎而决配之，若应官当而不以官当及不应官当而以官当者，各依本罪，减故、失一等。

即审判官错乱收赎与官当适用的对象，要照被处置犯人之本罪，依故意或过失出入人罪减一等处罚。如果所犯是死罪而发生错误的，则司法官不减等。注文说："死罪不减。"

3. 追究财产归属上判决错误的罪责

司法判决除涉及罪与非罪外，还涉及权益与财产归属的确认。司法官吏在刑罚涉及财产或财产纠纷处置的过程中，无论是对国家或个人，在合法所有权的归属上判断有错，也要追究刑事责任。《厩库律》（总第 215 条）之疏文规定：

> 凡是公私论竞，割断财物，应入官乃入私，应入私乃入官，应入甲而入乙，应入私而入公廨，各计所不应入而入，坐赃论。

即依《杂律》（总第 389 条）计算错判的财产价值，"一尺笞二十，一匹加一等；十匹徒一年，十匹加一等，罪止徒三年"。

（三）监督"疑罪"适用赎刑

疑罪是对被告是否有罪作存疑处置的制度，"疑罪"适用于下列几种情况：

一是"虚实之证等"，即如七品以上，不予刑讯，各据三人以上"众证定罪"，而证虚证实之数相等。八品以下及庶人，一人之证虚，一人之证实，二人以上虚实之证数各相等。

二是"是非之理均"，即举证的是非，各有其理由，且理由差异权衡均等。疏文说："有是处，亦有非处，其理各均。"

三是"事涉疑似，傍无证见；或傍有闻证，事非疑似"。如"赃状涉于疑事，傍无证见之人；或傍有闻见之人，其事全非疑似"。

总之，疑罪"行迹是，状验非；或闻证同，情理异。疑状既广，不可备论"。对疑罪之处断，《断狱律》（总第 502 条）规定：

> 诸疑罪，各依所犯，以赎论。

因为疑罪"事有疑似，处断难明"，"依所疑之罪，用赎法收赎"，因为对疑罪的判决限于用赎之法，存有改正之余地。

四、监督以权限进行审理判决与执行

以权限进行审理与判决，是依法审判的重要保证之一。因为，古代的司法监督制度主要就是通过这种制度来制约的，违背这种制度，就是破坏对依法审判的监督制度。

（一）惩治擅自决断或推断

唐代已经建立起了案件审判与执行的管辖制度。从中央到地方，各审判机关判案的权限，以判罪轻重的幅度作为划分的根据。一般是杖笞之刑县可断决，徒刑（包括应决笞杖或赎刑的流刑）报州决断，流刑以上要报尚书省（刑部主管）核准，刑部对于州的死刑判决又须送大理寺覆核后呈报皇帝批准。所以，在地方的上下级之间，在地方和中央之间，在中央的刑部、大理寺及皇帝之间，都构成审批或覆核的种种关系。

在唐代，审断的权限制度，除了刑罚等级的判处权限制度外，还有由作为被告的官吏的品级而确立的审断权限制度。如法律规定：

> 诸职事官五品以上，散官二品以上，犯罪合禁，在京者皆先奏；若犯死罪及在外者先禁后奏。其职事官及散官三品以上有罪，敕令禁推者，所推之司皆复奏，然后禁推。[1]

如违反上述规定的申报制度而断决，就构成"辄自决断"之罪。《断狱律》（总第 485 条）规定：

> 诸断罪应言上而不言上，应待报而不待报，辄自决断者，各减故失三等。

"言上"是向上（包括皇帝在内）作呈请，"待报"是等待上方按覆。超越权限便是"辄自决断"。有此罪，要区分故意或过失的性质处罚法官：如属故意犯，照该刑案中罪人之刑罚幅度减三等；如属过失的，照《职制律》中公事失错罪减三等处罚。

按唐制，地方上的都督、刺史、折冲、果毅、镇将、县令、关监等"长官"在当地犯罪，以及出使官员在出使地犯罪，当地包括副职在内的下属官吏，要把情况向上申报，听批覆处置，而不得擅自即行审断。《职制律》（总第 130 条）规定：

> 诸在外长官及使人于使处有犯者，所部属官等不得即推，皆须申上听裁。若犯当死罪，留身待报。违者，各减所犯罪四等。

即使长官所犯之罪属判死刑之范围，除官印及锁钥交副职保管外，其身份证明之"随身鱼符"仍留在身上待验。违犯此制度的，照长官所犯之罪减四等处罚。如擅自审断犯流刑之

1　[日] 仁井田陞：《唐令拾遗·狱官令》第三十一条，长春出版社 1989 年版，第 718 页。

长官，违法人要受一年半之徒刑。

（二）监督自首的依法受理

按刑律规定，犯罪自首可以免除刑罚，因此受理自首涉及司法审判权的行使及案件机密的处理。唐代在这项制度上，根据既有利于司法审判权的统一实施，又有利于制止犯罪的原则，妥善地为自首的受理规定了制度。法律规定，自首都要到"所在官司"及所属的"曹局"去申牒。一般的领兵曹司，如中央各"卫"及地方的折冲府等的"军府之官"，不能随便受理自首。但是，自首的内容是属于谋反、谋大逆、谋叛及盗罪的，军府之官可以接受，但在一日内必须转送到随近的有权接受之机关去。《断狱律》（总第 353 条）规定：

> 诸犯罪欲自陈首者，皆经所在官司申牒，军府之官不得辄受。其谋叛以上及盗者，听受，即送随近官司。若受经一日不送及越览余事者：各减本罪三等。

因为谋叛等事属于"重害"，盗贼要秘密捕捉，所以允许直接随近到军府去，也允许军府受理，但条件是必须立即转送随近官府。军府之官受理这类自首后，在半日内应追捕反、逆、叛的余党。受理盗罪之自首，一天内交送随近官司，并不得越权进行其他处置。否则照该自首罪案的刑罚，减三等处罚。

（三）惩治越诉及官吏接受越诉的词状

唐代是已经建立起司法系统的朝代，所以法律要求一切词讼，都要从下到上地逐级进行。法律说："凡诸辞诉，皆从下始。从下至上，令有明文。"[1] "诸辞诉皆从下始，先由本司、本贯，或路远蹶碍者，随近官司断决之。"[2] 所以，凡不依"从下至上"的规定的，是为"越诉"，如"应经县而越向州、府、省之类"的情况即是。越诉的词状，官府不能接受。《斗讼律》（总第 359 条）规定：

> 诸越诉及受者，各笞四十。

越诉的人是犯罪，受理越诉的官员也是犯罪，都要笞打四十。

---

1 《斗讼律》卷第二十四（总第 359 条）疏文。
2 ［日］仁井田陞：《唐令拾遗·公式令》第四十条，长春出版社 1989 年版，第 582 页。

（四）严格监督死刑判决必经覆奏而执行

执行已生法律效力的判决，是司法审判的最后程序。古代社会刑罚判决的执行有其特殊性，而唐代在判决的执行上，对死刑判决的执行，监督得尤为周密。

唐朝死刑执行上最大的特点是承用并发展隋朝以来的"覆奏"制度。覆奏制度的实质是在死刑判决执行时，再给皇帝最后的覆决权：执行或是减改。此制度也体现慎刑的用意。

1. 严格依法执行覆奏的次数

其一，一覆奏，即死刑执行文书下达时，只最后请示皇帝一次，如皇帝无改减的命令，即执行。这种覆奏适用的对象是谋反、谋大逆、谋叛、恶逆及部曲或奴婢杀主人的犯罪。即使这种最为严重的犯罪也给一次覆奏的机会。

其二，三覆奏，适用于京都地区以外全国各地方死刑的执行。即刑部在发出执行文书之前，头一日请示皇帝一次，次日请示两次，如不遭否决，即发出行刑文书。

其三，五覆奏，适用于京都地区死刑的执行。京都地区距皇帝近，条件允许，所以实行五次请示的制度，即行刑文书发出的前一日覆奏两次（一说是行刑的前两日各覆奏一次），行刑文书发出的当日覆奏三次。[1]

2. 行刑官府接到经覆奏准予执行的命令要等待三天才能实施行刑

等三天的制度，是考虑案件有平反追改的可能性。三天的期限不能超出，也不能提前。违反这些制度处罚很重。《断狱律》（总第 497 条）规定：

> 诸死罪囚，不待覆奏报下而决者，流二千里。即奏报应决者，听三日乃行刑，若限未满而行刑者，徒一年；即过限，违一日杖一百，二日加一等。

唐代决死囚时，都有专人监决，如发现有明显的冤枉，监决官有权停决奏告皇帝。这是为在刑场上对冤假错案的纠正提供最后的机会。法令规定："诸决大辟罪，官爵五品以上，在京者，大理正监决；在外者，上佐监决，余并判官监决。""在京决死囚，皆令御史、金吾监决。若囚有冤枉灼然者，停决奏闻。"[2]

---

1 [日] 仁井田陞：《唐令拾遗・狱官令》第六条，长春出版社 1989 年版，第 692 ~ 693 页。
2 [日] 仁井田陞：《唐令拾遗・狱官令》第九之乙条，长春出版社 1989 年版，第 698 页。

五、确立和推行司法官吏罪责追究的基本原则

在唐代，以法律全面监督依法办案，防止和减少冤假错案的整个过程中，确立并推行了对司法官吏罪责追究的一系列重要的原则。在整个司法审判的过程中，司法官吏除了一般地贯彻执行官吏职务犯罪罪责追究的共同的原则和制度外，值得强调的有以下几点。

（一）官吏参与审判就对判决负有法律责任

第一，审判机关内部根据各自的职责权限，以造成错失者负主要罪责。如大理寺内部各职司区分为：作为"长官"的大理寺卿，作为"通判官"的少卿及大理正，作为"判官"的大理丞及作为"主典"的府史四等来追究罪责。这四等不同职司的官吏，对冤、假、错案所负的责任，实行"各以所由为首"的制度，即以造成错失者负主要责任。"若主典检请有失，即主典为首"，其他丞为第二从罪，少卿、二正为第三从，大卿为第四从，即使主簿录事也作为第四从罪。"若由丞判断有失，以丞为首"，其他少卿、二正为第二从罪，大卿为第三从，主典为第四从，主簿、录事也是第四从罪。各从罪依次序比首罪递减一等。[1]

第二，原审机关有错后，上级因此批复或重审后不能纠正错判，以及下级不发觉有错而执行的，也分别负有法律责任。《名例律》（总第 40 条）规定：

> 上官案省不觉者，各递减一等；下官不觉者，又递减一等。

所谓"上官"，是如"在京诸司向省、台，及诸州向尚书省，诸县向州之类"。所谓"下官"如像"省司下符向州错失，州司不觉"。上级的首罪，比原错失机关的首罪减轻一等，下级机关的首罪，比原审机关首罪减轻二等。

第三，追究被派遣出使覆核案件有错失者的法律责任。在唐朝，官吏受委派覆核审案，如有错失也要追究法律责任。《断狱律》（总第 487 条）规定：

> 即别使推事，通状失情者，各又减二等；所司已承误断讫者，即从失出入法。

官员被派遣作专使对案件作审查覆核而不得本情或出入人罪的，则在原审机关过失出入人罪处罚的基础上减二等处罚。假如曹司官员接受专使错误的通案，已经审断结束的，则照失出、失入之办法处罚。总之，唐朝的官员只要参与审案或覆核，都要对所审案件的审断负法律责任，不管是处于直接还是间接地位。

1《名例律》卷第五（总第 40 条）。

（二）判决有错就要受罚

1．处罚区分故意与过失

如前所述，唐代量刑判罪轻重有错称为"出入人罪"。故意地"出入人罪"是故意"增减情状"，足以变动案情，包括知道有恩赦而故意论处犯人及指示诱导令招供不实等的情况。这类犯罪要依出入的等级、幅度处罚。但是，过失地"出入人罪"，法律也严肃对待，只是刑罚减轻而已。这是唐代防止冤假错案制度严密的表现。《断狱律》（总第 487 条）规定：

> 即断罪失于入者，各减三等；失于出者，各减五等。

2．处罚依出入的幅度及性质分别追究

为了严密、科学地追究司法官吏错判之罪责，唐代把对案件错判的性质及情节区划成"全罪"及"所剩"的两种情况论处：有罪判无罪，无罪判有罪；笞杖与徒流之间有错，笞杖或流徒与死刑之间有错，其性质都属出入"全罪"。在笞杖刑幅度内有错失，在由徒刑到流刑的幅度内有错失，其性质都属出入"轻重"之"有所剩"。司法官吏有这两种犯罪，其处罚不一样。《断狱律》（总第 487 条）规定：

> 诸官司入人罪者，若入全罪，以全罪论；从轻入重，以所剩论。刑名易者：从笞入杖、从徒入流，亦以所剩论。从笞杖入徒流、从流徒入死罪亦以全罪论。其出罪者，各如之。

即司法官吏的错判属于出入全罪情节的，要以错判的全罪论处，错判属于幅度上出入轻重的，则以轻重相差的幅度论处，如该判三年的判二年，该判二年的判三年，或该判杖一百的判笞五十，该判笞五十的判杖一百，法官都照相差的"徒一年"及"笞五十"的幅度，依法区分故意或过失论处其出罪或入罪。但是，如一个无死罪的犯人被错判死罪，或一个死罪犯人错判其他等级的刑罚，则司法官吏都以"死刑"之"全罪"，依法区分故意或过失论处其出罪或入罪。该处笞杖的，被错判徒、流刑，或该判徒、流刑而错判笞杖的，也照"徒、流"刑的"全罪"论处，而不照二十等中所剩的幅度论处。

（三）与罪囚关联的职务犯罪以罪囚的刑罚作为处罚轻重的参照

在司法官吏的职务犯罪中，有相当一部分是与官吏行为涉及的罪犯或囚徒有关的犯罪。如捕快及监狱管理官吏走失犯人的犯罪，就是行为涉及罪囚的职务犯罪。唐律中对司法官吏的这类犯罪，在处罚时是以罪囚本有的刑罚作为官吏处罚的幅度参照。

1. 以罪囚固有的刑罚作为官吏罪罚的比照

《捕亡律》（总第 466 条）规定，对因犯"故纵者"，"即以其罪罪之"，即因犯原应是什么刑罚，故纵的官吏就处什么刑罚。又如《卫禁律》（总第 85 条）规定关津的主司官如果私放犯有重罪的罪犯度关，"关司知情者，以'故纵'罪论，各得所度人重罪"。即关官故意私度死因的，照死罪论处，私度徒流罪犯的，照徒流罪论处。

2. 有罪责官吏的处罚随罪囚的危险性消失或减少而免除或减轻

官吏的职务犯罪如与因犯有关联，在这种情形下，如因犯的危险性消失或减少，则官吏也可免除或减轻刑罚。如《捕亡律》（总第 455 条）规定捕罪因的官吏"有漏露其事，令得逃亡者，减罪人罪一等"的处罚后又规定，如在本人被处断之前"能自捕得"，或者罪因"已死"，或者罪因向当局"自首"，官吏虽不能免罚，却可以再"减一等"处罚。《捕亡律》（总第 466 条）也规定，"不觉失囚"的官员，如在期限内能自捕得及他人捕得，若"囚已死及自首"的，都可"除其罪"。即使是百日限外"捕得"及"囚已死若自首者"，官吏也可以在前照因犯罪"减二等"的基础上，再"减一等"处罚。

司法审判是国家最重要的职能之一，是直接影响整个社会法律意识的关键问题。数千年来，人民群众始终把官府准确地惩治犯罪，坚决地平反冤假错案作为他们追求的理想之一。为此他们创作的无数个可歌可泣的故事和传说，就是这方面的证明。司法机关制造冤假错案，是百姓对统治当局产生逆反心理的重要因素之一。通过刑事立法手段，来监督司法官吏依法办案，这是初唐统治者政治思想在法律上的重要表现。这对于缓和社会的矛盾，促进政治稳定都有作用。同样，实施这些法律制度，也要以政治稳定社会安宁为条件，一旦国家与社会失去这些条件，这些制度便也不能实行。如唐代武则天对政敌采取非常措施时期，这些制度就不再能被执行。再如现代社会的战争时期，也不可能实行严密而科学的司法审判制度。这是司法制度在特殊情况下受政治支配的结果。

在社会处于一个相对稳定的阶段中，如果审判别人的人，他们在进行司法审判过程中，自己的行为失却足够的法律监督，那么，"依法审判"便不会存在，冤假错案就会不断地被制造出来。这就是唐律中监督司法官吏依法办案的法律意义之所在。唐代统治者在制定千百种罪名来对付臣民的时候，却没有忘记以一系列罪名来监督官吏对刑律的实施，并且表现了极大的决心和智慧，这本身就是一个永远值得不断研究的问题。

* 此文发表于《江苏社会科学》1995 年第 6 期，收入本书时题文都有修改。

17. 皇帝"权断制敕"的使用及限制

在唐代，审判断罪要依法进行，这是一项普遍适用的法律制度。法律是断罪的依据，《断狱律》卷第三（总第 484 条）说，"诸断罪皆须具引律、令、格、式正文"，各级官府也依各自的权限进行审判与执行刑罚。但是，对皇帝来说，他除了依常法及惯例行使诸多正常的司法权外，还有依法对刑案作"临时处分"而行"权断制敕"的特殊权力。唐代皇帝以"权断制敕"作"临时处分"的制度，是最能反映古代司法本质特征的重要制度之一，对这项制度的司法实践作背景考察，可以更深刻地看到其立法的意图和作用。

一、皇帝常规的司法权力

这里所谓的"常规"，从现代的角度看，都是非常规的古代专制制度，但在当时却是依常法或惯例而正常行使的权力。

1. 皇帝对死刑判决有批准及对执行作最后核准的权力

首先，流刑以上及涉及免官的判决，送尚书省刑部覆核后要奏报皇帝。《唐六典》"尚书刑部"中关于京城"徒以上送大理"的注文中说：

若大理及诸州断流已上若除、免、官当者，皆连写案状申省按覆，理尽申奏。[1]

其次，死刑判决要报皇帝批准。唐代的死刑案件，虽各级衙门都可审理判断，但地方及中

央机关审结的死刑案，最后都要专案呈报皇帝批准。《唐六典》在"凡决死刑皆于中书门下详覆"文下之注文说：

> 旧制皆于刑部详覆，然后奏决。开元二十五年，敕以为庶狱既简，且无死刑，自今已后，有犯死刑，除十恶死罪、造伪头首、劫杀、故杀、谋杀外，宜令中书门下与法官等详所犯轻重，具状闻奏。[1]

不但是死刑判决的批准，而且是死刑判决的执行也要通过"覆奏"制度由皇帝审核准许。[2]

2. 皇帝有对在狱囚犯进行"录囚"改判之权

对于司法机关在押或断结未执行的囚犯，皇帝可以对他们进行询问、核查，如发现问题及时予以纠正。皇帝"录囚"的处置，可以是包括改判、平反甚至是完全不依法而作自认为有理的任意处置。《唐会要》"君上慎恤"中记载贞观时李世民一次特殊的录囚说：

> 六年十二月十日，太宗亲录囚徒，放死罪三百九十人归于家，令明年秋来就刑。其后应期毕至，诏悉原之。[3]

3. 皇帝有对"议""请"案的最后裁决权

"八议"及"上请"是高级官吏、贵族涉及死刑免罪或流刑降等的高级特权。法律上对享有这两种特权者涉死案件的处置，只有程序上的明确要求，没有一定要给予宽免的规定。享有"八议"权的犯罪者经"都堂集议"报皇帝后，以及享有"上请"权的犯罪者刑部直报皇帝后，其实处之刑罚，最后全由皇帝裁决。《名例律》卷第二（总第 8 条）说，对"八议"犯罪者处置的程序是：

> 依令，都堂集议。议定奏裁。

《名例律》同卷（总第 9 条）"上请"之注文说：

> 正其刑名，别奏请。

疏文说：

> 别奏者，不缘门下，别录奏请，听敕。

《名例律》卷第三（总第 26 条）说：

1《唐六典·刑部》卷六，中华书局 1992 年版，第 188 页。

2 详见本书第 25 篇《决死囚"覆奏"次数与时日考辨》。

3《唐会要·君上慎恤》卷四，上海古籍出版社 1991 年版，第 840 页。

> 死罪上请，唯听敕裁。

4. 皇帝对犯罪有赦免权

发布赦令赦免犯罪，是古代皇帝根据"天人感应"学说而设立的一项制度。当遇到灾害、喜庆，帝后有病痛，有异常天象出现，皇帝可以发布赦令，实行"仁政"，以向上天谢罪。而在皇帝登基，册封皇后，出现"祥瑞"或者改换年号等喜庆时，皇帝也可以发布赦令，以示向上天感恩。与历代相同，唐朝也实行赦罪制度。《资治通鉴·唐纪·贞观十年》曾有关于长孙皇后病重时太子"请奏赦罪人"，"上哀之，欲为之赦，后固止之"的记载。[1]

实行赦罪的权力属于皇帝，实施的法律形式是皇帝以"赦书""德音""制书"等形式颁布命令。《唐六典》"尚书刑部"下记载京城赦令之执行说：

> 凡国有赦宥之事，先集囚徒于阙下，命卫尉树金鸡，待宣制讫，乃释之。[2]

赦书可以在犯罪种类上作特别指定，效力地域范围可以是全国普及，也可以是限制的特定地区。如唐高祖武德二年（619）曾颁布《曲赦凉甘等九州制》，唐玄宗开元八年（720）曾颁布《宥京城罪人敕》，唐代宗大历九年（774）曾颁布《大赦京畿三辅制》等。[3]

为了保障皇帝的赦免权，法律有维护赦令依法实施的专条。《斗讼律》卷第二十四（总第 354 条）规定，"以赦前事相告言者"，以及"官司受而为理者"，分别"以其罪罪之"，"以故入人罪论"。《断狱律》卷第三十（总第 489 条）规定，"诸闻知有恩赦而故犯"，"皆不得以赦原"。《断狱律》同卷（总第 487 条）之注文规定，官司"若闻知有恩赦而故论决"，以"故入人罪"论处。

二、皇帝"制敕断罪"的法律化

唐代的制敕，从性质与效力上说，分为两种：一种是对犯罪作"临时处分"的"权断制敕"，这没有普遍适用的法律效力，只适用于特定的人和事；另一种是下达制度性的有普遍适用效力的制敕，而不属于"权断"犯罪的"临时处分"。如贞观二年（628）李世民曾在朝廷上作决定说：

---

1 参见《资治通鉴》卷一百九十四。
2《唐六典·刑部》卷六，中华书局 1992 年版，第 192 页。
3（宋）宋敏求编：《唐大诏令集》，学林出版社 1992 年版，第 432 ~ 438 页。

比有奴告其主反者，此弊事。夫谋反不能独为，必与人共之，何患不发，何必使奴告邪？自今有奴告主者，皆勿受，仍斩之。[1]

这不是对某一案件"权断"的"临时处分"，而是对某项犯罪统一处置的一项普遍性制度的重申。而今传《律疏》中《斗讼律》卷第二十四（总第 349 条）规定与此有异："奴婢部曲，虽属于主，其主若犯谋反、逆、叛，即是不臣之人，故许论告。"这说明此制度之贞观法，到《律疏》上已经修改了。

又如贞观二十三年（649）六月四日李治即位称帝的第三天，他下的敕令是关于避名讳的改制。史书记载其事说：

先是，太宗二名，令天下不连言者勿避；至是，始改官名犯先帝讳者。[2]

李世民死后，也成了"先帝"，其名讳不得有犯。同时，从前只是规定"世民"二字相连为犯讳，现在官员的名字中单独地有"世"或"民"，也都得改名避讳。这项命令一不属于"断罪"之制敕，二不属于"权断"之"临时处分"，但是，对犯讳罪名的确认有作用，同时，也是具有普遍适用的行政法律制度。

这里讨论的，主要是指皇帝针对特定的犯罪作"临时处分"而发出的"权断制敕"，适用于对刑案中违法犯罪人的处分。《唐六典》卷九"中书省"中说，"凡王言之制有七"，其中"二曰制书"，其注文说："行大赏罚，授大官爵，厘革旧政，赦宥降虑则用之。"[3]皇帝对刑案的口头处置，亦可被记录为制敕。

（一）刑律严格规范皇帝制敕断罪的专属权

1. 法律赋予皇帝制敕断罪的超常权力

皇帝以制敕断罪作临时处分，是法律给予皇帝对人犯或案件以制敕形式作处置的权力，律条认可皇帝享有这项权力的必要性。《断狱律》卷第三十（总第 486 条）之疏文说：

事有时宜，故人主权断制敕，量情处分。

其意是说，政事要求有适应当时情况的处置办法，所以皇帝通过权衡作出处断的决定，斟酌实际情况进行处理。这种命令是以"制敕"形式作出，是当时针对特定的人物、事情及时间进行的"临时处分"。

1《资治通鉴》卷一百九十三《唐纪·贞观二年》，上海古籍出版社 1987 年版，第 1292 页。
2《资治通鉴》卷一百九十九《唐纪十五·太宗贞观二十三年》，上海古籍出版 1987 年版，第 1336 页。
3《唐六典》卷九，中华书局 1992 年版，第 274 页。

2. 刑律严格规范皇帝权断制敕适用的专属性

唐代的成文常法是律、令、格、式四种，这些常法，全国所有官府的职官都可以直接引用去判断案件和处理公事。因为这些法律是具有普遍适用效力的法律。而皇帝"权断"的制敕，其效力只限于当时特定的人和事，而不具有如常法一样的普遍适用的效力。所以，这些"制敕"在经过立法程序，使其成为有普遍适用效力的法律之前，禁止其他人作为判案成例去任意推广套用。所以《断狱律》卷第三十（总第486条）规定：

> 诸制敕断罪，临时处分，不为永格者，不得引为后比。若辄引，致罪有出入者，以故失论。

所谓"永格"，是说制敕通过立法程序成为正式的"格"条，在这之前其他任何人不得擅自作为成例引用，否则，如断罪不符常法规定的，法官要以故意或过失"出入人罪"的罪名处罚。法律如此规定，一方面是保障皇帝"权断制敕"的专属性，同时，也是为维护国家法律的统一性。关于制敕与永格的关系，尽管刑律上作了不能对权断制敕擅自引为后比的规定，并规定了违犯的处罚，然而，官场的司法实践中，不为永格的制敕往往被擅自引用。《唐会要》卷三十九《定格令》记载唐景龙三年（709）八月唐中宗专门为擅引制敕而下制敕说：

> 其制敕不言自今以后永为常式者，不得攀引为例。

擅自引用制敕，不但与法律抵触，有时就是制敕本身也会发生抵触。《唐会要》记载唐玄宗于开元年间也曾为以权断之例破敕令而下过禁止的命令：

> 开元十四年九月三日敕："如闻用例破敕及令式，深非道理，自今以后，不得更然。"[1]

（二）制敕经过立法程序才可成为具有普遍法律效力的"永格"

唐代具有普遍适用效力的成文法律，是律、令、格、式。制敕要具有普遍适用的法律效力，必须通过立法程序使其从特定的人和事中剥离出来成为"永格"，就具有了一般法律的属性。所以，从两者的关系上说，制敕是立法的重要渊源。

1."制敕"编纂为"格"

唐代有一般法律效力的"格"，其重要的渊源就是皇帝的制敕。《唐六典》卷六"尚书刑部"在"凡格二十有四篇"下之注文说：

---

[1] 以上两段引文见《唐会要·定格令》卷三十九，上海古籍出版社1991年版，第824页。

> 盖编录当时制敕，永为法则，以为故事。[1]

制敕中有普遍适用效力的部分成为"格敕"的过程，是新法补充修改旧法，旧法中不适用部分被淘汰取代的过程。史书上关于唐代对制敕进行编修的一些记载，是这一具体过程最清晰的反映。《唐会要》卷三十九《定格令》记载武则天时的一次修格说：

> 又以武德以来垂拱已前诏敕便于时者，编为新格二卷。内史裴居道、夏官尚书岑长倩、凤阁侍郎韦方质与删定官袁智弘等十余人同修，则天自制《序》。其二卷之外，别编六卷，堪为当司行用，为《垂拱留司格》。

不但要组织班子进行专门的编修，而且要皇帝批准颁布。

2. 制敕编纂为"格后敕"

有时，现行及积累的制敕诏令，不能通过一次修订就完成"格"化的过程，于是就在"格"之后附上一些经过修纂有行用价值的制敕、诏令，称为"格后敕"，而使其具有普遍适用效力。如《唐会要》记载神龙年间编修"格后敕"的情形说：

> 至神龙元年六月二十七日，又删定《垂拱格》及《格后敕》……至神龙二年正月二十五日已前制敕，为《散颁格》七卷。

3. "制敕"编纂为"格后长行敕"

"格后敕"修订颁布后，在行用中又会出现新的矛盾及抵触之处，为了再作调整，在"格后敕"的基础上又编修"格后长行敕"。《唐会要》记开元十九年（731）编敕的情况说：

> 十九年，侍中裴光庭、中书令萧嵩，又以格后制敕行用之后，与格文相连，于事非便，奏令所司，删撰《格后长行敕》六卷，颁于天下。[2]

这些立法史料说明，即使是"临时处分"中部分有适用价值的制敕，它们要成为稳定的如"格"等的被普遍适用的常法，也要在司法实践中历经一个不断修改完善的过程。

---

[1] 《唐六典·尚书刑部》卷六，中华书局 1992 年版，第 185 页。
[2] 以上引文见《唐会要·定格令》卷三十九，上海古籍出版社 1991 年版，第 820 页、第 821 页、第 822 页。

三、"权断制敕"的性质特征

"权断制敕"只是皇帝的一项特别司法权力，法律禁止其他人擅自引以为比在判案中推广。唐律中所以设置这样的法条，一方面是因"非永格"的制敕擅引带来混乱，破坏了法律体系的统一性。同时，"权断制敕"本身的任意性，使其自身在法律规范性上不足以引以为后比。

（一）立法禁止对非"永格"制敕的擅引

从整体来说，虽然制敕是唐代立法特别是"格"制定的一个重要渊源，但是制敕要成为永格，一定要经过一个筛选试行修改完善的过程，这里最需要的是作全局性的统筹平衡，而审判官吏和有关政府部门擅自引敕为例，往往造成立法与司法的混乱。

1. 擅引权断制敕影响了统一立法的实施

把"制敕"编为"格敕"，过程十分复杂，不易很快获得理想的效果。《唐会要》卷三十九《定格令》记唐宪宗元和十年（815），刑部尚书权德舆关于编修格敕奏请的内容说：

自开元二十五年修《格式律令事类》三十卷、《处分长行敕》等，自大历十四年六月、元和二年正月，两度制删之，并施行。伏以诸司所奏，苟便一时，事非经久，或旧章既具，徒更烦文，狱理重轻，系人性命。其元和二年准制删定，至元和五年删定毕，所奏三十卷，岁月最近，伏望且送臣本司。其元和五年己后，续有敕文合长行者，望令诸司录送刑部。臣请与本司侍郎、郎官参详错综，同编入本，续具闻奏，庶人知守法，吏绝舞文。

2. 权断制敕的擅引带来了制敕与永格内容上的矛盾

《唐会要》卷三十九记载唐文宗开成元年（836）三月，刑部侍郎狄兼谟[1]奏请的内容中说：

自开元二十六年删定格令后，至今九十余年，中外百司皆有奏请，各司其局，不能一秉大公。其或恩出一时，便为永式，前后矛盾，是非不同，吏缘为奸，人受其屈。伏见自贞元以来，累曾别敕，选重臣置院删定，前后数四，徒涉历三十岁，未堪行用……伏请但集萧嵩所删定建中以来制敕，分朋比类，删去前后矛盾及理例重错者，条流编次，具卷数

---

1 "狄兼谟"之"谟"《康熙字典》原为"謩"，依异体字改定办法改。

闻奏行用。所删去者，伏请不焚，官同封印，付库收贮。[1]

(二)"权断制敕"基本是皇帝"一时之喜怒"

"权断制敕"主要是为了给皇帝以对刑案的临时处置特权。这种制度的要害就是具有不依法的任意性，用现代的俗话来表达就是允许皇帝有"特事特办"的权力。那些针对特定人事所作的"特批"，就是体现皇帝在判案上享有不依法的自由。我们虽不能说"权断制敕"都是徇私曲法，但是，事实上那些"临时"的"权断"，往往是出于皇帝临场一时喜怒的法外处断。即使在当时，朝廷的有识之士，也早就一针见血地指出了这种制度对正常法制的危害性。如贞观朝臣在对国家常法与皇帝临时敕令的关系上，都明确认识到国家制定的法典，体现国家的意志与利益，是所谓"大信"。而皇帝临时的决断甚至敕令，常常只是皇帝个人一时之忿的产物。如唐太宗贞观元年（627），朝廷发现当时官吏的选拔中，有许多人假冒祖上资荫诈得官职。李世民发火，"敕令自首，不首者死。"其实，按后来永徽时之常法，"若无官荫，诈承他荫而得官者，徒三年。"[2] 即使不自首也不能处死，所以敕令不合常法。不久就发现一人有诈冒，李世民要依敕令处死这个诈冒者。大理少卿戴胄上奏说，根据法律，此人只应处流刑。皇帝发怒说："卿欲守法以使朕失信乎？"戴胄晓之以理说：

　　敕者，出于一时之喜怒；法者，国家所以布大信于天下也。陛下忿选人之多诈，故欲杀之。而既知其不可，复断之以法，此乃忍小忿而存大信也。[3]

戴胄对权断的敕令与常法关系的评论可谓一语中的，对李世民的谏劝中肯有理，最终李世民适时听从了戴胄的意见。

(三) 皇帝往往为自我标榜而作"权断"

皇帝的权断制敕中相当一部分，是借助案件造舆论而标榜自己，以显示自己的"英明不凡"。

1. 皇帝为标榜"仁""义"而作法外处断

唐高祖李渊曾因一"行劫"者自谓因"饥寒交切"而犯罪，从而竟放过罪人：

1 《唐会要·定格令》卷三十九，上海古籍出版社 1991 年版，第 823 ~ 824 页。
2 参见《诈伪律》卷第二十五（总第 371 条）。
3 《资治通鉴》卷一百九十二《唐纪·贞观元年》，上海古籍出版社 1982 年版，第 1286 页。

武德二年二月，武功人严甘罗行劫，为吏所拘。高祖谓曰："汝何为作贼？"甘罗言："饥寒交切，所以为盗。"高祖曰："吾为汝君，使汝穷乏，吾罪也。"因命舍之。[1]

从记载看，李渊对这案子的处理似乎很有人情味，但这种处断，根本不允许皇帝之外的任何人这样去做。而且皇帝再碰到类似的案件，也不会都这样去处理。

2. 涉及"孝行"的案件皇帝往往特作宽宥以示崇尚"孝义"

唐宪宗元和六年（811）九月，有富平人梁悦，为父复仇，杀仇人秦果后投县自首请罪，皇帝下敕说：

复仇杀人，古有彝典。以其申冤请罪，视死如归，自诣公门，发于天性。志在徇节，本无求生之心，宁失不经，特从减死之法。宜决一百，配流循州。[2]

按唐律，并无复父母仇杀人可宽宥之条。皇帝以古之"彝典"为根据，考虑其"志在徇节"，于是"宁失不经"不守常法，宽宥免死。这种处断违背常法，所以当时任兵部职方员外郎的韩愈，提出对此类事"必资论辩，宜令都省集议闻奏"的建议，目的是委婉地建议限制此项"权断制敕"。

史书记载唐文宗大和六年（832）五月，兴平县民上官兴"因醉杀人而亡，官捕其父囚之，兴自归有司请罪"。结果，"上竟以兴免父囚，近于义"，最后对上官兴"决杖八十配流灵州"。[3]

3. 为标榜"诚信"而作权断制敕

前文中提及的李世民于贞观六年（632）录囚时，放390名死囚返家，约期年之日返来受刑的命令，完全是洞察死犯心理后，有意识地要在世人面前为自己"诚信感人"而大书一笔。这种异想天开的"临时处分"，不要说别的司法官吏不能擅引为后比，就是李世民自己也知道只能做这一次，但就这一次已足以达到目的了。唐朝人自不敢评说，宋朝的欧阳修专写《纵囚论》一文，对李世民的这种破法而沽名钓誉的行为狠狠地进行了抨击。

4. 标榜自己过人的"智慧"与"宽大"的胸襟而"权断"

唐太宗贞观元年（627）右骁卫大将军长孙顺德犯有"枉法受财"之重罪，按律："监临主司受财而枉法者，一尺杖一百，一匹加一等，十五匹绞。"[4] 犯此罪在当时行用的套隋律的《武德律》中也是重罪，即使长孙顺德有"八议"特权也仍要惩处，大理少卿胡演就说：

1《唐会要·君上慎恤》卷四，上海古籍出版社1991年版，第839页。

2《旧唐书·刑法志》卷五，中华书局1975年版，第2153页。

3《唐会要》卷三十九，上海古籍出版社1991年版，第833页。

4 参见《职制律》卷第十一（总第138条）。

"顺德枉法受财，罪不可赦。"可李世民却说："顺德果能有益国家，朕与之共有府库耳，何至贪冒如是乎！"同时，"犹惜其有功，不之罪"。不但如此，李世民还给长孙顺德"于殿庭赐绢数十匹"。胡演反对这样做时，李世民解释说：

> 彼有人性，得绢之辱，甚于受刑，如不知愧，一禽兽耳，杀之何益？ [1]

对贪赃枉法者以当众送绢的"羞辱"来代替严惩，这样出于自我表现的任意性，真是登峰造极。

有一次，一位官吏犯了典型的应适用某条律文的罪，李世民全然置律义于不顾，公然搪塞，开脱罪犯。《唐会要》记载此事说：

> 贞观二年十月三日，殿中监卢宽持私药入尚食厨，所司议当重刑，上曰："祇是错误。"遂赦之。[2]

卢宽所犯是典型的后来永徽《职制律》卷第九（总第 107 条）中所规定的犯罪："诸监当官司及主食之人，误将杂药至御膳所者，绞。"疏文说，所谓"杂药"是"谓合和为药，堪服饵者"，即是一般可吃的药。卢的"私药"就在这范围内。"尚食"之职责就是"奉御掌供天子之常膳"，"当进食，必先尝"。殿中监卢宽正是尚食局的直接主管上司，更不应有这种行为。法条清楚规定，"将杂药至御膳所"的犯罪主观状态，只是"误"就构成，如是"故"（故意）而又当加重处斩。所以李世民说卢宽"祇是错误"，实际即使属"误"也正合其犯罪构成的要求，根本不能成为宽宥的理由。这种断罪完全是违反律义的特殊命令。

（四）"权断制敕"极高的违法率不堪引以为比

从历史记载看，皇帝在殿廷听到罪案报告，因一时愤怒判断错重的事例，历史记载很多。

其一，唐贞观朝事例。

唐武德九年（626），李世民即位，对官吏的受贿现象十分痛恨。于是就让左右故意到一些官员那里去行贿，以便抓住"罪证"给予处罚。居然，一位执掌门禁的官员"司门令史"受贿值绢一匹，李世民"欲杀之"。这时，裴矩谏阻皇帝说："乃陷人于法也，恐非所谓'道之以德，齐之以礼'。"其实，即使真犯这种罪，按后永徽时《律疏·职制律》卷第十一（总第 138 条）规定："（受财）不枉法者，一尺杖九十，二匹加一等，三十匹加役流。"此人刑罚只能杖九十。

1《资治通鉴》卷一百九十二《唐纪·贞观元年》，上海古籍出版社 1987 年版，第 1286 页。

2《唐会要·君上慎恤》卷四十，上海古籍出版社 1991 年版，第 839 页。

贞观元年（627）十二月，郿县令裴仁轨私自役使"公差"，"上怒，欲斩之"。其实，按后永徽时《职制律》卷第十一（总第 143 条），裴的行为属于监临之官"私役使所监临"条中的"役使非供己者"之罪，此罪刑罚之最高限是"杖一百"。于是御史李乾祐谏曰：

> 法者，陛下所与天下共也，非陛下所独有也。今仁轨坐轻罪而抵极刑，臣恐人无所措手足。[1]

李世民听后很高兴，"免仁轨死"。

贞观二年（628）十月，皇帝命令瀛州刺史卢祖尚去"镇抚"交趾，卢答应后又反悔，借口"旧疾"不赴。皇帝派人去劝说，并又亲自召见。卢仍"固执不可"，皇帝"命斩于朝堂"，结果又"寻悔之"。

贞观二十年（646）三月，刑部尚书张亮，收养了 500 个干儿子，还问江湖术士程公颖等，说他手臂上长出一片"龙鳞"，发动起义行不行？皇帝命令中书令马周等审判他，张亮不服罪。李世民说，张亮有 500 个干儿子，养了干什么？就是要造反。命令百官都对此案发表意见。官员们认为张亮犯罪应当处死，唯独掌管工程建设的副主管将作少匠李道裕，说张亮"反形未具"即"反"的事实不具备，罪行达不到处死的程度。其实按后来永徽《律疏》，张亮属"口陈欲反之言，心无真实之计，而无状可寻者"之罪情，该"流二千里"。[2] 但是，唐太宗最终还是处死了张亮及程公颖。

其二，唐永徽朝事例。

唐高宗李治也有法外处断之事例。《唐会要》记载：

> 永徽二年七月二十五日，华州刺史萧龄之前任广州都督，受左智远及冯盎妻等金银、奴婢等，诏付群臣议奏。上怒，令于朝廷处尽。[3]

按唐律，萧龄之收受部下及部下家属之财物，其罪名是"受所监临财物"罪，依两年后即永徽四年（653）新制定的《律疏·职制律》卷第十一（总第 140 条）规定："诸监临之官，受所监临财物者，一尺笞四十，一匹加一等；八匹徒一年，八匹加一等；五十匹流二千里。"法律未规定超过五十匹的加罪办法，表明此罪之最高刑限为"流二千里"，而不至于死。后经御史大夫唐临的谏劝，皇帝才依法"诏遂配岭南"。

《资治通鉴》记载永徽二年（651）九月的事例说：

> 左武侯引驾卢文操，逾墙盗左藏物。上以引驾职在纠绳，乃自为盗，命诛之。谏议大

1《资治通鉴》卷一百九十二《唐纪·贞观元年》，上海古籍出版社 1987 年版，第 1288 页。

2《贼盗律》卷第十七（总第 250 条）。

3《唐会要·议刑轻重》卷三十九，上海古籍出版社 1991 年版，第 828 页。

夫萧钧谏曰:"文操情实难原,然法不至死。"上乃免文操死。[1]

职掌 "京城昼夜巡卫" 的引驾卢文操,其所犯为窃盗罪。按唐律窃盗无死罪,《贼盗律》卷第十九(总第 282 条)规定,对窃盗的处罚 "不得财笞五十;一尺杖六十,一匹加一等;五匹徒一年,五匹加一等,五十匹加役流"。最高刑是加役流,所以萧钧谓卢 "法不至死"。皇帝认为 "引驾职在纠绳,乃自为盗",然即使要加重也要依法加重,无法律根据则不能擅自加重。

其三,唐开元朝事例。

开元朝唐玄宗也有权断不依法之例。史书记载开元七年(719)九月的一个事例说:

上尝从复道中见卫士食毕,弃余食于窦中,怒,欲杖杀之。[2]

李隆基见卫士把剩食倒在备弄的墙洞中,一时气愤至极可理解,但此罪法不当死。李宪劝谏皇帝说,不能因爱惜粮食而不惜人命。皇帝这才释放了那个卫士。史书记载开元十年(722)八月的又一个事例说:

武疆令裴景仙,坐赃五千匹,事觉亡命。上怒,命集众斩之。大理卿李朝隐奏:"景仙赃皆乞取,罪不至死。"……制令杖杀。朝隐又奏……上乃许之,杖景仙一百,流岭南恶处。[3]

裴景仙虽 "坐赃" 五千巨数,但其性质的实际罪名是 "乞取",是在辖区向部下及民人乞取财物,《职制律》卷第十一(总第 148 条)规定:"诸因官挟势及豪强之人乞索者,坐赃论减一等。"疏文说:"累倍所乞之财,坐赃论减一等。"即计总额折半后,比 "坐赃" 罪减轻一等。《杂律》卷第二十六(总第 389 条)规定:"诸坐赃致罪者,一尺笞二十,一匹加一等;十匹徒一年,十匹加一等,罪止徒三年。"坐赃罪的最高刑限是 "徒三年"。裴景仙 "因官挟势","乞索" 于众人赃值 "五千匹"。按 "累倍" 之法就是总计折半,计赃二千五百匹,仍是 "徒三年"。依坐赃罪之三年减一等,合判徒二年半。但是从皇帝两次判死的基础上,退到杖一百流岭南虽还是重,但这已是最大可能的改正了。

从史书上对皇帝 "权断" 实施的记载看,"权断制敕" 虽是皇帝专有的 "临时处分" 特权,但是,皇帝行使这项特权时,也不排除接受臣下的谏劝而收回成命,修正改制。大理卿李朝隐对唐玄宗说:

生杀之柄,人主得专,轻重有条,臣下当守……为国惜法,期守律文,非敢以法随人。

这可以看作是唐代臣下正确对待皇帝权断制敕的一项有代表性的指导原则。《唐律疏义·断

1 《资治通鉴》卷一百九十九《唐纪·永徽二年》,上海古籍出版社 1987 年版,第 1337 页。
2 《资治通鉴》卷二百一十二《唐纪·开元七年》,上海古籍出版社 1987 年版,第 1435 页。
3 《资治通鉴》卷二百一十二《唐纪·开元十年》,上海古籍出版社 1987 年版,第 1438 页。

狱律》中关于皇帝的权断制敕不得引为后比之法条，其所以如此规定，一方面是立法统一的要求不允许"辄引"，另一方面是司法实践证实，皇帝"临时处分"的"权断制敕"，在律学上往往不足以引以为比。

* 此文发表于社会科学出版社 2013 年版钱大群著《唐律与唐代法制考辨》一书，收入本书时题文都有修改。

18. 唐代吏治推动的一项重要思想建设

——贞观君臣诤谏事例述评

　　"诤谏"，一般的含义，大多是指一方对另一方的单方面活动。而本文中的"诤谏"，是同时指臣下勇于进谏及为君虚心纳谏两个方面的统一。古代社会的诤谏不同于今天的批评与自我批评。一是因为只有最先进的无产阶级政党，才具有为全人类解放事业可以贡献一切的人生观，才会有真正开展批评与自我批评的精神。二是现在的批评与自我批评已成了党的生活的一项原则，是革命战争和建设事业取得胜利的一个法宝。而唐代朝廷的"诤谏"，主要是皇帝听取臣下谏劝的一个渠道，一种形式，是否采纳改正，决定于皇帝一人。因此，"诤谏"不等于现代的批评与自我批评。正由于以这种差异观去读唐史，所以，在阅读中又由此产生强烈的对比联想。本文是想站在现代的角度，去对唐贞观时期的谏诤活动作些探索和解释。

　　人们常把李世民于武德九年（626）八月即位称帝，到贞观二十三年（649）五月去世的这近 23 年的政绩，赞誉为"贞观之治"。贞观之治是靠贞观精神的支撑，贞观精神就是君臣共同励精图治、不断进取的精神。这种精神的维系，在很大程度上是依赖于朝廷 20 多年持之以恒所养成的诤谏风气。所以凡读唐史的人，无不为贞观君臣间那许多惊心动魄、可歌可泣的诤谏事例所震撼。

　　贞观君臣间浓厚的诤谏之风，带来了统治集团思想行动的一致和大政方针制定的正确，直接推动了以朝廷为核心的吏治的清明和政府运作的高效率。如果说，今天我们的党风和廉政建设离不开自觉的批评与自我批评，那么，贞观盛世的吏治，则在很大程度上依赖于整个朝廷的诤谏之风。唐代贞观盛世经济、政治及军事上的成就，对中国社会的发展曾给予了重大的影响，而存在于贞观君臣间的诤谏风气，也永远垂范后世，成为纯化人们思想品德的精神财富。诤谏精神，成了一切社会道德品格追求的价值目标之一，它已是我们民族传统精神的一个重要的组成部分。

　　诤谏问题，是属于唐代吏治范围内重要的研究课题之一。这个问题的核心，主要并不在于制度层面，而是在于人的精神品格层面。《资治通鉴·唐纪·贞观朝》的重点事例[1]告诉人们，以吏治清明作为重要政绩的贞观盛世，朝廷的诤谏之风已经达到了一个什么水平，其诤谏风气的主要特点和作用是什么。至于在当时的制度下人们那样去做有什么意义，生活在今天社会主义制度下的人们对比历史应作出什么结论，那就是仁者见仁，智者见智了。总之，在我们点数我们中华传统文化的家珍时，不要忘记了还有诤谏精神这一件。

一、支撑诤谏风气形成的认识论基础："君臣共治"

古代社会的"君臣共治"，其要害是皇帝要依靠官僚机构及官吏实行专制统治。虽然实行的是专制统治，但是，唐朝贞观君臣，在认识的方法论上反对"以一人之智决天下之务"，从而臣下进谏君主纳谏，就成了朝廷集思广益的思想基础。

（一）李世民从制度上把谏议活动推向整个朝廷

在唐代，行政法令上正式规定有以谏议为专门职责的官员。他们主要是门下省的"左散骑常侍""谏议大夫""左补阙""左拾遗"，中书省的"右补阙""右拾遗"。《唐六典》记载说：门下省有左散骑常侍二人，"掌侍奉规讽，备顾问应对"；谏议大夫四人，"掌侍从赞相，规谏讽谕"；左补阙二人，左拾遗二人，"常供奉讽谏，扈从乘舆。凡发令举事有不便于时、不合于道，大则廷议，小则上封"。[2]中书省有中书舍人六人，"掌侍奉进奏，参议表章"，"制敕既行，有误则奏而改正之"；右散骑常侍二人，"掌如左散骑常侍之职"；右补阙二人，右拾遗二人，"掌如左补阙、拾遗之职"。[3]

唐代除专职的谏议官以外，还有一批有参议职责的官员。如编在门下省的有该省的副长官黄门侍郎二人，"凡政之弛张，事之与夺，皆参议焉"。另外，弘文馆学士，"凡朝廷有制度沿革，礼仪轻重，得参议焉"。编在中书省的副长官中书侍郎二人，"凡邦国之庶务，朝廷之大政，皆参议焉"；中书舍人六人，"掌侍奉进奏，参议表章"，"制敕既行，有误则奏而改正之"。贞观时期有名的谏臣魏徵、王珪、褚遂良等，都曾长期担任过谏议官员或参议官员。

1（宋）司马光：《资治通鉴》，上海古籍出版社1987年版。因《资治通鉴》内容记载以注明之朝代、年号及年份为序，故本文以下所引《资治通鉴》文句，如文内已指明"武德"或"贞观"年份的，则不再详注出处。
2《唐六典·门下省》卷八，中华书局1992年版，第245～247页。
3《唐六典·中书省》卷九，中华书局1992年版，第275～278页。

　　唐朝实行集体宰相制。尚书省的尚书令（后来事实上只有左右仆射），门下省的侍中，中书省的中书令，及凡被皇帝指令享有"同中书门下三品""参知政事"权力的官员，都是实职宰相。这些人自然有对皇帝进行"规谏讽谕"的职责。同时，御史台的御史大夫，"掌邦国刑宪、典章之政令，以肃正朝列"；侍御史"掌纠举百僚"；殿中侍御史"掌殿廷供奉之仪式"；监察御史"分察百僚"，"肃正朝仪"，"若在京都则分察尚书六司"。这些官员，在参议朝政期间，都可以向皇帝进谏。李世民在号召忠诚进谏和虚心纳谏上，重点放在朝廷的近侍大臣身上。

　　首先，李世民曾把一批饱学之士组成顾问班子，以让他们随时应对顾问，规谏讽谕。武德九年（626）九十月间，李世民即位才一个多月，就在弘文馆内组织"学士"班子，隔日轮班宿于宫中，虚心听取他们对国家政事的意见："精选天下文学之士虞世南、褚亮、姚思廉、欧阳询、蔡允恭、萧德言等，以本官兼学士，令更日宿直。听朝之隙，引入内殿，讲论前言往行，商榷政事，或至夜分乃罢。"同时，为了让朝廷能充分听取谏劝，李世民即位才半年，即贞观元年正月，就确立了一项制度，朝廷宰相及三品以上官员在国事的议事阶段，就让专职的谏官参加，以便发现有失误立即行谏：

　　　制：自今中书门下及三品以上，入阁议事，皆命谏官随之，有失辄谏。

另外，李世民把对皇帝的规谏讽谕、驳正违失的精神，引入了三个宰相衙门相互制约监督的制度中。李世民认为对"诏敕"不可无原则地一味顺从，要求官员把勇于"论执"、敢于"违异"的作风作为参议朝政的一项原则。他说："中书、门下，机要之司，诏敕有不便者，皆应论执。比来惟睹顺从，不闻违异。若但行文书，则谁不可为，何必择才也。"按照唐朝追求的目标，出诏的中书省，审查的门下省及执行的尚书省之间，都有相互制约监督的关系。唐太宗强调的一是执行内部的移送制度要有真正"驳正违失"的实际内容，二是宰相大臣们对国事的弊端，对皇帝举措的失误，要勇于谏诤。

（二）李世民鼓励臣下进谏改变"以一人之智决天下之务"的局面

　　李世民鼓励臣下通过进谏实行"君臣共治"，首先是他站在维护皇权的立场上，看到君臣共治在政治利益上有同一性。贞观元年（627）十二月，他引用隋朝君拒谏、臣阿谀的结果是君弑臣诛的教训，教育公卿进谏纳谏是君臣共同利益之所在：

　　　人欲自见其形，必资明镜，君欲自知其过，必待忠臣。苟其君愎谏自贤，其臣阿谀顺旨，君既失国，臣岂能独全。如虞世基等谄事炀帝以保富贵，炀帝既弑，世基等亦诛，公辈宜用此为戒。事有得失，毋惜尽言。

同时，要养成整个朝廷的诤谏风气，君臣双方特别是皇帝要没有一定的认识论基础，也是不可能的。在虚心听取臣下意见上，李世民从不停留在不耻下问以求得赞扬的浅层目标上，而是从客观事理上悟出国君一定要依靠广大臣下，才可能对国家的情况作较全面真实的了解。贞观元年（627）三月，李世民原以为自己珍藏了几十张"良弓"。结果，制弓人看后指出这些弓因"木心不直，则脉理皆邪，弓虽劲而发矢不直"。对此，李世民感慨地说：

> 朕以弓矢定四方，识之犹未能尽，况天下之务，其能偏知乎？

为了便于臣下尽可能多知天下之务，乃令京官五品以上轮流值宿在负责立法的中书省衙门，多次召见他们，询问民间疾苦及国家政事的得失。武德九年（626）十二月，李世民曾召景州录事参军张玄素"问以政道"，张引用隋朝的反面事例告诉他，不能"以一人之智决天下之务"的道理。张玄素说：

> 隋主好自专庶务，不任群臣。群臣恐惧唯知禀受奉行而已，莫之敢违。以一人之智，决天下之务，借使得失相半，乖谬已多，下谀上蔽，不亡何待？

先后在中书省及大理寺任官的张蕴古，曾写《大宝箴》呈给皇帝，其中也有涉于"故以一人治天下，不以天下奉一人"的箴言。

李世民以自己的体会承认，国家在治理上取得的成就是君臣真诚协作配合的结果。贞观初年，很多人上书皇帝，主张"人主当独运威权，不可委之臣下"。李世民不同意这样的看法，他认为国事要委托臣下去做，国家治理成功是君臣共同的功劳。贞观四年（630）十二月，李世民回忆这段过程时，以魏徵为例表扬魏徵说："朕能任公，公能称所任，则其功岂独在朕乎？"这年年底，房玄龄报告说，现在国家的兵甲数量已远远超过隋朝。皇帝说："甲兵武备，诚不可阙，然炀帝甲兵岂不足邪，卒亡天下。若公等尽力使百姓乂安，此乃朕之甲兵也"。

贞观朝廷诤谏风气的养成，与作为皇帝的李世民对君主个人作用的认识有极为重要的关系。贞观二十一年（647）五月，李世民在询问群臣为什么自己"才不逮古人，而成功过之"时，自认为虚心纳谏是重要原因。他承认，其一，"人之行能不能兼备"，所以"朕常弃其所短，取其所长"。其二，有鉴于"自古帝王多疾胜己者"，而"朕见人之善，若己之有"。这是他在晚年，对君臣关系的深切体会。

既然确立"君臣共治"的思想，君臣间必须确立起诚信相商的关系，所以，朝廷上对政事有分歧的意见，李世民大多鼓励双方，各自把理由讲透讲完，择善而从。贞观元年（627）正月，御史大夫杜淹奏说，各官署文案恐有"稽失"，请求派御史到各衙门去"检校"。皇帝问宰相封德彝怎么办？封回答说：设官分职，各有所司，真有"愆违"，作为御史自应"纠举"。如果让御史到每个衙门去搜寻检查，那太"烦碎"。杜淹沉默不再说话。皇上问他"何故不复论执？"杜淹对曰："天下之务，当尽至公，善则从之。德彝所言，真得大体，臣诚心服，不敢遂非。"上悦曰："公等各能如是，朕复何忧。"

（三）臣下敢于进谏的前提是皇帝能虚心诚恳地纳谏

贞观六年（632）八月，李世民曾因魏徵在坚持正确意见时，言行一致，决不口是心非而觉得魏徵"可爱"："人言魏徵举止疏慢，我视之更觉妩媚。"这时，魏徵对皇帝的赞扬实事求是地说：

> 陛下开臣使言，故臣得尽其愚；若陛下拒而不受，臣何敢数犯颜色乎！

魏徵最后说的两句话，是贞观朝廷诤谏风气形成原因的辩证归纳。在唐代帝制条件下，诤谏能否维系的关键不能在皇帝。在君臣之间进谏纳谏的过程中，国君始终处于主导的决定性的地位。贞观十六年（642）十二月，李世民问侍臣说，"自古或君乱而臣治，或君治而臣乱"，这二者之间哪一方面的作用重要？魏徵从根本上否定了李世民假设的前提，他回答说：

> 君治则善恶赏罚当，臣安得而乱之？苟为不治，纵暴愎谏，虽有良臣，将安所施？

二、支持诤谏风气形成的政治思想基础："忠"与"功"的观念

在李世民的贞观朝廷，把臣下的进谏作为"忠"于皇帝的表现，有时甚至把"尽忠"直接视之为"忠言直谏"。同时，把臣下对国君的忠言直谏，看成是为国家建立的"功劳"。由于君臣能把诤谏同"忠"与"功"的观念联系起来，故而能在一定程度上，为维护国家与民众的利益进谏纳谏。

（一）臣下把对皇帝进谏提高到了为社稷为民众尽"忠"的层面

1．李世民对君、国、民三者相依的理解成为君臣的共识

在君、国、民三者的关系上，武德九年（626）十一月李世民曾表述说：

> 君依于国，国依于民。刻民以奉君，犹割肉以充腹，腹饱而身毙，君富而国亡。……夫欲盛而费广，费广则赋重，赋重则民愁，民愁则国危，国危则君丧矣。

正是这种明确的政治逻辑，不但使皇帝自己，而且使以魏徵为代表的绝大部分朝廷重臣，

都以此作为进谏的重点。

在贞观君臣之间，皇帝对自己的所谓帝业，以及臣下对皇帝的忠，都不局限于为皇帝一己之私。李世民认为，在自己之外，还存在着更多的东西。贞观二十一年（647）三月，李世民在对边境民族问题处理上，取得史无前例的成就时说："朕于戎狄，所以能取古人所不能取，臣古人所不能臣者，皆顺众人之所欲故也。"他还进一步引用夏禹治水的事例说："昔禹帅九州之民凿山樵木，疏百川注之海，其劳甚矣，而民不怨者，因人之心，顺地之势，与民同利故也。"他把自己的统治与"顺众人之所欲"及"与民同利"联系起来。也就是在"国祚"与"社稷"的背后，是"民众"的存在。

2．臣下忠谏的出发点不完全为皇帝一人

贞观六年（632）春，朝廷许多官员多次请求皇帝到泰山去举行历代帝王奉为最神圣的祭天神地神的"封禅"大礼。李世民准备接受封禅的建议，只有魏徵"独以为不可"。魏徵说，从其他方面看，封禅的条件都具备了，"然承隋末大乱之后，户口未复，仓廪尚虚，而车驾东巡，千乘万骑，其供顿劳费，未易任也。"同时，封禅时各王国及蛮夷首领要随从，开支浩大，赏赐不堪负担不说，这些人深入我内地广大地区，让他们看到我们的虚弱，这种"崇虚名而受实害"的事，对陛下有什么好处？李世民这才决定推迟封禅。

大臣们发现政事有失，提出诚恳的批评与建议，最终有利的是国家和百姓，当然也有利于李姓皇族的统治。贞观十一年（637）八月，侍御史马周上疏反映两大问题：一是贞观初的节俭之风衰退。百姓的徭役繁重，原因是朝廷"营缮不休"，"京师及四方所造乘舆器用，及诸王妃主服饰，议者皆不以为俭"。认为"陛下必欲为久长之谋"，"但如贞观之初，则天下幸甚"。二是官员选用不当。在官员任用上"今朝廷唯重内官，而轻州县之选。刺史多用武人，或京官不称职始补外任，边远之处用人更轻。所以百姓未安，殆由于此。"疏本奏上之后，李世民"称善久之"。

臣下把自己的谏诤看成是为国家和民众。武德九年（626）六月，陈叔达曾力谏李渊说："秦王有大功于天下，不可黜。"贞观六年（632）十一月，李世民任命当时无实职的陈叔达为礼部尚书，直说是作为对他从前进谏的报答。陈叔达回答李世民说：

> 臣见隋室父子相残，以取乱亡。当日之言，非为陛下，乃社稷之计耳。

以当时的具体情况，陈叔达并不能判定李世民将来能当皇帝。所以向李渊进谏为"社稷"避免"乱亡"，确是实话。

（二）把是否敢于忠言直谏作为衡量臣下能否"尽忠"的标志

一方面是皇帝把是否敢于忠言直谏作为衡量臣下能否尽忠的尺度，同时，臣下也把对

皇帝进行诤谏作为履行职责的优秀品质。

1．把忠言直谏作为衡量官吏道德品质的标准

李世民对忠直谏劝皇帝甚至对忠直谏劝过自己上级的人，都予以赏识重用。齐王李佑谋反，贞观十七年（643）三月被彻底平息，李佑被勒令自杀。李世民在检查李佑家中文书的时候，发现李佑的秘书"记室"郏县人孙处约，给李佑写过谏劝的文书。李世民十分赞赏，擢升孙处约当宰相衙门之一中书省的中书舍人。李世民时时处处重视人的诤谏品质，哪怕是属于对朋友敢于直言批评，也非常赞赏推崇。贞观元年（627）十二月，人传曾在隋朝任过秘书监的刘子翼，"有学行，性刚直，朋友有过常面责之"。朝臣李百药也常称赞刘子翼"虽复骂人，人终不恨"。李世民知道后于"是岁，有诏征之"。李世民也崇拜景仰历史上万世流芳的死谏之臣。贞观十九年（645）二月，在东征出发时，李世民"诏谥殷太师比干曰'忠烈'"。李世民最痛恨臣下明知君王有错，幸灾乐祸，故意不谏。贞观十一年（637），他介绍史例说，晋武帝征服东吴后"意志骄怠"，身为宰相之何曾，不但"不能直谏"，还私下地对自己的子孙说他已预见到司马炎必垮，以此"自矜明智"。李世民评论何曾说："此不忠之大者也"。

2．把诤谏视为尽忠也使用于对隋朝官员的评论

贞观元年（627）九月，原在隋炀帝朝廷任官，时任御史大夫的杜淹，向李世民推荐刑部员外郎邸怀道。李问邸有什么好的品行与能力，杜淹说，当年炀帝要去江都，唯独任刑部主事的邸怀道说"不可"，这是我亲眼所见的事。李世民又问杜淹，那时你为什么不出面进谏。杜说，我那时不居重位，同时，即使进谏，也不会被听从，"徒死无益"。李世民居然又接着问：你明知炀帝不可谏，你既身在朝廷，为什么不就拒谏问题而进谏？同时，你说那时位卑言轻，那么后来你臣于王世充时，地位尊显了吧，为什么也不能谏劝王世充呢？杜淹说，对王世充我不是不谏，是他不听。李世民又继续质难说：王世充如果贤明肯于纳谏，他就不该亡国。如果他暴虐拒谏，你怎免于死祸？弄得杜淹无话可说，狼狈不堪。李世民紧接又问当时已是唐朝的御史大夫又参与宰相事的杜淹说："今日可谓尊任矣，可以谏未？"杜回答说："愿尽死！"李世民大笑。

同样，皇帝把奖赏进谏有功的臣下及自己爱护臣下的行动，也认为是有利于国家与民众，而不是为个人。贞观十六年（642）七月，有一次皇帝因魏徵直谏而给予重奖，魏专门上表感谢，李世民亲手写诏答复说，我之所以这样对待你，"盖为黎元与国家，岂为一人，何事过谢。"贞观十七年（643），大臣李世勣得急病，医生的处方说，要用胡须灰作药引子才可以治好。李世民就自己剪下胡须烧成灰和到药中去。李世勣叩头至出血，哭着感谢。李世民说："为社稷，非为卿也，何谢之有！"

3．皇帝对待诤谏的态度是臣下的风向标和指挥棒

有什么样的皇帝，就会培养出什么样的朝臣。唐朝的户部尚书裴矩，其在隋、唐两朝的表现，生动地说明了这一点。裴矩曾前后担任过隋炀帝的吏部侍郎、户部侍郎及黄门侍郎等官职。他熟知炀帝贪婪的品性，就投其所好，做了很多坏事。隋炀帝曾对臣下说："裴矩大识朕意，凡所呈奏，皆朕之成算，朕未发顷，矩辄以闻。自非奉国用心，孰能若是。"隋亡后裴矩降唐，到太宗时已官至户部尚书。因唐太宗大力提倡诤谏，朝廷风气转变，这个隋朝的奸臣裴矩，竟也为李唐国家的利益谏阻太宗。司马光在《资治通鉴》中评论时指出，在忠直谏诤上，皇帝与臣下是标杆与影子的关系：

古人有言："君明臣直。"裴矩佞于隋而忠于唐，非其性之有变也。君恶闻其过，则忠化为佞，君乐闻直言，则佞化为忠。是知君者表也，臣者景也，表动则景随矣。

（三）从尽忠为社稷与民众出发对皇帝的言行作全面谏劝

在古代统治制度下，皇帝代表国家，皇帝在掌握国家的命运上有特殊作用。皇帝本身的言行举止与品格修养，也不能不关乎国家与民众的利益。所以，贞观时期臣下除了国家的大政方针外，皇帝的品德修养，甚至生活作风也成为谏劝的内容。

1．君臣相互谏劝以维护代表国家"大信"的法律

贞观朝廷，臣下谏劝皇帝依法处罚时，在对国家常法与皇帝临时敕令的关系上，都明确认识到国家确定的法典体现国家的意志与利益，是所谓"大信"，而皇帝临时的决断甚至敕令，常常只是皇帝个人一时之忿的结果。真正的忠臣都能谏劝皇帝捍卫国家利益，依法处断，而不是逞一时之忿。

贞观六年（632）十二月，李世民发觉有一段时间自己处理案子，不能都依法律办事，究其原因是臣下认为这是"小事"而不劝阻。他对侍臣们说："朕比来决事，或不能皆如律令，公辈以为事小，不复执奏。夫事无不由小而致大，此乃危亡之端也。"皇帝在执法上有此态度，臣下就敢于站在维护国家利益的立场来犯颜直谏。贞观十一年（637）十月，担任安州都督的皇子吴王李恪，频繁外出打猎，严重骚扰民众。侍御史柳范进行弹劾，吴王李恪因此被免去都督职务，并削减三百家封户。但是李世民还要追究吴王都督府长史权万纪不能劝导的罪责，说："长史权万纪事吾儿不能匡正，罪当死。"主要的有罪人皇子李恪只是撤去官职及削减封户，而只负有教育劝导责任的官员却要处死，这显然不当。柳范于是也尖刻地对皇帝说："房玄龄事陛下，犹不能止畋猎，岂得独罪万纪？"李世民听后大怒，拂袖离去。过了一段时间，李世民单独召来柳范，问他，为什么当众让我下不了台？柳范回答说："陛下仁明，臣不敢不尽愚直。"

2．臣下重视在节俭为政上谏劝皇帝

贞观朝臣，因为把君国视为一体，所以在他们看来，国家的大政方针是大事，皇帝个人的品德作风也是大事。在朝臣的眼里真可谓皇帝的言行无小事，皇帝的举措都关系着国家的命运前途。贞观朝臣经常谏劝皇帝要厉行节俭，爱惜民力，不丧失进取意志。贞观十七年（643）二月，皇上曾经问谏议大夫褚遂良，为什么虞舜把器物漆了一下，竟遭到了十多个臣子的谏阻，这有什么值得谏的？褚遂良回答说：

> 奢侈者危亡之本，漆器不已，将以金玉为之。忠臣爱君，必防其渐，若祸乱已成，无所复谏矣。

贞观六年（632）正月，正逢黄河南北几个州发大水，李世民因为气管有病，一到夏天就严重发作，因此要去九成宫疗养一下。但是，门下省散骑常侍姚思廉、御史马周都上疏劝阻。虽然皇帝最终还是去了九成宫，但姚思廉与马周都毫不保留地说了该说的话。同年十二月，皇帝与侍臣谈论国家安危的根本所在，中书令温彦博说，愿陛下能经常如贞观初年就好了。李世民说，我近来是不是在政务处理上倦怠了？魏徵说，变化不在于"怠于为政"，而在于基本的追求目标变了：

> 贞观之初陛下志在节俭，求谏不倦。比来营缮微多，谏者颇有忤旨，此其所以异耳。

李世民拍手大笑说："诚有是事。"这段记载说明，修修补补之式的进谏纳谏，始终扭不过大政方针的路线方面。贞观初年国家执行"节俭"方针，所以皇帝"求谏不倦"，而此时皇帝追求"营缮"铺张，进谏的从根本上就处于"忤旨"的境地。在这种情况下，要出现勇于进谏虚心纳谏的局面是十分困难的。贞观五年（631）十月，皇帝李世民要在御苑猎兔子，将军执失思力进谏劝阻说："天命陛下为华夷父母，奈何自轻。"李世民又要围猎鹿群，执失思力将军竟脱去冠帽，解下玉带，"跪而固谏"。结果，"上为之止"。贞观十一年（637），李世民驾临显仁宫，官吏有因短缺侍奉供应皇帝的物资而被处罚的。魏徵谏劝说：

> "昔炀帝讽郡县献食，视其丰俭以为赏罚，故海内叛之。此陛下所亲见，奈何欲效之乎！"上惊曰："非公不闻此言。"

贞观九年（635）七月，安葬高祖李渊时，李世民下诏要求："山陵依汉长陵故事，务存隆厚。"就是依汉代葬汉高祖的规格，墓地宽 120 步，墓要高 13 丈，还要丰富的随葬品。执掌国家图籍文书事务的秘书监虞世南为此两次上疏皇帝，"以为圣人薄葬其亲，非不孝"，"厚葬适足为亲之累"，"以秦汉为法，臣窃为陛下不取"。结果，最后决定墓高 6 丈。

3．对皇帝妾姬的纳受进行谏劝

贞观二年（628）十二月，代理侍中王珪与皇帝闲聊时，有一美女侍候在皇帝身边。皇帝对王珪介绍那位美女说，她就是原庐江王李瑗［李瑗于武德九年（626）因反叛被处

死]的妾姬，李瑗杀了她的丈夫后娶她为妻妾。王珪听说后站起来问说，当时庐江王纳此
女对不对？皇帝说，李瑗杀其夫娶其为妻，其是非还用问吗？王珪接着说，现在李瑗的美
女侍奉在您左右，我以为您的内心实际是认可李瑗的做法的："今此美人尚在左右，臣以为
圣心是之也。"李世民听后，立即送那美女出宫，交还给她的亲属。贞观五年（631）十一
月，新罗献美女二人，魏徵认为不宜接受。结果，李世民"付使者而归之"。

（四）把臣下直谏纠正违失看作是为国家立功予以褒奖

在李世民眼里，在建功立业上，同他一起打仗夺天下并帮他处理好国家政务的大臣，
与敢于犯颜谏劝皇帝过失的大臣其贡献是一样的。贞观十二年（638）三月，李世民在招
待五品以上高官的宴会上，从他对功臣的评论及奖赏中可清楚地看出这一点：

> 上曰："贞观之前，从朕经营天下，玄龄之功也。贞观以来，绳愆纠谬，魏徵之功也。"
> 皆赐之佩刀。

李世民把房玄龄与魏徵在功劳的大小上等同对待，再清楚不过地表明他对谏臣作用的评价
之高。李世民还特别强调，与夺取天下的"创业之难"相比，守成之时的忠言直谏，更值
得重视。贞观十二年（638）九月，李世民说：

> 玄龄与吾共取天下，出百死得一生，故知创业之难。徵与吾共安天下，常恐骄奢生于
> 富贵，祸乱生于所忽，故知守成之难。然创业之难，既已往矣；守成之难，方当与诸公慎
> 之。

在他的眼里，和平时期冒死忠谏，与在战争中奋不顾身一样，同样有下油锅上刀山的品质。
贞观十五年（641），李世民就说：

> 朕每思之，人臣欲谏，辄惧死亡之祸，与夫赴鼎镬、冒白刃，亦何异哉？故忠贞之臣，
> 非不欲竭诚。竭诚者，乃是极难。[1]

唐太宗在真诚地发现人才、重用人才中，尤其重视那些勇言国政得失及敢于诤谏的人才，
即使是平民和一般人士也能擢拔重用。贞观三年（629）六月，发生旱灾，太宗根据信奉
天人感应的常例，"诏文武官极言国家得失"。一向没有学问的中郎将常何，突然提出了20
多条有分量的好建议。查问之下，常何告诉皇帝，是暂居于常何家的茌平人马周代写。皇
帝立即令召见马周，等待中竟连派了几批人去催促。见面后，与马周谈得非常高兴，派他
到专司审查监督的门下省任职，不久即任命为监察御史。贞观五年（631）九月，皇帝又

1《贞观政要·求谏第四》，上海古籍出版社 1978 年版，第 52 页。

将重修洛阳宫，掌管国家财政的户部尚书戴胄，以"公私劳费，殆不能堪"为由谏阻。皇帝在因此奖励他官秩时说：

> 戴胄于我非亲，但以忠直体国，知无不言，故以官爵酬之耳。

李世民对于敢诤谏的臣子，始终放在心上不忘记，有时即使当时未曾听取他们的意见去纠正错误，但对其表现，始终不予忘怀，并把他们忠言直谏作为重用他们的重要根据。贞观二十年（646）三月，在对刑部尚书张亮是否"谋反"的廷议中，官员们多数认为张亮有反罪应当处死，唯独将作少匠李道裕，说张亮罪行达不到处死的程度。虽然，李世民当时未听取其意见，却对他敢于坚持正确意见留下了深刻印象。过了一年多之后，刑部衙门缺少一位副职长官，皇帝命有关部门"妙择其人"。上报了几个人都不如皇帝的意，这时，李世民说："朕得其人矣。往者，李道裕议张亮狱云：'反形未具'，此言当矣。朕虽不从，至今悔之。"遂以李道裕为刑部侍郎。此事说明，那件事情中李世民虽然明知不对，且还粗暴地以言代法，但对当时敢于谏诤的人和他说的那句话，却牢记在心，终究予重用。贞观二十年（646）六月，已被破灭的薛延陀各部落中，有部分人来唐朝投降。李世民准备带太子李治一起去灵州安抚。太子宫的"少詹事"张行成上疏，主张把太子留在京城监理国政，让他接见百官，熟悉了解处理国家政务，并希望皇帝舍得割爱服从公道，不要让太子跟着一起去灵州。李世民以为张行成"忠"，把他从"正四品上"晋级为"从三品"的银青光禄大夫之衔。

三、经常就健康地进行谏诤的本身作诤谏

贞观君臣们除了认识到诤谏有利于国家和民众，是君臣共同治国中必不可少的制度外，在诤谏制度建设上的一大功绩，是他们都不只是被动地把进谏纳谏看作是例行公事，而是彼此自觉主动地参与，重视培养以提高皇帝纳谏修养为主导的诤谏风气，经常就诤谏制度健康持久地进行的本身，作全面的诤谏。就好像今天人们就如何坚持批评与自我批评的专题，进行批评与自我批评的情形一样。

（一）认真吸取历史教训坚定不移地发扬诤谏风气

贞观君臣重视吸取历史教训，把能否进谏纳谏与国家和君臣的共同命运联系起来。朝廷诤谏风气的形成与李世民及朝臣们以国家利益为重，善于总结和吸取历史教训不无关系。

贞观君臣在这方面总结和吸取的历史教训盖有如下几方面。

1．皇帝纳谏只有真正虚心才能言行一致而不是口是心非

贞观二年（628）六月，李世民对侍臣提出问题说："朕观《隋炀帝集》文辞奥博，亦知是尧舜而非桀纣，然行事何其反也？"魏徵回答说：

> 人君虽圣哲，犹当虚己以受人，故智者献其谋，勇者竭其力。炀帝恃其俊才，骄矜自用，故口诵尧舜之言，而身为桀纣之行，曾不自知以至覆亡也。

对此，李世民说："前事不远，吾属之师也。"

2．确认国家乱亡的重要原因就是国君无道拒谏臣不尽忠直谏

贞观四年（630）七月，君臣在评论隋文帝时，说到隋文帝"虽性非仁厚，亦励精之主"。李世民评论隋文帝："事皆自决，不任群臣。天下至广，一日万机，虽复劳神苦形，岂能一一中理。群臣既知主意，唯取决受成，虽有愆违，莫敢谏争，此所以二世而亡也。"贞观五年（631）十二月，君臣在议论审理案件时，提到隋炀帝在处理一件盗案时，杀了一千多人。当时任隋大理寺大理丞的张文济，经过审实，其中真正犯有盗罪的只是五人，但是他就是"不敢执奏"。李世民评论此事说：

> 此岂唯炀帝无道，其臣亦不尽忠，君臣如此，何得不亡！公等宜戒之。

在总结隋朝速亡的教训上，李世民站在皇帝角度上，总也不忘强调臣下的责任。贞观十一年（637），李世民在洛阳宫西苑举行宴游时，对左右侍臣说："炀帝作此宫苑，结怨于民。今悉为我有，正由宇文述、虞世基、裴蕴之徒，内为谄谀，外蔽聪明故也，可不鉴哉！"李世民认为，皇帝要臣子谏劝，臣子也要接受别人的谏劝，否则便不再能谏劝别人。贞观五年（631），李世民对宰执大臣们说：

> 朕常恐因喜怒妄行赏罚，故欲公等极谏。公等亦宜受人谏，不可以己之所欲，恶人违之。苟自不能受谏，安能谏人？

3．臣下为国冒死进谏君主要为国保护死谏之臣

朝廷进谏纳谏的风气是否能持久，前提是臣子都要为国家利益冒死忠谏，而作为皇帝来说也一定要从国家利益出发，力保臣下不因忠谏而冤死。贞观六年（632）十二月，李世民在对臣下的谈话中对这一点深有痛感：

> 昔关龙逄忠谏而死，朕每痛之。炀帝骄暴而亡，公辈所亲见也。公辈常宜为朕思炀帝之亡，朕常为公辈念关龙逄之死，何患君臣不相保乎。

其实，从历史上看，各个朝廷都有敢于诤谏的忠直之臣。夏桀无道时关龙逄因极谏被杀。商纣王朝廷上之鄂侯、比干等许多敢于谏劝的臣子也死得极惨。作为一位古代君主，李世民提出，臣子要常想想隋亡的故事而勇于进谏，不要让他重蹈覆辙，而君主也一定不要让勇于进谏的忠直之臣的遭遇像关龙逄一样。这真是难能可贵。纵观贞观朝廷，在一般情况下，因忠直诤谏而被杀的事未曾有过，这绝非偶然。在保护忠直的谏臣上，贞观二十一年（647）五月，李世民在总结自己取得五大成就时所谈第五方面，就是这一点。他不无骄傲地说：

> 人主多恶正直，阴诛显戮，无代无之，朕践祚以来，正直之士比肩于朝，未尝黜责一人。

长孙皇后也曾设身处地以自己与魏徵相比，确认魏徵在对皇帝的忠直上超过作为皇帝妻子的自己。所以她为了国家的利益而决心保护魏徵。一次，李世民退朝回到宫中，恶狠狠地说，找到机会我一定要杀掉这个"田舍翁"。长孙皇后问，跟谁过不去呢？李世民告诉皇后说，魏徵总在朝廷上弄得我下不了台。长孙皇后听说后转身退出，到里边换上了正式的皇后冠服，严肃地端立在庭中，准备作正式的朝拜谒见。李世民吃惊地问为什么要这样，长孙皇后说："妾闻主明臣直，今魏徵直，由陛下明故也。妾不敢不贺。"结果李世民马上由生气变得高兴起来。

（二）皇帝想方设法鼓励和督促臣下勇于进谏

据《资治通鉴·贞观十二年》记，李世民即位初，曾发生了他错判元律师死刑的错案，因为孙伏伽的谏诤才得以纠正。李世民以孙是他即位后第一位诤谏之臣，竟把他女儿兰陵公主的一座值百万钱的花园奖赏给孙伏伽，以此鼓励臣下进谏。

李世民曾善待因向李渊写密折几乎对自己造成危害的一位官吏。武德九年（626）六月一日、三日，金星两次划过天空，太史令傅弈给唐高祖李渊写密奏说：金星出现在古代"秦"地，预示着"秦王"李世民要坐江山。幸好唐高祖立即把密奏转给了李世民，从而未被李建成、李元吉所利用。根据古代社会天人感应观念，李世民认为傅弈直言相告的行为值得肯定。所以，李世民即位后，于当年十二月，请傅弈吃饭，鼓励他今后继续直言，不要因过去的事消极而不再呈述意见：

> 上召傅弈，赐之食，谓曰："汝前所奏，几为吾祸。然凡有天变，卿宜尽言皆如此，勿以前事为惩也。"

为鼓励臣下直谏，李世民曾以身作则主动直言近臣得失。贞观十八年（644）八月，李世民对近侍大臣们说："人苦不自知其过，卿可为朕明言之。"长孙无忌等都说未发现皇帝有什么过失。李世民说，我要你们指出过失，你们却歪曲事实阿谀奉承我。那好，"朕欲面举公等得失，以相戒而改之。"于是，他既实事求是地摆了他们的优点，也毫不留情地指出了他们的缺点。从记载看，那些措辞的本身就能表明李世民内心诚恳而又言语犀利的态度。他说担任三公司徒的国舅爷长孙无忌的缺点是"善避嫌疑"，"总兵攻战，非其所长"；说高士廉的缺点是"所乏者骨鲠规谏耳"；说唐俭的缺点竟是"事朕三十年"，从无有分量的建言："无言及于献替"；说杨师道"情实怯懦，缓急不可得力"；说刘洎的缺点是"其意尚然诺，私于朋友"。在表扬臣下的优点时，他最欣赏的还是臣下敢于忠言直谏的优良品德。如他评黄门侍郎刘洎的优点是"性最坚贞，有利益"；评侍御史马周的优点是"性甚贞正，论量人物，直道而言"；评谏议大夫褚遂良的优点时说："性亦坚正，每写忠诚，亲附于朕，譬如飞鸟依人，人自怜之"。作为皇帝，李世民当了许多近臣的面，这样率直地去评论朝廷重臣政治品质的"得失"，如果彼此间在"忠直"的观念及实践上无较好的信赖基础，是根本不可能的。李世民在开展诤谏上的以身作则，其作用不能说一定就如何重大，但最低限度也能减少一点阿谀奉承的庸俗作风。贞观十五年（641），李世民一次在朝廷上对侍臣们说，我虽是国君，但还常兼做了统帅及宰相的事情。门下省的给事中张行成退朝后立即上疏给皇帝说：论功劳勤苦，臣下都不能达到陛下的万分之一，"然不必临朝言之。以万乘之尊，乃与群臣校功争能，臣窃为陛下不取"。张行成直击"软肋"，进行使皇帝羞愧的批评，李世民认为张行成做得对，说得好。

（三）臣下经常地谏劝和批评皇帝不虚心纳谏的行为

皇帝在处理国政及接纳规谏上，是不是能真正做到"至公"而去私，这本身就是谏臣规劝的经常性的一个重点。

1．臣下抓住要害直谏皇帝在纳谏上的表里不一

贞观十六年（642）七月，魏徵就曾上疏专门批评皇帝上朝下朝言行不一的毛病。魏徵说：

> 陛下临朝，常以至公为言，退而行之，未免私僻。或畏人知，横加威怒，欲盖弥彰，竟有何益！

对这种诚挚尖锐的批评，李世民不但不生气，还奖励给魏徵房子、珍贵的摆设和日常用具。

贞观君臣间正因有了国家利益这个衡量标准，所以，碰到原则问题有意见分歧，就是在争论方式上也绝不轻易迁就退让。贞观六年（632）八月，皇帝宴请群臣时，问魏徵说，每次你谏劝我某件事，我不听从时，再与你谈那件事，你就不再搭理我，那是为什么？魏徵回答说，我认为某件事不可以做我才谏阻你，你要是根本不听劝，我再与你讨论那些细微末节

的方面，那就会使某件事情变相地又去施行，所以我不再与你讨论我劝不了的事。皇帝又说，你一边答应我，一边再劝我又何妨？魏徵回答说："昔舜戒群臣：'尔无面从退有后言。'臣心知其非，而口应陛下，乃面从也，岂稷契事舜之意邪？"李世民要求魏徵，对谏劝不听的事，可以先答应，之后再继续谏劝，无非是要照顾自己的面子。魏徵认为，这样就成了口是心非的两面派。正确的做法是不但坚持原则立场，即使方式、方法上都不迁就。

2．皇帝在纳谏上打折扣作退让臣下立即呈请皇帝注意改正

贞观十一年（637）五月，魏徵上疏说：

> "以为陛下欲善之志，不及于昔时，闻过必改，少亏于曩日。""夫取之实难，守之甚易，陛下能得其所难，岂不能保其所易乎？"

当年七月，魏徵又以同样的情况上疏说："自王道休明十有馀年，然而德化未洽者，由待下之情未尽诚信故也。"对此，李世民深有觉悟地写诏书表扬魏徵。贞观十二年（638）三月，李世民问魏徵，我处理国家政事与从前相比怎么样？魏徵就告诉李世民，主要问题是在纳谏的诚恳上退步了：

> 陛下贞观之初，恐人不谏，常导之使言，中间悦而从之。今则不然，虽勉从之，犹有难色。所以异也。

3．臣下可不顾忌进谏的方式而皇帝一定要讲究纳谏的态度

对待谏劝的方式、方法，唐朝的法令上都有所体现。规章上说，凡谏有五：一曰讽谏（讽之以言，谓之讽谏）；二曰顺谏（谓其所不可，不敢逆而谏之，则顺其君之所欲，以微动之）；三曰规谏（谓陈其规而正其事）；四曰致谏（谓致物以明其意）；五曰直谏（谓直言君之过失，必不得已然后为之者）。[1] 这是谏官可以使用的方法。这样规定，是表示臣下犯颜"直谏"是被允许的合法行为。从贞观时期进谏与纳谏的实际情况看，总的趋势是，从严要求皇帝纳谏的态度与方法，而宽求臣下进谏的态度与方式。

皇帝听谏不但要虚心诚恳，而且要态度温和，要鼓励臣下而不是束缚和限制臣下尽言直谏。从贞观朝廷的实际情况看，皇帝接受和听取谏劝的对象，绝不只限于魏徵、王珪等一批极有参政经验的高级官员，而是包括了在朝廷的或是在地方的许多官员。皇帝鼓励官员积极大胆地进谏，在臣下谏劝时，自己不要表现得知识渊博、英明超群，要促使那些进谏的人感到皇帝平易近人，不致紧张得表达不出来。贞观七年（633），李世民问魏徵，臣子们的奏章内容有可取之处，而召来面谈时，为什么却都语无伦次？魏徵回答说，官员平常奏事，都要前思后想好几天，等到面呈时，三分道理连一分都说不出来。况且对皇帝进

---

1 参见《唐六典·门下省·谏议大夫》卷第八，中华书局 1992 年版，第 247 页。

谏，大都是些不顺你心愿的反对意见，他们都非要对你察言观色不可，哪里能放开尽情陈述。听了魏徵的话之后，

> 上由是接群臣辞色愈温。尝曰："炀帝多猜忌，临朝对群臣，多不语。朕则不然，与群臣相亲如一体耳。"

国君与臣民沟通交流时的虚心纳谏态度，不但皇帝自己注意，臣下也时常利用机会，提请皇帝加强这方面的修养。孔颖达在应对皇帝关于《论语》中"以能问于不能，以多问于寡"的垂询时，对李世民说，不但一般人如此，即使皇帝也要这样：

> "若位居尊极，炫耀聪明，以才陵人，饰非拒谏，则下情不通，取亡之道也。"上深然其言。

贞观十八年（644）四月，李世民认为一般总是"人臣顺旨者多，犯颜则少"，所以，专门要侍臣们不要有顾忌，让他亲自听一下自己的过失。黄门侍郎刘洎说"顷有上书不称旨者，陛下皆面加穷诘"，所以，"无不惭惧而退，恐非所以广言路"。其实，李世民平时"好文学而辩敏"，群臣对其言事，他博引古今，折服对方，对方大多无言以对。黄门侍郎刘洎针对这种情况，进一步上书对李世民谏劝说，英明的君王和普通的臣下百姓，原来就不在一个水平上，是"以至愚而对至圣，以极卑而对至尊"。即使皇帝态度和蔼，虚心诚恳地去听取他们的意见，也"未敢对扬"，更不用说，皇帝动用神思，发挥辩才，强词夺理地驳斥对方，一般平民哪还能再应对你的问话？李世民立即复书检讨自己言论过多过繁，"轻物骄人"的毛病，并表示"今闻谠言，虚怀以改"。刘洎关于君主不要因为自己才智过人，使进谏的对方觉得矮人一头而不敢说或说不出来的建议，应该是对任何社会的领袖人物都有启示作用。

唐朝有让臣下以"封事"之密奏形式，直接给皇帝呈情建言之制度。李世民因认为某些密奏无甚价值，有不耐烦的情绪。贞观十一年（637）八月，李世民对侍臣们说，"上封事者皆言朕游猎太频。今天下无事，武备不可忘，朕时与左右猎于后苑，无一事烦民，夫亦何伤？"魏徵告诉李世民，一定要以正确的态度，来认真处理臣下的密奏建议。他说：

> "先王唯恐不闻其过，陛下既使之上封事，止得恣其陈述。苟其言可取，固有益于国。若其无取，亦无所损。"上曰："公言是也。"皆劳而遣之。

4．谏劝皇帝不能计较谏劝者过激的言辞

臣下坚持真理无所顾忌，进谏措辞严厉尖锐，皇帝不但不能生气，还要在道理上自我说服，虚心接受，诚恳感谢。贞观四年（630）六月，太宗以洛阳地处国家中部，朝贡远近均衡，以"欲便民"为借口，下令营建曾被自己烧毁的洛阳宫，实际是"以备巡幸"享乐。给事中张玄素上书谏阻，在指出了这项工程的五大错误后，最后竟说：

以今日财力，何如隋世？陛下役疮痍之人，袭亡隋之弊，恐又甚于炀帝矣！

李世民听他说自己比隋炀帝还厉害，不得不继续自嘲地问张玄素，那我比起夏桀、商纣来怎么样？张玄素毫不退让地说："若此役不息，亦同归于乱耳！"李世民感叹地说："今玄素所言，诚有理，宜即为之罢役。后日或以事至洛阳，虽露居亦无伤也。"由此还赐给张玄素彩缎二百匹。

进谏的人，情况多种多样，有些为了引起皇帝注意，促使纳谏，往往急迫的心情使他们言词过激，甚至有错失。在这种情况下，皇帝应该多面对事实，而不能在言词上抓把柄，破坏诤谏风气。贞观八年（634），中牟县丞皇甫德参上疏说：修洛阳宫劳民伤财；收地租时乘机大量搜刮；民间都流行高高的发髻，都是皇宫里的影响。李世民大怒说，这人要国家不让一人服役，不收一斗田租，让宫女都无头发，才逞他的意。要治皇甫德参"诽谤"之罪。魏徵谏劝说，当初贾谊给汉文帝上疏时，就说过"可为痛哭""可为流涕"的这一类话，自古上书不激切，不能动人主之心。所谓狂夫之言，圣人择焉。唯陛下裁察。李世民醒悟说，我要处罚了这个人，今后谁还敢说话？命令赐给皇甫德参绢二十匹。

四、诤谏利于正确决策并使君臣的品格在其间得到锤炼

在专制制度下，不存在现代的民主意识，现代的民主监督制度也建立不起来。但是，国家的政事照样要不断地处理，不同意见的交锋争论势在必行，而其经常可能进行的方式，就是朝廷的诤谏。诤谏不但是集思广益，更重要的是在一定程度上对权力的任意使用形成监督。贞观时代的历史证明，政事的处置有充分的谏诤，失误就少，决策就正确，反之，错误就多，甚至事情失败。在这个过程中，贞观君臣在健康的谏诤中，其优秀的品格得到充分的展现。他们敢于为坚持真理而去私，有尊严，有气节，在中国历史上闪耀着永不磨灭的光辉，激起后代无数仁人志士的仰慕与崇敬。

（一）诤谏减少朝政失误有助于决策的正确制定

1．谏争使重大事件得到正确处置，有利于国家与民众的安定

贞观元年（627）九月，岭南酋长冯盎、谈殿等，相互不断地攻讦，很久都不入朝晋见。各州都上奏冯盎已反叛，这种奏章朝廷前后收到几十份。皇帝下令征发"数十州"的

兵马前去讨伐。魏徵进谏认为不可出兵征讨,理由一是国内初定,不可轻易发大军去岭南;二是没有证据判定冯盎已经反叛。皇帝说,告发他的使者,路上接连不断,还不是证据吗!魏徵回答说,如果冯盎真反,那必定要派兵把守各处险要,并来攻州掠县。现在,人告他反叛已经数年,可他的兵并未越出他自己的辖区,这就是他没有反叛的明显证据。所以,现在皇上可派出亲信大臣去岭南,表示中央对他的信任,冯盎亦会乘机高兴地趋福免祸,从而不必派兵,促使他自然臣服。于是李世民派员持节前往安抚。冯盎为表明心迹,派自己儿子冯智戴跟随使者入朝晋见。李世民由此感慨地说:

> 魏徵令我发一介之使,而岭表遂安,胜十万之师。

2.重大政治决策经过谏争而作出正确抉择

起初,李世民命文武官员讨论封建制度。当时,身为皇家图书馆馆长的魏徵,从国家财政、经济、军事等多方面分析后加以反对。礼部侍郎李百药从政治上妨碍统一治理方面加以反对。中书侍郎颜师古动摇于其间,主张有限制地实行封建诸侯制。贞观五年(631)十一月,李世民终于参考主流意见,不搞封建邦国,但却对皇亲及开国功臣所担任之州长、都督、刺史之爵职实行世袭制:"诏皇家宗室及勋贤之臣,宜令作镇藩部,贻厥子孙,非有大故,毋或黜免。"贞观十一年(637)六月,正式任命二十一位亲王及十四位开国元勋为州都督,并实行职位世袭。贞观十三年(639)正月,对这种已不适时宜的错误举措,太子府的左庶子于志宁及侍御史马周等,都上疏谏阻执行这项命令。长孙无忌也认为这项措施复古而不适时。就因为有这些人的谏阻,当年二月,李世民最终诏停"世封刺史"这项制度。

选立太子,对王朝来说,无疑是件特别重大的事。李世民最终正确地选立晋王李治为太子,就是通过大臣们的多次谏诤实现的。李世民根据立嫡以长的传统,于武德九年(626)十月,立长子中山王李承乾为太子,可是心中很欣赏魏王李泰的文才。特别在李承乾不听谏劝后,更是有意识地迁李泰到武德殿,以此表示要改立李泰的意图。当时,魏徵就劝谏李世民不要在立太子上搞两个山头的事情。贞观十七年(643)三月,李承乾在恐惧李泰的情况下,利用李佑在齐州作乱的机会谋反。四月,李承乾被废作平民后,李泰每天进宫侍候,李世民竟当面允承要立他为太子。中书省及门下省的两位副长官也支持李泰当太子。但唯独三公之一的司徒长孙无忌,坚请让晋王李治当太子。李世民却代李泰向侍臣转达了将来他当皇帝后,临终时一定传位给弟弟李治,而不是传给自己儿子的意思;还介绍李泰向太宗表示了,他为此可以杀掉自己唯一的一个儿子的决心。鉴于李泰这种不择手段求当皇帝的想法,及李世民陷在感情的泥淖中拔不出来的情势,谏议大夫褚遂良不怕公开顶撞李世民,他说:

> 陛下言大失,愿审思勿误也。安有陛下万岁后,魏王据天下,肯杀其爱子传位于晋王

者乎！陛下日者既立承乾为太子，复宠魏王，礼秩过于承乾，以成今日之祸。前事不远，足以为鉴。陛下今立魏王，愿先措置晋王，始得安全耳。

由于不能割舍对李泰的感情，李世民仍不作决定。之后，又专门找来长孙无忌、房玄龄、李世勣、褚遂良征求意见。在看到这四个人也没一个支持李泰时，才作出了立李治为太子的决定。但是到了这一年的十一月底至十二月初之间，又起波澜。李世民总怀疑李治生性"仁弱"，私下地又对长孙无忌说，治儿懦弱，"恐不能守社稷"，我看吴王李恪"英果类我，我欲立之何如？"长孙无忌坚决认为不可，说："太子仁厚"，这才真正能成为持守文道的良善国君。李世民这才断了更立的念头。贞观十七年（643）九月，在李泰阴暗面暴露，群臣都拥护李治为太子的情况下，李世民贬降李泰时对臣子们说：

"朕为天下主，但使百姓安宁，私情亦可割耳"，"泰诚为俊才，朕心念之，卿曹所知。但以社稷之故，不得不断之以义"。

在立太子的整个过程中，李世民由于感情上的自我纠缠，几次都失去理智，最后终因听取了大臣们几次三番的力谏，才解决了问题。

（二）国君拒谏或谏劝不行，国事就多失误

事实上，国家重大的方针政策，皇帝个人很难作出正确的决定，而当有人向皇帝提出正确建议时，由于种种原因，皇帝还不予接受。李世民在处理高昌王国的政策上就是例子。西突厥的叛乱被平息后，魏徵就曾主张，像对待吐谷浑、东突厥的办法一样，不占据其土地，仍委任其望族的子弟当首领，令其安定地自治。但李世民不接受这建议，采取在当地分区设立军事行政官都督管辖，由朝廷直接控制。这样，中央除开支经常性的行政经费及派一千多名兵卒去驻防轮番服役外，一旦风吹草动，有军事行动，就得在附近各州动用军队，人力、财力的负担沉重得不得了。之后，谏议大夫褚遂良又上疏，提出对高昌国使用与从前魏徵所言相似的建议，李世民仍不接受。贞观十六年（642），直到西突厥攻击伊州时，李世民才悔之曰：

魏徵、褚遂良劝我复立高昌，吾不用其言，今方自咎耳。

贞观十八年（644）十一月，李世民决定东征高丽，实际这是一次目的性不明确，条件不成熟，计划并不周密的国家重大的军事行动。李世民听了跟随隋炀帝东征过的郑元寿对东征困难的介绍不服气，说"今日非隋之比，公但听之。"但当时就是无人谏劝。贞观十九年（645）十月，征讨失败，李世民以不能成功才深悔之。叹曰：

魏徵若在，不使我有是行也。

唐东征高丽，虽然条件不成熟，准备不充分，可是如在战略指挥上听取正确意见，不犯错误，夺取胜利的可能性还是存在的。但是由于李世民、长孙无忌等不重视、不听取正确的建言，多次丧失战机，以至于虽然收复了一些失地，却未能达到预期的目的，最终造成整个战争失败的结果。贞观十九年（645）六月，唐军在战略要地安市（今辽宁海城一带）城外驻扎，"上悉召诸将问计"。江夏王李道宗建议：

> 高丽倾国以拒王师，平壤之守必弱。愿假臣精卒五千，覆其根本，则数十万之众，可不战而降。

但是，"上不应"。李道宗关于暂时搁置被固守的安市，绕过这块难啃的硬骨头，等拿下了平壤再来全力收拾它的主张，是正确的灵活机动出奇制胜的战略。在与安市对峙的过程中，高丽降将高延寿、高惠贞又向李世民建议，暂时搁下安市，转移阵地，过鸭绿江，直克平壤。这些建议，都未被李世民接纳。唐军继续攻打安市，结果反被安市防军反击，攻城彻底失败。最后，唐军不得不于当年九月主动撤军回国，李世民的御驾亲征，最终未达到预期的目标。

（三）诤谏对皇帝是约束也是教育

进谏纳谏的过程，实际是君臣间一种政治上的相互监督。这种监督对皇帝也构成一种压力，从而促使其反省与检讨。贞观二年（628）二月，李世民对侍臣说："人言天子至尊，无所畏惮，朕则不然。上畏皇天之监临，下惮群臣之瞻仰，兢兢业业，犹恐不合天意，未副人望。"李世民在衡量自己言行时，一般情况下，都能为社稷而克制个人、家庭及亲故的私利、私情。

1. 以国家利益为准绳正确处理与秦王府故旧的关系

李世民靠秦王府为核心力量取得政权。但他不使自己对秦王府故旧的情义超越国家利益。贞观元年（627）十二月，有人上奏说秦王府的兵卒，应该全部升任武官，补到禁卫军中去。李世民拒绝这样做，原因是这种做法违背他"以天下为家，唯贤是与"的任人的出发点与选人的标准。贞观九年（635），原秦王府功臣岷州都督高甑生，违失军中之期，同时还诬告李靖谋反，被处减死罪一等徙边。有人主张宽免其刑罚。李世民说，像高甑生有这些罪状，"此而可宽，法将安施？且国家自起晋阳，功臣多矣。若甑生获免，则人人犯法，安可复禁乎。我于旧勋，未尝忘也，为此不敢赦耳。"

2. 皇帝提高了自觉纠正错误及虚心纳谏的修养

在一般情况下，如果皇帝作出了错误的决定，又得到臣下的赞同和支持，那纠正的概率就大为降低。而李世民的可贵之处，是一旦觉悟，就并不因为有臣下的附和而将错就错，不再纠正。贞观十九年（645）六月，在东征高丽的过程中，白城守敌先请求投降，可继而又反悔。李世民对这种行为非常愤怒，下命令说，城攻下之后"当悉以人物赏战士"。但是，之后李世民因悔悟而改变这个决定。可是李世勣率领几十个全副武装的士兵请求执行原决定。李世民下马道歉说："纵兵杀人而虏其妻孥，朕所不忍。将军麾下有功者，朕以库物赏之，庶因将军赎此一城"。错误的决定是自己作出的，决不因有别人的附和就不反悔。不但自己悔悟纠正，也劝部下纠正。

贞观二十二年（648）正月，李世民曾写《帝范》十二篇专门赐给太子，其中就有"纳谏"的专篇。在对太子今后该效法谁的问题上，他说："汝当更求古之哲王以为师，如吾，不足法也。"尤其对自己生活上奢华的毛病，检讨得具体而不遮掩：

> 吾居位已来不善多矣，锦绣珠玉，不绝于前，宫室台榭，屡有兴作，犬马鹰隼，无远不致，行游四方，供顿烦劳，此皆吾之深过，勿以为是而法之。

事实上，在李世民的整个统治时期，对这类问题臣民一直谏劝不断，但终未彻底改正。在他自己最后的岁月，能勇于承认这一点，并告诉他儿子，自己并不是学习的最好榜样，这也就不简单了。总之，李世民从武德末年即位，到贞观末年去世，他始终具有鼓励进谏和勇于纳谏的思想基础。

（四）贞观名臣的高风亮节在历史上永远闪耀亮丽光芒

1. 忠谏之臣就是要在皇帝难于纳谏的情况下敢于谏阻

在通常情况下，合理的谏劝皇帝都能采纳，但是，当皇帝已经陷入了拒谏僵局，这时候谏臣就必须具有胆识和勇气，去作所谓"逆鳞"的犯颜直谏。魏徵正是在这种情况下敢于这样做的人。贞观十年（636）十二月，李世民宠爱魏王李泰，有人故意捏造事实说，三品以上的官员都轻视魏王。于是李世民怒召三品以上的官员指责说，隋文帝时一品以下的官员都受过亲王们的殴打凌辱。我要不管教皇子们，他们还不照样可以殴打侮辱你们。这时，独魏徵首先指出事实上不存在有人轻视魏王的事。同时又义正词严地对李世民说，依礼法而论，大臣与皇子处于同等的地位，如果国家纲纪大坏，那就什么都谈不上，现在有圣明的陛下在上，魏王也绝无殴辱群臣之理，"隋文帝骄其诸子，使多行无礼，卒皆夷灭，又足法乎！"本来发怒的李世民听后愉快地说：

> 理到之语，不得不服。朕以私爱忘公义。向者之忿，自谓不疑，及闻徵言，方知理屈。

2．臣下法理在手对皇帝毫不妥协地保持尊严

贞观十五年（641），宰相房玄龄、高士廉问在路上遇见的一位宫廷事务官员，玄武门一带在修建什么工程。不料皇帝知道后发怒指责房玄龄等人说，你们只要管你们尚书省的事就行了，玄武门的小修建，与你们有何相干！想不到房玄龄等竟为此叩头请罪。此时，魏徵对李世民说：

> 臣不知陛下何以责玄龄等，而玄龄等亦何所谢。玄龄等为陛下股肱耳目，与中外事岂有不应知者。使所营为是，当助陛下成之；为非，当请陛下罢之。问于有司，理则宜然，不知何罪而责，亦何罪而谢也。

对此，李世民感到非常惭愧。

虽然，皇帝也知道"忠"不是绝对顺从皇帝个人，而是要以保护国家利益为前提的道理，但在实践中要时时处处做到这一点还是有斗争的。贞观二年（628），皇帝让祭祀管理衙门太常寺的副长官祖孝孙教习宫女音乐，教习得不称皇帝的心意，遭到了皇帝的责备。温彦博、王珪等谏劝说，祖孝孙是一位有名望的高尚士人，你竟让他干教宫人奏乐这等事，还因此谴责他，我们以为不应当这样。哪知皇上竟发火说：我把你们当作心腹，你们应当竭尽忠直地来侍奉我，想不到你们拉拢下面人，欺瞒我，替祖孝孙开脱做说客。温彦博叩头认罪，王珪却坚持己见不以为有错，说：

> 陛下责臣以忠直，今臣所言岂私曲邪！此乃陛下负臣，非臣负陛下。

贞观十六年（642）四月，李世民找谏议大夫褚遂良，索要专记皇帝言行的《起居注》来看，褚遂良回答说：

> 史官书人君言动，备记善恶，庶几人君不敢为非，未闻自取而观之也。

李世民进一步问，我有不好的言行，你也照记吗？回答说，我的职责就是古代所谓的"载笔"，"不敢不记"。门下省的黄门侍郎刘洎也说，即使褚遂良不记，天下百姓也会记住的。

3．忠直之臣就要不避嫌疑敢于承担风险谏争

贞观时期，皇帝要求臣下以谏诤来表现对国家的忠，而以魏徵为代表的臣下，也确能冒着风险面折廷争去尽忠君国。贞观元年（627）十二月，魏徵被诬告"私其亲戚"，皇上命御史温彦博核查并无其事。但皇上却让温彦博批评魏徵，要他今后"存形迹，远辟嫌疑"。说他"心虽无私，亦有可责"，建议他要顾忌自己言行的影响，要远避嫌疑。为此，魏徵入朝对皇帝说：

> 臣闻君臣同体，宜相与尽诚，若上下俱存形迹，则国之兴衰，尚未可知。臣不敢奉诏。

坚决地拒绝了这种貌似关心，实际上是不利于国家的所谓"避嫌疑"的批评规劝。魏徵认

为，臣下在任何情况下，对国君都不应当"存形迹，远辟嫌疑"。不避嫌，实质是为了国家与民众的利益，而不怕个人私利受到任何损害。魏徵不避嫌疑之精神是其品格中很感人的一个方面。武德九年（626），玄武门事件发生后不久，七月十一日，李渊派新任谏议大夫的魏徵作特使，到关东地区去宣传抚慰，全权处置叛逆余党问题。魏徵受命出发，在途中就遇到了身带刑具被押往京城的李建成的武官"太子千牛"李志安和李元吉的武官"护军"李思行。魏徵对押送者除讲明为宣示政策，必须立即就地释放的道理外，并说：

> 吾不可以顾身嫌不为国虑。且既蒙国士之遇，敢不以国士报之乎！

李世民知道后，大为高兴。其实，魏徵原本就是"太子党"，是李建成太子宫的文官"洗马"，接受落实对太子党羽的处理政策这项使命，本身就是非常敏感的惹嫌之事。可他不但接受了，而且公正无私地落实政策，果断地释放了原本与自己熟识的两名叛逆余党分子。只有对国家怀有赤忠者，才有此公心与胆识。

4．得到皇帝的赏识与恩宠仍报以忠言直谏而决不讨好奉承

受恩宠得奖赏提拔后，仍敢于以犯颜直谏回报皇帝，关键是在君臣关系上摆脱了对个人的愚忠，以国家民众为重，因而光明磊落之正气油然而生。贞观十四年（640），原陈仓县尉刘仁轨，因忍受不了狱中一犯官的辱骂，在盛怒之下，用木棍打死了那犯官。李世民知道这事后，下令斩刘仁轨。但因为魏徵强调了辱骂政府官员的严重性，所以刘仁轨不但免死，而且还被提升为栎阳县丞。就是这位刚死里逃生的刘仁轨，在听说皇帝即将在秋收高潮时外出围猎，竟立即上疏劝皇帝把出行围猎日期推迟。他说："今秋大稔，民收获者什才一二，使之供承猎事"，"实妨农时"，所以劝皇帝"少留銮舆旬日，俟其务毕，则公私俱济。"按常理，才被皇帝赦免死罪并被提拔的人，会千方百计找机会迎合皇帝，甚至不惜拍马奉承。可刘仁轨却完全不怕扫皇帝的兴，谏劝皇帝不要因围猎而劳民误农时。李世民不但不怪罪他，还写诏令嘉奖他。

贞观九年（635）七月，汉族将军薛万均因诋毁胡人将军契苾何力，并要争夺他的战功而起争斗。李世民知情后大怒，要解除薛万均的官职，让契苾何力取代。契苾何力坚决拒绝，并谏劝皇上说，陛下因我的事情解去薛万均的官职，那些非汉族的将士，原就认识简单，会以为皇上重胡人而轻汉人。这样辗转相传，歪曲真相，必定引起更多的争夺。同时，还使外族将士以为你的将领都是像薛万均那样的人，由此产生轻蔑汉将的情绪。一个与汉族将军争斗的胡人将军，在自己得理的情况下，当皇帝采取措施奖赏他的时候，他却放弃自己个人的利益，以维护民族间相互团结信任的关系为重，真不能不让人感动与深思。仍是这位契苾何力将军，贞观十九年（645）六月，在东征高丽的战斗中受伤严重。李世民除了亲自为其敷药外，竟在俘虏中找寻出了刺伤契苾何力的高丽人，让契苾何力自己处决他："付何力使自杀之。"何力并未因为皇帝关心宠信自己就感恩戴德盲从，而是上奏谏劝并拒绝接受，也根本不考虑由此会暴露皇帝处置的不当，可能会使其恼羞成怒。

　　贞观年间的历史记载生动地说明，有魏徵等这一大批人在朝廷，皇帝的行为竟不敢不收敛。一次，魏徵外出回京之后，对皇帝说，听人说你要到南山里去游玩，警卫车骑都准备好了，却为何不走？皇帝笑着说，起初确有去的打算，因怕你生气，所以中途停止了。又一次，皇帝曾经得到了一只极好的鹞鹰，正放在手臂上玩时，却见魏徵走来，于是急忙把鹰藏在怀里。魏徵奏事时间故意拖得很长，最后鹞鹰竟闷死在李世民怀中。像魏徵这样的人，实在是唐太宗身边少不了的宝贝。故史学家于《资治通鉴·贞观二年》部分中评论魏徵说：

　　徵状貌不逾中人，而有胆略，善回人主意。每犯颜苦谏，或逢上怒甚，徵神色不移，上亦为霁威。

国家如果有一批敢于诤谏的臣子在朝，皇帝时刻感受到监督的压力。特别是在想做错事时，一想到他们就有所收敛。因此从政治监督上说，他们实在是国家一笔最珍贵的财富。

5．大臣在诤谏中进行自我教育实现自我超越

　　房玄龄在朝廷浓厚的诤谏风气熏陶下，在魏徵等冒死忠谏精神的影响下，这位一代贤相的品格，最终进入了超越自我的新境界。房玄龄与李世民等一起参加了推翻隋朝的起义，赢得了夺取天下的战争，并辅佐李世民做了国家守业建设阶段的一切工作。但是，在坚持原则、谏劝皇帝的失误上，房玄龄长期以来表现软弱，有时甚至失去了自己的尊严。李世民只要一发火，房玄龄就非常恐惧，往往立即叩头谢罪。如：贞观八年（634），唐太宗要娶已与陆爽订婚的女子为妾时，魏徵谏阻，房玄龄却说男家未出聘礼，并强调诏令已发出不可中止。贞观十年（636），长孙皇后病重，太子李承乾想建议皇帝恩赦罪犯以感动上苍，这事他自己不敢对皇帝讲，房玄龄却为他把不应转告的破坏法制的想法转告了皇帝。同年，李世民听到关于朝廷三品以上的官员都看不起魏王李泰的谣言怒斥群臣时，房玄龄惊恐万分，而向皇帝叩头认罪。贞观十五年（641），房玄龄向高士廉正常询问玄武门工程之事遭皇帝无理指斥，房玄龄又是连忙叩头认罪。李世民不止一次地要看史官写的《起居注》，两次遭到褚遂良等的反对。但是，这项原则竟在兼任"监修国史"负责分管该项国务的宰相房玄龄手下遭到破坏，他不顾谏议大夫朱之奢的反对，同门下省的给事中许敬宗一起，"删为高祖、今上实录"，即删改了高祖李渊与李世民朝的《实录》，呈给了李世民。这一系列放弃原则，有理不争，反而叩头请罪的表现，与房玄龄的职位所要担负的责任，都是不相符合的。其实，贞观君臣之间的诤谏事例，房玄龄一直看在眼里，想在心中。直到临死之前，最后终于战胜自我，精神得到解脱。贞观二十二年（648）七月，病情沉重的房玄龄对儿子们说：

　　吾受主上厚恩，今天下无事，唯东征未已，群臣莫敢谏。吾知而不言，死有余责。

于是上表谏阻继续东征高丽之战事。表中责问皇帝说：

　　今驱无罪之士卒，委之锋刃之下，使肝脑涂地，独不足愍乎！

他认为高丽国的表现，还未达到"违失臣节""侵扰百姓""他日能为中国患"这种程度。如果只是为高丽国的前代雪耻，为新罗国报仇去进行战争，"岂非所存者小，所损者大乎！"所以，果断建议："许高丽自新，焚陵波之船，罢应募之众。"最后表示："臣旦夕入地，傥蒙录此哀鸣，死且不朽。"这是在东征高丽问题上分析得最透彻，责备得最严厉，建议最果断的谏诤。唐太宗在贞观十九年（645）那次东征失败时，曾遗憾地说过，要是魏徵活着，我一定不会陷入如此的境地。房玄龄的谏劝，虽然来得迟了，但从其谏劝的质量看，其忠诚及敢于犯颜的深度、力度，并不在魏徵之下。李世民对他的谏书作了肯定，说："彼病笃如此，尚能忧我国家。"房玄龄在世的最后时刻，为自己树立起了全新的形象，是贞观朝廷诤谏之风闪烁出的最后的光辉。后世仰慕房玄龄及有志于想做像房玄龄那样"贤相"的人，千万别忘记他临终极谏的气概与精神。

* 此文原发表于南京师范大学出版社 2001 年版钱大群著《中国法律史论考》一书中，收入本书时有修改斟酌。

《律疏》杂考

唐律研究新思考

19. 唐律立法量化技术运用初探

从刑法学的角度说，对犯罪构成客观方面诸要素情况的准确认定，是准确量刑的重要条件。犯罪构成客观方面诸要素的情状，总是千差万别，所以，尽可能制定可以实际操作的标准，使刑罚的幅度与犯罪构成客观方面的情况相同一，是自古以来司法审判工作的一个共同的追求，也是千百年来刑法学家们一直希望解决又总解决得不理想的一个问题。而唐律的制定者们，对犯罪构成客观方面诸因素，从多方面进行量化的努力，正是古代法学家在刑事立法技术上的一大贡献。

唐律对犯罪构成客观方面诸因素作量化的立法技术，其根本意义是使定罪量刑准确快捷，有利于及时打击和制止犯罪，使刑事法律具有的威慑教育作用，更加明确实在。同时，量化的方法反过来促使对犯罪构成客观方面诸因素作不断的解析，从而又推动了古代律学的发展。

本文主要是评介唐律在犯罪客观方面量化技术运用的特点，希望引发研究者们对唐律立法上这一重大特点的注意，并考虑在现时代条件下，对中国唐代刑事立法中这一遗产作进一步的挖掘。

一、应用数量单位及等级档次作为犯罪客观方面的衡量尺度

本文中所说的量化技术，是指唐律对犯罪构成客观方面诸因素，作有罪认定并以此确定刑罚幅度过程中所使用的技术手段。唐律中的"量化"，主要包括对犯罪行为的性质、结果等作分析时使用的数量计算、级别档次定位及其与刑罚幅度之间形成的量刑参数。其中，数量计算是由数词与量词结合所表现的行为或结果的轻重程度。级别档次定位，是指犯罪行为的结果形成的一种相对稳定的程度档次关系。量刑的参数是立法者根据数量指标或级

别档次的增加而随之加重刑罚的指数关系。

量化技术的运用与发展，将是刑事立法发展变化的一个普遍规律。从唐律看，唐代刑事立法中的量化技术，已经达到一个相当高的水平。这项技术的运用，是唐代国家社会法制化的一个方面的具体反映。

（一）运用众多数量单位对犯罪构成客观方面作量化

单位量词的运用，表现了对犯罪行为结果、情节等轻重的解剖水准。唐律中众多单位量词的使用，对犯罪行为的量化在深度、广度上有积极作用。

1. 侵占财物的犯罪行为结果以绢的"匹""尺"等作计量单位

以非法占有财产为目的的经济犯罪的结果，唐代一般都以财物的实物单位形式量化。《名例律》卷第四（总第34条）规定，非法所得财物都以犯罪发生地当时上等绢的单价来折算计值。

盗罪、贪污、受贿、勒索、诈伪等犯罪行为后果都折算成当地当旬上等绢的"匹""尺"作为计量定罪。

2. 户籍徭役及治安方面失职犯罪的行为结果以所失的"口""人"作量化单位

《户婚律》中家长及地方官脱漏人口登记之犯罪，《擅兴律》中官吏"简点"卫士及丁夫"取舍不平"罪，《贼盗律》中官吏的辖区内有人为盗之罪，《捕亡律》中容留异地逃亡浮浪人的犯罪，都分别依"口"及"人"的数量计轻重。

3. 犯罪行为持续时间以"日""宿"为计量单位

《断狱律》中依法应没收、赔偿之物"违期不送"罪，《捕亡律》规定在职官吏、军事人员及服役人员的逃亡罪，《擅兴律》中各种军防人员"稽留不赴"罪，《卫禁律》中警卫官吏"应上番不到及因假而违"的犯罪，凡此种种，都以"日"为行为结果轻重的计量单位。行为持续的时间，也有根据需要专门以"宿"（一夜）为计量单位的。如《职制律》卷第九（总第98条）规定，参加国家大祀的官吏斋期宿寝违制的犯罪，特以"宿"作计量单位。

4. 行为对象涉于牲畜的犯罪以牲畜的"匹""头"等作为计量单位

《职制律》中官吏违法增乘驿马罪，《厩库律》中牧管官吏牲畜死亡率超出正常指标的犯罪，都以牲畜的"匹"（"头"）作为量化单位。

5. 伤害行为以伤害面积作为量化单位

除了侵占土地的犯罪行为结果以"亩"为计量单位外，乘用官马磨破马匹项背的，以创伤的面积作为行为结果的量化单位，法律规定说："乘驾官畜产，而脊破领穿，疮三寸，笞二十；五寸以上，笞五十。"这里的"三寸""五寸"，注文说："皆以围绕为寸"，即周长。《厩库律》卷第十五（总第 201 条）的疏文举例说：

疮围三寸，径一寸；围五寸一分，径一寸七分。虽或方圆，准此为法。

伤害罪中拔去头发的行为结果也以脱发的面积计量，《斗讼律》卷第二十一（总第 302 条）说："拔发方寸以上，杖八十。"疏文解释：

方寸者，谓量拔发无毛之所，纵横径各满一寸者。若方斜不等，围绕四寸为方寸。

6. 驿使"枉道"的行为结果以"里"为量化单位

法律规定，驿使必须依驿站间的固定路线而行，若不由路线而行，或超过投送目的地是为"枉道"之罪，《职制律》卷第十（总第 128 条）对此罪的处置是依转路或超过的"里"为计量单位。

7. 违法私载之行为结果以"斤"为量化单位

乘官家的牲畜、车船时所带私物，法律有统一规定的数量限额，超过限额按数量多少处罚。如《职制律》规定，乘驿站的马，其所带只限于"随身衣仗"及所送之物，《厩库律》规定乘官马带私物不得过 10 斤，乘官车带私物不能超过 30 斤，《杂律》规定，乘官船所带衣粮等物限于 200 斤，如超过这些限额带私物，都以"斤"计量定罪。

8. 地方官政务失职以"事"为行为结果的量化单位

按唐代制度，地方里正对各家人口的土地，应该分授而不分授，应该收还而不收还，应课督栽植桑枣而不课，应劝耕锄而不劝，其中每一项内容即称为一"事"。官吏这方面违法犯罪行为的结果，都计"事"的多少为轻重，《户婚律》卷第十三（总第 171 条）规定："如此事类违法者，失一事，笞四十。"

9. 拒绝受理合法诉讼的行为结果以案内所告罪名的"条"作为量化单位

按唐制，法官拒绝应该受理的案件，这种犯罪行为结果量化单位不是"案"，也不是"人"，而是案内所告之罪条。《斗讼律》卷第二十四（总第 359 条）规定：

诸越诉及受者，各笞四十。若应合为受，推抑而不受者，笞五十；三条加一等，十条杖九十。

10. 以两种计量单位或复名数作为行为结果的量化单位

《杂律》卷第二十六（总第 398 条）中"负债违契不偿"罪就规定："一匹以上，违二十日，笞二十。"这里既有"匹"，又有"日"。另外也可以是事实上的复名数"人日"。如《擅兴律》卷第十六（总第 235 条）说："若放人多者，一人准一日；放日多者，一日准一人。"注文说："谓放三人各五日，放五人各三日，累成十五日之类。"注文最后说："并经宿乃坐。""日"的形成，此处以"经宿"为准。

11. 以行为结果数量在整体中的比重作为结果计量的依据

地方官所管辖区内或户主田地有荒芜，就以所荒芜田亩占其全部田亩总数的比例定刑罚轻重，如《户婚律》卷第十三（总第 170 条）规定：

> 诸部内田畴荒芜者，以十分论，一分笞三十，一分加一等，罪止徒一年。

即荒芜 10%，笞三十；此外，每多 10%，加一等；最高处一年徒刑。对家长犯有此罪也以荒芜所占全家田亩总数的比例处罚："户主犯者，亦计所荒芜五分论……一分笞三十，一分加一等。"实际是荒芜占全户所有地的 20%，笞三十；此外每增加 20% 加一等。地方官管辖区下，应交纳的租税物，到期短缺的，以及领取兵器有遗失或因过失造成损坏的，都依占总数的比例处罚。另外，在共犯"自首"制度中，法律还使用了"等"（同量）"半"，即 50% 的比例计量。《名例律》卷第五（总第 38 条）规定："诸犯罪共亡，轻罪能捕重罪首，及轻重等，获半以上首者，皆除其罪。"疏文解释说，假如五个人都是犯杖一百的罪之后逃亡，其中一人抓捕二人去自首，连自己在内是三人，对五人说已经是"半以上"（达 60%），故这人可以"自首"免罪。

（二）运用固定的程度等级档次作为对犯罪行为的量化定位

社会上公认的或由法律规定的一些表示事物之间差异的等级或程度档次，可反映事物的比较差别。这种档次差别也是唐律对犯罪行为量化的常用手段。

1. 行为结果以距离远近的档次作量化定位

犯罪行为的性质及情节的轻重，有时表现在空间或地点上，唐律对涉及行为性质、情节轻重的空间地点，也尽可能作出等级的量化规定。这一点在对警卫皇家安全的犯罪上表现得最具体周到。

（1）京城内的空间范围以"京城门→皇城门→宫城门"作为损害安全犯罪由轻到重的等级划分的程式。如《卫禁律》卷第七（总第 71 条）关于夜开"宫殿门"的规定说："其皇城门，减宫门一等，京城门，又减一等。"《诈伪律》卷第二十五（总第 364 条）规定：

"伪写殿城门符"者处"绞",而于"皇城、京城门"者处"流二千里"。

(2) 宫内以"宫门→殿门→上阁→御在所"的深浅档次，作为侵犯行为由轻到重的等级划分程式。如《卫禁律》卷第七（总第 59 条）规定，无凭证阑入"宫门"者，徒二年；入"殿门"的，二年半；入"上阁"的，绞；至"御在所"，斩。

(3) 犯于行宫以"外营门→次营门→内营牙帐门→御幕门→御在所"的距离档次，来比附"宫门→殿门→上阁→御在所"的安全距离档次。《卫禁律》卷第八（总第 77 条）特明确规定相比附的制度："外营门、次营门"相当于"宫门"；"内营牙帐门"相当于"殿门"；"御幕门"相当于"上阁"；"御在所"不变。

2. 以衙门内责任关系的模式作为同职公坐中官吏罪责追究的量刑参数

(1) 同衙门内部统一以"长官、通判官、判官、主典"的四级制，分清主从后递减（增）一等之法追究。《名例律》卷第五（总第 40 条）规定："同职犯公坐者，长官为一等，通判官为一等，判官为一等，主典为一等，各以所由为首。"

(2) 在同职公坐的上下级衙门之间，以上级衙门比呈报衙门递减一等，下级衙门比批覆衙门又减一等的模式处罚。《名例律》卷第五（总第 40 条）规定："上官案省不觉者，各递减一等；下官不觉者，又递减一等。"

3. 以"殴→伤→伤重→死"作为一般伤害行为结果逐渐加重的固定档次

《斗讼律》卷第二十一（总第 315 条）规定："诸皇家袒免亲而殴之者，徒一年；伤者，徒二年；伤重者，加凡斗二等……死者，斩。"

4. 谋杀罪依"谋杀→已伤→已杀"的档次作为行为量化的档次

《贼盗律》卷第十七（总第 253 条）规定："谋杀缌麻以上尊长者，流二千里；已伤者，绞；已杀者，皆斩。"

5. 以血亲的服制等级作为某些相犯行为轻重加减档次的依据

亲属间相犯的基本规律是，卑犯尊：越亲近，刑罚越重；越疏，刑罚相对减轻。尊犯卑：越亲近，刑罚越轻；越疏，刑罚相对加重。这中间"袒免、缌麻、小功、大功、期亲"的亲等，成了处置此类犯罪时对行为结果进行量化的档次依据。如《斗讼律》卷第二十一（总第 315 条）规定："诸皇家袒免亲而殴之者，徒一年……缌麻以上各递加一等。"在此条法律中，亲等与刑罚的参数是：

亲等：袒免→缌麻→小功→大功→期亲

刑罚：徒一年→徒一年半→徒二年→徒二年半→徒三年

6. 以"议贵→五品以上→六品以上"作为殴打官员犯罪行为情节量化的档次

唐朝官吏的品级为九品三十等，但是在刑法中，一般以"议贵"官（即爵一品、散官二品、职事官三品），"五品以上"（实际是指五品至四品）及"九品以上"（实际是指九品至六品）这三个大档次，作为行为性质量化的相应档次。官品的这种大档次划分，《斗讼律》卷第二十二（总第318条）疏文也说："谓六品以下、九品以上，或五品以上非议贵者，议贵谓三品以上、一品以下"。《斗讼律》卷第二十一（总第316条）规定："流外官以下，殴议贵者，徒二年……殴伤五品以上，减二等……殴伤九品以上，各加凡斗伤二等。"

7. 以"良人→部曲→奴婢"递相加减一等作为良贱相犯情节轻重的档次

良贱相犯的基本规律是良犯贱，比凡犯减等；贱犯良，比凡犯加等。良人犯部曲，减凡人一等；良人犯奴婢，减凡人二等。因此部曲与奴婢间，又有加减一个等级的关系。如《斗讼律》卷第二十二（总第320条）规定：部曲殴良人加凡人一等，奴婢又加一等；部曲与奴婢相殴伤杀者，各依部曲与良人相殴伤杀法（即比凡犯加减一等之法）。

8. 以"夫→妻→媵→妾"的尊卑次序作为侵犯情节的档次

如《斗讼律》卷第二十二（总第325条）规定：夫殴伤妻减凡人二等；殴妾折伤，减殴妻二等；妻殴伤杀妾，又与夫殴伤杀妻一样减等。《斗讼律》卷第二十二（总第326条）规定：妻殴夫重者，加凡斗伤三等，媵犯妻的，比妾犯妻减一等；妾犯媵的，比凡人加一等。

犯罪客观方面因素情状的认定，常常是在确定有罪后精确地判刑的主要根据。唐律中对侵犯行为程度作单位量化及级别档次上的划分，既提高了办案的准确性，又缩短了审判的流程。唐律在立法上对犯罪构成的客观方面运用量化技术，对精细化地贯彻"刑罪相当"的原则起到重大作用。而"刑罪相当"的原则，正是唐律中贯彻始终并浸透律条的最根本的原则之一。

二、量化技术扩展了唐律绝对确定的法定刑的灵活运用

现代刑法中的法定刑，依其幅度是否固定的情况，可以分为"绝对确定的法定刑""绝对不确定的法定刑"及"相对确定的法定刑"三种。而唐律只用绝对确定的法定刑一种。

（一）绝对确定的法定刑的结构形式

唐律中的绝对确定的法定刑，一般都是呈现三段式结构，其三段式又可以分为以下三种情况。

1. 明确的三段式

这一种情况是在犯罪行为之后明确规定：（A）犯罪行为的数额计量及刑罚的起点；（B）增额加刑的幅度与办法；（C）刑罚的最高限度。例如《卫禁律》卷第七（总第75条）：

> 诸宿卫人应上番不到及因假而违者，（A）一日笞四十，（B）三日加一等；过杖一百，五日加一等，（C）罪止徒二年。

《职制律》卷第十（总第128条）：

> 诸乘驿马辄枉道者，（A）一里杖一百，（B）五里加一等，（C）罪止徒二年。

《户婚律》卷第十二（总第162条）：

> 诸同居卑幼，私辄用财者，（A）十匹笞十，（B）十匹加一等，（C）罪止杖一百。

2. 隐形的三段式

这一种情况是只在罪名后规定：（A）数额及刑罚的起点；（B）增额加刑的幅度或办法；（C）其最高刑额不明写，而是依刑律的统一原则或特殊规定办。如《职制律》卷第十（总第127条）：

> 诸增乘驿马者，（A）一匹徒一年，（B）一匹加一等。

《断狱律》卷第三十（总第497条）：

> 诸死罪囚……即奏报应决者，听三日乃行刑，若限未满而行刑者，徒一年；即过限，（A）违一日杖一百；（B）二日加一等。

以上二例中的量刑，其所以只规定起点刑及随数量增额加刑的办法，而不规定最高限额，其原因是这类犯罪随数量增额的最高刑限统一由《名例律》卷第六（总第56条）专门规定：

> 加者，数满乃坐，又不得加至于死；本条加入死者，依本条。

即按增额加刑，一般不加至死刑，只能加至流三千里为止。一定要加至死刑的，由各条自己作明确的特别规定："可加至死。"而即使规定可加至死刑的，也以加至绞为极限，而不得加至斩。

3. 不定三段式

这种情况是于罪名后规定：（A）先规定一个不计数量而是有犯即罪的基础刑；（B）再规定加额增刑的幅度；（C）规定或不规定最高刑限。如《捕亡律》卷第二十八（总第465条）：

诸被囚禁，拒捍官司而走者，（A）流二千里；（B）伤人者，加役流；（C）杀人者斩，从者绞。

不明确规定最高刑罚限度的如《擅兴律》卷第十六（总第229条）：

诸大集校阅而违期不到者，（A）杖一百，（B）三日加一等；主帅犯者，加二等。

上列所有注（A）的处罚，是只要有前文规定的犯罪，就要受到这种处罚，该处罚也是最低的限度。（B）项是增额加刑的幅度与办法。之后，有的明确规定最高刑限（C）（如斩），有的则不规定最高刑限。不规定最高刑限者，都统一按上述《名例律》卷第六（总第56条）的原则办。[1]

唐律律条中的刑罚，使用绝对确定的法定刑的办法，审判中法官基本没有自由裁量的权力，除"比附"及"类举"外，也不必在法条选用上犹豫迁延耗费时间。这是立法上缩短审判流程的原因之一。

（二）量化的量刑参数使"绝对确定的法定刑"变成能适用不同情状的法条

唐律中量化的量刑参数，它的内容一般包括这样三个方面：最低的刑罚起始点的数量指标及刑罚；随数量增额加刑的办法或幅度；本罪刑罚的最高限度。

这种量刑参数使用的常见形式，大概有下列几种情况：

1. 明确规定刑罚起点的数额、增加数额及刑罚的高限

以下刑罚的起点及数额以符号（A）提示，增额加刑的幅度以符号（B）提示，刑罚的高限以符号（C）提示。例如：

例一，《卫禁律》（总第75条）："诸宿卫人，应上番不到及因假而违者，（A）一日笞

---

1 参见《名例律》卷第六（总第56条）："加者，数满乃坐，又不得加至于死；本条加入死者，依本条。"注："加入绞者，不加至斩。"

四十，（B）三日加一等；过杖一百,五日加一等，（C）罪止徒二年。"

例二，《职制律》（总第 92 条）："诸贡举非其人及应贡举而不贡举者，（A）一人徒一年，（B）二人加一等，（C）罪止徒三年。"

例三，《职制律》（总第 128 条）："诸乘驿马辄枉道者，（A）一里杖一百，（B）五里加一等，（C）罪止徒二年。"

例四，《户婚律》（总第 150 条）："脱口及增减年状，以免课役者，（A）一口徒一年，（B）二口加一等，（C）罪止徒三年。"

例五，《户婚律》（总第 162 条）："诸同居卑幼，私辄用财者，（A）十匹笞十，（B）十匹加一等，（C）罪止杖一百。"

例六，《户婚律》（总第 163 条）："诸卖口分田者，（A）一亩笞十，（B）二十亩加一等，（C）罪止杖一百。"

例七，《厩库律》（总第 197 条）："诸验畜产不以实者，（A）一笞四十，（B）三加一等，（C）罪止杖一百。"

例八，《擅兴律》（总第 239 条）："诸镇、戍应遣番代，而违限不遣者，（A）一日杖一百，（B）三日加一等，（C）罪止徒二年。……若镇、戍官司役使防人不以理，致令逃走者，（A）一人杖六十，（B）五人加一等，（C）罪止徒一年半。"

例九，《杂律》（总第 422 条）："即卖买已讫，而市司不时过券者，（A）一日笞三十，（B）一日加一等，（C）罪止杖一百。"

例十，《捕亡律》（总第 462 条）："诸非亡而浮浪他所者，（A）一日笞十，（B）二十日加一等，（C）罪止杖一百。"

例十一，《断狱律》（总第 492 条）："诸徒、流应送配所，而稽留不送者，（A）一日笞三十，（B）三日加一等；过杖一百,十日加一等，（C）罪止徒二年。"

2. 只规定刑罚的数量起点及增额加刑的办法制度

其实用的法例如下：（A）表示数量及刑罚起点，（B）表示增幅办法。

例一，《卫禁律》（总第 88 条）："诸越度缘边关塞者，徒二年。共化外人私相交易，若取与者，（A）一尺徒二年半，（B）三匹加一等，十五匹加役流。"

例二，《职制律》（总第 91 条）："诸官有员数，而署置过限及不应置而置，（A）一人杖一百，（B）三人加一等，十人徒二年。"

例三，《职制律》（总第 127 条）："诸增乘驿马者，（A）一匹徒一年，（B）一匹加一等。"

例四，《斗讼律》（总第 360 条）："诸强盗及杀人贼发，被害之家及同伍即告其主司……当告而不告，（A）一日杖六十。主司不即言上，一日杖八十，（B）三日杖一百。"

例五《断狱律》（总第 497 条）："诸死罪囚，……即奏报应决者，听三日乃行刑。……即过限，（A）违一日杖一百；（B）二日加一等。"

这种情况下的量刑参数，之所以只规定起点刑及随数量增额加刑的办法，而不规定最高限额，其原因是这类犯罪随数量增额的最高刑限，仍按上述《名例律》卷第六（总第 56 条）的专门规定办。

3. 规定有犯即罪的基础刑、增刑之幅度或最高刑额

如：（A）表示基础刑，（B）表示增刑幅度，（C）表示罪止。

例一，《职制律》（总第 97 条）："诸官人从驾稽违……，（A）笞四十，（B）三日加一等；过杖一百，十日加一等，（C）罪止徒二年。"

例二，《厩库律》（总第 211 条）："诸假请官物，事讫过十日不还者，（A）笞三十，（B）十日加一等，（C）罪止杖一百。"

例三，《厩库律》（总第 213 条）："诸监临主守之官，以官物私自借，……（A）笞五十；（B）过十日，坐赃论减二等。"

例四，《擅兴律》（总第 229 条）："诸大集校阅而违期不到者，（A）杖一百，（B）三日加一等。"

例五，《断狱律》（总第 479 条）："诸鞫狱官……皆听直牒追摄。牒至不即遣者，（A）笞五十；（B）三日以上，杖一百。"

上列罪名后所列（A）项的处罚，是只要有前文规定的犯罪，就要受到这种处罚，该处罚也是最低的限度。（B）项是增额加刑的幅度与办法。之后，有的明确规定有最高的刑限（C）（如罪止……），有的则不规定最高刑限。不规定最高刑限者，都仍按上述《名例律》（总第 56 条）关于数满乃加，不得加至于死的原则办。

三、五刑加减等的量化规则为刑罚判处的量化设置条件

唐律中量化参数的制定与运用，始终是以其"五刑"自身的量化为前提的。唐代的刑罚种类虽然有五种，但这五种不同的刑罚，却都实现了整体的等级化。即五种刑罚中的任何一种（级）的任何一个等，在通盘的五种二十等中，都处于与其他种类不重复，并可以统一依次序计算其轻重档次的一个独立而又通用的单位。正由于唐律中的刑罚档次都是通盘二十等中的一个等第，所以，唐律中的量化的量刑参数，可以从任何一个起点，依量化数额增减而加减直到最高或最低限也不会受阻。

（一）五刑二十等的统一系统

首先，第一种笞刑，第二种杖刑，第三种徒刑，第四种流刑，第五种死刑。这五个种类就是一个由轻到重的种类次序：笞、杖、徒、流、死。

其次，五个种类又各自再分其轻重次序：笞刑以十为等差，分为由笞十到笞五十的五等；杖刑也为以十为等差，分为由杖六十到杖一百的五等；徒刑以半年为等差，分为从徒一年到徒三年的五等；流刑以五百里为等差，分为从二千里到三千里的三等；死刑以身首是否分离为轻重，分为从绞到斩的二等。

再次，由轻到重的笞、杖、徒、流、死五个刑罚种类，又依由最轻到最重的次序衔接起来，形成一个统一的由"笞十"到"斩"的二十等。

最后，在五种、二十个等中，相邻的两个种级间，轻种的高限与重种的低限之间，也构成一个等差的关系。如笞五十到杖六十之间，杖一百至徒一年之间，徒三年到流二千里之间，流三千里到绞之间。

（二）唐律"五刑"加减等量化的通例与特例

刑罚由轻加重（加等）及由重减轻（减等）的计算办法，法律统一规定：

诸称"加"者，就重次；称"减"者，就轻次。唯二死、三流，各同为一减。[1]

其一，加等"就重次"。就是由轻到重一等一等逐等计加数。假如有人犯杖一百之罪，要"加一等"的话，就是"徒一年"；假如有人犯徒一年之罪，要"加一等"，就是"徒一年半"。但是，加等执行"就重次"时，要同时执行上述《名例律》（总第 56 条）中"加者，数满乃坐，又不得加至于死；本条加入死者，依本条"。

其二，减等"就轻次"。就是减等要由重到轻地逐等计减数，如徒一年者，"减一等"，就是杖一百；犯杖一百者"减一等"，就是"杖九十"。但是，执行"就轻次"时，其中死刑与流刑减等时，要把绞与斩二等并作一等计；三等流刑也合并作一等计，加役流作减等，也依流刑减法；徒三年以下，都是由重到轻逐等减。这是体现对犯人宽大而制定的制度。

唐代刑罚种类及等级加减制度的量化，是唐律实行量化量刑参数的一个极重要的基础条件，其本身就是个量化范例。如果没有这一条件，量化的量刑参数的实施，则不会有像现在所见那样简单明了。唐律五刑加减等的规则可详见表 19.1。

1《名例律》卷第六（总第 56 条）。

表 19.1 唐律五刑加减等规则示意

五刑种类	笞刑五					杖刑五					徒刑五					流刑三			死刑二	
五刑等级	1	2	3	4	5	1	2	3	4	5	1	2	3	4	5	1	2	3	1	2
五刑轻重内容	一十	二十	三十	四十	五十	六十	七十	八十	九十	一百	一年	一年半	二年	二年半	三年	二千里	二千五百里	三千里	绞	斩
统一轻重次序	1	2	3	4	5	6	7	8	9	10	11	12	13	14	15	16	17	18	19	20
加等以重次逐等计数	→	→	→	→	→	→	→	→	→	→	→	→	→	→	→	→	→	→	→¹	
减等以轻次,唯"二死、三流"作一等计	←	←	←	←	←	←	←	←	←	←	←	←	←	←	←	←	←	← (减刑时三流作为一等减)	←² (减刑时二死作为一等减)	

四、唐律立法量化技术的作用和意义

归纳起来,唐律立法的量化技术,对唐代的司法有下列几方面的积极影响。

第一,唐代的刑律运用量化技术对犯罪构成的客观方面,最大限度地进行量化分析,对各种犯罪行为作量化比较,其最直接的结果是有利于定罪判刑,提高办案的准确率。因为犯罪客观方面诸因素情状的认定,常常是在确定有罪后精确地判刑的主要根据。同时,唐律中的量化技术,对侵犯对象及行为程度作级别及档次上的划分,不只是仅仅关系到犯罪的客观方面,有时也直接关系到有罪与无罪,此罪与彼罪的性质划分问题。如很多条文

---

1 依犯罪客观方面指标增加而加重处罚等级,除律条明确规定应加至死刑者外,一般不加至死刑。即使加到死刑也以加至绞为止,不加至斩刑。

2 减等时,二等死刑及三等流刑,都作为一等减。加役流作减时,与三流合计为一等减。参见《名例律》卷第六(总第56条)疏文规定:"其加役流应减者,亦同三流之法。"

规定的罪罚，是以一定的数量指标为犯罪构成条件的，达不到数量指标即为无罪。亲属相犯对象不同的等级与档次，就属不同性质的罪名，如侵犯小功以上亲的犯罪有时会进入"十恶"，而侵犯缌麻以下亲属则不入"十恶"。

第二，在司法管理上，唐律运用量化技术，具体地制定许多种犯罪的量刑参数，为众多犯罪的量刑提供了必须遵照而且又是完全可行的法律依据。在这种法律面前，法官根本不享有像现代某些国家法官享有的那种刑罚幅度上的所谓裁量权。这种情况带来的一个最积极的后果，是使那些丧失职业道德而徇私舞弊的审判官在立法上减少了欲轻办则援轻例，欲重处则引重法，在刑罚幅度上下其手的条件。法官在量刑幅度上的裁量权愈大，则法律的严肃性及威慑力就受损害。因为在这种情况下，被刑者对审判官个人的权力寄予的侥幸心最大，司法腐败的可能性就增多。

第三，唐律的量化技术在司法上一个最实际的后果，是缩短了办案周期，加速了司法办案的流程，以便及时打击和制止犯罪，有利于法律秩序的稳定。因为法律量刑的量化，刑罚的确定变得明确简便。司法官可以将主要的时间与精力放到查清犯罪事实上去，而不必在刑罚幅度的量裁上犹豫反复，争论不休。这样，既提高了办案的准确性，又缩短了办案的时间。从史书上看，唐代刑案的审结时间整体上说是较短的。徒刑以上的重大案件，唐玄宗时规定是三十天。唐宪宗时又要求大理寺审案不超过二十天，刑部覆核不超过十天。即使刑部与大理寺有分歧，大理寺重审也不得过十五天。刑部覆核地方申报案不超过七天。唐穆宗时放宽，要求依案子的大、中、小确定不同时限：大理寺审判分别是三十五天、三十天、二十五天。刑部覆核，奏报皇帝的时限分别比大理寺各短五天。而这些所谓大、中、小事划分的标准，竟是：

> 一状所犯十人以上，所断罪二十件以上，为大；所犯六人以上，所断罪十件以上，为中；所犯五人以下，所断罪十件以下，为小。[1]

从今天的角度看，即使是当时的"小事"，也是足够"大"的刑事案件。唐代的审判能在这种速率上进行，不能说与唐代法官（无论是基层的还是上级的）其主要精力和时间放在犯罪事实的查实上，而不是耗费在刑罚幅度的裁量上无关。使刑罚既有足够的威慑力，又能使审判流程快捷，是法治建设上一个深层次的问题。从唐代的经验教训看，我们应当得出一个结论：在法治建设上不重视立法上量化技术的研究，将是个错误。而这正是长时期以来，我们恰恰相对来说最应改进的一个问题。

* 此文发表于南京大学出版社 1996 年 9 月版钱大群著《唐律与唐代法律体系研究》一书中，此次收入本书时作了充实、调整。

1《旧唐书·刑法志》，中华书局 1975 年版，第 2155 页。

20. "除免"与"官当"性质辨
——刑罚与行政处罚交叉相通下官吏的特权制度

唐律中官吏以行政处罚来抵冲刑罚的特权，最重要的是"官当"与"除免"制度。"官当"制度是不实行议、请、减、赎的官吏有一般犯罪后以官职去抵冲刑罚，"除免"制度是上述官吏有了一些特殊规定的犯罪后，比官当相对加重地仍以行政处罚来抵冲其刑罚以作补救。故从性质上说，官当与除免都是以行政处罚抵冲刑罚的特权制度。作"官当"之官员的刑罚被"官"抵当掉了，容易理解。但是，"除名""免官""免所居官"如果是行政处罚，那么这些犯官的刑罚到哪里去了？这问题是唐律中"当免"制度的关键，也是唐律阅读者不能不遇到而又必须厘清的问题。

一、唐代刑罚与行政处罚交叉相通的法律环境

唐律中凡涉及行政处罚的制度，作为刑律《律疏》的《名例律》，都有条文作明确的规定。如最重要的用行政处罚替代徒流刑罚的官当制度，就规定在《名例律》（总第 17 条）。该条规定了品级高低的当值；公私罪当量的差额；有官者不能任意不作官当选择用赎而保留官职。比官当处罚更重而属除名、免官、免所居官等的犯罪，则规定在《名例律》（总第18 条、第 19 条、第 20 条、第 21 条）；官当与赎刑结合使用的办法，规定在《名例律》（总第 23 条）。这些法条在刑罚与行政处罚的关系上都体现了唐律中刑罚与行政处罚所呈现的交叉相通的关系。也只有在这种前提下，《律疏》中才会产生官员以"除免"与"官当"抵冲刑罚的精密的特权制度。

贯彻特权原则，其中最重要的是刑罚与行政处罚交叉相通的背景，即对官吏的刑罚或

是行政处罚,都必须在认可一旦为"仕"便终身有官的根本前提下实施。以行政处罚取代刑罚之制度,在《永徽律》制定前就已定型并实施。《旧唐书·刑法志》在概述贞观时期刑制情况时曾说:

> 其当徒之法,唯夺一官;除名之人,仍同士伍。[1]

这里的"唯夺一官",如从《律疏》的制度去反溯,可以理解为官当后只降先品一等;"仍同士伍",可以理解为遭除名(包括免官及免所居官)之人,其身份仍在官员"士"的行列并有复叙资格。[2]

(一) 官员犯罪降免官爵的行政处罚由刑律统一规范

官吏触犯刑律遭受刑罚,常常自然地要导致撤免官爵职位的结果。在近现代,犯官官职的撤免基本划入行政范畴作另外处理。而唐代犯官官爵的处置,在刑律中以专门的条文加以规范。

1. 用官职折抵徒流刑之"官当"由刑律规定

"官当",是指官吏犯有一般的徒、流罪,以官职抵当实刑之法。唐代官吏犯罪,笞杖罪大多通过赎法避免实罚,徒流罪通过官当避免实罚。无论是所谓"公罪""私罪"都是这样。《名例律》卷第二(总第 17 条)规定:"诸犯私罪,以官当徒者,五品以上,一官当徒二年;九品以上,一官当徒一年。若犯公罪者,各加一年当。"法定的三等流刑,被折算为四年徒刑去作当:

> 以官当流者,三流同比徒四年。……品官犯流,不合真配,既须当、赎,所以比徒四年。[3]

2. 官职"除免"的具体内容由刑律规定

撤销官爵之除免制度,由重到轻分为"除名""免官"及"免所居官"三等,纳入轻重不同的特殊犯罪。这三等的具体内容也由刑律规定。这些除免内容的轻重,主要由撤降官职的阶品数及等待复叙时间的长短构成。其一,最轻的"免所居官"者,等待重新启用的期限最短,重新启用时被"降"的官品最少。其二,次重的"免官"者,等待重新启用的

---

1 见《旧唐书·刑法志》,中华书局 1975 年版,第 2138 页。

2 见本书第 35 篇《"士伍"身份之辨》一文。

3《名例律》卷第二(总第 17 条)。

期限比前者长，启用时所降的品数比前者多。其三，最重的"除名"者，比"免官"者重新启用等待的年期更长，启用的阶品降到最初得官的起点。

（二）官员的刑罚影响行政考核

1. 官吏犯罪与考核的关系由行政法令规范

（1）有罪记负殿是行政考核的重要内容。

唐代官吏在进行行政考核时，对受赎刑等刑罚的劣迹要记载"负殿"。依法律，"考核之日，负殿悉皆附状"，即写进考核的内容：

> 诸官人犯罪负殿者，私坐计赎铜一斤为一"负"，公罪二斤为一"负"，各十负为一"殿"。校考之日，负殿皆悉附状。[1]

考核时从"上上""中中"到"下下"的九等，自"上中"以下，有一殿降一等。其中只有"上上"考的非私罪犯者，有"殿"可以不降官；只有"当年劳剧有异于常者"，才可以减去"一殿"的劣迹记录：

> 当上上考者，虽有殿不降（此谓非私罪）；自上中己下，率一殿降一等。即公坐殿失应降，若当年劳剧有异于常者，听减一殿。[2]

官吏如因私罪赎铜记负殿，致使考核等级降至"下中"（第八等）或因公罪记负殿降至"下下"（第九等）的，都要解去现任之官职并追缴任官凭证，同时夺当年俸禄，一年之后才能复叙相当于原品阶的官职：

> 若私罪下中己下，公罪下下，并解见任，夺当年禄，追告身。周年听依本品叙。[3]

虽然因负殿而丢掉官职属于"下考"的情况，性质上可被称为不因犯罪而免官的"以理去官"，但这种撤降与犯罪有关系。

（2）负殿是否附入考核档案由法令规定。

官吏平时犯罪受赎铜处置后，都折换成"负""殿"记载在案。考校时，哪些负殿记载应当入考校，哪些不应入考校，法律都有规定，考校官都应依法律规定办。其中，犯罪"蒙别敕放免或经恩降"，则公私罪之负殿都不再进入考校。只有"犯免官以上及赃贿入己"

---

1 ［日］仁井田陞：《唐令拾遗·考课令》第三十八条，长春出版社 1989 年版，第 255 页。
2 ［日］仁井田陞：《唐令拾遗·考课令》第三十八条，长春出版社 1989 年版，第 255 页。
3 ［日］仁井田陞：《唐令拾遗·考课令》第三十九条，长春出版社 1989 年版，第 256 页。

之罪,而且是"恩前狱成"的仍要记入考校。除此之外,都不记入考校:

> 蒙别敕放免,或经恩降,公私负殿,并不在附限。若犯免官以上,及赃贿入己,恩前狱成,仍附景迹。[1]

2.考核不实而造成被考者职级非法升降的依刑律追究刑事责任

刑律规定:"若考校""不以实","以故不称职者",要参照"贡举不实"之罪("一人徒一年,二人加一等,罪止徒三年")"减一等"处罚。对负殿问题,注文专门规定:

> 负殿应附而不附,及不应附而附,致考有升降者,罪亦同。[2]

由于主考人不依法取舍负殿,而引起升降后果的,也以"考校不实"罪(减贡举不实罪一等)论处。

(三) 法律可加重官吏或无官者之刑罚或行政处罚

1.对未至流罪之官吏可特配流刑

官吏所犯之罪不在配流范围而特配流,反映在《名例律》(总第 24 条),其条文说,对实犯流刑者,"应选者,须满六年",而对"本犯不应流而特配流者,三载后应听仕"。说明官吏有些不应流者也可以特配流刑,只是在叙官上优待照免官三载后降二等重叙。《狱官令》对此有相关规定说,"有资者,各依本犯收叙法",[3] 即特配流者叙官照原非流罪者执行,不加重处罚。同时,《名例律》卷第二(总第 11 条)规定,官员除名者,在流放地可不服居役。

2.对官吏本犯不至除免者分别加重至除免

按《名例律》(总第 18 条、第 19 条)之规定,除免之官员必须犯有入于除免条之罪名,但有关律条中,却规定有官吏之罪未至除免之档次而可以加重提高其档次入除免。

《名例律》(总第 21 条)规定受除、免、当官员之复叙时曾说到,"本犯不至免官,而特除名者",以及"本犯不至免所居官及官当者,而特免官者"的做法。至于为什么要加重提高其档次,疏文对"特除名"的解释最有概括性:

---

1 [日] 仁井田陞:《唐令拾遗》附:池田温《〈唐令拾遗补〉编纂刍议》中补充之《考课令》,长春出版社 1989 年版,第 913 页。

2 《职制律》卷第九(总第 92 条)。

3 [日] 仁井田陞:《唐令拾遗·狱官令》第十六条,长春出版社 1989 年版,第 704 页。

> 情在可责而特除名。

其意为受除免当之有罪官员，有些人被认为不但要免官而且要加重处罚的，就可以提高档次处罚。只是这些特定对象，在停撤期长短及阶品撤降的数额上仍依原来不加重的档次执行。疏文对"特除名者"规定说，"叙法同免官例"；对"特免官者"规定说，"叙法同免所居官"。

律中对不应流者特配流（加上官吏配流不居作的制度），及不应免官而特除名者，带有一定的任意性，对皇帝及朝廷来说，肯定是极受欢迎并运用得得心应手的一种办法。唐宋时期不乏有官员受此种处罚之例。他们虽因流放被除名，但他们仍有官的身份在，他们在流放地有一定的"自由度"，有些史料及现代影视会反映出一些情节，但其中的法律背景不是人人明白。

3. 官吏有罪未至官当者刑律可令其只受停职一年之处罚

唐代官员犯罪其刑罚在笞杖间够不上用徒年作官当的，也可只作停职一年的处置。《名例律》卷第二（总第 17 条）疏文规定：

> 若犯罪未至官当，不追告身，叙法依考解例，期年听叙，不降其品。

"期年听叙，不降其品"，而且不追缴官凭"告身"，实质是未降职级只停职一年。

（四）无官者反坐官吏的"行政处罚"换算成刑罚处罚

在唐律中，对某些人诬告官吏实行反坐时，会发生把受诬告的"当免"等行政处罚换算成刑罚反坐的情况。

1. 官吏被诬告所受的"除免"的行政处罚将折成徒刑反坐诬告者

《名例律》卷第三（总第 23 条）律文首先规定这种条件下对所诬罪折抵的标准：

> 诸除名者，比徒三年；免官者，比徒二年；免所居官者，比徒一年。

律之注文说："谓以轻罪之诬人及出入之类，故制此比"，即指适用于有人以轻罪诬告官吏，使官吏有受除免之后果，及官吏有出入人罪，对错判之除免进行反坐的情况。疏文举例说：

> 假有人告五品以上官，监临主守内盗绢一匹，若事实，盗者合杖八十，仍令除名；若虚，诬告人不可止得杖罪，故反坐比徒三年。

诬告者使官吏受"除名"的处罚，反坐时，把"除名"之处罚折算成三年徒刑反坐。如被诬告者，有免官或免所居官之罚的，则分别折成二年、一年反坐。

2.僧道被诬告所受"还俗""苦使"等处罚折成刑罚反坐诬告者

疏文解释说，道僧等人擅自穿俗人衣服的，要受"还俗"之罚，"假有人告道士等辄著俗服，若实，并须还俗；既虚，反坐比徒一年"。如道僧等人有"历门教化"行为的，受百日苦使之罚，"若实不教化，枉被诬告，反坐者诬告苦使十日比笞十，百日杖一百"。僧道所受的"苦使"从令文的内容看是行政处罚而不是刑事处罚：

> 有犯苦使者，三纲立案锁闭。放一空院内，令其写经。日课五纸。日满检纸数，足放出。若不解书者，遣执土木作，修营功德等使也。其老小临时量耳，不合赎也。[1]

凡诬告道僧人有"还俗"及"苦役"之罪者，要以刑罚作反坐。律条规定其换算标准说：

> 若证告道士、女官应还俗者，比徒一年；其应苦使者，十日比笞十；官司出入者，罪亦如之。

二、"除免"是对犯特定罪名官吏的庇护制度

唐律中除"官当"外，官吏犯罪以撤免官爵抵冲刑罚，只限于官吏犯有特殊罪名者。撤免官爵的处罚根据本罪性质的轻重程度分为除名、免官、免所居官三个等级。这种行政处罚是对特殊犯罪官吏施加，所以唐代受"除免"的官吏，所犯之罪理论上都有两重之罚：一是各特定本罪的刑事处罚；一是依"除免"规定的行政处罚。

（一）受除免之官其所犯本罪都规定有刑罚

其一，《名例律》（总第 18 条）关于"除名"之罪条说：

> 诸犯十恶、故杀人、反逆缘坐，狱成者，虽会赦，犹除名。即监临主守，于所监守内犯奸、盗、略人，若受财而枉法者，亦除名；狱成会赦者，免所居官。其杂犯死罪，即在

---

1 ［日］仁井田陞、池田温等：《唐令拾遗补》，日本东京大学出版会 1997 年版，第 1003 页。

禁身死，若免死别配及背死逃亡者，并除名；会降者，听从当、赎法。[1]

如条中官吏"于所监守内奸"之罪，其本罪的《杂律》（总第416条）规定，一方面有比凡奸罪"徒一年半"加一等"徒二年"的本罪，同时入于"官爵悉除"的"除名"之行政处罚。

其二，《名例律》（总第19条）关于"免官"之罪条说：

诸犯奸、盗、略人及受财而不枉法；若犯流、徒，狱成逃走；祖父母、父母犯死罪，被囚禁，而作乐及婚娶者，免官。[2]

如条中"受财不枉法"本罪由《职制律》卷第十一（总第138条）规定，其监临主守有"受财不枉法"之罪，如值满"三十匹"的，一方面有刑罚"一尺杖九十"等之本罪，同时入于"两官并免"的"免官"之行政处罚。

其三，《名例律》（总第20条）关于"免所居官"之罪条说：

诸府号、官称犯父祖名，而冒荣居之；祖父母、父母老疾无侍，委亲之官；在父母丧，生子及娶妾，兄弟别籍、异财，冒哀求仕；若奸监临内杂户、官户、部曲妻及婢者，免所居官。[3]

条中"府号、官称、犯父祖名冒荣居之"，其本罪由《职制律》卷第十（总第121条）规定，官吏有"府号、官称犯父祖名而冒荣居之"之罪，一方面有"徒一年"之本罪，同时入于"免所居之一官"的行政处罚。

（二）"免官"与"免所居官"完全以其行政处罚抵冲刑罚

在除免的范畴内，入除免各项的罪名所应得之处罚，其中属五刑刑罚的，戴炎辉先生谓之为主刑；其所受降免官职之处罚，戴先生谓之为"从刑"。因为"除免"之行政处罚中，用作与刑罚同时并加的，只有"除名"中的部分犯罪，故本文中不把除免中的行政处罚都称"从刑"。

1. "免所居官"罪的刑罚被行政处罚抵冲

免所居官中所列的各项犯罪其本罪条规定的刑罚，皆不加区分地被"期年后降先品一等"的行政处罚抵冲掉了。

1《名例律》卷第二（总第18条）。
2《名例律》卷第二（总第19条）。
3《名例律》卷第三（总第20条）。

2."免官"者的刑罚被行政处罚抵冲

免官中所列各项犯罪其本罪的刑罚,皆不加区分地被"三载后降先品二等"的行政处罚抵冲掉。

(三)"除名"既是抵冲刑罚的行政处罚又作为一些重罪的附加刑使用

除名条的行政处罚,是"官爵悉除,六载后依出身法叙",其运用要比免官与免所居官中的情况复杂,现分述如下:

1."除名"单独地以其行政处罚抵冲刑罚

其条中规定:

> 监临主守,于所监守内犯奸、盗、略人,若受财而枉法者,亦除名。

犯官有条中这些罪,只要不属于死刑的,可以用"除名"之行政处罚去抵冲这些罪的刑罚,此外再无刑罚。此种除名之性质在概念上不属对刑罚之"附加"。如《杂律》卷第二十六(总第416条)"于监守内犯奸"之"徒二年"罪,受"除名"后,徒二年之刑罚便被以"官爵悉除,六年后依出身法叙"为主要内容的行政处罚"除名"抵冲掉而不用再役。有些犯罪其注文举其轻罪为例曰:

> 盗及枉法,谓赃一匹者。

"盗"之一匹,按《贼盗律》卷第十九(总第282条),窃盗"一尺杖六十,一匹加一等",即一匹一尺才处杖七十,现谓"一匹"者,不够加一等,刑罚仍限于"杖六十"。受财而枉法,《职制律》卷第十一(总第138条):规定其幅度是"一尺杖一百,一匹加一等",即满一匹一尺,才处徒一年,现谓"枉法一匹",不够徒一年,仍在杖刑范围内。说明此条中所言之"盗"及"枉法"如属于较轻微者,该罪之刑罚可被"除名"之行政处罚抵冲。这些除名者如再遇会赦或降,则可再在除免的范围内降低其行政处罚级别为"免官"或"免所居官"。

2."除名"作为对刑罚的"附加刑"施加

这又分为几种情况:

第一,除名之行政处罚附加于死刑一起施加。犯有除名条中所列之"死罪"者,如犯十恶等死罪,即使遇赦免去刑罚,除名之行政处罚继续保留。如该条律文中说:

> 犯十恶、故杀人、反逆缘坐,狱成者,虽会赦,犹除名。

这说明，其所犯这些死罪，假如狱成后不遇大赦，应该是死刑与除名并加。"犹"，意为原来"有"，现遇赦也"仍有"。

第二，犯官有犯非十恶等之死罪，也是既处刑罚又加除名之行政处罚。其法条规定：

> "其杂犯死罪，即在禁身死，若免死别配有背死逃亡者，并除名。"注文曰"皆谓本犯合死而狱成者"。疏文曰："此等四色，所犯狱成，并从除名之律"。

上述犯罪中，除"免死别配"外，全是死刑。疏文举其中"背死逃亡"之例说，"背死逃亡者，即断死除名，不待身至。"这清楚地说明，有犯此罪之官，是刑罚与除名之行政处罚并加。"断死除名"，其意就是死刑与除名并加，其中除名是"附加刑"。上文"第一"项中被赦免的犯罪，原与除名，也是这种关系。

这些涉死之犯，一方面要处本罪死刑之罚，同时要附加"除名"之行政处罚。为什么"死"还要除名？一是要表明，这些罪官要剥夺其"官"身份的荣誉；二是家眷也不能再以其曾有之"官"的身份，作庇荫之用。

第三，官吏犯必须实配之流刑者所附加除名的行政处罚。《名例律》卷第二（总第11条）规定：

> 其加役流、反逆缘坐流、子孙犯过失流、不孝流及会赦犹流者，各不得减赎，除名、配流如法。

除名本条中的"问答"也解释说：

> 加役流以下五流，犯罪除名、配流如法；会赦犹流，常赦所不免，虽会赦、降，仍依前除名、流配。其不孝流、反逆缘坐流，虽会赦，亦除名。

所谓"除名、配流如法"，其实际含义有二：一是实作流配；二是不得在流满（流刑一年或加役流三年）后立即官复原职，而是继续"除名"，令这些犯官（包括"第二"项引文中的"免死别配"之犯），从流放起始，就同时受除名，满六载之后依出身法复叙。这种官吏既有流刑之刑罚，又兼施"除名"之行政处罚。

不过，与死刑或流刑同时施加"除名"之行政处罚，不得抵冲死刑与重流之刑罚。

（四）给实配流及重罪之遇赦者附加之除名实际是特权

这些有重罪遇赦或流刑服满要加"除名"之行政处罚，看起来是增加了处罚，实际是给他们能重新做官提供机会。如犯"十恶"等之遇赦者，及服"五流"结束之官，按一朝为仕，终身得官之传统，其"官"之身份还存在，但要立即让其继续做官又不可能。如不加除名之罚，他们永远无法再做官。但加了"除名"之后，情况不同了，因为除名者满六载后，就有依出身法重新叙官的机会。在概念上这不是以除名抵冲刑罚，因为其"刑罚"被赦免了或服完了。这种附加的除名的行政处罚，目的是得保罪重之官有再叙官之机会，这正是《律疏》中除免制度奥妙之所在。当然，至于轻于除名的"免官""免所居官"的处罚，更是如此，就不必说了。

三、"官当"对行政处罚之抵冲及其与"除免"之比较

官当与除免，性质基本都是以官职抵当刑罚。官当与除免适用的对象，都是有流罪以下的官吏。《名例律》（总第 30 条）中后一"问答"之"答"文中说：

> 既死无比徒之文，官有当徒之例，明其除、免、当法，止据流罪以下。

"流罪以下"包括"流罪"在内，唐律中"以下""以上"（或作"已下""已上"），皆包括本数在内。

（一）"官当"与"除免"抵当刑罚的同异

1. 官当

一般犯官的官当，以及只要不属"十恶"与"五流"的除免者，都是用官抵当实刑后降一等复叙。《名例律》卷第二（总第 17 条）规定：

> 诸犯私罪，以官当徒者，五品以上，一官当徒二年；九品以上，一官当徒一年。若犯公罪者，各加一年当。以官当流者，三流同比徒四年。其有二官，先以高者当，次以勋官当。

其一，官当对刑罚抵冲的基本制度。从大的内容方面说，官当对其所犯之徒流主刑，以官职抵冲时，一是五品以上一官当二年，五品以下一官当一年；二是公罪比私罪各多当一年；三是以官职抵冲时，先用自己最高的职级当起，不能先用低官当；四是《名例律》（总第 22 条）规定，只要有官，除有资格"议""请""减"外，不能不先作官当，只有属于"罪轻不尽其官"者，才能留官收赎。

其二，"官当"也会留下行政处罚的后果。官吏以官抵当徒流刑之后，留下行政处罚的后果包括两点：一是停职一年；二是降一等使用。《名例律》卷第三（总第 21 条）说：

> 官当者，期年之后，降先品一等叙。

享有这种待遇的，必须是官职能当其罪的人，官职当尽或当不尽其刑罚的，作免官论。

2. 除免

除免虽然本质上也同样是以行政处罚抵冲刑罚，在抵冲的办法上，不用"官当"的制度而用自己特有的制度。如：一是只要罪名入于"除免"之列，即使其官阶足够抵冲之轻刑，也要除免；二是官当是官品高抵冲得多，官品低抵冲得少，"官当"之当值还分公私罪区分轻重。"除免"之要害是使用被除免之官阶抵挡刑罚，依罪名分为"除名""免官""免所居官"三个轻重档次，以抵挡所犯之轻重刑罚。

其一，对付最重的"除名"之罚，其办法是："官爵悉除"；撤停官职满六载之后；期满后复叙是从最初得功名的起点开始或听奏裁。

其二，对付次重的"免官"之罚，其办法是免去职事、散官、卫官之一官及勋官之一官共二官中的最高阶职；撤停官职的期限是三载；期满复叙的起点是降先品二等。

其三，对付最轻的"免所居官"之罚，是免去其现任官中最高的一项官；撤停官职的期限是一年；期满后再叙的起点是降先品一等。

但是，如上所述，犯"五流""十恶"及非十恶之死罪的官吏，刑罚与除名同加者，不可以用除名抵冲实刑。

总之，"官当"中官职当刑的多少，决定于官品的高低与公私罪，而除免之轻重三等，不决定于官品的高低，而决定于罪名的轻重。

（二）官当与除免在抵冲上的交叉与兼用

其一，"官当"者中的官职当尽者同于"免官"之罚。《名例律》（总第17条）"答"文规定：

> 用官不尽，一年听叙，降先品一等；若用官当尽者，三载听叙，降先品二等。

这说明：官职未当尽之官当者，与"免所居官"者的对待一样，一年后降先品一等复叙；官职已当尽的官当者，与"免官者"一样，三载后降先品二等听叙。

其二，"免所居官"与"官当"之"同"与"不同"。其《名例律》（总第21条）规定：

> （除名者）六载之后听叙，依出身法。……免官者，三载之后，降先品二等叙。免所居官及官当者，期年之后，降先品一等叙。

这说明，除免中不但包含了以官抵当实刑的内容，而且包含了期满降品的阶品级数及等待复叙的年数。从受"除免"者之刑罚用官抵罪来说,"除免"制度实质只是比官当撤停官职的时间长一些,复叙的起点低一些。其中最轻的免所居官实际与官当一样,撤停一年后降先品一等叙。

其三,除免中之"罪重者"可以同时使用"官当"与赎刑。官吏如作官当者,当然不再使用"除免",但犯"除免"者,却不排除同时使用官当。犯除免者,以现代的罪罚逻辑说,官职既然已因犯罪受除免,官职就不存在,当然也就再无"以官当刑"之说。但是唐代却不是这样,官吏犯除免之罪,除直接以除免之内容抵冲刑罚外,如属有流刑之"罪重者",其本罪未抵冲完之刑罚,也可以结合使用官当法,而免其流刑之实服。这是唐律官吏特权制度中又一个最突出的特点。《名例律》卷第三(总第 22 条)疏文举例说:

> 假有职事正七品上,复有历任从七品下,犯除名,流不合例减者,以流比作徒四年,以正七品上一官当徒一年,又以从七品下一官当徒一年,更无历任及勋官,即征铜四十斤,赎二年徒坐,仍准《例》除名;若罪当免官者,亦准此当、赎法,仍依《例》免官。

所谓"罪重",其衡量依据,是以官当"当不尽"为标准。"除免"中之"罪重"者,是指不属议、请、减能例减一等之流刑本应实服者,可允许兼用"官当"中当不尽时使用之赎法,使流刑也可以与除免一次抵冲了。从所举实例看,此官之官职虽被除免,并不因为被除免而排斥官当,对其官职来说,被除免的是它,同时用来抵当流刑的仍是它。

四、当赎除免制度使用上的制约与平衡

官当与除免本质上虽然是保护官吏不实服徒流的特权制度,但为维护吏治之需要,"赎章"中特别规定,官吏犯须除免官职的罪名及有徒刑应官当者,必须除免或官当,而不能随便先借助"赎"权来保留应除免的官职。

(一)应受"除免当"的官吏必须撤停官职不能以"赎"替代

如果单从《名例律》卷第二"赎章"(总第 11 条)的内容看,似乎官吏有流以下的罪,都是可用赎而不必去官:"诸应议、请、减及九品以上之官,若官品得减者之祖父母、父母、妻、子孙,犯流罪以下,听赎。"而事实上绝非如此。对此,《名例律》卷第三(总第 22 条)首先从原则上规定:

其犯除、免者，罪虽轻，从《例》除、免。

疏文说：

假有五品以上职事及带勋官，于监临内盗绢一匹，本合坐杖八十，仍须准《例》除名；或受财六匹一尺而不枉法，本坐徒一年半，亦准《例》免官；或奸监临内婢，合杖九十，亦准《例》免所居官。

文内所列各项除免范围内的罪名，即使是轻刑属徒以下之杖八十，都要依法除免官职，而不能保留。同时《名例律》卷第二"赎章"（总第 11 条）特别指出，不允许应作除免及官当的犯官，单独以"赎"法来保留官职：

议、清、减以下人，身有官者，自从官当、除、免，不合留官取荫收赎。

（二）除免当赎既维护特权也注意防止吏治上的自损

如前已述，"官当"的性质是以官职抵当徒流之主刑，实际分为两种情况：一种是官吏犯一般罪以官当徒流主刑的"官当"；一种是犯"除免"重罪结合使用之"官当"。从刑罚的角度说，除免与官当之关系可以归结为：只要不属"五流"及十恶等的罪，官当配合赎铜之后，流、徒之主刑都可免服实刑；有特定犯罪之除免者，实际也是用官阶抵当而不服流徒实刑，只有五流、十恶之犯者，在除免的同时得实服流徒刑。除免者所用之抵冲刑罚之办法，整体上说重于官当。所以，唐律中所列属于"除名""免官""免所居官"的那些特定罪名，并不是言其特别重而重处，而是有选择地使犯这些罪的官吏，不得用赎后立即再去做官，而是要撤停一个时期的官职，等期满作降低职级后重新当官。对这些犯罪官吏，法律注意了避免其有罪皆赎在吏治上造成的自损局面。

官当与除免之行政处罚同本罪刑罚关系解析详见表 20.1。

表 20.1　官当与除免之行政处罚同本罪刑罚关系解析表

制度	适用罪名举例	本罪刑罚处置	官职撤停时间	降品阶等	轻重比较
官当： （总第 17 条）	一般徒流刑（不在十恶、五流及除免之内者）	刑罚依官品及公私罪定当值（五品以上当二年，以下当一年；公罪各加一年当）抵冲	一年（期年）：待叙期间身份"仍同士伍"	降先品一等重叙官	与"免所居官"同样对待

续表

制度		适用罪名举例	本罪刑罚处置	官职撤停时间	降品阶等	轻重比较
免所居官：免去二项官职中之一项（总第20条）		奸监临内婢，杖九十（本罪见总第410条、第22条）	"不论本犯轻重，从例除免，不计徒年"，即刑罚被除免之行政处罚抵冲（总第21条）	一年（期年）：待叙期间身份"仍同士伍"	降先品一等重叙官	与"官当"者相同对待
免官：免去二项官职（总第19条）		受财而不枉法有徒刑者（本罪见总第138条）		三载后：待叙期间身份"仍同士伍"	降先品二等重叙官	撤停期与所降官品重于免所居官，并同于"官当"之官品当尽者
除名：官爵悉除（总第21条）	单独使用抵冲刑罚	于监临盗绢一匹，杖八十（本罪见第283条）		六载后：待叙期间身份"仍同士伍"	依"出身法"重叙官（所降等数较多，如"正四品"于"从七品下"叙）	撤停期与所降等数又重于"免官"
	作为附加刑使用·附加于实配之流刑	会赦犹流等"五流""除名配流如法"（总第11条）	十恶等狱成会赦犹除名（总第18条）			
	作为附加刑使用·附加于死刑	十恶、杂犯死罪等（总第18条）	刑罚与行政处罚除名同时施加	无士伍身份，不得荫子孙	官爵悉除，不可重叙	

* 此文发表于社会科学文献出版社 2013 年版钱大群著《唐律与唐代法制考辨》一书中，收入本书时作了重大调整与增修，最后成稿于 2018 年夏。

21. "赎章"是否使官吏都不实受笞杖辨

唐代的官吏无论是公坐还是私罪，从律文上看，都可能有笞杖刑的处罚。但是，《律疏》卷第二《名例律》（总第 11 条）规定：

> 诸应议、请、减及九品以上之官，若官品得减者之祖父母、父母、妻、子孙，犯流罪以下，听赎。

所以，是否由此可说，九品三十等的官吏，都可通过"赎"而不实受笞杖之刑。其实，按有关的律条与《格》条，官吏并非无条件地都可赎去决杖之罚。

一、官吏享有"赎权"一般都可避免实受笞杖之刑

唐律律文中对议、请、减的各项特权都有限制使用的规定。而对于赎也有限制，如有所谓"五流"及一些特定的犯罪，就不在赎的范围之内。正如上文所引《名例律》卷第二（总第 11 条）律文说："其加役流、反逆缘坐流、子孙犯过失流、不孝流及会赦犹流者，各不得减赎，除名、配流如法。"除"五流"之外，"其于期以上尊长及外祖父母、夫、夫之祖父母，犯过失杀伤，应徒；若故殴人至废疾，应流；男夫犯盗（谓徒以上）及妇人犯奸者：亦不得减赎。"但是，这是指对无官爵者，而对有官爵者，注文却说：

> 有官爵者，各从除、免、当、赎法。

既然徒流以上可用赎，笞杖刑当然也可用赎而不实处。另外，女性有官爵者，《名例律》卷第三（总第 28 条）的"问答"中也说：

> 若别犯流以下罪，听从官当、减、赎法。

从以上律文的内容看，唐律中官吏有包括笞杖在内的流以下之罪，很少有不能通过赎法来免除实刑的。

二、官吏实受决杖或加杖之例

（一）流外杂任及品官犯笞杖要"决杖"之法例

1. 流外杂任有罪可处"决杖"

流外杂任无官品可以当赎，有罪处决杖。如唐开元时关于"孝义之家，事须旌表"的敕条中曾规定：

> 其孝义人如中间有声实乖违，不依格文者，随事举正。若容隐不言，或检覆失实，并妄有申请者，里正、村正、坊正及同检人等，各决杖六十，所由官与下考。[1]

在"孝义人"申报旌表的过程中，官吏有违法作弊，对"里正、村正、坊正"等流外杂任是处"决杖"，对有罪责的"官"是给"下考"的行政处罚。同时，唐代在值勤的考核上，八品以下官吏实行一天数次点名作检查的制度，《职制律》卷第九（总第 94 条）规定：一日之内有二点不到者笞二十。这笞二十的刑罚，流内官自可用赎，而

> 非流内之人，自须当日决放。

2. 品官在流外杂任上对上司犯杖罪者"决杖"

官吏在特定情况下，有杖罪不得用赎，依律或格敕实施"决罚"，《名例律》卷第六（总第 49 条）就作了原则性规定。此条律文说："本条别有制，与《例》不同者，依本条。"此是说，作为通例的《名例律》之外如律条或格敕另有特别规定的，则照格敕或律条的特

---

1 敦煌文书《开元户部格》残卷，参见刘俊文：《敦煌吐鲁番唐代法制文书考释》，中华书局 1989 年版，第 276 ~ 277 页。

别规定办。疏文举例说，虽然"《例》云'九品以上，犯流以下听赎'"，但是疏文紧接以《断狱律》中内容补充说：

> 品官任流外及杂任，于本司及监临犯杖罪以下，依决罚例。

其意是，品官虽可依《赎章》赎流以下的笞杖之刑，但是如果现任流外、杂任之品官，所犯笞杖之罪，属于对本部长官或对其作监统的官员而犯的，则要依例决打，而不能赎抵。《断狱律》卷第三十（总第 498 条）之疏文说：

> "于本司及监临"，谓于本司及临时监统者。[1] 若犯杖罪以下，依流外、杂任之例决杖，不准官品征赎。

这说明，唐代的九品以上之官，如不在流内相应的职事岗位，而是在"流外及杂任"上任职，而又是对本司或作为临时统临者犯杖以下之罪，是要实决笞杖之刑的。这是出于对品官在任低层职司时实行监督的需要。任流外及杂任，职司原就不高，如有杖以下罪尤其是对上所犯，都以铜赎不受实决，就无法对其进行有效监督以维护行政权威。

（二）犯"五流"罪之品官可能受"加杖"或"决杖"

如上所述，品官因有减、赎、当之权，除"五流"罪之外一般不会实服流刑。但品官犯"五流"在下列几种情况下有可能要打杖。

1. 品官犯"五流"如适用"家无兼丁"例时要行"加杖"

《名例律》卷第二（总第 11 条）之疏文中说，犯五流之官员有"家无兼丁"停止发配的情况，要依法加杖：

> 男夫犯此五流，假有一品已下及取荫者，并不得减赎，除名、配流如法。……家无兼丁者，依下条加杖、免役，故云"如法"。

此言之"下条"，就是指《名例律》卷第三（总第 27 条）。"诸犯徒应役而家无兼丁者，徒一年，加杖一百二十，不居作；一等加二十"之法。这种加杖要实作击打。

2. 品官犯"五流"且更犯流徒罪作累加时要打杖

品官犯"五流"后在下面三种情况下重新犯罪要决杖：

（1）犯"五流"之官在发遣配役中又重犯流罪的依"留住法"决杖。

《名例律》卷第四（总第 29 条）规定重犯流罪之处置原则说："诸犯罪已发及已配而更为罪者，各重其事。"法律又说：

> 即重犯流者，依留住法决杖，于配所役三年。若已至配所而更犯者，亦准此。

重犯流罪"依留住法决杖"，疏文解其办法说就是依《名例律》卷第三（总第 28 条）"诸工、乐、杂户及太常音声人，犯流者二千里决杖一百，一等加三十，留住，俱役三年"之规定决杖。

（2）犯"五流"之官于流放地重犯流、徒罪依"加杖法"决杖。

如果品官原犯五流至流放地后，前刑未满又重犯流、徒刑的，则后犯之流徒罪，《名例律》卷第四（总第 29 条）疏文规定：

> 若役未讫，更犯流、徒罪者，准加杖例。

（3）如不属重犯罪，原犯之流刑在配所发生家无兼丁的可作加杖。

该条问答说：

> 唯有元犯之流，至配所应役者，家无兼丁，得准徒加杖。

"加杖"即上文已述徒罪应役家无兼丁者之加杖法。更犯流虽依役三年计，但加杖也累计不得超过杖二百。

（4）"五流"犯官在服流刑期间重犯杖、笞罪的依数决打。

《名例律》卷第四（总第 29 条）对此规定：

> 其杖罪以下，亦各依数决之，累决笞、杖者，不得过二百。

疏文说："累流、徒应役四年限内，复犯杖、笞者，亦依所犯杖、笞数决。"这种笞杖，都得作实打。

（三）八品以下之官作拷讯可杖打

依《断狱律》（总第 474 条）规定，官吏的定罪，享有"减"权以上的官不作拷讯，而按《名例律》卷第二（总第 10 条）规定，"七品以上之官"为有"减"权者。由此可知，八、九品的官吏不实行三人以上的"众证定罪"制度，就可用讯囚杖作拷讯取口供。《断狱律》卷第二十九（总第 474 条）之疏文说：

> 应议、请、减以下及废疾以上，除此色外，自合拷取实情。

八、九品之官受考讯，这虽然不是判决之刑罚，但也毕竟是实受之杖打。

三、依《刑部格》官吏犯罪可加罚"决杖"

官吏常犯易犯的杖笞之罪，尤其是一些经济犯罪，如因"赎"权的行使总不处实刑，这对法制的稳固，必然造成问题。如按照《名例律》卷第二（总第 11 条）"赎章"的规定，除了属于所谓"五流"外，有"九品以上之官""犯流罪以下，听赎"，那么，所有的犯赃罪的官吏因都可用铜赎而不会实受笞杖，这的确存在很大的问题。唐代《律疏》为避免官吏因享有赎权，而使流以下罪都免实处的这种过于宽松的情况，立法者就用《律疏》外的有关《格》条进行调控。这种变异是刑法上的重要改革，对吏治有重大的影响。敦煌文书中残存的《神龙散颁刑部格》中有明确的规定。[1]

此格条明确规定对某些犯罪一旦确认即行决杖。所谓"决杖"，已不只是判决上对笞杖幅度确认的概念，而是对犯人附加的笞杖击打。

一种情况是规定犯官犯有某罪要被"决杖"，《神龙散颁刑部格》（残卷）中规定：

> 流外行署、州县杂任，于监主犯赃一匹以上，先决杖六十；满五匹以上，先决一百；并配入军。……东在都及京犯者，于尚书省门对众决；在外州县者，长官集众对决。[2]

格条中，"先决杖"和一般律条中的"诸……者"应判"杖××"或"笞××"的情况绝不一样，条格中的"先决"及"对众决""集众对决"都是实际施行的击打。

另一种情况是官吏犯某罪，不但规定要"决打"而且还明确规定，这种刑罚是不能赎免的。如：

> 盗及煞官驼马一匹以上者，先决杖一百，配流岭南，不得官当、赎。[3]

先说"先决杖"，再说"不得官当、赎"，这种杖刑必定实处，理当无疑。又如：

> 私铸钱人，勘当得实，先决杖一百，头首处尽，家资没官，从者流配。不得官当、荫赎，有官者仍除名。[4]

"私铸钱"者，不一定是官吏，但"不得官当"之说，其意当为即使是"官吏"，也要"先决杖"，这种决杖也是不可以铜赎免的。

官员恃势陵忽百姓及属官，得于法外加杖，《散颁刑部格》规定：

> 州县职在亲人，百姓不合陵忽。其有欲害及殴所部者，承前已令斩决。若有犯者，先

1　参见刘俊文：《敦煌吐鲁番唐代法制文书考释》，中华书局 1989 年版，第 246 ~ 254 页。

2　刘俊文：《敦煌吐鲁番唐代法制文书考释》，中华书局 1989 年版，第 247 页。原录格文中"东在都及京犯者"之语，余疑应是"在东都及京犯者"之意。

3　刘俊文：《敦煌吐鲁番唐代法制文书考释》，中华书局 1989 年版，第 252 页。

4　刘俊文：《敦煌吐鲁番唐代法制文书考释》，中华书局 1989 年版，第 249 页。

决一百，然后禁身奏闻。其内外官人，有恃其班秩故犯，情状可责者，文武六品以下、勋官二品以下并荫人，并听量情决杖，仍不得过六十。[1]

四、开元前后官吏受笞杖逐渐开放

随着《格》中“先加决杖”制度的确立，官吏受笞杖的情况逐渐普遍起来。官吏犯罪后临场受鞭笞的情况也允许实行。如《龙筋凤髓判》中就有身为六品官的大理丞徐逖曾犯夜，巡夜的左金吾将军赵宜在徐“被捉之时，曾鞭二十”。[2] 如果徐逖被鞭尚可解释为临时措施的话，那么，《唐会要》记载的“开元十年十一月，前广州都督裴伷先下狱，中书令张嘉贞奏请决杖”[3] 的事，说明即使是高级官吏也可以施加不准赎铜的决杖。这种京城官署对官吏行决杖的情况绝不止裴伷先一例。该文同时记载，当时的兵部尚书张说在劝阻这件事时曾提到：

臣今秋巡边，中途闻姜皎朝堂决杖、流。

张说的谏阻表明他自己身为高官，怕此既已实行之制度早晚累及自己。他对因“奏请”受阻而不悦的张嘉贞说，当心有一天板子打到我们自己身上：

宰相者，时来即为，岂能长据。若贵臣尽当可杖，但恐吾等行当及之。此言非为伷先，乃为天下士君子也。

在皇帝的“制敕断罪”中，也时常出现对官吏给予“决杖”处罚的情况。如唐玄宗曾给犯赃之武疆令裴景仙处“杖一百，流岭南”。[4] 从官吏受杖打的情况说，作为《律疏》上刑罚判决的笞杖之刑，凭“赎”权，一般都可免实决。但《刑部格》中规定的附加的特别是正刑前的决杖，难免实决。朝堂上皇帝下令的决杖，也无法不实决。

* 本文发表于社会科学文献出版社 2013 年版钱大群著《唐律与唐代法制考辨》一书，收入本书时作了修改。

---

1 刘俊文：《敦煌吐鲁番唐代法制文书考释》，中华书局 1989 年版，第 253 页。
2 参见本书第 11 篇《〈龙筋凤髓判〉性质及“引疏分析”考辨》一文。
3《唐会要 · 议刑轻重》卷三十九，上海古籍出版社 1991 年版，第 829 页。
4 见本书第 17 篇《皇帝“权断制敕”的使用及限制》一文第三节第（四）项第“其三”中引《资治通鉴》卷二百一十二《唐纪 · 开元十年》，上海古籍出版社 1987 年版，第 1438 页。

22. "枉徒折役"之要害在"折"而不"赔"

在中国古代社会，审判机关错判刑罚特别是枉入人罪后，是否要对被害人作赔偿以及怎样赔偿，在唐律中这是个较少被人注意的问题。追究法官出入人罪的罪责与对遭枉判者的补救，这两方面唐律都有其条。但从制度内容说，唐律中追究法官出入人罪的责任制度比较完备成熟，对遭枉判刑罚者的补救，就显得十分粗略而不完整，好多问题应该完善而未完善。唐律中涉及这一内容的条文，主要是在《名例律》卷第五（总第44条）作为"共犯罪而有逃亡"中的附带问题而立法，重点只谈到了徒刑的折抵与赎物的退还。这里只就律条中之所见，作一点分析与归纳，目的是揭示唐律中这一制度的性质是"折"而不"赔"。

一、唐律正视对司法官枉判罪责的追究

立法者在律典内容中考虑到以法律来监督自身的判决被有效贯彻执行，正是唐律立法的特点之一。在这方面最明显的表现之一，就是唐律在《断狱律》卷第三十（总第487条）设立司法官"出入人罪"的专条来追究法官枉判的罪责。

对法官"出入人罪"的追究与对被枉判者的纠正与补偿，虽是一个问题处置的两个方面，但就"枉徒折役"来说，是法官"入人罪"的结果。

二、枉判徒刑处置的基本原则

（一）以枉服之徒役折抵课役是基本原则

被枉判徒刑者，可能是根本无罪而一下子被枉入徒刑，也可能是本只有笞杖之罪而错重入于徒刑。前者当然在处置时可直接从徒刑的全罪上计算，后者可以从 "所剩" 的差额上计。对被枉徒者的处置，其原则都是以被枉判徒年的劳役日，去折抵应征纳的国家赋役。律文说：

> 若枉入人徒年者，即计庸，折除课役及赎直。[1]

（二）枉徒折役的基本办法

1. 折抵办法是枉一年折二年

这里说的一年折抵二年，实际是以枉服徒刑的日数计庸，折除每年国家的课役或军役日数。其注文与疏文说：

> "每枉一年，折二年"；"若枉三年，通折六年课役"；"其有军役者，折上番之日，若枉一年，亦通折二年番役。"

2. 折抵的时日换算是不对等的

（1）折抵课役：枉徒至五十日的，可折抵全年赋役。

所谓折抵课役，是指折抵国家每年向成年丁壮征服的公务劳役。《户婚律》卷第十三（总第 173 条）"差科赋役违法及不均平" 条疏文引唐代《赋役令》说："每丁，租二石；调绝、绢二丈，绵三两，布输二丈五尺，麻三斤；丁役二十日。" 但是国家所征之 "丁役"，由于国事需求的改变，并不总是固定于 20 日。不需要实役时可以不征劳役而收取其庸值。也可以超过 20 日而抵租、调。《唐六典·户部郎中》下说："凡丁岁役二旬，无事则收其庸，每日三尺；有事而加役者，旬有五日免其调，三旬则租、调俱免。" 注文说："通正役

1《名例律》卷第五（总第 44 条）。

并不得过五十日。"[1] 国家的课役，正役是 20 日，如加服 15 日，可抵免调物；再加 15 日，可免租物。全年免租、调、庸折抵的总课役是 50 日，这 50 日也是免除全年租、调（包括庸）的总日数。所以《名例律》卷第五（总第 44 条）的注文说：

> 虽不满年，役过五十日者，折一年。

其意是枉徒一年（360 日）折抵一年应服的 20 日或 50 日课役，即使所枉一年之徒，服役已超过 50 日的，也只可以折抵一年之课役日。

（2）折抵军役：枉徒一年折抵二年军役。

按唐制，成丁服军役，都是"量其远迩以定番第"，即根据服役地的远近，确认各卫府轮班的人数、批次及当班人的役期。《唐六典·兵部郎中》的注文说："百里外五番，五百里外七番，一千里外八番，各一月上；二千里外九番，倍其月上。若征行之镇守者，免番而遣之。"故《名例律》卷第五（总第 44 条）之注文又说：

> 其有军役者，折役日。

即如有枉服错判之徒刑，可折抵这种应服之军役。虽然"徒年"与"役年"对应，但是一年的徒役"日"，与一年的课役或军役"日"，在时值上绝不相同。

从所役的日数上说，一年徒刑的劳役满服应是 360 日，而折抵二年课役是 100 日（每年 50 日）。军役"倍月"每年 60 日计，折抵二年军役是 120 日。所以，如枉服一年徒役，实际上超过两年课役或军役所需之日数。这种折抵法对服刑来说，是不对等的。

（三）枉判赎铜的处置

1. 退还枉出之赎金

这种错判的对象往往是具有用赎特权或因刑事责任能力而受刑罚优惠的犯罪主体。官吏就大多属于这类对象，因为只有这类特别主体及过失杀人罪才能执行赎刑。《名例律》卷第五（总第 44 条）之疏文说：

> 增人罪者，有人犯徒一年，止有九品一官，官司增罪，科徒二年，官当一年，余徒收赎，后更审问，止合徒一年，前增一年赎物即合追还。

此例中之九品官，应处一年徒刑，结果被错判为二年。其中一年徒刑按规定用官职当掉，另一年出赎金作收赎处置。此案错在原本一年被错判为二年。从区分上说，用官职抵当的

1《唐六典·户部》卷三，中华书局 1992 年版，第 76 页。

一年徒刑并不错，而用赎金收赎的一年是枉增，所以最后的处置办法是其中一年赎物"即合追还"。这里，以赎金执行的枉判的一年徒刑，以退还赎物处置，是属于枉判的纠正，而非赔偿。

2. 枉服之役可折抵自己犯罪的赎金

在唐律中，如果一个官吏或七品官的儿子等有赎权者，有了罪，在应赎的情况下却被错判实服徒役，这种情况也属于"枉入徒年"。这正如《名例律》卷第五（总第 44 条）有关疏文所说："称'枉入人徒年'，未必皆是无罪，但不应徒役而徒役，即是枉入徒年。"这类枉判之徒年，可依其所役日数，折抵其原来应出之赎铜之数。上条之疏文对律文中的"赎直"举例解释说：

> 假有七品以上子，被枉徒一年，即以役身之庸，折其赎直。

七品以上子，依《赎章》享有赎权，令其实服徒刑，亦属"枉徒"。依《名例律》卷第一（总第 3 条）徒一年赎铜二十斤。既然 20 斤是徒一年（360 日）的赎数，则平均一斤铜折役 18 日。则此七品子原应用 20 斤赎一年徒刑。现其已枉服的一年，与其应纳的 20 斤正好相抵。假如此子枉服半年（180 日）后加以纠正，则枉服之半年，折抵赎铜 10 斤，要再纳 10 斤铜，补足赎 20 斤之总数。

3. 以枉徒之庸值折抵赋役之庸值

国家征收赋役，可以征收劳役，也可视需要征收依役日甚至依租调折算的工价。被征纳庸值者，有枉徒之役日，可折抵征收的工值。计算的标准，工庸每日依三尺绢计价。《唐会要·定赃估》卷四十记载，开元时每匹绢依五百五十文钱计，铜每斤依一百二十文钱计。但是折成庸值抵冲，疏文规定要执行这样的制度："计庸折铜，不尽，更征余赎；或折铜已尽，仍有余庸，更亦不计。"[1] 以枉役之工值折抵赋役之庸值，如不够，要征满；如枉役之庸值超出赋役之庸值，则多余不计作补偿。总之，在有超出的情况下，也不可能有国家赔偿之成分。

三、枉徒折抵课役之时效及刑种

按唐代的课役制度，州县每年役丁之计账（名簿）由计账使送呈尚书省。课役的征收，

1《名例律》卷第五（总第 44 条）。

由户部度支司依上一年制订的预算向州县征调丁夫服役。仁井田陞依《通典》记载收开元《赋役令》说："诸课役，每年计帐至尚书省，度支配来年事，限十月三十日以前奏讫。"[1]

（一）折抵之时效

如前已述，由于国事需求的不同，每年并不总是需征实役，而且有时皇帝还会根据灾情及其他原因蠲免全年的赋税徭役。这样，枉服役年的人在无赋役的年份，通常不能或不需以所枉徒役去抵充当年的赋税，由此，枉服徒役者对赋税的折抵就有时效的规定，以使枉服徒刑者在时间上可切实地得到折抵的机会。唐律中枉役者折抵课役赋税的时效内容有以下两方面：

1. 枉徒之役可延缓折下一年之国家课役
《名例律》卷第五（总第 44 条）之注文说：

> 即当年无课役者，折来年。

"当年无课役"，可以是当年课役已征服完毕，或者是遇到当年普遍免除课役的情况。遇到这种情况，可以顺延折抵下一年的课役，即其抵充的时效并不以当年为限。

2. 时效可延缓及于其后应征而得实际折抵的年份
如果"来年"又逢免征课役之年，则其抵充课役以应役而得以实作抵尽之年份为限。其疏文解释其立法意图及规定之办法说：

> 律称"当年无课役，折来年"，律矜枉入徒役，听折来年课输。来岁既无课役，将来亦是来年。年与课役相须，本欲为其准折。若普蒙恩复及遭霜旱，依令课役并免，岂合即计为年？亦如已役、已输，听折来年课役。后年无者，更折有课役之年。

即遇已征或免征课役之年，不计扣枉役者储备之抵充数额，只有遇应征而实作抵充之年，才按数额充抵其储备之数，直到冲尽为止。可是《令》规定，如对纯属自然灾害之折免，时限只有两年。而"枉徒折役"属刑事上的赔偿，其期限以实际得以折免的年份为限。这是《令》与《律疏》对不同事制的不同规定。[2]

---

1 ［日］仁井田陞：《唐令拾遗·赋役令》第八条，长春出版社 1989 年版，第 602 页。
2 另参见本书第 11 篇《〈龙筋凤髓判〉性质及"引疏分析"考辨》一文第一节第（一）项第 4 点内容。

（二）"折役"适用之刑种限制

1. 死刑不在适用折抵之列

至于死刑，唐律中并没有关于枉死者的任何折抵补偿之法，这是有其固定的制度背景的。唐代的死刑，其执行要进行对皇帝的覆奏，既然覆奏已通过了御裁，就不存在纠错折抵的问题。因皇命是不能予以推翻否决的。故死刑之枉诛，不在折抵之列。

2. 流刑之折役法无明文

根据现已确定的原则及制度，据已知的内容去分析，对枉服之流刑技术上存在可能性，因为在唐律中，《名例律》卷第二（总第 17 条）"官当"中已明确适用"三流同比徒四年"的制度；《断狱律》卷第三十（总第 487 条）中之注文又明确说：

> 从徒入流者，三流同比徒一年为剩；即从近流而入远流者，同比徒半年为剩；若入加役流者，各计加役年为剩。[1]

这些规定，都为把流比作徒年，奠定了基础。虽然如此，但律条无"枉流折役"的明确规定，故不能实行。

3. 应徒而枉决的笞杖可依法换算徒期

对枉决轻于徒刑之笞杖，可依笞杖之赎额折役日抵扣其徒刑之刑期。但这种制度限于对应有徒刑者使用。疏文举例说："假有本坐合徒一年，官司决杖一百，决讫事发，还合科徒""前决一百，总合减徒一百八十日，即当铜十斤，折徒半年。若一年徒罪已笞五十，即以五斤之铜，减徒九十日；减外残徒，各依式配役"。计算的方法仍以役 18 日折抵一斤为标准，而笞、杖、徒律条之下各有其赎铜之数，可作换算。其性质当然仍是"折而不赔"。

最后，必须附带说明的是，唐代官府因不作为之罪而给民众造成损失的，不作赔偿。唐律《杂律》卷第二十七（总第 424 条）规定有关官员不修堤防或修而失时的，造成"毁害人家、漂失财物者"，"坐赃论减五等"。此种犯罪所致的结果，除官员个人受处罚外，对民人损失国家不作赔偿，因为这种犯罪主观上属于"误"犯。《杂律》同卷（总第 434 条）规定："诸水火有所损败，故犯者，征赔；误失者，不偿。"疏文解释说："不修堤防而致害之类，各不偿。"有罪官员个人不偿，国家应作赔偿。可是唐代统治者根本就没有这种观念。

总之，以枉徒折抵课役之法为代表的对枉判冤案的国家赔偿制度，比起现代的国家赔偿来差距很大，但其制度上的发端，在唐代已经形成。这种制度确实是司法上的"国家赔

1《断狱律》卷第三十（总第 487 条）。

偿"，只不过是"唐代的"罢了。这不是概念游戏，事物的历史发展逻辑就是这样：由无到有，由不完善而完善，由低级到高级。

* 此文发表于《江苏警官学院学报》2006 年第 3 期，收入本书时有增修。

23. 唐代妇女流刑处置辨

　　唐代女性的流刑，无论在判处或执行上，都有其比较复杂与特殊的制度。在立法上女性流刑的处置制度，条文只有原则性的规定，此外只在有关的律文、注文与疏文中分散地从各个侧面去作补充规定，这往往给后代阅读唐律的人造成困难。所以，比较有条理地集中辨析一下唐代女性的流刑处置，对这一问题的研究与探索来说，有其必要。

　　唐律中女性[1]流刑处置之复杂，主要是表现在一般原则与特殊律例的关系上，现以此为线索，分下列几方面加以辨析。

一、女性犯流罪的处置是"例不独流"

　　女性所犯之流罪只要不作特别处置之规定者，一般都不实配流刑，而是改换执行之形式。

1."例不独流"的原则

　　"例不独流"是说，女性如自己作为正犯犯流罪，只要不属于特例者，其流刑不作实配，而是以"加杖"之法替代其流刑。《名例律》卷第三（总第 28 条）在规定工、乐、杂户及太常音声人等人犯流之处置时同时规定："其妇人犯流者，亦留住。"疏文解释说：

　　妇人之法，例不独留。

---

[1] 唐律由于是多人分工编写，故对涉于流刑之女性的称谓概念，并不严谨统一，但已具有基本特征：其一，"妇人"，是指已婚女性，包括嫁后又归宗娘家的女性。其二，"女"，指未嫁的女子，也直称为"在室之女"。其三，在法律行文的"子"中，除属缘坐罪罚外，都包括儿子和女儿在内。

"例不独流"，成了刑律中适用于妇女流刑的一个通例，或者说是一项常规制度。

2."不独流"者以"加杖法"替代其流刑

女性作为正犯"不独流"，其流刑之处罚以"加杖法"替代。《名例律》卷第三（总第28条）"其妇人犯流者，亦留住"下之疏文说：

> 妇人流二千里，决杖六十；流二千五百里，决杖八十；流三千里，决杖一百。三流俱役三年。若加役流，亦决杖一百，即是役四年。

妇女之流刑改加杖，虽不远流，但"俱役三年"，劳役期比常流增加了二年。

3.女性犯流不在限制之内者均可依"加杖法"留住

一般只要立法上未有性别限制及特定犯罪之限制者，其女性流罪之正犯，皆可以"加杖"法取代实配。但《律疏》中并不在所有的流罪条中都指明。如《贼盗律》卷第十七"谋杀人"已杀"从而不加功者，流三千里"（总第256条）；"谋杀缌麻以上尊长者，流二千里"（总第253条）；"妻妾谋杀故夫之祖父母、父母者，流二千里"（总第255条）；"祖父母、父母及夫为人所杀，私和者，流二千里"（总第260条）等，这些律条中的流罪女性之正犯如有独留者，都可以不实配流刑而适用"加杖法"。而如上所述，这些律条中一般都不会再注明诸如女性因不独流，可改用加杖之类的话。

二、女性"例不独流"原则之适用与阻却

（一）缘坐流刑之妇女适用"例不独流"

1."反逆"罪缘坐中之女性适用"例不独流"

"反逆"缘坐是唐律中缘坐范围最广的一项，妇女受反逆缘坐流是否实配，依其本罪条之规定。《贼盗律》卷第十七（总第248条）中规定，"即虽谋反，词理不能动众，威力不足率人者"正犯"皆斩"，其中"父子、母女、妻妾并流三千里"。但《名例律》卷第二（总第11条）"反逆缘坐流"下之疏文说，妇女有官无官都不实配流刑：

> 其妇人，有官者比徒四年，依官当之法，亦除名；无官者，依留住法，加杖、配役。

这是属其本条明确规定有缘坐流者之情况。如其本条无规定属"缘坐"之罪的，当然不存在"缘坐"。如"口陈欲反之言，心无真实之计，而无状可寻者"（总第 250 条），只规定正犯"流二千里"，此外未有妻妾家眷缘坐之规定者，自当不缘坐。

2. "谋叛"罪中缘坐流之妻贯彻"例不独流"

唐律中之谋叛罪也要实行缘坐，其中包括妻在内。《贼盗律》卷第十七（总第 251 条）规定："诸谋叛者，绞。已上道者皆斩。妻、子流二千里；若率部众百人以上，父母、妻、子流三千里。"但是，遭缘坐的妻，如果合于"不独流"之条件的，则也可不实配流刑而适用"加杖法"。其疏文解释说：

> "若唯有妻"，"妇人不可独流，须依留住之法，加杖、居作。"

这里，应再次强调，缘坐之妻，只有发生"独流"的情况才改"加杖法"，如谋叛者除妻外，还有一个满 16 岁的儿子同流，妻就不再属于"独流"的情况，而是要带领儿子一起配流。疏文说："子年十五以下合赎"，[1] 如子十五以下收赎不配流，则其母可属"独流"而改"加杖"。但如子年十六以上就不在用赎限内，其母也就因此不属"独流"，要领子实配。故《贼盗律》卷第十七（总第 251 条）之疏文说："若子年十六以上，依式流配，其母至配所免居作。"

3. "谋叛"及"杀一家三人"罪中未出嫁的女儿免缘坐

这里说的未出嫁女儿不缘坐流刑，其前提是限于"谋叛"及"杀一家非死罪三人"之缘坐。在"谋叛"罪中，已上道者"妻、子流二千里"，或率部众百人以上"父母、妻子流三千里"，其中"子"只指"儿子"而不包括未出嫁的"女儿"。同时，在"杀一家非死罪者三人"条中，情况也相同。《贼盗律》卷第十七（总第 259 条）："诸杀一家非死罪三人，及支解人者，皆斩；妻、子流二千里。"其条中的"子"只指"儿子"而排斥未出嫁的"女儿"。为了在这些特别的犯罪中，从缘坐的"子"中剔除出"在室之女"，《名例律》卷六（总第 52 条）在"称'子'者，男女同"的前提下，用注文特别说明：

> 缘坐者，女不同。

疏文具体举例解释说：

> 缘坐者，谓杀一家三人之类，缘坐及妻子者，女并得免，故云"女不同"。

《贼盗律》卷第十七（总第 251 条）谋叛罪本罪条之疏文也说：

> 在室之女，不在配限，《名例律》"缘坐者，女不同"故也。

1　见《名例律》卷第四（总第 30 条）："诸年七十以上、十五以下及废疾，犯流罪以下，收赎。"

4. "造畜"罪中之女性"教令人"遇赦改绞为三千里之流刑可免实配

已知，依《贼盗律》卷第十八（总第262条）"造畜蛊毒"本条规定，此罪正犯不论男女处绞，其中包括教令人在内："诸造畜蛊毒及教令者，绞。"同时，此罪会赦也要配流，《名例律》卷第三（总第28条）注文"造畜蛊毒应流者，配流如法"下之疏文说："虽妇人，亦须投窜……纵使遇恩，不合原免。"但是，如教令人是女性而且又会赦，那就可不适用造畜之特例而适用女性"例不独流"之通例：

> 妇人教令造畜者，只得教令之坐，不同身自造畜，自依常犯科罪。

这里，教令人如此处置的前提是两个：一是遇赦；二是教令者为女性。"依常犯科罪"，即律文（总第28条）规定的"其妇人犯流者，亦留住"，即疏文解释的"妇人之法，例不独流，故犯流不配，留住，决杖、居作"，也就是执行妇女犯流之通例，以"加杖法"取代实配。

(二) "造畜蛊毒"罪中的女性流者不适用"例不独流"之原则

造畜蛊毒罪本罪的正犯与教令者都处绞刑。所谓此罪之处"流刑"者，一定是正犯之会赦者以及原应缘坐之家眷。

1. 女性为"造畜蛊毒"之正犯遇赦之流实配

作为"造畜蛊毒"之正犯，《贼盗律》卷第十八（总第262条）规定其法定刑是处绞。但是如果遇赦，则改为处流三千里。这种流刑女性也要实配。《名例律》卷第三（总第28条）在规定通例"妇人犯流者，亦留住"之下，特别以注文限制说：

> 造畜蛊毒应流者，配流如法。

疏文对此特别作解释说：

> 造畜蛊毒，所在不容，摈之荒服，绝其根本，故虽妇人，亦须投窜。

2. 妇人作为造畜正犯的同居家口遇赦仍实配流刑

造畜蛊毒罪之主犯处绞，其受缘坐之同居家口（女性自然包括在内），得实处流刑。他们即使遇赦，也仍要执行流三千里之实配。其本罪条（总第262条）律文说：

> 造畜者虽会赦，并同居家口及教令人，亦流三千里。

这种遇赦仍执行之流刑，只有属于老、幼、重病残者而且是直系近亲中又无人同流的，才可免罪。注文说："八十以上、十岁以下及笃疾，无家口同流者，放免。"

3. 造畜蛊毒缘坐之妇女遭受特别苛刻之对待

唐律中对待造畜蛊毒之缘坐者，不但大大严于常法，而且甚至严于对反、逆、叛罪中缘坐者之处置。

（1）刑律对老、小、病残之优惠制度不适用造畜蛊毒之缘坐者。《名例律》卷第四（总第 30 条）规定：反逆缘坐流，依《贼盗律》：妇女年六十及废疾，并免，不入此流。即虽谋反，词理不能动众，威力不足率人者，亦皆斩，父子、母女、妻妾并流三千里。但是其女及妻妾年十五以下、六十以上，亦免流配，征铜一百斤。可是疏文也特别指出：

> 妇人犯会赦犹流，唯造畜蛊毒，并同居家口仍配。

（2）特权制度的执行上也苛求造畜之缘坐者。《名例律》卷第二（总第 11 条）规定九品以上官及七品直系亲属流以下有赎的优待，而疏文在"会赦犹流者"下却指出：

> 其造畜蛊毒，妇人有官无官，并依下文，配流如法。

所谓"依下文"即指依《名例律》卷第三（总第 28 条）关于造畜之罪，即使妇女，亦须投窜之规定。

（3）对造畜蛊毒缘坐罪实行客观归罪法。犯造畜蛊毒者之同居家眷即使对所犯不知情，也处流刑。《贼盗律》卷第十八（总第 262 条）律文说：

> 造畜者同居家口虽不知情……皆流三千里。

其中，只有既属受同居之侵犯，且是被毒人之近亲又不知情者，才得免罪："即以蛊毒毒同居者，被毒之人父母、妻妾、子孙不知造蛊情者，不坐。"

（4）造畜蛊毒犯及其缘坐或跟随之家眷役期满后也不能还乡。如前已述，《名例律》卷第三（总第 24 条）在规定流罪正犯在配所死亡或已附籍之家口三年内可返乡时，特别作限制规定说：

> 即造畜蛊毒家口，不在听还之例。

注文还说："下条准此。"即造畜蛊毒家口，于配所永无还乡之日，此制度已成为通用法例。

三、妇女可因夫配流而被强迫跟随

这里说的情况不是妇女自己作为正犯犯流罪，甚至也不属因亲属有反逆、造蛊等罪而遭缘坐，而是只因丈夫犯流罪实配，而强令妻妾跟随其流放。这是古代刑律因丈夫有罪而剥夺妻妾人身自由之典型的制度。

1. 丈夫配流妻妾随从是原则

妻妾应随丈夫同配流,《名例律》卷第三(总第 24 条)规定:

> 诸犯流应配者,三流俱役一年。妻妾从之。

如像《贼盗律》卷第十七(总第 250 条):"诸口陈欲反之言,心无真实之计,而无状可寻者,流二千里。"此条法律虽未明确规定实行缘坐,但如正犯依法实配流刑,依律,流犯之妻妾必须强令跟随配流。

2. 妻妾跟随是强制性的

配流之丈夫不得因配流而提出与妻妾分开或休弃妻子。《名例律》卷第三(总第 24 条)之疏文说:"妻妾见已成者,并合从夫。"一旦被判配流,妻妾即使有依法可休之"七出"情状,也不能启动"七出"之程序。该条问答说,女犯"七出"者,夫若不放,于夫无罪。立法者认为,若被配流而"放妻",大多属假,故一概地不准休弃:

> 若犯流听放,即假伪者多,依令不放,于理为允。

只有正犯之父、祖、子、孙,可以采取自愿原则跟随。律文说:"父祖子孙欲随者,听之。"

四、妇女至配所之处置

妇女至流配地的情况,一是自己属犯流应配,二是因缘坐,三是被强令跟随。三者情况不同,在配地的处置或安置都不一样。

(一)居役之执行与免除

1. 妇女犯流实配应居役

如妇女犯造畜蛊毒或谋反等遇赦后有流而且应实配者,在配所要依法服役。《名例律》卷第三(总第 24 条)之律文与注文说:

> 诸犯流应配者，三流俱役一年。
>
> 本条称加役流者，流三千里，役三年。

2. 妇女缘坐及跟随者在配地免居作

妇女只要自己不作为流罪之正犯，是因丈夫或儿子犯流而受缘坐或跟随的，在配所都免于服苦役。《名例律》卷第三（总第 28 条）规定：

> 若夫、子犯流配者，听随之至配所，免居作。

（二）户籍之安置与返归

1. 妇女在配地作户籍安置

犯流之正犯役满之后，或役期中遇赦免服劳役的正犯，及其跟随之家属，都在配所当地登记入国家户籍，赋税照一般百姓。《名例律》卷第三（总第 24 条）之疏文说：

> 役满一年及三年，或未满会赦，即于配所从户口例，课役同百姓。

其中"一年"者，为普通流刑犯之役；"三年"为加役流流刑犯之役。

2. 正犯死亡缘流妇女可回归

缘流妇女有回归的可能，但必须出现如下的情况：

首先，如在流放途中正犯死亡，则缘坐或跟随的妇女，可以中途返家并免役。《名例律》卷第三（总第 28 条）疏文规定：

> 其有夫、子在路身死，妇人不合从流，既得却还，不复更令居作。

其次，如在配所或移乡中正犯死亡，随从之妇女可放还。《名例律》卷第三（总第 24 条）规定：

> 若流、移人身丧，家口虽经附籍，三年内愿还者，放还。

即缘坐或跟随的妇女到配所，经登记入籍后，如原配流或作移乡之正犯自身死亡，在三年内妻妾家眷愿意返乡的，允许迁还原籍。

---

* 此文发表于上海辞书出版社 2007 年版上海师范大学历史系古籍所戴建国教授主编之《唐宋法律史论集》中。

24. 唐律中的时效与时值略考

时效与时值，是涉及法律适用的重要制度。这里说的时效，是包括新旧法律的时效，特权身份的时效。时值，是指刑律适用中涉及的"日""年""载"等名词的实际时间值。这些问题的辨析，对阅读唐律，了解其特性都是必需的。

一、新旧法律之时效关系

唐律中新旧法律的时效关系，首先表现在作为律令的常法与修改补充律令等格条的关系上。与此同时也表现在以制敕形式颁布的赦令与判断所依常法相互之间的关系上。

(一)《格》与律、敕的关系

1. 新格对律的效力是就轻不就重

在唐代的法律体系中皇帝的断罪制敕，一般是针对特定的人事而发，不具有一般法律效力，诏敕只有经过编纂颁布为"永格"，才具有普遍适用的一般法律的特性。从立法过程说，新格的编纂与颁布，实际是对编纂前制敕的一次总的筛选，有普遍适用价值的收入新格成为常法之一的"永格"，没有适用价值的当然地被废弃。为了防止随意引用新格编纂前旧的制敕而致误，唐代曾规定不入新格的"前敕"失去行用效力。《唐会要》记载唐玄宗开元二十五年（737）修格时李林甫奏请的建议说：

二十五年九月三日，兵部尚书李林甫奏："今年五月三十日前敕，不入新格式者，并望不任行用限。"[1]

因为开元大规模"删辑旧格式律令"，完成于"开元二十五年的九月一日"，这次总修删中所收格、式、律、令时间的下限，是当年的"五月三十日"。所以，李林甫要求对"五月三十日"之前的旧敕"不在行用限"。《唐会要》同卷"定格令"记载，至迟到唐文宗太和四年（830），就确立了制敕用新停旧的原则："从今已后，刑部、大理寺详断刑狱，一切取最后敕为定。"

2. 新格编订颁布后禁止引用旧敕

唐朝的格条是对包括刑律在内的现行法的补充与修正，从颁布的时间先后说，是律令在前，格条在后。对某项犯罪来说，如果未断时有新格颁布，依一般效力原则说应当依所颁之格断。但是，在确定格与律的效力关系时，有专门的法令规定：如所颁之格的判断比原律轻，依新格断；如比律重，就照原律断。也就是新法（格）对旧法（律）的效力原则，是轻溯重不溯。唐代的《狱官令》规定：

诸犯罪未发及已发未断决，逢格改者，若格重，听依犯时条；若格轻，听从轻法。[2]

（二）赦书与常律的效力关系

赦书的效力，按例赦令会对在赦与不在赦的范围作明确规定。这种规定往往指定赦免的范围，同时指定不予赦免的犯罪种类。如果以原律为旧法，赦令为新法的效力关系来说，那么在可赦范围内的犯罪一律以新法取代旧法，即只要不在赦书排除范围内的犯罪，一律适用赦令而不再适用原法。但是，在这个前提下，赦书与律令等的效力关系有如下几种处置情况。

1. 赦令对依律列入"常赦所不免"的犯罪一般不具有赦免之效力

如《名例律》卷第二（总第 11 条）规定的"五流"中的"会赦犹流"就是"常赦不免"中属流刑不免的情况之一。会赦犹流的犯罪，疏文举例说像《贼盗律》卷第十八（总

---

1 《唐会要·定格令》卷三十九，上海古籍出版社 1991 年版，第 822 页。余窃谓，《唐会要》此段文中之"不任行用限"，疑应是"不在行用限"。"任"与"在"笔画与字形很相似，"任"疑为"在"的误读误写误刻。唐代司法文书表述行用时限，不乏用"在"之例，如本文下引《唐大诏令集》文，言"不在赦例"；引《断狱律》文，言"不在免限"，可为佐证。
2 [日] 仁井田陞：《唐令拾遗·狱官令》第二十二条，长春出版社 1989 年版，第 709 页。

第 262 条）中的"造畜蛊毒，虽会赦，并同居家口及教令人亦流三千里"等皆是。《断狱律》卷第三十（总第 488 条）规定，对于属"常赦所不免"的犯罪，即使赦书中有"罪无轻重，皆赦除之"的话，也对它不起作用。律条说：

> 其常赦所不免者，依常律。

对于"常赦不免"的犯罪，赦书也可明说对该类犯罪不予赦免，即赦令对这类犯罪没有效力。如唐太宗贞观九年（635）三月发布的大赦令就直接指明这一点：

> 今岁惟暮春，时属生长，奉天布泽，与物更新，可大赦天下。自贞观九年三月十六日昧爽以前，大辟罪以下，皆赦除之。其常赦所不免者，不在赦例。[1]

2. 赦书要免"常赦所不免"者必须特别言明

如在《唐大诏令集》所收的《天宝十年南郊赦》中就专门写明：

> 常赦所不免者，咸赦除之。

只有赦书专门提到了对"常赦所不免也赦免"的话，才能获取赦免的效力。疏文说：

> 赦书云"罪无轻重，皆赦除之"，不言常赦所不免者，亦不在免限，故云"依常律"。[2]

3. 赦书赦免从轻的罪不能再比附原律而否定赦书的效力

如果赦书对某类犯罪中的某一种犯罪，已划入赦免从轻处罚范围之内的，则在处置时不能将某种犯罪仍比附于律中某一罪例，而否定赦书对其作轻处的效力。《断狱律》卷第三十（总第 488 条）规定：

> 赦书定罪名，合从轻者，又不得引律比附入重，违者各以故、失论。

疏文解释时举贞观九年（635）三月十六日赦令的内容说："大辟罪以下并免。其常赦所不免、十恶、妖言惑众、谋叛已上道等并不在赦例。"前面第一句是赦令生效的范围，后面的话是被赦令排除的罪名，即不予赦免的犯罪。但是，"谋叛"是属十恶的范围之内，这种犯罪可分为"谋叛已上道"和"谋叛未上道"等几项具体的罪名，它们都是"十恶"。现在按赦令，"十恶"中的"谋叛已上道"既已被排除在赦免之外，那么"谋叛未上道"，就不言而喻地应在赦免的范围内。所以，疏文对此解释说：

1（宋）宋敏求编：《唐大诏令集》，学林出版社 1992 年版，第 433 页。
2《断狱律》卷第三十（总第 488 条）。

据赦，十恶之罪，赦书不免，谋叛即当十恶，"未上道"者，赦特从原。

"十恶"虽笼统地列在不赦之列，但是现十恶中的"谋叛未上道"赦书既已明言从宽列入赦免，所以，

叛罪虽重，赦书定罪名合从轻，不得引律科断。

"谋叛未上道"，赦前有此犯罪，就不再能因为它原在"十恶谋叛"之范畴内而仍引用"十恶"中的"谋叛"罪去断其有罪，而是要依赦令之效力，来涵盖赦免。

4. 赦书对赦前判决的效力

这里所说的赦书与赦前判决的效力关系，绝不是说赦书对赦前所有的判决有重新审定修改的效力，而只是指赦前对被赦之罪作了错误判决而须纠正的案件，以及赦令执行中与时效有关的一些问题。

（1）赦令对赦前有关之错误判决之效力原则是重改轻不改。

赦令也是法律。赦书与赦前已作错断之在赦案件，也存在着时效关系。赦令下达之后，赦前所犯理应依赦令得恩赦，但如赦前案件已被法官错判，也应依赦令为依据而纠正，但是法官常常会坚持错判不改。唐代立法者针对这种情形，特别规定了赦书对赦前错判案纠正的时效原则。《断狱律》卷第三十（总第 488 条）之疏文分析说："处断刑名，或有出入不当本罪，其事又在恩前，恐判官执非不移，故明从轻坐之法。"即赦令对赦前有关错案的溯及力贯彻"重改轻不改"的原则。律条规定：

诸赦前断罪不当者，若处轻为重，宜改从轻；处重为轻，即依轻法。

疏文举"若处轻为重，宜改从轻"的例子说："如斗杀凡人，断为杀缌麻尊长，会赦，十恶不免改为杂犯，免死，移乡。"就是如赦前把斗杀凡人误断为杀缌麻尊长，处十恶不免（死）的，会赦后先改正为一般性死罪，然后再执行赦令：把斗杀人处绞改为免死，并实行强制移乡。疏文又解释"处重为轻，即依轻法"之事例说："假令犯十恶，非常赦所不免者，当时断为轻罪及全放，并依赦前断定。"即使犯了十恶，只要不属于"常赦所不免"而被错断为轻罪的，那么赦时仍以轻罪为断，不再反溯去改正。这两个例子清楚地说明，赦令对赦前已作错判的效力关系是：错重了改，错轻了不改。

（2）赦令给犯罪以自首改正之时限。

赦令发出后，在其指定可赦范围内的犯罪，赦前已执行或未执行完毕的判决，及犯罪已发或未发的犯罪都依赦令处置，这是新法管旧法的常例。但是唐律中规定，赦书到后刑罚是免除了，但赦前的犯罪中如有应作改正之处的，则留有一个自首改正的期限。超过期限为蔽匿，期限之内不谓"蔽匿"。

其一，赦书到后百日内，自首改正未被发现之犯罪仍依令赦免。赦书原罪起始之时

效，应是有权机关发出制书之当日。通常，赦书本身也明确规定执行的时间。如武德二年（619）十月的赦书中规定说：即使不自首也不谓犯罪，

> 自武德二年十月二十日以前，罪无轻重，皆赦除之。[1]

为了防止知有赦而故犯，有的赦书还具体指明其时限是赦书下达当日的"黎明之前"。如贞观九年（635）三月的大赦令规定：

> 自贞观九年三月十六日昧爽以前，大辟罪以下，皆赦除之。[2]

从史料看，唐代大历、元和、大中年间的赦书，都有类似的措辞。只要那日天明之前，在规定范围内的犯罪都可免罪。正如疏文所说："赦书原罪，皆据制书出日，昧爽之前，并从赦免。"

有的赦令，明确规定给某些特定犯罪以百日内可作自首的期限。如唐代宗大历七年、八年、九年（772、773、774）的大赦令中，都规定给在赦范围内属叛罪的犯罪，以百日内自首返还的期限：

> 亡命山泽，挟藏军器，百日不首，复罪如初。[3]

"百日不首，复罪如初"，那么赦书到后之百日内自首，那就仍可以原罪。这是对特定犯罪的一种刑事策略。赦后只要未超过"百日"期限，本人未自首，即使被别人发觉，也不追究其"匿蔽"的罪责。《名例律》卷第四（总第35条）规定：

> 其限内事发，虽不自首，非蔽匿。

疏文说：

> 谓赦书到后，事发之所百日内发者，虽不自首，亦非蔽匿。以其限尚未充，故得无罪。

其二，限内继续匿蔽原来的犯罪状态的不予赦免。限内自首原免是以犯罪行为不再继续为前提，如果限内犯罪行为仍在继续而不改正的，以"蔽匿"论，即照起初的犯罪处罚。律条说：

> 赦书到后百日，见在不首，故蔽匿者，复罪如初。

疏文说：

> 惟此蔽匿条中，乃云"赦书到后百日"，此据赦书所至之处，别取百日为限。"见在不

1（宋）宋敏求编：《唐大诏令集》，学林出版社1992年版，第432页。
2（宋）宋敏求编：《唐大诏令集》，学林出版社1992年版，第433页。
3（宋）宋敏求编：《唐大诏令集》，学林出版社1992年版，第440页。

首，故蔽匿者"，谓人、物及所假官等见在，故蔽匿隐藏而不首出，并复罪如初。

所谓"见在不首"中的"见在"是说敕书所至之处，又重作规定的百日的限期内，犯罪的行为及后果仍在继续进行或存在的状态。如隐瞒身份、藏匿禁物及冒充官吏之状态仍在继续，则要照当初犯罪时的法律处罚而不赦免。同时，疏文说："限内事发，经问即臣，为无隐心，乃非蔽匿。"如果在限内，官府已经查问再不交代认罪的，就要以"蔽匿"论罪。注文说："虽限内，但经问不臣者，亦为蔽匿。"

其三，原属超越公务"程期"的犯罪不适用百日期限之法。有些公务办事原就有程限，如果赦前已越过程限犯罪，赦令发出后仍旧违犯程限的，不适用赦后百日自首之法。《名例律》卷第四（总第 35 条）规定：

即有程期者，计赦后日为坐。

所谓"程期"是说如办公案小事限 5 日，中事限 10 日，大事限 20 日以及出使的行程规定。刑律中对于地方官到尚书省集合"计帐"，或参加皇帝驾临的"大集校阅"都有期限。赦前在这些公务中已犯超越程限之罪，到赦后仍继续超越的，则从赦出之后以程限日计罪，而不适用赦后一定要满百日才重计算之制度。但是还以赦令颁布后计算依法应给的程期为期限。疏文说：

此等赦前有违，经恩不待百日，但赦出后日仍违程期者，即计赦后违日为坐。赦后并须准事给程，以为期限。

二、特权及优惠法律之时效

唐律中对官吏贵族享有的特权制度，对老幼病残给予的优惠制度，其在适用中也表现出了鲜明的时效特点。这种时效特点主要也是表现在这些法律与受优惠者犯罪及事发的适用关系上。总之，在犯罪及事发两个阶段，只要其中一个阶段有官职、官品及被荫，在处罚时都可享有官职、品位及有荫的特权待遇。即官职、品位及荫袭都有上溯及沿用的时效。

（一）官职特权的上溯效力

唐律中特权制度法律的效力有如下特点。

1. 事发时的官职及品位特权上溯到犯罪阶段使用

犯罪时无官或官品低，到事发时有官或品位高了，则事发时的官职及高品位的特权认定可以上溯到犯罪阶段使用。《名例律》卷第二（总第 16 条）规定：

> 无官犯罪，有官事发，流罪以下以赎论。
>
> 卑官犯罪，迁官事发……犯公罪流以下各勿论。

在唐代，只有流内官才能享有赎权，虽然犯时未有流内官职，但事发时有了流内官职，即如疏文说"谓从流外及庶人而任流内者"，在处罚时照样可以流内官的资格享有赎权。即犯罪之后获得之赎权，其效力可以上溯至犯罪之时。疏文对"卑官犯罪，迁官事发"的解释说："谓任九品时犯罪，得八品以上事发之类"，即九品官犯罪后，事发时成了八品官，处置时可以享受八品的特权待遇。

2. 犯罪时曾有的官职及官品仍可沿用到事发阶段

犯公罪的官吏，到事发时即使已经失去了官职，或降低了官品，也仍享受从前犯罪时所居官职、官品的特权。律条说：

> 在官犯罪，去官事发，或事发去官：犯公罪流以下各勿论。

疏文解释说：

> 谓在任时犯罪，去任后事发。或事发去官者，谓事发勾问未断，便即去职。此等三事，犯公罪流以下，各勿论。

在时效上，不是所有的犯罪都可以于"犯时"及"事发"时适用从轻的法律优惠。如僧、道犯奸罪，事发时已还俗，仍依犯时的僧道身份依律加重刑罚。《名例律》卷第六（总第 57 条）疏文说：

> 依《杂律》云，道士、女官奸者，加凡人二等……诸道士、女官时犯奸，还俗后事发，亦依犯时加罪，仍同白丁配徒，不得以告牒当之。

对此特殊性，其疏文解释说："道士、女官、僧、尼犯奸盗，于法最重。"

（二）袭荫特权效力的长久性

唐代的官吏及有爵位者，不但自身因官爵而享有特权，同时，其妻子、子孙也可享有其特权的承袭权。

1. 袭荫特权不因被袭荫亲属的死亡而消失

按唐制，卑幼可以因尊长的官爵而有荫，尊长也可因子孙的官爵而有荫。无论是子孙因尊长得荫，或是尊长因子孙得荫，得荫者并不因为被袭荫者的死亡而失去用荫的权利，即用荫的时效是终身的。《名例律》卷第二（总第 15 条）律文规定：

> 用荫者，存亡同。

疏文说：

> 应取议、请、减荫亲属者，亲虽死亡，皆同存日，故曰"存亡同"。

此制度只有一个例外，即如果袭荫者侵犯藉所荫的尊长本人，或侵犯藉所荫者的尊长的，皆不适用此原则："若藉尊长荫而犯所荫尊长，及藉所亲荫而犯所亲祖父母、父母者，并不得为荫。"

2. 用荫特权也有上溯下沿的时效

袭荫者于犯罪及事发两个阶段，其荫权之得失如果有变异，官荫权利也有上溯及沿用的效力。《名例律》卷第二（总第 16 条）规定：

> 有荫犯罪，无荫事发；无荫犯罪，有荫事发：并从官荫之法。

前文讲的"用荫者，存亡同"，是说有资格庇荫亲属的官员属正常死亡的情况。此外，还有因犯罪而遭除免，于是就带来了亲属"有荫"或"无荫"情况的发生。对此，疏文举例解释说：

> 父祖有七品官时，子孙犯罪，父祖除名之后事发，亦得依七品子听赎。其父祖或五品以上，当时准荫得议、请、减，父祖除免之后事发，亦依议、请、减法。……父祖无官时子孙犯罪，父祖得七品官事发，听赎；若得五品官，子孙听减；得职事三品官，听请；荫更高，听议。

从犯罪到事发，直到审断时为止，其亲只要有过官爵，犯罪亲属都可用荫。

（三）老幼病残刑罚优惠法律制度的适用效力

这里说的对老幼病残者刑罚优惠法律制度的效力，也是指这些人在犯罪时及事发时两个阶段适用的效力问题。老幼病残作为犯罪主体其行为责任能力的情况，都是处于不断变化发展的状态之中。幼可以成长为不再是幼，老可以由丁壮而来，病残的形成与康复也都有时间性。这种背景就使得这些人作为犯罪主体，在犯时与事发的不同阶段，处于不同的行为能力状态之下。唐代的行政法律《户令》首先确定了身体情状列入老幼病残的等级标准，其中人的年龄档次是主干，然后与年龄档次相当，又附入了病残的不同档次。在这基础上刑律根据老幼及病残的档次，规定了负全部刑事责任，负部分刑事责任，减轻刑罚及不负刑事责任的档次。因为这些人适用优惠制度主要是为了减轻及避免刑罚，因而法律在适用时，其时效的掌握上形成了共同的奉行原则：有利于老幼病残减免刑事责任。《名例律》卷第四（总第 31 条）从有利于减免老幼病残刑事责任出发，在时效适用制度上规定其优惠办法说：

> 诸犯罪时虽未老、疾，而事发时老、疾者，依老、疾论。……犯罪时幼小，事发时长大，依幼小论。

疏文先后解释说：

> 假有六十九以下犯罪，年七十事发，或无疾时犯罪，废疾后事发，并依上解"收赎"之法；七十九以下犯反逆、杀人应死，八十事发，或废疾时犯罪，笃疾时事发，得入"上请"之条；八十九犯死罪，九十事发，并入"勿论"之色。

> 假有七岁犯死罪，八岁事发，死罪不论；十岁杀人，十一事发，仍得上请；十五时偷盗，十六事发，仍以赎论。

以上规定都表明，在犯罪时及事发时两个阶段，只要有一个阶段能算得上老幼病残的，就确认其处罚时可适用其有关的优惠制度。

三、时间单位的时值

唐律中表示时间单位的重要词语有"日""年""载"等名词。这些名词都是有区别的法律上的概念，它们在法律上都有其特定的时值含量而不容随意混同。掌握其法律概念对精确地理解律义也有重要意义。

1. "日"的时值

(1) "日"是指一昼夜"百刻"或 12 个"时辰"。

其一，用指犯罪者犯罪行为持续的时间单位。唐代在犯罪构成的时间上常常以"日"为量刑依据，这时"日"的实际时值是整个昼夜的"一百刻"。现代一昼夜 24 小时以 96 刻计，每刻是 15 分钟。唐代一昼夜以"百刻"计，则每"刻"约相当于现代的 14 分钟多一点。《名例律》卷第六（总第 55 条）律条及疏文规定：

> 诸称"日"者，以百刻。……须通昼夜百刻为坐。

疏文举例说，《职制律》卷第九（总第 95 条）中"诸官人无故不上……一日笞二十"中的"日"，就是这种概念，要求经昼夜满百刻。

其二，指时辰上的"周时"。按唐代制度，一日是"百刻"，百刻又分为 12 个时辰。每个时辰相当于现代的两个小时。这些所谓的"刻"及"时"都是由当时的计时器"漏刻"上的标记表示出来的。刑律适用中的"日"，在无"漏刻"设施的地方，通常就只能以"周时"来计算。如《断狱律》卷第三十（总第 497 条）中规定死刑执行时"奏报应决者，听三日乃行刑"，即执行官署接到经过"三覆奏"皇帝批准执行死刑的符书，要等待满三日才行刑。疏文解释说：

> 称"日"者，以百刻，须以符到三日乃行刑。……在外既无漏刻，但取日周晬时为限。

所谓"日周晬"是指如前一日的午时到后一日的午时这种"周时"计算。"晬"的意义除讲作小儿的周岁外，也讲作"周时"。

其三，以"日"为基础而作特殊规定。法律要求行为持续的时间，基本是"日"，但有时并不拘于"百刻"而有特殊要求。如《职制律》卷第九（总第 94 条）中"官人应直不直笞三十"的要求必须是"通昼夜"，其要害是占昼夜两个"时分"，但又不必是"百刻"。又如《职制律》卷第九（总第 93 条）官人"私自出界"，其时续要求是"经宿乃坐"，要害在"经宿"过夜，疏文说：即不云"经日"，即非"百刻"之限。《职制律》卷第十六（总第 235 条）私放征防人之罪，计"日"或化零为整合并计者，都要求"并经宿乃坐"。

（2）用于劳务工时的计算指从早到晚的一个"工作日"。

这种时值以现代的概念去套，实际是指从早到晚的一个"劳动日"。如官员非法侵夺下属吏员劳动工值犯罪的计量就是这种概念。《职制律》卷第十一（总第 143 条）中"诸监临之官，私役使所监临，……各计庸、赁，以受所监临财物论"中的"庸"，其一个"庸日"的时间就是这种概念。《名例律》卷第六（总第 55 条）律文与疏文说：

> 计功庸者，从朝至暮。……从朝至暮，即是一日，不须准百刻计之。

这种情况，与我们今日称一个"劳动日"或"工作日"，也并不要求以全天 24 小时 96 刻钟计算是相似的。在这种计算过程中，如属役庸次数较多而零碎的情况，可以并合成"庸日"来计算，注文说："役庸多者，虽不满日，皆并时率之。"如疏文说："假若役二人，从朝至午，为一日功；或役六人，经一辰，亦为一日功。纵使一时役多人，或役一人经多日，皆须并时率之。"

2. 徒"年"的时值与人"年"的确定

唐律中的"年"，基本使用于徒刑以及流刑折成徒刑的年数。前者如"五刑"中的"徒一年，徒一年半，徒二年，徒二年半，徒三年"的等次。当然，"年"也使用于指人的年龄。如《名例律》卷第四（总第 30 条）"诸年七十以上、十五以下及废疾，犯流罪以下，收赎。"

（1）徒刑之"年"以 360 日计。

刑律中徒刑处罚受禁服役的"年"，其实际时值是以 360 日计，而不以 12 个月计。《名例律》卷第六（总第 55 条）之疏文说："在律称年，多据徒役。"律文规定：

> 称"年"者，以三百六十日。

疏文特别解释说：

> 此既计日，不以十二月称年。

《名例律》卷第三（总第 27 条）对"徒年限内"之"应役日"折"加杖"的计算，就明显地表明了这种计算法。其疏文说：

> 若犯徒一年，三百六十日合杖一百二十，即三十日当杖十；若犯一年半徒，五百四十日合杖一百四十，即是三十八日当杖十；若犯二年徒，七百二十日合杖一百六十，即是四十五日当杖十；若犯二年半徒，九百日合杖一百八十，即五十日当杖十；若犯三年徒，一千八十日合杖二百，即五十四日当杖十；若犯三年半徒，一千二百六十日亦合杖二百，即六十三日当杖十；若犯四年徒，一千四百四十日亦合杖二百，即七十二日当杖十。

（2）人的"年龄"之"年"以造籍登记的年份为准推算。

人的年岁在法律中有重要意义，一是作为赋役对象等级划分之依据；二是牵涉犯罪的认定、量刑幅度的确定及刑罚的执行等许多方面。刑律中人的年岁之确定，也以户籍登记之年份推算。但是唐代的年岁登记与现代相比，制度上差别很大。唐代人的"年岁"每三年造户籍时登记一次。现代人出生证填写后，登入户籍可作为一生的根据。唐代则不然，唐代之户籍是三年造册一次，《户令》规定：

> 诸三年一造户籍，起正月，毕三月。一留县，一送州，一送户部。[1]
> 造籍以季年（丑、辰、未、戌）。[2]

三年造一次，具体年份是安排在地支循环之丑年、辰年、未年及戌年去进行。在造户籍时，县令根据簿书审察人口年龄称为"貌形状"：

> 计年将入丁老疾，应征免课役及给侍者。皆县令貌形状，以为定簿。一定以后，不须

---

1 ［日］仁井田陞：《唐令拾遗·户令》第二十二条，长春出版社 1989 年版，第 149 页。
2 ［日］仁井田陞：《唐令拾遗·户令》第二十三条，长春出版社 1989 年版，第 151 页。

更貌。若疑有奸欺者，随事貌定，以附于实。[1]

需要"貌形状"的情况，一是涉及"增免课役及给侍"，一是"疑有奸欺"的两种情况。这种"貌形状"的行政程序，只能在涉及赋役的范围内进行，为防产生弊端，法律规定不得在涉于适用刑罚时临时进行。

（3）刑律上责任年龄之确定一定要以户籍登记为依据推算。

正因为唐代人的年龄是"三年一造籍"予以登记，所以造籍登记的年份是刑律适用的法定推算根据。《名例律》卷第六（总第 55 条）规定：

> 称"人年"者，以籍为定。

如果刑案中怀疑人的外貌与实际年龄不符，也仍以籍书为准。疏文说：

> 假使貌高年小，或貌小年高，悉依籍书，不合准貌。籍既三年一造，非造籍之岁，通旧籍计之。

"通旧籍计之"其义是依"旧籍""通计"，即根据最近的旧籍之登记年份加上已过去之年月计算，而不应该不依户籍之登记，临时根据体貌重新确定年龄。律疏所说"疑有奸欺，随状貌定"，是限于涉及赋役时允许进行的行政程序，而在适用刑罚时，不准借口"有疑"，临时"貌形状"确定年岁以适用刑罚。[2]

3."载"的时值

"载"之与"年"，历来一直有相同的意义，其时值通常都是 360 日，彼此间可互换互称，无严格限制。而此处要加以辨析的，主要是唐律中官吏在受"除免"等待复叙时"载"的特殊的时值意义。

（1）"载"与"年"在一般意义上同义通用。

"载"之与"年"相通用，其时值都是 360 日，这种情形，唐代也是如此。只是历史上不同时期有不同称谓。《名例律》卷第三（总第 21 条）疏文说：

> 年之与载，异代别名。

宋代此山贳冶子《唐律释文》对此补充说，不但"年"与"载"，另外还有"祀"与"岁"都是这样：

> 年、载、祀，此三者皆异代记时之号。若唐、虞已前谓之"载"，取岁事一新也；夏、

1　［日］仁井田陞：《唐令拾遗·户令》第二十四条，长春出版社 1989 年版，第 151 页。
2　参见本书第 10 篇《唐代判例书赵仁本〈法例〉的行用与废止论考——答复并就教于高明士先生和池田温先生》一文第三节第 2 点。

周已后谓之"祀"，取四时祀事一周也；秦、汉而下谓之"年"，取新谷一熟也。都谓之"岁"，取日月一周天，而岁星十二年一周之意也。

其实，此说远不如《尔雅·释天》讲得简明正确："载，岁也。夏曰岁，商曰祀，周曰年，唐、虞曰载。"唐代的"年"与"载"，在不同皇帝的年号，甚至在同一年号内，也可改换"年"与"载"不同的名称计时。如清朝吴楚材所编《纲鉴易知录》之"唐纪"中就记载唐玄宗天宝三年（744）起，把以前计时的"年"改称为"载"：

> 《纲》：甲申，三载，春正月，改"年"曰"载"。

此以"载"记时的情况，持续了 15 年，直到唐肃宗乾元元年（758），才又改为以"年"称。《纲鉴易知录》于兹改变措辞曰："戊戌，乾元元年，春正月"云云。

(2)"载"用指除名、免官后等待重叙的"年头"。

唐律中"载"特定用于犯官除免后等待再"重叙"的时间，其实际的时间值与一般的"年"是不同的。刑律适用上的"年"已知是 360 日，而"载"却并非一定是 360 日。除免撤官后"载"数的计算，实际起算的第一年只要不是"年初一"撤官，肯定都少于 360 日。这种算法，既便于统一掌握，也体现了对犯官的一种优待。如《名例律》卷第三（总第 21 条）之律文规定：

> 诸除名者，官爵悉除，课役从本色，六载之后听叙，依出身法。……免官者，三载之后，降先品二等叙。

从文中看，除名的"六载"及免官的"三载"，绝不是徒刑役"年"的时值，而只是"年头"。法律不规定起始的月份，那就第一年往往是不足 360 日的"年头"。因为法律规定上有"之后"，所以除名的"六载之后"重叙，是要求进入第七个年头：

> 假有元年犯罪，至六年之后，七年正月始有叙法。

免官的"三载之后"重叙的，要求进入第四个年头：

> 称"载"者，理与"六载"义同，亦止取三载之后，入四年听叙。

"除免"人待叙，无论是三载之后的第四个"年头"，或是六载之后的第七个年头，只要不属于从正月初一起算者，其实际等待时间，大多不满三整年或六整年。

(3) 闰年多一个月仍计在"一载"之内。

正因为"载"实际是指"年头"，所以，如果那几年中逢到有 13 个月的闰年，也仍只算作"一载"。律条的疏文解释说：

> 其间虽有闰月，但据"载"言之，不以称"年"要以三百六十日为限。

正如律文规定的那样，"其间虽有闰月，但据'载'言之，不以称'年'"，所以也不会要求"载""要以三百六十日为限"。待重叙的犯官逢某个闰年，多等一个月，仍只以"一载"计，不能因此提早一月进入下一"载"。

唐律中"免所居官"的叙限是"期年之后，降先品一等叙"，此中之"年"则是"三百六十日"。故《名例律》卷第三（总第 21 条）的疏文指出其与"载"是有区别的：

> 称"期"者，匝四时曰期，从敕出解官日，至来年满三百六十日也。称"年"者，以三百六十日。称"载"者，取其三载、六载之后，不计日月。

总之，《律疏》成典于永徽，刊定于开元，都远在"天宝三载"之前，在当时正常以"年"计时之际，唯除免待叙之计时特采"载"为计，这本身就表明，"载"在此处之使用，不同于"年"。

*此文发表于社会科学文献出版社 2013 年版钱大群著《唐律与唐代法制考辨》一书，收入本书时有修改。

25. 决死囚 "覆奏" 次数与时日考辨

隋唐时对死刑犯人行刑前向皇帝实行最后的 "覆奏"，是古代司法制度中重要的慎刑制度之一。唐代朝廷十分重视这项制度，李世民对隋以来的这项制度进行了重大的改革。但是，从涉于唐代的一些重要史书的记载看，对李世民把 "三覆奏" 改为 "五覆奏" 过程中的一些问题，特别是覆奏时间的配置问题，在记载上极易让人产生疑惑而莫衷一是。故不避浅陋，略作辨析，抛砖引玉于同行，以求解惑于他日。

一、决死囚之 "覆奏" 制创始于隋朝

隋文帝曾有宽刑之名，而其实是苛暴之君。但不久，隋文帝也开始懊悔，同时，采取措施慎刑，其 "三覆奏" 之制，即由其创始。隋开皇十二年（592），隋文帝根据用律者常 "罪同论异" 的情况，

> 诏诸州死罪不得便决，悉移大理按覆，事尽然后上省奏裁。

开皇十五年（595）又下制具体规定：

> 死罪者三奏而后决。[1]

"覆奏" 之 "覆"，是审察之义。《尔雅·释诂下》："覆，审也"。覆，也是检验、核实之义。《韩非子·内储说下》："昭侯令人覆廪，吏果窃黍种而粜之甚多。" 唐律中 "覆奏" 之 "覆"

1《隋书·刑法志》，中华书局 1973 年版，第 714 页。

用作"按覆"之义，故不作"重复"之"复"。何以为言？因如"三覆奏""五覆奏"中之"覆"，或有误解为"复"的可能，则"一覆奏"中之"覆"则断无讲为"重复"之"复"的可能。

二、唐太宗对"三覆奏"制度进行的改革

唐太宗贞观朝廷原就有为慎刑而对死刑案进行宰相集议的制度。起初，李世民根据古书的记载，把死刑的最后审核，交由宰相衙门集议决定。《旧唐书》记载："初，太宗以古者断狱，必讯于三槐九棘之官，乃诏：大辟罪，中书、门下、五品已上及尚书等议之。"[1] 但是，从史书记载看，虽然国家有对死刑案的宰相集议制度，事实上也进行了集议，隋以来之"三覆奏"制度也未废除，但是冤杀的案件仍有发生。究其原因，与对"三覆奏"制度本身的贯彻实施有一定关系。

推动李世民改革"三覆奏"的原因就是不断出现的错杀案。正是这些经他亲自批准的错杀案，及他对造成错杀原因的反思，使他决心把隋朝"三覆奏"制度在新条件下制度化，并在此基础上作进一步的改革。

（一）改革的原因

1. 皇帝常于盛怒下不实行"三覆奏"而发生错杀案

唐贞观二年（628），唐太宗因交趾急需人去"镇抚"，就派有"才兼文武、廉平公直"之名的瀛州刺史卢祖尚去担负此任。卢最初满口答应，但"既而悔之，辞以旧疾"，派杜如晦等去说服，卢仍"固辞"。之后，太宗亲找卢来劝说，卢还是"固辞不可"，于是"上大怒""斩于朝堂"，但"寻悔之"。他对臣下说："卢祖尚虽失人臣之义，朕杀之亦为太暴。"[2]

唐贞观五年（631），河内人李好德一直有疯癫病，因口出"妖言"，皇帝令大臣们讨论处置。大理丞张蕴古说李好德的疯病确有凭证，不当治罪。有的史书记述，这时御史权万纪弹劾张蕴古"奏事不实"，说是李好德的兄长李厚德在张蕴古的家乡相州当刺史，放

1《旧唐书·刑法志》卷五十，中华书局 1975 年版，第 2139 页。
2《资治通鉴》卷一百九十三《唐纪·贞观二年》，上海古籍出版社 1987 年版，第 1291 页。

纵李好德是为了讨好其兄长李厚德。[1] 而有的史书说，张蕴古奏言李好德确有疯病后，皇帝答应将宽宥李好德，但张蕴古私下把皇帝的意思告诉李好德，并在狱中与李"博戏"，御史权万纪就此弹劾张蕴古，于是"太宗大怒，命斩之于东市"。[2]《旧唐书》则把这两方面的事合记在一起，不过却说，是太宗自己称平时就见张蕴古常与狱内之禁囚弈棋，现又听说他"阿纵"李好德，故命令"斩于东市"，但"既而悔之"。[3]

《旧唐书》又在记太宗回忆王世充错杀郑颋后说："今春府史取财不多，朕怒杀之，后亦寻悔。"

这三个案件的共同点都是皇帝听报后在"大怒""盛怒"下，令立即处死而造成冤杀。

2. "三覆奏"的缺陷是覆奏的次数太少而且间隔时间太短

隋以来传统的"三覆奏"是在行刑当日某个时间连续三次奏请行刑，不遭否决就即刻行刑。而这样做要对案件作透彻缜密的思考是不可能的。史书上的有关记载虽繁简不一，但意思全同。《资治通鉴》记载，唐贞观五年（631）"十二月"李世民对侍臣说：

> 朕以死刑至重，故令三覆奏。盖欲思之详熟故也，而有司须臾之间三覆已讫。[4]

《旧唐书》的记载字词稍有不同，意思却更明确：

> 比来决囚，虽三覆奏，须臾之间，三奏便讫，都未得思，三奏何益？[5]

这一点上表述得较透彻的是《贞观政要》一书。《贞观政要》记太宗贞观五年（631）下诏时说：

> 在京诸司，比来奏决死囚，虽云三覆，一日即了，都未暇审思，三奏何益？纵有追悔，又无所及。[6]

（二）唐太宗对"三覆奏"改革的内容

李世民根据朝廷司法实践中错杀发生的原因，有针对性地从"三覆奏"制度的贯彻执行，与"三覆奏"制度本身存在缺陷这两方面进行改革。

1《资治通鉴》卷一百九十三《唐纪·贞观五年》，上海古籍出版社 1992 年版，第 1297 页。
2《贞观政要》卷八，上海古籍出版社 1978 年版，第 240 页。
3《旧唐书·刑法志》卷五十，中华书局 1975 年版，第 2139 页。
4《资治通鉴》卷一百九十三《唐纪·贞观五年》，上海古籍出版社 1992 年版，第 1298 页。
5《旧唐书·刑法志》卷五十，中华书局 1975 年版，第 2140 页。
6《贞观政要》卷八，上海古籍出版社 1978 年版，第 244 页。

1. 使"三覆奏"成为一定要依法执行的制度

虽然唐代在制度上承用了隋代的"三覆奏",但在实际运用却存在严重问题,最关键的一点是皇帝自己常常带头阻碍"三覆奏"的执行。在皇帝处理一些让他"大怒"的案件时,皇帝往往下一个与"三覆奏"背道而驰,实际上是取消三覆奏的命令:立即处死。《贞观政要》记载李世民错杀张蕴古"既而悔之"时曾对房玄龄说:

> 如蕴古身为法官,与囚博戏,漏泄朕言,此亦罪状甚重,若据常律,未至极刑。朕当时盛怒,即令处置,公等竟无一言,所司又不覆奏,遂即决之,岂是道理。[1]

此段记载说明,虽有"三覆奏"的制度在,但如果皇帝下令立即处死,则"三覆奏"就不再执行,不但大臣们不谏阻,就是职能部门也不再履行"覆奏",这就是关键所在之一。李世民看到了这一点,于是果断地下诏:

> 自今有死罪,虽令即决,仍"三覆奏"乃行刑。[2]

这是硬性规定,处死罪时即使皇帝下令"立即处决",当局也仍要坚持进行"三覆奏"。李世民之可贵之处在于,他十分明白,皇帝在"盛怒"时,可能命立即施刑。防止的办法就是"三覆奏"要无条件地坚持执行,以此防止和纠正皇帝可能有的错失。即使属于子孙严重侵犯父祖的"恶逆"罪,也要"一覆奏"后行刑:唯犯恶逆者,"一覆奏"而已。[3]

虽有制度,不坚持执行,特别是事关皇帝的制度,如皇帝不执行或下边的人认为皇帝可以不执行,那事实上这项制度就不再存在。看起来,不但李世民认识到这一点,并以法令约束自己,以后的皇帝也注意了这一点。唐高宗李治也重申过这一诏令:

> 至上元元年闰四月十九日,敕文:"自今己后,其犯极刑,宜令本司,依旧三覆。"[4]

开元中成书的《唐六典》,对"覆奏"的注文仍然说:

> 纵临时有敕不许覆奏,亦准此覆奏。[5]

在这一点上,皇帝确实制定了让下面的人对自己进行监督的制度。所以刑律对"三覆奏"的必须执行也给予维护。《断狱律》卷第三十(总第 497 条)规定:

> 诸死罪囚,不待覆奏报下而决者,流二千里。

疏文解释说:

1《贞观政要·刑法》卷八,上海古籍出版社 1978 年版,第 240 页。

2《资治通鉴》卷一百九十三《唐纪·贞观五年》,上海古籍出版社 1987 年版,第 1297 页。

3《资治通鉴》卷一百九十三《唐纪·贞观五年》,上海古籍出版社 1987 年版,第 1297 页。

4《唐会要·君上慎恤》卷四十,上海古籍出版社 1991 年版,第 840 页。

5《唐六典·刑部》卷六,中华书局 1992 年版,第 189 页。

谓奏画已讫，应行刑者，皆三覆奏讫，然始下决。若不待覆奏报下而辄行刑决者，流二千里。

2. 增加覆奏次数拉长覆奏时日

隋以来的三覆奏既然是次数少间隔短，不能让人充分思考，所以李世民就在次数及间隔时间上进行改革，其措施是增加覆奏次数并拉长覆奏时日。

（1）京都地区把三覆奏改成五覆奏，而且时间从一日拉长为二日。

京都地区，皇帝所在之地，直接向皇帝覆奏，可预先确定行刑日，决前一天，覆奏二次，处决当天，覆奏三次。《旧唐书》记载李世民向侍臣质问"三奏何益"后接着说：

自今已后，宜二日中五覆奏，下诸州三覆奏。[1]

《资治通鉴》在贞观五年（631）十二月，记载李世民与侍臣廷议"覆奏"时的情形说：

丁亥，制：决死囚者，二日中五覆奏：下诸州者，三覆奏。[2]

（2）地方各州死刑执行的三覆奏从一天改为二天。

地方各州死囚行决的三覆奏，执行处决的文书在送去各州前，由刑部向皇帝三覆奏后才送出符书。《唐六典》及《通典》之注文讲得最清楚明确："凡决大辟罪，在京者，行决之司五覆奏；在外者，刑部三覆奏。"关于覆奏次数的时间分配，其注文说：

在京者决前一日二覆奏，决日三覆奏；在外者，初日一覆奏，后日再覆奏。[3]

京外各州由于刑杀符书由京内送至行刑州县，时间因远近不同而不能确定，故措辞是说"初日"与"后日"。原来一天中于某一时刻进行的三次覆奏，京内改为"五覆奏"，地方改成了"二日"之内，初日一次，后一日两次。

3. 地方接得准杀文书须等待三日行决

按唐制，地方的刑杀符书经刑部二日内三覆奏送出后，如果皇帝要改变刑杀决定，法律在时间上仍有非常的补救措施给皇帝保留。《断狱律》卷第三十（总第497条）规定地方的行刑说：

即奏报应决者，听三日乃行刑，若限未满而行刑者，徒一年；即过限，违一日杖一百，二日加一等。[4]

1《旧唐书·刑法志》卷五十，中华书局1975年版，第2140页。
2《资治通鉴》卷一百九十三《唐纪·贞观五年》，上海古籍出版社1987年版，第1298页。
3《通典》卷一百六十八，中华书局1984年版，第891页；《唐六典》卷六，中华书局1992年版，第189页。
4《断狱律》卷第三十（总第497条）。

疏文对 "奏报应决" 解释说: "谓奏讫报下, 应行决者", "须以符到三日乃行刑。若限未满三日而行刑者, 徒一年。" 接到业经三覆奏后才发出的刑杀符书, 当地执行官, 必须从符到之时起等待三昼夜才能开杀。规定此制度的目的, 是持符使节出发后, 如果皇帝要改变主意, 还有三天时间可以追派使节去更改。

三、"五覆奏" 执行时日之存疑与试辨

唐代 "五覆奏" 中的五次奏请到底几天内执行, 直到今日仍是个有待考定的问题。因为一些唐史的记载, 关于五覆奏执行的天数, 的确存在着前后不一的情况。

1. 前后矛盾的记载

(1)《旧唐书》记载的矛盾。

如前所述,《旧唐书·刑法志》在记皇帝对冤杀张蕴古及卢祖尚有悔后, 接着所记唐太宗 "寻谓侍臣曰" 中, 明确地记载皇帝说:

> "自今己后, 宜二日中五覆奏, 下诸州三覆奏。"

《旧唐书》记皇帝说的是 "二日中五覆奏", 而记述 "著之于令" 的内容时, 却又说 "五覆奏" 是 "决前一日、二日" 及 "决日" 共三日进行。

> 其五覆奏, 以决前一日、二日覆奏, 决日又三覆奏。惟犯恶逆者, 一覆奏而已。著之于令。[1]

(2)《资治通鉴》记载的矛盾。

《资治通鉴》中的记载与《旧唐书》的记载一样, 前后存有显著的矛盾。亦如前已指明的那样,《资治通鉴》在贞观 "五年十二月" 下, 先记太宗 "谓侍臣" 谈三覆奏立法的用意及执行中存在的问题后明记: "丁亥, 制: 决死因者, 二日中五覆奏, 下诸州者, 三覆奏。" 可是在记录完太宗的全部话之后, 专门介绍 "五覆奏" 施行的办法也说是三日:

> 其五覆奏者, 以决前一、二日, 至决日, 又三覆奏。唯犯恶逆者, 一覆奏而已。[2]

与《旧唐书》中的情况一样, 前面说 "二日中五覆奏", 而最后又说五覆是 "决前一、二

1《旧唐书·刑法志》卷五十, 中华书局 1975 年版, 第 2140 页。
2《资治通鉴》卷一百九十三《唐纪·贞观五年》, 上海古籍出版社 1987 年版, 第 1298 页。

日"覆奏,"决日,又三覆奏",共三日。

2. 记载矛盾之原因反映"制"与"令"的不同

《旧唐书》及《资治通鉴》记载中的前后矛盾,实际是反映了当时立法过程的复杂情况,即立法本身就有前后不一的原因,而不是史书作者记录本身的矛盾。

第一,皇帝的制敕与由此形成的令文,其内容前后往往有改变而不统一。皇帝的诏令由中书省拟制,并经门下省审查发出之后,在法律上仍是制敕。这种制敕,最后编纂时内容是否有改变,以及能否最终形成《令》或成为《格》,都是处于可变易的过程。从上述两史书的记载看,"二日中五覆奏"的确定,都只是皇帝的制敕,如唐太宗提出的办法,《资治通鉴》的记载明显地指出是"制"。从时间上说,张蕴古的事情发生在贞观五年(631)"秋八月",李世民评论三覆奏的施行过程太短暂,其事列在贞观五年"十二月",而下诏出"制"的丁亥日是十二月初二。所以"二日中五覆奏"仅是制敕,而"三日内五覆奏",都是在记录太宗谈话之后决定"著之于令"的记述。可见,最大的可能是,当时皇帝的制敕,与最后著为令文的内容,本来就不一致:前者是"二日中五覆奏",后者是"三日中五覆奏"。

第二,今见主要文献所载是依据当时的制敕,而不是准备著为令的内容。首先,唐代人撰写的史书都一致地认可"二日中五覆奏"之制,《唐六典》及《通典》也一致地记载"二日中五覆奏":

> 凡决大辟罪,在京者,行决之司五覆奏;在外者,刑部三覆奏。(在京者决前一日二覆奏,决日三覆奏;在外者,初日一覆奏,后日再覆奏。)[1]

这些著作的根据应是唐代的制敕。上海古籍出版社 1991 年版的《唐会要》录唐代的敕诏说:

> 五年八月二十一日诏:"死刑虽令即决,仍三覆奏,在京五覆奏。以决前一日三(二)覆奏,决日三覆奏,惟犯恶逆者,一覆奏。著于令。"[2]

文中"决前一日三覆奏"中的"三"应是"二"之误。否则加上"决日三覆奏"就是"六"覆奏了,不可能如此。这里,《资治通鉴》记载"二日中五覆奏"制敕下达在"丁亥"即"十二月二日",而《唐会要》抄录时则记载此制敕下达在"八月"张蕴古事件发生当时,这是矛盾之处。但是唐代武则天时任编修国史的吴兢,在其所撰的《贞观政要》中的说法,证实王溥在《唐会要》中的抄录是有根据的。吴兢记载,张蕴古事件发生后,太宗后悔时

---

1 《唐六典·刑部》卷六,中华书局 1992 年版,第 189 页;《通典》卷一百六十八,中华书局 1984 年版,第 891 页。

2 《唐会要·君上慎恤》卷四十,上海古籍出版社 1991 年版,第 840 页。

在批评房玄龄等当时不谏阻以及有关官司不行覆奏时记载：

> 因诏曰："凡有死刑，虽令即决，皆须五覆奏。"五覆奏，自蕴古始也。[1]

吴兢认为，张蕴古事件促使唐太宗不但严申凡死刑都要执行覆奏，而且要实行五覆奏。吴氏关于五覆奏制度由张蕴古事件肇始的判断，与《唐会要》抄录五覆奏的敕诏是贞观"五年八月二十一日"在时间上吻合，与《资治通鉴》记张蕴古事件在"秋八月""甲辰"即"八月十七"之后，也是吻合的。

　　第三，不能否定唐代"三日五覆奏"令文的存在。首先，要指出的是，既然《旧唐书》及《资治通鉴》在"二日中五覆奏"后，都又一致地说，要把这种五覆奏的制敕"著之于令"，这表明，贞观五年后唐代著成的令文最后不排除是"三日五覆奏"制。史书在其他场合，还有对"三日五覆奏"的呼应记载。《资治通鉴》于贞观"十六年十一月"下，记广州都督党仁弘，因"性贪""为人所讼赃百余万，罪当死"，在李世民为此事对侍臣说"吾昨见大理五奏诛仁弘"之下，其注文说：

> 五年制令，死罪囚三日五覆奏。[2]

这里，作者《注》文记述的"五年制令"的内容，与"丁亥，制：决死囚者，二日中五覆奏"相悖，而却与作者自己最后介绍叙明的"其五覆奏者，以决前一、二日，至决日，又三覆奏"之文相合。可见，《资治通鉴》中关于贞观五年（631）与"二日中五覆奏"矛盾的"三日五覆奏"，绝不是一时误记误写，而是有其根据的记载。关键在于临事的诏敕与最终所著之令，有变异的可能。元代戈直所注明朝成化本《贞观政要》中，原书记贞观五年（631）之诏原就为："自今后，在京诸司奏决死囚，宜三日中五覆奏。"[3]

* 此文发表于黑龙江人民出版社 2004 年版苏州大学法学院杨海坤教授主编的《东吴法学》2003 年卷。

1《贞观政要》卷八，上海古籍出版社 1978 年版，第 240 页。

2《资治通鉴》卷一百九十六《唐纪·贞观十六年》，上海古籍出版社 1987 年版，第 1317 页。

3 上海古籍出版社 1978 年出版上海师范大学古籍整理组点校之《贞观政要·刑法》，第 244 页之"校堪记"（三）中，言该组把戈直注原书中的"三日"，改为了"二日"。

26. "类举"与"比附"比较略论
——兼解"举轻以明重"条何以不被删除

　　《律疏》卷第六《名例律》（总第 50 条）关于"诸断罪无正条"一条，是唐律中涉及类举制度的重要条文。此条专门为解决"一部律内，犯无罪名"因而"断罪无正条"问题设立的条款。有些人认为这是唐律中的类推制度，有的学者认为是唐律中的比附制度。因为古文献有摘录首句或前几字以为名的习惯，所以这一条在《唐律疏义》的目录中通常名之为"断罪无正条"。其实《名例律》卷第六（总第 56 条）之"断罪无正条"的实际内容，是包括了："其应出罪者，则举重以明轻；其应入罪者，则举轻以明重"的两个方面。它既不是现代刑法的"类推"制度，也不是唐律中同时存在的"比附"制度，而是唐律中特有的"类举"制度。关于唐律中"比附"及"类举"制度在拙著《唐律研究》[1]中已有述说，这里想专门就史书记载的唐中宗神龙年间担任左拾遗的赵冬曦，专门上书要求删除"举轻以明重"律文的事，略作考解，试图站在历史的角度，以求有所探索，有所解释。

一、"类举"制度的渊源及法律地位

　　类举制度最早起始于隋朝，唐朝的刑律与宋朝的刑统都整条予以承袭沿用，明律与清律中则在"断罪无正条"下规定"引律比附"。可以说，从中国古代社会中期起，它就是刑律中始终贯彻的一项制度，而且是刑律中一项原则性的制度。

---

1 见钱大群：《唐律研究》，法律出版社 2000 年版，第 214 ~ 222 页。

（一）类举制度起始于隋朝

关于类举制度的历史渊源，赵冬曦所上书中一开始就说：

> 臣闻夫今之律者，昔乃有千余条。近者隋之奸臣将弄其法，故著律曰："犯罪而律无正条者，应出罪则举重以明轻，应入罪则举轻以明重。"立夫一条，而废其数百条。自是迄今，竟无刊革。[1]

因隋朝距唐不远，赵冬曦故言"近者"。赵所说隋之前的"昔者"之律有"千余条"，是有一定根据的。如《隋书·刑法志》记齐武帝时王植之为齐拟订的律书是一千五百多条：

> 时欲议定律令，得齐时旧郎济阳蔡法度，家传律学，云：齐武时删定郎王植之，集注张、杜旧律，合为一书，凡一千五百三十条，事未施行，其文殆灭。法度能言之。[2]

《隋书·刑法志》记南朝陈武帝时的立法说：

> 制《律》三十卷，《令律》四十卷。采酌前代，条流冗杂，纲目虽多，博而非要。[3]

虽未明言"千余条"，但"冗杂""纲目多""博而非要"，已见其大端。《隋书·刑法志》记北周之律文说：

> 大凡定法一千五百三十七条，班之天下。其大略滋章，条流苛密。比于齐法，烦而不要。[4]

《隋书·刑法志》记载隋文帝开皇三年（583）新律制定前所用之旧律，其条数也应在千条以上：

> 三年，因览刑部奏，断狱数犹至万条。以为律尚严密，故人多陷罪。又敕苏威、牛弘等，更定新律。除死罪八十一条，流罪一百五十四条，徒杖等千余条，定留唯五百条。[5]

从赵冬曦开头所指的隋之前"昔乃有千余条"，后实行类举"立夫一条，而废其数百条"的话来看，"举轻以明重"的类举条，应该就是创制在开皇三年（583）制定的《开皇律》中。

赵冬曦说隋朝的类举制度，是"隋之奸臣将弄其法"的结果，此说过于狭隘偏颇。隋朝从开皇元年（581）到开皇三年（583），两次制定刑律，从记载看，当年参与制定的人

---

1 《唐会要·议刑轻重》卷三十九，上海古籍出版社 1991 年版，第 829 页。下文所引赵冬曦语，出处皆同此。
2 见《隋书·刑法志》，中华书局 1973 年版，第 697 页。
3 见《隋书·刑法志》，中华书局 1973 年版，第 702 页。
4 见《隋书·刑法志》，中华书局 1973 年版，第 709 页。
5 见《隋书·刑法志》，中华书局 1973 年版，第 712 页。

第一次有高颎、郑译、杨素、常明、韩濬、李谔、柳雄亮等人；第二次的制定人是苏威、牛弘等人。这些人中间，除了杨素可以称作"奸臣"外，其他的人在唐人写的《隋书》的传文中皆有好评。况且，即使杨素同时也参与了第二次立法，也很难说就是杨素一人的作用，使隋律采用了类举之法。更不用说隋之后，唐宋各朝都采用类举法，其存在的合理性，证明它绝非如赵冬曦所言是"奸臣弄法"。

（二）类举是一项可在司法中推行的用法原则

类举律条的本义，是对断罪无正条者，举相类的事，通过轻重比较，在逻辑上判断其处置之正确。《名例律》卷第六（总第 50 条）的类举制度，并非只是疏文所举的"明重"的两例及"明轻"的两例。这四例仅是疏文解释时所举的典型的例子。在司法实践中，完全是一项在"断罪无正条"情况下，经常使用的制度。如《诈伪律》卷第二十五（总第 385 条）说到在法律"不可备言"的情况下，可以运用类举制度及"不应得为而为之"的制度去判断：

> 问曰：诈陷人渡朽败桥梁，溺之甚困，不伤不死，律条无文，合得何罪？
> 答曰：律云"诈陷人至死及伤"，但论重法，略其轻坐，不可备言，别有"举重明轻"及"不应为"罪。

用欺诈方法让人走坏了的桥梁而受伤，这是犯罪行为，受害人虽未死，也无伤（指"见血为伤"），但被溺淹之后果如果"甚困"，如"至死及伤"，就可运用类举制度，依"举轻以明重"的原理作类举或适用"不应得为而为之"之条论处犯罪人。

（三）赵冬曦奏改律文行为的法律依据

《唐会要》记载："神龙元年正月，赵冬曦上书"专门评论"断罪无正条"中"举轻以明重"的这种制度。赵冬曦《新唐书》上有《传》。神龙初他在门下省任"左拾遗"之官，开元初"迁监察御史"。拾遗官的职责之一就是"凡发令举事有不便于时，不合于道，大则廷议，小则上封"。[1]唐朝官吏都有权评议律令得失建议修改，但是必须遵守严格的制度。按唐法，臣下认为律令有不合理、不适用的地方，要先"申议"尚书省，由尚书省"议定奏闻"。申议时要辨明不便之状，经过"都座集议"后奏告皇帝。总之，不经"申议"，"直述所见，但奏改者"要处二年徒刑。如若"先违令式，而后奏改"也要处徒二年。但是

1《唐六典·门下省》卷八，中华书局 1992 年版，第 247 页。

《职制律》卷第十一（总第 149 条）疏文规定：

> 即诣阙上表，论律、令及式不便于时者，不坐。

即殿庭上呈递表章，论说律令不便于时的，无罪。从《唐会要》记载赵冬曦上书称"臣"来看，他走的是直接"诣阙上表"之路。他的删除类举条的建议，《唐会要》上无结果之记载，《新唐书》其传上只是说"当时称是"。唐代的立法实际证明，最后根本未按他的意见去修改律文。在唐朝的修律史上，高祖、太宗都参照隋开皇旧律修订律条，《旧唐书》专门记载了《贞观律》中有"诸断罪而无正条，其应出罪者，则举重以明轻；其应入罪者，则举轻以明重"。《永徽律》及《永徽律疏》沿用不改，唐神龙年间赵冬曦建议删除此条后，经过开元刊修，今传《律疏》照样保留此制度，这绝非偶然。

二、类举与比附的同异

尽管赵冬曦在上书时说，由于类举的实行，致使"法吏得便，则比附而用之矣"；而且后来明清刑律中在"断罪无正条"中都说"引律比附"，似乎类举制度与比附制度为同一事物。其实，明清的情况可另作研究，而就唐代来说，类举与比附虽有局部相通之处，却绝非同一制度。

（一）类举与比附都是为了解决法无明文断罪无正条的问题

类举是在"断罪而无正条"的情况下适用，疏文说，所谓"无正条"是指"一部律内，犯无罪名"的情况。实行类举的目的是对法无明文规定的行为作出有罪、无罪或罪轻、罪重的处置。

唐律中"比附"同样有这种功能。《贼盗律》卷第十九（总第 277 条）的问答说："五刑之属，条有三千，犯狱既多，故通比附。"又，《贼盗律》卷第十七（总第 260 条）的"问答"说："金科虽无节制，亦须比附论刑。"这就是说，有些犯罪，律条虽无明文但还是必须用比附的办法来论处刑罚。该条的"问答"还说："岂为在律无条，遂使独为侥幸？"可见，在事情复杂，但罪名之设立于律有限，律条不能网罗一切时，就有比附之必要。

（二）类举与比附各有其不同的作用机制

仅从解决"一部律内，犯无罪名"的"无正条"情况来说，类举似乎与解决"金科无节制"及"在律无条"的比附制度相同，而其实并不相同。

"比附"使用的目的与结果是只使用于定罪判刑，原因是"犯状既多，故通比附"；"金科虽无节制，亦须比附论刑"；"岂为在律无条，遂使独为侥幸"。

"类举"可以是定罪判刑，也可以是判定无罪不予处刑，或是从罪重刑重而改判为罪轻刑轻。因为它不但可以通过举轻例来"明重"，也可以通过举重例来"明轻"。如果一定要与现代刑法制度相比较，那么唐律中的"比附"制度相当于现代的类推定罪制度，而"类举"制度则不是，至少类举制度中的"其应出罪者，举重以明轻"不是。

1. 比附只作有罪比附而不作无罪比附

比附是以律中已有规定的犯罪，来作为对未有明文规定的行为作有罪处置的根据。如《贼盗律》卷第十七（总第260条）规定有"祖父母、父母及夫为人所杀"不告私和，处流二千里。但是，主人被杀后部曲、奴婢不告私和之罪则无明文规定。疏文指示其比附的办法是"得罪并同子孙"，即这种罪也同样处流二千里。因为，在诉讼地位上，奴贱对主人的关系，也相当于子孙同父祖的关系。如《名例律》卷第六（总第46条）关于"同居相隐"中，就包括了子孙为父祖隐及奴贱为主人隐。

其一，行为性质上可比附定罪。由行为性质比附而定罪的情况，如《贼盗律》卷第十七（总第257条）规定了因窃取囚犯逃亡而杀伤人的犯罪，但是疏文又提出了窃取囚犯逃亡，被人追赶，扔下囚犯逃走，之后开始抵抗并因而杀人这律无明文的情况，是否同"劫囚"罪一样论处。答复是同"劫囚"罪不一样，而应比照《贼盗律》卷第二十（总第289条）中"因盗而过失杀伤"罪不论处死刑。疏文解释其理由说，"窃囚而亡，弃囚逃走"，理与《贼盗律》卷第十九（总第281条）"窃盗发觉，弃财逃走"后的抵抗行为一样，不作"因劫囚伤人"依强盗论，而"以斗杀伤论"。

其二，刑罚的轻重上比附定罪。刑罚轻重的比附，如《斗讼律》卷第二十二（总第320条）规定部曲、奴婢殴良人加重一等，奴婢殴又比部曲殴加重一等。但是，关于部曲与奴婢相互殴伤杀却未有明确规定。对此，疏文以比附规定说："依部曲与良人相殴伤杀法。"因为已知部曲殴良人加重一等，奴婢殴良人又比部曲再加重一等，因而可知，部曲与良人差一等，奴婢与部曲也差一等。所以，比附明文规定以部曲与良人相殴之处罚办法，来处置部曲与奴婢相殴罪是恰当的。又如《名例律》卷第五（总第38条）规定官户、奴婢犯流加杖二百，如官户、奴婢因自首或遇恩原减，对给予他们"过致资给"者怎样作减。其《答》文说："即加杖之流应减，在律殊无节文，比附刑名，止依徒减一等，加杖一百八十"。即不从一般流刑上减，而从官户、奴婢之流刑处加杖二百上减一等。加杖法以二十为一等，加杖二百上减一等，故为杖一百八十。

2. 类举可以是有罪判断也可以是无罪判断

类举里的"入罪",是指判为有罪或相对地判为重罪;所谓"出罪",是指判为无罪或相对地判为轻罪。所以,唐律中的类推不全是有罪认定而实行处罚,也可以是作无罪认定,或是虽作有罪认定而予以从轻发落。

类举中的"其出罪,举重以明轻",就是通过类举作无罪或轻罪判处的制度。正如其疏文举例说明的那样,既然有对夜入人家者登时杀死也不论罪的明文,那么无明文规定的把夜入人家者打成折伤之行为,就当然地无罪勿论了。

三、类举有牵制法官擅断之要求

赵冬曦反对类举制度的最重要的一个理由是说类举断罪完全不根据法律,刑罚轻重全凭法官的爱憎。他在上书中说:

> 遂使死生罔由乎法律,轻重必由乎爱憎,受罚者不知其然,举事者不知其犯,臣恐贾谊见之必为之恸哭矣。

其实,从类举制度贯彻执行中的要求来说,"死生罔由乎法律,轻重必由乎爱憎",并不是类举本身存在的弊病,相反,类举却有对法官于类举时一定不能离开法律的制度要求。

1. 类举是依律举其类

作为类举前提的类比的对象,一定是《律》中的成文事例。类举在相举作比时,是否相"类"的准绳是《律疏》中已明文规定的内容,不是法内的明文则不能随意作为类举的准绳。如律文中所确立的"夜无故入人家","盗缌麻以上财物","谋杀期亲尊长"及"殴击大功尊长"的有关制度,都是律疏内明文规定的法条成例。因其所举在性质情节上真正与其相"类",就可使对有待判断行为的处置,不出于法律之外。如《名例律》卷第二(总第 18 条)之后的"问答"说:

> 问曰:监守内略人,罪当除名之色,奴婢例非良人之限。若监守内略部曲,亦合除名以否?

> 答曰:今略良人及奴婢,并合除名。举略奴婢是轻,计赃入除名之法;略部曲是重,明知亦合除名。

唐律内"略人"罪成立的条件,《名例律》同卷(总第 18 条)之疏文说:"律文但称'略人',即不限将为良贱。"这是说,无论略为良人或奴婢,都构成犯罪。虽然略"部曲"是否犯罪，怎样处断却"法无明文"。但《律疏》中很多内容都已明示"部曲"的身份比奴婢高，既然略奴婢是犯罪，略"部曲"理当是较之为重的情节。所以监临官略"部曲"也"计赃入除名之法"。这里，监临官吏略人要除名是法之明文，部曲身份比奴婢高也是法之成规，法官只是把相类的两个法例联接了起来。

当然，有法可依是一回事，法之明文本身是否统一，那是另一回事。如上例"问答"中"答"的内容中就还说：

> 据杀一家非死罪三人乃入"不道"，奴婢、部曲不同良人之例，强盗若伤财主部曲，即同良人。各于当条见义，亦无一定之理。

以奴婢、部曲的身份来说，在十恶"不道"罪中，"杀一家非死罪者三人"中的"三人"都应是"良人"，被杀者中只要有一个奴婢或部曲，都不构成十恶之"不道"。但在惩治强盗伤人时，强盗致伤财主家之部曲，也与伤良人一样构成伤"人"罪受罚。在前一罪中，部曲、奴婢并立地与良人相对，而在后一罪中部曲又与良人受同样之对待。他们的地位随各条的具体情况而改变。法律内容本身的要求不一，与类举的依明法作准绳的要求并不矛盾。

2. 类举的精髓是有轻重相明的反差要求

赵冬曦反对类举制度的另一个主要观点，就是认为类举的实行会造成司法官吏的擅权弄法。他上书认为类举的施行使"下人难知"，"法吏得便"，"安得无弄法之臣哉"？这种看法对类举制度在评议上是欠公允的。

事实是类举制度本身就包孕着防止擅断弄法的机制内容。类举在进行相比相明的过程中，除要求相比的两方面确实相类外，而且要求作比较的两件事之间存在"轻重"差异，作为司法判断成立的条件。"类举"条认为，只有通过轻重不同反差要求的存在，才能使判断达到"灼然"明轻出罪或"灼然"明重入罪的合理。如《名例律》卷第六（总第 50 条）之疏文解释"其应出罪者，则举重以明轻"说：

> 依《贼盗律》："夜无故入人家，主人登时杀者，勿论。"假有折伤，灼然不坐。又条"盗缌麻以上财物，节级减凡盗之罪。"若犯诈欺及坐赃之类，在律虽无减文，盗罪尚得减科，余犯明从减法。

主人对夜无故入家者登时杀死可以无罪，这是《律疏》内已明确的事例，现在主人把夜无故入人家者打成"折伤"，怎么处理这种"犯无罪名"规定的情况：重情节的"杀死"都"勿论"，轻情节的"折伤"当然也"勿论"。"盗"缌麻亲以上的财物，可以依亲等节级减罪是法中之明文，那么，对缌麻以上有比"盗"情节轻的"诈欺"或"坐赃"行为，当然也可以节级减罪，是"理"所当然。

关于"举轻以明重"，《名例律》卷第六（总第 50 条）之疏文说：

> 案《贼盗律》："谋杀期亲尊长，皆斩。"无已杀、已伤之文，如有杀、伤者，举始谋是
> 轻，尚得死罪，杀及谋而已伤是重，明从皆斩之坐。又《例》云："殴告大功尊长、小功尊
> 属，不得以荫论。"若有殴告期亲尊长，举大功是轻，期亲是重，亦不得用荫。

对"期亲尊长"法律明文规定即使是"谋杀"就处"斩"，虽然律文无明列进一步实施杀或
杀致伤的罪名，但谋杀是轻已杀是重，故杀死及杀伤也"皆斩"。同样有规定的殴告大功尊
长是"轻"，无规定的殴告期亲尊长是"重"，轻已不得用荫，重就更不能用荫，这就是"灼
然"而明。这种"灼然"的效果的产生，就是轻重相比逻辑上的反差效应。这一点是唐律中
类举制度的精华所在。唐律规定的类举制度中，这种以轻重的反差来显示判断正确的办法，
如果能得到遵行，那些法无明文的案情，在性质认定及量刑幅度上不会有原则错误，司法官
吏很难擅自出入人罪。所以，唐律中类举时要求轻重的反差，是实行类举的一项特殊要求。

　　唐律中的类举制度，并不是古代罪刑擅断主义的必要组成部分。从实质上说，唐统治
者在唐律中规定类举制度的目的，是限制司法官吏在律无明文情况下行使刑罚的任意性，
防止他们的擅断。

四、不能依条数多寡论法之优劣

　　赵冬曦要求删去类举制度的又一个理由，是认为类举"立夫一条，而废其数百条"之
后，审判"则暗陷机阱"：

> 夫科条省则下人难知，文义深则法吏得便。下人难知，则暗陷机阱矣。

诚然，类举的设立，是会带来一些律条的省略。如"谋杀"缌麻以上亲已明文"皆斩"，则
"杀"或"杀死""杀伤"缌麻以上亲的条文，因"举轻以明重"之故就不必再列。但是，
谓法条一省，文义就深，下人难明而陷于机阱的说法，似太武断。法律史上只有埋怨法律
盈于几阁、汗牛充栋的"灾难"性的记载，很少见到有说"科条省"造成灾难的。当然，
如科条省到文义深奥莫测，法官任意解释，因缘为市那种程度，也确实会"暗陷机阱"的。
问题是当时的情况是否真如赵冬曦形容的那样。

　　其实，隋以前之旧律条数多，主要原因是"比附"太多。当然，律条少一点，如果确
能精一点，实用性强一点，是好事。《旧唐书》记唐高宗时一次君臣在谈及律条的数目多少
时说：

> 永徽六年七月，上谓侍臣曰："律通比附，条例太多。"左仆射志宁等对："旧律多比附断

事，乃稍难解。科条极众，数至三千。隋日再定，惟留五百。以事类相似者，比附科断。"[1]

隋朝的五百条到唐代制《贞观律》时仍是五百条。《旧唐书·刑法志》未交代《律疏》条数有变化，应视为永徽《律疏》条数未有变化。[2] 当然类举制度的存在与实施，是减少了一些法律条文，但看起来真正减得多的是"比附"条款。永徽君臣认为，虽然减少了旧律的比附，但比附制度还是不能取缔不用，轻重相举的制度也不能取消。唐朝永徽朝臣就认为当时他们制定的律条，就是参照隋律修订的，条数少，十分省事便当：

> 今日所停，即是参取隋律修易。条章既少，极成省便。[3]

当然，从永徽六年（655）到神龙元年（705），经过半个世纪情况可能变化很大，但《律疏》不但神龙时未采取赵冬曦删除类举的建议，即使三十年后开元二十五年（737）《律疏》刊定时，也未删除类举之条文。这足以证明，唐朝类举及比附运用的实际情况，并非如赵氏所说的发展到陷入"机阱"的严重程度。

为了求得立法内容明确，增加律文的条数，赵冬曦在其上书的最后竟建议说：

> 臣请律令格式复更刊定其科条，言罪直书其事，无假饰之文。其"以""准""加""减""比附""量情"及"举轻以明重""不应得为而为之"之类，皆勿用之。[4]

赵冬曦所说的前一句话无疑是对的，但后一句话就很成问题。如果照赵冬曦的意思办，把唐律中的"以……论""准……论""……罪加一等""……罪减一等"及比附论罪、量情处分、类举及"不应得为"六条制度涉及的内容，都改为一事一罪的条款，随着条款的增加，有些犯罪的罪状及处罚是明确了，但律书的统一性及立法的技术性则大大削弱了。

总之，赵冬曦关于删除"举轻以明重"律文的建议不被接受，有其立法与司法实践两方面深层次的原因。

---

* 此文发表于社会科学文献出版社 2013 年版钱大群著《唐律与唐代法制考辨》一书，收入本书时内容有重大调整修改。

---

1 《旧唐书·刑法志》卷五十，中华书局 1975 年版，第 2141～2142 页。
2 滂喜斋藏宋刻本《律疏》是 500 条，可证永徽《律疏》也应该是 500 条。可是今传本的《律疏》却是 502 条，《职制律》原 58 条而分为 59 条，《斗讼律》原 59 条而分为 60 条。从《宋刑统》及孙奭的《律（附音义）》皆为 502 条看，至迟宋初已经形成分异。有关论述可参考杨廷福：《唐律初探》，天津人民出版社 1982 年版，第 29~30 页；钱大群：《唐律研究》，法律出版社 2000 年版，第 55~57 页。
3 见《旧唐书·刑法志》卷五十，中华书局 1975 年版，第 2142 页。
4 《唐会要》此段引文中"言罪直书其事"下记赵氏所言之原文为"无假饰文其。以准加减比附量情……之类"的句读，我意应改为现所抄引之文句为妥。

27. 唐律"一罪二刑"考
——兼与沈家本《论附加刑》一文讨论

　　清末刑部右侍郎、修律大臣沈家本在《大清新刑律》修订之时，曾著《论附加刑》[1]一文，认为当时东西各国讨论的"附加刑"之法，就是中国古代的"一罪二刑"之制。如若新刑律仍实行"附加"之法，就是古代"一罪二刑"之复活，那样做与世界轻刑之趋势不能符合。毫无疑问，沈家本关于新刑律修订应从轻刑宗旨出发，不搞附加刑，废除古代"一罪二刑"之制的基本观点是正确的。但是，由于沈家本在写作《论附加刑》一文时，有些古代法律文献还未被发现传世，所以他关于"唐律可证唐代无一罪二刑之科"的观点，必须进行必要的辨析，并以新的文献史料作一定的补充及订正。这是对历史负责。同时，也让后代阅读沈家本《论附加刑》的人，能正确理解及对待他此文写作的时代背景因素。

一、唐律流刑中原就包含"一罪二刑"的内容

　　沈家本认为唐律条文中没有"一罪二刑"的规定就证明唐代无"一罪二刑"。他说：

　　隋文时，三流加杖，此皆一罪而并用二三刑者。唐除鞭刑，无一罪二三刑之科，律文俱在，最为可法。

　　其实，因为唐无鞭刑并不能说明唐就无"一罪二刑"；唐律无"一罪二刑"的明文，但并不等于其刑事法规无"一罪二刑"的实施。

1　见《沈寄簃先生遗书》甲编《寄簃文存》卷二，中国书店 1982 年影印本。

（一）沈家本说隋朝流刑是"一罪并用二三刑"是正确的

流刑原"一罪多刑"的因素，并不依是否有鞭刑而转移。从南北朝起，流刑正式确立。从流刑确立的开始，实际上它就体现秦以来多刑并加的特点。北齐的流刑最有早期的典型性。史书记载：

> 二曰流刑，谓论犯可死，原情可降，鞭、笞各一百，髡之，投于边裔，以为兵卒。[1]

"投于边裔"是"流"本身固定的内容，其他的鞭、笞、髡及为兵卒都是附加的刑种。北周最轻（近）的流刑内容是："流卫服，去皇畿二千五百里，鞭一百，笞六十。"南北朝时的刑种一般是杖、鞭、徒、流、死，北齐、北周的"鞭"相当于后来重于"笞"的"杖"刑。统一后的隋朝，流刑制度虽较前朝为轻，但制度的性质仍继承前朝：

> 二曰流刑三，有一千里、千五百里、二千里。应配者，一千里居作二年，一千五百里居作二年半，二千里居作三年。应住居作者，三流俱役三年。近流加杖一百，一等加三十。[2]

此处之"一等加三十"，是指流一千里，加杖一百；流一千五百里，加杖一百三十；流二千里，加杖一百六十。隋朝的流刑，加杖前就原本包含着"流"与"居作"二刑，加杖后成为三刑。所以，沈家本认为隋朝流刑是"一罪而二三刑"。

以上的历史情况也说明，流刑包含一罪数刑的因素，并不依是否存在鞭刑为转移。沈家本在《论附加刑》中说"唐除鞭刑，无一罪二三刑之科"。这作为原因分析来说，并不正确，因为鞭刑的存在，并不是"一罪二三刑"的必要条件。北朝时，"北齐刑罪，五等加鞭"，北周是既加鞭，又加笞。隋朝虽无鞭刑，但仍然加杖刑。从根本上说，流刑的含役制度，本身就是二刑之制。这是承袭前代使然，不是唐代始有。

（二）唐代的流刑是"一罪二刑"

1. 唐律减轻流刑但未改变原"一罪二刑"的情形

虽然从整体上说，唐代的流刑大大轻于隋朝，但唐代的流刑，从性质上说，并未完全摆脱南北朝及隋朝的影响。唐代流刑的减轻及其内容性质，以唐代人自己的记述最为清楚：

1《隋书·刑法志》卷二五，中华书局1973年版，第705页。

2《隋书·刑法志》卷二五，中华书局1973年版，第710页。

> 自流二千里、二千五百里、三千里，三流皆役一年，然后编所在为户。[1]

从记载看，真正意义上流刑的内容是以里数"远流"后编所在为户。虽然，唐代不再加杖，但流刑仍附有"役一年"的刑罚内容。这一年的劳役，是强制执行的刑罚，要执行完毕才"编所在为户"。

唐代的流刑是较南北朝及隋朝都轻得多。但在肯定这一点的同时，要说内中的"一罪二刑"的因素都不存在，那就缺乏分析了。"流"与"役"属于可以分开的两种刑罚，这不但是古代传统的刑种概念，而且在唐代的司法实践中，还可以找到"决杖"加"居役"的事例。如《名例律》卷第三（总第 28 条）关于贱民及妇女流刑的执行中，最清楚地表现了"一罪二刑"的特征。首先法律规定：

> 诸工、乐、杂户及太常音声人，犯流者，二千里决杖一百，一等加三十。留住，俱役三年。

这些非"良人"的贱民，原就一直处在役使之中，故被处流刑时，采取依"加杖法""留住"之后在本地"役三年"的办法执行。疏文解释说：

> 既决杖之文在上，明须先决后役。

这些人的流刑虽不是远流及配役二刑，而是改为"决杖"及"役"的两刑。同时，唐代妇女的流刑，其执行刑也是"决杖"和"居作"两刑。律文说："妇人犯流者，亦留住。"疏文解释：

> 妇女之法，例不独流，故犯流不配，留住，决杖、居作。

在唐代流刑中，一般人流刑的内容是"远配"加"役"，而贱民和属"例不独留"妇女流刑的执行刑是"决杖"加"居作"，只是"远配"之刑被"加杖"替换了。总之，都是实际上的"二刑"。

2. 流刑可以把"远流"及"居役"二种刑罚分开执行

三等流刑原就是由一定距离的远配及一定时限的居役合成的。但有时被处流刑者，可以作远流而不服居役。如《名例律》卷第二（总第 11 条）之律文说，犯"五流"者：

> 各不得减赎，除名，配流如法。

注文说：

> 除名者，免居作。即本罪不应配流而特配者，虽无官品，亦免居作。

1《唐六典·刑部郎中》卷六注文，中华书局 1992 年版，第 185 页。

例中有"官"的除名者及"无官品"者，在特定情况下，其流刑可只配远流而不服居役，远流及居役是可以拆分的。

3."加役流"并不因是"仁政"改变其"一罪二刑"的内容

唐代的"加役流"是加重的流刑，其内容是在普通流刑最重的三千里等级上，再加重苦役二年。原三流皆役一年，加役流则是流三千里役三年。"加役流"制度的出现，其出发点不是为了加重流刑，而是为了减轻某一类死刑及酷刑。武德时，李世民为了免除一部分死刑，把那一部分死罪减为处"断趾"之刑。后来到贞观时，太宗认为"断趾"残酷又不适时，决定把这类犯罪之刑罚改成一种通过加役而加重的流刑，以取代断趾。[1] 这件事《唐六典》记载：

> 而常流之外，更有加役流者，本死刑，武德中改为断趾，贞观六年改为加役流。谓常流唯役一年，此流役三年，故以"加役"名焉。[2]

可是，沈家本分析唐代的"加役流"时说：

> 或曰："唐之加役流，非于流之外，又加役乎？"不知唐时流罪，皆居一年，加役流不过多二年耳。且唐之加役流，在隋时原系绞罪，太宗特创此制，由死罪减降，乃一代仁政，其宗旨正不同也。

沈家本对"加役流"的分析都对，但是唐代加役流包含着"一罪二刑"不容否认。《名例律》（总第44条）中就反映"加役流"拆分为二刑执行的情况。一人原以盗罪之"从犯"判徒三年。三年役满后查明其为"首犯"，《问答》举例说如其是"加役流"，那么只需重配远流，其在配所的三年居役由已服之"徒三年"抵冲，"役三年"与"原配"是分开执行的：

> 若犯加役流，自合三年配役，三年既已役讫，仍须更配远流，即是通计前罪，配作为折居役。

二、唐代的《格》《敕》有"一罪二刑"之制

与沈家本因未见云梦秦简不知道"汉、魏以前，有无一罪二刑之制"一样，因为他亦

---

1 参见本书第37篇《唐代"断趾"行废时间考》一文的第一节。
2 《唐六典·刑部郎中》卷六注文，中华书局1992年版，第186页。

未见敦煌文书，所以他亦不知道唐代的司法实践中是存在一罪二刑的。今天，能证明唐代确实存在"一罪二刑"制度的历史文献，是敦煌文书中《神龙散颁刑部格》的残卷。

(一)《刑部格》是调整所有刑法规范的有效法律

唐代格的任务，就是解决司法实践中对律、令、式进行修改补充的问题。已知唐代的格，是"以尚书省诸曹为之目"，故"皆以尚书省二十四司为篇名"。刑制涉及定罪判刑，对刑制的修正与补充，只能由"刑部格"来担当。所以，我们至今能在《神龙散颁刑部格》的残卷中，看到唐代司法实践中"一罪二刑"的情况就是很自然的事情。

敦煌文书中的《神龙散颁刑部格》残卷，虽然只 120 行，2100 多字，但其有关内容已足以证实：唐代的格条中有"一罪二刑"的内容。唐代"一罪二刑"制度除了前文已述之流刑中含"一罪二刑"的因素外，主要是用在《律》条法定刑的基础上"加决杖"，以及在《律》外制定新的"一罪二刑"的格条来实施。

(二)《刑部格》中"一罪二刑"的制度

从《神龙散颁刑部格》中所见的情形来看，其"一罪二刑"大概有这样几种方式。

1. 决杖加死刑及财产刑的"一罪多刑"

如唐律中原就有"私铸钱"之罪。《杂律》卷第二十六（总第 391 条）规定说："诸私铸钱者，流三千里；作具已备未铸者，徒二年；作具未备者，杖一百。若磨错成钱，令薄小，取铜以求利者，徒一年。"而《神龙散颁刑部格》作新的规定：

> 私铸钱人，勘当得实，先决杖一百，头首处尽，家资没官。……勾合头首及居停主人，虽不自铸，亦处尽，家资亦没官。[1]

格条中的"头首"指牵头的首犯；"处尽"此处是指处绞刑。《通典·食货·钱币》下引永淳（682）元年五月敕："私铸钱，造意人及勾合头首者，并处绞，仍先决杖一百"可证。"家资没官"是唐律"五刑"之外的财产刑。

---

1 本文中所引《神龙散颁刑部格》残卷之内容，均录自刘俊文著《敦煌吐鲁番唐代法制文书考释》誊录北京大学图书馆馆藏缩微胶片资料，中华书局 1989 年版，第 246～254 页，下同。

2. 决杖加配流或配军的"一罪二刑"

如原《诈伪律》卷第二十五（总第363条）对伪写官文书印及封用之罪的刑罚规定是："诸伪写官文书印者，流二千里。余印，徒一年。即伪写前代官文书印，有所规求，封用者，徒二年。"皆一事一刑。但是《神龙散颁刑部格》残卷第一条中说：

> 伪造官文书印若转将用行，并盗用官文书印，及亡印而行用，并伪造前代官文书印，若将行用，因得成官，假与人官，（知）情受假，各先决杖一百，头首配流岭南远恶处，从配缘边有军府小州。

如《职制律》卷第十一（总第138条）规定："诸监临主司受财而枉法者，一尺杖一百，一匹加一等，十五匹绞；不枉法者，一尺杖九十，二匹加一等，三十匹加役流。"但是《神龙散颁刑部格》中新补充的"流外"官犯此罪的处罚说：

> 流外行署、州、县杂任，于监主犯赃一匹以上，先决杖六十；满五匹以上，先决一百并配入军。

原《贼盗律》卷第十九（总第279条）规定："诸盗官私马牛而杀者，徒二年半。"《厩库律》卷第十五（总第203条）规定："诸故杀官私马牛者，徒一年半。……主自杀马牛者，徒一年。"而《神龙散颁刑剖格》中对涉于此类犯罪的规定说：

> 盗及煞官驼、马一匹以上者，先决杖一百，配流岭南，不得官当、赎。

3. 决杖加一定等级徒刑的"一罪二刑"

原《杂律》卷第二十六（总第418条）规定关于手工产品制作不合定制规格的犯罪说："诸造器用之物及绢布之属，有行滥、短狭而卖者，各杖六十。……贩卖者，亦如之。市及州县官司知情，各与同罪。"而《神龙散颁刑部格》则规定：

> 私造违样绫锦，勘当得实，先决杖一百，造意者徒三年。

此格条有违法织造之新罪，涉于服饰违礼之大事，所以处决杖一百加"徒三年"之刑罚。

4. 决杖加原律条中法定刑的"一罪二刑"

以决杖加原律条中的法定刑的方式，是唐代格条中实施"一罪二刑"的常见方式。《神龙散颁刑部格》残卷十八条中，涉及"一罪二刑"的共有11条，而这11条中，有4条都是以"先决杖"，然后"依法科断""依法处断"等的方式实施"一罪二刑"的。如：

其一，《神龙散颁刑部格》中对"略良人"（为奴婢）之罪的处断规定：

> 其略良人，仍先决杖一百，然后依法。

格条中决杖后的"依法",就是指依《贼盗律》卷第二十（总第 292 条）"诸略人、略卖人:为奴婢者,绞;为部曲者,流三千里;为妻妾子孙者,徒三年"的法律条文。

其二,《神龙散颁刑部格》对"泄密"罪的处罚规定:

> 密条灼然,有逗留者,即准律掩捕,驰驿闻奏。……若推勘事虚,先决杖一百,然后依法科罪,仍不得减赎。

格条中的"依法"是指依《斗讼律》卷第二十三（总第 341 条）"诸诬告谋反及大逆者,斩;从者,绞。若事容不审,原情非诬者,上请。若告谋大逆、谋叛不审者,亦如之"的律条。原来的一罪一刑中,已加上了决杖。

其三,《神龙散颁刑部格》对藏匿"光火劫贼"的处罚规定:

> 光火劫贼,必藉主人,兼倚乡豪,助成影援。其所获贼,各委州县长官尽理评覆,应合死者奏闻。其居停主人先决杖一百,仍与贼同罪。

《贼盗律》卷第二十（总第 301 条）,其中并无"容止者""与盗同罪"的办法。现格条以新法重处"光火劫贼"的藏匿犯罪,其办法一是藏贼的"居停主人""与贼同罪",二是"先决杖一百",实行"一罪二刑"。

其四,关于诬告犯罪,唐律处置的基本原则是实行反坐,即诬告者将处所诬罪的全额刑罚。《斗讼律》卷第二十三（总第 344 条）原规定:"诸诬告人流罪以下,前人未加拷掠,而告人引虚者,减一等;若前人已拷者,不减。即拷证人,亦是。"但是,《神龙散颁刑部格》则规定:

> 其告事人但审引虚,先决杖六十,仍各依法处断。

"引虚"之人,原先,只要按所诬"减一等"处罚就是,现在则是先决杖六十,然后再按所诬减一等处罚。

其五,格条之制也包括决杖加杖刑的加重之罚。

如原《贼盗律》卷第十九（总第 282 条）规定:"诸窃盗,不得财笞五十;一尺杖六十,一匹加一等;五匹徒一年,五匹加一等,五十匹加役流。"《贼盗律》卷第二十（总第 293 条）规定:"诸略奴婢者,以强盗论;和诱者,以窃盗论。各罪止流三千里。"《贼盗律》卷第十九（总第 285 条）规定:"诸恐喝（按:指恐吓有罪之人）取人财物者,准盗论,加一等。"所谓"准盗论",就是依上引《贼盗律》卷第十九（总第 282 条）中"窃盗"罪的处罚幅度处罚。而《神龙散颁刑部格》则规定:

> 盗计赃满一匹以上,及诱诱官私奴婢,并恐喝取财,勘当知实,先决杖一百,仍依法与罪。

如依此法去审断这三种犯罪,罪最重的是决杖一百,再加流刑;次重的,是决杖一百,再加徒刑；较轻的是决杖一百，再加从杖六十到杖一百的各等杖刑。假如一盗盗满四匹一尺，那么按原律条，此人应处"杖一百"之刑。因为一尺杖六十，一匹加一等杖七十，二匹又加一等杖八十，三匹又加一等杖九十，四匹再加一等杖一百。现在又按格条之规定，"盗计赃满一匹以上"的"先决杖一百"，并"仍依法治罪"。此犯最终之实际刑罚是："先决杖一百"，并又"依法一百"，共受杖二百。此非为加别的刑种，是同刑种的加重。

（三）唐神龙年前后之诏敕已有"一罪二刑"之法

《神龙散颁刑部格》的内容还说明，唐代至迟到神龙时，格敕内使用"一罪二刑"已经成为常例。而在常法外先决杖的制度高宗时就已存在。

1. 唐高宗时已有常法外决杖的制度

史书记载，当时在律外决杖的罪名共有 59 条，唐高宗为减少杖毙情况，废除了其中的47 条，而只保留了 12 条：

> 总章二年五月十一日，上以常法外先决杖一百，各致殒毙，乃下诏曰："别令于律外决杖一百者，前后总五十九条，决杖既多，或至于死。其五十九条内有盗窃及蠹害尤甚者，今后量留一十二条，自余四十七条并宜停。"[1]

2. 开元时"一罪二刑"在诏敕中已很常见

皇帝制敕除修改形成"永格"之外的，也包括皇帝颁发的赦书、德音等的命令。如唐玄宗开元三年（715）正月颁布的一条"德音"中就曾有反映开元朝之前的情况：

> 两京及天下见禁囚，除犯恶逆并造伪……以前，宜决一百，配流岭南及碛西诸州，其一切放免。[2]

开元八年（720）九月所颁发的《宥京城罪人敕》中曾规定有：

> 其京城内犯罪等人，昨令按覆，其中造伪头首及谋杀人断死者，杖一百配岭南恶处。杂断死罪，决一顿免死者，配流远处。[3]

开元十九年（731）四月二十日颁布的《孟夏疏决天下囚徒敕》中曾规定有：

1《唐会要·君上慎恤》卷四十，上海古籍出版社 1991 年版，第 841 页。
2（宋）宋敏求编：《唐大诏令集》，学林出版社 1992 年版，第 433 页。
3（宋）宋敏求编：《唐大诏令集》，学林出版社 1992 年版，第 434 页。

> 刑名至死者，各决重杖一百，长流岭南。[1]

开元二十年（732）二月颁发之《以春令减降天下囚徒敕》中曾规定有：

> 其犯十恶及伪造头首，量决一百，长流远恶处。[2]

《唐会要》中有一条虽是敕令的记载，但其内容表明常刑前的决杖已是定制：

> 开元十二年四月敕："比来犯盗，先决一百，虽非死刑，大半殒毙。言念于此，良用恻然。今后抵罪人合杖，敕杖并从宽，决杖六十，一房家口移隶碛西。"[3]

同时，由于"一罪二刑"已形成稳定的趋势，所以皇帝的制敕断罪中也常实行"一罪二刑"之罚。如唐宪宗元和年间曾对为父复仇的梁悦，处"决杖一百，配流循州"。唐玄宗开元二年（714）曾对犯赃罪的武疆令裴景仙处"杖一百，流岭南恶处"。[4]

* 此文发表于社会科学文献出版社 2013 年版钱大群著《唐律与唐代法制考辨》一书中，收入本书时作了重大增修。

1 （宋）宋敏求编：《唐大诏令集》，学林出版社 1992 年版，第 434 页。
2 （宋）宋敏求编：《唐大诏令集》，学林出版社 1992 年版，第 434 页。
3 《唐会要·君上慎恤》卷四十，上海古籍出版社 1991 年版，第 841 页。
4 此二例分别参见本书第 17 篇《皇帝"权断制敕"的使用及限制》一文引《唐会要》第 833 页例及《资治通鉴》第 1438 页例。

28. "刑名"考辨

"刑名"主要是用指古代刑律中相当于总则篇目的名称。它作为刑律中的篇目名称，起始于魏朝，到北齐基本为"名例"取代。唐《律疏·名例》之序言中说："爰至北齐，并《刑名》《法例》为《名例》。后周复为《刑名》。隋因北齐，更为《名例》。唐因于隋，相承不改。"虽然从篇目名称来说，《律疏》已以《名例》取代《刑名》，但是《律疏》中还不时地使用着"刑名"的术语。这些术语其意义虽不再是专指刑律的"总则"篇目，然而其使用意义与其初期意义仍有相通之处。对《律疏》中"刑名"的意义作辨析，既是阅读唐律的需要，也是深刻了解《名例》来由的需要。

一、唐代之前的"刑名"

（一）汉时的"刑名"与"形名"

1."刑名"与"形名"相通用

"刑名"，按一般辞书之解，是指古代思想家讨论事物概念时辨明一般与特殊、名称与实体关系的学问。《辞源》引《韩非子·扬权》："不知其名，复修其形。形名参同，用其所生。二者诚信，下乃贡情。"引《庄子·天道》："古之语大道者，五变而形名可举，九变而赏罚可言。"《辞海》（词语分册）于"刑名"下解曰："'刑'同'形'。刑名就是名实，指名和实的关系。亦即循名责实、明赏罚的统治法术。"是解决一般概念与特殊对象之间关系的循名责实的方法，晋朝刑法学家张斐认为也是刑法中依律定罪判刑之需要。他在《进〈注律〉表》中曾于列举"知而犯之谓之故""取非其物谓之盗"等 20 个刑法学的定义后总结说："凡二十者，律义之较名也。"在谈"名例"与具体犯罪的关系时说："皆随事轻重取法，以例求其名也。"[1]

2."刑名"指法家的学说主张并与"法术"密切联系

因法家主张严格执法及强化监督，所以法家的主张及学说常被称为"刑名法术"。《史记·老子韩非列传》说申不害"学术以干韩昭侯"，"学本于黄老而主刑名"；谓韩非"喜刑名法术之学"。其司马贞之《索隐》解申不害之"术"谓"即刑名之法术也"。其裴骃之《集解》引刘向《新序》说：

> 申子之书言人主当执术无刑，因循以督责臣下，其责深刻，故号曰"术"。商鞅所为书号曰"法"。皆曰"刑名"，故号曰"刑名法术之书"。[2]

3."刑名"泛指刑法制度或刑律

"刑名"用指刑法制度与刑律，是"刑"之本义的反映。《康熙字典》解"刑"引《说文》："刭也，从刀，幵声"；引《玉篇》："罚总名也"；引《易经·丰卦》："君子以折狱致刑"。同时，"形"与"刑"相通，《荀子·成相》："众人贰之，谗夫弃之，形是诘。"注曰："'形'为'刑'，无德化，唯刑戮是诘。"同时《荀子·正名》中说：

> 刑名从商，爵名从周，文名从《礼》。[3]

文中"刑名"与"爵名""文名"对举，盖指刑法制度。《史记·秦始皇本纪》录秦始皇三十七年（前 210）十一月刻石文曰："秦圣临国，始定刑名，显陈旧章。"此处之"刑名"指在从前商鞅"六律"与其他法令的基础上制定统一的新《秦律》。

（二）魏时的"刑名"

从曹魏开始，"刑名"由较笼统的"刑法"概念，转变为具体地指古代刑律中类似后代刑法总则的篇目名称。这也有其变化发展的过程。

---

1 见《晋书·刑法志》卷三十，中华书局 1974 年版，第 930 页。

2 《史记·老子韩非列传》卷六十三，中华书局 1959 年版，第 2146~2147 页。

3 引文分别见章诗同注：《荀子简注》，上海人民出版社 1974 年版，第 276 页、第 244 页。

1.《刑名》的历史渊源是《法经》中具其加减的《具法》

古代刑律中性质相当于后代刑法总则的篇目，最早有记载说明的是战国时魏国《法经》中的《具法》。《七国考订补》引汉代桓谭《新书》说《法经》"六法"（商鞅改法为律之后称"六律"）在《盗》《贼》《囚》《捕》《杂》律之后，"又以《具律》具其加减，所著六篇而已"。其《具律》因规定刑罚加减制度的内容也被称作"加法"或"减法"。该书说："其《减律》略曰：罪人年十五以下，罪高三减，罪卑一减。年六十以上，小罪情减，大罪理减。"[1] 从《具律》中对减刑的内容介绍看，制约全律轻重调整的制度，正是后来历代刑律中总则性篇目中的重要内容。

2."刑名"是魏《新律》中"五刑"与"罪例"的总则性篇目名

汉朝萧何制定《九章》时，其立法体例上最大的特点是在秦《六律》的基础上，依原次序续上了三篇，成九篇之律。《晋书·刑法志》引《魏律序》[2] 记载说："汉承秦制，萧何定律，除参夷连坐之罪，增部主见知之条，益事律《兴》《厩》《户》三篇，合为《九章》。"萧何把刑律中"具其加减"即在制度上制约刑罚加减的篇目置于九篇中的第六篇的做法，在立法体例上留下了亟待改正的重大缺陷。故曹魏在制定《新律》时果断地

集罪例以为《刑名》，冠于律首。[3]

《魏律序》的记载，一是揭示了《具律》与《刑名》内容性质的承继关系；二是宣告了《新律》置总则性篇目《刑名》于首篇；三是——也是最重要的是直接指出了《刑名》是"集罪例"也即是包括了"罪条例"的内容。魏《新律》中制约其他十七篇的源于《具律》的对刑罚作加减调整的原则性制度内容，都集中在第一篇的《刑名》之中。当然关于刑罚种类等级的制度内容又位于《刑名》之首，《晋书·刑法志》介绍该篇的部分内容说：

改汉旧律不行于魏者皆除之，更依古义制为五刑。其死刑有三，髡刑有四，完刑、作刑各三，赎刑十一，罚金六，杂抵罪七，凡三十七名，以为律首。[4]

---

1 缪文远订补：《七国考订补》，上海古籍出版社 1987 年版，第 699 ~ 700 页。
2 余窃谓《晋志》上言"其序略曰"，其意实为"其《序》略曰"。"略"是《晋志》作者的概括语，而非其《序》名为《序略》。程树德的《九朝律考》卷二《魏律考》中，其分目也为"魏律序"，而非"魏律序略"，见中华书局 1963 年版，第 198 页。
3《晋书·刑法志》，中华书局 1974 年版，第 924 页。
4《晋书·刑法志》，中华书局 1974 年版，第 925 页。

（三）晋代"刑名"概念的发展

1.《泰始律》的总则性内容分为《刑名》《法例》两篇

因为在魏《新律》中的《刑名》篇中既有五刑"三十七名"，又有涉及调整全律轻重的原则与制度。所以晋朝在命令贾充等人制定《泰始律》20 篇时，就把总则性的篇目分成《刑名》《法例》两篇。《晋书·刑法志》记载：

> 就汉《九章》增十一篇，仍其族类正其体号，改旧律为《刑名》《法例》。[1]

"改旧律为《刑名》《法例》"，就是把《新律》中的《刑名》第一，改为《刑名》《法例》第一篇、第二篇，其中"刑名"是刑罚种类、等级之内容的概括词，"法例"则是刑法中原则及制度性内容的概括词。

2.《刑名》与《法例》分篇后"刑名"逐渐偏指刑罚

晋《泰始律》把曹魏《新律》的《刑名》剖分为《刑名》《法例》两篇后，"刑名"摆脱了从前始于"具其加减"及笼统地作"刑名法术"解释的状态，而逐渐偏重于指刑罚的种类与等级的内容。

（1）晋人使用"刑名"指刑罚种类等级制度。注《晋律》的张斐在其《进〈注律〉表》中称"刑名"是"定罪制"即罪罚种类与等级的制度：

> 律始于《刑名》者，所以定罪制也；终于《诸侯》者，所以毕其政也。[2]

（2）"刑名"也用作兼包《刑名》与《法例》之义。

下面所引《进〈注律〉表》句中的"刑名"，就是兼指《刑名》与《法例》二者的性质与作用：

> 《刑名》所以经略罪法之轻重，正加减之等差，明发众篇之多义，补其条章之不足，较举上下纲领。[3]

1《晋书·刑法志》，中华书局 1974 年版，第 927 页。
2《晋书·刑法志》，中华书局 1974 年版，第 928 页。
3《晋书·刑法志》，中华书局 1974 年版，第 928 页。

（四）《刑名》在《北齐律》中与《法例》并为《名例》

1.《刑名》《法例》合并为《名例》的内容基础

北齐河清三年（564）所制的《北齐律》中，把晋以来《刑名》《法例》两篇合并为《名例》一篇。《隋书·刑法志》记载说："河清三年，尚书令、赵郡王睿等，奏上《齐律》十二篇：一曰名例，二曰禁卫，三曰婚户，四曰擅兴，五曰违制，六曰诈伪，七曰斗讼，八曰贼盗，九曰捕断，十曰毁损，十一曰厩牧，十二曰杂。"《北齐律》中的《名例》，无论名称与内容都是从前《刑名》与《法例》的并合。

曹魏《新律》把旧汉律总则性的《具律》从中间第六，改为《刑名》，置于律首，使统领作用的篇章站到了首领之位，是其功绩。《北齐律》把晋以来分成两篇的总则性篇章合一称为《名例》，内容集中融为一体，亦是其功绩。事实上"刑名"与"法例"从其性质与作用来说，都对全律起制约作用，只不过两篇各有侧重而已。如前所述，张斐曾用"刑名"来概称"刑名"与"法例"就说明了这种共性。

2."刑名""法例"合为"名例"的语义基础

《北齐律》合《刑名》《法例》成一篇命名为《名例》，其语义上的原因与条件在晋朝就逐渐具备了。从晋史文献的记载看，在北齐的《名例》出现之前，"名例"作为"刑名""法例"的简略语，早就大行其道了。在张斐的《进〈注律〉表》中就两次使用"名例"之词汇。其在谈到"刑名"与具体犯罪关系时说：

> 名例齐其制；[1]
> 律之名例，非正文而分明也。[2]

这两处的"名例"当是"刑名""法例"的合称。曾担任过三公尚书的刘颂，曾就"法渐多门，令甚不一"的时弊，专门上疏皇帝，其中一段不长的文字中也两次出现"名例"：

> 又律法断罪，皆当以法律令正文，若无正文，依附名例断之，其正文名例所不及，皆勿论。法吏以上，所执不同，得为异议。如律之文，守法之官，唯当奉用律令。至于法律之内，所见不同，乃得为异议也。[3]

这段文字中的"名例"也当是"刑名""法例"的合称义。唐《名例律》序篇中说"名例"是"命诸篇之刑名，比诸篇之法例"，可看作是这种合称构成词素的剖析与归纳。

1《晋书·刑法志》，中华书局1974年版，第928页。
2《晋书·刑法志》，中华书局1974年版，第930页。
3《晋书·刑法志》，中华书局1974年版，第938页。

3. 齐、隋时"刑名"更加清晰地偏指刑罚种级

即使《北齐律》把"刑名""法例"合成"名例"后,"刑名"乃主要指刑罚的种类与等级。《隋书·刑法志》记载《北齐律》中的刑罚种类与等级时说:

其制,刑名五:一曰死……凡四等。二曰流刑……未有道里之差。……三曰刑罪……凡五等。……四曰鞭……凡五等。五曰杖……凡三等。[1]

同书记载《开皇律》之刑制时说:

其刑名有五:一曰死刑二……二曰流刑三……三曰徒刑五……四曰杖刑五……五曰笞刑五,自十至于五十。[2]

二、唐律中"刑名"之义承齐隋而有特点

在整部《律疏》中,"刑名"出现于《名例律》及其他篇中计二十多处,其指代总的特征是承前代之义而又更具体,大概可分为以下几种情况。

1. "刑名"承历史渊源指刑律总则性篇目中偏重于刑罚种级的一篇

《律疏·名例律》篇首之序言,曾专门叙述《名例律》从魏《新律》到《北齐律》的变化形成的过程,其文中之"刑名"皆为各该朝代刑律中总则性的篇目名称之一:

魏因汉律为一十八篇,改汉《具律》为刑名第一。晋命贾充等增损汉、魏律为二十篇,于魏刑名律中分为法例律。宋、齐、梁及后魏,因而不改。爰至北齐,并刑名、法例为名例。后周复为刑名。

2. "刑名"用指通常概括意义上的"刑罚"

此种使用意义的特点是强调与其他经济、行政处置相对的刑罚,而且并不偏重于分清或指明此"刑名"的具体轻重等级。如《名例律》卷第六(总第 55 条)中之"问答"说:

问曰:依《户令》:"疑有奸欺,随状貌定。"若犯罪者年貌悬异,得依令貌定科罪以

---

1 《隋书·刑法志》,中华书局 1973 年版,第 705 页。
2 《隋书·刑法志》,中华书局 1973 年版,第 710 ~ 711 页。

否？

　　答曰：令为课役生文，律以定刑立制。惟刑是恤，貌即奸生。课役稍轻，故得临时貌
　　定；刑名事重，止可依据籍书。律、令义殊，不可破律从令。

《名例律》卷第六（总第48条）之疏文中说：

　　"化外人"谓蕃夷之国，别立君长者，各有风俗，制法不同。其有同类自相犯者，须问
　　本国之制，依其俗法断之。异类相犯者，若高丽之与百济相犯之类，皆以国家法律，论定
　　刑名。

《卫禁律》卷第九（总第94条）之"答"文中说：

　　八品以下，频点不到，便是已发更犯，合重其事，累点科之。如非流内之人，自须当
　　日决放。初虽累点罪重，点多不至徒刑；计日不上初轻，日多即至徒坐。所以日别上者据
　　点，全不来者计日。以此处断，实允刑名。

3."刑名"概指五刑刑罚之种类等级

　　"刑名"在这种意义上的使用较多，其特点是"刑名"虽然仍有一般的刑罚意义，但是
偏重地指《律疏》中已作种类与等级制度化之"五刑"中的刑罚。如《名例律》篇首序疏
中说：

　　名者，五刑之罪名；例者，五刑之体例。名训为命，例训为比，命诸篇之刑名，比诸
　　篇之法例。

《捕亡律》卷第二十八的篇序中说：

　　《捕亡律》者，魏文侯之时，里悝制《法经》六篇，《捕法》第四。至后魏，名《捕亡
　　律》，北齐名《捕断律》，后周名《逃捕律》，隋复名《捕亡律》。然此篇以上，质定刑名，
　　若有逃亡，恐其滋蔓，故须捕系，以实疏网，故次《杂律》之下。

《贼盗律》卷第十九（总第277条）之"问答"中说：

　　五刑之属，条有三千，犯状既多，故通比附。然尊卑贵贱，等数不同，刑名轻重，粲
　　然有别。

《断狱律》卷第三十（总第488条）关于纠正"赦前断罪不当"之疏文所说之"刑名"也
一般地指刑罚，而无具体等级之指代：

　　处断刑名，或有出入不当本罪，其事又在恩前，恐判官执非不移，故明从轻坐之法。

《职制律》卷第十（总第 122 条）疏文中所言之"刑名"指各种等级的刑罚：

指斥，谓言议乘舆，原情及理，俱有切害者，斩。注云"言议政事乖失而涉乘舆者，上请"，谓论国家法式，言议是非，而因涉乘舆者，与"指斥乘舆"情理稍异，故律不定刑名，临时上请。

《诈伪律》卷第二十五（总第 387 条）疏文解释，证人及翻译人分别以所出入之罪"减二等"及"与同罪"处置。故其"刑名"要以所出入之刑罚为根据，此文中之"刑名"指不定等级之刑罚：

证人不吐情实，遂令罪有增减，及传译番人之语，令其罪有出入者。

律称"致罪有出入"，即明据证及译以定刑名。若刑名未定而知证、译不实者，止当"不应为"法：证、译徒罪以上，从重。杖罪以下从轻。

《名例律》卷第五（总第 38 条）之"答"文说，官户犯"徒三年"或"流刑"都执行"加杖二百"之法。《捕亡律》卷第二十八（总第 468 条）规定对罪犯"过致资给"是"减罪人罪一等"。所以资给犯流之官户，从流上减一等是徒三年，文中比附之"刑名"是指比附"资给"犯流罪的官户之惩罚：

问曰：官户等犯流，加杖二百，过致者应减几等而科？

答曰：犯徒应加杖者，一等加二十，加至二百，当徒三年。乃至流刑，杖亦二百。即，杖之流应减，在律殊无节文，比附刑名，止依徒减一等，加杖一百八十。[1]

其一，"刑名"概指笞、杖、徒、流、死五个种类及其二十个等级。这种用法最典型的是《唐六典》：

乃立刑名之制五焉：一曰笞，二曰杖，三曰徒，四曰流，五曰死。

然后详述这五种刑罚的二十个等级。[2]

其二，"刑名"具体指五刑中的某个刑种或等级。如《断狱律》卷第三十（总第 490条）规定"呼囚及其家属"取服辩的制度，只适用于徒刑以上的犯罪。疏文中把徒、流、死三种刑罚称为"徒以上刑名"：

1《名例律》卷第五（总第 38 条）。
2 见《唐六典·刑部》卷六，中华书局 1992 年版，第 185 页。

"狱结竟"，谓徒以上刑名，长官同断案已判讫，徒、流及死罪，各呼囚及其家属，具告所断之罪名，仍取囚服辩。其家人、亲属，唯止告示罪名，不须问其服否。

其三，指刑种或特定范围之刑等。《断狱律》卷第三十（总第 487 条）之律文与疏文说，某些刑种的互错属"刑名易者"的情况：

刑名易者：从笞入杖、从徒入流，亦以所剩论，从笞杖入徒流、从徒流入死罪亦以全罪论。其出罪者，各如之。

已知，《名例律》卷第一（总第 1～5 条）规定称为"五刑"的五种刑罚，五种刑罚又构成统一的二十等。其第 5 条规定"死刑"说："死刑二：绞。斩。"死刑中"绞"与"斩"，既是等级之差也是"刑名之易"。《名例律》卷第二（总第 9 条）律文规定，属于有"请"权的对象"犯死罪者，上请"，注文说："请，谓条其所犯及应请之状，正其刑名，别奏请。"疏文的解释实际是指区分死刑的绞、斩二等：

正其刑名者，谓录请人所犯，准律合绞、合斩。

"绞""斩"两等属刑名之改易，《断狱律》卷第三十（总第 499 条）也有明确的显示。其疏文说：

犯罪应绞而斩，应斩而绞，"徒一年"，以其刑名改易，故科其罪。"自尽亦如之"，依《狱官令》："五品以上，犯非恶逆以上，听自尽于家。"若应自尽而绞、斩，应绞、斩而令自尽，亦合徒一年，故云"亦如之"。

例中之犯罪所以要判徒刑一年，原因就是原二十等中属"死"刑刑种的绞、斩两个等级的错乱属"刑名改易"。"刑名"改易者，除上例之外，笞、杖刑与徒、流刑之差别，是刑名改易；笞、杖、徒、流刑与死刑之差别，是刑名改易。[1]

总之，《律疏》中之"刑名"，可以是"刑罚"的概括，也可以是具体到指刑罚的种类或等级而言，而不再是概指《名例律》或指历史上单独使用或与《法例》并立使用的《刑名》了。

* 此文发表于社会科学文献出版社 2013 年版钱大群著《唐律与唐代法制考辨》一书中，收入本书时有修改。

---

1 详见《断狱律》卷第三十（总第 487 条）"官司出入人罪"条。

29. "例"辨

　　《律疏》中"例"的使用次数不少。仔细区分及辨别这些"例"的指代及含义，对正确理解律疏的内容有重要意义。唐律中的"例"其运用意义大概有下列几种情形应予辨别。

一、与"刑名"相对而指"罪例""条例"

　　《律疏》的作者在解释"名例"的疏文中说："名者，五刑之罪名；例者，五刑之体例。名训为命，例训为比，命诸篇之刑名，比诸篇之法例。"这里的"体例"与"法例"异名同义，都是指律条统一适用的制度与原则。《名例律》之前的《刑名》与《具律》篇的内容也曾被统称为"罪条例"。陈群等为魏朝《新律》写的《序》中，解释把汉代《具律》改为《刑名》置于第一篇的理由时说：

> 旧律因秦《法经》就增三篇，而《具律》不移，因在第六。罪条例既不在始，又不在终，非篇章之义。故集罪例以为《刑名》，冠于律首。[1]

很明显，后代"名例"的内容在当时是概括为"罪条例"及"罪例"的。至于"法例"的性质，虽然未有说明，后魏的《魏书·刑罚志》却有相关的记载可证。该书记北魏永平元年（508）七月尚书令高肇等五人，及延昌二年（513）尚书邢峦所奏修改《法例律》的意见中说道：

> 五等列爵及在官品令从第五，以阶当刑二岁；免官者，三载以后听仕，降先阶一

---

[1] 见《晋书·刑法志》引魏《新律序》，中华书局 1974 年版，第 924 页。

等……官人若罪本除名，以职当刑，犹有余资，复降阶而叙……自王公以下，有封邑，罪除名，三年之后，宜各降本爵一等，王及郡公降为县公，公为侯，侯为伯，伯为子，子为男，至于县男则降为乡男，五等爵者，亦依此而降，至于散男。其乡男无可降授者，三年之后，听依其本品之资出身。[1]

这些内容实际上在今传《律疏》中是《名例律》中的官当、免官、除名及有爵者刑满后的复叙制度。看起来，这些制度在《北魏律》的《刑名》《法例》二篇中，被列在"法例律"，而不是列在"刑名律"中。[2] 引文中的停职年限及降授阶品与唐《律疏》中制有差异。

二、"例"在《名例》范畴内外的使用

（一）"例"在《名例》范畴内的使用

1. "例"用指整个《名例》之简称

如《名例律》卷第六（总第49条）规定《名例律》中的制度与其下11篇的具体律条，如内容有冲突时在效力上的关系说：

诸本条别有制，与例不同者，依本条。

这里的"例"，不是指某特定的制度规定，而是指整个《名例律》篇的制度、原则而言，其意是说，各条的特别规定，只要与"名例"不同的，都依特别规定，而不依《名例律》中的通常法例。疏文又举具体事例说：

例云："共犯罪以造意为首，随从者减一等。"《斗讼律》："同谋共殴伤人，各以下手重者为重罪，元谋减一等，从者又减一等。"又，例云："九品以上，犯流以下听赎。"又《断狱律》："品官任流外及杂任，于本司及监临犯杖罪以下，依决罚例。"如此之类，并是与例不同，各依本条科断。

---

1 见《魏书·刑罚志》，中华书局1974年版，第2879～2880页。
2 本文重点是辨"例"而不是"法例"，关于"法例"的论述可参考本书第9篇《唐律在唐宋的使用及"法例"使用的特点》一文的第三节内容，以及第10篇《唐代判例书赵仁本〈法例〉的行用与废止论考——答复并就教于高明士先生和池田温先生》一文。

以上律文与疏文中的"例"都是《名例》的简称。疏文中前"例"是指《名例律》卷第五（总第 42 条），后一"例"是指《名例律》卷第二（总第 11 条）之原则规定。下分列之《斗讼律》及《断狱律》的规定，都与"名例"的原则有差异，解决的办法是各依"本条别有制"的规定办。《名例律》卷第二（总第 9 条）在规定享受"上请"特权的对象时，规定有"应议者期以上亲及孙"，至于"孙"及"孙媳"的范围《疏》文又说：

> 又《例》云："称期亲者，曾、高同。"及孙者，谓嫡孙、众孙皆是，曾、玄亦同。其子孙之妇，服虽轻而义重，亦同期亲之例。曾、玄之妇者，非。

条中之"例"是指《名例律》卷第六（总第 52 条）中"诸称'期亲'及称'祖父母'者，曾、高同。称'孙'者，曾、玄同"等的法例内容。

《名例律》中的"例"，也有不简称而直言"名例"或"名例律"的。如《职制律》卷第九（总第 102 条）规定："诸合和御药，误不如本方及封题误者，医绞。"疏文中说：

> 医，谓当合和药者，《名例》"大不敬"条内已具解讫。

此处之"名例"即指《名例律》卷第一（总第 6 条）。"大不敬"是《名例律》十恶中"六曰大不敬"注文的有关内容。又如《名例律》同卷（总第 6 条）十恶"七曰不孝"中有"告言、诅詈祖父母、父母"之罪状，疏文的"问曰"由"诅詈"而又提出"厌魅""入于何条"的问题，"答曰"说：

> 《名例》云："其应入罪者，则举轻以明重。"然咒诅是轻，尚入"不孝"，明知厌魅是重，理入此条。

此处的"名例"是指《名例律》卷第六（总第 50 条）"断罪而无正条"的内容。又如《户婚律》卷第十四（总第 191 条）之疏文中就有：

> 若有为奴娶客女为妻者，律虽无文，即须比例科断。《名例律》："称部曲者，客女同。"

这段文字中使用"名例律"全名。

2."例"指《名例》中的某项法例而言

(1) 指《名例》中的某项制度或原则性的法例。

这是说"例"在使用中其所指不是整个《名例》，而只是其中的某一项或几项制度与原则。如《名例律》卷第二（总第 13 条）规定："诸五品以上妾，犯非十恶者，流罪以下，听以赎论。"疏文中又说：

> 若妾自有子孙及取余亲荫者，假犯十恶，听依赎例。

这里的"赎例"是指用"赎"的制度与原则规范。又如《名例律》卷第二（总第 15 条）

关于"赠官及视品官"的议请减特权"与正官同"的注文说："视六品以下，不在荫亲之例。"疏文说："视品稍异正官，故不许荫其亲属。"这里的"荫亲之例"是指由亲属关系而得官或享受官爵待遇的制度。上页第一段引文中所引《断狱律》中所言"依决罚例"中之"例"，亦为此义。又《名例律》卷第二（总第 10 条）规定：

> 诸七品以上之官及官爵得请者之祖父母、父母、兄弟、姊妹、妻、子孙，犯流罪以下，各从减一等之例。

这里的"例"是指《名例律》卷第二（总第 8 条、第 9 条）中有"议"权及"请"权者享有的"流罪以下减一等"的法例。

《贼盗律》卷第十八（总第 264 条）规定"造厌魅及造符书咒诅欲以害人"罪"若涉乘舆者，皆斩"，而且要列入十恶。疏文解释说，厌魅咒诅罪"重于'盗服御之物'，准例亦入十恶"。其意谓较轻的"盗乘舆服御物"已经入于十恶"大不敬"了，比它重的"厌魅咒诅"理应也入于十恶无疑。故此处的"例"是指《名例律》卷第六（总第 50 条）"断罪无正条"中"其应入罪者，举轻以明重"的制度。

《贼盗律》卷第二十二（总第 325 条）疏文：

> "杀妻，仍为不睦"，妻即是缌麻以上亲，准例自当"不睦"，为称"以凡人论"，故重明此例。

这文中前一"例"乃《名例律》卷第一（总第 6 条）中十恶的"八曰不睦"中的内容规定，后一"例"字盖仍指此内容中的法例。

《名例律》卷第四（总第 33 条）是关于犯赃罪者应征还赃物之规定，疏文中有"问曰：枉法会赦，正赃犹征。未知此赃还官、还主，须定明例。"其"答曰"：

> 彼此俱罪之赃，例并合没，虽复首得原罪，正赃犹征如法。其赃追没，于法何疑。

又如：《名例律》卷第五（总第 37 条）规定："私习天文者，并不在自首之例。"《名例律》同卷（总第 38 条）疏文中之"答曰"说：

> 缌麻以上亲属，有罪不合告言，藏亡尚许减罪，岂得辄相捕送。此捕为凡人发例，不与亲戚生文。

《名例律》卷第六（总第 45 条）疏文说："如有二罪以上俱发者，即先以重罪官当，仍依例除、免，不得将为二罪唯从重论。"《名例律》卷第二（总第 18 条）是规定"除名"的对象，其中关于"狱成者，虽会赦，犹除名"的注文说："狱成，谓赃状露验及尚书省断讫未奏者。"疏文对此说：

> 谓刑部覆断讫，虽未经奏者，亦为狱成。此是赦后除名，常赦不免之例。

(2)《名例》中用指具体制度的"例"也可称为"法"或"律"。

这种情况下使用之"例"，是只指某项制度办法原则，又因为这些制度办法都包括在各篇具体的律条中，所以有时也可以称为"律"或"法"。如:《名例律》卷第二（总第 16 条）问答说:

> 自余杂犯应减者，并从减例。据下文"无荫犯罪，有荫事发，并从官荫之法"，故知得依减之例。

《名例律》卷第二（总第 12 条）规定:

> 诸妇人有官品及邑号，犯罪者，各依其品，从议、请、减、赎、当、免之律，不得荫亲属。若不因夫、子，别加邑号者，同封爵之例。

以上二段引文中之"法"与"例"，"律"与"例"，都同义。又，总第 12 条之疏文说，"（妇人）犯罪应议、请、减、赎者，各依其夫品，从议、请、减、赎之法。若犯除、免、官当者，亦准男夫之例。""别加邑号者，犯罪一与男子封爵同。除名者，爵亦除；免官以下，并从议、请、减、赎之例，留官收赎。"这里两处的"法""例"都是指适用《名例》中某些制度与办法即"法例"。而且同样是"议、请、减、赎"，可以说"从议、请、减、赎之例"，"从议、请、减赎之法"，甚至还可以说"从议、请、减、赎、当、免之律"。

（二）"例"在《名例》范畴外的使用

1. 用指《名例》之外但仍在《律疏》之内的法例

有时例所指代的虽然仍是《律》中之法例（制度性或原则性的），但已不在《名例》之内，而是在其外的篇章中。如《贼盗律》卷第二十二（总第 324 条）规定:"诸殴缌麻、小功亲部曲奴婢，折伤以上，各减杀伤凡人部曲奴婢二等；大功，又减一等。过失杀者，各勿论。"疏文在详细解释后，最后补充说:

> 自外殴折伤以上，各准此例为减法。

"此例"作为"法例"，虽在《律疏》之内，而不在《名例》之内。又如本篇第一节中引《断狱律》中对"任流外及杂任"品官的"决罚例"，也在《名例》之外。

2. 指存在于《律疏》之外非刑律的法例

《律疏》之外单独存在的法例，有属于刑事规范的法例，与不属于刑事规范的法例两种情况。属于《律疏》体制外的刑事规范法例，如《刑部格》是补充修改《律疏》的特别刑法条例，[1] 与作为法官个人总结审案经验而书写的作为"判例"性的《法例》书。[2] 此处只探讨不属于刑事规范的"例"，在这种情况下，"例"不但不是《名例》中之法例，而且也不是刑律之中定罪判刑的法例，而是行政立法《令》中的某些法例。如《名例律》卷第二（总第 17 条）之疏文说：

> 若犯罪未至官当，不追告身，叙法依考解例，期年听叙，不降其品。从见任解者，叙法在《狱官令》。先已去任，本罪不至解官，奉敕解者，依《刑部式》，叙限同考解例。

"考解例"不属刑律之例，而属行政考核范畴。《唐六典·考功郎中》下之注文对官吏有罪错而未至处刑程度之处置说："若私罪下中已下，公罪下下，并解见任，夺当年禄，追告身；周年，听依本品叙。"[3]

另外，《名例律》卷第一（总第 6 条）"十恶·九曰不义"之《注》文中列有"吏、卒杀本部五品以上官长"的罪状，《疏》文解释"官长"的概念时说道：

> 官长者，依《令》："诸司尚书，同长官之例。"[4]

这种"例"有时来源于皇帝的制敕，制敕经编纂颁布成为"常格"或"常式"的就是司法上可引用之例。如《唐会要》记载唐中宗李显时的情况说：

> 景龙三年八月九日敕："应酬功赏，须依格式，格式无文，然始比例。其制敕不言自今以后永为常式者，不得攀引为例。"[5]

3. 用指一般语义上的"事例"与"例子"

这些"例"不但不指《名例》及《律》中的例，而且也不是"法例"（体例）的含义，而是取一般语义上的使用意义。如《名例律》卷第二（总第 17 条）规定关于区分"公罪"与"私罪"的制度，其注文说：私罪，谓私自犯及对制诈不以实、受请枉法之类。疏文云：

> 受请枉法之类者，谓受人嘱请，屈法申情，纵不得财，亦为枉法。此例既多，故云"之类"也。

《名例律》卷第六（总第 46 条）是关于有罪"同居相隐"的制度规定，其疏文之问答说："上文大功以上共相容隐义同，其于小功以下理亦不别。律恐烦文，故举相隐为例，亦减凡

---

1 《律疏》体系外的刑事法例，最重要的是《格》中的《刑部格》，参见本书第 9 篇《唐律在唐宋的使用及"法例"使用的特点》一文第三节第（二）项。

2 本人对赵仁本《法例》书的观点，见本书第 10 篇《唐代判例书赵仁本〈法例〉的行用与废止论考——答复并就教于高明士先生和池田温先生》一文；本书第 9 篇《唐律在唐宋的使用及"法例"使用的特点》第三节。

3 《唐六典》卷二，中华书局 1992 年版，第 44 页。

4 解释"官长"概念时，言"诸司尚书，同'长官'之例"，盖原文如此。

5 《唐会要·议刑轻重》卷三十九，上海古籍出版社 1991 年版，第 824 页。

人三等。"《名例律》卷第五（总第 43 条）之疏文说：

> 此是"相因为首从，其罪各依本律首从论。"此例既多，不可具载。

此种"例"追其实体渊源，虽可能是某种或某类可被引用的《律疏》中的"法例"，但律典在此处的行文意义，只是普通语境表述中的"例子"或"举例"的意义。

---

* 此文发表于社会科学文献出版社 2013 年版钱大群著《唐律与唐代法制考辨》一书中，收入本书时有修改。

30. "误"辨

——兼谈如何理解沈家本"误"是"元有害心"之说

　　沈家本曾写有《误与过失分别说》[1]一文。在这篇文章中，沈家本认为，"过失"与"误"的区别，"至唐则详明耳"。因为《斗讼律》卷第二十三（总第 336 条）说：诸斗殴而杀伤旁人者，以斗杀伤论；至死者，减一等。……疏议曰：假如甲共乙斗，甲用刃、杖欲击乙，误中于丙，或死或伤者，以斗杀伤论。不从过失杀，以其"元有害心，故各依斗法"。而《斗讼律》同卷（总第 339 条）规定之"过失杀伤人"，是"谓耳目所不及，思虑所不到，共举重物，力所不制，若乘高、履危、足跌及因击禽兽，以致杀伤之属皆是。"据此，沈家本说，唐律中"误"与"过失"，"二者之分最为分晓"。因为，"一则（指'误'）元有害心，一则（指过失）初无恶意，判然不同。"沈家本通过"误"和"过失"作比较，指出"误"是"元有害心"，而"过失"则是"初无恶意"。这样，沈家本在以唐律中的"误"为材料进行分析时，对"误"的解释未指出其特殊的适用前提：只有在"斗杀伤"罪中，才赋有"元有害心"的特征。实际上，"误"在唐律中并没有形成普遍具有"元有害心"这种固定的一般概念特征。

---

1 见《沈寄簃先生遗书》甲编《寄簃文存》卷三，中国书店 1982 年版影印本。

一、古代犯罪心态论述中有"误"一说

（一）秦代除了故意及过失之外提出了"斗"的概念

中国关于犯罪主观心态之区分，从史书记载看，至迟在西周就已出现。《尚书·康诰》上说："人有小罪非眚，乃惟终，自作不典式尔，有厥罪小，乃不可不杀。乃有大罪非终，乃惟眚灾，适尔，既道极厥辜，时乃不可杀。"这里的"眚"是过失的意思，"式"是故意的意思。《周礼·秋官·司刺》记载有"三宥"的制度。其内容是一宥曰"不识"，再宥曰"过失"，三宥曰"遗忘"。这"不识""过失"及"遗忘"都可以归入非故意之中。

从秦简看，秦律中把故意称为"端"，把非故意称为"不端"。《睡虎地秦墓竹简·法律答问》中有例说："甲告乙盗牛若贼伤人，今乙不盗牛，不伤人，问甲何论？（答）：端为，为诬人；不端，为告不审。"秦律把故意杀伤人，称为"贼杀伤"，把由斗殴而引起的杀伤，称为"斗杀伤"。秦墓竹简"法律答问"中说："求盗追捕罪人，罪人格杀求盗。问：杀人者为贼杀人且斗杀？"又："甲贼伤人，吏论以为斗伤人，吏当论不当？"[1]"贼杀伤"与"斗杀伤"相对应存在，秦代已确立起这种制度。

（二）汉晋时代提出了关于"误"的问题

从汉儒对经书的注释看，汉代对犯罪主观心态上的故意，称为"故"，与"故"相对的心态，有的称为"过失"，有的称为"误"。至少东汉的法律中已明确地有"故"与"误"的区别。如《后汉书·郭躬传》卷四十六中记郭躬之言：

> 法令有故、误。（孙）章传命之谬，于事为误。误者，其文则轻。

杀人罪在汉魏仍分为"贼杀"与"斗杀"。《魏律》中曾说："贼、斗杀人，以劾而亡，许依古义，听子弟得追杀之。"[2]

从《晋书·刑法志》中录张斐注《晋律》时上呈的《进〈注律〉表》的内容看，晋代已有"知而犯之谓之故"，"意以为然谓之失"，"不意误犯谓之过失"等的说法。又根据《进〈注律〉表》中"两讼相趣谓之斗"，"无变斩击谓之贼"，"过失似贼，戏似斗，而杀伤旁人又似误"，"向人室、庐、道径射，不得为过失之禁也"等的记载看，在杀伤人的犯罪

---

1 睡虎地秦墓竹简整理小组整理：《睡虎地秦墓竹简》，文物出版社 1978 年版，第 179～180 页。

2《晋书·刑法志》卷三十引魏《新律序》，中华书局 1974 年版，第 925 页。

上，《晋律》中就已经区分为"贼杀伤""斗杀伤""戏杀伤""误杀伤"及"过失杀伤"等多种罪过状态。晋朝张斐的律注，代表中国古代刑法理论在描述犯罪主观心态的一个新的阶段。唐和唐以后的各代虽然在此基础上都有所深化及发展，但从整个水准来说，基本没有突破性的进展。

二、唐律中"误"的概念与适用

（一）唐律中的杀伤罪无"误杀伤"之分类

在中国刑法史上，尽管晋朝的张斐已经有了"其知而犯之谓之故，意以为然为之失"，"不意误犯谓之过失"的著名论断，但是，这些论断，原是对法律条文的夹注与解释，而不是列在《刑名》或《法例》中作为原则出现。所以，从那以后的古代刑律都未能把这些论断写到《名例》中形成原则。这种情况是中国古代刑律制定上的缺憾。

唐代关于各种犯罪主观心态之解释，大多是在律文的注疏中以片言只语的方式来表达。如关于谋杀、故杀、斗杀、过失杀及戏杀都有一些涉及概念的零星解释。

其一，关于"谋"及"谋杀"。《名例律》卷第六（总第 55 条）："称'谋'者，二人以上。"注文："谋状彰明，虽一人同二人之法。"《贼盗律》卷第十七（总第 256 条）疏文："'谋杀人者'，谓二人以上；若事已彰露，欲杀不虚，虽独一人，亦同二人谋法。"

其二，关于"故"及"故杀"。《斗讼律》卷第二十一（总第 306 条）疏文："'以刃及故杀者'，谓斗而用刃，即有害心；及非因斗争，无事而杀，是名'故杀'。"

其三，关于"过失"及"过失杀伤"。在唐律中与"故杀伤"相对应的首先是"过失杀伤"。《斗讼律》卷第二十三（总第 339 条）："诸过失杀伤人者，各依其状，以赎论。"注文说："谓耳目所不及，思虑所不到；共举重物，力所不制；若乘高履危足跌及因击禽兽以致杀伤之属，皆是。"关于"耳目所不及"，疏文又补充说："假有投砖瓦及弹射，耳不闻人声，目不见人出，而致杀伤。"关于"思虑所不到"，疏文说："谓本是幽僻之所，其处不应有人，投瓦及石，误有杀伤。"从行文上看，注文中所举"共举重物""乘高履危"及"击禽兽"之例，也都列为对"思虑所不到"的解释，都属于"思虑所不到"的范围内。

其四，关于"斗殴"及"斗杀"。《斗讼律》卷第二十一（总第 302 条）疏文说："相争为斗，相击为殴。"同卷（总第 306 条）疏文："斗殴者，元无杀心，因相斗殴而杀人者，绞。"

其五，关于"戏"及"戏杀伤"。《斗讼律》卷第二十三（总第 338 条）疏文说："'戏杀伤人者'，谓以力共戏，因而杀伤人，减斗罪二等。"注文："谓以力共戏，至死和同者。"疏文："虽则以力共戏，终须至死和同，不相瞋恨而致死者。"《斗讼律》同卷（总第 336 条）："（诸斗殴）若以故僵仆，而致死伤者，以戏杀伤论。"

（二）唐律中"误"的一般语言使用义

误，《说文解字》：误，谬也。《尚书·立政》："其勿误于庶狱庶慎"；《传》：误，失也。《辞海》之解释也相似。这些解释都是一般语义，而不涉及律学概念的意义。唐律中这种用法的典型如《职制律》卷第十（总第 114 条）："诸制书有误"等。这里的"误"，是通常意义的差错，失误，而并不含有对犯罪行为主观心态之描述。因为此处立法者的用意绝不是分辨"误失"造成者的主观心态，而是追究对待这种误失有不当行为者的罪责。所谓"制书有误"是"谓旨意参差，或脱剩文字"；"官文书误"是"谓常行文书，有误于事"。

（三）唐律中"误"用于与"故"犯相对的"非故意"犯之义

如《名例律》卷第一（总第 6 条）十恶"六曰大不敬"注文中有"合和御药，误不如本方及封题误；若造御膳，误犯食禁；御幸舟船，误不牢固"，这里的四个"误"，在情节上都是属与主观心态相连的违法行为。在情节与结果上疏文对"合和御药，误不如本方及封题误"的解释是："合和御药，虽凭正方，中间错谬，误违本法。封题误者，谓依方合讫，封题有误，若以丸为散，应冷言热之类。"对"造御膳，误犯食禁"的解释是："营造御膳，须凭《食经》，误不依经，即是不敬。"对"御幸舟船，误不牢固"的解释是："工匠造船，备尽心力，误不牢固，即入此条"。但是就律学上的主观心态来说，"误"在此处的根本特征与"斗殴"毫无关联，只是与"故意"相对的"非故意"状态。疏文说：

> 但"御幸舟船"以上三事，皆为因误得罪，设未进御，亦同十恶；如其故为，即从"谋反"科罪。

即这"大不敬"中的几项误犯行为，正因为是属于"误"犯，才列在"大不敬"罪中只本人处绞刑的。如果是"故意"这样地去做，那就属于"谋反"，不但本人处斩，而且父兄等近亲属要缘坐处死。这里的"误"在犯罪主观心态上到底是什么，没有定义，"非故意"就是那时律学所能达到的科学水准。属于这种情形的条文还有《职制律》卷第十（总第 116 条）：

诸上书若奏事而误，杖六十；口误，减二等。上尚书省而误，笞四十。余文书误，笞三十。即误有害者，各加三等。若误可行，非上书、奏事者，勿论。

《职制律》卷第九（总第113条）："诸受制忘误及写制书误者：事若未失，笞五十；已失，杖七十。转受者，减一等。"疏文解释其含义是"谓承制之人，忘误其事及写制书脱剩文字，并文字错失。"

（四）在"元有害心"前提下"误"之特征与处置

唐律中属于这种情况的"误"集中地反映在《斗讼律》卷第二十三（总第336条）中，也就是在这一条律文中，制定者说了这种"误"的性质是"元有害心"。沈家本也主要是根据这条律疏中的解释而下了"过失"是"初无恶意"，而"误"则是"元有害心"的结论的。此处之"元"，今谓之"原"。

1. 在"斗殴"前提下"误杀伤"的几种情况及处置

《斗讼律》卷第二十三（总第336条）规定斗殴中的误杀伤有三种情况：

一是"斗殴而误杀伤旁人"；（律文）

二是"共人斗殴，失手足跌，而致僵仆，误杀伤旁人"；（疏文）

三是斗殴中"误杀伤助己者"（律文），"若父来助己而误杀者"。（问答）

至于斗殴中"误杀伤旁人"，在主观心态上的性质，疏文之问答说："杀伤旁人，坐当'过失'，行者本为缘斗，故从斗杀伤论。"为什么不依过失论处？疏文说："不从过失者，以其元有害心，故各以斗法。"这种犯罪只是参照斗法处置，但在性质上并不完全是"斗"，是轻于"斗"，因而"至死者，减一等，流三千里"，真正的斗杀是处绞，不得减等。此处之"元有害心"，是指对相"斗"之人，原本有伤害对方之心。在这过程中，即使伤害了旁人，亦不能以"过失"论处。

对于误杀伤助己者（包括助己之父），则照斗杀伤再"减二等"处罚，疏文之问答说："听减二等，便即轻于'过失'。"可见，误杀伤助己者，已经不照"以其元有害心，故各依斗法"来处置了。而从现代刑法看，因斗殴而误伤旁人、误伤助己者、误伤助己之父亲，在主观心态上的质是完全一样的，但在唐律中事实上只作了处罚上不同的区分。

2. "元有害心"的特定前提是发生斗殴而伤旁人的情况

所谓"特定前提"是指这种主观心态特征，是与一定的犯罪情节条件相联系才可使用，离开了特定的犯罪情节条件，便失去了解释的依附本体。如只有在"斗杀伤"中"误杀伤旁人"的特定前提下，"误"才具有"元有害心"的性质。如在不发生斗殴情况下的误杀伤，是"耳目所不及，思虑所不到"的那就是"过失"杀伤人了。如果在谋杀情况下因选择对象有误而杀伤人那就是"故杀伤"。这正如《斗讼律》卷第二十三（总第 336 条）疏文中的"问答"所说：

> "假有数人，同谋杀甲，夜中忽遽，乃误杀乙"，"此既本是谋杀，与斗殴不同"，"本谋害甲，元作杀心，虽误杀乙，原情非斗者"，"合科'故杀'罪"。

如在斗殴的情况下被杀伤的原就是自己欲殴的对象而不是旁人，那就是典型的斗杀伤，根本不属误的性质，其处置是致死处绞刑，而不会是"至死减一等"。

3."斗殴误杀伤旁人"不谓"误"是立法上理论与刑事政策有矛盾

从现代刑法理论上说，"误杀伤旁人"无疑是属于"过失"杀伤的心态。而唐律中明明有"过失杀伤人"的罪名，而"斗殴误杀伤旁人"则不能以"过失杀伤人"认定。因为在唐律中"过失杀人"在处刑上有一个重大的特点是"各以其状以赎论"，即不处五刑的实刑，而是处五刑的赎刑。这种宽优之办法，只有属于"耳目所不及，思虑所不到"的情况才适用。而因斗而误杀伤旁人的种种情形，都不能免除实刑，因为误杀伤的"旁人"，虽不是行为人的目的所指，但却总是有希望伤害的原目标存在，因此定性为"元有害心"，而不属于如"因击禽兽而误伤人者"的过失而处赎刑。但是，这种"误杀伤"毕竟不是与"斗杀伤"完全一致，而仍是有"过失"，所以处置上不完全同于斗杀伤，即使致人死亡也不是处绞，而是减一等：

> 诸斗殴而误杀伤旁人者，以斗杀伤论；至死者，减一等。
>
> 杀伤旁人，坐当"过失"，行者本为缘斗，故从"斗杀伤"论。[1]

典型的斗杀伤是没有这种优惠的。在"因斗殴而误杀伤旁人"中，依唐律的原义分析，这种"误杀伤"中的误，从犯罪的主观心态来说，实际上是"过失"，其所以不能全依"过失"处置，因为存在着"元有害心"的斗殴条件，但处刑上则比斗杀伤论再轻一点，至死，减一等。

所以，所谓"元有害心"，只是以回答不作过失杀伤处赎的原因，而不是一般地说其"误"是"元有害心"的主观心态特征。如前文已述，在十恶"大不敬"条中之"误不如本方及封题误"，"误不牢固"及"误犯食禁"之"误"，不但不具有"元有害心"的性质，而正是"元无害心"的最生动典型的证明。所以，离开了"斗殴中误杀伤旁人"的特定前提，去一般地说唐律中之"误"乃主观上"元有害心"，是不正确的，在律学上也是不能成立的。

1《斗讼律》卷第二十三（总第 336 条）律文及问答。

（五）在"过失杀伤"前提下"误"之特征与处置

"误"的"非故意"，只有出现在"初无恶心"的非"斗杀伤"的前提下，才能被认定为具有"过失"的性质而用赎刑。如《斗讼律》卷第二十三（总第339条）规定："诸过失杀伤人者，各依其状，以赎论。"疏文说：

> 谓本是幽僻之所，其处不应有人，投瓦及石，误有杀伤……或因击禽兽，而误杀伤人者：如此之类，皆为"过失"。

这里的"误"虽仍是"非故意"，但在性质的认定与处置上，已经与"元有害心"下的"误"不同，不再在"斗"的范畴内处置，而是被列入"过失"中去用赎了。

总之，在唐律中"误"在使用上原就有多种意义，就其与犯罪心态有关的概念来说，也有两种意义。所以，任何离开了其具体的法律环境特别是离开了特定的前提，去一般地抽象其普遍概念，都是不会得出正确结论的。如果离开了"斗杀伤"的前提，唐律中"误"的"元有害心"的特征，根本就不存在。沈家本正是在斗殴的条件下指出"误"的这种"元有害心"的性质特征的。

---

* 此文发表于社会科学文献出版社2013年版钱大群著《唐律与唐代法制考辨》一书中，收入本书时有修改及补充。

31."倍"辨

　　"倍"字如用作计数,一般都作"加倍"讲。但是,在唐律中之"倍",除作"加倍"讲之外,还有十分特殊的用法,甚至特殊到与常用义完全对立相反。在阅读《律疏》时如不注意,理解上就会产生完全相反的歧义,故不可不慎加辨别。

一、"倍"在语言上的通常义

　　作为计数,"倍"在语言的通常义就是现代汉语中某数等额的"加倍"。《康熙字典》上的讲法是:

　　　物财人事加等曰倍。

《辞源》涉于计数意义的讲法是:

　　　照原数加等。

"加等"的说法不甚精确,容易有不确定的理解,其实照古汉语的概念,还不如"等加"明确,因为"等加"才是"加同样数量"最好的表达。而《辞海》上涉于计数的意义其讲法比《辞源》要清楚明确:

　　其一,照原数增加。
　　其二,加倍。
　　《辞源》与《辞海》都引用了诸多辞条来讲"倍"的意义。如:"倍称":借一还二;"倍蓰":一倍五倍;"倍羡":加倍的盈利;"倍道":一日走二日的路程等。

二、唐律中用作"加以等同之数"的"倍"

《律疏》中所谓"加倍"使用的"倍"出现在"倍赃"及"倍备"的构词中，其义就是"照原数等加"。

1. "倍备"即赔偿与原赃等同数额之财物

"倍备"是对盗赃加倍强征的意思。按唐朝刑律制度，犯"盗"罪者，无论是窃盗、强盗还是官吏的监守盗，其赃，都要加倍征收返还被盗之主人（个人或公家）。

《名例律》卷第四（总第 33 条）关于赃物处置的规定说："诸以赃入罪，正赃见在者，还官、主；已费用者，死及配流勿征，余皆征之。"注文说：

> 盗者，倍备。

疏文说：

> "盗者，倍备。"谓盗者以其贪财既重，故令倍备，谓盗一尺，征二尺之类。

"倍备"之"备"，此处之实义为"赔"。薛允升曾引《升庵外集》解释说，"备，补偿也，音'裴'"；"《唐律》犹作'备'，今则俱作'赔'矣。"[1]

2. "倍征"是征收与原赃等同数额的赔偿

对盗的加倍征赃制度，如果使用在"盗人所盗之物"的案件中，则后一个盗者的赃，刑律定性为"彼此俱罪之赃"。这种"赃"也要作"倍征"。《名例律》卷第四（总第 32 条）规定："诸彼此俱罪之赃及犯禁之物，则没官。"注文说："若盗人所盗之物，倍赃亦没官。"疏文举例说：

> 假有乙盗甲物，丙转盗之，彼此各有倍赃，依法并应还主。甲既取乙倍备，不合更得丙赃；乙即元是盗人，不可以赃资盗，故倍赃亦没官。

在上述前提下，正确理解"倍赃"的制度，关键有以下几点：

其一，在概念上，主人合法财物被盗后，此物在司法操作上的术语就属"赃"。如唐律中"赃状露验"，及今时所谓之"人赃俱获"等都是。

其二，盗犯的"倍赃"性质是"倍备"即"倍赔"，是在返还原赃的前提下再赔偿与原赃同等数额之物或价额。

其三，从财物的归属上说，被盗者之所得：如原赃"见在"的，则收回原物并同时获得与赃同额值的赔偿；如原赃已非"见在"的，则仍可获得原物之价额，并加上同等数额

1（清）薛允升：《唐明律合编》，法律出版社 1999 年版，第 57 页。

之赔偿。盗者之所赔，相应地亦是如此。

　　其四，在发生"盗人所盗之物"的连环盗中，"彼此俱罪"的乙、丙所征之"倍偿"，在返还原赃的条件下，都只赔所盗物值的乘以一，而不是乘以二。所谓的"盗一尺，征二尺"，是包括所盗之"一尺"原赃在内而言，并不是退原赃（一尺）后再赔二尺。在上例之引文中，不是乙与丙的倍赃都没官，而只是（后盗者）丙的倍赃没官，而（前盗者）乙的倍赃是要赔偿给甲的。不应在"亦没官"上产生歧见。

3. "倍征"之排除

　　盗者于事发前向官府或财主自首，就不再适用"倍征"之法。《名例律》（总第37条）规定"盗者自首，不征倍赃"。《名例律》（总第39条）之"问答"甲盗乙五匹后向乙自首，其所举之例说：

> 乙乃取甲十匹之物，为正、倍等赃。

结果乙反而依坐赃"五匹"之罪获刑，因为其所取虽属"正、倍等赃"，但乙在甲自首的情况下，根本不应收取与所盗五匹等同之赔偿，所以乙也形成犯罪。

三、唐律中作"折半"使用的"倍"

　　唐律中"倍"用于折半中分之义，多过用于"加倍"之处。总起来看，从使用的特点说，"倍"之折半中分义，是使用于"数罪并罚"原则，对官吏赃罪计数合并处罚的办法之中。这时，"倍"都用为折半之义。"数罪并罚"中的"并罚"在律条中称"累科"。官吏赃罪的"累科"是总原则，法律虽然使用"累科"一词，但"累科"中的累计之法，却情况大不一样。

1. 指数罪并罚时赃值累总折半

（1）短时间内多次犯同样的赃罪其赃额折半论。

《名例律》卷第六（总第45条）中说："即以赃致罪，频犯者并累科。"其疏文说：

> 假有受所监临，一日之中，三处受绢一十八匹，或三人共出一十八匹，同时送者，各倍为九匹而断。此名"以赃致罪，频犯者并累科"。

这种所谓的"累科"，其计算方法是总计十八匹，"各倍为九匹"。什么是"倍"？注文解释其计算的方法说：

倍，谓二尺为一尺。

（2）指犯轻重不同之赃罪计赃之总额依其中的轻罪折半处刑。

其律文说：

若罪法不等者，即以重赃并满轻赃，各倍论。

注文说：

倍，谓二尺为一尺。不等，谓以强盗、枉法等赃，并从窃盗、受所监临之类。

如同时有"强盗、受财枉法、窃盗、受所监临"之罪，其中强盗、枉法罪处罚重，后二者处罚轻，那就计总赃数后折半以其中处罚最轻的受所监临罪处罚，这是数罪并罚制度中体现有利于犯罪者的计算方法。疏文举例解释说：

假令县令受财枉法六匹，合徒三年；不枉法十四匹，亦合徒三年；又监临外窃盗二十九匹，亦徒三年；强盗二匹，亦合徒三年；受所监临四十九匹，亦合徒三年。准此以上五处赃罪，各合徒三年，累于"受所监临"，总一百匹，仍倍为五十匹，合流二千里之类。

此官所犯五项罪，性质及处罚办法都轻重不同，总赃数是"一百匹"，折半计为五十匹，依其中最轻的"受所监临"罪处罚，流二千里。这种折半计数之"倍"，在唐律对一般行贿罪的处罚中也有同样之"倍"法。《职制律》卷第十一（总第137条）说，在"有事以财行求"罪中，对"同事共与"者，并罚时实行"并赃"论。疏文解其并赃之法说：

"即同事共与者"，谓数人同犯一事，敛财共与，元谋敛者，并赃为首，仍倍论；其从而出财者，各依己分为从。

"同事共与"的行贿罪，谋划聚敛的首犯，依行贿赃的总数折半处罚，而出份子的从犯，只依个人所出之数处罚。《名例律》卷第六（总第45条）在规定非监临主司一般官吏收受这种贿赂时，其处罚规定是：

若同事别与，或别事同与，各依前倍论。

即分别依上述（总第137条）之"同事共与"的行贿罪及（总第45条）中非监临主司之"同事别与"或"别事同与"的受贿罪，处罚时也都计总赃依折半之额度计算刑罚。

2. 数罪并罚中"累而不倍"之特殊制度

唐律在规定对"以赃致罪频犯者"及"罪法不等以重赃并满轻赃"时可作"累而倍论"的同时，还规定了对监临主司从严"累而不倍"，即累计总赃不予折半的处罚办法。《名例律》卷第六（总第 45 条）中的注文规定：

> 即监临主司因事受财而同事共与，若一事频受及于监守频盗者，累而不倍。

这里句中的"倍"仍是折半之义，但监临官如果犯"同事共与"若"一事频受"之受贿罪，以及在自己的辖区内"频盗"的，则不再执行上述"累而倍论"，而是依所累计之总赃数处罚，不再折半："累而不倍"。为了更清楚地说明唐律中"累而不倍"与"赃合倍折"的区别，再举唐律中的一例以对比。《名例律》卷第六（总第 45 条）疏文中的问答：

> 又问：脱有十人共行，资财同在一所，盗者一时将去，得同频犯以否？
> 答曰：律注云："监临主司因事受财而同事共与，若一事频受及于监守内频盗，累而不倍。"除此三事，皆合倍论。十人之财，一时俱取，虽复似非频犯，终是物主各别，元非一人之物，理与十处盗同，坐同频犯，赃合倍折。

例文中的"倍"虽都是"折半"之义，但有的场合"累而倍"，有的场合"累而不倍"，其律义之表达与文词之表达互为印证，不但使我们看到了"倍"作为折半之特殊意义，也使我们同时理解了"倍论"运用的法定制度。

* 此文发表于社会科学文献出版社 2013 年版钱大群著《唐律与唐代法制考辨》一书中，收入本书时有重要增补。

32. 对《律疏》中数处律义之解读

——读律散记一束

　　《律疏》是《永徽律》及与之后为《律》编写的"义疏"之合本。因为"律疏"是国家对从中央到地方的各级司法审判机关运用《律》典审案的有权解释，同时也作为国子监等学馆中"明法"专业学生学习律学的权威依凭，所以，疏文对律文及注的解释，大都非常细密周到。从长孙无忌的《进〈律疏〉表》及《旧唐书·刑法志》的记载看，参加解释的人有包括宰相及中央审判监察机关的官员、律学专家以及一批地方基层官员等近二十人。虽多人分工去写，却体现出了高度法典化的水准，而《律疏》高度的法典化有利于司法审判中法律的准确适用，有利于推动律学研究的发展。这里选择其中数例，来谈一点看法，让今天的唐律阅读者，明白其中原委，共同观察律条间饶有趣味的律学联系问题。其中，第一至二小题，是涉及立法上律条之间的比较与平衡的关系问题；第三至七小题，是涉及不同法条同时使用的关系处理问题；第八至九小题，是涉及语言表达上的行文特点问题。

一、妻殴"大功尊属"适用何条法律

　　这是《律疏》中较难辨读的律条之一，其难处在于此一条律文牵涉与另外数条律文的交叉关系。《斗讼律》卷第二十二（总第 327 条）律文的有关部分说：

　　　　诸殴缌麻兄姊，杖一百。小功、大功，各递加一等。尊属者，又各加一等。

这里，容易搞混的是其中妻殴"尊属者，又各加一等"的内容。对这一点，其疏文解释说，是在上述律文的基础刑上依次递加，如：

> "谓殴缌麻尊属，徒一年；小功尊属，徒一年半"；"大功徒二年"。

但是，疏文在说妻殴"大功尊属"的特例时，所举被妻殴之大功尊属"夫之祖父母及夫之伯叔父母"，却又根本不照上述疏文中所说的"徒二年"去处置。其难辨之关键所在就是既然不依"徒二年"之法，那么疏文中"殴夫之祖父母，绞；夫之伯叔父母，减夫犯一等，徒二年半"之结论是怎么得出的。以下试对此作必要的简明辨析。

第一，律文中所言妻之"大功亲"是夫家之亲。这里提"妻"，其含义是不再以其在娘家作"在室女"时的服属关系，而是指嫁夫后，对夫家亲属的服制关系。这种服属关系在古代服制中是列在《妻为夫族服图》中。妻（在夫家）的大功尊属，《斗讼律》卷第二十二（总第 327 条）之疏文说：

> 大功尊属，依礼，唯夫之祖父母及夫之伯叔父母。

其实，律文中的这句疏文，概括得并不完整，如丈夫属"为人后者"，即非为人亲子者，妻子对有这种身份的丈夫的生身父母，也是服之以"大功尊属"。《新唐书》及《开元礼》中都有记载。[1]

第二，妻殴大功"尊属"即夫之祖父母及伯叔父母，虽列在《斗讼律》卷第二十二（总第 327 条）内，但并不按照此条律文中，殴缌麻尊属，徒一年；殴小功尊属，徒一年半；殴大功尊属应徒二年的规定办。因为妻殴这两种夫家的"大功尊属"，唐律中是分别以专门的条款来处理，且其处理的办法根本不在这条律文之中。

（1）妻犯夫家大功尊属处理的总原则是"各减夫犯一等"。其本罪条《斗讼律》卷第二十三（总第 334 条）之律文说：

> 诸妻殴詈夫之期亲以下、缌麻以上尊长，各减夫犯一等。

属妻之大功尊属的"夫之祖父母及伯叔父母"正在此范围内，故妻必须依丈夫犯其自己的祖父母及伯叔父母的刑罚上分别"减一等"的办法处置。

（2）丈夫犯祖父母及伯叔父母之本罪条分为两条，即疏文所说"此并各有本条"：

其一，丈夫犯祖父母的本罪条是《斗讼律》卷第二十二（总第 329 条）：

> 诸詈祖父母、父母者，绞；殴者，斩。

即丈夫殴祖父母，其刑罚是处"斩"，妻子殴夫之祖父母执行"减夫犯一等"的制度，是用另设专条（总第 330 条）的办法，规定处比"斩"轻一等的"绞"。

其二，丈夫犯其伯叔父母的本条在《斗讼律》卷第二十二（总第 328 条），其律文说：

---

1 见《新唐书·礼乐志十》及《通典·开元礼纂类》的"五服"制度的大功下，都有"为人后者其妻为本生舅姑"之记载。

> 诸殴兄姊者，徒二年半；……伯叔父母、姑、外祖父母，各加一等。

即夫殴伯叔父母之刑，是在殴兄姊"徒二年半"上"加一等"处"徒三年"。这里的"兄姊"及"伯叔父母"都是律（总第334条）中所言之"期亲以下、缌麻以上尊长"，妻犯此等亲属，本罪条司法上也执行"减夫犯一等"之法例，那么妻之刑罚就是在夫"徒三年"上减一等，处"徒二年半"：

> 此并各有本条，自从殴夫之祖父母，绞；夫之伯叔父母，减夫犯一等，徒二年半。[1]

疏文又接着说：

> 即此大功无尊属加法。[2]

总之，"大功无尊属加法"，律文制定者的思维是，对妻来说，唯有夫之祖父母及夫之伯叔父母才为大功中之尊属对象，都照夫犯祖父母及伯叔父母各自的本罪条处置，而不照（总第327条）殴尊属比殴缌麻兄姊递加之法处理。究其根本原因是如依殴大功尊属加一等之法，处徒二年，刑罚太轻，故以"减夫犯一等"的办法严处。

二、为奴娶良人入籍为奴为什么处流"三千里"

《户婚律》卷第十四（总第191条）前部分之律文说：与奴娶良人女为妻，徒一年半；因而上籍为婢者，流三千里。把奴所娶之良人入贱籍作奴婢，其刑罚为什么是"流三千里"有其内在的原因。这之前，《户婚律》卷第十二（总第160条）对把良人配与奴并"上籍为奴者，流三千里"也未解释原因。其实把非法所娶良人上籍为奴"流三千里"，在立法上是应用了性质上相通的比附，而且是涉及了两条律文的辗转相比，才确定此罪之刑罚幅度。其立法上作比附的过程是这样：

首先，唐律对使用暴力手段，把良人非法转变为奴婢的"略人为奴婢"的犯罪处绞刑。《贼盗律》卷第二十（总第292条）律文规定说：

> 诸略人、略卖人为奴婢者，绞。

条中的"人"概指良人。此处直接使用这一条不合适，因为，把奴娶进的良人上籍为婢，

1《斗讼律》卷第二十二（总第327条）。
2《斗讼律》卷第二十二（总第327条）。

毕竟不是"略"与"略卖"。但"略"及"略卖"良人为奴婢其刑罚为"绞"的幅度，在此却有轻重之比照性：非法娶并上籍为奴，性质轻于略为奴婢，刑罚也理应比"绞"刑轻。

　　其次，把所娶良人入籍为奴，这种对良人身份作改变的犯罪，《诈伪律》卷第二十五（总第 375 条）有类似的规定：

> 诸妄认良人为奴婢、部曲、妻妾、子孙者，以略人论减一等。

把奴非法娶来的良人入籍为奴婢刑罚的确定，其立法上比附的过程，第一步是确认此罪应轻于《斗讼律》卷第二十（总第 292 条）略人为奴婢之绞刑；第二步又依"妄认"比附"略人"论减一等，即从绞上减一等，处流三千里。所以，关于非法娶良人并入籍为奴之犯罪，虽未有比附与类推的明文，其法定刑"流三千里"，立法上的内在原因是二次比附的结果。

三、受寄送公文为什么稽程重于徒一年才成主犯

　　《职制律》卷第十（总第 124 条）之前一部分规定："诸驿使无故，以书寄人行之及受寄者，徒一年。若致稽程，以行者为首，驿使为从。"按律，驿传信使把公文托别人代为递送，以及接受公文并为代送的人，双方构成共犯关系，属于不分首从都处徒刑一年的特殊共犯关系。但是，如果因此造成投送期限耽误，那么其共犯关系就可能有变化。即如果代投者耽误期限，满一定的天数，计罪在一年徒刑以上的，那就代投者变为主犯得全罪，原来的驿使反而成为从犯减一等。疏文对"若致稽程"作解释说：

> 谓行不充驿数，计程重于徒一年者，即以受书行者为首，驿使为从。

问题在于，为什么代为投送者耽误的日数计算刑罚，要比徒一年还重的才变为主犯呢？对这一点，疏文始终未作解释。其实，接受代送，并且还稽程的人，共有两项罪名：一项是如律文开头所说的"受寄行书"之罪，另一项罪名是"行书稽程"之罪。一人同时有两项以上罪名，《名例律》卷第六（总第 45 条）专门规定：

> 诸二罪以上俱发，以重者论；等者，从一。

这是说，两项以上的犯罪同时被发觉，只选择其中重的一项处罚；如二项犯罪轻重等同的，那就选择其中一项处罚。现在，受寄者作为寄书驿使的共犯，已有"徒一年"的一项犯罪，假如第二项稽程的犯罪，计天数刑罚在一年以下或是一年的，那么，依"二罪俱发，以重者论"的办法，在刑罚相等情况下，他没有条件作为首犯。只有受寄者稽程的刑罚，也即

是同时并发的第二项犯罪之刑罚超过一年，如达到一年半或二年的，那么作为首犯才有实际意义。也即是说，他的稽程刑罚必须要在他俩作为共犯所犯的一年徒刑以上，才有资格作为首犯，才具备区分首从的条件。如果进一步要问，稽程到什么程度才能有超过徒刑一年的结果，《职制律》卷第十（总第 123 条）已规定：

> 诸驿使稽程者，一日杖八十，二日加一等，罪止徒二年。

即是稽程一日杖八十，三日杖九十，五日杖一百，七日徒一年，九日徒一年半，十一日徒二年。就是说："受寄"者稽程要达到九日以上，才能把自己弄成首犯。因为二罪俱发下要达到比二人共犯处"徒一年"更重的刑罚，才可令其充当首犯。

四、"问事"打死无罪百姓为什么"依法"无罪

《斗讼律》卷第二十一（总第 309 条）后半部分规定："即威力使人殴击，而致死伤者，虽不下手，犹以威力为重罪，下手者减一等。"疏文对"威力使人"解释说："威力使人者，谓或以官威，或恃势力之类，而使人殴击他人。"疏文接着举例说：

> 甲是监临官，百姓无罪，唤问事以杖依法决罚致死，官人得杀人罪，问事不坐。若遣用他物、手足打杀，官人得威力杀人罪，问事下手者减一等科。

这里，监临官处在"威力"的地位，专职司杖者称"问事"。例子对"威力"者与"问事"之间法律上的责任关系，给人留下了问事"依"什么"法"，致无罪人死亡而自己无罪责之疑问。

其实，即使对有罪犯人，唐代使用笞杖行刑，都有行杖之法。首先，所使用之杖，在材质、长短、粗细、光洁上都必须是合乎制式的规格。同时，在打击的部位、数额、次数、掌打之人数及是否缓予执行上都有制度。[1] 合乎规定的，称为"如法"或"依法"；违犯规定，不合乎要求的就称"不如法"或"违制"。例中，对无罪百姓行刑，整个是违法行为，监临官在律文所设定的两种情况下都要负罪责。而受命执行的"问事"，在监临官的命令下，如依照行杖之法去杖打无罪百姓，他不对致死人的结果负责。而在例所设定的后一种情况即问事不依法行杖，问事就有了罪责。如行刑之"问事"受命后使用"他物"或"手脚"都不是法定行刑之具，此时，其行刑虽然出之于受命，但却不是"依法"，所以他要负

---

[1] 此法正面的《令》文与违犯的惩罚，可见于《断狱律》卷第二十九（总第 477 条、第 482 条），及卷第三十（总第 483 条）的疏文及引文。

"比主官减一等"之责任。这里的要害词"依法"是指《狱官令》中的"依"行刑之"法",而不是一般意义上对无罪百姓用刑属"依法"还是"违法"的评议。其实,使用"如法"也是《律疏》中认定决罚各环节是否"依法"的法定词汇。《断狱律》卷第二十九(总第482 条)律文说:

> 诸决罚不如法者,笞三十;以故致死者,徒一年。即杖粗细长短不依法者,罪亦如之。

疏文说:

> 依《狱官令》:"决笞者,腿、臀分受。决杖者,背、腿、臀分受,须数等。拷讯者亦同。笞以下,愿背、腿分受者,听。"决罚不依此条,是"不如法",合笞三十。

这里,问事者的"依法",指的是依行刑之法,与被打之人有罪无罪无关。如果是受"威力"之命拷打而"问事"决杖"不如法",则要照《断狱律》追究"问事"之罪责。

五、什么是奴贱"自理诉得脱"

《贼盗律》卷第十七(总第 255 条)之律文规定部曲、奴婢谋杀旧主之犯罪。其注文解释说:"旧主,谓主放为良者。"疏文在解释律文及注文中的"旧主"时说:

> 其"旧主",谓经放为良及自赎免贱者。若转卖及自理诉得脱,即同凡人。

文中的"经放为良及……自理诉得脱,即同凡人",尤其是其中"自理诉得脱"应该予以解释。

关于"放良",《户婚律》卷第十二(总第 160 条)之疏文引《户令》说:"放奴婢为良及部曲、客女者,并听之。皆由家长给手书,长子以下连署,仍经本属申牒除附。"[1] "自理诉得脱",是说业经主人放良之奴贱又被主人压为奴贱,被放者由此告发主人,如属实,则不依奴贱告主获罪之法例处置。唐代法律一方面由《户令》规定"诉良得免"[2]。同时《户婚律》卷第十二(总第 160 条)又规定主人放部曲、奴婢为良后又压为奴、贱者,处二年至一年的徒刑,并"各还正之"。按《斗讼律》卷第二十四(总第 349 条):"诸部曲、奴婢告主,非谋反、逆、叛者,皆绞。"但是唯独对主人放良后还压充贱的犯罪,听自理告诉。其立法之要害在于即使妄告,立法上只依稍重于徒二年之"压良"罪处徒三年,而不

---

1 参见〔日〕仁井田陞:《唐令拾遗・户令》四十二条之"引据",长春出版社 1989 年版,第 170 页。
2 参见〔日〕仁井田陞:《唐令拾遗・户令》二十条中之"引据",长春出版社 1989 年版,第 147 页。

以诬告论处绞。疏文对此解释说:

> 奴婢本无良状而妄诉良，云主压充贱者，合徒三年。不同证告主者，开其自理之路。

奴贱经放良"得免""得脱"，意义相同，"免"字的原义是指"兔得脱逃"，《说文解字·兔部》注:"兔不获于人，则谓之免。"这里是指免除部曲、奴婢告主要处严刑之常例刑罚。如果属告主放良后又压为贱之罪，不以"告承"之常法论处。

六、奴婢部曲之流刑为什么不明言等级

《杂律》卷第二十六（总第414条）是关于奴奸良人的犯罪规定:

> 诸奴奸良人者，徒二年半；强者，流；折伤者，绞。其部曲及奴，奸主及主之期亲，若期亲之妻者绞，妇女减一等；强者，斩。即奸主之缌麻以上亲及缌麻以上亲之妻者，流；强者，绞。

通读这一条的律文，可以发现奴与部曲受刑的一个特点:奴和部曲的徒刑是写明刑罚的具体等级的，如奴奸良人为"二年半"；受死刑也写明等级:奴奸良人折伤，处绞；奸主及主期亲之妻者，绞；强者，斩。但是奴与部曲所受的流刑，却不分二千里、二千五百里、三千里的具体等级:如强奸良人处"流"；部曲及奴奸主缌麻以上亲及缌麻以上亲之妻者，处"流"。奴与部曲的流刑，只提刑种不分等级的原因，有以下几方面:

第一，奴婢与部曲的徒刑与流刑，都以"加杖法"来取代其实刑之执行。《名例律》卷第六（总第47条）规定，官户、部曲、官私奴婢有犯，

> 若犯流、徒者，加杖，免居作。

即加杖之后，不再去服徒役及远流之刑，因为奴贱的身份，使他们终身处在被主人或国家役使的地位。就是这种持续地被役使的地位，使他们在受徒、流刑时，得有以受杖打来代替苦役及远流之办法。

第二，徒、流刑被"加杖"取代时，其中的徒刑是以等级计算的。疏文说:

> 徒一年，加杖一百二十；一等加二十，徒三年加杖二百。

所以，奴婢部曲的徒刑要明确地言明等级不能含糊，以作为加杖多少的具体依据。

第三，奴婢、部曲的流刑都执行加杖之法，而且三等流刑都是一律地加杖二百，所以，流刑具体等级的规定，对其无实际区分的意义。疏文说:

准犯三流，亦止杖二百。

流刑不再依照流二千里、二千五百里及三千里而递加为加杖"二百二十、二百四十、二百六十"，那是因为汉代文、景二帝刑制改革后，最高的笞杖数就是笞二百。因此杖打二百成为古代刑制中杖数的传统高限。唐代坚守这一点，凡杖刑计算和执行的高限，都不得超过二百，而且流刑三等不能再作递加，所以，凡作加杖处置的奴婢、部曲的流刑，也依"杖二百"为定制，不必再细分是哪一等，只一个"流"字了结。

七、杀人"不合偿死"的情况

《杂律》卷第二十七（总第 430 条）规定失火"杀伤人者，减斗杀伤二等"。疏文作补充规定：

不合偿死者，从本杀伤罪减。

"不合偿死"是相对于"偿死"来说的。《律疏》中偿死的基本制度是《斗讼律》卷第二十一（总第 306 条）："诸斗殴杀人者，绞。"而"不合偿死"即杀死人不以死相抵的情况，分散于 15 个律条的 17 个法例中，现代的读者不方便去寻找。《律疏》中"不合偿死"（不判斩、绞）的犯罪至少有下列这些方面：

第一类属于良人或主人对奴贱的杀伤。如《斗讼律》卷第二十二（总第 320 条）规定以下犯罪，在普通殴杀人处绞的基础上减一等而不偿死：

其良人殴伤杀他人部曲者，减凡人一等；奴婢，又减一等。

同卷（总第 321 条）规定：

(奴婢被其主) 无罪而杀者，徒一年。

另《斗讼律》同卷（总第 322 条）：

诸主殴部曲至死者，徒一年。

第二类属尊长对卑幼的杀伤。《斗讼律》卷第二十二（总第 327 条）规定不属故意及不使用刃器的情况下，

殴杀从父弟妹及从父兄弟之子孙者，流三千里。

同卷（总第 328 条）：

> 若殴杀弟妹及兄弟之子孙、外孙者，徒三年；以刃及故杀者，流二千里。

同卷（总第 329 条）：

> 若子孙违犯教令，而祖父母、父母殴杀者，徒一年半；以刃杀者，徒二年。故杀者，各加一等。

第三类属过失杀、误杀及戏杀的情形。《斗讼律》卷第二十三（总第 339 条）规定：

> 诸过失杀伤人者，各依其状，以赎论。

"以赎论"虽然属于处罚，但都不在"偿死"范畴内。《斗讼律》同卷（总第 338 条）规定：

> 诸戏杀伤人者，减斗杀伤二等。

已知"斗殴杀伤人者，绞"，此条中戏杀人减二等实为徒二年半。《斗讼律》同卷（总第 336 条）规定：

> 诸斗殴而误杀伤旁人者，以斗杀伤论；至死者，减一等。

律中的"至死者"，是谓以斗杀论处绞，但因斗殴误杀旁人，刑之高限为"流三千里"，故称"减一等"即不以死相抵。

第四类属不作论处的情况。这种情况在尊长犯卑幼，良人及主人犯奴贱的条目中出现较多。《斗讼律》卷第二十二（总第 324 条）规定对"缌麻、小功亲部曲、奴婢"；卷第二十三（总第 337 条）规定包括对"旧部曲、奴婢"在内，凡属

> 过失杀者，各勿论。

这类杀伤，不但不以命相抵，而且也不依一般的过失杀用赎，也不以减等处罚，而是"勿论"。属这种情况的还可见于《斗讼律》卷第二十二（总第 325 条）中"妻殴伤杀妾"，"过失杀者，勿论"；同卷（总第 328 条）规定殴杀弟妹者，亦是"过失杀者，各勿论"；同卷（总第 329 条）祖父母、父母，包括嫡、继、慈、养者对子孙"过失杀者，各勿论"；同卷（总第 330 条）规定妻妾对子孙之妇"过失杀者，各勿论"。

八、"父祖妾"为什么前《疏》与后《注》解释不同

　　这里说的"父祖妾",是指子孙与之通奸的父亲或祖父的妾媵。对这项犯罪的性质规范与具体的刑罚处置,在《律疏》中分别由《名例律》卷第一(总第 6 条)中的"内乱"与其本条(亦称本罪条)《杂律》卷第二十六(总第 413 条)分别担当。但是,同样是对于"父祖妾",《名例律》中的疏解与本罪条中的注解却不一样。《名例律·十恶·十曰内乱》对涉奸对象"父祖妾"的疏文解释说:

　　　父祖妾者,有子、无子并同,媵亦是。

而本罪条《杂律》卷第二十六(总第 413 条)在律开头的"诸奸父祖妾"之下,其使用之注文则要求说:

　　　谓曾经有父祖子者。

看起来,涉奸的"父祖妾"在是否与父亲或祖父生过孩子这个要件上,前后有所不同:前者《名例律》是说,这些妾无论是否与父祖生过孩子都一样。后者《杂律》中强调说,是指曾与父祖生过孩子的那些妾。其实,这并非律义前后有矛盾,[1] 而是前后条对相同的犯罪主体,在不同的情况下作不同的条件限制,是由前后疏文与注文不同的解释任务所决定。

　　第一,唐律中《名例律》的任务是阐明全律通用的原则和制度,一般不涉及对犯罪具体的处罚规定,某项具体犯罪的罪状与刑罚种类等级,都由其他十一篇律中与之对应的本罪条文来担当。"内乱"中的"奸父祖妾",《名例律》中主要规定"父祖妾"的对象范围,而此罪的具体罪状及处置,则由其本罪条《杂律》卷第二十六(总第 413 条)来担当。这种分工特点是《名例律》"十恶"中十类罪名,与散布于各篇中的本罪条,在立法上呈对应分工的表现。

　　第二,《名例律·十恶·十曰内乱》之下的疏文,其针对注文"父祖妾"所作的"父祖妾者,有子、无子并同,媵亦是"的解释,因为目的只在于对犯罪主体作认定,即凡通奸的"父祖妾",包括"媵"在内,以及先受强奸而后又变为通奸的媵妾,都属"十曰内乱"的犯罪。在"内乱"性质与对象范围的认定上,通奸妾媵是否与父或祖生过孩子,都不是区分的要件,所以说"有子、无子并同"。这里是对"十恶"范围与对象的认定,不是作刑罚种类与等级轻重的区分。

　　第三,"内乱"中通奸父祖妾媵罪的具体刑罚等级的区分,由其本罪条即《杂律》卷第二十六(总第 413 条)来担当。其刑罚的轻重,决定于情节与性质的轻重:涉奸的妾媵如

---

[1] 人民法院出版社 2019 年版钱大群编著《唐律疏义文白读本》中,对《名例律·十恶》(总第 6 条)"十曰内乱"中"父祖妾"的疏文以及《杂律》卷第二十六(总第 413 条)"父祖妾"下之注文,前"疏"与后"注"不一致的原因,已明确地指出是前面的"议"文与后面的"注"文各自担当的任务不同,因而解释不同。

属于曾与父或祖生过孩子的，则性质严重处绞刑；未与父或祖生过孩子的，性质相对较轻，则减一等处流三千里。因为涉奸处绞的父祖妾媵必须是与父祖生过孩子的，所以律文在处绞的"父祖妾"之下，立即无间歇地用注文限制其范围说："谓曾经有父祖子者"。而其中未与父祖生过孩子的妾，则由疏文规定：

> 其无子者，即准上文"妾，减一等"。

这里的"上文"是指《杂律》卷第二十六（总第 411 条）"奸缌麻以上亲之妻"罪名后，律文补充规定的奸缌麻以上亲之"妾"可"减一等"的通例，比有子者的"绞"刑，减一等流三千里。

对于《律疏》中的"奸父祖妾"罪，其在立法上的特点可以作这样的归纳：

其一，只要相奸对象涉于"父祖妾"（媵亦在其中）其罪之性质就属于"十恶·内乱"，是否为父祖生过孩子都不影响其内乱性质的归属，所以《名例律》中疏文对其规范说："父祖妾者，有子、无子并同"。这里的"并同"就是一样在"十恶·内乱"的性质范围内。

其二，"奸父祖妾"之犯罪，在情节上及刑罚上区分为处"绞"及"减一等"（流三千里）的两个轻重等级。《杂律》中其本罪条在对列于处"绞"刑的"父祖妾"下，用注文限制为"谓曾经有父祖子者"，而把其中的"无子"者依"通例"列在疏文中规定比"有子"者"减一等"处罚。

其三，因为《杂律》的本罪条在律文中先只规定了"有子"者处"绞"的内容，而"无子"者的处罚区分，却延迟到在对注文作解释的疏文中依前条中之通例规定"减一等"，这客观上常使读律人会误认为对"父祖妾"的限制要求《名例律》与本罪条"不一致"。实际是不矛盾的。

九、"于本司及监临"中"于"之义解

《断狱律》卷第三十（总第 498 条）整条律文是关于断罪、决配、收赎及官当施行的违法犯罪。其后半部分是规定官吏在特定情况下，有杖罪不得赎。律文之后一段说：

> 即品官任流外及杂任，于本司及监临犯杖罪以下，依决罚例。

即在这种情况下，这些品官不能使用通常九品以上都可用的赎权，而要作实际的杖击。但文中最关键的"于本司及监临"之说，却始终不能使人对情况有明确的了解。疏文对这一句的解释，对读者进一步清晰理解，似乎也帮助不大："'品官任流外及杂任'，谓身带勋官、散官而任流外及杂任者。'于本司及监临'，谓于本司及临时监统者。若犯杖罪以下，依流

外、杂任之例决杖，不准官品征赎。若徒罪以上，自依当、赎法。"所谓流外，低职级的官吏不入流内阶品者称流外，流外原先也有从"勋品"到"九品"的阶品。[1] 杂任，概括地指不在流内九品三十阶之内的各种吏员，一般流内九品以外的"史""问事"等吏员就属于"杂任"之列。

其一，"于"在此处作动词"对……"讲。"于本司及监临犯杖罪以下"中，起决定作用的"于"，就古汉语的含义来说：可以解为"在"，如"在……地方"，"在……情况下"。也可以解为"对"，如"对谁……（实施行为）"。其实，疏文如让人了解"于"在此的使用义，问题就迎刃而解，可疏文未给出这样的条件。戴炎辉先生之《唐律各论》没有语译任务，涉及此条时也看不出他是什么主张。[2] 但是，当我们根据"于"的这两种不同的使用义去区分作解释时，就可以有两种不同的理解。

"于"当"在"讲，其意思是：

> 那些担任流外及杂任的流内官，"在自己职司上及居于临时执行监督统领职务时"，犯有杖刑以下的罪，依实作打杖之法处置，不依其官品用赎。

这样的解释对律义的理解毫无帮助。而如"于"作动词"对"讲，则其准确的意思就显示出来了：

> 那些担任流外以及杂任的流内官，"对于本部官长及临时对其进行监督统辖的官员"，犯有杖刑以下的罪，依实作打杖处置，而不可凭官品用赎。

"于"用作动词"对……（实施行为）"之理解，《律疏》中有"旁证"可引。《名例律》卷第二（总第 11 条）律文中原就使用过：

> 其于期以上尊长及外祖父母、夫、夫之祖父母，犯过失杀伤，应徒。

此外，《职制律》卷第十一（总第 143 条）规定"借使所监临"罪时，指出例外的情况说：

> 若有吉凶，借使所监临者，不得过二十人，人不得过五日。其于亲属，虽过限及受馈、乞贷，皆勿论。

这些"于"都用指动词"对"，是对（某种对象）施加某种行为的意义。

其二，流外杂任"对"本司及监统"犯杖罪以下"之情况。例如：《斗讼律》卷第二十一（总第 312 条）律文规定："诸殴制使、本属府主、刺史、县令及吏卒殴本部五品以上官长，徒三年；伤者，流二千里；折伤者，绞。若殴六品以下官长，各减三等；减罪

1　参见钱大群编著：《唐律疏义文白读本》附表四《唐代流外官阶品分列表》，人民法院出版社 2019 年版，第 1105 页。

2　见戴炎辉：《唐律各论》(下)，我国台湾地区成文出版社有限公司 1988 年版，第 186 ~ 187 页。

轻者，加凡斗一等；死者，斩。詈者，各减殴罪三等。"其中的"詈"罪，对此条有适用性，因这些犯罪者不能排除原是品官而现任"流外杂任"的情况。疏文说：

> "詈者，减殴罪三等"，谓詈制使以下，本部官长以上，从徒三年上减三等，合徒一年半；若詈六品以下官长，又减三等，合杖九十。

这里"杖九十"的詈罪，正属规定的"犯杖罪以下"。又如：《斗讼律》卷第二十一（总316条）之律条中也列有犯杖以下罪的情况："诸流外官以下……及殴伤九品以上，各加凡斗伤二等。"其疏文说：

> "殴伤九品以上，各加凡斗伤二等"，谓殴九品以上、六品以下之官，不伤杖六十，伤即杖八十；他物不伤杖八十，伤即杖一百之类。

这又属于"杖罪以下"的情况。这种情况发生在"品官任流外杂任"的身上，条件是刑罚在杖以下。被殴者，也不排除侵犯属"本司及监临"之人。

关于"于"在《断狱律》卷第三十（总第498条）中之使用义，在选择上我趋向于动词"对"，望方家指正。

---

* 此文为作者2011年2月应邀参加于台湾政治大学召开的"秩序、规范、治理——唐律与传统法文化学术讨论会"之论文，首发于我国台湾地区元照出版社2011年7月版黄源盛教授主编的《唐律与传统法文化》一书中。收入本书时有修改。

33.《律疏》原创内容质疑试举

　　本文所质疑的问题，主要是指到目前为止，我认为是《律疏》制定当初原创本身就存在的问题，而不是在其被传抄刊刻过程中出现的版本分歧的问题。当然，假如随着有新的版本被发现，这些情况被证实是版本上的问题，那当然最好。但是，本文中所列举的刑罚计算错误，行文表述不正确，史实交代上的疏漏等诸方面的问题，至少目前所见的《律疏》宋刻本、至正本、岱南阁本、嘉庆本、光绪本与民国诸本及《宋刑统》中都一致存在。即这些问题并没有因为历史上的多次校勘刻印而改变。

　　从《律疏》诞生的过程看，其原创中会存在或多或少的问题并不奇怪。无《义疏》之《永徽律》，其制定是从永徽元年（650）至二年（651）十月，而《律》的"义疏"是永徽"三年"开始编写，到"永徽四年十月"[1]制成颁布。《永徽律》与"义疏"的编写时间都不满 2 年。所以，《律》与其"义疏"存在不够周密的地方就在所难免。对比今天，某些重要法典，有雄厚的人力物力，先进的信息储存技术，亦照样有个别不周不密之处。那么在一千三百多年前唐代那样的条件下，《律疏》编写上有一点瑕疵，可以说是十分自然的事。笔者不怕袒露个人的粗浅与唐突，指出一些问题，不是为了更改古籍，而只是认为有必要告知当代的唐律阅读者，让他们留意，与他们切磋。

一、立法史叙述与史载不符

　　《律疏》十二篇，每篇之前都有对该篇内容渊源、沿革及次序排列原因的说明。这些

1　参见《旧唐书·刑法志》，中华书局 1975 年版，第 2140 ~ 2141 页。

说明如果连缀起来，实际上是从汉魏到唐代为止的古代社会刑律发展史的一个简明的概括。由于唐律的经典地位，各篇序中这些有关刑律历史的描述，对于唐以后以至于今天的人研究中国法制史特别是刑法史，有着不容忽视的影响。可惜的是，篇序中有相当一部分对古代刑律篇章沿革历史的描述，有漏失甚至错误之处。这里所说历史描述上的问题，有一个衡量标准，就是用其与《律疏》作者一样都是唐代人写的《晋书》《隋书》《唐六典》的记载去对比，去检验。用这样的标准去检验校阅《律疏》中的篇序，这应该是公平的，也是应该的。

（一）《擅兴律》形成的史述与《晋志》及《唐六典》不一

《律疏》卷第十六《擅兴律》的篇序中谓其沿革之情况说："《擅兴律》者，汉相萧何创为《兴律》。魏以擅事附之，名为《擅兴律》。晋复去《擅》为《兴》。又至高齐，改为《兴擅律》。隋开皇改为《擅兴律》。"《擅兴律》，是指擅自发起军事征调及工程兴建方面的违法犯罪之篇。《说文解字》："擅，专也"；"兴，起也"。兴，就有国家军事征调的意思。《周礼·地官·旅师》："平颁其兴积。"郑玄注："县官征聚物曰兴，今云军兴是也。"[1]

《律疏》中《擅兴律》的序文，在此律篇的发展沿革上与《晋书》及《唐六典》的记载不一。按理，受命编《晋书》的房玄龄、褚遂良等人，与长孙无忌等《律疏》的修订者，都是同时代的人，《唐六典》也是开元时期编成，但《擅兴律》的序疏与这两部书关于此律篇形成的记载颇不一致。

第一，"魏以擅事附之，名为《擅兴律》"。《律疏》此为新说，与《晋书·刑法志》关于魏调整汉律的篇目制《新律》的记载不符。《晋书·刑法志》说：

> （汉之）《兴律》有擅兴徭役，《具律》有出卖呈，科有擅作修舍事，（魏）故分为《兴擅律》。[2]

按《晋书·刑法志》之说，在魏律中其名当为"兴擅律"，而不是《擅兴律》。《唐六典·刑部郎中》关于魏《新律》之注文，也未说萧何《九章》中的《兴律》曹魏改其为《擅兴律》。

第二，"晋复去《擅》为《兴》"。此说与《唐六典》的记载不符，《唐六典·刑部郎中》关于《晋律》篇目的注文，说其中——

> 十三、《擅兴律》。

但按《晋书·刑法志》说晋"就汉《九章》增十一篇"的观点看，《律疏》说"晋复去

---

1 见《十三经注疏》，中华书局 1980 年版影印本，第 745 页。
2 《晋书·刑法志》，中华书局 1974 年版，第 924 页。

《擅》为《兴》"的说法似乎是有根据的，因汉《九章》中只有《兴》没有《擅》。可问题在于：汉之《九章》之篇目，根本就未原封不动地重现在《晋律》中，故在这一问题上，《唐六典》的记载比《晋书》可靠。

第三，关于"高齐改为《兴擅律》"。此说法似嫌笼统，上注已说到，据《晋书·刑法志》记载，魏朝时，《九章》中之《兴律》改成为《兴擅律》。而"高齐改为《兴擅律》"的情况，《隋书·刑法志》及《唐六典·刑部郎中》对北齐制律的说明都有两段，前段是：

> 北齐初命，造新律未成，文宣犹系魏制。

可知，北齐初仍以魏律中的《兴擅律》为名。后段是：

> 至武成时，赵郡王睿等造律成，奏上。凡十二篇……四擅兴。

所以北齐高洋氏称为《兴擅律》，应该是指文宣帝采用魏制时的情况，而不是武成帝河清年间所制新律的情况。从而也可以证明曹魏时应是称"兴擅律"，而不是"擅兴律"。

（二）忽视北周《大律》的变化记述

北周在历史上，是以其政治法律制度有复西周古制之倾向而著称。北周的刑律称为《大律》，"大律"之"大"就有尊崇与追随西周"大诰"之"大"的意思。《大律》的制定，在流变的整体上是从北齐的简约上又退到了"烦而不当"的境地。《隋书·刑法志》记载说："至保定三年三月庚子乃就，谓之《大律》，凡二十五篇：一曰刑名，二曰法例，三曰祀享，四曰朝会，五曰婚姻，六曰户禁，七曰水火，八曰兴缮，九曰卫宫，十曰市廛，十一曰斗竞，十二曰劫盗，十三曰贼叛，十四曰毁亡，十五曰违制，十六曰关津（《唐六典》曰为'关市'），十七曰诸侯，十八曰厩牧，十九曰杂犯，二十曰诈伪，二十一曰请求，二十二曰告言（《唐六典》曰为'告劾'），二十三曰逃亡，二十四曰系讯，二十五曰断狱。"[1]《唐六典》评论它说："比于齐律，烦而不当。"[2]《律疏》在诸篇渊源流变的序疏中，也常因对北周态度草率，而置史书记载于不顾。

第一，《律疏》篇序对《户婚律》流变的叙述中，在"《户婚律》者，汉相萧何承秦六篇律后，加《厩》《兴》《户》三篇，为《九章》之律"后，说：

> 迄至后周，皆名《户律》。北齐以婚事附之，名为《婚户律》。

1《隋书·刑法志》，中华书局 1973 年版，第 707 页。又可见：《唐六典·刑部》，中华书局 1992 年版，第 182～183 页。
2《唐六典·刑部》，中华书局 1992 年版，第 183 页。

其意谓，汉以来，包括后周在内"户律"之名一直未变过，直到北齐才始称《婚户律》。这种说法，从上述史书对《大律》篇目的记载看是不正确的，因为北周《大律》中"婚""户"是分篇的：

　　五、婚姻，六、户禁。

第二，在对《卫禁律》流变作叙述的序疏中，在谈到"晋太宰贾充等，酌汉魏之律，随事增损，创制此篇，名为《卫宫律》"后，紧接着说：

　　自宋泊于后周，此名并无所改。

事实上，后周把宫廷禁卫与关津警卫的违法犯罪篇目分置，不是"并无所改"，《大律》中其涉及的篇目是：

　　"九、卫宫"；"十六、关津"。

所以，说后周《大律》中"并无所改"，似不客观。

第三，《捕亡律》篇序疏在对"捕亡"篇流变的叙述中，所言"后周名《逃捕律》"的说法，亦与史载不符。《唐六典》所记《大律》篇目中，就明确记载：

　　二十三、逃亡。

《律疏》篇序中对后周刑律篇目这些描述，与同样是唐朝人编写的《隋书》与《唐六典》的记载都不符。

（三）无视《大业律》的存在

《律疏》在其各律篇渊源变革的序疏中，另一个显著的特点，是重视了《开皇律》而忽视了《大业律》。这其中与唐统治者对炀帝的看法不无关系。因与"开皇"相比，"大业"处于被贬的地位，唐高祖李渊在开始立法时就有这种表现。据《旧唐书·刑法志》记载："高祖初起义师于太原，即布宽大之令。百姓苦隋苛政，竞来归附，旬月之间遂成帝业。既平京城，约法十二条。"文中"苦隋苛政"主要也是指炀帝而言，这是写《旧唐书》作者的看法，实际也是初唐统治集团的评价。《旧唐书》接着写的内容，更是说明问题："及受禅，诏纳言刘文静与当朝通识之士，因开皇律令而损益之，尽削大业所用烦峻之法。"在正式制定《武德律》时，"撰定律令，大略以开皇为准。"[1]从法制史的实际情况来说，炀帝法律行宽大，不但流于形式，而且确实烦而不当，《唐六典》上更明确地评论隋炀帝说："末年严

---

1 见《旧唐书·刑法志》，中华书局 1975 年版，第 2133～2134 页。

刻，生杀任情，不复依例"。[1] 所以，《律疏》的编写者忽视《大业律》，有政治评价的因素，也有《大业律》自身原因。现以唐律律篇序疏为例，说明唐代《律疏》编写者忽略《大业律》的一些表现。

据《隋书·刑法志》记载："（大业）三年，新律成。凡五百条，为十八篇。诏使行之，谓之《大业律》：一曰名例，二曰卫宫，三曰违制，四曰请求，五曰户，六曰婚，七曰擅兴，八曰告劾，九曰贼，十曰盗，十一曰斗，十二曰捕亡，十三曰仓库，十四曰厩牧，十五曰关市，十六曰杂，十七曰诈伪，十八曰断狱。"[2] 与《开皇律》比较，律篇的组合变化很大，但是，在《律疏》制定者眼中，这些历史变易都似乎并不存在。

第一，《律疏·卫禁律》的序中说："《卫禁律》者，秦汉及魏未有此篇。晋太宰贾充等，酌汉魏之律，随事增损，创制此篇，名为《卫宫律》。自宋泊于后周，此名并无所改。至于北齐，将关禁附之，更名《禁卫律》。隋开皇改为《卫禁律》。"文中虽然把"隋开皇改为《卫禁律》"作为交代其溯源沿革的结束语，但要从历史的角度说，在《大业律》中《卫禁律》又变了。《隋书·刑法志》记载，《大业律》中——

二曰《卫宫》。

即《大业律》内，《开皇律》中《卫禁律》之名，又恢复到了由晋朝起始的"卫宫律"，而对此《律疏·卫禁律》序疏竟未予理睬。

第二，《律疏·职制律》序对《职制》篇的沿革交代中，也不提《大业律》的变异情况。其序文中说："《职制律》者，起自于晋，名为《违制律》。爰至高齐，此名不改。隋开皇改为《职制律》。"其实，在开皇改称为《职制律》之后，《大业律》又把《职制律》回复到了晋代的情况。《唐六典》记载《大业律》中——

三、《违制》。

《律疏·职制律》序在交代中，对此也不予提及。

第三，《律疏·厩库律》序对"厩库"篇的沿革交代中，也不提《大业律》中的变异情况。其序文中说："《厩库律》者，汉制《九章》，创加《厩律》。魏以厩事散入诸篇。晋以牧事合之，名为《厩牧律》。自宋及梁，复名《厩律》。后魏太和年名《牧产律》，至正始年复名《厩牧律》。历北齐、后周，更无改作。隋开皇以库事附之，更名《厩库律》。"但是，《开皇律》之后，《大业律》中《厩库律》又被改回到类似南梁分为"仓库""厩律"的情况，《唐六典》记载《大业律》中的情况说：

十三、《仓库》，十四、《厩牧》。

1 《唐六典·尚书刑部》卷第六，中华书局 1992 年版，第 183 页。
2 见《隋书·刑法志》，中华书局 1973 年版，第 716 ~ 717 页。

第四，《律疏·贼盗律》序对"贼盗"篇的沿革交代中，说了隋开皇合为《贼盗律》时，不但不提大业时刑律中的变化情况，反而加了一句关门落栓的话说"至今不改"："贼盗律者，魏文侯时，里悝首制《法经》，有《盗法》《贼法》，以为法之篇目。自秦汉逮至后魏，皆名《贼律》《盗律》。北齐合为《贼盗律》。后周为《劫盗律》，复有《贼叛律》。隋开皇合为《贼盗律》，至今不改。"其实，大业制新律时，不但改了，而且把开皇的"贼盗"一篇，简直又改回到了里（亦作"李"）悝制定《法经》时的样子。《隋书·刑法志》记载大业新律中的情况是：

九曰《贼》，十曰《盗》。[1]

《律疏》在律篇的溯源沿革史上，对后周及隋炀刑律记叙上的误失，是因为对这两朝立法持"不屑"的态度。《律疏》的制定者在叙述刑律篇目变革时，把自己的评价趋向，取代历史上客观存在的事实，这种做法，反而让人不能在充分比较的基础上，了解唐律篇目体系的科学性。

二、增减词语致律生歧义或程式不一

这里所谓的词语增减，一类是因误而衍生词语，此大多属由思虑不全或推敲不周而造成遣词组句上的失误。另一类是固定的词语不规范地省略而影响程式的统一。

（一）衍增词语致律产生歧义

法律行文，追求严谨，不容减损字词，亦不容添加字词，否则必定损害律义。可惜《律疏》中也有衍增词语的情况。

1. 衍增重要字词致律义前后矛盾

《贼盗律》卷第十七（总第 248 条）是惩治谋反与大逆的条文，其第一段疏文在解释"大逆"时说："大逆者，谓谋毁宗庙、山陵及宫阙。"此句中之"谋"显然为衍增。其理由是：

其一，在"谋反"罪上，可只规定对"谋反"的处罚，而不必再专门规定对"反"罪

---

1 见《隋书·刑法志》，中华书局 1973 年版，第 716 页。

的处罚。该条律文首句为"诸谋反及大逆者皆斩。"律文的意思应是：处"皆斩"的是两项犯罪：一是谋反；一是大逆。其义是，如是"反"罪，既有"谋"即斩，不必要求有实际的实施行为。而且，唐律中只规定"谋反"，而不明确规定"反"，因为，既然较轻的"谋反"已受最重的斩刑，更重的"反"，必斩无疑。这在法律上的制度依据就是《名例律》卷第六（总第50条）说的"诸断罪而无正条，其应出罪者，则举重以明轻；其应入罪者，则举轻以明重"。"反"罪唐律中未明文规定，就是因有"应入罪者，则举轻以明重"的法例在保证对"反"皆斩的镇压。

其二，与"谋反"罪不同，大逆之犯在法条上明确地划分为"大逆"与"谋大逆"两个阶段的犯罪作两种处罚的制度。其中处"斩"的是上述与"谋反"并列的已行的"大逆"。而在"谋"的"谋大逆"，该条律文另外明确规定：

> 其谋大逆者，绞。

关于"大逆"与"谋反"，"大逆"与"谋大逆"犯罪的主观要件上的区分，疏文讲得非常清楚：

> 反则止据始谋，大逆者谓其行讫。

疏文对"谋大逆"在刑罚上不同于"大逆"作解释说：

> 上文"大逆"即据逆事已行，此为谋而未行，唯得绞罪。

其三，解释"大逆"时不能谓其是"谋"。但此条律文第一段疏文中，在对谋反及大逆一起讲解时却说：

> 大逆者，谓谋毁宗庙、山陵及宫阙。反则止据始谋，大逆者谓其行讫。故谋反及大逆者皆斩，父子年十六以上皆绞。[1]

判定此"谋"为衍增，还有一个不可推翻的证据，那就是《名例律》卷第一（总第6条）十恶中"二曰谋大逆"的注文说：

> 谓谋毁宗庙、山陵及宫阙。

因此只有"谋大逆"才用谋，"大逆"则已行之，岂能再得谓"谋"。其刑罚上的区别是：谋大逆，绞；大逆，斩。《贼盗律》中"谋反""大逆""谋大逆"罪的联系与区别，参见表33.1。

1　此情形，《四库全书·唐律疏义》中是这样；我国台湾地区商务印书馆1965年版的《唐律疏议》是这样；中华书局1984年出版的《宋刑统》中也是这样。

表 33.1　"谋反大逆"罪特征及刑罚区分表

罪名	构成特征	刑罚	规定形式
谋反	"谋危社稷，始兴狂计，其事未行，将而必诛，即同真反"	皆斩，并缘坐	律文明确规定
反	"反则止据始谋"	按"举轻明重"，刑罚同谋反	律文不专列"反"罪
谋大逆	"谋毁宗庙、山陵及宫阙"；"谋而未行"	绞，不缘坐	律文明确规定
大逆	"逆事已行"；"谓其行讫"	皆斩，并缘坐	律文明确规定

2. 衍增词语致使范围指示错误

《杂律》卷第二十六（总第 410 条）说："诸奸者，徒一年半；有夫者，徒二年。部曲、杂户、官户奸良人者，各加一等。即奸官私婢者，杖九十；奸他人部曲妻，杂户、官户妇女者，杖一百。强者，各加一等。折伤者，各加斗折伤罪一等。"律文中的"强者，各加一等"，是对上述"奸"（包括注文内容）的六种情况性质变为"强奸"后的统一的规定。可是，疏文解释时却说：

> "强者，各加一等"，自"奸良人"以下，强者各加一等。

"强者，各加一等"之法例，在此条中无疑是适用于律文开头所言包括良人男女之"奸"的，绝不只是适用于贱民"奸良人"，这从因强奸造成"折伤"的处置规定上也可以看出。疏文对律中"折伤者，各加斗折伤罪一等"作解释说：

> "折伤者"，谓折齿或折指以上，"各加斗折伤一等"，谓良人从凡斗上加。

所以，良人之奸，也在适用强者加等之列，《杂律》卷第二十六（总第 411 条）中"奸缌麻以上亲"条中，除基础刑徒三年外，也规定了"强者，流二千里；折伤者，绞"的内容。所以，上述强者加等，言其只适用于"自（部曲、杂户、官户）'奸良人'以下"才加等，良人强奸不加等，当然是错的，"奸良人以下"中，"良人"为误增之词语。所以，上述强奸加一等的范围，正确的表述应是：

> 自"奸"以下，强者各加一等。

（二）词句漏失影响律义及格式

《律疏》中词句的漏失，情节轻重不一样。有的属于文句组织习惯不同，致使表述体例不一，有的则性质严重，影响了律义的内容。

1. 漏失词语涉于犯罪构成条件者

（1）"十恶·不道""杀一家非死罪三人"中存在的问题。

众所周知，《律疏》卷第一（总第 6 条）"十恶·五曰不道"分条中以注文形式规定有"杀一家非死罪三人"的罪名。这项罪名的构成要件有三：一是被杀者系同一家的三口人；二是被杀的三人，都没有死罪在身的情况；三是这"三人"是指三个平民"凡人"，如其中有一个属奴婢或部曲，也不构成此罪。可是在《律疏》有关此罪的不同条文中就有漏失犯罪构成条件的情况。

其一，《名例律》"不道"的注文在列"杀一家非死罪三人"的罪名下，漏失了"杀部曲、奴婢者非"的一句。如何能判定？有《律疏》条文的自证。《名例律》卷第四（总第 30 条）中第二"问答"的"答"文中在讲到奴婢身份时，引《名例律》"不道"的注文时说：

> 《例》云，杀一家三人为不道。注云，杀部曲、奴婢者非。即验奴婢不同良人之限。

这说明"不道"的注文中应有"杀部曲、奴婢者非"一句的。但现在"十恶·五曰不道"下却无。即使是这一句被移到"杀一家三人"的本罪条《贼盗律》卷第十七（总第 259条）中去，也不应该。因为《名例律》中"十恶"总条成立最重要的目的与任务，就是区分"十恶"与非"十恶"的界线，而不是交代刑罚，失去了这一句，此罪就不能成立。

其二，《名例律》卷第四（总第 30 条）"答"文在引"不道"罪的注文讲奴婢身份时，又漏失了"不道"罪构成的另一个要件：

> 《例》云，杀一家三人为不道。注云，杀部曲奴婢者非。即验奴婢不同良人之限。

此处，在"杀一家"与"三人为不道"之间又漏失了"非死罪"这一要件。而这一要件在"十恶·五曰不道"下之注文中赫然在列：

> 谓杀一家非死罪三人。

没有"非死罪"三个字，"杀一家三人"之罪便不能列入"十恶·不道"。如被杀同一家之三人中，有一人属于身有死罪者，则此罪只属于普通杀人罪，依杀一人之死罪判决，而无条件列入"十恶·不道"。

其三，"不道"罪中"支解人"的本罪条《贼盗律》卷第十七（总第 259 条）在讲解时又漏失了"支解人"罪构成的要件。"支解人"罪《名例律》"十恶·五曰不道"规定，这项罪的成立要件：一是自己行杀后又作支解；二是行杀者是依法要处死罪者，而不是具有主对奴贱或尊长对卑幼杀之无死刑的情况。所以《名例律》"十恶"下关于"支解人"的疏文说：

> 支解人者，谓杀人而支解，亦据本罪合死者。

"据本罪合死者"，是此罪构成的两个重要条件之一，而作为"支解人"的本罪条在讲此罪的构成与处罚时，其"支解人者"之注文，只说了"谓杀人而支解者"，而漏失了"亦据本罪合死者"这一重要语句。

（2）《名例律》"同职犯公罪"条疏文脱漏排除罪罚的条件"辞状隐伏"。

《名例律》（总第 40 条）"同职犯公罪条"中对"异判"有失之追究中，规定"余官"无论是上官、下官、检勾官、勘读及省审官，按省不觉或不能验知者，都要按不同之地位"减一等"追究连带之罪责。但律文规定排除处罚的条件是：

> 若辞状隐伏，无以验知者，勿论。

疏文解"辞状隐伏"是属于"脱漏文字，增减事情，辞状隐微，案覆难觉者"之情况。所以，所有"按省不觉"罪"不论"的前提是"辞状隐伏"。可疏文在把此免罚制度推向全律时竟只言"自余官以下，按省不觉，并得免罪"。其实，按律义，"按省不觉"都是要追究责任的，只有"辞状隐伏"才是排除罪罚的条件，才得免罪"勿论"。疏文最后一句在"自余官以下"及"案省不觉，并得免罪，故云'勿论'"之间，正漏失了"辞状隐伏"这个重要的前提条件。

2. 漏失法例列举致律义理解困难

《斗讼律》卷第二十四（总第 346 条）因其疏文中漏举律中之法例，致使律义不可理解，此条律义之前提是告期亲尊长"徒二年"，但如属"告事重者"即所告之罪重于"徒二年"，如告期亲尊长"徒三年"，则"减所告一等"即从"徒三年上减一等"处"徒二年半"。这是此条律中的重要法例之一。可是疏文在举告大功尊长时，却这样说：

> 假有告大功尊长三年徒，减期亲一等，处徒二年。

文中对于告大功尊长"三年徒"，为什么比告期亲"减一等"后，不是徒二年半，而是"徒二年"？其实，此条律里有两项法例同时在起作用：其一，告大功尊比告期亲尊再减一等，即比告期亲尊减二等，这是此处依亲等疏远递减原则的体现。其二，同时执行"告事重者，依所告罪减一等"，即告小功尊三年之罪，减一等处"二年半"之法例。此疏文中讲告大功尊长徒三年时，正是漏了所告"罪重者"要"减所告罪一等"之法例，因此"少"减了一等，使人觉得"徒二年"成为疏"无来由"之算法，原因是疏文漏讲了后一法例。这漏讲的法例必须补进。补进后的疏文应是：

> 假有告大功尊长三年徒，属"告事重者，减所告一等"；依法又减期亲一等，处徒二年。

这样，不但此段律义顺当，而且可同时以此补入之法，理解下文中告小功尊徒三年，"同减期亲二等，合徒一年"的律义。

3. 语句脱落致使律义乖谬不通

（1）属于应有而漏失者。

《户婚律》卷第十四（总第 182 条）是关于同姓为婚、外姻有服属而尊卑为婚，及与父母之外亲无服而存尊卑关系为婚之违法犯罪专条。其中律文对关于父母之外亲，虽与己无服属却存在尊卑关系的非法为婚之规定说：

> 其父母之姑、舅、两姨姊妹及姨若堂姨，母之姑、堂姑，己之堂姨及再从姨、堂外甥女，女婿姊妹，并不得为婚姻，违者各杖一百。并离之。

疏文在对这一段律文中关于"己之堂姨及再从姨、堂外甥女"不得为婚的理由作解释时，由于脱落重要语句，而致律义乖谬不通，不合常理。试观其疏文曰：

> "己之堂姨及再从姨、堂外甥女"，亦谓堂姊妹所生者。

依此句疏文所说，本人的堂姨及隔二房的堂姨，以及她们所生的堂外甥女，都是堂姊妹所生的，这当然是解释错误，不能成立。原因在于在"堂姨及再从姨"与"堂外甥女"这两个词组与词之间，漏失了应有的解释语句，而造成问题。凭什么认定是脱漏了解释词句？凭比附疏文中对其他非法婚对象作解释的行文规律而这样判断：

其一，对于"父母姑、舅、两姨姊妹"，疏文的解释是："于身无服，乃是父母缌麻，据身是尊，故不合娶"。

其二，对于"及姨"，疏文的解释是："又是父母小功尊。"

其三，对于"若（父母之）堂姨"，疏文的解释是："虽于父母无服，亦是尊属。"

其四，对于"母之姑、堂姑"，疏文的解释是："并是母之小功以上尊。"

其五，对于"女婿姊妹"，疏文解释为："与身虽并无服，据理不可为婚。"

其六，对于"堂外甥女"，疏文实际也应作解释是："亦谓堂姊妹所生者。"

不能与之结婚的对象共 7 种，其中 6 种都作了解释，唯独对"己之堂姨及再从姨"无解，使其直接与小一辈的"堂外甥女"相连，致使合用对"堂外甥女"的"亦谓堂姊妹所生者"的解释而造成谬错。如果此处疏文对"己之堂姨及再从姨"后有所解释，那么就不会与"堂外甥女"相连，也就不会出现现在的连体错误。

这个错误必须纠正。怎样纠正？唯一的办法就是补进"己"身与"堂姨及再从姨"存在尊卑关系的解释，那么疏文应补的对堂姨、再从姨的解释应是：

> "己之堂姨及再从姨"，虽于身无服，亦是尊属；"堂外甥女"，亦为堂姊妹所生者。

这样，律义顺畅，表述周密再无漏洞矣。

（2）属于引举中不当之省略者。

律条之疏文在引举本条或别条之法例时，为省便而在抄引时作不当之词语省略而引起突兀与不顺者也有其例。如《杂律》卷第二十七（总第 435 条），其本罪是讲"弃毁大祀神御之物"的犯罪"以盗论"处置。在所列弃毁的对象中因未明列"弃毁""拟供服御物"的罪名，于是就把此条中已列的弃毁"非服而御"物与未列的弃毁"拟供服御"物之罪，都拉到"盗"罪中比附，因在"盗"罪中，盗非服而御物处徒一年半，轻于盗"拟供服御"物的"徒二年"。所以现在"弃毁"罪中，既然弃毁"非服而御"物也是徒一年半，那么弃毁"拟供服御"物，依举轻明重之法，也当"以盗论"。就是在立法者抄引《贼盗律》中对此二罪作类举时，因对不应省略之重要词语作省略，而造成读者对此二罪在"盗罪"与"弃毁"中的关系产生混乱。现抄录现弃毁条中原文的有关语句于栏左，同时把因省略而造成的遗漏（注圆点者）补充后列于右栏，通过比较可以看出其中的问题：

今此条上言"弃毁大祀而御以盗论"；准"非服而御，徒一年半"，举下明上，即弃毁拟供服御，准罪徒一年半以上，亦各以盗论。	今此条上言"弃毁大祀神御之物"，下称"弃毁非服而御者，以盗论"，准"弃毁非服而御者徒一年半"，举下明上，即弃毁拟供服御者，准罪徒一年半以上，亦各以盗论。

右栏中不补上"神御之物"，"弃毁大祀"根本不通；下文中应补的三个者（或称"之物"）都是此条律文与上下疏文中原有之词，省去无理由；上言"大祀神御之物"前有"弃毁"，下称"非服而御者"前也应有"弃毁"，其罪都一样"以盗论"。

4. 字词脱落致程式不一

体例的高度统一，是《律疏》比起其他古代法典来显著的特点之一。但由于在唐代就存在着《律疏》抄写时把原来的"【疏】议曰"，或是省略了"疏"，或是省略了"议"。同时，由于《律疏》由多人分工编写，他们对犯罪主体及罪状叙述之行文及停顿形式不尽相同，这造成了《律疏》少数条文中表程式的字词，与统一条文格式相比有脱落的现象。

（1）"诸……"后的"者"字脱漏。

唐律中的律条，在以"诸"统一作发语词指出主体及罪状后以"者"字停顿，随即跟着具体制度或刑罚。如《职制律》卷第九（总第 93 条）的律文是：

诸刺史、县令、折冲、果毅，私自出界者，杖一百。

条中"诸"提起犯罪主体及罪状后以"者"停顿呼应，接着规定刑罚。条文的这种形式，基本成为固定格式。即使犯罪之主体是指明的，也以"者"照应，不予省略。但是《律疏》中的少数犯罪条款，却只有引发罪状的"诸"，而下无指示犯罪主体或表述罪状的"者"字相呼应。有这种情况的罪条如：

《卫禁律》卷第八（总第 78 条）律文：

诸宫内外行夜，若有犯法，行夜主司不觉（　　），减守卫者罪二等。

条中"（　　）"内应有"者"字，因为律文之任务，是规定"不觉"之"主司"的刑罚，不是"行夜"者，也不是"犯法"者，无"者"字对犯罪主体易生歧解。

《诈伪律》卷第二十五（总第 369 条）律文：

诸诈为官文书及增减者，杖一百；准所规避，徒罪以上，各加本罪二等；未施行，各减一等。即主司自有所避，违式造立及增减文案（　　），杖罪以下，杖一百；徒罪以上，各加所避罪一等。若增减以避稽者，杖八十。

条中"（　　）"内也应有"者"字。

《诈伪律》卷第二十五（总第 378 条）律文：

诸诈教诱人使犯法，及和令人犯法，即捕若告，或令人捕、告，欲求购赏，及有憎嫌，欲令入罪（　　）：皆与犯法者同坐。

文中"（　　）"内应有"者"字。

《诈伪律》卷第二十五（总第 379 条）律文：

诸诈乘驿马（　　），加役流；驿关等知情与同罪，不知情减二等，有符券者不坐。其未应乘驿马而辄乘者，徒一年。

文中"（　　）"内应有"者"字。

《诈伪律》卷第二十五（总第 386 条）律文：

诸保任不如所任（　　），减所任罪二等；即保赃重于窃盗，从窃盗减。若虚假人名为保者，笞五十。

文中"（　　）"内应有"者"字。

《诈伪律》卷第二十五（总第 388 条）律文：

诸诈冒官司以有所求为，而主司承诈（　　）：知而听行，与同罪；至死者，减一等；不知者，不坐。

文中"（　　）"内应有"者"字。

《断狱律》卷第三十（总第 499 条）律文：

诸断罪应绞而斩，应斩而绞（　　），徒一年；自尽亦如之。失者，减二等。即绞讫，别加害者，杖一百。

条中"（　　）"内应有"者"字。

（2）【疏】下无"议曰"。

《律疏》之《疏》文，由不同文体的两种形式表达，即由作为讲解议论的"议"的部分和"问答"的设置两种形式完成。《疏》中"议"的内容，每条都有；"问答"的形式，并不是每条都有，但也可以一个律条中有两个甚至三个"问答"。所以，凡"疏"文之下都不会省去"议"字。但从敦煌残存法律文书看，当时有人为抄写方便而省略掉【疏】字，[1] 但不会少掉"议"字。少掉"议"字，应该是违反格式的非常规现象。如《律疏》卷第二十八《捕亡律》篇的"序"下就应有"议曰"二字而却无：

【疏】（　　）：《捕亡律》者，魏文侯之时，里悝制《法经》六篇，《捕法》第四。至后魏，名《捕亡律》，北齐名《捕断律》，后周名《逃捕律》，隋复名《捕亡律》。然此篇以上，质定刑名，若有逃亡，恐其滋蔓，故须捕系，以寘疏网，故次《杂律》之下。

唐律其他十一篇，篇序【疏】下，都有"议曰"，唯独此段无之，只能是体例词语上的失落。因为在内容上《捕亡律》篇的序疏，与其他各篇序疏一样，都是讲该篇内容沿革的渊源及其次序排列的原因，其他各篇有，它也应该有。此段序疏的【疏】之下，漏失"议曰"，并无特殊的原因与理由，所以应予补上。

三、刑罚计算失错并脱漏律疏重要内容

（一）刑罚计算失错

《断狱律》卷第三十（总第 487 条）是官司出入人罪的专条，其中对设"问"作"答"时，不但把"放而还获减一等"的刑罚计算错误，而且文句中途辍断，无以为继。试观其"问答"之全文：

问曰：有人本犯加役流，出为一年徒坐，放而还获减一等，合得何罪？

答曰：全出加役流，官司合得全罪；放而还获减一等，合徒五年。今从加役流出为一年徒坐，计有五年剩罪；放而还获减一等，若依徒法减一等，仍合四年半徒。

1　见刘俊文：《敦煌吐鲁番唐代法制文书考释》所收缩微胶片资料，中华书局 1987 年版，第 105 ～ 174 页。

答文的后一句，是对所"问"之例的回答：前一句本是为回答更清楚地讲理而预设的铺垫，结果是预设例子讲错了，反而让后一句中的道理，显示了前一句讲解中的错失：后一句中"五年剩罪"，反照出前一句中"五年"的谬误。有人犯了"加役流"，被法官枉出为无罪，应当反坐几年？问题就在全出加役流罪后，又发生了"减一等"的情节，"答"文"合徒五年"的答复是错的，依徒刑等级制追究法官罪责的计算法，应该是"五年半"才对。

唐代的加役流是在普通流刑都居作一年的基础上再加重二年居作。加役流折成徒刑怎么折？从徒刑枉入流刑，三等流刑都比作一年的居役（因为三等流刑都有一年的苦役居作）。如果枉入加役流的，还要再加上"加役"二年的幅度。那么如果一个无罪的人，被枉入加役流，其折成徒刑，应该这样折算：徒刑三年，计 3 年；流刑有一年居作，再计 1 年；加役流加长二年居作，又加上 2 年：共计 6 年徒刑。唐律中虽未有与此全同的例子，但其答文中有对原有一年徒坐者，被枉入加役流（应剩五年徒坐）例子的计算法可比较辨别：

> 假有囚犯一年徒坐，官司故入至加役流，即从一年至三年，是剩入二年徒罪；从徒三年入至三流，即三流同比徒一年为剩；加役流复剩二年，即是剩五年徒坐。[1]

既然，从原有"一年徒坐"被"故入至加役流"，是"剩五年"徒坐，那么，现"答曰"中所设之例为"全出加役流，官司合得全罪"，按律文"入全罪，以全罪论"，"其出罪者，各如之"的制度，全出加役流是把应处"加役流"者，判为全无刑罚（或杖以下），反坐之官司照全罪计徒年，应当是"六年徒坐"。六年徒坐同时有"放而还获减一等"的情况，已知徒刑以半年为等差，六年减一等减去半年，应该是：

> 合徒五年半。

而不是像"答"文中所说，出全罪加役流减一等（半年）后，竟只"合徒五年"。也只有出入全罪加役流的反坐是"六年"，条中先前疏文所举"假有囚犯一年徒坐，官司故入至加役流"其刑罚"剩五年徒坐"的说法才能成立；以及此"答"文后例中"今从加役流出为一年徒坐，计有五年剩罪；放而还获减一等，依徒法减一等，仍合四年半徒"的结论也才能成立。既然全出入加役流的坐罪都是"六年"，那么这时如有"放而还获减一等"的情况，就如下例"加役流出为一年徒，合四年半"一样的算法，必定是"五年半"，而不能是"五年"。

上述《律疏》"官司出入人罪"条中的"问答"内，把合徒"五年半"错算成"合徒五年"，从目前的情况看，似不是版本问题。《四库全书》所收《唐律疏义》是这样，我国台湾地区商务印书馆 1965 年的版本是这样，中华书局 1984 年版的《宋刑统》也是这样。此外，南京大学图书馆所藏王云五主编的收入"丛书集成"（初稿）的《唐律疏议》，南京图书馆所藏嘉庆十三年版（署原藏上海东亚同文书院馆）的《唐律疏议》，光绪十三年扉页署

1　见《断狱律》卷第三十（总第 487 条）"从轻入重……其出罪者各如之"下疏文之最后一段。

《唐律疏义》，且每册下口外皆印书《唐律疏义》之版本也如此。如果系版本误抄误刻的问题，应该在现在所有能见的某个版本中有不是如此的情况。最后要特别说明的是，即使此条唐写原本中有"半年"之"失"，那也只是文本问题，而法官判实案时依法计算，是断然不会跟着文本出错的。

（二）遗漏重要制度之交代

按"出入人罪"全条，从"故失"讲到"全罪"及"所剩"，为的就是要精确计算枉判之官的罪责，唯恐尚不清楚，最后在"问答"中举例说罪责"以徒年法"计算。此条《答》文的重要任务就是计算枉判法官罪责以徒年计的幅度。《答》文前例中的全出加役流及后例中的把加役流出为徒一年的判官，《答》文都同时要交代对其二项处置内容：一是对共同存在的"放而还获减一等"，要"依徒法减一等"（引号中为后例中原汁原味的原话）之法算清罪责。而同时要依制度落实最后的执行刑。前例中的"徒五年半"（今传本错写为"徒五年"），后例中的"四年半徒"（不但未发生错写，而且可作为样板）。两例都在加役流的范畴，依《名例律》卷第六（总第 56 条）"其加役流应减者，亦同三流之法"，即都作一等减，减至徒三年，这就是最后枉判法官的执行刑。有的学者认为今传《律疏》前例中的"徒五年"（实应是"徒五年半"），要依日本《养老律》逸文改为"徒三年"。这主张虽然简单利落，但却抹煞了针对全出加役流减一等"徒五年半"，及如后例中出加役流为一年徒而也减一等计"四年半"那种计算枉判法官罪责的极为重要的制度交代。所以，我在《唐律疏义新注》及《唐律疏义文白读本》中，不但主张《答》文前例中的"五年"要更正为"五年半"，而且要补充交代依《名例律》中加役流减等之法，枉判之官最后应执行"徒三年"，就像后例中无遗漏地讲清的"四年半"一样。对日本《养老律》逸文之评说，亦应以此思路去揣摩讲清律理才是。否则人们似乎觉着唐代的法官在根据日本的《养老律》判决。

四、外祖的服制《名例律》与法条处置不一

依古礼，外亲之服皆以"缌麻"为原则。古代服制的权威经典《仪礼》之疏文说：

外亲之服不过缌。[1]

1《仪礼注疏》卷第三十三，《十三经注疏》，中华书局 1980 年版，第 1118 页。

即定级不超过五服中最低的"缌麻"级，其原因是："外亲之服皆缌也者，以其异姓故云，外姓以本非骨肉，情疏，故圣人制礼无过缌也。"但是，外亲中的外祖父母以及从母（姨母）却被列为"小功"。《仪礼》的《传》文及《疏》文解释其原因说：

> "（外祖）何以小功也？以尊加也"；"（从母）何以小功也？以名加也"："云'以名加也'者，以有母名，故加至小功。"

即是说，外祖因为是母亲的尊亲，所以加重到"小功"，姨（从母）因为有与"母"相同的称谓"母"字，所以也加重到小功。

开元二十三年（735），唐朝对外亲的服制，又进行了一次大讨论。原因是皇帝认为"外亲"的服制仍有问题，下命令应重加讨论。《旧唐书》记载说："二十三年，藉田礼毕，下制曰：'服制之纪，或有所未通，宜令礼官、学士详议闻奏。'"[1] 这也证明，《唐会要》所记前几次的廷议，并未解决这个问题，如其中有一次解决了，皇帝就不必再下令重加讨论了。

（一）廷议欲对外祖的服制提高到"大功"但《名例》中的定位仍是小功

在廷议中，太常卿韦绦力主把外祖父母的服制从"小功"提高到"大功"。他说：

> 窃以古意犹有所未畅者也，且为外祖小功，此则正尊情甚亲而服属疏者也，请加至大功九月。[2]

但《律疏》在服制的级别上，却明确地仍认定外祖父母之服制为"小功"。《名例律·十恶·八曰不睦》中，疏文解释"小功尊属"的范围说：

> 小功尊属者，谓从祖父母、姑，从祖伯叔父母、姑，外祖父母，舅、姨之类。

故外祖父母在服制上与舅、姨一样，仍属于"小功"。

（二）司法中外祖服制实际不以"小功"亲对待

外祖父母在服制上属于"小功"，但《律疏》在立法实践上却把"外祖父母"以期亲或

---

[1] 《旧唐书·礼仪志七》，中华书局 1975 年版，第 1031 页。

[2] 《旧唐书·礼仪志七》，中华书局 1975 年版，第 1031 页。另见《唐会要·服纪上》卷三十七，上海古籍出版社 1991 年版，第 795 页。

至少同于"大功"对待。如《斗讼律》卷第二十二（总第328条）规定"殴兄姊"罪说：

> 诸殴兄姊者，徒二年半；伤者，徒三年；折伤者，流三千里；刃伤及折支，若瞎其一目者，绞；死者，皆斩；詈者，杖一百。伯叔父母、姑、外祖父母，各加一等。

首先，条中与"外祖父母"同列之"伯叔父母"与"姑"，都是期亲，其中出嫁之姑也是大功。所以，外祖父母在此条中，至少也是以大功对待或作特别对待的。又如，《斗讼律》卷第二十三（总第338条）"戏杀伤"律文的后部分规定"不得以和同论"的侵犯对象时说：

> 其不和同及于期亲尊长、外祖父母、夫、夫之祖父母，虽和并不得为戏，各从斗杀伤法。

律中"外祖父母""期亲"和"大功"同列，其中"夫之祖父母"，属妻之"大功尊属"。[1]

其次，有些条文把外祖父母提至高于"小功""大功"的级别。如《斗讼律》卷第二十二（总第323条）规定"部曲、奴婢过失杀主"罪说：

> 诸部曲、奴婢过失杀主者，绞；伤及詈者，流。即殴主之期亲及外祖父母者，绞；已伤者，皆斩。……殴主之缌麻亲，徒一年；……小功、大功，递加一等；死者，皆斩。

律文中，外祖父母在与期亲并列的同时，又把"大功"与"小功"另列，这说明外祖父母在此律条中的地位，未被置于"小功""大功"之内。

同时，在行政规范中，外祖父母也被以"大功以上亲"对待，即使事涉皇帝也是这样。典籍记载皇帝因有事故而"不视事"的制度时曾规定说：

> 太阳亏，月蚀，五岳、四渎崩竭，及皇帝本服大功以上亲及外祖父母、后父母、百官一品丧，皇帝皆不视事三日。[2]

唐代关于外祖父母服制的争论中，《律疏》既不完全迁就情理，即按韦缙的主张明确地把外祖父母的服级从"小功"提至"大功"。但也不依《名例律》完全以"小功"对待外祖父母，而是在立法和司法上把外祖父母作为一个特殊的对象加以具体处理。对这种做法，不能简单地用"对"与"错"作二者必居其一的评价。可以设想，如果外祖父母在《律疏》上正式定级为"大功"，那就是说，一般的人（不仅是妻），便都有了"大功尊属"，那么《十恶·不睦》疏文中所言"大功尊长者，依礼，男子无大功尊，唯妇人于夫之祖父母及夫之伯叔父母是大功尊长"及《斗讼律》卷第二十二（总第327条）疏文中"大功尊属，依礼，唯夫之祖父母及夫之伯叔父母"的话，就要修改删除。而且，《律疏》对所有涉及"大功"为主体的法例，都要考虑是否适合于"外祖父母"这一特殊对象。现在，外祖父母依《名例律》在理论上仍定性为"小功"，但立法和司法的实践上，却把外祖列入"大功"甚

---

1 参见《斗讼律》卷第二十二（总第327条）。
2 （唐）杜佑：《通典》卷一百八，《开元礼纂类三·杂制》，中华书局1984年版，第571页。

至"大功以上"对待，从这个角度上说，《律疏》在对待外祖上虽然是"礼法不一"，但实际上是法理服从了情理。

五、概念运用违反同典中的既定规范

《律疏》中为了强调某些犯罪的特定性质，并随之在刑罚上作不同对待，对特定的犯罪行为，使用特定的词语从而形成特定概念，以显示刑律自身法典化的严密性。

（一）应分辨而自我不辨

《诈伪律》卷第二十五规定伪造皇家玺宝及官用印章、符、节的犯罪，其中"伪造"一词在日常一般语言中可不作区别，但为了区别侵犯皇家玺宝及侵犯官印、符节犯罪各自的特质，特别规定侵犯前者御宝的伪造罪称为"伪造"，而侵犯后者官府印信的伪造罪则要称为"伪写"。《律疏》行文也都严守这种规范，如《诈伪律》卷第二十五（总第 362 条）关于伪造皇家玺宝的罪条中说，"诸伪造皇帝八宝者，斩"；而同卷（总第 363 条）伪造官文书印的罪条中说，"诸伪写官文书印者，流二千里"；同卷（总第 364 条）伪造符节的罪条中也说，"诸伪写宫殿门符、发兵符、传符者，绞。"其所以要作这种特定的区分，疏文（总第 363 条）专门解释说：

上文称"伪造皇帝八宝"，宝以玉为之，故称"造"。此云"伪写官文书印"，印以铜为之，故称"写"。

但是，由于编写者之疏忽大意，亦曾有立法上不严格遵守此规范的现象，致使在指称犯罪行为性质、法条使用以及刑罚处置上，有使读律人以至于用法者，产生疑惑甚至误解。

1. 按《律疏》使用"写"与"造"有严格区分而条文却不遵守

《诈伪律》卷第二十五（总第 364 条）是关于伪写宫殿门符、发兵符、传符、使节、皇城与京城门符及余符的专条，其中关于伪造属于"余符"的处置时就用词失错。疏文解释"余符"的范畴，应包括不属"发兵"用的书契券书在内时说：

此条云"之类"者，即是诸契非发兵。伪造者，并同"余符"之罪，各合徒二年。

此疏文中所说"伪造"非发兵用的书契券书时所使用的"伪造"应该是"伪写"才对。因为用于发兵的书契以"发兵符"对待，不用于发兵的书契以"余符"对待，在本条中，都在非伪造玺宝的大前提之下，奈何独规格低于"发兵符"的"余契"要用"伪造"？显然是编写者自己在词语选用上违反立法上概念使用的规范。

2. 指称律条时应该用"写"处而误用"造"

《诈伪律》卷第二十五（总第 363 条）是关于伪写"官文书印"及"余印"的犯罪的专条。此条中因为官文书印的规格低于皇家玺宝，故在处罚上特规定，伪写的官文书印不照伪造御宝那样即使不能使用亦"造者即坐"，如达不到可使用的程度，可以依另一条"伪写未成"之法减轻处罚：

> 上文但造宝即坐，不须堪行用；此文虽写印不堪行用，谓不成印文及大小悬别，如此之类，不合流坐，从下条：造未成者，减三等。

这里的"下条"是指同卷（总第 365 条）中关于把伪造或捡拾得官家失落的宝、印、符、节出借或出卖及借进或买进者进行盖用的犯罪规定，该条律文中有关官文书犯罪的内容，都严格地依规范原则使用，说依下条中言"造未成者，减三等"完全不合事实，因为那"下条"中涉于印、符、节的措辞，都是依法使用"写"而不用"造"：

> 即以伪印印文书施行，若假与人，及受假者施行，亦与伪写同；未施行，及伪写印、符、节未成者，各减三等。

所以，上述"从下条：造未成者，减三等"中的"造"是错用，应该是："从下条：写未成者，减三等"。

（二）新造词语致与已使用词语难于分辨其差异

《律疏》因是多人分工编写而合成，有时出现了置原有之成词于不顾，新造指意不明无法使用，或与原来之成词名异而实同之词语，致使产生疑义。

《诈伪律》卷第二十五（总第 366 条）是关于执掌人自己或借给及卖给别人盗盖用宝、印、符、节的犯罪，对这种犯罪，律文规定是：

> 各以伪造、写论。

其义是，盗盖用御宝的，以伪造论（总第 362 条）；盗盖用印、符的，以伪写论（总第 363 条）。律文中的"以……论"，按《名例律》卷第六（总第 53 条）的概念使用原则"皆与真犯同"。条中的"以伪造、写论"就是分别以真犯"伪造"宝之罪（总第 362 条）处斩，或真犯"伪写"印、符罪（总第 362、363 条）处流二千里。律文的规定既明确又简单。但《诈伪》卷第二十五（总第 366 条）对"盗宝、印、符、节封用"罪作处罚时，疏文在解释的最后一句却出现了问题。疏文说盗盖用"宝"和"印"的罪犯——

　　若将封用：各以伪造、写论，并依自造之法。

原律文中规定分别"以伪造、写论"已足够清楚，而现经解释又多了"并依自造之法"的内容，这种解释是不规范的。因为：

　　其一，"以伪造、写论"，即是：真犯伪造御宝处斩，伪造后宝及太子宝处绞，伪造太子妃宝处流三千里；真犯伪写官文书印，流二千里，伪写余印处徒一年。即使立法者要强调亲自造、亲自写的情节与性质，其实与"以……论"的刑罚也仍一样，并无区别。在"以伪造、写论"可以确切表述律义的情况下，疏文又加上"并依（同时依或都依）自造之法"的话，在刑罚上根本无实际的区别意义。这不啻是狗尾续貂，而简直就是画蛇添足。

　　其二，"并依自造之法"，实际所指的"伪造御宝"本条及"伪写官文书印"的本罪条中，根本未有"自造法"的提法及解释。专门规定全律制度原则及名词概念的《名例律》卷第六（总第 53 条）以及此罪的各本罪条中均无"自造法"的概念。现在非本罪条中突然出现此概念，又要法官"并依自造之法"办，引起疑惑几乎是必然的：到哪里去找"自造法"？《诈伪律》卷第二十五（总第 365 条）中在规定非法"封用"（盖用）犯罪时，说"虽非身自造、写，若将封用：各依伪造、伪写法科之"，这就已分清了两种犯罪两种处罚，是最规范的法例，毋须他求。

　　其三，"自造之法"出现在"以伪造、写论"之后，其实际所指，既然必定仍是"伪造、伪写"（总第 362 条、第 363 条）条内容，那么把侵犯对象、罪名、刑罚幅度都根本不同的两条法律合称"自造"（之法），这就无形中抹去了"自写"的内容。因为按使用规范，"宝"才称为"造"，"印"只能称为"写"，在这前提下只说"自造"不说"自写"，势必以"造"取代了"写"。从性质上说，《名例律·十恶》卷第一（总第 6 条）中明确规定，只有"盗及伪造御宝"才入"六曰大不敬"，而官文书印及符节根本不在其中，现在说"并依自造之法"，岂不是"自造"（伪写）官文书印、符、节也要入"十恶"，那将会是严重的定性错误。

（三）"依盗法"与"以盗论"有待《名例律》进一步区别

　　唐律中的"以……论"，是司法上法例运用的一个重要的概念与方法。《名例律》卷第六（总第 53 条）律文说："称'以枉法论'及'以盗论'之类，皆与真犯同。"疏文最后对"之类"的解释，使"以枉法论"及"以盗论"中的"以……论"在律义上具有了一般的推用意义：

其"以故杀伤""以斗杀伤"及"以奸论"等，亦与真犯同，故云"之类"。

但在唐律中的实际使用来说，某些律文中实际可用"以盗论"之处，却使用了"依盗法"的词语，这既干扰了对"以盗论"的原有规范，又使人对未在《名例律》中加以规范的"依盗法"的实际所指，产生了疑问。

《职制律》卷第十五（总第212条）之内容，分为前后两个部分。前一部分是监主于"官物"之犯，后一部分是于"公廨物"之犯，在刑罚上犯于"公廨物"比犯于"官物"者减一等处罚。但该律条对于"公廨物"的后一部分，注文特别对"主守"之犯作出规定说：

即主守私贷，无文记者，依盗法。

其意谓，犯于公廨物，如犯者是"主守"，属私自贷又无文记的"依盗法"处置。而此处的"依盗法"处置的实际内容，律疏的解释说：

即与真盗同，加常盗二等，征倍赃，有官者除名。故云"依盗法"。

这种"依盗法"的实际内容，明显地全同于《名例律》卷第六（总第53条）中"以盗论"的概念，而却偏偏以"依盗法"替换。这里的问题，不是说唐律中不能使用"依……法"的术语，唐律《名例律》卷第六（总第53条）虽然未规范"依……法"的概念，但使用的地方不少。只是如概念上与"以……论"无差别时，尤其是像在此条前文中已用"以盗论""准盗论"的情况下，再跟着使用"依盗法"，引起疑虑是必然的，因为该条律疏文解释的所有意义因素与"以盗论"没有不同。如果此处之"依盗法"，果真与"以盗论"不同，那么本条之疏文甚至《名例律》应该讲清楚。但目前的情况是《名例律》中根本未有"依法"（"依盗法"）的解释。如果"依盗法"就是"以盗论"，如不同于"以盗论"，那《名例律》卷第六（总第53条）也应该在讲解"反坐""罪之""坐之""与同罪"等术语时，把"依……法"也应讲清楚。总之，在成立"以盗论"的同时，又使用"依盗法"，其异同之处，必须在《名例律》中有规范。

"以盗论"与"依盗法"概念同异之比较见表33.2。

表33.2　"以盗论"与"依盗法"概念同异比较

律条	犯罪主体及罪名	侵犯对象	处罚内容			性质认定	罪罚总称
			除名、免官	征赃	加等		
《名例律》（总第53条）	监临主守贷无文记	官物	除、免	倍赃	加二等（与真犯同）	悉依正犯	以盗论
《职制律》（总第212条）	主守贷无文记	公廨物	有官者除名	征倍赃	加常盗二等	与真盗同	依盗法

六、《名例律》与罪条关系处置失当

这部分所谈内容，性质上不属于"正"与"误"或"对"或"错"的问题，是对《律疏》美中不足之处作建议性的探讨。提出这些问题，目的是让读者了解《律疏》在行文布局上的一些问题，可以在阅读时注意到并有所应对准备。

（一）制度性通例应入《名例律》却夹塞于罪条之注文中

作为刑律的《律疏》，通例性的制度原则入于《名例律》，而具体的罪名罪状与刑罚，则入于其余十一篇的"分则"，这是唐律法典化的重大特征之一。但是由于《律疏》是多人分工编写，虽然最后整体合成一书，但仍然有因缺乏统筹而出现不少的缺憾之处。这中间就包括了有些具有通例性的法律制度，却被憋屈地夹塞在某个罪条的中间，这种现象不止一处，这里仅说其中突出的一例。

《律疏》规定，凡国家官吏在公职活动中有属过失的犯罪，都可以减三等处罚，条件是只要其本罪条中未作过减等的规定就可适用。这是个相当重要的通例性法例，而在《律疏》中这个法例却以"注文"的形式，被置于《职制律》卷第九（总第92条）"贡举非其人"条的中间。现摘抄如下（其中有关公事错失减等通例的文句以加黑点表示）：

> 诸贡举非其人及应贡举而不贡举者，一人徒一年，二人加一等，罪止徒三年。若考校、课试而不以实及选官乖于举状，以故不称职者，减一等。失者，各减三等。（注文：余条失者准此。）承言不觉，又减一等；知而听行，与同罪。
> 【疏】议曰：……"余条失者准此"，谓一部律内，公事错失，本条无失减之文者，并准此减三等。……

这条关乎整部法律中凡属过失犯公罪者都要应用的法例，夹杂在"贡举不实"条中，形成"老鼠拖木锨——大头在后面"的做法，违背了《名例律》作为制度原则统率各罪条的法典化关系，这实在不能不说是个缺陷，因为这无疑是人为地让法官对重要法例因不易检索而遗忘设置了条件。但是，如把这一通例，编进《名例律》中已有的"公事失错自觉举"条中，却或许可完全避免这些弊病。我们可先看《名例律》卷第五（总第41条）的有关部分（律文用黑体）：

> **诸公事失错，自觉举者，原其罪；**
> 【疏】议曰："公事失错"，谓缘公事致罪而无私曲者。……
>
> **应连坐者，一人自觉举，余人亦原之。**
> 【疏】议曰：……

其断罪失错，已行决者，不用此律。

……（下文省略）

此条律文，是"公事失错自觉举"的处置规定，与上述"公事失错减三等"，都有"公事失错"的共性，并可以共同使用"公事失错"的定义；此条中之"原其罪"与上述条中之"失"一样地"减三等"，有处置上从轻的共性；此条中的"断罪已决"与上述条中的"有减文"的规定，都属条文限制使用的规定，最重要的是，这两条都是涉于"公罪失错"的制度性通例。如果把后者（总第 92 条）的内容列于前者（总第 41 条）之中合为一条，一样地都是《名例律》性质内容而不是具体罪状罪名，可谓是条件完备又易于实施的良机。《职制律》（总第 92 条）中相同内容并入《名例律》卷第五（总第 41 条）的设想效果如下（合并后原涉于"公事失错减三等"及"公事失错自觉举"的法例内容均以黑体字表示）：

诸公事失错，自觉举者，原其罪；

【疏】议曰："公事失错"，谓缘公事致罪而无私曲者。

事未发露而自觉举者，所错之罪得免。……

应连坐者，一人自觉举，余人亦原之。

【疏】议曰：……

其断罪失错，已行决者，不用此律。

【疏】议曰：……（下文省略）

公事失错者，本条无失减之文者，各减三等……

【疏】议曰："失者，各减三等"，谓一部律内，公事失错，

本条无失减之文者，并减三等……（下文省略）

把"公事失错"罪"减等"与"原其罪"两方面的法例内容合并为一条，皆入于《名例律》：这样一是把"公事失错减等"的通例从"应贡举而不贡举"条中移至其所应居之位，有利于司法审判对法例的选用；二是"公事失错"罪处置的两个通例皆入《名例律》，既在立法上免去现所处的夹塞之患，又充实和加强了《名例律》的作用，有利于《律疏》法典化程度的提高。唐律中，通例性内容以注文形式插夹在罪条内的情况，不止这一处。而这一处作为重大缺陷而质疑，是因为明明《名例律》中有"公事失错"专条，却视而不见，不予合并，这显然违反法典化的要求。

（二）本罪条与"十恶"的关系不予提示照应

《名例律》与各篇失却呼应的缺点，莫过于《名例律》中"十恶"的具体罪名，在各自的本罪条中得不到应有的性质提示。《名例律》"十恶"中的具体罪名，要细分起来有

五六十项，但这些罪名在有关篇目的本罪条中，都不能看到"十恶"性质的提示。有时在读完律条中所列的犯罪及其处罚的内容，还不知道该项犯罪竟属"十恶"重罪。而且《律疏》中《名例律》篇以下十一篇中的律条，很多犯罪基本是依刑罚由重至轻或由轻至重排序，并且是同样轻重幅度的刑罚中包含了不同的罪名，这些不同的罪名，有的属于"十恶"，有的则不是。属于这种情况的比较典型的例子是《斗讼律》卷第二十三（总第 333 条）。其律文的后半部分对殴伤继父与现受业师的内容说：

　　殴伤继父者，与缌麻尊同；同居者，加一等。即殴伤见受业师，加凡人二等。死者，各斩。

对于"死者，各斩"，疏文解释说，"称'各'者，并殴继父至死，俱得斩刑"，即殴死现受业师及继父者，都处斩。其实，这里殴死继父，是"十恶"中"八曰不睦"的罪状之一；殴死现受业师，是"十恶"中"九曰不义"的罪状之一。《名例律》"不睦"下说，"谓谋杀及卖缌麻以上亲"，继父正在范围内；《名例律》"不义"下说，"谓杀本属府主、刺史、县令及见受业师"，现受业师正在范围内。但此本罪条《斗讼律》卷第二十三（总第 333 条）中如属殴伤继父及现受业师都不构成"不睦"及"不义"，因为都未达到死（杀）的程度。就是说，此条律文中后一句的"死者，各斩"，才是十恶中"不睦"及"不义"罪名的要求。但是此本罪条中，无论是疏文或注文，都一样地不指出其属"不睦"及"不义"的二项"十恶"重罪，而只在律文与疏文中以"死者，各斩"四个字打发了事。其推理逻辑是：既然"十恶"中说了"死者，各斩"，读者就应该知道：其一，未致死者，不在十恶范围；其二，即不属"不睦"及"不义"的罪名。这似乎太想当然了些。既然有了"疏"文的方法，本罪条中该用不用，有什么好处？

（三）重要的制度性内容本罪条不呼应《名例律》

《名例律》与其后十一篇的各条之间，在一些属于制度性的内容上也存在缺失呼应的情况。其中比较典型的表现在《名例律》卷第六（总第 52 条）与其本罪条《贼盗律》卷第十七（总第 259 条）的关系上。这中间既有注文表述不周密，疏文繁而不简明的情况，还有本罪条中缺失对《名例律》的照应，以致造成用法者可能对重要制度的疏漏。

《名例律》卷第六（总第 52 条）关于"子"的法律概念运用之规定说："称子者，男女同"，其意谓凡法律上有举称"子"的一切场合，儿子、女儿一样包括在内。疏文举例说，如《斗讼律》卷第二十四（总第 348 条）"子孙违犯教令"罪（总第 348 条），其中的"子"就包括了"儿子"与"女儿"二者在内。但在"称子者，男女同"之后紧接着用注文规定说："缘坐者，女不同"。疏文举例说，此法律是指适用于《盗贼律》卷第十七（总第 259 条）："缘坐者，谓杀一家三人之类，缘坐及妻、子者，女并得免，故云'女不同'。"

　　首先，"缘坐者，女不同"这六个字的注文，其在一般逻辑及法律概念上并不周延。实际情况是，在发生缘坐时，"子"中的"女子"及"女"绝不是都不缘坐，而是有依法缘坐的。正如《名例律》卷第六（总第 52 条）的疏文所说：

> 其犯反逆、造畜蛊毒，本条缘坐及女者，从本法。

所以，实际上一般的、普遍适用的"缘坐者，女不同"的原则是不存在的，因为"女"在某些犯罪中缘坐，在某些犯罪中则不缘坐。除此以外，《贼盗律》卷第十七（总第 248 条）中就规定："十五以下及母女、妻妾、祖孙、兄弟、姊妹……并没官。"即除缘坐流刑外，"女子"也可因缘坐没为官奴婢的。

　　同时，犯罪是否受罚及处何种等级的刑罚，一般都详列于本罪条，不会在本罪条中隐去，却让用法者舍弃本罪条到《名例律》中去搜索，从而可能引起漏失。尽管《名例律》中虽有"缘坐者，女不同"的注文及"缘坐者，谓杀一家三人之类，缘坐及妻、子者，女并得免，故云'女不同'"的疏文，而《贼盗律》卷第十七（总第 259 条）的本罪中，其律文却只是：

> 诸杀一家非死罪三人，及支解人者，皆斩；妻、子流二千里。

其条文"子"下无任何照应《名例律》内容的解释，这里，有论者可能会反驳说：此条中"妻"后的"子"，不适用"男女同"的原则，《名例律》中对"缘坐者，女不同"，已以此条为例，专门作过解释。问题正在于不适用"缘坐者，女不同"原则的条文只举了二例，适用于"缘坐者，女不同"的很多条文中只举了一例，其余很多适用或不适用的罪条，《名例律》中未举例，本罪条也不讲明，如《擅兴律》卷第十六（总第 232 条）中说：

> 诸密有征讨，而告贼消息者，斩；妻、子流二千里。

此条中的"子"，立法者要求用法者要当然地知道"妻、子"的"子"，在此条中是"缘坐"的对象，所以"女子"在"女不同"的范围内不作缘坐。这种要求实在不能说是科学的。法官如果在这一条中不适用"缘坐者，女不同"的原则，而以《名例律》卷第六（总第 49 条）"诸本条别有制，与《例》不同者，依本条"来作对抗强辨，岂非引起节外生枝的不良后果。从司法的实际需要说，本罪条对《名例律》中的要害处有所照应，有必要而且完全可以。纵观整部《律疏》，疏文对律文，很多明确不必多讲的，却讲得重复甚至过于啰嗦，而有时该讲清的重点（包括《名例律》与本罪条之关系）却又失之过简甚至漏失。

七、因词语省略而增加理解的困惑

古汉语行文时，在下句承上启下的语境下，对上句中的一些词语，下句作者省略而达到行文简练的效果是允许的。但是对性质属于刑法典的《律疏》来说，特别是过分地运用省略，有时也影响了阅读的顺畅，甚至产生误解，或感到不知所由。

（一）因省略词语而对指说的对象可能产生误解

《捕亡律》卷第二十八（总第453条）是规定对达到一定恶性程度的犯罪者，非家属或亲属的旁人百姓可依法捕系，以及对捕系违规的处罚。首先，律文规定可依法捕系之对象有三：第一种是殴击人致对方有"折伤"以上之后果者；第二种是犯"盗"罪者；第三种是犯强奸罪者。其次，规定可实施捕系行为的人，即使是"旁人"也可以，言下之意是如果是受殴击者的家属亲友更加可以。最后，规定捕系这三种犯罪者后，是"送官司"处置，不是由抓捕者自行处置。总之，无论如何在这过程中的被殴击、被盗及被强奸的受害人，始终是处于被救助保护的地位，法律不会要求把这些受害人与实施侵害的犯罪者一起捕系送官司。而对此种情况律文的叙述交代却是：

> 诸被人殴击折伤以上，若盗及强奸，虽旁人皆得捕系，以送官司。

按律文这样的表述，应捕系送官司的人，很可能被理解为是包括被打成折伤即《斗讼律》（总第303条），是指折断牙齿或手脚指头以上的人、为盗之人及行强奸之罪犯的三者，而致人折伤以上伤情的殴击人者，反而不在其内。这是由句法叙述上的省略法而造成理解上错乱的可能性。为免除发生误解，原律文的"疏"文用非省略法的口头语言作了不会被误解的正确的表述。同时，引入律条主旨，对这三种罪犯，不但是被害人的亲人家人，即使是无关的旁人，也可捕系罪犯送官：

> 有人殴击他人折齿、折指以上，若盗及强奸，虽非被伤、被盗、被奸家人及所亲，但是旁人，皆得捕系以送官司。

这才终于明确：拘捉送官的，是伤人、为盗、为奸的犯罪人，而不可能是被伤、被盗、被奸的受害人。这种常识性的律义，律文离开了疏文竟很难领会正确，不能不使人遗憾。律文在"被人殴击"之后，在"盗"及"强奸"前都依文言书面语法省略了"被"字。如果律文不省略后面的两个"被"字，基本没有误解的可能。

刑律毕竟是正刑定罪之法，所以律文最后落实到对违反此种制度的犯罪规定："若余犯"即不属于这种侵害，或达不到这种侵害程度的，在"不言请"的情况下，都不得擅自捕系送官。否则"笞三十"；在捕系中发生伤杀情节的，分别有"以故杀伤论"或"加役流"等的刑罚，这是为保证司法上捕捉罪犯权力的依法进行，有违者，不但无功，而是有罪。全条的重点是：遭受这三种侵犯，即使是非家人、亲属的"旁人"，也可捕系罪犯送官。但捕系必须在法律规定的条件下进行。

（二）因词语省略影响了对律文理解的连贯性

《律疏》中之"伤"除了有基本的定义外，还有因实施手段或工具不同而形成的分类，以及因造成后果情状的不同而规定不同的刑罚。另外，此律条在行文上的特点，也值得留意。否则忽视其中的任何方面，都会造成对"伤"概念范畴理解上的缺失。

唐律中"伤"的基本概念的各方面，主要集中反映在《斗讼律》卷第二十一（总第302条）中。为了清楚地说明，这里抄出这条的律文及原注文（原注文以括号表示）：

> 诸斗殴人者，笞四十；（谓以手足击人者。）伤及以他物殴人者，杖六十；（见血为伤。非手足者，其余皆为他物，即兵不用刃亦是。）伤及拔发方寸以上，杖八十。若血从耳目出及内损吐血者，各加二等。

根据此条律文与注文，"伤"的概念及伤罪的处置应作如下几方面的辨析：

第一，"伤"的基本定义就是注文所说的"见血为伤"。此定义对这一律条中所有关于"伤"的各种分类都可适用。这里的"见"字其表达既简明又精确。如打破皮肉之出血，可看见；疏文说的"若鼻头血出"可看见；律文说的"若血从耳目出"也可看见；律文中说的"内损吐血"，所"吐"之血，也应是可"见"的；最后，疏文说的"殴人痢血，同吐血例"，这"痢血"也应该是可见的。

第二，"伤"是可以根据致伤的手段不同而分为殴伤及他物伤两类：一是"手足"击打致伤。注文说"以手足击人"为殴，疏文说"因殴而见血者"，故此种罪可称为殴伤。二是用手足之外的物件致伤。注文说"非手足者，其余皆为他物"，疏文说"谓他物殴人伤"，可简称"他物伤"。疏文还特别指出，军用武器不使用其锋刃击打人致伤，也属"他物伤"之列："手足之外虽是兵器，但不用刃者，皆同他物之例"。

第三，"伤"的刑罚是依手段与后果情状两方面决定刑罚之轻重：

其一，以手足击打而未致伤的，其刑罚是笞四十。

其二，以手脚击打人至"伤"，即情状属于一般程度的"见血"之伤，其刑罚是"杖六十"；如使用手足以外的"他物"殴人而未造成"见血为伤"后果的，即疏文所说"他物殴而不伤者"，也是处杖六十。

其三，使用手足以外的"他物"击人至"见血为伤"程度的，处杖八十，这其中也包括拔人头发达一方寸以上的情况在内，律文说，"（他物）伤及拔发方寸以上，杖八十"。

其四，击人至"见血为伤"的较重情状，如血从耳目出及内伤吐血或便血的，律文规定要在不同殴击手段的基础刑上，分别加重二等处罚，即疏文所说"各加手足及他物殴伤罪二等"，即由"手足"击打造成此伤的，那就在"杖六十"的基础上加二等，处杖八十；由"他物"击打造成此伤的，就在"杖八十"的基础上加重二等，处杖一百。

第四，对于比致人血从耳目出及内损吐血或便血情状更严重的伤，唐律中一般是依受伤部位的具体情状或手段来规定罪名及特定的刑罚。如《斗讼律》卷第二十一（总第303条、第304条、第305条）中规定：折齿及折手足指，徒一年；折二齿或二指，徒一年半；折人肋，徒二年；折四肢中的一肢，徒三年；折四肢中的任何两肢，流三千里。这些伤罪统称为"折伤以上"。折伤以上之量刑，依特别规定的罪名及刑罚来处置，一般这些"伤"情也并不再以是否"见血"及是否用手足或他物等作为限制要素。只有使用能致人死命的金属器具的锋口伤人见血的，专称为"刃伤"，处徒二年。

以上所谈的"伤"，是限于对《斗讼律》卷第二十一（总第302条）中"伤"的基本观念作辨析，并不涉及"折伤以上"中各种伤的研究分析。"斗殴罪"相关概念如表33.3所示。

表 33.3 《斗讼律》总第 302 条"斗殴罪"有关概念解析

词语	概念或罪情	刑罚幅度	同等对待之情节
斗	相争为斗	—	—
伤	见血为伤	—	—
殴	用手足击人（而未伤）	笞四十	挽鬓撮发，擒领扼喉，拔发不满方寸
殴伤	用手足殴而致伤	杖六十	殴鼻头血出
	用手足殴致血从耳目出及内损吐血	杖六十上加二等杖八十	—
他物	（所用殴人物属）手足以外的物件	—	兵不用刃亦是
他物殴	用手足以外的物件殴（而未伤）	杖六十	—
他物伤	用手足之外物件殴而致伤	杖八十	拔发方寸以上
	用手足之外物件殴致血从耳目出及内损吐血	杖八十上加二等，杖一百	—

从前面抄写的《斗讼律》卷二十一（总第302条）的原律文与注文，要周密地理解上述分析所包含的这些内容，实际上是较为困难的，其中一个主要的原因，就是其语法上词语的省略，起了阻碍作用。律文（总第302条）中二处的"伤"前及"各加"之后使用了承上省略的表达法。第二句的"伤"是承接第一句的"殴"作省略，因殴就是指用手足，故省略了"手足"；第三句是承接第二句中的"以他物"，故省略了其中的"以他物"所致之"伤"；而第四句中的"各加"是分别承接并省略了第一句中的"手足"伤及第三句中的

"他物伤"，意为若伤至血从耳目出及内损吐血的，分别在"手足伤"杖六十或"他物伤"杖八十的基础刑上加二等（处杖八十或杖一百）。实际上，立法者如在编写时能适当地摆脱承上省的语法框子，适当恢复一些被省略的关键性词语，就可缓解对阅读思考的阻塞。如果上例律文欲连接紧密又流畅易懂，可表达如下（被省略而理解上应恢复的词语见画底线部分）：

> 诸斗殴人者，笞四十；（谓以手足击人者。）<u>手足伤及以他物殴人</u>不伤者，杖六十；（见血为伤。非手足者，其余皆为他物，即兵不用刃亦是。）他物伤及拔发方寸以上，杖八十；若血从耳目出及内损吐血者，各加<u>手足及他物伤</u>二等。

"伤"字前加修饰语，疏文中实际经常使用，如《斗讼律》中把以金刃伤人称为"刃伤"（总第 304 条）；还有"以他物殴伤人内损吐血"（总第 311 条），及"奴婢用他物殴伤小功亲"（总第 323 条）的提法。《斗讼律》卷第二十一（总第 316 条）的疏文中就有"殴九品以上、六品以下之官，不伤杖六十，伤即杖八十；他物不伤杖八十，伤即杖一百"的行文。疏文能这样做，而律文偏要依赖疏文去作纯属于打通语句的解释，费力费事，事倍功半，其实这也不是"义疏"应有的主要任务。

以上所举，还都是同一条内部的承上省带来的问题，《律疏》中更有甚者，即在引用不同条的相关条文时，竟然也随意使用省略指称其内容，给阅读者及用法者带来的困惑肯定是不可避免的。原因只能是编写者懒于推敲不愿费工夫去讲得周到精确。典型的例子可见于《诈伪律》卷第二十五（总第 366 条）及《杂律》卷第二十七（总第 435 条）。[1]

唐律以其法典化形式所蕴涵的博大精深的法学遗产，具有极高的现代法文化价值。对待唐律，我们没必要如以往有些法学家，认为它所有的方面都尽善尽美，甚至像宋玉描写登徒子看邻家美女那样：长一分嫌高，短一分嫌矮，多一分嫌胖，少一分嫌瘦，从而陷入对唐律的神秘化，失去了冷静地作批判继承的科学分析态度。本文的写作，就是试图从律学研究的层面，对《律疏》中存在问题的内容，作一个小小的穿刺取样，以表明探讨和研究唐律律学上存在的一些问题，也是唐律现代研究中一个不可或缺的方面。

---

* 此文初发于社会科学文献出版社出版的中国政法大学法律古籍研究所编《中国古代法律文献研究》丛书 2013 年第 7 辑。收入本书时内容有较大增补。

1　参见钱大群编著：《唐律疏义文白读本》，人民法院出版社 2019 年版，第 854 页、第 964 页。

涉《律》史典数题

唐律研究新思考

34. 唐 "三审" 与秦 "三环"

本文拟从 "三审" 是什么、不是什么，及 "三审" 的作用、意义及其历史渊源来辨析唐代司法中的这一制度。

一、"三审" 的性质

"三审" 实际是唐代一般案件告诉与受理中的一项诉讼制度，而在唐律中又作为对 "自首" 的限制条件而使用的一种重要制度。

(一) "三审" 是告诉及受理制度

《名例律》卷第五（总第 37 条）对自首制度规定说："诸犯罪未发而自首者，原其罪。""原其罪" 是免予处刑而不是从宽减轻的意义。疏文说："过而不改，斯成过矣。今能改过，来首其罪，皆合得原。" 正因为唐律中的 "自首" 一旦成立就是免刑，所以，对自首的构成有较严的要求。其要求在时限上的重要制度之一就是自首必须在 "三审" 之前。疏文说：

> 若有文牒言告，官司判令三审，牒虽未入曹局，即是其事已彰。虽欲自新，不得成首。

这是说，如果已有人到官府告诉，无论是书面的 "文牒"，或是口头的控告，有关官吏对告诉者已经实行 "三审" 的，受理立案而状子即使还未呈送有关机构收存，就属于犯者罪行已暴露。这时，即使犯罪人想要改过自新，也已不能适用自首。所以，有人控告后，有关当局判令实施"三审"，在"自首"能否成立中，处于十分重要的地位，故弄清"三审"为何，殊为重要。对此，有些著作把"官司判令三审"以今语译为"主管官府经批准并令有关执法部门应依法开庭分三次审理"，我认为此解是因疏忽未加深究而致误。

(二)"三审"不是审理制度

"三审"不可能是"三次审理"的原因如下：

其一，在罪犯未自首，有关人去官府告诉，还不知道犯罪嫌疑人是否在逃，犯罪事实也不知是否确凿，在这种情况下，主管官府批准执法部门开庭审理，是毫无意义的，事实上审理也无法进行。

其二，唐代对案件的审判，法律上并无进行"三次"的规定，法律只规定刑讯不得过三次，刑讯的杖笞总数不得过二百。

其三，"执法部门"对应该受理的案件，一旦受理要进行审理，并不需要经过批准才进行。因为只是审理，不是判决，更不是执行判决。即使是判决和执行判决，如在自己的职掌权限之内，犯人不上告，也不必呈上级批准。在当时司法行政合一的情况下，所谓进行审理的"执法部门"，此提法也意义不清，所指不明。

二、唐代的"三审"是防止妄告诬告的一种程序

(一)"三审"的典籍记载

唐代对司法审判进行全过程的监督，这种监督贯穿在从告诉、受理、关押、审理、取证、刑讯、判决、上诉及判决执行的每一个环节中。"三审"制度是告诉受理阶段防止非法告诉及受理中的一项诉讼程序。通过这项制度的执行，让告诉人反复思忖，慎其所告，以防止和减少妄告诬告，经过"三审"的程序，官府正式立案。关于"三审"的制度，《唐六典》记载此制度适用于一般性案件的告诉中：

凡告言人罪，非谋叛以上，皆三审之。[1]

1《唐六典·刑部》卷六，中华书局1992年版，第190页。

"谋叛"以上是指谋反、谋大逆、谋叛，这三种罪，不实行"三审"。"三审"的具体内容，《唐六典》的注文说：

> 应受辞、牒官司，并具晓示虚得反坐之状。每审皆别日受辞，若有事切害者，不在此例。

什么是"切害"，《通典》注文记载其范围说：

> 谓杀人、贼盗、逃亡若强奸良人及更有急速之类。

关于"每审皆别日受辞"，《通典》记载其特殊情况下的处置说：

> 若使人在路，不得留待别日受辞者，听当日三审。[1]

关于"辞牒"的书写，《通典》记载说：

> 不解书者，典为书之。

关于实行"三审"后对案件的处置，《通典》也记载说：

> 官人于审后判记，审讫，然后付司。

句中"审讫"中的"审"，不是指"审判"，而是简指"三审"而言。关于经过"三审"，官司对当事人的处置，《通典》说：

> 前人合禁，告人亦禁，辨定放之。即邻伍告者，有死罪流，告人散禁；流以下，责保参对。

（二）"三审"的制度内容

从以上典籍的记载，对"三审"我们可以作如下的归纳：

其一，"审"在古代原就有详尽了解之意义。今语的"审判"义，古代一般是以"理""断""判"表达的。《康熙字典》介绍《说文》的解释是："审，悉也"；《增韵》的解释是："审，详也，熟究也。"现代汉语中有"审慎"的构词。

其二，"三审"是官司让告发人三次返回，审慎地考虑所告之事的虚实，并告知告发人，如诬告要担当反坐的后果。

其三，"三审"程序进行三次的时间，不能在同一天进行二次或二次以上，只有官员出使在路，不可能再于另一日受其辞牒的情况下，才可以在一日内完成三次令返回作审慎考

1 （唐）杜佑：《通典》卷一百六十五《刑三·刑制下》，中华书局 1984 年版，第 874 页。

虑的制度。

其四，"三审"中要求告发人作书面呈告，不会写字的，由吏员代写；接待官吏要作处置记录；程序全过程进行完毕，才交给有关官员立案。这时，如果罪犯应该关押的，告发人也要关押，待辨定非诬告后再释放。如果是邻伍出首告发，涉及死刑、流刑的，告发人虽也关押可不戴刑具。

其五，"三审"的适用案件，基本是一般性犯罪，如谋叛、谋大逆及谋反罪，因性质严重，犯罪危险性大，为防止嫌犯脱逃故不适用"三审"。同时，对于杀人、贼盗、逃亡、强奸非奴贱的良人及其他更紧要的已有"切害"后果的犯罪，也不适用。

三、秦代的"三环"是"三审"的历史先现 [1]

秦律"三环"的内容记录在《睡虎地秦墓竹简》"法律答问"关于父告子的简文中：

（问：）免老告人以为不孝，谒杀，当三环之不？（答：）不当环，亟执勿失。[2]

（一）"环"的意义

秦律中的"三环"就是令"三次返还"慎思所告的制度。"环"在古汉语中基本有两种意义：

一是同"还"，当"折还"讲。《说文解字》段注说："环，引申为围绕无端之义，古只用还。""还"是什么呢？《说文》说："复也。"段注引《释言》说：

还，复返也。今人还绕字用环，古经传只用还字。

"还"在古代不但写成"环"，有时也写成"圜"。王引之解释说，"圜与还同，还读周还、折还之还，谓转折也。"[3]

二是"环"当"却"讲。《周礼·夏官》中有"环人"一职，其职责之一是"环四方之故"，即是抵御来自四方的侵犯。《疏》文解释这里应：

1　此部分吸收了《南京大学学报（社科版）》1988 年第 2 期钱大群《秦律"三环论"》的部分内容。

2　睡虎地秦墓竹简整理小组整理：《睡虎地秦墓竹简》，文物出版社 1978 年版，第 195 页。

3　见（清）孙诒让：《墨子闲话·节葬下第二十五》，中华书局 1986 年版，第 162 页注引王引之解。

> 训环为却。[1]

《睡虎地秦墓竹简》中也有 "环" 字。其简文说某甲为 "徙居" 事,

> 数诣吏,吏环,弗为更籍。[2]

这里的 "环" 当 "拒绝" 讲,也是 "却" 的意思。从词的本义上说,"环" 训为 "却" 和训为 "还" 是一致的。因为 "却" 就是 "使……折还(复还)" 的意思,"却" 是 "还" 的使动意义。"三环" 中的 "环" 当是 "(令)返还" 或 "(使)返还""退却" 之义。

(二) 唐 "三审" 与秦 "三环" 其义一致

秦律中的 "三环" 相当于唐律中的 "三审"。根据秦简中提供的信息,我们也可作出如下几点结论,以证明其为 "三审" 的历史先现:

其一,秦朝在诉讼上存在这样一种制度:对一般案件,原告告发后,当局不是立即受理立案,也不是拒绝受理,而是要三次令告发人返还熟思然后再受理。熟思什么?思考所告是否属实,如属妄告应立即停止,否则要负诬告之责任等。

其二,秦朝这种制度适用于非性质严重案件的告发,如老子告儿子属死罪之外的一般的犯罪,就要使用这种制度。非亲属间的一般罪罚的告发也使用这种制度。总之,当时诉讼上确实存在这种制度,否则,应受理的官吏就不会在接告时提出要不要 "三环" 的问题去要求上级答复。

其三,秦朝的 "三环" 制度不适用于涉及死刑的重罪案。因为早在秦朝,对重罪案(如 "告子不孝,谒杀")中有可能逃跑的犯人,就已确立了采取先行逮捕而在逮捕后再进行审问的司法程序。《睡虎地秦墓竹简》记载表明,因为下级对此案件在程序认定上产生犹豫而提出疑问:"当三环之不?" 上级则依法果断答复,此类 "谒杀" 不孝子之重案不适用这种程序:

> 不当环,亟执勿失。

从秦 "三环" 到唐 "三审" 的延续,说明 "三审" 程序是中国古代刑事诉讼程序中的一项传统制度。

*此文发表于社会科学文献出版社 2013 年版钱大群著《唐律与唐代法制考辨》一书中,收入本书时有调整与修改。

1《周礼·夏官·环人》,见《十三经注疏》,中华书局 1980 年版,第 844 页。
2 睡虎地秦墓竹简整理小组整理:《睡虎地秦墓竹简》,文物出版社 1978 年版,第 213～214 页。

35."士伍"身份之辨

《旧唐书·刑法志》中曾有"除名之人，仍同士伍"[1]之言。有的学者在一些注释本或注译本中，此处之"士伍"，都被注或被译为"士卒"。所以特撰此文，稍作辩证，以示另有其说焉。

一、《史》《汉》中的"士伍"是有爵而因罪被夺免者

此"士伍"中的"士"，本义应训解为"仕"。汉语中一词多义是普遍规律，也是训诂的常识。以"士"来说，用作"士卒"与"仕"通，是其最通常的两种意义。《康熙字典》引《尚书·立政》讲"士"为"官总名"；又引《集韵》谓"与仕通"。"士伍"之义到汉代，已讲为：曾有官爵因有罪而被罢免者，因而具有了唐代"士伍"之基本特征。《史》《汉》中"士伍"指有爵因罪被夺免而入于"士伍"。

《史记·秦本记》记秦昭襄王五十年（前257）十月，

> 武安君白起有罪，为士伍，迁阴密。

《集解》引如淳进一步从性质上讲解说：

> 尝有爵而以罪夺爵，皆称士伍。[2]

汉朝对这种性质的"士伍"也称为"公士"。《康熙字典》在把"士"讲作"理官"时

---

1 《旧唐书·刑法志》卷五十，中华书局1975年版，第2138页。
2 此二段引文分别见《史记·秦本纪》，中华书局2013年版，第267页、第271页。

说："又汉制：尝爵为公侯夺免者，曰公士。"《史记》中把一般的"兵""兵士"称"卒"，其与"士伍"的意义，在使用上不随便混同。如上述《史记》记昭襄王五十年（前257）十月白起有罪为士伍，此前，"四十九年正月"记其"益发卒佐（五大夫）陵"；后又记其五十年（前257）十二月"益发卒军汾城旁"，皆不言"发士伍"。可见"士伍"不同于"士卒"。

《汉书·景帝纪》中有关于"受其故官属所将监治送财物，夺爵为士伍，免之"的记载，颜师古在作注时正确地说了此罪相当于唐《贞观律》中的"除名"，但最后却又讲错了"士伍"的概念：

> 谓夺其爵，令为士伍，又免其官职，即今律所谓除名也。谓之士伍者，言从士卒之伍也。[1]

颜师古的前一句话讲对了，士伍就是"今律"中的"除名"者。但后一句所言之"从士卒之伍"，言都去当兵那就错了。颜氏死于贞观十九年（645），他不知道八年后《永徽律疏》其《名例律》（总第21条）中有讲除名者不是"士卒"的内容：

> 依令："除名未叙人，免役输庸，并不在杂徭及征防之限。"

"不在征防之限"，这与服军役以征防为职责的"士卒"无相同之处。如淳言"皆称士伍"，颜师古言"从士卒之伍"，《新唐书·刑法志》中言"仍同士伍"，其中"仍同"之精确表述，无可替代。言其原为官人"仕"，现受处罚后撤去官职，其资格与身份旧仍在"士伍"之列。

二、《旧唐书·刑法志》中的"士伍"非"士卒"

（一）唐代的"士伍"概指文武官宦阶层

如果说，《史记》《汉书》中所记"士伍"，因受颜师古对汉代的错解而引起怀疑，那么，"士伍"在唐代的固定含义，则是丝毫不能被曲解的。其实，唐《令》在把社会职业分为四种时，就把习文武之官宦一行称之为"士"：

1　见《汉书·景帝纪》，中华书局1962年版，第140页原文及第141页颜师古注文。

> 诸习学文武者为士，肆力耕桑者为农，巧作贸易者为工，屠沽兴贩者为商。[1]

"士伍"是士宦在犯罪后仍保留有官人身份的一种动态情状。《旧唐书·食货志》中的表述，使人更不能怀疑"士伍"是"士卒"：

> 食禄之家，不得与下人争利。工商杂类，不得预于士伍。[2]

"不得预于士伍"是言工商等不能兼官职，而肯定不是说不能从军为"兵卒""士卒"。如果说其他之"士伍"概念，还有与犯罪"除名"等有瓜葛的话，则此处之"士伍"，则是与罪罚毫无牵涉之官宦、官吏之义。

（二）唐代"士伍"概念的法律制度背景

《旧唐书·刑法志》中的"士伍"训释为"仕伍"，在官吏犯罪后实施的"除免"制度中也可得到证实。

其一，唐代人通过科举等国家考试，及格后被注官并经呈准取得官凭"告身"后，就具有了"官"的身份。这种"官"身份，不仅可以作为本人受刑时享受特权优待的凭证，还可以作为子孙后代受庇荫的依据。

其二，官吏犯某些罪被判徒刑可通过以一定年限内撤免官职的办法抵冲，既免受主刑又保留"官"之身份的存在。一般性质不严重的犯罪，可以用"官当"之法（还可以同时结合用赎之法），于官职停撤一年之后，在原职级基础上降一级重新做官。在用官职抵当徒刑而停撤一年的期限内，"官"的身份与资格还保留着。"降一级"，就表明承认其仍有降级后的"官"的身份。

其三，犯罪性质比"官当"严重的罪，分由轻到重的"免所居官""免官"与"除名"三级处置："免所居官"的罪，也与官当一样，撤停一年后降一等再叙；稍重的"免官"罪，是撤停两项官职三载后降原职级二等再叙；最严重的官品与爵位完全除去的"除名"罪，也只不过经过六个年头进入第七个年头后，从其最早所得"官"的那个品级资格上重叙。

唐代"除免"制度的核心，就是犯官虽撤去职位阶品，在等待再叙的时期内，其身份仍是"官"。这种身份制度，并不是《永徽律疏》制定后才有，而是在贞观之前就已经形成，故《旧唐书·刑法志》在介绍《贞观律》中官吏受"除名"后的身份时说：

> 其当徒之法，唯夺一官，除名之人，仍同士伍。[3]

1 见［日］仁井田陞：《唐令拾遗·户令》第二十六条，长春出版社 1989 年版，第 154 页。
2《旧唐书·食货志》，中华书局 1975 年版，第 2089 页。
3《旧唐书·刑法志》，中华书局 1975 年版，第 2138 页。

三、唐律中官吏"除免"待叙时的身份是"士伍"

唐代被"除免"的官员，其身份如不"仍同士伍"，整个《律疏》中"除免"降级重叙的制度，就无从建立起来。

其一，《旧唐书·刑法志》所言："除名之人，仍同士伍"，句中的"仍"是"仍然"之义；"士"，是通"仕"义之"士"，即用指"官员""仕人"之"士"。全句意为：受"除名"的官员，其身份仍然在"官"之列。如《名例律》卷第三（总第 21 条）关于"除名"之叙法说："六载之后听叙，依出身法。"关于"出身"，疏文说："出身"谓藉荫及秀才、明经之类。严格地说，这些"除名"者在待叙的六载中，其最早"出身"之"仕"的资格仍被保留着。

其二，那些品级高的官，受除名后所保留的"官"，其阶品还相当高。疏文说，"正四品，于从七品下叙"，也可以说，"正四品"的犯官虽受除名，实际上一直保持有"从七品下"的身份资格，只不过不是在职的实职。这些实际保留的阶品，法律上的专门名词称为"降所不至者"，指在撤降后剩余的阶品，即除名者实际上还有"降所不至"的"官"的身份。而且，如有再犯罪，还可以用"降所不至"的阶品去继续依"官当"法"当"罪。

其三，除名者与未犯罪官员的区别之一是"课役，从本色"。"课役从本色者，无荫同庶人，有荫同荫例"，即袭有父祖官荫者，课役也能免。其中"无荫者"，才同"庶人"。即使是庶人，也与"士卒"不是等同的概念。庶人即普通百姓，不能谓普通百姓都是"士卒"。"士卒"只是庶人在服兵役时期的称谓。所以《名例律》特别清楚地说：

> 除名未叙人，免役输庸，并不在杂徭及征防之限。

即国家征的力役，他们可不去实服而改为缴工值之钱物去抵。"不在""征防之限"，明白无误地说明，除名人即使属无荫课役从本色者，也根本不可能成为从事"征防"的"士卒"。同时，受除名之官吏，在等待满年重叙之时，因为"课役从本色"，所以也可以被调配从事适当的公务差事，以抵课役。如《唐六典》记载，基层水利管理机关"每渠及斗门置长各一人"，其注文说：

> 以庶人年五十已上并勋官及停家职资有干用者为之。[1]

这其中的"停家职资"就包括被除名而等待重叙有"士伍"身份的"前职前官"。他们从事这种差事，可以"折免将役年及正役年课役。"[2] 这当然只是"士伍"当官差多种情况中的一种而已。

其四，轻于除名的免官、免所居官的官员，该条律规定全都"不在课役之限。虽有历

---

1 见《唐六典·都水监》卷二十三，中华书局 1992 年版，第 599 页。
2 见刘俊文：《敦煌吐鲁番唐代法制文书考释》录《开元水部式残卷》，中华书局 1989 年版，第 330 页。

任之官，不得预朝参之例。"即这些人根本免课役，只是在官职撤停期间，不得参加朝廷参拜之仪式而已。

其五，官吏有罪作除、免、当后，其本应有之徒流刑，都以官职抵折，撤停期满后，分轻重不等地降先前之阶品复叙。这一切都以有"士伍"的身份为前提，[1]《刑法志》中说"除名之人，仍同士伍"，依"举重明轻"原则，轻于"除名"的受"免、当"之官员，更当亦是。

总之，《旧唐书》中这一句中之"仍"，作"仍然"讲。但不能因为"仍"有可能讲作"于是"或"并且"，就认为"除名"的官吏，"于是"或"因此"就成为"士卒"。其实，正相反，其意是被除名的官员"仍然"具有"士伍"即"官"的资格身份而可等待复叙。

* 此文发表于夏锦文、李玉生主编之《唐典研究》一书中钱大群著《唐典研究补论·补论之三》，见北京大学出版社 2015 年版，第 272～274 页。收入本书时作了增补。

---

1 参见本书第 20 篇《"除免"与"官当"性质辨——刑罚与行政处罚交叉相通下官吏的特权制度》。

36. 唐代"反逆"缘坐制度变化轨迹考

在今传《律疏》的 502 条中，无论是从立法意图、立法作用及刑罚轻重来说，最重要的犯罪，还是属于"十恶"前"三恶"的"谋反""谋大逆""谋叛"罪。这三项犯罪排在"十恶"的前三位，在唐律中的习惯称谓是"谋叛以上"。前两项"谋反""谋大逆"直接以皇帝及皇帝父祖为侵犯对象，罪状及处罚是具体规定在《贼盗律》卷第十七（总第248～250 条）之中。探索"反逆罪"在唐代法典中的形成发展过程，在唐代的刑事立法、刑法实施及刑事政策的研究上都有价值。经过贞观朝君臣的详议，"反逆"罪及其缘坐制度，发生了对《律疏》产生重大影响的变化。

一、武德与贞观时期"反逆"罪的处置

（一）"反逆"缘坐罪条在《武德律》中存在的问题

1．"反逆"缘坐祖孙"配没"而兄弟"俱死"违反刑随礼制的常理

《旧唐书·刑法志》卷五这样记载："又旧条疏，兄弟分后，荫不相及，连坐俱死，祖孙配没。"[1] 文中所称"旧条疏"中之"疏"，显然是《旧唐书》撰写者不慎粗心之误增。众

---

[1]《旧唐书·刑法志》卷五，中华书局 1975 年版，第 2136 页。

所周知，唐律律条之有"疏"，自永徽四年（653）之《律疏》肇始。连《永徽律》都无"疏"，更况其《武德律》《贞观律》哉。故《唐会要》对此事之记载就把"旧条疏"去"疏"而纠正为"旧条"：

> 又旧条，兄弟分后，荫不相及，连坐俱死，祖孙配流。[1]

按服制，祖孙服重，连坐刑罚应重，兄弟服轻，连坐刑罚也应轻，武德律正与礼制反其道而行之。故《唐会要》记贞观元年（627），在廷议后，

> 玄龄等复定议曰："按礼，孙为王父尸。案令，祖有荫孙之义。然则祖孙亲重而兄弟属轻，应重反流，合轻翻死，据礼论情，深为未惬。"[2]

2. 兄弟"反逆"缘坐不分轻重一律处死在律义上不合道理

《旧唐书·刑法志》记载唐太宗对反逆缘坐"兄弟俱死"作评论说：

> "用刑之道，当审事理之轻重，然后加之以刑罚。何有不察其本而一概加诛，非所以恤刑重人命也。然则反逆有二：一为兴师动众，一为恶言犯法。轻重有差，而连坐皆死，岂朕情之所安哉？"更令百僚详议。[3]

当时，李世民对旧律在这事上所存在问题总的看法是"不察其本而一概加诛，非所以恤刑重人命也"。他除了指示对反逆罪中祖孙与兄弟之缘坐要"审事理之轻重，然后加之以刑罚"外，特别对"反逆"罪中不根据主犯在性质、情节上的区别，兄弟都一律缘坐处死的不合理做法，加以抨击并命令详议改变。

（二）贞观时对"反逆"罪缘坐的改法

反逆罪中兄弟缘坐法律制度修改的起因，是旧律不合理而导致正式进行朝议，皇帝作出有关指示后"令百僚详议"，修改"定律"，最后皇帝批准"从之"。其法律之表述是：

> 今定律："祖孙与兄弟缘坐，俱配没。其以恶言犯法不能为害者，情状稍轻，兄弟免死，配流为允。"从之。[4]

---

1 《唐会要·议刑轻重》卷三十九，中华书局 1955 年版，第 707 页。
2 《唐会要·议刑轻重》卷三十九，中华书局 1955 年版，第 707 ~ 708 页。
3 《旧唐书·刑法志》卷五十，中华书局 1975 年版，第 2136 页。
4 《旧唐书·刑法志》卷五十，中华书局 1975 年版，第 2136 页。

其一，在"反逆"罪上，祖孙与兄弟之缘坐，都取消死刑，改为一样"配没"对待。祖父、兄弟在礼法上的差别，得到了折衷的反映：祖父服重，从流升为"配没"；兄弟服轻，从死刑降为"配没"。

其二，属于仅"以恶言犯法"的"反逆"，其缘坐对象中已排除了祖孙而只保留兄弟，其刑罚也限于流刑。因为"以恶言犯法"比起"兴师动众"来"情况稍轻"，"不能为害"，故"配流为允"。"配没"与"配流"比较，前者作官奴之处罚重，后者流刑之罚较之为轻。流刑最远是三千里，役期一年，还有返还的可能，"配没"涉及一生身份的改变，故"配流"在刑罚上轻于"配没"。

二、"反逆"兄弟缘坐处死改配没时间考

如本篇开头时所说，"反逆"兄弟缘坐处死之律文改为配没，《旧唐书·刑法志》把这件事记载在唐太宗即位后命令对旧律《武德律》进行"厘改"至新律《贞观律》制成颁布的这段时间。"反逆"兄弟缘坐由死改为"配没"之时间，《旧唐书·刑法志》始终未有明确的时间记载。现在，根据《旧唐书》文中涉及的有关背景情节及其他史书的记载，作时间上的推断。

1．从起因涉及的官职说明"配没"当在贞观六年（632）到十年（636）之间

《旧唐书·刑法志》卷五记载修改"反逆"兄弟缘坐并处死律条的触发事件说："会有同州人房强，弟任统军于岷州，以谋反伏诛，强当从坐。太宗尝录囚徒，悯其将死，为之动容，顾谓侍臣曰……"从谋反缘坐人所任之官称名为"统军"来说，其时间应是"贞观十年"复用隋制官名之前。《通典》记载说：

> 大唐武德初，犹有骠骑府及骠骑、车骑将军之制，武德七年，乃改骠骑为统军，车骑为别将。贞观十年，复采隋折冲、果毅郎将之名，改统军为折冲都尉，别将为果毅都尉。[1]

改兄弟缘坐事发生在太宗朝，与"武德"无涉。"统军"之官称，表明事件发生的时间只能是贞观元年（627）至贞观十年（636）之间，因贞观十年（636）后，"统军"又改称为"折冲都尉"了。在这一官职的记载上，《旧唐书》的记载，与《通典》的记载正好背道而驰。其"折冲都尉"条下的注文说：

---

[1]（唐）杜佑：《通典》卷二十九，中华书局 1984 年版，第 169 页。

武德中，采隋折冲、果毅郎将之名，改统军为折冲都尉，别将为果毅都尉。[1]

这两种冲突的解释，我们只能取《通典》关于"统军"使用于"贞观十年"之前的说法。因为我们不能认为，在记唐太宗处理房任缘坐谋反案时，对其所任官职仍使用早在"武德中"就被改去的"统军"名称。

2．"反逆"兄弟缘坐处死改配没实行在受命"定律"之前

《资治通鉴》关于"反逆"兄弟缘坐改"配没"有较详的记载。其记载虽列在贞观"十一年春正月"之下，但制度改行却是"先受诏定律令"之时：

房玄龄等先受诏定律令，以为旧法兄弟异居，荫不相及，而谋反连坐皆死；祖孙有荫，而止应配流。据礼论情，深为未惬。今定律："祖孙与兄弟缘坐者，俱配没。"从之。[2]

此段记载中，"十一年春正月"，是整部新律《贞观律》的颁布时间。《唐会要·定格令》卷三十九也记载《贞观律》颁布的时间说：

贞观十一年正月十四日，颁新格于天下。凡律五百条，分为十二卷，……令分为三十卷，二十七篇，……格七百条，以为通式。[3]

"先受诏定律……今定律"，是追述祖孙、兄弟缘坐改配没的事，时间在《贞观律》颁布前。

《资治通鉴》对贞观"十一年正月"的记载，是新颁刑律的时间，绝不是说"反逆"兄弟缘坐改配没一定到这时才实行。本文前引《旧唐书·刑法志》记载，房玄龄等对缘坐改"配没"是在"复定议"后就作了修改并宣称作为"定律"内容的。当时还把"恶言犯法"罪兄弟的反逆缘坐也同时改作"免死配流"。决定把兄弟与祖孙缘坐都改为"配没"，应在《贞观律》颁布之前以诏敕实行。

1《旧唐书·职官三》卷四十四，中华书局 1975 年版，第 1905 页。

2《资治通鉴·唐纪·贞观十一年》卷一百九十四，上海古籍出版社 1987 年版，第 1305 页。原书中的"今定律：祖孙与兄弟缘坐者，俱配役"中的"役"应是"没"之误。《旧唐书》中是"俱配没"，而且后来《永徽律疏》中的规定也是"祖孙、兄弟""没官"。《资治通鉴》在贞观"十六年十二月"下，有关廷议对此事有反复的记载，其中对"配没"有明确的照应："刑部以反逆缘坐律兄弟没官为轻，请改从死。敕八座议之。议者皆以为秦汉魏晋之法，后者皆夷三族，今宜如刑部请为是。"此议由于门下省给事中崔仁师依理坚决反对，太宗也支持他，朝廷最后仍维持已改定为配没的内容。

3《唐会要·定格令》卷三十九，中华书局 1955 年版，第 701 页。

三、永徽《律疏》对"反逆"缘坐之再改

　　贞观时君臣对"反逆"罪缘坐制度通过廷议并最后决定把修改的内容定为法律。虽然唐高宗永徽二年（651）制定《永徽律》及于永徽四年（653）颁布《永徽律疏》都是以《贞观律》作为基础的，但以今传《律疏》中的"反逆"缘坐与贞观初厘改的内容比较，可明确地看出，贞观厘改武德旧律中"反逆"之内容，《律疏》不但立法思想上完全继承了唐太宗李世民，而且在具体制度上更有前进。

1．在"反逆"罪的性质和情节上更作区分

　　李世民当初对厘改反逆缘坐所作指示的精神，永徽朝的立法者不但都接受了，而且《律疏》把"反逆"在性质与情节上作了区分。

　　其一是"谋反大逆"罪。《贼盗律》卷第十七（总第 248 条）之疏文解释"谋反"与"大逆"合条之概念说：

> 有狡竖凶徒，谋危社稷，始兴狂计，其事未行，将而必诛，即同真反。……大逆者，谓谋毁宗庙、山陵及宫阙。反则止据始谋，大逆者谓其行讫，故谋反及大逆者，皆斩……

这两种犯罪所规定之严惩内容，反罪只要有"谋"就构成犯罪处斩，"大逆"罪则要有行动实施之主犯才处斩。

　　其二是"谋反"罪中区分出了虽属于谋反而"无能为害"的情节。律文说：

> 即虽谋反，词理不能动众，威力不足率人者，亦皆斩。

疏文说：

> 虽构乱常之词，不足动众人之意；虽骋凶威若力，不能驱率得人；虽有反谋，无能为害者；亦皆斩。

这是从谋反的行为后果上区分出来的犯罪情节。其要害是有了"言语"而"无能为害"，与李世民说的第二种"恶言犯法"虽不全同，但有基本相同之处。

　　其三是专门设立只是口说要"反"，实无"谋"，也无行状的罪名。律文说：

> 诸口陈欲反之言，心无真实之计，而无状可寻者，流二千里。[1]

疏文解释说：

> "有人实无谋危之计，口出欲反之言，勘无实状可寻，妄为狂悖之语者。""若有口陈欲

---

[1]《贼盗律》卷第十七（总第 250 条）。

逆、叛之言，勘无真实之状。"

这是从犯罪目的与动机上区分出来的性质与情节更轻的一种"反罪"，是比李世民所说的"恶言犯法"的情况还要轻的一种犯罪。

2. "反逆"缘坐照贞观之议改祖孙与兄弟都"没官"

《贼盗律》卷第十七（总第248条）规定典型的"谋反及大逆"者，主犯"皆斩"，同时法律规定其缘坐的范围说：

> 父子年十六以上皆绞，十五以下及母女、妻妾、祖孙、兄弟、姊妹若部曲、资财、田宅并没官，男夫年八十及笃疾、妇人年六十及废疾者并免；伯叔父、兄弟之子皆流三千里，不限籍之同异。

在受连坐的诸多对象中，对贞观初厘改旧律的朝议中关于"祖孙与兄弟缘坐，俱配没"的"定律"内容得到了继承。

3. 在"恶言犯法"及"口陈欲反之言"的缘坐中都排除了祖孙与兄弟之关系

贞观初议论厘改旧律时，对"其以恶言犯法不能为害者的缘坐中"兄弟免死，配流为允"的内容，在《律疏》中，已把"祖孙"与"兄弟"都排除在缘坐对象之外。律文说：

> 即虽谋反，词理不能动众，威力不足率人者，亦皆斩；父子、母女、妻妾并流三千里，资财不在没限。

即在此罪之缘坐中，因排除以祖孙及兄弟为对象故而不列。

4. 对只口说要反逆并无谋及行动者不实行缘坐

这种犯罪情节比上述"有反谋"而"无能为害"者更轻，所以《贼盗律》卷第十七（总第250条）只规定主犯的处罚说："诸口陈欲反之言，心无真实之计，而无状可寻者，流二千里。"另外，疏文还规定："若有口陈欲逆、叛之言，勘无真实之状"的，律令都不明确规定其处罚，只依《杂律》卷第二十七（总第450条）之规定，照"不应得为而为之"之罪的重情节处杖八十，更无缘坐之存在了。

从《律疏》"反逆"缘坐对象的变迁来看，我们可以作出以下几点结论：

第一，武德旧律中"反逆罪"缘坐中祖孙配流、兄弟俱死的情况，在贞观厘改旧律的廷议后已定律改祖孙与兄弟都为"配没"。

第二，武德旧律中"反逆罪"如只是"恶言犯法不能为害者"，兄弟缘坐在《贞观律》颁布之前已改为"配流"。

第三，《永徽律》及《律疏》基本以《贞观律》作基础，《律疏》中反逆缘坐的制度比贞观初议定的内容整体上还更宽，特别是唐太宗关于"反逆有二"的区分思想，已体现在"反逆罪"处置的制度之中。

　　总之，唐代"反逆罪"祖孙、兄弟缘坐变化的轨迹，从一个具体制度的角度上，无可争辩地表明了《唐律疏义》在立法思想及立法内容上所达到的新的高度。

* 此文初发于社会科学文献出版社 2013 年版钱大群著《唐律与唐代法制考辨》一书中，收入本书时作了订补。

37. 唐代"断趾"行废时间考

断趾之刑，源于夏、商、周的"膑刑""刖刑""剕刑"。从青铜文物看，早期的"断趾"是断双脚。到了秦汉时，断脚又分成了"斩左趾""斩右趾"的轻重两等。这种情况最迟不会迟于汉朝的文景时期。《汉书·刑法志》记载，汉文帝去肉刑改刑制时，斩左趾是以笞五百取代，而斩右趾则升为死刑。到东汉时，有人认为断右趾原为活刑，升死总是加重，所以又把被废止的断右趾，作为对死刑实行宽宥的一种形式使用。从那之后断右趾虽不是一个正式的刑罚等级，但实际上却不时以死刑的宽宥形式复活着。从价值趋向上评论，汉文帝刑制改革时把斩右趾升为死刑原就不可取。而后来又把这些罪条回复到斩右脚，从发展的观点看，这种做法是复古的倒行逆施。而这种制度直到唐代，竟还在实行，还在争论，表明内中有深刻原因。

据《旧唐书·刑法志》记载，在《武德律》颁布后，至《贞观律》制成颁布的这段时间里，唐太宗李世民在组织朝臣对《武德律》"更加厘改"的过程中，先是把原属绞刑中的五十条复改为"断右趾"，最终又改"断右趾"为"加役流"。这件事在律条修改的时间上，均未明确指明时间，因此在阅读中往往产生迷茫甚至误解。故窃以为对这两项制度改易入律的时间，作一点考辨有其必要。

一、唐代"断趾法"行废之时间都在太宗朝

《旧唐书·刑法志》虽未指明唐断趾法起行与废改的具体年份，但从记载实施的缘起、争论及废改的过程看，其事都发生在太宗朝。

1."断趾"复行是奉太宗之命作为改去旧律中重刑的措施实行

《旧唐书·刑法志》记载，受命改旧律中重刑的大臣，把断趾法作为厘改措施提出因得到李世民的赞同而实施：

> 及太宗即位，又命长孙无忌、房玄龄与学士法官，更加厘改。戴胄、魏徵又言旧律令重，于是议绞刑之属五十条免死罪，断其右趾。应死者多蒙全活。

大臣们反对改除断趾法时，他们都以肯定唐太宗当初断趾的出发点为前提，他们所说的话，都表明李世民是复行断趾之始作俑者：

> 谏议大夫王珪对曰："古行肉刑，以为轻罪。今陛下矜死刑之多，设断趾之法，格本合死，今而获生，刑者幸得全命，岂惮去其一足？"

当时担任礼部尚书的陈叔达等也都说：

> 古之肉刑，乃在死刑之外。陛下于死刑之内，改从断趾，便是以生易死，足为宽法。[1]

2．推动废改断趾法而以加役流取代的也是唐太宗

断趾刑罚极度之惨痛，粉碎了李世民原来认为是实行轻刑的错误估计而决心废改，也正是在他的多次督催下最终得以废改。史书上记唐太宗对断趾者"愍其受刑之苦"，说"前代不行肉刑久矣，今忽断人右趾，意甚不忍"，"本以为宽，故行之。然每闻恻怆，不能忘怀"，"朕复念其受痛，极所不忍"。此时正好"又有上书言此非便"者，故他要求大臣们"更思之"。后来太宗命令裴弘献"参掌删改之"，裴弘献于是与房玄龄等建议要改变断趾法造成的"减死在于宽弘"，而"加刑又加烦峻"的不良局面，最后终于以"加役"之"流"取代了断趾：

> 乃与八座定议奏闻，于是又除断趾法，改为加役流三千里，居作二年。[2]

唐代取代断趾法的结果是创制了一种重于常规流刑轻于死刑的新刑种，而不是仍回到绞刑上去。这是唐代在刑制上超过前代的高明之处。唐代的流刑据流放的远近分为二千里、二千五百里、三千里三等，三等流刑均配役一年。"加役流"是在最远的流三千里的基础上，再加重二年配役（加原有的一年）共三年，意谓"加役"之"流"。

1《旧唐书·刑法志》卷五十，中华书局 1975 年版，第 2135 页。
2《旧唐书·刑法志》卷五十，中华书局 1975 年版，第 2136 页。

二、断趾法行于"武德"被取代于"贞观六年"说

明确地持"武德"说的是唐代人自己编写具有充分权威性的两部著名的典籍。

1．《律疏》肯定断趾法起行于"武德中"改除于"贞观六年"

《唐律疏义》卷第二《名例律》(总第 11 条) 之疏文对律中提到的"加役流"作解释时说:

> 加役流者，旧是死刑，武德年中改为断趾。国家惟刑是恤，恩弘博爱，以刑者不可复属，死者务欲生之，情惨向隅，恩覃祝网，以贞观六年奉制改为加役流。

这段解释，仍清楚地说明了断趾原是属于死刑"绞"中五十条罪名之处罚，"武德中"把这五十条绞罪改"轻"为断趾，后来因"国家"恤刑弘恩，又把断趾改为加役流的。

2．《唐六典》称断趾起行于"武德中"改易于"贞观六年"

唐代开元时奉玄宗之命制定的官制典籍《唐六典》，其"刑部郎中"条下的注文对"流刑三"补充之解释说:

> 更有加役流者，本死刑，武德中改为断趾，贞观六年改为加役流。[1]

3．关于断趾法被改易在"贞观元年"之说

对于唐代之断趾法被加役流取代之时间，宋人王溥所撰《唐会要》独记载于"贞观元年三月"之下。[2]其文略去了《旧唐书》中关于断趾实行之源起及改易中君臣的争议，而是从"裴弘献驳律令不便于时"节选起，后文中关于裴氏与房玄龄"建议"之论说，及进行都堂集议，最后以加役流取代断趾法之内容，都略同于《旧唐书》。王溥把改易之时列在"贞观元年三月"之下，其他典籍概无此说。

三、断趾复行与被加役流取代都在太宗为帝时

唐代"断趾法"复行及被加役流取代，有关史书对此记载不明或记载不一的现象，有

1《旧唐书·刑部》卷六，中华书局 1992 年版，第 186 页。
2《唐会要·议刑轻重》卷三十九，中华书局 1955 年版，第 707 页。

如下几点可作为思考与推论的依据。

1."断趾法"实施在太宗即位而还未改年号为"贞观"之时

据《资治通鉴·唐纪》记载武德九年（626）玄武门事变后，高祖于六月"癸亥""立世民为皇太子"；八月"癸亥""制传位于太子"；八月"甲子""太子即位于武德殿"。直到公元 627 年农历的"春正月乙酉"，唐朝才改元为"贞观"。所以，李世民于武德九年（626）夏历八月初九即位，到这一年的十二月三十日为止的这一段时间，李世民虽然称帝但年号仍是"武德"，实际从公元 627 年夏历的正月初一起才进入"贞观"纪年。《旧唐书·刑法志》上所记"太宗即位"后长孙无忌等对《武德律》"更加厘改"，戴胄、魏徵等说律令重，于是议故绞刑中的五十条不处死刑而恢复为旧时的"断其右趾"，结果是"应死者多蒙全活"的事，正发生在这段约四个月二十天的时间内。《律疏》疏文说"武德中"改为断趾，就指这一段特殊的时间。清朝国学家钱大昕对"武德中"的提法解释得最清楚：

> 今考《疏议》云："加役流者，旧是死刑，武德年中改为断趾，贞观六年奉制改为加役流。"是则改绞刑为断趾，即在太宗即位之岁，故犹称"武德"也。[1]

钱大昕的说法与《旧唐书·刑法志》记载的断趾法起讫的事由、时间完全符合。

2."断趾法"被"加役流"取代以"贞观六年"说为准

《律疏》的疏文不但说了推行断趾法的时间，同时还称其被取代是在"贞观六年"。但是宋人编的《唐会要》却把取代这件事挂在"贞观元年三月"之下。从史书记载的断趾实施过程说，太宗即位命厘改旧律，大臣言旧律令重，建议把原属"绞"的五十条改为断右趾，其中"应死者多蒙全活"的话，说明是实行一段时间的。之后太宗悯断足之惨痛，又两次与大臣们讨论；同时，发生了"又有上书言此非便"之事；李世民最终建议大臣们"更思之"；"其后"裴弘献上书建议修改律令中 40 余处不合时宜之内容，太宗令裴弘献"参掌删改之"；裴与房玄龄等经讨论提出"建议"；之后"乃与八座定议奏闻"，当然还必须在皇帝审定后，才正式下敕令实施取代之新法。这个由议论到推行断趾，推行后发现不好，又经议定改易，再到以"加役流"正式取代断趾的过程，在半年内要实行两个转换，是非常困难的。所以有的学者认为《唐会要》中的"贞观元年三月"乃系"贞观六年三月"之误，[2] 这种看法有《唐律疏义》与《唐六典》两书作支持，应是可信的。

1（清）钱大昕：《十驾斋养心录》卷十三，清嘉庆四年刊本，第 13 页。
2 刘俊文：《唐律疏议笺解》，中华书局 1996 年版，第 141 页。

3. 裴弘献任职于蜀王李恪府下与断趾废改于"贞观六年"说相契

在朝廷奉唐太宗之命把已经实行的断趾法又改为"加役流"的过程中，裴弘献是一个值得注意的人物。因为在推行断趾法陷入困境，李世民坚持要大臣们"更思之"的关键时刻，正是他站出来指出旧律中有四十处不便于时者要进行修改，于是李世民乘机让他"参掌删改"。裴弘献与房玄龄做的主要一件事就是废去"断趾法"而以"加役流"取代。裴弘献的官职是蜀王府"法曹参军"。《唐六典》卷第三十"三府督护州县官吏"记载："法曹、司法参军掌律令格式，鞫狱定刑，督捕盗贼，纠逖奸非之事，以纠正情伪，而制其文法。"所以，法曹参军是蜀王府中具体地执掌法律事务的司法属官。这种司法属官主要设在地方最高一级的京兆、河南、太原"三大府"和各都督府及级别与此相当的亲王府。如果裴弘献与房玄龄帮助唐太宗以"加役流"取代"断趾"，确如《律疏》及《唐六典》一致地说是在"贞观六年"，那么，当时的"蜀王"应是太宗的第三子李恪。据《旧唐书·列传·太宗诸子》中"吴王恪"传文的"校勘记"之注文说：

（吴王李恪）武德三年，封长沙王，九年进封汉王，贞观二年徙封蜀王。[1]

《资治通鉴》"贞观十年"关于各王改封号的有关内容也可证实这种情况：

十年春正月……癸丑……徙赵王元景为荆王……蜀王恪为吴王，越王泰为魏王，燕王佑为齐王，梁王愔为蜀王……[2]

李恪为蜀王的任期，是贞观二年（628）到贞观十年（636）初的这九年中。改断趾为加役流时，裴弘献应是蜀王李恪府中的法曹参军。这于史载贞观六年，裴氏参与改断趾为加役流之时间相容。

断趾的厘改，是因旧法重，通过议论决定修改旧律而为。《旧唐书·刑法志》说"于是又除断趾法，改为加役流三千里，居作二年"。但是，这种修改得以实施，并非说一定要在系统抄写公布被修改的整部《律》典之时。重新制定的新律是到贞观十一年（637）才完成颁布的。一些重要制度新律公布前朝廷修改旧律并付诸实施的方式可以先通过制定新的格敕的立法措施来实现。因为格就是在稳定常法（律、令、式）的基础上，对法的内容作不断的局部修改补充的立法手段。断趾法改为加役流是在贞观六年（632），这一年并不是《贞观律》颁行的一年，这很正常。

* 此文初发于社会科学文献出版社 2013 年版钱大群著《唐律与唐代法制考辨》一书中，收入本书时有修改。

1《旧唐书·列传·太宗诸子》卷七十六，中华书局 1975 年版，第 2667 页。
2《资治通鉴·唐纪·贞观十年》卷一百九十四，上海古籍出版社 1987 年版，第 1304 页。

38. 唐宋除、免、当官员告身之处置问题

——应答《天圣令》读书班对一条《狱官令》之疑

序　言

　　2016 年 6 月，中国社会科学院历史研究所的黄正建研究员，以其主持的"《天圣令》读书班"讨论中对一条《狱官令》产生之疑问，垂询于我。我深为其无"门户之见"的学品感佩，故遵命撰文"回信"，顺此亦想请"读书班"同仁及其他《天圣令》关注者，对陋文之见提出批评指正。现首先抄录该条《令》文如下（括号内为其《令》文之注文），并于下文中称其为"此《令》"。

　　诸犯罪，应除、免及官当者，计所除、免、官当给降至告身，赎追纳库。奏报之日，除名者官、爵告身悉毁；（妇人有邑号者，亦准此。）官当及免官、免所居官者，唯毁见当免及降至者告身；降所不至者，不在追限。应毁者，并送省，连案，注"毁"字纳库；不应毁者，断处案呈付。若推检合複者，皆勘所毁告身，状同，然后申奏。[1]

　　宋令之疑本应以宋制解，但观其令文及手头资料，觉得以唐制去解亦能解决，加之《宋史·刑法志》亦曾谓"宋法制因唐律、令、格、式而随时损益"，[2] 所以大方向不致有误。其来函所列问题，我依简明说清问题之需要，稍调整其所问之次序作答。为突出中心，必

1　见《天一阁藏明钞本天圣令校证》（上册，影印本部分），中华书局 2006 年版，第 166~167 页。
2　《宋史·刑法志》卷一百九十九，中华书局 1977 年版，第 4962 页。

要的基础知识之介绍，也仅以通读此条令文为限。

一、唐代官员的阶品与告身

唐宋官员作为任职文书及身份证明的告身，其中最重要的内容是官员的职司与阶品。官员犯罪后涉及职阶撤降的处置，与告身有非常密切的关系。

1. 官员的九品三十阶

唐代官员职务的名称很多，但其阶品都归入九品三十阶（等）。其体系正如唐《名例律》（总第 21 条）中所言："正四品以下，一阶为一等；从三品以上及勋官，正、从各为一等。"即三品官以上各分"正""从"二阶，共六阶；四品以下，其"正""从"又各再分为"上""下"二阶，计二十四阶，总计九品三十阶。三十个阶品，在升降上是拉通使用的，如"正四品上"升一阶，就是"从三品"；"从四品下"降一阶，就是"正五品上"。刑律上使用的"一官"，其概念有两种用法。其一，唐《名例律》（总 17 条）规定官当时："五品以上，一官当徒二年；九品以上，一官当徒一年"，这里的"一官"，就是指"品"包括其所含的二个或四个阶等的意义。其二，《名例律》（总第 17 条）条注文中的"职事官、散官、卫官为一官，勋官为一官"中的"一官"，应是官当时把前三种官与勋官分为两类，各作为"一种官"或"一项官"进行操作的意义，不是指品，也不是三十阶中的一个阶等。如"免所居官"所言免去所居之"一官"，就是免去二项中其现所居的一项官。

2. 官员的告身

唐宋官员，都有其作为身份证明与记录任职履历的"告身"，有封号的妇女也颁有。告身，南朝称"除身"，北齐称"告身"，唐宋称"告身"，唐高祖时曾称"告符"。需要说明的是，有些官员年资久，职位高，在这过程中，每迁一新官，都有新的"告身"颁给，这样一个官就可能保留有先后从低到高的数个"告身"。如从"从七品下"的县令，到"正四品下"的刺史，就间隔四个品的十五个阶等，经多次调阶改任，就会有数个"告身"。一官有多个告身，唐人朱巨川是个生动的史例。朱巨川于唐大历三年（768），有大理司直兼濠州钟离县令告身；建中元年（780），有朝议郎行起居舍人告身；建中三年（782），有朝议郎守中书舍人告身。[1] 其中朱氏建中元年之告身，从日本学者仁井田陞在其《唐令拾

---

1 参见徐畅：《存世唐代告身及其相关研究述略》所附《存世唐人告身及其出处索引》，载《中国史研究动态》
  2012 年第 3 期。

遗·公式令》第十二条"奏授告身式"［引据］中的《告身式》来看，官员"被选""解更得叙""擢用"都会颁发告身。告身注明颁发机关、颁发日期、持用人姓名、官职、品阶、职务行、守、兼的性质，甚至包括升迁原因及考核业绩。该书所录颜鲁公书朱巨川建中元年的告身，就明示朱所授散官衔是"朝议郎"，品阶是"正六品上"，但以高阶"行"低职的"起居舍人"（从六品上）。这之前，朱还有监察御史（正八品上）、右补阙（从七品上）及大理司直（从六品上）兼钟离县令的历任之官，这些"历任"之官亦应颁有告身。同时，从发展趋势看，告身文案的内容也越来越增多，因为附进了考核内容记录，告身成了接贴很多纸张的长卷，为了防止伪造和假冒，吏部不得不在帖纸的接缝处盖骑缝章，并把告身共有几张纸连成也作为一项内容注在告身上。今见之《告身式》，是官员升迁报批的官文书原始文案，还是就是供家藏甚至随身携带的"身份证"式的证件，还有待进一步证实。

二、官员犯罪后官职的撤免与再叙由刑律规范

　　唐宋处理犯罪官员要撤免官职官阶，其制度基础是唐宋刑律《名例律》（总第 17~21 条）的"官当""除名""免官""免所居官"及除、免、当者的降阶及重叙法条中。

1. 由刑律规定官员犯有某些罪一定要撤免官职是唐制特色

　　按唐《名例律》（总第 11 条）规定，官吏犯一般徒流罪都可以用赎而不服实刑："诸议、请、减及九品以上之官""犯流罪以下，听赎"。即符合条件者出赎铜后继续做官。为了限制赎的滥用，法律规定官员犯有某些特定的不可继续做官的罪，一定要撤销其官职，且要经过适当的年限后再降级做官，于是法律上便创设了"除、免、当"的制度，以制止凡有罪都一赎了之的消极面。

2."除、免、当"的处罚轻重各由撤免期限和撤免幅度构成

　　唐《名例律》（总第 21 条）规定，罪名最重的入"除名"，即"官爵悉除……六载之后听叙，依出身法"，即期满后依皇命或该官最初得官（如科举考试秀才八品叙）等的资格重新叙官；罪名比"除名"稍轻的入"免官"，免去"职事、散官、卫官"及"勋官"两项官，保留爵位及降所不至者，"三载之后，降先品二等叙"；罪名最轻的入"免所居官"，期年之后，降先品一等叙。官当及此三类犯罪，性质上都是用官抵当徒、流之刑的制度，分别规定在《名例律》（总第 17~21 条）。

3. 官当要求撤降官职时要先取高阶以抵当刑罚

唐宋的官员，只要在"职、散、卫"官中有了一官，同项中另外的官阶就会"相应而得"。但这并不排除在一定的情况下，其散官阶尤其是属另一项的勋官阶高于其职司阶的情况。如上述朱巨川建中元年的告身，就是散阶高于职阶。无论是"官当"或"除免"，降撤官职时，都要尽先撤免职事及其高阶，如一人兼有这二项官，《名例律》（总第 17 条）规定兼有职事与勋官者，以职事先作当：

> 其有二官，先以高者当，次以勋官当。

所谓"高者"，是说用职、散、卫这三项官中的最高阶品先当，而凭军功取得的勋官后当。其疏文举例说：假有六品职事官，兼带勋官"柱国"，犯私罪流折徒四年，六品可先例减一等（流刑三等所折的一年，可作为一等减），剩下三年徒刑；又以其六品职事当去一年，还剩二年；然后才许再以柱国（从二品）的一阶当去二年，正好四年全部减、当完毕。这中间，一定要先用第一项官作当，不可先用后一项官去当，即不许先用勋官柱国的从二品去当二年而保留第一项职事与散官，这正是立法者的目的。对于职官与散官阶品不一，作"行"或"守"合用一个告身的当法，也有严格规定：（括号中文字系本文作者为解释而添加）"问曰：先有正六品上散官，上守职事五品，或有从五品（散）官，下行正六品上（职事），犯徒当罪，若为追毁告身？""答曰：律云：'行、守者，各以本品当，仍各解见任。'其正六品上散官守五品（职事）者，五品所守，别无告身，既用六品官当，即与守官具夺。若五品（散阶）行六品（职事）者，以五品当罪，直（只）解六品职事。其应当罪告身（职、散）同阶者，悉合追毁。"以朱巨川为例，其建中年间两个告身中的"本品"，都是"正六品上"的散阶"朝议郎"。其先后所"行"的起居舍人（从六品上），及所"守"的中书舍人（正五品上），都是"职事"。只要本品作当，其行政职务（职事）都解除。

4. 官员作"除、免、当"其所犯罪的实刑由降当赎而抵消

今天的犯罪官员，总是先开除公职一撤到底，然后交付司法机关定罪而服刑。这种情况，使今人对唐宋"除、免、当"制度的理解产生了先入为主的障碍，因为唐宋官员有罪所判之刑，在作"除免当"的过程中，其刑罚实际被抵冲了。如依《名例律》（总第18～20 条），监临官在辖区内犯通奸罪，列入"除名"条；在辖区外之通奸罪，列入"免官"条；通奸贱民之罪，列入"免所居官"条。这些犯罪依《杂律》（总第 410 条、第 416条）分别有徒二年、徒一年半及徒一年之刑罚，这些刑罚由于能依《名例律》（总第 22 条）"仍依当、赎法"，所以，官职虽在一定期限内被撤降了，其刑罚则不必服了。唐宋"除免"制度的要害，就是通过一定期限的撤降以抵冲正刑，来确保官职的存续。[1]

---

1 除免当制度中"除名"制度较复杂的情况，参见本书第 20 篇《"除免"与"官当"性质辨——刑罚与行政处罚交叉相通下官吏的特权制度》一文第二节、第三节。

三、官吏犯罪中告身性质的区分

官吏犯罪后首先必须验证其告身。《天圣令》残本《狱官令》(序 45 条) 规定官员犯罪必须 "验告身"，验告身的目的是认证官员身份真伪与其品级高低。同时，根据罪官之告身与降阶处罚的关系，把作 "除、免、当" 处置官员的告身，区分其性质为 "见当、免告身""降至告身" 及 "降所不至告身" 三种。而无犯罪官员的告身，并不需作这种性质上的区分。

1. "见当、免告身"

此处之 "见" 古通 "现"。此条《令》文中说，"官当及免官、免所居官者，唯毁见当、免及降至告身。""见当、免" 告身，是相对于罪官 "历任" 的现职现品告身，当、免时首先用它。根据当、免制度，期满撤降最少的 "免所居官" 及 "官当" 者也要降先品一等，而 "见当、免告身" 就是计降的起点，此条《狱官令》规定罪官验告身，首先是它；唐《名例律》(总第 17 条) 中所言 "先以高者当" 也是它。"见 (现) 当、免告身" 在呈毁之列，从性质上说也在 "降至告身" 之列，但后者包含了所降的幅度，而 "见当、免告身" 如属三载后降先品二等者，则不属 "降至" 的概念。"见当、免告身" 是 "解见职事" 最重要根据。

2. "降至告身"

罪官满期 (六载、三载、期年) 后计所应降的阶等告身，都属 "降至告身"：不是 "降至" 不会除毁，故令文规定罪官要 "计所除、免、官当给降至告身"：如 "除名" 者悉毁的官、爵告身；免官者 (三载之后) 比先品降二等的告身；免所居官及官当者 (满一年后) 比先品降一等的告身都是。"降至告身"，都在 "给" 出后与犯罪案卷一起呈送尚书省刑部，"奏报" 时由吏部核准盖 "毁" 字章注销。唐《名例律》(总第 21 条) 对免官者 "三载之后，降先品二等" 的例解说，"假有 '正四品上' 免官，三载之后，得 '从四品上' 叙"，则其所降实为 "正四品上" 及 "正四品下" 两个阶，其中 "正四品下" 的阶，就是此免官者 "降至告身" 之所 "至"。追毁 "降至告身"，是明示罪官，该告身的官职已被撤免而不再存在。有学者以为 "见当、免告身" 与 "降至告身"，是一回事，非也。在其罪只降一阶的情况下，二者可以是同一事物。但如其罪属降二阶或以上的，就不是同一张告身。"降至告身" 不能无条件包括在 "见当、免告身" 的概念内。

3. "降所不至告身"

对罪官据上述规定计算出的 "降至告身" 外的官阶告身，都是 "降所不至告身"，此种告身不追收。上例中 "正四品下" 这官的 "降至告身" 被收交后，还有从前担任 "从四品上" 及其以下的告身，这些告身与这次犯罪的清算没有关系，所以不追。这官留下的 "降

所不至告身"也即为法律上说的"历任告身"。唐《名例律》(总第 19 条)说：免官者，

　　爵及降所不至者，听留。

再举免官的"正六品上"官为例，"三载后降先品二等"其所降即"正六品上"及"正六品下"的二阶，其中"正六品下"是"降至告身"阶；计其期满后从"从六品上"重叙之阶及爵位，为"降所不至告身"。"降所不至告身"最大的用途是该官如在当前所犯罪未断之际或复叙前再次犯罪，都可以用"降所不至"的"历任之官"去继续作当、免使用。唐《名例律》(总第 17 条)说："若有余罪及更犯者，听以历任之官当。"注文解"历任"说："历任，为降所不至者。"唐《名例律》(总第 21 条)也说：若免、当之官员用一官、二官当免讫，更犯徒流罪，"余有历任之官告身在者，各依上法当免"；同时，"未断更犯，通以降所不至者当之"。保留"降所不至告身"，是明示罪官停撤期满后，从此职阶上再叙，现虽非在职，但仍在有"官"资格之"仕伍"之列。[1]

四、"除、免、当"过程中涉及告身的处置

　　涉罪官员应毁的及不应毁的告身，都要依法处置。此条《令》文除了规定说告身之"应毁者，并送省，连案，注'毁'字纳库"外，还说到"不应毁"告身及其他的一些问题，现把与此有关联的一些情况，提供作思考讨论。

1. 官员作除、免处置要奏告皇帝

　　官员除、免、当最后的认定，要由尚书省刑部奏报皇帝。依唐制，品官的任命权原本就由皇帝掌控，五品以上的"制授官"及六品以下的"奏授官"，宰相衙门办理后，皇帝都要在呈文上分别批写"制可"或"闻"。同样，批准官员撤免的最后权力亦在皇帝，所以此《令》文规定"降至告身"要"奏报"呈请皇帝裁处。唐《断狱律》(总第 485 条)对地方及京都涉及官员除、免、当处理的管辖权时引唐《狱官令》说："若除、免、官当者，皆连写案状申省，大理寺及京兆、河南府即封案送。"

2. 依法追交除免官员的告身

　　官员作除、免、当处置应上交并注毁的降至告身，及时上交由刑律监督。唐《断狱律》(总第 493 条)疏文说："应追告身，不送者，亦一日笞十，五日加一等，罪止杖一百。"其

---

1 "仕伍"或称"士伍"，其义参见本书第 35 篇《"士伍"身份之辨》。

"不送"起算的时间，通常依所谓"狱成"指已取得主要的犯罪证据，或是审断机关"断讫"定案而尚未奏请御裁为准。唐《名例律》（总第 18 条）注文解"狱成"："谓赃状露验及尚书省断讫未奏者。"

3. 告身文案及已毁告身的管理与查阅

其一，门下省设"甲库"管理告身文案的"出入"事务。一般官员以级别区分的"制授""敕授"告身文案，凡必须在门下省作审读通过报请御览同意的，其文案都会在门下省留原件归档。唐代对包括任免官员的公文"奏抄"在内使用的规则说："覆奏画可讫，留门下省为案。更写一通，侍中注'制可'，印缝，署送尚书省施行。"[1] 为收藏其文书档案，门下省专门设立了"甲库"，配编"甲库令史七人"进行管理："凡制敕文簿、授官甲历，皆贮之于库，监其检覆，以出入焉。"[2] 把甲库只设在门下省由给事中主管的情况，当然不适应官吏选拔、考试、委任中众多文书管理的需要。故据《唐会要》记载，唐德宗建中元年（780），官员选举、任免的制敕文案甲库，已发展为中书、门下、吏部各自所属的三家。其所记唐文宗大和九年（835）敕定的告身文案的管理制度，最为清晰："中书、门下、吏部，各有甲库，历名为'三库'，以防逾滥"：

> 起今已后，诸司、诸使、诸道应奏六品以下诸色人，称旧有官及出身，请改转并请授官，可与商量者，除进士登科，众所闻知外，宜令先下吏部、中书、门下三库，委给事中、中书舍人、吏部格式郎中，各与本甲库官同检勘，具"有""无"申报。[3]

其二，官当文案与已毁告身在启动复叙时需查阅。除、免、当官员的复叙事务由吏部经管。"降至告身"被毁之官，在六载、三载、期年限满之后，要启动复叙程序，呈请颁发新的（降先品一、二等或依出身法叙的）告身，这项政务是吏部郎中的职司之一："有除免而复叙者，皆循法以申之，无或枉冒。"[4] 吏部要"循法"启动复叙程序，到甲库对已毁告身及告身文案作核对比照为依据，是在所必须。

其三，甲库之告身文案及已毁告身供司法官员办案查阅。如此条《令》文之最后有"若推检合覆者，皆勘所毁告身"；又如《天圣令》（残卷）影印本《狱官令》（序第 45 条）规定，对犯罪官员首先"验告身"，如告身失落或远不在身者，可以去"验案"，即去甲库查告身的原始存档。而且《天圣令》影印残卷中唐之《杂令》（序第 13 条）还规定，在有可靠人作保的情况下，官员或亲属还可以抄写告身，以显示荣耀或填补遗失之告身得受庇荫。在这些活动的过程中，告身文案"出入"之间是否有调换、添加、改动之非法行为出现，正需要甲库令史履行"监其检覆，以出入"之职司。

---

1 见《唐六典·门下侍中》卷八条注文，中华书局 1992 年版，第 242 页。
2 见《唐六典·门下给事中》卷八条下注文，中华书局 1992 年版，第 245 页。
3 见《唐会要·甲库》卷八十二，中华书局 1955 年版，第 1515 页。
4 见《唐六典·吏部郎中》卷二，中华书局 1992 年版，第 32 页。

4."不应毁告身"的处置

唐代罪官之断罪文案及应追告身由刑部上呈，而追毁告身由吏部接受后注毁。日本古代称告身为"位案"或"位记"，仁井田陞依《令集解》中"穴云"之讲解，复原唐《狱官令》曰："奏报之日，刑部径报，吏部令进位案，注'毁'字，并造簿。"[1] 因为从"断罪处"的呈送，到"奏报日"的注毁，有一个时间过程，从逻辑上说，《令》文中所谓之"不应毁"告身，似应分两类情况：

第一种情况是上缴而还未作毁的本来就属"不应毁"者。此种告身，《令》谓由"断处案呈付"，唐《诈伪律》(总第 368 条) 解"案 (按)"义说，"未有告言谓之案，已有告言谓之推"，即由断罪处问清情况向上呈报后交付本人。把不应追毁的告身误列为"毁"的对象上送作毁，并不是没有可能。唐《名例律》(总第 15 条) 规定属不因犯罪而"以理去官"的，如致仕、废州县、减员的官员，身份应"与见任同"；即使是"非理解官"，如受责或年考列为"下"等被解职的，"亦是告身应留者，并同见任官法"；唐《名例律》(总第 17 条) 又规定，即使是有罪官员，"若犯罪未至官当，不追告身"。另外，官员有罪已死亡或持告身人在案发前或审处过程中死亡，这些属"狱未成"的情况，其告身亦不追毁。唐《名例律》(总第 18 条) 规定说："其身先亡，子孙后犯反、逆"而"缘坐"，"告身不合追毁"。宋天圣令残卷《狱官令》(序第 8 条) 规定，"犯流以下，应除、免、官当，未奏身死者，告身不追。"这些不应追毁之告身，如被错误地认定为"应毁"告身上送，当然就在"不应毁"告身之列。

第二种情况是已毁告身因案件翻覆而成为"不应毁"者。犯官之案件如此《令》所言："若推检合覆 (原令文中之'複'疑应为'覆') 者，皆勘所毁告身，状同，然后申奏。"如经推检整个案件翻覆，所毁告身性质当随之改变。《唐六典》记载刑部派使推检时说："刑部录囚徒所犯以授使，使牒与州案同，然后复送刑部。"正如此《令》所言，推检之使所勘情况及结论，并与断罪处一致即"状同"，再向上申奏。推使与原断罪处，也可以意见不一，注文说："若使人与州执见有别者，各以状申。"[2] 为什么要"皆勘所毁告身"，因如前第一节中第二项所述，告身中有其人原所授职司、阶等、升迁理由及考核次第等的详细记录，可供复查分析。

以上两种情况是这条令文中的难解重点，以上分析不一定对，望再研究讨论，免得误导。

---

1 见 [日] 仁井田陞:《唐令拾遗·狱官令》第二十条 [引据] 及 [参考]，长春出版社 1989 年版，第 708 ~ 709 页。
2《唐六典·刑部郎中》卷六，中华书局 1992 年版，第 191 页。

五、官员除、免、当案处置过程中用赎的情况

唐宋除、免、当案件处置中经常涉及"赎"的使用，就是发生"官当"与"赎"配合或交叉使用的情况。唐《名例律》(总第 22 条) 说：

> 其犯除、免者，罪虽轻，从《例》除、免；罪若重，仍依当、赎法。

如前已述，当免制度的实施中原就包含了用赎制度。另外，在官员除、免、当案件作处置的过程中，还可能因遇皇帝下赦降之令而发生用"赎"的情况。

1. 在除、免、当制度自身使用过程中用赎

这一类中又有两种不同的做法：

一是减后只"赎"不"当"。如有五品官，犯私罪应徒二年，按唐《名例律》(总第 10 条)《减章》规定，七品以上犯流以下可例减一等，二年减一等 (半年) 后剩下一年半徒刑。但依当法，如再用可当二年的五品官去当徒一年半，此官就吃亏"半年"，于是这一年半徒刑，干脆不再作"当"而改用"赎"法，就是参照《名例律》(总第 3 条) 注文，一年半徒刑出赎铜"三十斤"了事。正如唐《名例律》(总第 22 条) 所言："以官当徒者，罪轻不尽其官，留官收赎。"这种情况下，此官连"减"带"赎"，"当"都未用，官职就被留住，还不发生给出"降至告身"之事，只要交出赎铜即可。

二是又"当"又"赎"。唐《名例律》(总第 22 条) 疏文例解说："假有八品官，犯私坐一年半徒，以官当徒一年，余罪半年收赎。"此八品之官，无"例减一等"之特权，必须用"当"抵当刑罚；八品一官，只能当徒一年，余下之半年刑，不需再用一官 (可当一年) 去当，也可参照《名例律》(总第 3 条) 注文"徒一年赎二十斤"的基准，半年计出赎铜"十斤"了事。这种情况下，此八品官既要给出因"当"一年后降现品一等的"降至告身"，而同时要缴纳赎半年徒刑的十斤铜。

三是有爵位官员犯免、当留爵用赎。有爵位者如犯过失杀伤父母或因奸罪有徒刑而入于免、当者，可以保留爵位用赎，唐《名例律》(总第 11 条)"赎章"中规定："本犯免官、免所居官及官当者，留爵收赎。"而入除名者则不在内。

2. 除、免、当罪在处置过程中遇赦降而用赎

除、免、当之案如在皇帝最后裁准前遇赦降之命令下达，而其所犯又在赦降的范围内的，则执行赦降之令：属免除罪罚者，免除；作减等者，有条件用赎的可以用赎。唐《名例律》(总第 11 条)《赎章》原本规定犯"五流"的罪，是不能用赎的，但如遇恩降，则"加役流、反逆缘坐流、不孝流，此三流会降，并听收赎"。如其罪全都用赎或减后用赎而不需官当，其罪错之性质，已进入依赎铜数记"负""殿"的行政考核范畴，其告身就不再是"降至告身"。故此条《令》文在规定"给降至告身"后紧接言"赎追纳库"，先解决

是否有"赎"的问题，然后才言降至告身应毁纳库的问题。这可能使人误以为开头即言对"降至告身"之"赎"而产生疑问。这是此条《令》文理解上首当其冲的一个难点。

3. 赎铜的追缴与纳库

犯官作除、免、当处置的过程中得赎，计算其应交的赎铜数，依法定时限缴国库。追缴依所犯罪轻重赎铜的多少给不同的时限，唐《断狱律》（总第 493 条）引《狱官令》规定："赎死刑，八十日；流，六十日；徒，五十日；杖，四十日；笞，三十日。"[1] 此条《令》文中所言"赎追纳库"的职司机关，似应是核准国家机关内部经费开支的刑部下之比部。因比部郎中"掌勾诸司百僚俸料、公廨、赃赎……以周知内外之经费而总勾之"。[2]

余　论

此宋《天圣令·狱官令》中的一条，作为《令》文，它合乎《唐六典·刑部》下《刑部式》中对《令》的"设范立制"的性质界定，也合乎《新唐书·刑法志》中谓《令》为"国家之制度"的正确的分类界定。总之，很明显，它不如唐《刑部式》对"正刑定罪"的《律》所作的界定。它是在官员有罪依《律》作除、免、当处罚中，对其"告身"作处置的制度性规范。如一定要在性质门类上对其定性，那就是属于罪官"告身"处置的一项专门的司法行政《令》文。从此令的内容可以看出，唐宋官员犯罪后分别以"除、免、当"等行政处罚抵冲主刑，而抵冲的幅度及撤停年限这些涉及惩罚的内容由《律》规范。而此条作为《令》文，不涉及诸如"什么行为是什么罪名，处五刑中的什么刑罚"这种性质的内容。正如笔者 20 多年前就说过的："《令》全部不是刑法""连《狱官令》都不是刑法"。[3]"刑法"性的规范条款，宋代在神宗改制时，除了把继续承用的唐《律疏》及宋《刑统》中的律条称为"律"外，其所新制的刑法条款已经称之为《敕》，并以新的纲目"敕、令、格、式"归编。所以，此条《令》文的研讨，可再一次地成为唐宋《律》《敕》与《令》性质区分的一条"新"的参考教材。

---

1 《天圣令》残卷影印本《狱官令》（序第 47 条）也有类似规定，原文中失落"杖，四十日"之语，下册"清本"中已补进。见中华书局 2006 年版（上册）第 175 页及（下册）第 418 页。
2 详见《唐六典·尚书刑部》卷六"比部郎中、员外郎"条，中华书局 1992 年版，第 194 页。
3 见钱大群：《律、令、格、式与唐律的性质》，载《法学研究》1995 年第 5 期，现已增修为本书的第 6 篇《律、令、格、式与唐代法律体系》。

附：中国社会科学院历史研究所黄正建研究员致钱大群教授信[1]

钱先生：您好。

久疏问候，现冒昧去信，只为有一事想向您请教。

我们历史所的"《天圣令》读书班"在读天圣《狱官令》时，对一句令文讨论了几次也没有弄明白，只好向您请教。

令文（见本文开头序言所引——编者注）中引起我们疑惑的主要是第 2 句："计所除、免、官当给降至告身，赎追纳库"。我们的疑惑是：1. 何为"降至告身"？它与一般告身有何区别？2. 除、免、官当为何要给降至告身？3. 官员已被除名，怎么还会给降至告身？4. "赎"在这里是什么意思？令文整体是讲告身的处理，为何又会出现"赎"的问题？5. 这句话整体是何意？是说要把除、免、官当者的所有告身都纳入库中吗？那么这其中的"给"又是何意呢？

凡此种种，讨论了几次，终不能明白，十分迫切地希望您能在百忙之中抽出时间，为我们指点迷津，解疑释惑。

此颂

夏安

后学　黄正建　拜上

2016 年 6 月 12 日

*此文发表于《江苏社会科学》2017 年第 3 期（5 月号）。

1　此信与黄正健研究员的电脑输送原件，因为经修改，已不完全一致。

39.《唐六典》性质论

　　《唐六典》是唐玄宗命令仿照《周礼》中西周的"六官"，编写的一部唐代的"周礼"书。其目的是要显示唐代制度源于西周的"正统"与宏伟，故其书以相当大的篇幅铺陈制度的历史渊源。其实《周礼》其书的内容原本就为"周官"，奉命编《唐六典》的官员，要把唐代的官制填塞到周"六官"的框架中去，就以中央和地方各级各类官府为树干，以官员作为枝杈，摘录令、式中的部分有关内容作叶片缀挂其上，这样的一部书，其性质是官方模仿"周官"而编写以资参考的一部唐代的官制典籍。

　　本文从法学的角度，以把《唐六典》置于唐代法律体系中作观照与分析的方法，对《唐六典》的性质进行考辨。其实，《唐六典》撮取唐代令、式中的行政法律内容成书之后，唐代的《令》《式》依旧各自作为独立的法典在行用，并在行用中作补充修改；而编成的《唐六典》之"典"，在律、令、格、式为主体的法律体系中根本没有其地位；《唐六典》不可能作为"行政法典"与在行的《令》《式》二典并驾齐驱；《大唐新语》中所说《唐六典》编成后"迄今行之"，被"行用论"者作为此"行政法典"公布与行用的史载根据，纯属断章取义与调换概念。

一、《唐六典》是一部官修的官制书而非法律典籍

　　行政法律规范是唐代整个法制的重要组成部分，它是令、格、式等规范的总和。《唐六典》虽然排比了一些当时在行的行政法规，但从其编写的过程来看，却始终未成为由一项立法活动而形成的法典。

（一）从唐代法律的种类进行考察

1. 唐代的法律与法律体系框架

《唐六典》其书不在唐代法律的种类之内。《唐六典·刑部郎中》条下说："凡文法之名有四：一曰律、二曰令、三曰格、四曰式。"

"律"，是指刑律。《新唐书·刑法志》说："律之为书，因隋之旧，为十有二篇"。《唐六典》谓其制定的目的及作用是"正刑定罪"，其性质基本属于刑法规范。

"令"，是系统地规定国家制度的法规，在唐以前就已很发达。基本上是关于国家机关组织编制及国家行政活动制度的法规。其制定的目的及作用是"设范立制"。《新唐书·刑法志》说："令者，尊卑贵贱之等数，国家之制度也。"《唐六典·刑部郎中》条下说，开元时期"凡令二十有七"。其中《官品令》及诸司《职员令》《内外命妇职员令》是属典型的规定"尊卑贵贱之等数"的法令，其他概是规定"国家之制度"的令文，但各种"职员令"及"衣服""仪制""卤簿"等令文，既是"国家之制度"，又实际包含了"尊卑贵贱之等数"的精神。

"格"，《新唐书·刑法志》说："格者，百官有司之所常行之事也。"格渊源于皇帝的制敕。制敕通常为特定的人、事而发，不具有一般（普遍的）法律效力。但经过"编录"之程序后就成为具有稳定的法规性质的"格"。故《唐六典》上说：格"盖编录当时制敕，永为法则以为故事"。唐代开元时期的《格》共有二十四篇，"皆以尚书省二十四司为篇名"。所谓"尚书省二十四司"，即尚书省所辖吏、户、礼、兵、刑、工六部各部中以四位"郎中"为主管官员的部门。

"式"，《新唐书·刑法志》上说："式者，其所常守之法也。"这里的"其"仍是指"百官有司"而言；这里所谓的"法"，是指"法式""程式"而言。比起令、格来，式是更具体地规定公务活动中涉及的制式与规格。所以《唐六典》说"式"制定的目的及作用是"轨物程事"。唐代开元时期的"式"共计二十卷，三十三篇。三十三个篇目也以曹司为名，除依二十四曹司为名之篇目外，还有《秘书式》《太常式》《司农式》《光禄式》《太仆式》《太府式》《少府监门式》《宿卫式》《计帐式》等篇。

上述唐代的律、令、格、式四种法律规范，按其所调整社会关系性质的不同，可以分成二类，即律基本上是刑法规范，令、式及格（按：纯属于修正《律》的《刑部格》除外，下同）是行政法律规范。令、格、式主要适用于国家的行政管理。违反令、格、式及行凶作恶构成犯罪者一律以律来定罪判刑。在刑法规范与行政法律规范的关系上，宋人根据唐代的史实作了概括："凡邦国之政，必从事于此三者（按：指令、格、式）。其有所违及人之为恶而入于罪戾者，一断以律。"[1]

1（宋）欧阳修、宋祁：《新唐书·刑法志》卷五十六，中华书局 1975 年版，第 1407 页。

2.《唐六典》作为官制之 "典" 不属法律体系中之法律形式

日本学人织田万认为《唐六典》是 "行政法典"，其主要理由是《唐六典》"具法典之体裁"，而所谓 "法典之体裁"，实际上是指《唐六典》（《周礼》亦然）排列出了国家机关中官吏的编制与职守。如果说《唐六典》摘录了在行《令》《式》的部分内容，"已将原文打乱，改为以职官为纲目的新体例"，就成了 "行政法典"，那是不正确的。为什么不能把内容仅限于国家机构编制与其职司的典籍看成是 "行政法典"？首先，唐代令、格、式、礼等规范，其内容不全是官制。如唐代的《令》中有一项极为重要的《田令》，它的内容肯定不是官制。同时，《唐六典》以官制为纲目的编排体例，势必要遗漏、排斥很多无法隶属于某个职官的重要行政立法内容。

3.《唐六典》其法律内容在分量及种类上达不到作为 "行政法典" 的要求

据《旧唐书·刑法志》，开元二十二年（734）《令》《格》《式》合计就有3094条，而《唐六典》的内容，距这个数字实在相差太远。把仅仅选取了当时全部行政立法中一小部分内容的《唐六典》称为 "行政法典"，从事物赖以存在的量与质上看，都是不能成立的。首先，被分入在《唐六典》中的许多令、式，只是在行令、式主要内容的提示或概括。如《唐六典》卷二《尚书吏部》"凡天下官吏各有常员" 条下注云：

> （诸司、监、署、府）其见在员数，已具此书，各冠列曹之首。或未该者，以其繁细，亦存乎令、式。[1]

可见，即使《唐六典》以之为纲目的职官及其职掌，亦只是举其大概，而不能取代规定职官及行政程式的正式法律——令和式。

同时，周之 "六官" 并不适宜为唐 "六官" 仿效。对此，陈寅恪曾举例分析说，

> 《周礼》原无此职，而唐代实有其官，傥取之以强附古经，则非独真面之迥殊，亦孙感骈枝之可去。[2]

（二）从《唐六典》的编写过程来考察

《唐六典》这部书的编写，在指导思想上并未摆脱孔子 "郁郁乎文哉，吾从周" 的局限。具体地说，是要显示有唐一代特别是开元朝制度的盛况，并表明其承周的正统。"六典" 一词就源出《周礼》的 "六官"。无论是韦述、刘肃，还是宋朝的陈振孙，都一致说，

1《唐六典·吏部》，中华书局1992年版，第34~35页。
2 见陈寅恪：《隋唐制度渊源略论稿·职官》，上海古籍出版社1982年版，第98~99页。

接受命令的撰写官员，所追求的目标是"以今朝六典象《周官》之制"或"象《周礼》六官之制"；其编写的方法是"检前史职官，以令、式分入六司"或"始以令、式分入六司"。因为皇帝的指示很具体："上手写白麻纸凡六条，曰：'理（本应为"治"，因讳高宗李治名而用"理"。——本文作者按）、教、礼、政、刑、事典'，令以类相从，撰录以进。"[1] 所谓"以类相从"，就是以唐代的制度，照《周礼》分为六类，但实际上周唐官制根本不一样。这恰如陈寅恪先生所说：

> 唐代官制近承杨隋，远祖（北）魏、（北）齐而桃北周者，与周官绝无干涉。[2]

《唐六典》的编写过程证实，唐玄宗考虑不周，指令不当。其表现有三：一是曾经七次修书的第一流学者徐坚弄得身被皇命却"历年措思，未知所从"，结果不得不把这难题推给别人，让主持人增加人手。二是那些正式开始撰写的人为落实最高指示，削足适履，"以令、式分入六司，以今朝六典，象周官之制"。[3] 三是最后编写出来的书，名不副实，虽称"六典"，却无"六"可言。这些极不平常的现象都说明，《唐六典》的编写根本不是为了适应社会实际生活的需要来编制一部"行政法典"，让全国上下一体遵行。如果说这里边有社会实际生活反映的话，那就是编写官们在这部书里抄摘了部分当时在行的《令》《式》而已。以上这些乃是《唐六典》一书的要害所在，可惜持"行政法典"说者都不愿正视这些事实。

（三）从《唐六典》的母本《周礼》来考察

作为《唐六典》体例范本的《周礼》也不是西周的所谓"行政法典"，而只是称为"周官"的官制书。周代属于刑法的规范称"刑"，"刑"以外的法律规范主要有"礼"。礼的范围极广，几乎涉及一切方面，依"九礼"之说，则是冠、婚、朝、聘、丧、祭、宾主、乡饮酒及军旅等多方面。现传的《周礼》根本不可能包括当年周公所制之礼的全部内容。西周除"礼"和"刑"外，还有令、诰、训、誓等法律形式。"令"是天子或权臣的命令，周器铭文中记载有周公"舍三事令"，"舍四方令"；"诰"是天子关于施政的训令，所谓"用之于会同"；"训"是权臣的训令，"誓"是军令。《周礼》在记天官大宰除主要执掌"六典"外，还要"以八法治官府"，但这"八法"则另外有其法规。又如《天官·冢宰·兽人》记"兽人"的职责时，最后说："凡田兽者，掌其政令"。到底执掌有关田兽的什么"政令"？本条没有列出。同样，《天官·冢宰·渔人》条记述"渔人"："凡渔者，掌其政令"。至于

1 分别参见（唐）刘肃：《大唐新语》卷九《著述》，中华书局 1984 年版，第 136 页；（宋）陈振孙：《直斋书录解题·职官·唐六典》，上海古籍出版社 1987 年版，第 172 页；《新唐书·韦述传》卷一百三十二，中华书局 1975 年版，第 4530 页。

2 陈寅恪：《隋唐制度渊源略论稿·职官》，上海古籍出版社 1982 年版，第 97 页。

3《大唐新语》卷九《著述》，中华书局 1984 年版，第 136 页。

渔事的"政令"是什么，也未列出。所以，从法典内容具体的要求来说，《周礼》也并不是西周的"行政法典"。

由于受《周礼》的影响，《唐六典》的具体撰写人员最终不得不把有关国家机关组织编制的令、式填塞到官制的框架中去。这种做法，从立法技术上看，以国家机关与职官为纲目，只能编出以职官为中心而不是以法规为中心的文献；以官吏为纲目的编排方法，也注定了这一文献只是官制典籍。

（四）从唐代国事活动中的"政"与"刑"来考察

在行政权与审判权不能分职的情况下，要出现一部统一的所谓"行政法典"，本来就很困难。在唐代，虽然以调整行政活动为主的法规及以惩办犯罪为主的法规已经分类，但是他们还不可能具有行政与司法审判分离的思想与制度。司法与行政一体，皇帝、宰相都有审判权，各级行政官同时也是各级审判官。在唐朝统治者看来，根本不存在那种到近现代社会才能形成的行政活动与刑事审判活动彻底分行的界限。或有论者曰，此正是古代"行政法典"之特色。对此亦可对之曰，此正是不可能产生"行政法典"之所由。

综上所述，我们认为，《唐六典》是以《周礼》为体例，以国家机关与职官为纲目，以抄摘在行《令》《式》中有关国家机关组织编制的内容为基本内容，以显示有唐一代制度盛况并以备查为目的的一部官修的官制典籍。

二、《唐六典》的体例及内容不能成为"行政法典"

《唐六典》的内容分正文及注文两个部分，共三十卷，以唐代当时（除皇帝外）从中央到地方各级机构的设置为其纲。

在三十卷之纲下，又以各机构设编之官员为其目。如"三师、三公、尚书都省"卷下列有："太师""太傅""太保""太尉""司徒""司空"。在"尚书都省"下列有："尚书令""左丞相""右丞相"等共一百零五人。

每一职官之目下包括两项内容：一是关于设编官员的名称、员数及品秩的记录；二是关于职责、属部及主要公务制度的记录。如上述尚书省的"左右丞相"，在规定"尚书左丞相一人，右丞相一人，并从二品"之后，规定其职责是"左右丞相，掌总领六官、纲纪百揆，以贰令之职。今则专统焉"。[1]

《唐六典》的注文是分列于正文之下的备注说明。在官员名称、员数及品秩下的注文，主要是系统完整地叙述其历史渊源，包括本朝的沿革变易情况。公务制度下的注文，主要是关于职权履行及制度实施中的必要说明。

《唐六典》的内容来源是唐代的《令》和《式》。所谓"以令、式分入六司"，即以唐代在行的令、式的有关内容，分别归入到尚书省下的六类职官及其他官署官员的名下去。《唐六典》三十卷所列之国家机构及官员职责，实际上是唐朝二十七种《令》文及三十三篇《式》中已经予以规定了的内容的摘取与串连。《唐六典》所引入的当时在行的令、式，无论是从其引入的完整程度，还是从其排比的方式来看，都表明它不可能成为一部在行的行政法典。对此，本文通过介绍以下几个特点作进一步说明。

（一）《唐六典》对许多重要的在行法规未予收入

唐代的令是较完备的行政法律规范之一，然而，有些极为重要的令文却被排斥于《唐六典》之外。如《唐六典·兵部》"职方郎中"条下关于边防烽候的令式，竟连《唐律疏义·卫禁律》之疏文所引《职方式》中"放烽讫而前烽不举者，即差脚力往告之"这样极为重要的内容也没有收录。

《假宁令》中规定官吏因父母丧的解官制度是行政法令中极重要的内容。而永徽年间关于母嫁、出妻之子与继母改嫁及为长子，并不解官的令文，[2]《唐六典》却无载。开元七年（719）关于"诸丧斩衰三年，齐衰三年，齐衰杖期，为人后者，为其父母并解官，申其心丧。"[3]《唐六典》也无载。《唐六典·礼部郎中》下虽列了"五服之制"，但解官与否，不是"五服之制"能代替的。又如开元二十五年（737）《丧葬令》：

> 诸身丧户绝者，所有部曲、客女、奴婢、店宅、资财，并令近亲转易货卖，将营葬事及量营功德之外，余财并与女；无女，均入以次近亲；无亲戚者，官为检校。若亡人存日，自有遗嘱处分，证验分明者，不用此令。[4]

此令《白氏六帖事类集》卷二十二有载。《宋刑统·户婚》"户绝资产"条下准引此令。如此重要的令文，《唐六典》竟也无载。

外事法规是唐代重要的行政法规之一。外事在唐代由鸿胪寺掌管，其有关的法规由

---

1 《唐六典·尚书都省》，中华书局 1992 年版，第 7 页。

2 参见［日］仁井田陞：《唐令拾遗·丧葬令》第五条甲 "引据"，长春出版社 1989 年版，第 669 页；《斗讼律》卷第二十三（总第 345 条）"问答" 二。

3 参见［日］仁井田陞：《唐令拾遗·户令》，长春出版社 1989 年版，第 671 页。

4 ［日］仁井田陞：《唐令拾遗·丧葬令》，长春出版社 1989 年版，第 770 页。

《格》及《式》规定。如准《主客式》：

> 蕃客入朝，于在路不得与客交杂，亦不得令客与人言语。州、县官人若无事，亦不得与客相见。[1]

这些极重要的行政管理法规内容，《唐六典》"礼部"与"鸿胪寺"均无载。

(二)《唐六典》以官署及职官为纲目，那些无法列入某一官司的令、式往往付之阙如

如《唐律疏义》"擅兴律"及"职制律"疏文共引之《公式令》中规定各官府派"使人"传符的令文，《唐六典》就没有列入。该令文的内容是："符付使人，若使人更往别处，未即还者，附余使传送。若州内有使次，诸府总付；五日内无使次，差专使送之。用符节，并由门下省，其符以铜为之，左符进内，右符付在外应执符人，有事行勘，皆奏出左符，以合右符，所在承用。事讫，使人将左符还，其使若反他处，五日内无使次者，所在差专使，送门下省输纳。其节大使出，即执之，使还亦即送纳。"尽管此令文十分重要，大概因为涉及门下省及州府几个部门的相互关系，不好列入哪一个部门，因此只好舍弃。再如，唐代高品级的大臣亡故，皇帝为表示悼念要停止上朝的"辍朝"制度，这种国家令文规定的重要行政制度《唐六典》竟也没有收入。

(三)《唐六典》对《格》的内容无所问津，使"行政法典"说难以自圆

前已述及，"格"是唐代的重要法律形式之一，为"百官有司之所常行之事"。它是由皇帝的制敕经过"编录"而来。唐代"格"的编纂分为两种，《旧唐书·刑法志》云：永徽初，敕长孙无忌等多人撰定律令格式，"遂分格为二部：曹司常务为《留司格》，天下所共者为《散颁格》。其《散颁格》下州县，《留司格》但留本司行用焉。"《唐六典·刑部》条也从制定的目的和作用说"格"是"禁违正邪"，表明"格"能保障官府及官吏的公务活动服从制敕而不违反。如《唐律疏义·卫禁律》的疏文中说：

> 准别《格》："诸蕃人所娶得汉人妇女妻妾，并不得将还蕃内。"

唐代不能排除了"格"而制定"行政法典"。如对僧、道、尼的管理法规，其性质相当于宗教法规，这在唐代非常重要。而由于《唐六典》排斥了《格》，这类法规也基本排除在外。

---

1 转引自《卫禁律》卷第八（总第88条）疏文。

可唐代皇帝并不因为律、令、式已体现了他的意志就不要"格"。他们不但要"格"，而且还给官府下令，要把"格"抄写在官署厅堂的墙上念念不忘。在唐代，作为"百官有司之所常行之事"的"格"，唐睿宗于文明元年（684）四月明敕："当司格令并书于厅事之壁"，让官吏们"俯仰观瞻，使免遗忘"。[1]

三、《唐六典》作为典籍没有法律属性

判断一部典籍是否具有法律的属性，一个简单的办法是用当时法律具有的特征进行验证。这样，当用唐代法律的特征去检验《唐六典》时，我们便能得出结论：《唐六典》是一部没有法律效力，因而在成书之后也不作必要的修订、增补，行文上亦不便被贯彻执行的典籍。

（一）唐代刑律确认律、令、格、式的法律效力，而不提及《六典》的法律效力

《唐律疏义》卷第三十《断狱律》（总第 484 条）规定：

> 诸断罪皆须具引律、令、格、式正文，违者笞三十。

这条刑律的内容可以使我们看到两个问题。

1.《唐六典》有令、式的内容也不是有法律效力的令、式二典的"正文"

有法律效力的"正文"是在现行的《令》《式》之典籍上，而不是在《唐六典》中。也就是说，《唐六典》收录的令、式属于法律，不是因为《唐六典》本身是法律，而是由于另有正式行用的《令》《式》存在。上引唐律该条律文的疏文云："断狱之法，须凭正文。"因此，《唐六典》中抄录的法律内容没有法律"正文"的地位与效力。

2.《唐六典》作为"法典"还未具有被承认的法律位阶所居地位

《唐六典》虽是"以令式入六司"，但是唐代的法律形式中有律、令、格、式，而没有"六典"的"典"；如果《唐六典》是"法律形式"，那么，违反《唐六典》就要依法受处

---

[1]《唐会要·定格令》卷三十九，上海古籍出版社 1991 年版，第 824 页。

罚。这样《唐律疏义》总第 484 条最迟在开元二十六（738）年后除律、令、格、式之外，还要加上"典"，从而变成："诸断罪皆须具引律、令、格、式、典正文，违者笞三十"这样的内容，而事实上根本不是如此。《唐六典》由令、式缀成，而唐代刑律《唐律疏义·杂律》（总第 449 条）规定："违令"，笞五十；"别式"，笞四十。而唐代一些行政活动违反了《唐六典》的内容，根本无违反法律的后果。《唐会要》卷六十六"东都国子监"下记穆宗长庆年间，国子祭酒韦乾度奏请要求礼部遵守《六典》的规定不要侵权，在官吏的引进补缺上应通过国子监，而皇帝的处置只是"敕旨：宜依"罢了，而根本不按照"违令别式"的法条去追究违"法"者的罪责。

在唐代，曾有人提出过要修改《唐六典》使其具有法律强制力。这个人就是《唐六典》成书七十年后唐宪宗时的宰相郑絪。郑絪曾上《请删定施行〈六典〉〈开元礼〉状》，请求皇帝

> 特降德音，明下有司，著为恒式，使公私共守，贵贱遵行，苟有愆违，必正刑宪。[1]

郑絪说这样的话，说明他就是要解决由其性质决定的在法律体系中的位阶关系。他呈《状》上这几句话明确无误地告诉我们三点：一是要成为让公众遵守的法律必须要有皇帝下诏颁行的程序；二是在当时，有法律效力的文书，若有违反，就要受处置；三是《唐六典》要成为法律至少必须重新修改。《六典》应修删成什么样子，郑絪未说明。他的建议也并未实现。

（二）有法律内容之书不一定就是"法典"

持"行政法典"说论者认为《唐六典》"以国家立法的形式产生，又以编制法典的方式制定"。这些认识必须予以澄清。奉皇帝命令编制图书是否具有了"立法形式"？摘抄在行《令》《式》所编成的图书是否就是"编制法典"？这些问题，实际上成了关于《唐六典》性质争论中的症结问题之一。

如果说抄录或者汇集了部分现行的法规及制度的书籍就是"法典"，那么，唐代除了《唐六典》是"行政法典"外，还应有第二部可称为"行政法典"的图书。这部书也记录汇抄了唐代许多令、式、礼及官制的内容，其对制度沿革的考证，比《六典》还详尽，并且也以"典"相称，这就是唐代杜佑编著的《通典》。这部书"征于人事，将施有政"，"由食货以讫边防，先养而后教，先礼而后刑，设官以治民，安内以驭外"，"恢恢乎经国之良模

---

1 （唐）吕温：《代郑相公请删定施行〈六典〉〈开元礼〉状》，载（清）董诰等编：《全唐文》卷六百二十七，上海古籍出版社 1990 年版。

矣"。[1]那么，这部《通典》不也可以称为"行政法典"吗!

论者或曰：《通典》不是奉御命而撰，《唐六典》是被旨而修。其实，由皇帝下令编撰的图书绝不就成为法律或法典。就以唐代来说，唐太宗因"欲见前代帝王事得失以为鉴戒"，于是魏徵等编《群书理要》三十卷；永徽年间孔颖达奉诏疏注《五经》；开元时中书令萧嵩奏请注《文选》；唐玄宗因"儿子等学缀文，须检事及看文体"，于是令张说等"撰集要事并要文，以类相从"而编成《初学记》，这些奉皇命编撰的书都绝不可能是法律、法典。《通典》后来清朝乾隆丁卯（1747）奉皇命"御制重刻"时，尽管强调其非是一般供阅读之图书："岂以供博览而已哉"，但就其主要作用来说，"则是书实考镜所必资"而已。

（三）从法律通常要进行修改看《唐六典》不具有在行法律的性质

制定法律的目的就是通过法律规范去调整一定的社会关系。因此，必须使法律与社会关系之间保持同一性。而保持这种同一性的唯一途径就是法律应该随着社会生活的变化而变化。这一点反映在立法上就是任何有效的法律必须进行修改。古代法律于此也不能例外。

虽然古代刑律稳定性较大，但修改刑律有唐一代持续不断。从《旧唐书·刑法志》的记载看，唐代第一部刑律《武德律》事实上只行用了两年多，李世民即位，于贞观元年（627）就"更加厘改"。修改制定历经十一年。《贞观律》行用十二年之后，唐高宗李治于永徽初又敕"旧制不便者，皆随删改"，而制成《永徽律》，永徽四年又制成《律疏》，开元时又校勘《开元律疏》，大中年间又有"刑统"。以"令"来说，《武德令》《贞观令》《永徽令》《开元令》的制定，这本身就是修改过程。以"格"来说，在制定《贞观律》的同时，"又删武德、贞观以来敕格三千余件，定留七百条，以为《格》十八卷"。永徽年间有长孙无忌等删定的格，永徽中又令"惟改易官号曹局之名，不易篇目"之格。以"式"来说，永徽时有《永徽式》十四卷，龙朔二年（662），因"改易官号"，高宗因敕"重定格式"。到仪凤年间，因"官号复旧"，又敕"删辑格式"。武则天垂拱年间又"敕改格式"，律令也曾改二十四条。唐中宗李显"二次登基"后，于神龙元年（705）因"时既改易"，于是又"制尽依贞观、永徽故事"。

开元时期唐代法律的修改亦十分频繁。开元初，玄宗敕"删改格式令"；开元六年（718），又敕"删定律令格式"。开元十九年（731），又"令所司删撰《格后长行敕》六卷，颁于天下"。开元二十二年（734），李林甫"又受诏改修格令"。开元之后，法律制度的局部修改历朝仍不断进行，《旧唐书·刑法志》记载，唐文宗大和年间，刑部认为前《新编格后敕》"前后差殊，或书写错误"，于是奏准"去繁举要，列司分门，都为五十卷"。开成四年（839），"二省详定《刑法格》一十卷"。唐宣宗李忱大中五年（851），"敕修《大

---

[1]（唐）杜佑：《通典》之《御制重刻〈通典〉序》，中华书局 1984 年版，典一。

中刑法总要格后敕》六十卷”，大中七年（853），张戣进《大中刑律统类》十二卷。

总之，在唐代，属法律范畴的文献历史上都有修改的记录，而唯独《唐六典》史无修改的记载。这足以说明《唐六典》根本不具有法律应该具有的稳定与变动相统一的特点。

1. 成书以后对新制度不予增补也表明其不具有在行法律的特征

尚书省是唐朝廷的行政中心，但是从史典的记载看，其在政治中心的宰相衙门间的权职分工，只是偏重于所谓在“中书制命，门下审覆”后的“尚书执行”而已。其实尚书省后来增多了权力，因为《唐六典》书成之后一直置于书院供查阅，故这些政制大事都不予补充记列。

尚书省对全国地方政事有直接裁决报请皇帝的权力。永泰二年（766）代宗皇帝制曰：

> 诸司诸使及天下州府，有事准令、式各申省者，先申省司取裁，并所奏请。敕到省有不便于事者，有司详定闻奏，然后施行。[1]

大历十四年（779）代宗之敕曰：

> 天下诸使及州府，须有改革处置事，一切先申尚书省，委仆射以下商量闻奏，不得辄自奏请。[2]

尚书省各司对敕书有起请复议之权。敕诏一般经中书门下拟议后下发，但尚书各司对所受之敕有起请复议权，起请申复的文书称为“商量状”：

> 尚书省诸司有敕后起请，及敕付所司商量事，并录所请及商量状，送门下及中书省，各连于元敕后。所申仍于元敕年月前云起请及商量如后。[3]

《旧唐书·刑法志》记载，宪宗元和四年（809），由于司法机关“决断系囚，过为淹迟”，是年九月皇帝以敕令规定：

> 自今己后，大理寺检断，不得过二十日，刑部覆下，不得过十日。如刑部覆有异同，寺司重加不得过十五日，省司量覆不得过七日。如有牒外州府节目及于京城内勘，本推即日以报。牒到后计日数，被勘司却报不得过五日。[4]

这是司法行政上重大的程限规定，但《唐六典》卷六“刑部”、卷十八“大理寺”、卷一“尚书省”程限条下均无此文。

又《旧唐书·刑法志》记，穆宗长庆元年（821），因“天下刑狱，苦于淹滞”，御史

1《唐会要·尚书省》卷五十七，上海古籍出版社 1991 年版，第 1155 页。
2《唐会要·尚书省》卷五十七，上海古籍出版社 1991 年版，第 1156 页。
3《唐会要·尚书省》卷五十七，上海古籍出版社 1991 年版，第 1155 页。
4《旧唐书·刑法志》，中华书局 1975 年版，第 2153 页。

中丞牛僧孺又"请立程限"。其内容是：

> 大事，大理寺限三十五日详断毕，申刑部，限三十日闻奏；中事，大理寺三十日，刑
> 部二十五日；小事，大理寺二十五日，刑部二十日。一状所犯十人以上，所断罪二十件以
> 上，为大；所犯六人以上，所断罪十件以上，为中；所犯五人以下，所断罪十件以下，为
> 小。[1]

《旧唐书·穆宗本纪》记载皇帝"从中丞牛僧孺奏"，"立程"。这种极为重要的行政程式，
《唐六典》也不予增补。

2. 行文及选材上不考虑贯彻执行的需要而偏重追求详尽的历史沿革

（1）追求"完善"而不重视实用。

如事实上不是必需的编制而纯属虚设的"三师三公"，赫然列在正文之首位，就是摆西
周《周官》的气派，以示堂皇正统。《唐六典》在"三师"之条下自己都这样说：

> "三师，训导之官也"；"明虽天子必有所师"；"然非道德崇重则不居其位，无其人则缺
> 之，故近代多以为赠官。皇朝因之，其或亲王拜者，但存其名耳。"[2]

其在"三公"之下说：

> "三公，论道之官也"；"无所不统，故不以一职名其官"；"自隋文帝罢三公府僚，皇
> 朝因之，其或亲王拜者，亦但存其名位耳"。[3]

这说明，"三师""三公"，即使有也无其职司，"但存其名位耳"。以这种措词来表述，
是《六典》自曝其特点的显著表现之一。以上所引是《唐六典》的正文，在正文之后的注
文中编写者自己就说："自太师以下，皆古宰相之职，今不常置，故备叙之。"如果只是赠
官的名号，完全可以列在吏部某郎中条下注明则可。三师、三公只作为赠衔，有史书记载
可证。《唐会要》在记述封赠郭子仪等"三公"名号时说：

> 十一月三日除郭子仪；大历十四年（779）闰五月十五日，除太尉，加尚父。宝历元年
> （825）五月三日，李辅国除司空，加尚父。[4]

（2）在编制员数阵容上趋于形式主义。

《周礼》六官每篇开头以很长的篇幅专列官员编制的阵营，《唐六典》于各卷的开头也
照例以恢宏的气势排比机构的阵营。只要对《唐六典》内容稍加注意就可发现，其官吏员
数各条之下已加列举，阵营的排比全属形式主义的重复。

1《旧唐书·刑法志》，中华书局 1975 年版，第 2155 页。
2《唐六典·三师三公》，中华书局 1992 年版，第 3 页。
3《唐六典·三师三公》，中华书局 1992 年版，第 5 页。
4《唐会要·尚书令》卷五十七，上海古籍出版社 1991 年版，第 1160 页。

（3）注文的沿革追述削弱了令式的比重。

《唐六典》一书的注释是该书极为重要的组成部分，除了公务制度中的一小部分注文有关于职权履行及制度实施的令、式引入外，其余写在编制员额、品秩下的注文全是关于历史沿革情况的说明。这些性质的文字虽然无司法实践意义可言，但篇幅却几乎占整部书二分之一以上。这种写法不是哪个编写人任意所为，而是根据皇帝仿《周礼》的指令而不得不为。相比较而言，早于《唐六典》的唐朝正式的刑律《律疏》的注解，则完全以贯彻适用为原则编写，是古代典型的所谓"法律解释"。这部《律疏》总共十二篇，其中讲历史沿革的内容，合在一起也不比《唐六典》中一条长的注文长。《唐六典》的行文方式显然与在行法律之要求不符。

四、《唐六典》从未作为"行政法典"而"行用"

《唐六典》制定后有唐一代并未颁布行用，但后世的研究却产生了截然不同的认识，对此，有必要通过考证消除人们对史籍记载所产生的种种误解。

（一）《唐六典》"未有明诏施行""亦不行用"

唐代凡有法律效力的律令格式，在制定之后，都要由皇帝专门发布颁行诏令。这一程序，是法律生效必不可少的条件。下诏令颁行，在法律上有两重含义：一是皇帝对法律内容的审核和批准；二是命令公布及予以执行。所以，凡法律规范都不能缺少这一程序。从历史记载看，五代人及宋代人编写的《旧唐书》《新唐书》上没有关于《唐六典》颁行的片言只字不说，唐代的史料更是明确地说《唐六典》未曾颁行。

韦述是《唐六典》的主要作者之一，而且是从实际撰写就开始参加并直至最后成书的重要作者。他说《六典》

> 二十六年奏草上，至今在书院，亦不行。[1]

文中的"至今"和"亦"的措辞表达的意思明白无误。

《唐六典》编成约七十年后，唐宪宗的宰相郑絪于元和三年（808）请吕温代写《请删

1（唐）韦述：《集贤记注》，转引自（宋）陈振孙：《直斋书录解题·职官·唐六典》，上海古籍出版社1987年版，第172页。

定实行〈六典〉〈开元礼〉状》。《状》中说《唐六典》制成的当时，

> "草奏三复，只令宣示中外，星周六纪，未有明诏施行"；"《六典》圣朝所制，郁而未用"；"损益之间，讨论未尽，或弛张之际，宜称不同"。

于是他建议"于常参官内选学艺优深、识理通明者三五人""量加删定"。[1] 其实，郑絪所言意思清楚，主张明白，既说"只令宣示中外"，又说"未有明诏施行"，是立法行家的话。一部官修典籍要成为有法律效力的文书，"宣示中外"，发下去让朝廷内外观读议论，并不等于正式颁行，只有"明诏施行"才是正式的公布程序。官修典籍之"宣示"不等于是"颁行"法律，这也是唐代立法与非立法的区别所在。因为，《开元礼》同《六典》一样，也未有正式颁行的程序，所以郑絪一《状》同言二书，都请求删定颁布。

（二）"行之"之言是作为图书准许阅读而不是作为法律"行用"

对《唐六典》作出"行用"记载的人首推刘肃，此人元和年间任江西浔阳主簿。他在《大唐新语》中说《唐六典》：

> 至二十六年始奏上，百僚陈贺，迄今行之。[2]

这就成了"行用"论者找到的最有分量的史证。只是想不到，此根本非谓法典"行用"的一句话，使多少学者，在"行用"问题上误入迷途。

1.唐代国家图书及教材有"行停"制度

刘肃所记《唐六典》"迄今行之"的一段文字，列于《大唐新语》卷九"著述第十九"。此书在"著述"栏下共记述了十三段有关图书典籍的事。从刘肃之记述看，他饱览群书，学识广博，了解很多著述的内情逸事，因而不至于把属于朝廷的"法典"同一般文史书籍相类举。刘肃把《唐六典》与其他书同列，说明在他看来，《唐六典》在性质上不是国家的律、令、格、式等法律，充其量只是诸如亦同奉御命官修的《群书理要》及《初学记》等供参考借鉴的汇编书一样。

其实，稍稍用心纵读一下刘肃《大唐新语》"著述"栏的全文，就可以解开关于《大唐六典》"迄今行之"之谜。原来，唐代的图书是否能藏于秘书省供官方阅读，是要经审查批准的，即所谓"行废"制度，或称"行停"制度。允许列为官方阅读的称为"行"，或称之

---

1 （唐）吕温：《代郑相公请删定施行〈六典〉〈开元礼〉状》，载（清）董诰等编：《全唐文》卷六百二十七，上海古籍出版社 1990 年版。

2 （唐）刘肃：《大唐新语》卷九《著述》，上海古籍出版社 1984 年版，第 136 页。

为"依"；不允许则称为"废"或"停"。这里有刘肃第六段记述的用词为证：

> "开元初，左庶子刘子玄奏议，请废郑子《孝经》，依孔注；《老子》请停河上公注，行王弼注；《易传》非子夏所造，请停。"[1]

在唐代，学馆使用的图书版本由《学令》规定。如开元七年（719）其《令》曾规定：

> "诸教授正业：《周易》，郑玄、王弼注；《尚书》，孔安国、郑玄注；《三礼》《毛诗》，郑玄注；《左传》，服虔、杜预注；《公羊》，何休注；《谷梁》，范宁注；《论语》，郑玄、何晏注；《孝经》，孔安国、郑玄注；《老子》，河上公注。"[2]

刘肃《大唐新语》上所载刘子玄的建议，《册府元龟》的记载亦可为证。该书卷六百三十九"贡举部"曾记开元七年（719）左庶子刘子玄奏：

> 《孝经注》请废郑依孔，《老子注》请停河上公行王辅嗣，《易传》非子夏所造，礼部奏议，请准令式，《孝经》郑注与孔传依旧俱行，子夏《易传》无益后学，不可将帖正经。[3]

2.《唐六典》的"行之"是说它作为图书允许阅读与征引

刘肃说《唐六典》于开元二十六年（738）奏上之后"迄今行之"，是说直到他写作《大唐新语》的元和年间，《唐六典》这部书仍被允许列在秘书省国家图书馆作为官方图书阅读，而根本不是说《唐六典》直到元和年间都作为法律被执行。其实，只要把不到二千字的《大唐新语》"著述"栏的全文读完一遍，就不会认为刘肃所说的"迄今行之"是说《唐六典》在贯彻执行。因为刘肃在"著述"中还讲到另外三部书也在"行"。其中第三段说：

> "贞观中，纪国寺僧慧静撰《续英华诗》十卷，行于代"。

"行于代"即"行于世"，此处避"世"字讳而言"代"。其第十二段云：

> "诏以《初学记》为名，……其书行于代"；

其第十三段曰：

> "襄阳处士王源撰《亢仓子》二卷，亦行于代"。

刘肃所说的这些诗集、文史摘要汇编书及道家书在"行"，难道也是说这些书作为法律在被

1（唐）刘肃：《大唐新语》卷九《著述》，上海古籍出版社 1984 年版，第 134～135 页。

2［日］仁井田陞：《唐令拾遗》，长春出版社 1989 年版，第 183 页。

3（宋）王钦若等编纂：《册府元龟·贡举部》，凤凰出版社 2006 年版，第 7389 页。

贯彻执行吗？当然不是。宋代于哲宗时任谏议大夫的史学家范祖禹，元祐四年（1089）就官制问题回答皇帝时也说：

> 《大唐六典》虽修成书，然未尝行之一日。[1]

作为唐代的一部重要典籍，陈寅恪关于《唐六典》只是开元时制定的"在行政上便于征引的类书"[2]的论断，可以看作是《唐六典》所起实际作用的概括。所谓"征引"，是说可供参考枚举，但无法律效力。参考枚举《唐六典》与参考枚举《周礼》的性质一样。《唐会要》上记载，官吏奏事有时有"准《六典》……"的提法，就属于这种性质。这些建议要被接受都得由皇帝批准。凡这种情况，史书都记载说："敕旨：宜依"，或者"敕旨，准《六典》"。这种做法的本身就说明《唐六典》不是颁行之成法。否则，执行成法之事无必要请示皇帝批准。南宋的程大昌以《唐会要》所记开元后一些同《唐六典》中某些令、式相合的事例来证明《唐六典》是颁行之法典，这种本末倒置的做法，是抹煞了《唐六典》抄摘当时在行令、式而制定，而唐代《令》《式》又一直在实行的这一根本特点。

前文已经指出，《唐六典》主要是根据唐代当时在行令、式的内容编写而成。而《唐六典》编成后，这些令、式仍像以前一样作为法律继续生效。唐代贞元、元和、大和及开成年间仍修订格、式等就是明证。在评价《唐六典》的作用时，把《唐六典》编写当时及编写以后一直在生效的国家的令、式的效力，都说成是《唐六典》的作用，是本末倒置。唐以后《唐六典》都被作为历史典籍征引，宋朝与明朝刊刻《唐六典》，同清朝刊刻杜佑《通典》用意相似。所有这些，丝毫不能反证《唐六典》在唐代当时作为"行政法典"颁布行用。

---

* 此文是参加中国社科院法学所 1989 年 4 月于北京召开的"中国法制史国际学术研讨会"之论文，发表于《中国社会科学》1989 年第 6 期，原文两万字，此次刊发作了删节、调整与补充。李玉生参加了该次学术会议，并参与了此文全过程的撰写及后续的修改。李玉生，法学博士、南京师范大学法学院教授、博导，曾任全国政协委员，现为江苏省高级人民法院副院长。

---

1 （宋）李焘：《续资治通鉴长编》卷四百三十三 "哲宗元祐四年九月乙酉" 条，中华书局 2004 年版，第 10443 页。
2 陈寅恪：《隋唐制度渊源略论稿·职官》，上海古籍出版社 1982 年版，第 82 页。

40.《唐六典》性质再论

——续驳"行政法典"说并商榷章太炎之"宪典之纲"说

　　《唐六典》传至近现代后，受到中外学者的重视，对其性质产生了不同的看法，并引起争论。其争论的代表性观点，一为日本学者织田万的"行政法典"说，[1] 一为中国史学家陈寅恪"行政上便于征引之类书"说。[2]

　　本文继续从唐代法律体系的视角并依法律的特点，辨析《唐六典》的性质，以否定"行政法典"说。同时，对"行政法典"持论者所涉及的更深层次的诸如《唐六典》是否有"宪典之纲"性质的问题，特别是通过剖析《唐六典》对唐帝国中央行政枢纽最重要的宰相制度的记述特点，以申述《唐六典》既非行政法典，更非"宪典之纲"的观点。

1　参见杨鸿烈：《中国法律发达史》，中国政法大学出版社 2009 年版，第 235 页。

2　参见陈寅恪：《隋唐制度渊源略论稿·职官》，上海古籍出版社 1982 年版，第 82 页。

一、《唐六典》不是法律典籍

（一）《唐六典》的编写与引用不同于法律的制定与遵行

1. 奉命编制《唐六典》的是皇家的图书编纂机构

唐代史籍《大唐新语·著述》记载《唐六典》启动编制的情形说："开元十年，玄宗诏书院撰《六典》以进。"作为国家的图书编纂机构来受命制定"法律"（假设《六典》确属法律），这是一个非常特殊的情况。从唐代制定和修订法律的情况看，基本上是皇帝下令给某一大臣为首的一批官员，组成专门的班子去进行。皇帝下令给"书院"这样的机构去草拟法律的情况几乎是没有的。开元时的"书院"，其全名是"集贤殿书院"，它的职司承袭前代的秘书省，从事国家的（主要是宫廷的）图书整理编写事务。这个机构于开元十三年（725）正式建立。作为《唐六典》的编写机关，编写者自己在《唐六典·中书省·集贤殿书院》下这样记述了书院的职掌：

> 集贤院学士掌刊缉古今之经籍，以辨明邦国之大典，而备顾问应对。凡天下图书之遗逸，贤才之隐滞，则承旨而征求焉。其有筹策之可施于时，著述之可行于代者，较其才艺，考其学术，而申表之。凡承旨撰集文章，校理经籍，月终则进课于内，岁终则考最于外。[1]

唐代著名的作文类书《初学记》，就是由书院负责编写的。《唐六典》作为"文章"（书籍），让"书院"去"撰集"是顺理成章的，而作为法律则不然。皇帝对待《唐六典》的编纂与对待律、令、格、式等法律的制定，有着完全不同的态度。唐代没有明文规定法律一定不能由谁编，但在《尚书刑部·刑部郎中》条下，确有刑部郎中掌管法律制定的种类体例之《式》文的记载。但从"两唐书"中有关立法历史的记载看，从未有"书院"受命立法的情况，同时在《唐六典》中却有书院主要职责不是制定法律的明确记述。研究者不能忽视这个基本事实。

2.《唐六典》编写过程的曲折在一般法律的制定中从未发生过

第一个被书院主司张说委派主修《唐六典》的人是起居舍人徐坚，此人"已曾七度修书，有凭证，皆似不难"，但是唯有编写《唐六典》却是"历年措施，未知所从"。一年多以后，什么都没写出来。后来，具体编写的人增加至十二位，徐坚虽然是历经四任书院的"知院"，仍然是"用功艰难"。这是在任何律、令、格、式的编写过程中都没有发生过的。

1《唐六典·中书省·集贤殿书院》，中华书局 1992 年版，第 280 ~ 281 页。

《唐六典》如果真的是作为"法律"而编写的，那么这种情况的出现就太不正常了。实际上，《唐六典》在制定方面的一个最大问题，是唐玄宗命令编写这部书，并不以国家立法用法的实际需要为主要目的，而是为了要编成一部类似《周礼》的圣贤书，不管这件事做起来有多么困难。在盖《唐六典》这座"房子"时，是唐玄宗错给了《周礼》的"图纸"，以致窝工，难以完成。经历十六年，结果还是不伦不类。

3.《唐六典》的作用类似《周礼》

《唐六典》成书之后，唐宋两代的人们在议论典章制度时经常征引它，这并不奇怪。征引古文献来论证自己的观点，实际上是一种文化传统。后人征引《唐六典》并不是在执行"行政法典"，而是与征引《周礼》等书相仿。《周礼》被征引、套用的事例很多，情况也比较复杂。王莽新朝及北周都袭用过周制，《唐会要·尚书省》条记载武则天于光宅元年（684）"改为六官，准《周礼》分"。唐、宋人引用《唐六典》，也引用《周礼》。对《周礼》《唐六典》的征引并非依法办事，违反了它们也不会引起什么法律后果。有人发现，很多引用《唐六典》的记载，"均将《唐六典》与《令》《式》《格》《律》相提并论"。[1] 这种"相提并论"的情况正是《唐六典》不作为"行政法典"被引用的反映，因为如果它是一部"行政法典"，就不会发生既引用《唐六典》又引用《令》《式》的情况。如果二者同时被引用，则说明离开了《令》《式》，《唐六典》就不具有法律的作用。有人讲："唐律制定在先，管不上后制定的《唐六典》"，殊不知唐律在开元年间是修订过的，如果当时有以"典"入法这样重大的制度发生，修律时决不会遗漏。在《唐六典》制定100多年后的唐代大中年间，《大中刑律统类》修成，是为五代及宋朝《刑统》的蓝本。但是，《宋刑统》中根本没有引"典"入律的影子。《唐六典·刑部郎中》自身说得很清楚："凡文法之名有四：一曰律，二曰令，三曰格，四曰式。""典"不可能作为第五种法律而起作用。

（二）唐代在行的行政法律是《令》《格》《式》而不包括《唐六典》

《唐六典》中的行政法规内容摘录自在行的《令》《式》二典。可是与唐代在行法律比较，《唐六典》却有其不同寻常的特点，正反映其非法律的性质。

1.《唐六典》书成后其依之成书的《令》《式》仍处于常用常修的地位

刘肃的《大唐新语》、韦述的《集贤记注》一致说《唐六典》的内容来自《令》《式》。《唐六典》中有关国家机关职官职守的内容摘抄自《令》《式》，其有关国家机关设置及职官员数的内容，也与唐《令》中《官品令》和各种《职员令》的内容相同。在唐代的整个法

---

1 参见宁志新：《〈唐六典〉仅仅是一般的官修典籍吗？》，载《中国社会科学》1994年第2期"读者评议"栏。

律体系中，国家所有行政立法内容，都在《新唐书·刑法志》所谓"国家之政必从事于此三者"的《令》《格》《式》中。唐代于至德、乾元、大历、贞元、元和、大和、开成及大中年间，都曾修订过《令》《格》《式》，这说明《唐六典》成书后，它们的作用并未被这一所谓"行政法典"所取代。在这种情况下，我们很难想象，既有行政法规《令》《格》《式》在行用，同时又有一部源于《令》《式》，又远不比《令》《式》完备的"行政法典"也在行用。

2.《唐六典》也不是综合性的《事类》法律书

古代立法虽然依不同的法律形式分列为典，但为使用方便，不同的法律又往往被合编成一本书。如《玉海》卷六十六曾记南宋宋孝宗时所编之《乾道敕令格式》，其内容体例是"计《敕》十二卷，《令》五十卷，《格》《式》各三十卷，《存留照用指挥》二十卷"。由此可见，把不同的法律汇编在一起，并不改变其各自所属法律的性质与效力。

值得注意而又是易使人忽略的一件事是，唐朝开元时有一部不依法律形式分典，而是把不同法律中的内容，按"事"去分"类"的法律合编书：《格式律令事类》四十卷。这部书虽未得传存今世，但其编制及体例特点在《旧唐书·刑法志》中记载得很清楚：在编修律、令、格、式的同时，

> 又撰《格式律令事类》四十卷，以类相从，便于省览。二十五年九月奏上，敕于尚书都省写五十本，发使散于天下。[1]

唐代的"事类"已不能看到了，但南宋宋宁宗时编的《庆元条法事类》今有残卷存世。其内容是按专题分为职制、选举、文书、榷禁、财用、库务、赋役、农桑、道释、公吏、刑狱、当赎、服制、蛮夷、畜产、杂门等十六门。"职制"下分为"官品杂""职掌""禁谒""谒见""上书奏事""臣僚呈请"六项，每项下则收敕、令、格、式及"申明"等法律法规中的有关内容。不难看出，"事类"书是根据国家职能活动的不同方面来分类编收法律的，所以今天有的学者认为其性质是"富有行政特色的综合性法典"。唐代的《格式律令事类》想必也具有这种基本特点。

《唐六典》的编写，全依《令》典中各《职员令》中的"职员"为"事"来分"类"，这与"事类"法典在方法上有类似之处。但《格式律令事类》，以所有律、令、格、式内容为内容，以国家政务的几乎所有重大方面为"事"分"类"，这又是《唐六典》与《格式律令事类》最大的不同。《唐六典》的资料来源只限于令、式中的部分内容，从"事类"的角度来说，只是"官制"一类。即使"事类"书，其真正有法律效力的还是其被分类摘取的母法，即组成"事类"书的格、式、律、令。正因为如此，"事类"书应用到各类政务上，最后仍是要落实到其原所出的法律法典，而不在"事类"书本身。在开元及开元后的时期内，判断案件或处置公务，其要求仍是"具引律、令、格、式正文"而未见有诸如称

1《旧唐书·刑法志》，中华书局 1975 年版，第 2150 页。

"依《事类》之何条"作出判决或处断的法律根据或判例。所以，如果一定要断言唐代有一部"行政法典"的话，这部《事类》书除了包含有刑律的内容让人无可奈何地不能认定其为"行政法典"外，从体例特点及容量上说，它比《唐六典》更有资格充当"行政法典"的候选对象。此《格式律令事类》制成颁布于开元二十五年（737），也就是《唐六典》编成奏上的前一年，我们当然不能认为那时唐代莫非同时有两部"行政法典"在制定与颁行？

二、皇帝不以专章入典实际是《唐六典》之自我定位

在帝制下，皇帝在国家生活的政治、礼制、行政、军事等方面都享有最高的地位与权力，这是不言而喻的。但《唐六典》偏偏就在其编纂的结构上，排斥皇帝以专章形式入典，这种矛盾正反映了它真正属"官制"的性质特征。

1. 皇帝最高行政权位的规范被委婉分散挂缀到各职官的篇卷中去

皇帝不以专章入典，是《唐六典》其死守的格式，而体现皇帝权职崇高地位的重要内容，则又不能不列，于是，皇帝"入典"的一种特异的形式，便必然地呈现出来。如皇帝在礼制上至高无上的重要规范，被分别摊到《尚书省·礼部》卷的"礼部郎中"及"祠部郎中"条下；皇帝家眷地位的规范，被分摊到《尚书省·吏部》卷的"司封郎中"条下；皇帝所操的任免官员最大的"奏授"之权，被分摊到"吏部郎中"的名下；体现皇帝实施统治的权力的例如"上之所以逮下""下之所以达上""下之通于上"及"王言之制"文书的分类使用规范，都分别挂载到《尚书都省》《门下省》《中书省》的各卷中；体现皇帝权力与身份的御玺"八宝"的功能分类及使用办法，也被挂载于《门下省》卷"符宝郎"的条下。

2. 皇帝不以专章入典是《唐六典》只是"官制"性质的必然反映

无可讳言，《唐六典》中皇帝不以专卷入典，当然绝非皇帝不能行使那些权力，也不是皇帝依法授权那些机构，代为行使这些权力。皇帝有超越三宰相衙门的最高权力。《唐六典》明确记叙，尚书都省的尚书令及丞相，只是"掌总领百官，仪形端揆"或曰"掌总领六官，纪纲百揆"；门下省的门下侍中，只是"所谓佐天子而统大政者也"；中书省的中书令，也只是"盖以佐天子而执大政者也"。实际上，皇帝仅凭口谕的制诏，就可以命令各衙门发动、改变或停止某项国家大政。

3. 皇帝不以专章入典有观念和传统上的深刻原因

其一，皇帝自己以专章入典，不但不是保证皇帝至高无上的权力，而是对皇帝于典章

外无限权力的限制。皇帝不能受典章限制，其他一切臣工则要受制于典章。

其二，皇帝以专章入典违背了"溥天之下，莫非王臣"的君臣定位的根本理论基础。皇帝如果与其他官司一样以专卷入典，那就是把皇帝也压成了"官"，讲"官制"的典籍中只配"官"去入典，岂能同时列有皇帝之专章？即使是皇帝法定的继承者"东宫太子"虽有"王"的爵位，那也是高级的"官"的阶品而已，故太子及其机构的"官"都以专卷入典。

其三，《唐六典》奉皇帝命令依古《周官》（亦称《周礼》）中天、地、春、夏、秋、冬之"六官"为母本而制定，《周礼》中原就不列"周天子"之专章，作为子本的《唐六典》，岂能把"唐天子"以专章入于其中。《周礼》虽然以《三礼》之一而被视作礼书，但在书典性质的分类上主要被视为"官制"书，后来的《唐六典》在传统的目录学中也一直被列在"官制类"中，这是其渊源及性质使然。

把官制说成是"行政法典"，在学术研究上的一个明显后果，是使人误认为唐代行政法律唯《六典》一书，而不必再去挖掘考察令、格、式、礼等直接及初始的行政立法本身。日本学人仁井田陞等编纂考证《唐令拾遗》的贡献及价值，就在于他绝对不惑于"行政法典"说，而是正本清源地去发掘整理佚失的唐令。如果硬要称《唐六典》为"行政法典"，甚至认为"将《唐六典》定为行政法典，则是学术界用现代科学分类方法研究古代法律的重要成果之一"，是不妥当的。《唐六典》是在皇帝授命之下，由负责编纂、保管典籍图书的"书院"编写的一部官制典籍，它仅仅起到了征引备考的作用，我们没有必要人为地去改变其性质和地位。

三、《唐六典》对宰相制度之记载不堪为"行政法典"

唐代虽有了基本法律体系的建立，但并不一定就会形成或产生能规范帝国国家行政活动有机规范的"行政法典"。这里就帝国中央行政最主要的宰相制度的实际运行来看，《唐六典》之记载情况不合乎"行政法典"之要求。

唐代的宰相制度，是唐帝国政治生活中的重要制度，这是与唐帝国的皇帝紧密联系，并依赖于帝制而存在的重要制度。涉于唐代的一些史书都明确记载过唐代的"宰相"：

> 初，唐因隋制，以三省之长中书令、侍中、尚书令共议国政，此宰相职也。[1]
> 其后，以太宗尝为尚书令，臣下避不敢居其职，由是仆射为尚书省长官，与侍中、中

1《新唐书·百官志》，中华书局 1975 年版，第 1182 页。

书令号为宰相。[1]

尽管一般的史书上公开记载宰相制，但作为奉皇帝令编纂的典籍《唐六典》，却在宰相制度上总是呈闪烁其词不敢正视现实的状态。

"尚书令"废置后，唐朝的尚书左右仆射起初都是宰相，但是因为从李世民及李治起，采用一系列措施，把尚书省的长官排斥出于宰相行列，所以后来的尚书左右仆射或尚书左、右丞相，就不再是宰相了。而《唐六典》却根本不反映被皇帝篡改而却是真正实施的另一种宰相制度。

1. 以各种方法扩充实职宰相成员与权力而削弱尚书省长官的宰相权力与资格

这种措施在太宗手里就开始实施，其手段是皇帝常常给原宰相以外的官员，加上各种非法制化的直白的名号，令其成为事实上的正式宰相。其名号有"参议朝政""参预朝政""参议得失""参知政事"等。《新唐书》记载这种情形说：

> 自太宗时，杜淹以吏部尚书参议朝政，魏徵以秘书监参预朝政，其后或曰"参议得失""参知政事"之类，其名非一，皆宰相职也。[2]

杜淹以吏部尚书参议朝政为宰相，表明宰相根本不必是尚书省的长官，原被尚书仆射或丞相统领的下属官员，皇帝只要加上"参政"或"知政"的名义，立即与仆射一样成为宰相。这种制度使尚书仆射固定的宰相地位彻底动摇。

2. 在名实两方面排斥尚书省而以"中书门下"为正宗宰相

上述针锋所指是尚书令之后的尚书省长官，而不是中书、门下的长官。

其一，直接针对尚书省的仆射或丞相，改以"中书门下"为宰相的新称号。具体的实施者仍是李世民与李治。其手段是，凡"参政"为宰相的官员，必须加上"中书门下平章事"。"平章事"是意为（与中书门下）一样地履行宰相职权或说是"知政"职权。据新旧《唐书》记载，贞观八年（634），李世民任命尚书右仆射李靖为宰相时，就是口头让他"三两日一至中书门下平章事"。一个品位次于左仆射的右仆射就因为有了"中书门下平章事"，一下子就当了宰相。这就意味着尚书省的仆射已非当然地是宰相，要加上这个头衔后才是知政的宰相。

其二，知政当宰相不但职权上要有"中书门下平章事"的称号，而且在阶品上也非得要同中书令及门下侍中一样为"三品"才行。最可笑的是，除了三师、三公与中书令之外，品阶高于三品的官员，如"从二品"的尚书省的左右仆射，也要用"同中书门下三品"的名号，才能

1《新唐书·百官志》，中华书局 1975 年版，第 1182 页。
2《新唐书·百官志》，中华书局 1975 年版，第 1182 页。

为宰相知政。这就进一步表明尚书省"从二品"的长官实际上不成其为宰相了。史书说：

> 自高宗己后，为宰相者必加"同中书门下三品"，虽品高者亦然，惟三公、三师、中书令则否。[1]

这一做法最厉害的一招，就是，比中书门下长官"正三品"高一阶的尚书仆射，被纳入了"品高者亦然"的范围，或者这正是为仆射量身定做的套子。这个套子就是让仆射或丞相去对号"让座"。

3. 行政实权最大的尚书省最终被从宰相行列中排挤出局

李世民及之后的几代皇帝要达到的最后目的，就是把最应该当宰相的尚书省的长官，排斥在宰相之外。史书上所记尚书左右仆射权职变异的历史及实例完全证实，即使当了左仆射，如不加"同中书门下三品"或"知政"就不成其为宰相：

> 尚书左右仆射，自武德至长安四年己前，并是正宰相。初，豆卢钦望自开府仪同三司拜左仆射。既不言"同中书门下三品"，不敢参议政事。数日后，始有诏加"知军国重事"。至景云二年十月，韦安石除左仆射、东都留守，不带"同一品"。自后空除仆射，不是宰相，遂为故事。[2]

引文中所言之"长安四年"，正是神龙元年（705）二月四日把武后朝的"文昌左右相"的称谓"又改为左、右仆射"的前一年。引文中的"不带同一品"中的"一"疑为"三"之误，因"同三品"是参预政事的专用招牌。即尚书令废置后，仆射当然地是宰相的制度至长安四年（704）结束，神龙元年（705）开始，"同中书门下三品"才是能知政为宰相的正式称号。开元时期的张说就曾有这种经历。《唐六典》于"尚书左、右丞相"条下的注文记载说：

> 开元中，张说兼之，后罢知政，犹为丞相。自此己后，遂不知国政。[3]

张说原以丞相身份参知政事为宰相，后来被罢去"知政"而仍为丞相，但却不是宰相了。这个事例最能说明尚书省被排挤出了宰相官署的行列，而中书省与门下省不但不是这样，而且还成了"正宗"的宰相衙门的宰相。对于唐朝体现皇帝专权任命宰相的众多的称号，有论者评议说："这些加号的实行，打破了唐初三省长官为当然宰相的制度，三省宰相制遂渐成了中书门下二省制。"[4] 这些实际行用的极为重要政制措施，客观存在于从贞观到开元中的一百多年的历史中，可是《唐六典》对这些却讳莫如深。就凭这一点，它就担当不起什么"行政法典"的名义。

---

1 《新唐书·百官志》，中华书局 1975 年版，第 1182 页。
2 《唐会要·左右仆射》卷五十七，上海古籍出版社 1991 年版，第 1161 页。
3 《唐六典·尚书都省》，中华书局 1992 年版，第 7 页。
4 参见朱永嘉、萧木：《新译唐六典》之"导读"，我国台湾地区三民书局 2002 年版，第 20 页。

4.《唐六典》对提高宰相政事效率的"政事堂"制度也排斥不载

唐代三省宰相制，其中"中书造命，门下审覆，尚书奉行"的格局，出发点是慎出举措，减少错误。但因此降低了工作效率也确实存在，因而为后代特别是宋朝所诟病。宋神宗是实行三省分工监督制度的，而宋朝的学者就曾这样说：

> 本朝裕陵好观《六典》。元丰官制尽用之，中书造命，门下审覆，尚书奉行，机事往往留滞，上意颇以为悔云。[1]

为了克服这种缺点，宰相们实行联合办公的"政事堂"制度。这种制度的特点是宰相们择地开会议事决定政务。由于需要，政事堂不但有了自己的印章，而且竟设立了政事堂的衙门公廨。《旧唐书·门下侍中》之注文记载说：

> 旧制，宰相常于门下省议事，谓之政事堂。永淳二年七月，中书令裴炎以中书执政事笔，遂移政事堂于中书省。开元十一年，中书令张说改政事堂为"中书门下"，其"政事印"，改为"中书门下之印"也。[2]

《新唐书》记载说：

> 开元中，张说为相，又改政事堂号"中书门下"，列五房于其后：一曰吏房，二曰枢机房，三曰兵房，四曰户房，五曰刑礼房，分曹以主众务焉。[3]

政事堂发展到这个地步，其优劣我们可以不专门评论，单说其署址虽然都在中书或门下省内，但政事堂成了单独的机构，并设立了办事班子，这种趋势，对皇帝的专制集权肯定不利。但是，皇帝之下有一个宰相联合的专门办公厅，且分部门处理事务，从政治学的角度看，评价可以见仁见智，但是《唐六典》的编写人绝对不会不知道"政事堂"这项政事，但就是不作记列。因为在皇帝那里，良法恶法的选用，根本没有制约的法制。

5.《唐六典》之记述整体上抬高中书门下而抑尚书省

《唐六典》中对尚书、中书、门下三省权力和作用的记载，在修辞表述与事实处置上抬高中书、门下，而抑尚书省。

尚书省的长官，直接统领六部二十四曹司，是真正朝政的实力衙门，其作为宰相参政，中书令、侍中远不能比。唐代宗于永泰二年（766）之制曰：

> 今之尚书省，即六官之位也。古称会府，实曰政源，庶务所归，比于喉舌，犹天之有

---

1 （宋）陈振孙：《直斋书录解题·职官类·唐六典》，上海古籍出版社 1987 年版，第 172 ~ 173 页。

2 《旧唐书·职官志》卷四十三，中华书局 1975 年版，第 1842 页。

3 《新唐书·百官志》卷四十六，中华书局 1975 年版，第 1183 页。

北斗也。[1]

唐代宗于大历五年（770）又敕曰：

> 令、仆以综详朝政，丞、郎以弥纶国典。法天地而分四序，配星辰而统五行，元元本本，于是乎在。九卿之职，亦中台之辅，小大之政，多所关决。[2]

《唐六典》记述协助皇帝行统治天下之"大政"者是中书、门下，而尚书省只是总领"六部"而已。其对尚书令及尚书左右丞相的记述是：

> 尚书令掌总领百官，仪形端揆。[3]
> 左、右丞相掌总领六官，纪纲百揆。[4]

其对门下省长官门下侍中的记载是：

> 所谓佐天子而统大政者也。凡军国之务，与中书令参而总焉；坐而论之，举而行之，此其大较也。[5]

其对中书省长官中书令职掌之记载是：

> 中书令之职，掌军国之政令，缉熙帝载，统和天人。入则告之，出则奉之，以厘万邦，以度百揆，盖以佐天子而执大政者也。[6]

四、唐代国家与社会的"宪纲"性法规应是《令》典

较早提出《唐六典》是"行政法典"观点的是日本学人织田万。他在《清国行政法》一书中说中国"古来即有二大法典，一为刑法典，一为行政法典"。他认为行政法典起源于何时，殊难确定，但"要其大成，端推唐代"，因为"唐作《六典》，载施政之准则，具法典之体裁，为后代之模范。"[7] 杨鸿烈在《中国法律发达史》一书中也说："《唐六典》，这书

1《唐会要·尚书省诸司上》卷五十七，上海古籍出版社 1991 年版，第 1155 页。
2《唐会要·尚书省诸司上》卷五十七，上海古籍出版社 1991 年版，第 1156 页。
3《唐六典·尚书省》，中华书局 1992 年版，第 6 页。
4《唐六典·尚书省》，中华书局 1992 年版，第 7 页。
5《唐六典·门下省》，中华书局 1992 年版，第 241 页。
6《唐六典·中书省》，中华书局 1992 年版，第 273 页。
7［日］织田万：《清国行政法》，转引自杨鸿烈：《中国法律发达史》，法学研究社复印本，第 235 页。

是中国现存的最古行政法典。"与此同时，杨氏还援引了章炳麟《检论·汉律考》中的一段话来支持自己的观点："汉世乃一切著之于律，后世复以官制仪法与律分治"，"讫唐有《六典》《开元礼》，由是律始专为刑书，不统宪典之纲矣。"[1] 章氏的话，似有两层意思：其一，律专为刑书，不统宪典之纲，是从《六典》成书才开始的；其二，《唐六典》及礼书就是其所言唐代的"宪典之纲"。

问题恰恰在于唐代"律"专为刑书，开元时官制与礼制各自成为《唐六典》《开元礼》之后，谁是当时国家的"宪典之纲"？下文就以此来商榷于太炎先生之论。

（一）中国古代《律》"专为刑书"并不肇始于《唐六典》的制定

实际上，中国的律、令各自独立为典，绝不会迟于晋代。晋代的河南尹杜预已明确地区分了二者的性质：

> 律以正罪名，令以存事制。[2]

晋代《律》《令》分典各自独立，十分明显。《唐六典》其在"刑部郎中"条之"律"下记《晋律》之篇名说：

> 命贾充等十四人增损汉、魏律为二十篇：一、《刑名》，二、《法例》，三、《盗律》，四、《贼律》，五、《诈伪》，六、《请赇》，七、《告劾》，八、《捕律》，九、《系讯》，十、《断狱》，十一、《杂律》，十二、《户律》，十三、《擅兴律》，十四、《毁亡》，十五、《卫宫》，十六、《水火》，十七、《厩库》，十八、《关市》，十九、《违制》，二十、《诸侯》，凡一千五百三十条。[3]

再看其在"令"下记载《晋令》之篇名说：

> 晋命贾充等撰《令》四十篇：一、《户》，二、《学》，三、《贡士》，四、《官品》，五、《吏员》，六、《俸廪》，七、《服制》，八、《祠》，九《户调》，十、《佃》，十一、《复除》，十二、《关市》，十三、《捕亡》，十四、《狱官》，十五、《鞭杖》，十六、《医药疾病》，十七、《丧葬》，十八、《杂上》，十九、《杂中》，二十、《杂下》，二十一、《门下散骑中书》，二十二、《尚书》，二十三、《三台秘书》，二十四、《王公侯》，二十五、《军吏员》，二十六、《选吏》，二十七、《选将》，二十八、《选杂士》，二十九、《宫卫》，三十、《赎》，三十一、

---

1 转引自杨鸿烈：《中国法律发达史》，中国政法大学出版社 2009 年版，第 235 页。
2 参见《太平御览·刑法部》录晋朝杜预《律序》，转引自程树德：《九朝律考》，中华书局 1963 年版，第 22 页。
3 《唐六典·刑部》，中华书局 1992 年版，第 181 页。

《军战》、三十二、《军水战》，三十三至三十八皆《军法》，三十九、四十皆《杂法》。[1]

两相比较之后，其结论应该是：律是惩治违法犯罪之规范；令，是规定制度的正面规范，尤其是同名的《户律》与《户》《户调》；《断狱》与《狱官》；《卫宫》与《宫卫》，其前者皆为刑律之条，后者皆为制度之条，而不是重复。所以晋代《律》《令》的分典而立，是不容置疑的。《晋书·刑法志》记载律与令分置的方法及例子说：

若军事、田农、酤酒，未得皆从人心，权设其法，太平当除，故不入律，悉以为令，施行制度，以此设教，违令有罪则入律。其常事品式章程，各还其府，为故事。[2]

同时，隋开皇年间就有《开皇令》三十卷，列篇名三十种，同时有《开皇律》十二篇五百条，既有令，又有律，令为制度章程，律专为刑书，理当无疑。据《唐书·刑法志》及《唐会要》记载，有唐一代，删辑、刊定律、令、格、式的活动屡见不鲜，而且结果都是以书计卷，各自为典册。总之，律专为刑书，典章制度由令、式、格等规定的分工，至迟在隋代就完全实现了。故前引太炎公所言"律始专为刑书"迄唐开元二十六年（738）《唐六典》之制定，这段历史至少被推迟了一个半世纪。

（二）唐即使有"宪典之纲"也应是《令》而不是《唐六典》

对于太炎先生上述所谓"宪典之纲"中之"宪"，当然不应曲解是指其当时进行革命并为之追求的近现代"宪法"意义上的"宪纲"概念。

宪，在古代原就有"最高法令"与"根本大法"的指意。如《周礼·天官·小宰》之【疏】文引"注"文说：

宪，谓至令云。[3]

《尔雅·释诂》谓：

宪，至法也。[4]

章太炎于此处所谓之"宪典之纲"，应该是指国家的"至令""至法"。而唐代的"至令""至法"，早在《六典》制定前就存在于《令》中了。

1《唐六典·刑部》，中华书局 1992 年版，第 184 页。
2《晋书·刑法志》，中华书局 1974 年版，第 927 页。
3 见《十三经注疏》，中华书局 1980 年版，第 655 页。
4 见《十三经注疏》，中华书局 1980 年版，第 2569 页。

1. 规范 "尊卑贵贱之等数与国家之制度" 的《令》应是 "宪纲"

依 "至令" 说，《唐六典》谓 "律、令、格、式" 之 "令" 是 "设范立制。"《新唐书》对《令》性质的表述最为具体："令者，尊卑贵贱之等数，国家之制度也。" 其中 "尊卑贵贱之等数" 所包括的君臣关系、君民关系、官民关系、官品等级、良贱关系与服制关系，正是国家社会的统治基础的结构关系。所以，据古 "宪" 之义作类近的选择，与《六典》不可同日而语。

如果仍依晋代为例，《晋令》中的《官品》《吏员》《门下散骑中书》《尚书》《三台》《王公侯》《军吏员》等，都是唐代《令》文的渊源，这些《令》文到唐代变化成更规范集中的《令》《式》之典。《唐六典》"刑部郎中" 下记载说：

> 凡《令》二十有七：一曰《官品》，二曰《三师三公台省职员》，三曰《寺监职员》，四曰《卫府职员》，五曰《东宫王府职员》，六曰《州县镇戍岳渎关津职员》，七曰《内外命妇职员》，八曰《祠》，九曰《户》，十曰《选举》，十一曰《考课》，十二曰《宫卫》，十三曰《军防》，十四曰《衣服》，十五曰《仪制》，十六曰《卤簿》，十七曰《公式》，十八曰《田》，十九曰《赋役》，二十曰《仓库》，二十一曰《厩牧》，二十二曰《关市》，二十三曰《医疾》，二十四曰《狱官》，二十五曰《营缮》，二十六曰《丧葬》，二十七曰《杂令》，而大凡一千五百四十有六条焉。[1]

《唐六典》记载 "凡《式》三十有三篇。" 其注文概括地介绍《式》篇的名称说：

> 亦以尚书省列曹及 "秘书" "太常" "司农" "光禄" "太仆" "太府" "少府" 及 "监门" "宿卫" "计帐" 为其篇目，凡三十三篇，为二十卷。[2]

太炎公所称的古代的 "宪典之纲" 也是应指规范 "尊卑贵贱之等数与国家之制度" 的《令》，以及 "轨物程事" 的《式》。

2. 权力与职掌的划分由《令》加以规范

《唐六典》以唐之诸多（七篇）职员令为纲目，在七种职员令分列的架构上，把与各职员职掌有关的令、式分附到 "职员" 之下。其中所有职员的职掌，都是原来《令》所记述的。式根据尚书省二十四曹司及国家的有关职能部门为篇名，就已明确了它们的分类归属。

《唐六典》是据性质分类，并摘要地把令、式缀附到它该归属的职员的下面去。如《官品令》，从 "两唐书" 的 "职官" 及 "百官" 之下，职事官阶的三十等，散官衔品分文、武二类，勋官的十二阶品，其制度都不会迟于永徽年间的《令》文。这些内容在《唐六典》中被分在具体执掌的吏部的吏部郎中及司封、司勋郎中之下。而这种分掌权职在《令》典之《职员令》更

1《唐六典·刑部》，中华书局 1992 年版，第 183 ~ 184 页。

2《唐六典·刑部》，中华书局 1992 年版，第 185 页。

部及吏部各郎官的名下都是写明了的。并不是《唐六典》新授权给他们，而是《六典》依令文的规定抄摘后，缀挂在其各自的名下。这一点，只要检几条《唐六典》成书前的武德、贞观、永徽及开元二十六年（738）之前的令文及式文就会明确这一点。以《令》为例。今《唐六典》卷二十六对太子东宫下之"司经局"官吏的编制、品阶与职掌说（只抄正文）：

> 司经局：洗马二人，从五品下；文学三人，正六品下；校书四人，正九品下；正字二人，从九品上。洗马掌经、史、子、集四库图书刊缉之事，立正本、副本，贮本以备供进。凡天下之图书上于东宫者，皆受而藏之。文学掌分知经籍，侍奉文章，总缉经籍；缮写装染之功，笔札给用之数，皆料度之。校书、正字掌校理刊正经、史、子集四库之书。[1]

而现存敦煌文书"永徽东宫王府职员令"残卷，关于"司经局"各职员的员数及职掌的记录说：（括号内为注文）

> 洗马二人，（掌经史图籍，判局事。）书令史二人，（掌行署文案。余局书令史准此。）书史四人，（掌同书令史。）校书四人。（掌雠校经籍。）正字二人，（掌刊正文字。）典书二人，（掌四部经籍，行署校写功程，料度文案。）装书生四人，（掌装潢经籍。）楷书令史卅人。（掌写经籍。）掌固四人。[2]

开元与永徽相隔有百年左右，即《唐六典》成书前百年，《唐六典》以之为骨架的纲目，也是最重要的"职员令"中官员的编制与职掌，就已各自清晰在列于令典。可惜，参与《唐六典》学术讨论的学者中，有人在学术方法上，把唐代令、式与《唐六典》在法律上的"母子"关系，一直搞成了"子母"关系。是《唐六典》根据既有的令、式在作业，而不是《唐六典》"编写"或"创制"了令、式。

3. 社会职业阶层的划分也一直由《令》规范

《唐六典》成书前百年，《唐六典》以之为骨架的纲目，也是最重要的"职员令"中官员的编制与职掌，就各自清晰在列于当时的《令》典中。

唐代有一条重要《令》文，《唐六典》把它列于"户部郎中"条下，其性质是社会职业阶层的划分，当为《户令》。《唐令拾遗》列其为《户令》之第二十六条：

> 诸习学文武者为士，肆为耕桑者为农，功作贸易者为工，屠沽兴贩者为商。（工、商皆谓家专其业，以求利者；其织纴、组紃之类，非也。）工商之家不得预于士，食禄之人不得夺下人之利。[3]

1《唐六典·太子东宫》，中华书局 1992 年版，第 666 页。

2 刘俊文：《敦煌吐鲁番唐代法制文书考释》，中华书局 1989 年版，第 181 页。

3［日］仁井田陞：《唐令拾遗·户令》第二十六条，长春出版社 1989 年版，第 154 页。

但是这条《令》文的主要内容，《旧唐书·食货志上》记其于"武德七年"（624）所定法令之下：

> 士农工商，四人各业。食禄之家，不得与下人争利。工商杂类，不得预于士伍。[1]

仁井田陞在《唐令拾遗》中，在制定的时间上，入其于"武德"及"开元七年"两个时间。此例证明，这些在国家社会生活中有纲领性作用的法律、法令，远比《唐六典》成书的"开元二十六年"要早得多，而且一直在起作用，包括《唐六典》制定之后。

至于唐代以《开元礼》为代表之礼书，更不可能起国家"宪典之纲"的作用。因为，从唐代的律、令、格、式的内容看，礼已处于开始被法律与习惯分化瓦解的过程，[2] 已不可能成为"宪典之纲"。

本文以上对《唐六典》性质的分析及对其记事之评述，目的只是认为《唐六典》既不是"行政法典"，更不是"宪典之纲"，但并不否认其作为官制类书在文化史上的重要地位与作用。《唐六典》作为典籍，十分可贵。其编写人在十六年的时间内，抄摘了当时在行的《令》《式》二典中的很多内容，罗列在各职官之下，这是法律文化史上一笔可贵的财富。何哉？因唐代的《令》《式》作为典后来都佚失了，在这种背景下，被抄入其书中的令、式内容，成了后人征引查考唐代官制可靠材料的一部重要典籍。之后，唐代史料之整理、史书的编写及制度的研究，都有得益于此书者。它已经成为研究与考察唐代官制，甚至全面制度研究的第一参考书。其丰富的注文，对秦汉以来制度沿革发展的研究有导引作用。它对中外学人研究唐制的积极性有激发作用，后来新的著作不断涌现，其中就包括日本著名学者仁井田陞及其学生池田温等先后编出的《唐令拾遗》与《唐令拾遗补》等一批极有影响的著作。《唐六典》其作为官制的正面制度之书，对作为刑律《唐律疏义》的研究，更是在比较对照中得以深入的一部不可或缺的书典。陈寅恪先生谓《唐六典》"其书在唐代行政上遂成为一种便于征引之类书"，不亦宜乎！

（2018 年初夏改写）

---

* 此文原发表于《中国社会科学》1996 年第 6 期，文题为《〈唐六典〉不是"行政法典"》。收进本书时，因内容的扩展，故文章的标题与层次结构有很大的增补与改动。

1《旧唐书·食货志》，中华书局 1975 年版，第 2089 页。
2 参见本书第 1 篇《读律：法律人历史使命之要求》一文，第一节第 1 点。

唐律阅读与研究的起跑线

——《唐律疏义文白读本》《唐律研究新思考》双书跋言

从唐太宗贞观十一年（637）制定《贞观律》，及唐高宗永徽四年（653）为解释《律》（指《永徽律》）而制定《律疏》，至今都已 1370 年。历史上很多政治家、思想家、法学家，都评论过唐律。2018 年 8 月 24 日习近平总书记在中央全面依法治国委员会第一次会议上的讲话中，在总括世界各国依法治国经验时，对我国的唐律评论说："唐太宗以奉法为治国之重，一部《贞观律》成就了'贞观之治'；在《贞观律》基础上修订而成的《唐律疏议》，为大唐盛世奠定了法律基石。"[1] 习近平总书记对唐律所作简明而又深刻的评论，正确地反映了唐律崇高的地位和重要作用，唐律被评价的高度，确切而又形象，对《贞观律》与《永徽律疏》的关系，及其对整个唐代法制建设所起作用，科学地描述得精准而到位。习近平总书记的评论，大气磅礴、高屋建瓴，使居于世界刑典高峰的唐代古律，翩翩然陡增了活力与人气。涉此研究领域的学者们，受到了从未有过的鼓舞，在振聋发聩的同时，感到有一股清醒之风扑面而来直透背胸。

今世所谓"唐律"者，概指有唐一代所制定的刑律而言。唐代的刑律，主要有唐高祖李渊下令制定的《武德律》，唐太宗李世民下令制定的《贞观律》，唐高宗李治先后下令制定的《永徽律》及《永徽律疏》，还有后来唐玄宗下令所"刊定"[2] 的《永徽律疏》，后被有些学者称为《开元律疏》的一部。《武德律》主要参照隋朝的《开皇律》并加上了 53 条刑事性质的格条而制成。《贞观律》的原本虽未得流传后世，但其积极因子都被《永徽律》及《律疏》承继且有发展提高。从《旧唐书·刑法志》的记载看，今日所见的《永徽律疏》（即《律疏》），无论是规范原则及制度的"名例篇"，或规范罪条的其他十一篇，《贞观律》对《永徽律疏》都起了奠基及架构的作用。前者是后者的基石与梁柱。

1　习近平：《论坚持全面依法治国》，中央文献出版社 2020 年版，第 226 页。
2　"刊定"的措辞，见杨廷福：《唐律初探》，天津人民出版社 1982 年版，第 11 页、第 21 页。

唐代的《武德律》《贞观律》及《永徽律》都没有"疏文"，唐代刑律带"疏文"的形式，起始于对《永徽律》作解释的《永徽律疏》。唐高宗于永徽二年（651）制定《永徽律》后，出于司法审判及科举考试对刑律的解释须有统一标准，于是又命令一批法律精英给该律的律文与注文，逐条编写实际属国家有权解释的"义疏"。"义疏"写在律（及注文）之后或插写在其中间，与律文合成为一个典册于永徽四年（653）制成公布，这是我国立法史上法律与法律解释合为一体的创新体裁，并被统一地简称为《律疏》。《律疏》流传到宋代后，各朝为把唐律与本朝自己制定的刑法典籍相区别，往往在《律疏》前加上"故唐"之字样，同时，书名也以"唐律疏议"与"唐律疏义"两种名称流传。虽然有两种名称的不同版本，但其法条内容基本相同，少数字词的差异，不影响律义。因为其性质属刑律之重事，各朝都奉为经典参阅，抄写与刊刻者不敢也不可能对其内容随意增损，所以，唐律对前代及其后各朝立法上所起的"承前启后"的作用，是十分稳定而可靠的。今天我们手执之《唐律疏议》或《唐律疏义》之版本，从形式与内容的渊源来说，都是《永徽律疏》也即是《律疏》的传本。

我编著的《唐律疏义文白读本》（以下简称《读本》），其特点是重点校勘律义供学习者通读而又能读通；所著的《唐律研究新思考》（以下简称《新思考》），是围绕"唐代法律体系""唐律书名版式与条标"及"权力管控之笼"等方面对唐律作基础性及启示性的研究，并企望有抛砖引玉之作用。

一、重视律义的校勘与服务教学的需要
——关于《唐律疏义文白读本》的编著

从写作的渊源上说，早在上世纪1988年江苏古籍出版社的《唐律译注》，与本世纪2007年南京师范大学出版社的《唐律疏义新注》，都是今天《读本》的探路先锋之作。早在写《唐律译注》的时候，我就下定决心，一定要为高校有关专业中有意于唐律阅读与研究的师生，写一本对律文与疏文作全译注，有助于他们通读并能读通唐律全书的教科书。今天人民法院出版社出版的《读本》就是这样性质的一部书。

在这部书中我在版本及内容校勘上所作的主要努力方面是：

其一，在唐律之书从清末到民国时期约定俗成地被称为《唐律疏议》的情况下，果断地从维护我国最重要刑典《律疏》制定的本来面目出发，根据四库全书名称为《唐律疏义》，以使从"四库全书"之后经民国时期到新世纪初这段时期，唐律这部书的书名得以规

范地赓续。

其二，依据唐律的内容体系结构的客观规律，把唐律十二篇 502 条的条标逐一审慎修改，使条标的名称，都符合《名例》部分反映制度原则，其他各篇都反映罪名（或罪状）及刑罚内容的规律，改换因撮取律文句首几字为条标名称的古代陋习所造成的违反《律疏》内容结构规律的部分条标的名称。

其三，在版式的安排上，继承和发扬刘俊文先生在中华书局 1983 版《律疏》已取得成效的基础上，统一体现疏文是解释补充律（及注文）的地位，而疏文部分又并列地包括"议"及"问答"两种文体的解释。版式不取元朝泰定本中柳贯把《律疏》与后代人所写的《唐律纂例》《唐律释文》三书穿插糅为一书的办法。

其四，根据现代人读古籍普遍要求附译文的要求，为律与注编写了现代汉语的译文作为《律疏》自身的影子，以简体字并列于律文与注文之右，以适应读者边读古文边对照译文之要求。如《名例》（总第 45 条，第 213 页）中"其一事分为二罪"的"罪名"就是译者在充分领略律义后才正确翻译出其《律疏》的本义的。又如《断狱》（总 487 条，"问答"中）的纠错补漏亦是。

其五，《读本》点校上的突破表现在突破以往基本重于不同版本间进行雠校的框子，而开始深入到《律疏》本身义理的领域作出校勘，纠正涉于律义的失误，或者补充重要的遗漏，以适应《律疏》作为古刑律，主要由高校法律专业师生为读者群的背景。

其六，把全律十二篇篇首原来被列于篇外，起介绍律名沿革及排名顺序作用的一段疏文，改置其于各篇大标题下明确地加上"某某律篇序"之名，使其更清楚地起开宗明义的作用。其中《名例》的序言，既是《名例》之序言，同时又兼为《律疏》全书之总序。串联十二律篇的序言，其实就是中国古代社会由秦汉至唐的一部刑事立法简史，从而彻底结束了原书中十二篇序言与各篇关系的游离状态，强化了全书有机统一的整体形象。

其七，为了凸显阅读性教材的特点，各条之前皆有紧密联系唐律原则精神的引论性介绍，并对内容进行层次性剖析，不但条分缕析，而且始终站在精神原则的高度上指示律义特点。

其八，注释的编写，始终以解决阅读障碍而决定其取舍及繁简为尺度。为了初读者方便，很多常用重复而又不得不提的内容，尽量以律条的互引互证的办法解决。互引只举出处为限，这既避免了篇幅之重复庞杂，又解决了初读者找不到律条的实际困难。编写者始终明确，今日唐律的阅读者，既不是唐代国子监"明法"专业的生员，更不是古代阅读唐律的各类司法官，新时代的读者虽缺乏唐制的知识底蕴，但是他们有现代的法律学知识、历史知识及逻辑常识的良好基础，只要用心，怎么会读不懂不是天上掉下来的凡间律书。

现简要列出《读本》突出律义校勘特色并有重要改动增补的条目如下，以作为观全豹之一斑：

《名例》卷第一（总第 7 条，第 44 页）更换"八议"条标

《名例》卷第二（总第 8 条、第 9 条，第 50 页、第 52 页）条标改换

《名例》卷第二（总第 18 条，第 84 页）依律义补

《名例》卷第三（总第 21 条，第 98 页）条标为正确表述而改

《名例》卷第三（总第 23 条，第 109 页）条标为确切表述而改

《名例》卷第四（总第 30 条，第 139 页）据律义而加

《名例》卷第四（总第 35 条，第 162 页）参众论而改

《名例》卷第四（总第 36 条，第 167 页）参众论补

《名例》卷第五（总第 40 条，第 189 页）依律义补

《名例》卷第六（总第 45 条，第 218 页）注 ㉙ "罪名"

《名例》卷第六（总第 53 条，第 237 页）依众论补

《职制》卷第九（总第 92 条，第 323 页）依律义补

《职制》卷第十（总第 130 条，第 388 页）依众论补

《户婚》卷第十二（总第 160 条，第 442 页）依律义补

《户婚》卷第十三（总第 174 条，第 467 页）依众议补改

《户婚》卷第十四（总第 177 条，第 473 页）依律义补改

《户婚》卷第十四（总第 182 条，第 483 页）依律义疏文程式必须作补

《厩库》卷第十五（总第 212 条，第 540 页）依律及注义责疑

《贼盗》卷第十七（总第 248 条，第 600 页）依律义质疑并建议删除

《贼盗》卷第二十（总第 259 条，第 623 页）律文第 4 行 "谓杀人而支解者" 的注文后，据律义应补上 "亦据本罪合死者" 之限制条件，此条疏文中也同样存在此遗漏。（此为发现而未及补进《读本》中，但在本书中有指出）

《斗讼》卷第二十四（总第 346 条，第 812 页）依律义必作补漏

《诈伪》卷第二十五（总第 366 条，第 854 页）因原书硬搬文言语法，词语省略太多影响对律义的理解，从而加补词语并在译文中指明

《杂律》卷第二十六（总第 411 条，第 927 页）据律义质疑为衍加的限制性词语

《杂律》卷第二十七（总第 435 条，第 964 页）依律义比较补缺失

《捕亡》卷第十八（总 453 条，第 993 页）依律义质疑并于译文中纠正

《断狱》卷第三十（总第 484 条，第 1052 页）依律义补进限制性词语

《断狱》卷第三十（总第 487 条，第 1060 页）依律义修正刑罚计算之失误并补进缺失的制度性文句

二、加强"小分队"的装备与实力并整编成一个系统集群

——关于《唐律研究新思考》的编写及观点提要

如果说《读本》是在点校的基础上重于校勘律义以解决通读及读通为目的的教材书，那么，《新思考》则是从研究的角度，运用正确方法，从唐代法律体系入手，加强基础理论知识，以发掘唐律的现代法文化价值为终极目的理论研究的启发书。

《新思考》一书，书名曾欲拟为"唐律研究文论萃编""唐律疏义论文集萃""唐律研究文汇"等数种，最后因为考虑到此书中，包括了作者从对唐律的书名、版式起，而到法律体系争论中的一系列引人注目的新观点，以及其唐律研究中一些有影响的论文，最后确定取现在的书名。虽然书中有些论文的发表距今已三十多年，其所以称"新"，是指观点较之以往别人或自己的有"新意"之谓。从出版渊源的情况说，最初，应中国社会科学院杨一凡研究员的邀请和以考证形式写作的要求，写成之初稿共三十一篇计三十八万字，作为杨主编的中国法制史大型考证丛书"续编"十四册之七的《唐律与唐代法制考辨》（以下简称为《考辨》）一书，由社会科学文献出版社于 2009 年出版。该书因虑及"考证"的要求，而且从写作到出版的程期较短，所以基本上只是涉于唐律研究观点的纲要性陈述。之后，杨主编又把整套书中的几本书，推荐给出版社单独出版，我的《考辨》书亦在其中。那版《考辨》，比起作为法史考证续编套书之一的第一版来，除了对文章作修改外，另增加了五篇那几年新写的唐律论文，以"附：唐律研究论文五篇"之名，顺次加在原书之后，共三十六篇计四十六万字，仍由社会科学文献出版社以原书名于 2013 年 11 月出版。

社会科学文献出版社两次出版《考辨》的过程，正是我用力应对"唐代法律体系"及"唐律书名"的争论之时，那些唐律论文，都不免有力争及时作答的急就面貌，但好在都是围绕唐代法律体系及唐律书名两大中心争论，所以客观上都形成对唐代法律体系及唐律书名版式两大中心论述的充实与提炼。正是那些学术争论，使我从严密的法律制度的层面上，澄清了《唐六典》在"刑部郎中"条及"秘书郎"条下规范律、令、格、式的真谛所在，把唐代法律体系的研究扩展到《式》的层面，进一步提高了整个唐代法律体系研究的视野，使我意外地从中发现了《刑部式》对法律体系的规范作用，《秘书式》在图书分栏目管理上的规范特点，从而更充实、深刻地阐述并发展了唐代法律体系的理论研究（具体内容，详见《新思考》第 7 篇有关文段及第 8 篇文章）。

如上所说，《新思考》一书，是以历年来所撰及近年新撰写的唐律论文为基础编纂而成。我的唐律文章都是针对教学与科研中遇到的问题而发，其中有的是应专题学术讨论会的要求而撰，相当一部分是为参与唐代法律体系与唐律书名之学术争论而写。这样，单独从每一篇文章看，虽然都具有战斗力，但从编成一整本著作的整体机制说，总嫌缺乏一个

特定生命所形成的整体协调功能。就像有了一定数量及专业分工而且各自为战的单位，但总给人只是小分队的感觉。所以这几年在编修中不断突出加强重点，充实新的内容，筛选精锐淘汰赘文冗言，终于形成以"唐代法律体系""书名版式与条标""权力管控之笼"及"唐律的使用与修改"等方面军的主力单元，其他的文章，分别起辅助及护卫作用，与主力一起，有机地组成了一个有统一机制的力量集群，最终以四十篇八十多万字之容量呈现。《新思考》四十篇论文的主要观点，从单元名称及各篇文章的一级标题，基本可一目了然，此处不再赘说。

三、唐代法律体系理论的逻辑报告

唐代法律体系的学说，是打开唐律研究之门的一把钥匙，也是指示唐律研究走上康庄大道的一个路标。

逻辑之于书文，犹骨骼之于人体。三十年来在唐代法律体系的争论中，其关键所在，就是概念不明而致律义理解上的逻辑问题。有鉴于此，这篇《跋》语中，以专门的一节，围绕唐代法律体系研究中本书主要论点确立的概念与逻辑问题，向读者与同仁作一专题报告。目的是让唐律的教学与研究者，从逻辑的角度了解此书的观点与持论方法，让将来的人在唐律研究的过程中，因有所借鉴与提示，排除来之于古今中外的障碍与干扰，顺利前行以不致"枉道"而"稽缓行程"。[借用的此二名词，参见《职制律》(总第 123 条、第 128 条)]

（一）唐代法律种类与法律体系中的概念问题

唐代法律体系表述的主要内容，就是唐代史籍与典章上常见的六点内容：第一点，关于法律种类有四的内容；第二点，关于《律》有十二篇的内容；第三点，关于《令》有二十七种的内容；第四点，关于《格》有二十四篇的内容；第五点，关于《式》有三十三篇的内容；第六点，关于律、令、格、式各自的性质作用的内容。

这六点内容，《旧唐书·刑法志》(中华书局 1975 年版，第 2136~2138 页) 在对贞观立法的记述中谈到，其《职官志》在"刑部"(第 1837 页) 下总述立法内容时谈到。而《唐六典》(中华书局 1992 年版) 是在《刑部·刑部郎中》(第 180~185 页) 条下谈到。

1. 唐代律、令、格、式概括的总概念是"文法"

唐代律、令、格、式四法的概念总称，在唐代原是个解决了的问题，那就是《唐六典》总结历史经验所言之"文法"，也就是上文所言六段文字中第一段所言之："凡文法之名有四：一曰律，二曰令，三曰格，四曰式。""文法"是律、令、格、式在逻辑上的上位概念。其所以能引起争论，是由于有论者欲把《新唐书·刑法志》作者为图古拙而标新立异错用古代的"刑书"概念去概括全部的"四法"而起。

2.《新唐书》以"刑书"概括唐法是概念的错用并自相矛盾

《新唐书》作者同时运用支持又否定自己观点的两个论据，而又只摘取符合自己固定观点的论据，而对反对自己观点的论据视而不见、讳莫如深，结果最后还是倒在被自己抛弃的那个正确的论据之前。

《新唐书·刑法志》涉于法律体系描述的部分，集中在开头的两个自然段中。具体来说是第二自然段开头对第一段的总结，与接下来第二自然段所作的解释之间的矛盾。其二者逻辑上的矛盾是：

其一，中华书局1975年版《新唐书·刑法志》第一段短短的百把字中，清楚地表明，其刑书是早期"刑书"的概念，是与"民之所避"的"刑辟"相当，与"德""礼"等概念对立而为之（第1407页）。可紧接着调换主题论述唐代四种法律时，却顺着第一段中古"刑书"的概念说："唐之刑书有四，曰：律、令、格、式。"就是这种错用当时只适用于"律"的"刑书"概念，去概括唐代在行的"律、令、格、式"四法，以致走上以偏概全的歧途。

其二，在总概念上对唐代四法作错误概括后，却续接地用与自己错误概括相反的对四法类概念正确的界定分述，从而出现上下（或说前后）段概念矛盾的现象：

首先，同样的令、格、式，第二段第一句中还与"律"一起被概括为"刑书"，而接下的解释又谓其是"邦国之政必从事于此（令、格、式）"之"三者"，于是，令、格、式立即有了"刑书"与"政"的两个概念。

其次，在讲解"律"时，谓律是"其（令、格、式）有所违，及人之为恶而入于罪戾者"则"一断以律"，这清楚表明"律"才是唯一的可用于"定罪判刑"或称"正刑定罪"的法律，而令、格、式则不是。既然"政"（令、格、式）与唯一能断罪之"律"，不是一回事，可又偏偏要统一把它们概括为"刑书"。这就是其错误的关键所在。

这样，《新唐书·刑法志》中错误的特点是：对唐四法的总括（"刑书"）是错误的，而对"四法"的分别界定却又是对的；错误的总括在前，正确的分类解释在后；前后的误与正，形成了无法克服的矛盾。对法史与唐律的研究者来说，正确的做法是批判否定其谬说，珍惜褒奖其正确方面。唐代法律体系的概括与分类界定，《唐六典》及《旧唐书》早已做过，只不过《新唐书》在解释上能分别举例而且比较通俗易懂而已。即使仅是这一点，我们也不抹煞它。

（二）"文法"是《刑部式》对立法技术要求的法律规范，"刑法"是《秘书式》对法律类图书统一管理的栏目名称的法律规范

唐代在基本属于"政制"的令、格、式中，《令》是国家根本性的"设范立制"中属于"尊卑贵贱之等数，国家之制度"的内容。《式》，其性质及作用是"轨物程事"，是国家活动中关于事物数量、制式标准的规范。同一典的制度性法律，如调整对象不同则其性质属性不同——立法的技术操作由《刑部式》规范，法律图书之分类管理办法由《秘书式》规范。

1. 国家立法的技术细则由刑部执掌的《刑部式》规范

上述《唐六典》中涉于法律种类与体系的记载，是什么性质的文字？起什么作用？迄今为止，国内外及境内外的学者未有人作过辨析。可是，《唐六典》自身却有可以辨明其性质与作用的依据。这些文字应该是唐代的立法规范，通俗一点说是唐代"立法法"的核心内容。其推断的逻辑依据有以下几点：

其一，《唐六典》就是"以令、式分入六司"而成的书，其六段文字的这些内容，不可能是二十七篇《令》文中的一种。既然排斥了是《令》文，那就应是《式》文的内容。

其二，《式》共三十三篇，其中二十四篇以二十四曹司为名，现此内容被置于"刑部郎中"之下，可以肯定是《刑部式》的内容。

其三，《式》的性质及作用是"轨物程事"，而这些内容就是立法上"轨物程事"之法的核心内容。

其四，这些内容虽列在"刑部郎中"下，但绝不是说刑部执掌国家的立法权，而只是表明法律制定中关于法律的种类、性质、篇目、形式的技术规范，由刑部郎中执掌。

《唐六典》中这六项内容，既是唐代法律体系的纲目，同时又是国家在立法上"轨物程事"的法式。

2. 法律图书分类管理的栏目由秘书省执掌的《秘书式》规范

从隋朝到宋朝，各代正史中与"刑法志"并列的"经籍志""艺文志"中，把其当代与历代的所有法律图书都名其栏目称为"刑法部"或"刑法类"。图书分类管理栏目的名称，由秘书省执掌的《秘书式》规范，其"秘书郎"下的记载是："秘书郎掌四部之图籍，分库以藏之，以甲、乙、景、丁为之部目。"其下四十类，每类皆言"×曰××，以纪××××"。"纪"，在此用作管理、综理之义，而不是用作记载、记录之义。受当时文化科学水平之限，四部中的每一部下，多的再分为十几类，少的分为几类，共计四十类。国家所有的图籍只分四十类，这就决定了很多图书分类的内容肯定会出现"不纯"的现象，甚至硬压为一类。所以很多"类"的栏目名称，只能由其中的主要书典为代表表述。如史部的"九曰刑法，以纪律令格式"下之注文说："《律》本等三十五部，七百一十二卷。"这说明，所有法律书

的栏目统称为"刑法"，只是因为以其中"定罪判刑"之"律"本作为代表命名而已，"刑法"栏名下其他之书很多是正面的制度性之书，而非"刑法"。把作为法律图书管理栏目名称的"刑法"，错解为对所有法律书籍法律性质的分类认定，并企图以"刑法"取代"文法"，其逻辑概念上的混乱，何其甚也。

（三）刑部执掌"刑法"与审判"具引律令格式"概念的区分

这方面认识问题的根子仍在"律令格式皆刑法"的观念错判上。

1. 刑部执掌的是刑法《律》及其所属四曹司的令、格、式，而绝不是所有的"令、格、式"

有论者根据《唐六典》中一方面把律、令、格、式挂在刑部的"刑部郎中"下，同时又在"刑部尚书"下谓"刑部尚书、侍郎之职掌天下刑法及徒隶句覆、关禁之政令"的情况，由此就判断律、令、格、式都是由刑部执掌的"刑法"。其实，刑部郎中对立法要求上的技术标准的掌控，绝不是言律、令、格、式四法由他们负责全面贯彻执行。不但刑部郎中不可能，刑部尚书也不可能。刑部执掌贯彻执行的"刑法"，只是律、令、格、式中"律"的部分。在令、格、式中，刑部只执掌属于程序法范畴的《狱官令》的大部分，格中只执行以其下所属四部为名的"刑部格""都官格""比部格""司门格"，式中只执掌以其所属四部为名目的"刑部式""都官式""比部式""司门式"。如依律、令、格、式皆"刑法"的思维，继而由此又认定刑部执掌"刑法"，那就是刑部职掌全部律、令、格、式。作为后代的人这样说说不打紧，如唐代的刑部真要那样做起来，尚书都省下六部二十四曹司，其中差不多有二十个曹司都会失业，因为他们所执掌的令、格、式都让刑部一家管去了，还有什么事可以做！

2. 审判"具引"之"律令格式"与"正刑定罪"的《律》的概念区分

已知令、格、式中的重要者很多通过设置专门律条加以维护。其未专门设置律条维护的令、式，由《杂律》（总第449条）中"违令别式"的律条统一分轻重规定处杖八十或笞四十的刑罚。其有专门律条对应维护的令、格、式及有统一律条维护的令、格、式，都并不因此被剔除出令、格、式各典而蜕变为刑律条文，而是仍然在各自为政的法典中依其性质起作用。审判犯罪要求"具引"之"律、令、格、式正文"，其令、格、式作为案情及解释性内容使用，而律文（通称"刑法"）才是唯一的"正刑定罪"之法。在定罪判刑中，律与令、格、式的作用与职能都不同，不能互相取代，其界线也不容混淆，更不能谓凡引用于案中的令、格、式都变成了"刑法"之律。

（四）法律概念要反映作为"法律"的本质特征

与其他制度相比，法律制度在概念上应是最严密的领域。法律科学也是逻辑推理最严密的学科。

1.《格》《式》并不是因属"常行""常守"之法而成为另一种也是"常行、常守"的"刑法"

（1）《格》的"常行之事"与《式》的"常守之法"。

《新唐书·刑法志》界定《格》是"百官有司之所常行之事"，《式》是"其所常守之法"。这里的"常行"与"常守"之特征非一般泛泛的语言义，是固定地分别指用于以二十四曹司为名目的 24 篇《格》和基本也以此为名目的 33 篇《式》。不可随意因认为《律》《令》也是（还可能更是）百官"常行""常守"之法，而就认为格、式的性质也基本同于律、令。如果把"四法"的概念特征相互掺和，就很可能会对格、式的概念特征作如下的认定："故唐之格、式，亦可谓一种之刑法典，若行政法典。"[1] 维护《新唐书》"四刑书"说的学者们，对《新唐书》作者"一断以律"的观点讳莫如深，使人很难理解。但当知道日本学者浅井虎夫说格、式可谓是"一种之刑法典"时就不惊奇了。因为在他那里，刑法典至少有"三种"或"四种"的。

（2）少数格、式中的刑罚内容不能说明格、式皆"刑法"。

关于唐代法律体系的论说，当然只可能是对其规律或是主流的描述，而绝非详尽地应对一切问题的万能钥匙。

目前就遇到的问题而言，关于唐代少数或是个别的格、式条文中有带刑罚处置内容的性质认定问题，似乎成了对《格》《式》整体性质认定的分水岭。其实不是。因为在看待规律和主流时，本来就包含了对某些特殊现象的包容性。对此，我认为有两种态度和方法供我们选择：一是站在个别事例的视角去否定主流或规律，正像浅井虎夫在一百多年前著作中表述的那样："格、式也是一种之刑法。"而另一种方法是，承认律是刑法，令、格、式不是刑法，史料中个别《格》《式》条文有刑罚处置的内容，那是反映作为其法源的"制""敕"（制敕有时可以同时涉及几种法律内容），在其变化发展过程中，在这些条文中留下的胎记或烙印，这种现象的存在，丝毫不能让我们舍本求末地动摇甚至弃毁我们对法律体系规律与主流的守持。我认为：目前可以见到的史料，足以显示并可以概括出唐代法律体系的规律与主流，而不是无规律与主流可言。这可能是目前关于唐代法律体系认识分歧上的一个硬核。

---

1 参见本书第 7 篇《"四刑书"说是唐代法律体系研究中反主流的异动——〈新唐书〉"四刑书"说辨析及回复涉于此论之有关观点》第四节第（四）项"唐代法律体系理论'出口转内销'的影响"。

2. "判例"概念的本质特征

国家司法上的判例制度，是涉及法律体系中立法与行法的一项重要制度。因判例的实行关乎法律的创制问题。通过对曾在唐高宗年间担任详刑少卿即大理少卿的赵仁本《法例》书的行废及书中判例使用的分析，我们可以认定唐代实行过判例制度。其概况：一是实行的时间是自龙朔初（661）至仪凤初（676）的十五六年左右；二是这种判例产生于法官们判案的实践中，而经集拢成书，判例数量多至"三卷"（或说"二卷"）；三是施行上是法官们自行传用，而非官颁；四是有一定影响，反映基本是正面的："引以断狱，时议亦为折衷"；但仪凤年初被高宗下令"废止"。

（1）"判例"应以"判"与"例"要素兼具的概念为其本质特征。

相当长的一个时期以来，法史界对"判例"的理解呈现纷纭复杂的局面。这不利于探求古代的"判例"，更不利于联系实际对现代判例制度提供古代的借鉴。"判例"的"判"，是指案件是实判，是真正的司法活动，包括案件的形式、判断人及被判断人，以及呈报与批准的机构，都必须是司法活动的实事，不能是假定、设想、编写，而是实实在在的法律活动行为。"例"，是指针对特定情况作出的判决，与通行的法律法令间存在差距，但又被依准有法律效力；其效力不但对所判案件当事人有拘束力，而且对其后之同类案事有范例仿照的作用，而不止是理论探讨上的肯定。

（2）池田温判定唐代赵仁本《法例》书中的二例为"判例"概念上是正确的。

日本学者池田温先生在其所撰论文《唐代"法例"小考》[1]中，介绍了日本《令集解》中所收唐代《法例》书中的两个判例。其一是刑事案件中对人重新作貌阅。其案情是：户籍年十五的陈孩儿犯罪，州官疑其年龄，就重作貌阅认定其年龄为十六，当实处刑徒一年。申报刑部（司刑）后，司刑说，户籍是实年，如疑其有欺，依令允许重作貌阅定案，否则，判其刑役无依据。另一例之案情是，庞姓出嫁女，其叔及其弟戚，在对其之主婚权上发生争执。依原有令之规定，作为期亲长辈的叔父有主婚的优先权，但州上报司刑后，司刑认为，叔原本依法应当主婚，但其未与庞女姐弟同财共居，所以主婚权应判归与姐庞女同财共居的弟弟戚。被引录的赵仁本《法例》书上的文句说："叔若与戚共居，资产无别，须禀叔命，戚不合主婚。如其分析异财，虽弟得为婚主也。"池田先生向我们推荐的两个案例，都具有"判"与"例"二个因素结合的特征。在"判"上，都是实案；都按司法程序经上报"司刑"批准；都作为实判而施行。在"例"上则更有典型性，前例是与律文关于重新貌阅制度不在刑案中实施之规定相背，后例中把主婚权通常归之于辈分高者之法，变更为以与出嫁人同财共居者优先之制。这种违反常法之判断，对后来之同类案件将有范例作用。赵仁本之《法例》书是唐代的"判例"汇编。

比较起来，长孙无忌带刀入上阁，监门未发觉。结果，廷议时宰相封德彝竟主张长孙氏因"误犯"处徒二年，罚铜二十斤；而监门不觉，"罪当死"。太宗居然支持封氏之论，

1　见台湾政治大学编：《第三届中国唐代文化学术研究会论文集》第三篇，1997 年版，第 75~89 页。

只是在大理少卿戴胄的力争下，监门才得以免死。戴氏针锋相对地指出，在"十恶"条下误犯威胁皇帝人身安全的"大不敬"罪也要处死。长孙氏属误，监门不觉何尝非误。这种偏袒高官，违反律义的畸判，被后来的《律疏》几乎全加否定。其不能成为判例亦明矣。

3．"除名"的"附加刑"作用与其概念的本质特征问题

唐律中的"除免"是"除名""免官""免所居官"三项制度的总称。与"官当"一样，这种制度的使用，都是用行政处罚抵冲其本罪之刑罚，最终都是犯官的刑罚被行政处罚取代了。所以，从本质上说，"除免"都是官吏在刑罚上避免实刑的特权制度。虽然除名有作为"附加刑"使用的一面，但那是次要的，不代表其整体价值概念的特征。

"除免"制度各自附带圈定属于其适用范围的特定犯罪，尤其是性质恶劣的犯罪。于是给人造成了认为"除免"犯者在受其所犯本罪之刑罚外，还要附加"除免"的行政处罚的双重处罪。其实正相反，除免者受除免固定之处罚后，刑罚实际上是被抵冲掉了。

"除名"是"除免"中之最重者，其性质及使用上的特点是，其处罚除了可作刑罚的抵冲外，在一定条件下还作为刑罚的附加刑使用。现对列于"除名"下的三类犯罪分述之：

（1）常规地作为抵冲刑罚的行政处罚使用。

"除名"条中列有三类犯罪，其中对第二类犯罪规定"即监临主守于所监内犯奸、盗、略人，若受财而枉法者，亦除名"。即对这些犯罪，除名的行政处罚可抵冲这些犯罪者流刑以下的刑罚。如监临主守在所监内犯奸，其刑罚是加常奸罪一等徒二年，而受"除名"之行政处罚后，二年徒刑就因被抵冲而不服了。这种情况下的"除名"之罚，不但不是对原有某种刑罚的"附加"，实际是起抵冲及替代作用。

（2）作为死罪官之附加刑使用。

即所犯列于除名中之实处死罪者，同时要处附加的"除名"之罚。其作用有二：一是被处死者永远失去官身份的"士伍"资格，以示严惩；二是经除名后，不再保留有告身，其后代也同时丧失以其用荫的资格。属于这类情况的，如有入于第一类中的"十恶、故杀人、反逆缘坐"，以及归入第三类的"杂犯死罪，在禁身死及背死逃亡"之罪皆适用。

（3）保留给条内之死罪遇赦者，以及归入第三类中的"免死别配"者。

其作用是既作为行政处罚停撤官爵令其不能立即复职为官，又同时施恩令其凭这项"附加"的行政处罚，在停职期（六整年）满后能有继续做官的特权。除名罪条下所列第三类犯死罪者如遇赦免罪，仍保留对其所附加的"除名"即起这种作用。

（4）对犯有不在"除免"内而又必须实处流配之官吏，也必须附加"除名"保留其官。

《唐律疏义》卷第一《名例律》（总第 11 条）及除名罪本条都规定属"五流"者，"除名、配流如法"。即在实配流刑的同时，附加"除名"之罚。对死罪遇赦之官及实配流刑官加以除名，这有两方面的作用：一是避免死罪遇赦及实处流刑之官期满后立即去做官的消极影响。二是给这些因遇赦已无罪的原死罪官，保留继续做官的机会。因为既然死罪遇赦，刑罚期满成为无罪之人，立即做官不应当、不可能，那么剩下的办法，就是附加"除名"

的处罚，让其再过整六年后，依"出身"法再继续叙官。这就是说"除名"制度让罪重至死而遇赦的官吏，及于除免罪外以别事服流刑期满的官员，获得了官职撤停六整年后再做官的机会。除名在这一点上的应用，其特权制度之本质，显露得非常充分。可以说，唐代那些有死罪遇赦及非因除名而由别罪而实服完流刑的罪官，给他们弄个"除名"之罚，肯定会弹冠相庆而欢呼雀跃的。因为在此特定背景下，附加了"除名"实际保留了"仕伍"身份，如不附加"除名"，反而没办法再叙官职了。

（五）史书记载与法典的关系上律义是判断与检验的依据

史书上有涉于法律事件之记载，是否法律就一定依史载而实施其事，在分析判断上要以法律事实为根据，及以法律内容去检验才能作出正确判断。

1."内乱"罪中舅对甥报服"小功"虽曾有廷议而终未得改成
（1）奸夫对奸妇服"小功"是"内乱"构成的前提条件。

《唐律疏义》卷第一《名例》（总第6条）"十恶·内乱"最重要的构成条件之一，是奸夫对奸妇必须为小功之服，亦即疏文所言："据礼，男子为妇人服小功而奸者。"接着，疏文又从否定的角度作例解说，如"妇人为男夫虽有小功之服，男子为报服缌麻者，非。"犹恐读者仍不明，疏文又对作否定的"非"之情况举例说："外孙女于外祖父及外甥于舅之类"即虽女方对男方服小功，而男方对女方服缌麻的，都不构成"内乱"。

（2）舅对甥虽有改服小功之廷议而实际并未改成。

有论者谓，《唐会要》卷三十七《服纪上》中曾记载贞观时曾廷议把舅甥间的服制改得同对姨一样，都服小功。其实结果仅是把甥对舅的服级由原本的"缌麻"改为了"小功"。因而到显庆时，才能出现廷议又建议把舅对甥之报服，也要从"缌麻"改为"小功"。此议虽然皇帝也同意，并特指示，律义与此不同的，要修改。但结果事实上律文又未得修改成。《新唐书》卷二十《礼乐志十》中就肯定说："然《律疏》舅报甥犹服缌。"《律疏》制定于永徽四年（653），时当在显庆之前，而且行用于整个唐代。《新唐书》的记载同今见《律疏》传本的律义一致：舅报甥未改为小功，舅奸甥不构成"内乱"所要求的奸夫对奸妇须服小功之条件。故今传《律疏》中之内乱要件并未修改。

（3）"修改论"出现的原因。

其一，是事出有因，即《唐会要》连续两次记载廷议经皇帝批准要修改礼与律，由此他们不顾事实上是否修改尤其是改了什么，就判定舅对甥之服已改成了"小功"。即使《律疏》未改，他们中有些人就去改动《律疏》之句读，并作曲解之说。

其二，无视现《律疏》内把外祖对外孙与舅对甥同列。把外祖对外孙与舅对甥同列，就如外祖对外孙一样舅对甥亦未改服"小功"逻辑上的自然推论。有论者对《律疏》中这一处最能证明只要男夫对妇女服缌麻而不服小功，就不在十恶"内乱"中的这一力证不敢触及，因为这正是改服论者之软肋。外祖父绝对是"非"在男夫对妇人报服小功之列的对象。外祖父对外孙女为缌麻之服，这是《律疏》中与之并列舅对甥之服制未改动的不容怀疑之证。

2. 史书上涉于法律事件的不同记载在取舍上要以法律逻辑为标准

"两唐书"《杨恭仁传》曾共同记载了显庆中（658—659），右卫大将军慕容宝节邀右屯卫将军杨思训至家夜宴。不料席间慕容氏以毒酒药死了杨思训，因此被依当时律中的"毒药药人"罪判"流刑"。后杨妻告御状，皇帝认为法律上毒药药死人罪刑罚太轻，于是在下令把"毒药药人"罪应加重至死罪的同时，并派人在流放途中追斩了慕容氏。但是对慕容氏毒杀杨思训的原因，"两唐书"的记载迥然不同。《旧唐书》（中华书局 1975 年版，第 3282 页）说："时右卫大将军慕容宝节有爱妾，置于别宅，赏邀思训就之宴乐。思训深责宝节与其妻隔绝，妾等怒，密以毒药置酒中，思训饮尽便死。"而《新唐书》（中华书局 1975 年版，第 3927 页）则记："右卫大将军慕容宝节夜邀思训与谋乱，思训不敢对。宝节惧，毒酒以进，思训死。"

犯罪原因上，《旧唐书》说杨指责慕容氏对妻隔绝，而《新唐书》则说因为慕容欲与杨谋乱而杨不应对，恐其揭发故行毒杀。对这两种不同之说法，余窃谓唯取《新》舍《旧》符合逻辑。

其一，毒杨的原因应排除"因思训深责宝节与其妻隔绝"。唐代别宅养妾并非罪名，而"隔其妻"即使比附入罪，充其量依《户婚律》（总第 178 条）的"乱妻妾位"处置，其刑罚也只是徒二年。对慕容氏正三品的右卫大将军来说，依官当之法，以"正三品"的一个阶品就可以当去二年徒刑，且满一年之后，又可以降先品一等于"从三品"的阶品上重新叙官。所以他不可能以此事受指责而毒杀杨思训。

其二，皇帝在听取杨妻诉冤后，弄清楚了慕容宝节因杨思训不应允共"谋乱"而被毒杀的真相，从而才派使把流放途中的慕容氏斩杀以正刑。从记载看，慕容氏之"谋乱"罪开始并未查明，故依修改前之法判流。后通过杨妻告御状应该是查明真相而斩慕容氏，这在法律逻辑上合乎情理。

其三，因为"谋叛以上"是十恶大罪，这就排斥了慕容氏可以三品职事官的资格而适用"八议"的可能。《名例》（总第 8 条）《议章》之律文规定："其犯十恶者，不用此律。"而且流放上道之后一旦逢大赦，就可能依赦免罪，为防止遇普赦免罪，所以特派专使于流放道上斩杀慕容氏而正刑。派使于途中追斩，这是执法的紧急措施，而不是一时兴到之冲动。所以，如果对"两唐书"关于罪因的不同记载，不找出律义与史载的必然联系，要排除矛盾，就较困难。今传《律疏》中经过修改的《贼盗律》（总第 263 条）开头即规定只要有药人的行为，就是处"绞"而不是"流"；药而死，以谋杀已杀论。王永兴先生依"两唐书"之记载，认为药人罪于毒杨案后修改加重至死的观点，是正确的。

当然，史书之记载不会如后代读者所希望的那样详尽。如有资格入"八议"的慕容氏，为什么不在起初以"毒药药人"罪处流刑时就适用"八议"，而依"流以下减一等"作徒三年之处置？"两唐书"之记载都未提供有关情节，因此不能妄加推测。

3. 有廷议并有皇帝首肯的记载也要依法律的实证作出结论

《唐会要》卷三十七"服纪"中记载龙朔二年（662）同文正卿萧嗣业在改嫁继母亡故后，提出解官服"心丧"的申请，皇帝下令对出嫁继母之服制重新作廷议时，大部分朝臣认为这事在《礼》与《令》上是解决了的，即改嫁继母亡故后不解官服心丧。但部分人认为《律疏》未有明文，萧嗣业也正由于这一点提出申请的。所以最后议定，即使《礼》《令》上已明确，如果刑律上不明确，就应该改得与礼、令一致。王永兴先生据此记载，在《文史》1980 年第 8 期上发文，认为今传《律疏》之《斗讼律》（总第 345 条）"问答"中关于嫡、继、慈、养母"被出，改嫁，礼制便与亲母不同。其改嫁者，唯止服期，依《令》不合解官，据《礼》又无心丧"之文，是龙朔廷议后依修律之指示而加进去的。此观点，与萧嗣业申请之事由，与皇帝指示律应改得与《令》《礼》一致都相契合，最主要的是律文所加进内容与当时《令》与《礼》的规范一致，所以王永兴先生所作的判断符合律义逻辑，是正确的。